图案：吕尧

梁慧星学术文集

第一卷

民法典编纂、民法原理与法学方法

梁慧星 著

图书在版编目(CIP)数据

梁慧星学术文集:全六卷/梁慧星著. — 北京:北京大学出版社,2022.7
ISBN 978-7-301-32740-1

Ⅰ.①梁… Ⅱ.①梁… Ⅲ.①法律—中国—文集 Ⅳ.①D920.4-53

中国版本图书馆 CIP 数据核字(2021)第 256995 号

书 名	梁慧星学术文集(全六卷) LIANGHUIXING XUESHU WENJI(QUAN LIUJUAN)
著作责任者	梁慧星 著
特约编辑	李 宇
责任编辑	王建君
标准书号	ISBN 978-7-301-32740-1
出版发行	北京大学出版社
地 址	北京市海淀区成府路 205 号　100871
网 址	http://www.pup.cn　http://www.yandayuanzhao.com
电子信箱	yandayuanzhao@163.com
新浪微博	@北京大学出版社　@北大出版社燕大元照法律图书
电 话	邮购部 010-62752015　发行部 010-62750672 编辑部 010-62117788
印 刷 者	北京中科印刷有限公司
经 销 者	新华书店
	650 毫米×980 毫米　16 开本　212 印张　2921 千字 2022 年 7 月第 1 版　2022 年 7 月第 1 次印刷
定 价	980.00 元(全六卷)

未经许可,不得以任何方式复制或抄袭本书之部分或全部内容。
版权所有,侵权必究
举报电话: 010-62752024　电子信箱: fd@pup.pku.edu.cn
图书如有印装质量问题,请与出版部联系,电话: 010-62756370

梁慧星

1944年1月生，四川省青神县汉阳镇人。中国著名民法学家，中国社会科学院学部委员、教授、博士生导师。第四、五、六届国务院学位委员会委员，十届政协全国委员会委员，十一届全国人大代表（主席团成员）、十一届全国人大法律委员会委员。曾任山东大学法学院院长，最高人民法院、最高人民检察院专家咨询委员，公安部监督员，现任北京仲裁委员会主任，北京理工大学珠海学院特聘教授、民商法律学院名誉院长。1986年国家人事部批准为"有突出贡献中青年专家"。1992年享受国务院颁发的政府特殊津贴。

序

我于1978年考取中国社会科学院研究生院硕士研究生攻读民法，1981年毕业后留法学研究所从事民法研究，至2019年5月退休。四十余年间，我致力于民法理论和立法研究，曾参与国家立法，从事编辑、教学、培训等工作。经北京大学出版社蒋浩先生建议，收集所撰写的民法理论研究、立法建议、法典论争、问题解答、判解评论及翻译介绍等文字，汇编成集，名曰"学术文集"，再按主题分为六卷，第一卷"民法典编纂、民法原理与法学方法"、第二卷"民法总论"、第三卷"物权法"、第四卷"合同法与侵权责任法"、第五卷"民事解答录"、第六卷"译介、判解、回忆及其他"，每一卷开篇均有对该卷内容的说明。

本文集仅收录单篇文章，包括已在平面媒体和网络媒体发表的、曾编入文集（如《民法学说判例与立法研究》《为中国民法典而斗争》《为了中国民法》等）出版的，以及未曾发表过的文章。本文集未收录专题著作，如《民法总论》《民法解释学》《裁判的方法》《法学学位论文写作方法》《民法总则讲义》《合同通则讲义》等。

需说明一点，本文集虽以学术文集为名，但其中许多文章并非严格意义上的学术研究论文，如实务问题解答、民法基本知识讲解，以及立法建议和提案等。写于改革开放初期的一些学术研究论文，也未必符合今天的学术规范，且因时过境迁，今天看来未必有多大学术价值，请读者谅解。

希望本文集的出版可以为读者提供方便。

上海财经大学民法教授李宇，负责文章的收集及各卷的结构编排，为文集的顺利出版付出了辛苦,在此表示感谢。

北京大学出版社领导和编辑同志为本文集的编辑出版付出辛劳,谨致感谢!

梁慧星

于昆明岭东紫郡之退庐

2022 年 4 月 28 日

本 卷 说 明

  本卷收录了本人关于民法典编纂、民法原理和法学方法的相关文章,分三个部分。

  第一部分民法典编纂,分为一般问题和民法典分则编纂两个专题。1998年,民法起草工作小组第二次会议委托本人起草《中华人民共和国民法典大纲(草案)》,本卷将该草案及说明列为第一部分之首,以突出其重要意义。每个专题按照民法典的逻辑顺序,选编本人有关民法典编纂的相关文章,尤其是《中华人民共和国民法典》颁布前,本人对法典草案的评述文章。

  第二部分民法原理,按照写作时间顺序,选编本人关于民法原理的相关文章。

  第三部分法学方法,选编本人关于法学方法论与法学学习方法的文章。

  本卷中部分文章由于写作年代久远,或根据现场录音整理,文献无法一一核实,恳请读者谅解。

目　　录

第一部分　民法典编纂

一般问题

中华人民共和国民法典大纲（草案） ………………………… 3
中国民法：立法史·现状·民法典的制定 ……………………… 31
关于我国民事法律制度的几个问题
　　——全国人大常委会法制讲座第十讲 ………………… 46
制定民法典的设想 …………………………………………… 68
当前关于民法典编纂的三条思路 …………………………… 79
中国民法典编纂的几个问题 ………………………………… 91
民法典起草中的几个主要问题 …………………………… 105
时代呼唤科学完备的民法典 ……………………………… 129
民法典解释与适用中的十个问题 ………………………… 133

民法典分则编纂

民法典编纂体例若干问题 ………………………………… 153
关于民法典分则草案的若干问题 ………………………… 167
关于民法典分则编纂中的重大分歧 ……………………… 199
民法典物权编增加规定租赁取得建设用地使用权可以抵押的建议 …… 216

建议民法典合同编保留行纪合同
　　——对合同编草案(室内稿)的修改意见 ························ 221
关于在民法典合同编增加规定独立保证合同的建议
　　(附:独立保证合同一章草案建议稿) ························ 229
民法典之合同编草案二审稿若干问题 ······························· 238
中国民法典中不能设置人格权编 ····································· 274
人格权立法和民法典编纂 ··· 284
民法典人格权编草案(二审稿)评论 ·································· 313
对侵权责任编草案(2017年10月31日民法室室内稿)的意见 ········ 336
民法典分则侵权责任编草案的若干问题 ······························ 337
对婚姻家庭编草案(2017年9月26日民法室室内稿)的意见 ········ 354
建议民法典婚姻家庭编不规定所谓"家事代理权" ····················· 356
关于制定《中华人民共和国婚姻家庭法》的议案 ······················ 359
对继承编草案(2017年7月28日民法室室内稿)的修改意见 ········ 398
关于修改《中华人民共和国继承法》的建议 ··························· 401
关于修改《中华人民共和国继承法》的议案 ··························· 404
关于民法典设置涉外民事关系法律适用编的建议 ······················ 423

第二部分　民法原理

社会主义市场经济与民事立法 ······································· 429
20世纪民法学思潮回顾 ·· 439
从近代民法到现代民法
　　——20世纪民法回顾 ·· 454
中国对外国民法的继受 ··· 477
中国民法学的历史回顾与展望 ······································· 491
中国民法学的现状与未来 ··· 517

第三部分　法学方法

法解释方法论的基本问题 ··· 523

论法律解释方法	539
从法律的性质看裁判的方法	568
法律思维与学习方法	588
法官的法律思维	604
民法学习的若干问题	616
独立思考、独立判断	631
怎样学习法律 ——法学院新生的第一课	634
读书三法	658
索　引	663

第一部分

民法典编纂

> 一般问题

中华人民共和国民法典大纲（草案）[*]

目　录

第一编　总　则
 第一章　一般规定
 第二章　权利客体
 第三章　权利主体——自然人
 第四章　权利主体——法人
 第五章　法律行为
 第六章　代　理
 第七章　期日、期间
 第八章　诉讼时效
 第九章　权利行使
第二编　物　权
 第一章　一般规定
 第二章　所有权
 第三章　基地使用权
 第四章　农地使用权
 第五章　邻地利用权
 第六章　典　权

---

[*] 1998年9月3日民法起草工作小组会议上委托作者起草此大纲草案。

第七章　抵押权

　　第八章　质　权

　　第九章　留置权

　　第十章　让与担保权

　　第十一章　占　有

第三编　债权总则

　　第一章　一般规定

　　第二章　债的原因

　　第三章　债的标的

　　第四章　多数当事人的债权债务

　　第五章　债权的移转与变更

　　第六章　债的保全

　　第七章　债权的消灭

第四编　合　同

　　第一章　一般规定

　　第二章　合同的成立

　　第三章　合同的效力

　　第四章　合同的履行

　　第五章　合同的解除与终止

　　第六章　违约责任

　　第七章至第二十四章　各种合同

第五编　侵权行为

　　第一章　一般规定

　　第二章　使用人责任

　　第三章　工作物责任

　　第四章　公共营造物责任

　　第五章　公害责任

　　第六章　动物伤害责任

　　第七章　高度危险责任

第八章　交通事故责任

第九章　产品责任

第十章　医疗过失责任

第十一章　侵害人格权的责任

第六编　亲　属

第一章　一般规定

第二章　亲　属

第三章　结　婚

第四章　夫妻关系

第五章　离　婚

第六章　父母子女

第七章　收　养

第八章　扶　养

第九章　监　护

第七编　继　承

第一章　一般规定

第二章　法定继承

第三章　遗嘱继承和遗赠

第四章　遗产的处理

【总说明】

民法所调整的社会关系分为两大类,即经济生活关系和家庭生活关系。与此相应,民法规范也分为两大类,即财产法和身份法。财产法再分为物权法、债权法、继承法和知识产权法,而身份法仅指亲属法。民法属于权利法,物权法规定物权,债权法规定债权,继承法规定继承权,知识产权法规定知识产权,亲属法规定亲属权。人格权属于民事主体资格应有内容,应与主体资格一并规定。物权、债权、继承权和知识产权性质上属于财产权,人格权和亲属权性质上属于非财产权,再由财产权与非财产权构成一个完整的民事权利体系。

民法典编纂有两种体例：一是法国式，以《法国民法典》为蓝本，分为三编：第一编人，第二编财产，第三编取得财产的方法。二是德国式，以《德国民法典》为蓝本，分为五编：第一编总则，第二编债权，第三编物权，第四编亲属，第五编继承。德国式编纂体例的特色在于，将各种法律关系的共同规则抽出，集中规定在个别规定之前，关于各种合同的共同规则，作为合同的总则；关于合同、侵权行为、不当得利和无因管理的共同规则，作为债权总则；关于物权、债权、亲属、继承的共同规则，作为法典的总则，使整个法典成为一个逻辑严谨的规则体系。通说认为德国式编纂体例较优。20世纪编纂的民法典多数采德国式编制体例或以德国式编纂体例为基础而稍有变化。

德国式编制体例的特点在于着重法律的逻辑性和体系性。着重法律的逻辑性和体系性，会使法律规则明确，人们易于学习、了解，法官易于操作、适用，可以保障裁判结果的统一性和公正性，可以达到通过民法典教育人民的目的。反之，不着重法律的逻辑性和体系性，则法律规则不明确，其内容难以了解、把握，其操作、适用复杂，难以保障裁判结果的统一性和公正性。并考虑到自清末法制改革以来，德国民法典的编制体例及所确立的概念、原则、制度和理论体系，已经为我国民事立法、司法实务和学术界所接受。现行《民法通则》的章节安排、所使用的概念术语及所确立的民事权利体系，显然借鉴了德国民法典的立法经验。因此，我国民法典大纲的设计，应以现行《民法通则》为基础并着重参考德国式编制体例。

本方案以《民法通则》第一章、第二章、第三章、第四章、第七章和第九章的规定为基础，设计民法典的总则编；以《民法通则》第五章第一节的规定和现行《担保法》关于担保物权的规定为基础设计民法典的物权编；考虑到21世纪以来市场经济和科学技术的巨大发展，产生了各种新的交易形式和新的合同类型，产生了各种新的危险和新的侵权行为类型，导致债权法内容极大膨胀，而与其他各编不成比例，因此以《民法通则》第五章第二节债权和第六章民事责任的规定为基础，参考20世纪90年代几部新民法典的经验，设计民法典的债权总则、合同和侵权行为三编,并以债权总则编统率合同编和侵权行为编;以《民法通则》第五章第四节第 103 条、第 104 条、第 105 条的规定和现行《婚姻法》《收养法》的规定为基础,设计民法典的亲属编,并将《民法通则》第二章第二节规定的监护制度作为亲属编的一章;以《民法通则》第五章第一节第 76 条的规定和现行《继承法》的规定为基础,设计民法典的继承编。考虑到人格权为民事权利主体资格应有内容,如单独设编条文畸少而与其他各编不成比例,且对人格权的尊重和保护重在内容而不在于是否单独设编,因此决定人格权不单独设编,而将《民法通则》第五章第四节关于人格权的规定纳入总则编自然人一章。知识产权为重要的民事权利,现行《民法通则》第五章第三节作了规定,但考虑到现行《专利法》《商标法》和《著作权法》已构成一个相对独立的知识产权法体系,因此决定不设知识产权编,而以《专利法》《商标法》和《著作权法》作为民法典外的民事特别法。《民法通则》第八章涉外民事关系的法律适用,性质上属于国际私法,考虑到 20 世纪以来单独制定国际私法法典已成为共同趋势,以及我国国际私法学界对单独制定法典已达成共识,因此建议在民法典之外另行制定国际私法法典。

第一编 总 则

【说明】

总则编规定民法基本原则和基本制度,不仅是整个民法的基础而且是整个法治的基础,相当于现行《民法通则》第一、二、三、四、七、九章的内容。建议以现行《民法通则》上述各章的规定为基础,予以修订增补,分设九章。现行《民法通则》第八章涉外民事关系的法律适用,属于国际私法,建议另行制定国际私法法典。如果不采纳制定国际私法法典的建议,则可将国际私法的内容作为总则编第十章,仍以"涉外民事关系的法律适用"为章名。

【各章名称及内容要点】

第一章 一 般 规 定

建议设四节。

第一节立法目的与调整对象。建议维持《民法通则》第2条的规定,即本法调整对象为平等主体间的财产关系和人身关系。

第二节基本原则。建议规定:(1)私法自治原则,即民事主体在法律允许的范围内自由决定缔结民事法律关系,为自己设定权利或对他人履行义务,任何机关、组织和个人不得非法干预。(2)平等原则,即在民事活动中一切当事人法律地位平等,任何一方不得把自己的意思强加给对方。(3)公平原则,即法律行为内容的确定,应当遵循公平原则,由当事人一方或第三方确定法律行为内容的,其确定只在符合公平原则时,才能对他方当事人发生效力。(4)诚实信用原则,即行使权利和履行义务,应当遵循诚实信用原则。(5)公序良俗原则,即法律行为的内容和目的不得违背公共秩序或善良风俗。(6)禁止权利滥用原则,即行使权利,不得超过其正当界限。行使权利超过其正当界限,构成权利滥用,应当承担法律责任。

第三节民事权利。建议对民事权利体系作概括规定,即列举规定物权、债权、继承权、知识产权、发明权、发现权、人格权、亲属权的定义,以便人们了解自己依法享有哪些民事权利。

第四节效力与适用。建议规定:(1)关于时之效力,法律不溯及既往原则;新法改废旧法原则。(2)关于人的效力,同时采用属人主义和属地主义原则。(3)关于地的效力,规定与香港特别行政区、澳门特别行政区、台湾地区间民事关系的法律适用。(4)本法与单行法的关系。

第二章 权 利 客 体

建议设四节。第一节物。建议规定作为权利客体的物的定义:本法所称物指有体物;人力能够支配的自然力,视为物;土地上下人力能够支配之特定空间,视为物。规定以分离身体一部分为标的之法律行为,不违背公序良俗的,为有效,但不得强制执行。第二节不动产。建议规定不动产定义:本法所称不动产,是指土地及其定着物。土地及土地上的建筑物,分别为独立的不动产。第三节动产。建议规定动产定义:本法所称动产,是指不动产之外的物。第四节从物、孳息。建议规定从属于主物之物,为从物;主物的处分,及于从物;原物所出之收益,为孳息;孳息归属于原物所有人。

第三章 权利主体——自然人

建议设六节。

第一节权利能力。建议规定:自然人的民事权利能力始于出生,终于死亡;胎儿从受胎之时起,视为已出生。建议规定死亡时间的推定:二人以上同时遇难,其死亡先后无法证明时,相互有继承关系的,推定长辈先死亡;辈分相同的,推定为同时死亡。相互无继承关系的,推定为同时死亡。

第二节行为能力。建议维持《民法通则》的规定:自然人年满18周岁为成年,具有完全行为能力;年满16周岁不满18周岁的自然人,以自己的劳动收入为主要生活来源的,视为有完全行为能力;不满10周岁的未成年人,为无行为能力人;年满10周岁的未成年人,为限制行为能力人。规定无行为能力和限制行为能力的未成年人为法律行为,应当由法定代理人代理或者征得法定代理人同意。无行为能力或者限制行为能力的未成年人,不得单独实施下述行为:非使未成年人纯获利益的行为;未成年人自己财产的处分行为;被许可营业的未成年人的营业行为;缔结劳动合同并请求劳动报酬。

第三节宣告失踪。建议维持《民法通则》的规定:自然人下落不明满2年的,利害关系人可以向人民法院申请宣告他为失踪人。

第四节宣告死亡。建议维持《民法通则》的规定并作补充:自然人下落不明满4年或者因意外事故下落不明满2年,其利害关系人可以向人民法院申请宣告他死亡;没有利害关系人或者虽有利害关系人但不提出申请的,由检察院向人民法院申请宣告他死亡。

第五节人格权。建议以《民法通则》现行规定为基础适当补充,规定一般人格权和各种特别人格权,特别人格权包括:生命、身体、健康、自由、名誉、姓名、肖像、隐私。

第六节住所。建议维持《民法通则》的规定:自然人以其户籍所在地的居住地为住所,其经常居住地与住所不一致的,经常居住地视为住所。

第四章 权利主体——法人

建议设五节。第一节一般规定。建议以《民法通则》的规定为基础,规定法人非依法律不得设立;法人的权利能力和行为能力从法人成立时产生;法人的机关;法人的侵权责任;法人以其主要办事机构所在地为住所。第二节法人设立。建议规定非营利法人的设立,采行政许可主义;营利法人中的公司法人的设立,采准则设立主义;其他营利法人的设立,采行政许可主义。规定法人设立必须登记。第三节法人的机关。建议规定各类法人的意思机关(权力机关)和代表机关(执行机关)。第四节法人的解散与清算。建议规定:法人不经解散,其人格不消灭;规定解散的原因;规定法人解散,应当进行清算;规定清算人的产生、职责。第五节非法人团体。建议规定非法人团体的条件,及其责任承担。

第五章 法 律 行 为

建议设四节。第一节一般规定。建议规定:法律行为的定义;法律行为的有效要件;法律行为的无效;可撤销的法律行为;效力待定的法律行为。第二节意思表示。建议规定:意思表示效力的发生、意思表示的解释;意思表示瑕疵:真意保留、虚伪表示、错误、误传、欺诈、胁迫。第三节条件、期限。建议规定条件的效力:停止条件;解除条件;条件利益的保护;条件成就的拟制和条件不成就的拟制。规定期限的效力:始期;终期;期限利益的保护。第四节无效与撤销。建议规定法律行为无效与撤销的法律后果。

第六章 代　理

建议设四节。第一节代理权发生。建议规定代理权发生原因：法定代理；指定代理；委托代理；紧急情况下的代理。第二节表见代理。建议规定：表见代理的构成要件；表见代理的效力；无权代理人的责任。第三节狭义无权代理。建议规定：无权代理的效力；本人的追认；相对人的保护；无权代理人的责任。第四节间接代理。建议规定：间接代理的效力，委托人的介入权和相对人的选择权，代理人的责任。

第七章 期日、期间

不分节。规定期日、期间的效力和计算法。

第八章 诉讼时效

建议设三节。第一节一般规定。建议规定：诉讼时效的效力，改采抗辩权发生主义；规定诉讼时效非经当事人主张，法庭不得主动援用；规定不适用诉讼时效的请求权。第二节诉讼时效的期间。建议规定普通时效期间、特别时效期间和最长时效期间；建议将普通时效期间，改为5年；规定诉讼时效期间的起算时点。第三节诉讼时效期间的中止与中断。建议规定诉讼时效期间中止的效力和中止的原因；诉讼时效期间中断的效力和中断的原因。

第九章 权利行使

建议设两节。第一节权利行使的原则。建议规定：权利行使应当遵循诚实信用原则；超过权利的正当界限而行使权利，构成权利滥用。第二节自力救济。建议规定：自助行为的效力和构成要件；正当防卫行为的效力和构成要件；紧急避险行为的效力和构成要件。

第二编 物　　权

【说明】

物权法规定现存财产归属关系的基本规则,是市场交易关系发生的前提,是市场经济法律秩序的基础,与债权法构成民法财产法两大基干。物权为对物的支配权,以与债权为对人的请求权相对应。物权分为完全物权与不完全物权;完全物权指所有权,不完全物权包括用益物权与担保物权。另外规定作为一种事实状态的占有。至于采矿权、水权等应当由特别法规定。

【各章名称和内容要点】

第一章　一　般　规　定

建议设三节。

第一节物权定义及物权法基本原则。建议规定:物权的定义;物权法定原则;违背物权法定原则的后果;物权公示原则;物权变动的原因行为与物权变动的区分原则;物权的优先效力;物权的解释原则。

第二节物权变动。建议规定不必公示的物权变动:因法律规定、法院判决、政府指令而发生的物权变动,自法律、判决生效或政府指令下达直接生效;因继承发生的物权变动,从继承开始时生效;因事实行为发生的物权变动,自事实行为成就时生效。规定国家征收和征用的条件及补偿。建议规定不动产登记制度:规定不动产登记机关,设在基层人民法院;不动产登记机关的组成、登记官员的资格以及登记程序由不动产登记法规定。规定不动产登记簿的效力;权属证书的效力;不动产登记簿记载的推定效力;登记顺位;预告登记;登记机关错误的责任。规定动产的占有交付:规定动产物权变动自占有交付时生效;受让人先行占有的,自合同生效时生效;出让人可以移转物权请求权代替交付;占有的权利推定效力。

第三节物权请求权。建议规定物权请求权;返还请求权;确权请求权;消除危险请求权;排除妨害请求权;损害赔偿请求权。

第二章　所　有　权

建议设六节。

第一节一般规定。规定所有权定义;孳息的归属;所有权人的容忍义务;取得时效:动产10年、不动产20年;取得时效的中断和中止;矿藏归国家所有;规定公有物、公用物不得为私人所有,不得转让,也不因时效而消灭。规定宗教财产属于作为财团法人的寺庙宫观所有。

第二节土地所有权。规定国有土地所有权:宪法及法律指定的土地属于国家所有;国有土地所有权由国务院统一行使。规定集体土地所有权:宪法及法律指定的国有以外的农村和城市郊区的土地属当地全体居民共同所有;其所有权由所有人选定的机关依法行使,但其所有权的行使不得违反法律和妨碍公共利益。规定土地所有权的效力范围:土地所有权除法律有限制外,于其行使有利益的范围内,及于土地之上下;如他人之干涉无碍其所有权行使的,不得予以排除。

第三节建筑物区分所有权。规定建筑物区分所有权制度。

第四节不动产相邻关系。规定不动产相邻关系上的各项权利义务。

第五节动产所有权。建议规定善意取得制度;先占制度;拾得遗失物制度;发现埋藏物制度;添附制度。

第六节共有。建议规定共有的定义;共同共有;按份共有;准共有;共有物的分割。

第三章　基地使用权

不分节。建议规定基地使用权的定义:基地使用权,是指为在他人所有的土地上建造并拥有建筑物或其他附着物而使用他人土地的权利。规定基地使用权只能在法律许可为基地用途的土地上设立。基地使用权的效力不及于地表或地下的矿产资源。规定:基地使用权的设定和取得;空间使用权;相邻关系之准用;基地使用权的撤销;租金缴纳;基地使用权的转让;基地使用权期满后的延期与补偿;基地使用权的抛弃。

第四章 农地使用权

不分节。建议规定农地使用权的定义:农地使用权,是指以种植、养殖、畜牧等农业目的,对国家或集体所有的农用土地占有、使用、收益的权利。农地使用权设立于一切适于农业目的而使用的土地,包括山岭、森林、草原、荒地、滩涂、水面等。农地使用权的期限为50年,既存农地使用权,其期限短于20年的,延长为50年。期限届满,如无本法规定之法定事由,则按照原设定条件自动延长,延长的期限为50年。并规定:农地使用权的设定和取得;农地使用权的期间及延长;农地使用权的转让和抵押;农地用途之限制;农地使用权因不耕种而消灭。

第五章 邻地利用权

不分节。建议规定邻地利用权的定义:邻地利用权,是指土地所有权人、基地使用权人或农地使用权人为使用其土地的方便与利益而利用他人土地的权利。需用地的方便与利益包括在供用地上通行、取水、排水、通风、采光、眺望等,以及其他需要供用地人负容忍或不作为义务的方便与利益。并规定:邻地利用权的设定和取得;依时效取得邻地利用权;空间邻地利用权;邻地利用权的附从性;需用地之分割;供用地之分割;邻地利用权的消灭。

第六章 典　权

不分节。建议规定典权的定义:典权,是指支付典价,占有他人不动产而为使用、收益的权利。此所谓不动产仅指建筑物及其所占用基地的基地使用权。规定典权的设定,应当由双方当事人订立书面合同并向不动产登记机关办理登记,典权自登记之日设定。规定典权之约定期限不得超过20年。并规定:典权的转让;典物的转让;转典或出租;典物因不可抗力灭失;典物的重建;定期典权的回赎与未定期典权的回赎;回赎权的行使。

第七章 抵 押 权

建议设四节。

第一节一般规定。规定抵押权的定义:抵押权,是指债权人对债务人或第三人依照法律规定不移转占有而供作债权担保的财产,在债务人不履行债务时,就该财产拍卖或变价而优先受偿的权利。并规定:抵押物的范围;不得抵押的财产;抵押权的设定必须订立书面合同,并办理抵押登记;不动产抵押权,自抵押登记之日设定;动产抵押权,自抵押合同生效之日设定,但未办理抵押登记的,不得对抗第三人;抵押权的效力;抵押权的顺位;优先受清偿的范围;取得抵押标的物的第三人的涤除权;抵押权的实行;抵押权的消灭。

第二节最高额抵押。规定最高额抵押权的定义:最高额抵押权,是指抵押人与抵押权人协议,在最高债权额限度内,以抵押物对一定范围内的不特定债权设定的担保。规定最高额抵押的适用范围;最高额的约定;最高额的变更;被担保债权的确定等。

第三节企业财产集合抵押。规定企业可将其所有的不动产、机械设备、工业产权,组成企业集合财产,设定抵押权;可以组成企业集合财产的财产种类;企业集合财产目录之作成与登记;企业集合财产抵押设定后,企业集合财产之组成物禁止转让;未得抵押权人同意,不得将组成物从集合财产中分离。

第四节企业担保(浮动担保)。规定公司法人向银行借款或者发行公司债券,可将企业现在所有及将来所有的全部财产设定企业担保;唯公司法人可以设定企业担保,被担保债权唯限于银行借款及公司债;企业担保权之设定合同,应作成公证证书,并向公司登记机关进行企业担保权登记;此登记为企业担保权公示方法和生效要件;在企业担保权实行时及设定公司破产的情形,企业担保权优先于其他担保权;但普通债权人及其他担保权人对企业个别财产为执行时,企业担保权无优先效力。

第八章 质 权

建议设三节。

第一节一般规定。规定质权的定义:质权,是指债权人对于债务人或第三人依照本法移转占有而供作担保的动产,就该动产拍卖或变价优先受偿的权利。并规定:质权的标的物须有可让与性;质权的设定必须订立书面合同;质权自出质人向债权人移转质物的占有时设定;质押合同的内容;流质约款的禁止;转质;质权的留置效力和优先受偿效力;优先受清偿的债权范围;关于转质的规定;最高额质权准用关于最高额抵押权的规定。

第二节动产质权。规定动产质权的善意取得;动产质权人非继续占有质物,不得以其质权对抗第三人;质物的保管;质物的返还;质权的实行;营业质权。

第三节权利质权。规定可以设定权利质权的权利种类:债权;股份;债券;无体财产权(包括专利权、商标权、著作权)。规定股份质权的登记;知识产权质权的登记;股份质权和知识产权质权的标的的处分限制;权利质权可以准用关于动产质权的规定。

第九章 留 置 权

不分节。建议规定留置权的定义:留置权,是指依照本法的规定,债权人在债务人不履行债务时,对其占有的债务人的动产予以留置,并就该动产拍卖或变价优先受偿的权利。并规定:留置权的发生条件;留置权所担保的范围;留置权的效力;留置物的保管;留置权的行使。

第十章 让与担保权

不分节。建议规定让与担保权的定义:让与担保权,是指债务人或第三人为担保债务人的债务之履行,而将担保标的物的权利移转于债权人,于债务清偿后,标的物应返还于债务人或第三人,于债务不履行时债权人得就该标的物优先受偿的担保权利。并规定:凡具有可让与性的财产或财产权利,均可设定让与担保权;让与担保权的设定必须采用书面形式,并移转作为标的物的财产或财产权于债权人;让与担保权的登记,采通知登记或设定合同注册登记方式;规定收益归属和税费负担;债务人(让与人)的赎回权;让与担保权的实行方式及让与担保权人的清算义务。

第十一章 占 有

不分节。建议规定占有的定义:占有为对于物事实上的控制与支配。并规定:占有的权利推定;占有状态的推定;善意取得;关于盗赃和遗失物的特别规定;善意占有人的使用、收益;善意占有人的责任;善意占有人的费用请求权;恶意占有人的责任及义务;占有人的自力救济权;占有保护请求权;占有保护请求权的除斥期间;共同占有;占有的消灭;准占有。

第三编 债 权 总 则

【说明】

债权法规定财产的流转关系(主要是市场交易关系)的基本规则,与物权法构成现代民法财产法两大基干。债权本质上是对特定人的请求权,区别于本质上为对物的支配权的物权。债权法包括合同法、侵权行为法、不当得利法和无因管理法。鉴于20世纪以来,因市场经济和科学技术的发展,产生各种新的交易形式和交易关系,发生各种新的危险和损害类型,导致债权法内部合同法规则和侵权行为法规则的激增,最终导致债权法的膨胀。出于民法典各编在形式上协调的考虑,将债权法分为债权总则、合同和侵权行为三编,而以债权总则统属合同编和侵权行为编,以此维持债权法内部的逻辑性和体系性。此参考了20世纪90年代新制定的民法典的经验,如1992年的《荷兰民法典》将债权法分为债权总则、各种合同和运输法三编,1994年的《蒙古国民法典》将债权法分为债权总则、合同之债和非合同之债三编,1995年的《俄罗斯联邦民法典》将债权法分为债权总则和债权分则两编。

【各章名称及内容要点】

第一章　一　般　规　定

不分节。建议规定：债的定义；规定债权的相对性、期限性、平等性、不可侵性。

第二章　债　的　原　因

建议设四节。第一节一般规定。规定债的发生原因包括：合同；侵权行为；不当得利；无因管理；法律直接规定；诚实信用原则。第二节不当得利。建议规定不当得利的定义；不当得利的构成要件；不当得利的基本类型；不当得利的法律效果。第三节无因管理。建议规定无因管理的定义；无因管理的构成要件；无因管理的法律效果；不法无因管理。第四节悬赏广告。建议规定悬赏广告的定义；悬赏广告的构成要件；悬赏广告的法律效果；悬赏广告的撤回；优等悬赏广告。

第三章　债　的　标　的

不分节。建议规定：作为债务与不作为债务；结果债务与手段债务；特定物债务；种类债务；金钱债务；利息债务；选择债务；附随债务。

第四章　多数当事人的债权债务

不分节。建议规定：可分债权与可分债务；连带债权与连带债务；连带债权的对外效力；连带债权的内部效果；连带债务的对外效力；连带债务的内部效力。

第五章　债权的移转与变更

建议设四节。第一节债权让与。规定债权让与的定义；不得让与的债权；债权让与时从权利的移转；让与人的义务；让与人的瑕疵担保责任；债权让与的通知及其效力；表见让与；债务人的抗辩权及抵销权；重复让与;分别让与;无偿让与;法定的债权移转。第二节债务承担。规定债务承担的定义;债务承担以债权人同意为生效要件;债务承担人的抗辩权;从债务的移转;部分债务承担;法定的债务承担。第三节债权债务的概括移转。规定债权债务概括移转的定义;概括移转的效力。第四节债权变更。规定债权变更的定义;债权变更的要件;债权变更的效力。

第六章　债的保全

建议设两节。第一节债权人的撤销权。规定债权人的撤销权的定义;债权人撤销权的构成要件;债权人撤销权的行使方式;债权人撤销权行使的效果。第二节债权人的代位权。规定债权人代位权的定义;债权人代位权的构成要件;债权人代位权的行使方式;债权人代位权行使的效果。

第七章　债权的消灭

建议设六节。第一节一般规定。规定债权消灭的原因;债权消灭的效果;债权消灭,其债权之担保权及其他从权利同时消灭;债权消灭时,其欠债字据的返还与涂销。第二节清偿。规定清偿受领人;债权准占有人受领;第三人清偿;清偿的代位;清偿期的确定;清偿地之确定;期前清偿;一部清偿;代物清偿;清偿费用;指定抵充顺序;未指定时的抵充顺序;受领证书及其效力。第三节抵销。规定抵销的要件;抵销的方法与效力;抵销的禁止;异地清偿的抵销;时效期间届满的债权的抵销。第四节提存。规定提存的要件;提存的标的物;提存的方法;提存的效力;提存物的取回;提存物的受领及受领权消灭。第五节免除。规定免除的效力。第六节混同。规定混同的效力。

第四编　合　同

【说明】

合同法规定的是市场经济中的交易规则,属于补充当事人意思的任意性规定,以合同自由为基本原则。从中国改革开放、发展社会主义市场经济、建立全国统一的大市场及与国际市场接轨的实际出发,总结改革开放以来的立法、司法经验,参考借鉴市场经济发达国家和地区的经验,并与国际公约和国际惯例相协调,尽量采纳符合现代市场经济客观规律的共同规则。拟设二十四章,包括总则六章,分则十八章。

【各章名称及内容要点】

第一章 一般规定

不分节。建议规定合同的定义:合同是平等的民事主体之间设立、变更、终止债权债务关系的协议。规定合同法的基本原则:合同当事人地位平等,一方不得将自己的意志强加给另一方;当事人依法享有合同自由,任何单位和个人不得非法干预;当事人应当遵循公平的原则确定双方的权利和义务;当事人行使权利、履行义务,应当遵循诚实信用原则。

第二章 合同的成立

不分节。建议规定合同的成立,以不要式为原则,以要式为例外。亦即,既可以采用口头形式,也可以采用书面形式及其他形式,但法律要求采用书面形式的,必须采用书面形式。并规定要约承诺规则;对定式合同的管制;缔约过失责任。

第三章 合同的效力

不分节。建议规定合同自成立之时生效,法律另有规定或当事人另有约定的除外;规定形式欠缺的补正;规定合同的无效,免责条款的无效;规定合同无效的后果。

第四章 合同的履行

不分节。建议规定:当事人应当按照约定履行义务;当事人应当遵循诚实信用原则并根据合同的性质和交易习惯履行相互通知、相互协助和相互保护的义务；合同条款约定不明时的处理原则；国家定价调整时的处理原则；向第三人履行和由第三人履行的合同；同时履行原则和同时履行抗辩权、不安抗辩权；情事变更原则。

第五章　合同的解除与终止

不分节。建议规定发生法定解除权的情形：不可抗力、履行拒绝、履行迟延；解除权的行使方式；规定合同终止后，当事人应当遵循诚实信用原则和交易习惯履行相互通知、相互协助和相互保护的义务。

第六章　违约责任

不分节。建议规定违约责任的严格责任原则；履行拒绝的违约责任；强制实际履行；瑕疵履行的责任；违约金以赔偿性为原则，惩罚性为例外；当事人可以约定损害赔偿金的计算方法；当事人未约定违约金和损害赔偿金的计算方法时，损害赔偿金应当相当于违约所受损失，包括可得利益；可预见规则；减损规则；过错相抵规则；损益相抵规则；第三人的原因造成的违约；第三人侵害债权；违约责任与侵权责任的竞合。

第七章至第二十四章　各种合同

规定各种典型合同：买卖合同；赠与合同；租赁合同；融资租赁合同；借贷合同；借用合同；承揽合同；运送合同；储蓄合同；结算合同；委托合同；居间合同；行纪合同；保管合同；合伙合同；雇佣合同；保证合同；技术合同。

第五编　侵权行为

【说明】

侵权行为法性质上属于救济法，是人民合法权益遭受侵害时的民事救济手段，因此属于强行规定，不允许当事人以约定排除其适用。但侵权行为所产生的权利义务与合同产生的权利义务本质相同,因此同属于债权法,称为侵权行为之债。侵权行为之债与合同之债的区别在于,前者为法定之债,后者为任意之债。但两者权利本质相同,均属于相对权和请求权,具有共同的本质和效力,其移转、变更、清偿、消灭,以及可分债权与不可分债权,种类债权与特定债权,选择债权债务、单独债权债务及连带债权债务等,适用同样的规则即债权总则的规定。建议设十一章,其中第一章规定一般侵权行为及适用于整个侵权行为法的共同规则,其余各章规定特殊侵权行为的特殊规则。

【各章名称及内容要点】

第一章 一 般 规 定

建议设四节。

第一节责任原则。建议规定:一般侵权行为适用过错责任原则;特殊侵权行为适用无过错责任原则或者过失推定原则;对于本属于一般侵权行为应当适用过失责任原则、加害人没有过失而不予赔偿显然是不公正的,可适用公平责任原则使双方分担损害。

第二节共同侵权行为。建议规定:共同侵权行为的定义;各共同侵权行为人对受害人连带承担损害赔偿责任;教唆者、帮助者视为共同侵权行为人;共同危险行为,准用共同侵权行为的规定。

第三节损害赔偿。建议规定:财产损害的损害赔偿;生命侵害的金钱损害赔偿与抚慰金;人身伤害的金钱损害赔偿与抚慰金;人格损害的金钱损害赔偿与抚慰金;过失相抵规则;侵权行为损害赔偿请求权的消灭时效。

第四节过失相抵。建议规定过失相抵规则:受害人对于损害的发生有过失的,由法院斟酌具体情形减轻加害人的责任;但加害人为故意的,不得以受害人有过失为由主张过失相抵。

第二章 使用人责任

不分节。建议规定:被使用人于执行职务中的行为致他人人身、财产遭受损害的,由使用人对受害人承担损害赔偿责任;被使用人故意或重大过失造成他人损害的,使用人承担损害赔偿责任后对该被使用人有求偿权。

第三章　工作物责任

不分节。建议规定:土地上下的建筑物及其他工作物,因其设置管理存在瑕疵致他人人身、财产遭受损害的,由该建筑物或工作物的所有人或管理人对受害人承担损害赔偿责任。所有人或管理人证明因不可抗力导致损害发生的,可以由法院斟酌具体情形适当减轻其损害赔偿责任。所有人或管理人不得以瑕疵和损害系第三人的原因所造成而要求免责。

第四章　公共营造物责任

不分节。建议规定:公共营造物因其设置管理存在瑕疵致他人人身、财产遭受损害的,由公共营造物的管理人对受害人承担损害赔偿责任。管理人证明因不可抗力导致损害发生的,可以由法院斟酌具体情形适当减轻其损害赔偿责任。管理人不得以瑕疵系第三人的原因所造成而要求免责。

第五章　公害责任

不分节。建议规定:因污染环境造成他人人身、财产损害的,由污染环境的人对受害人承担损害赔偿责任。

第六章　动物伤害责任

不分节。建议规定:饲养动物造成他人人身、财产损害的,由动物所有人或管理人对受害人承担损害赔偿责任;动物所有人或管理人证明因受害人的过失导致损害发生的,不承担损害赔偿责任;动物所有人或管理人证明系第三人的原因导致损害发生的,由该第三人对受害人承担损害赔偿责任。

第七章　高度危险责任

不分节。建议规定:高空、高压、易燃、易爆、剧毒、放射性等具有高度危险的事业或设施造成他人人身、财产损害的,由高度危险事业或设施的经营者或所有人对受害人承担损害赔偿责任;经营者或所有人证明受害人故意造成损害发生的,不承担损害赔偿责任。高度危险事业或设施的经营者或所有人不得以不可抗力或第三人的原因导致损害发生为由要求免责。

第八章　交通事故责任

不分节。建议规定:运行中的机动车造成行人或非机动车驾驶人人身、财产损害的,由机动车所有人对受害人承担损害赔偿责任;机动车所有人证明受害人故意造成损害发生的,不承担损害赔偿责任;运行中的机动车相互碰撞造成人身、财产损害的,由驾驶人有过失的一方机动车所有人承担损害赔偿责任;双方机动车驾驶人均有过失的,由双方机动车所有人按照过失比例分担损害赔偿责任。出租或借用的机动车造成损害的,承租人或借用人视同机动车所有人。

第九章　产品责任

不分节。建议规定:因产品存在缺陷造成他人人身、财产损害的,由产品之生产者对受害人承担损害赔偿责任;产品之生产者证明未将产品投入流通,或产品投入流通时,引起损害的缺陷尚不存在的,或产品投入流通时的科学技术水平尚不能发现缺陷的存在的,不承担损害赔偿责任。

第十章　医疗过失责任

不分节。建议规定:在医疗护理活动中,因医院或医生有诊疗护理过失的行为造成患者生命、身体和健康遭受损害的,由医院或医生对受害人承担损害赔偿责任。医院或医生证明诊疗护理行为不存在过失的,不承担损害赔偿责任。

第十一章 侵害人格权的责任

不分节。建议规定:未经同意而使用他人姓名的,应当停止使用、消除影响并承担损害赔偿责任;未经同意而使用他人肖像的,应当停止使用、消除影响并承担损害赔偿责任,但非以营利为目的的使用除外;传播不真实的信息造成他人名誉遭受损害的,应当承担停止侵害、消除影响并赔偿其损害的责任,但证明所传播的信息基本真实或有正当理由信其真实的,不承担责任;传播他人不愿人知的隐私的,应当承担停止侵害、赔礼道歉并赔偿损害的责任,但该传播行为符合社会公共利益的,不承担责任;正当的舆论监督,不构成侵害他人名誉或隐私的侵权行为。

第六编 亲 属

【说明】

民法为市民社会的法,所规范的社会关系分为两大类,即经济生活关系和家庭生活关系。与此相应,民法规范也分为两大类,即财产法和身份法。财产法再分为物权法、债权法、继承法和知识产权法,而身份法仅指亲属法。因受苏联民法立法和理论的影响,以及在计划经济体制下家庭丧失其经济职能,家庭生活曾经被认为与经济生活无关,以致否认家庭生活关系属于民法的调整范围,否认亲属法属于民法。在这种历史背景下,亲属法被认为是一个独立的法律部门,并改称婚姻法或婚姻家庭法。改革开放以来,随着计划经济体制向市场经济体制的转轨,以及社会主义市场经济的发展,家庭的经济职能日益增强,认为家庭生活与经济生活无关的旧理论逐渐被抛弃。《民法通则》适时地将家庭生活关系纳入民法调整范围,规定了民法调整家庭生活关系的若干基本规则,如《民法通则》第 103 条规定公民享有婚姻自主权,禁止买卖、包办婚姻和其他干涉婚姻自由的行为;第 104 条第 1 款规定婚姻、家庭、老人、母亲和儿童受法律保护;第105条规定妇女享有同男子平等的民事权利。《民法通则》还专设一节规定了当时的婚姻法未规定的监护制度。因此,建议民法典应就规范家庭生活关系的法律规则专设一编,称为亲属编(或婚姻家庭编),包括九章。

【各章名称及内容要点】

第一章 一般规定

不分节。建议规定亲属法的调整对象。规定亲属法的基本原则:婚姻自由;一夫一妻;男女平等;保护妇女、儿童和老人的合法权益;推行家庭生育计划;禁止妨害和干涉婚姻自由;禁止重婚;禁止家庭成员间的虐待、遗弃及其他形式的家庭暴力。实行民主、勤俭持家,维护善良风俗,提倡文明进步的婚姻家庭关系。

第二章 亲属

建议设三节。第一节亲属关系的发生。建议规定亲属关系发生的法律事实:结婚;出生;收养。规定亲属的种类:直系血亲;旁系血亲;姻亲。规定亲等及其计算方法。第二节亲属关系的效力。建议规定:近亲属的范围;亲属间禁止结婚的规定;近亲属间扶养关系的规定;姻亲间扶养关系的规定;亲属间监护的规定。第三节亲属关系的终止。建议规定亲属关系终止的法律事实;规定婚姻关系终止后的姻亲关系。

第三章 结婚

建议设三节。第一节结婚的实质要件。建议规定:自愿;法定年龄;非禁婚亲;无配偶;关于禁婚疾病的规定。第二节结婚的形式要件。建议规定:双方必须亲自到登记机关登记;登记所须文件;登记机关;登记审查。婚姻公告期。第三节婚姻无效制度。规定无效婚姻的种类;婚姻无效请求权;婚姻无效请求时效;婚姻无效的后果;婚姻无效确认的机关;法院关于婚姻无效的宣告;关于法院宣告婚姻无效后子女及财产的规定。

第四章　夫妻关系

建议设两节。第一节夫妻的权利义务。建议规定:姓名权;人身自由权;平等的工作权;平等的亲权;住所决定权;生育权和生育的家庭计划义务;互负共同生活的义务及解除共同生活义务的特定情形;相互扶助的义务;相互为代理人及除外的情形。第二节夫妻财产制。建议规定:个人特有财产;约定财产制包括约定时间、约定原则、登记、约定的变更及终止;法定财产制包括法定财产制的原则、财产范围等;约定财产制的种类包括一般共同制、管理共同制、分别财产制;关于夫妻财产制的适用规则。

第五章　离　婚

建议设三节。第一节登记离婚。建议规定:登记离婚的条件;登记的程序;提出登记离婚申请后的3个月考虑期;离婚无效的规定;有未成年子女的夫妻不适用登记离婚的规定。第二节诉讼离婚。建议采列举与概括方式规定可以离婚的条件;规定法官主持下调解和好;调解和好不成时的调解离婚;调解离婚不成时的判决离婚;关于限制离婚的特殊规定;离婚后子女抚养和探视的规定;关于复婚的规定。第三节离婚的财产分割。建议规定:按照约定或法定财产制的原则分割;夫妻共同财产平均分割的原则;一方特有财产归一方所有;财产分割中应照顾女方和子女的利益;财产分割应有利于生活、生产,不损害第三人合法利益;关于住房问题、共同债务的分担的规定等。

第六章　父母子女

建议设四节。第一节父母与婚生子女。建议规定:婚姻关系存续期间受胎或出生的子女为婚生子女;婚生子女的否认之诉及除斥期间;夫妻双方同意的人工生育子女为婚生子女。第二节父母与非婚生子女。建议规定:非婚生子女的定义;非婚生子女享有婚生子女的法律地位;非婚生子女的认领包括自愿认领和强制认领;关于非婚生子女的抚养的规定。第三节养父母与养子女、继父母与继子女。建议规定:养父母与养子女、继父母与继子女适用第一节父母与婚生子女关系的规定。第四节父母子女间的权利义务与亲权。建议规定:亲权的定义;亲权的内容(决定未成年子女姓名权,决定未成年子女住所权,对未成年子女的管束和教育权,保护未成年子女人身的权利和义务,未成年子女职业同意权,未成年子女财产管理权,未成年子女监护权和法定代理权);亲权的行使原则;亲权滥用的禁止、亲权的丧失和恢复。

第七章 收 养

建议设四节。第一节一般规定。建议规定收养的原则:保护合法的收养关系;有利于被收养的未成年人的原则;平等自愿的原则;不得违背有关计划生育的法律。第二节收养关系的成立。建议规定:被收养人的范围;送养人的条件;收养人的条件;收养的人数限制及收养孤儿和残疾儿童不受此限制;无配偶男性收养女性的年龄限制;共同收养的规定等;严禁借收养名义买卖儿童。第三节收养的效力。建议规定:自收养关系成立之日起,养父母与养子女之间的关系适用父母与亲生子女之间的关系的规定;关于养子女姓名的规定;收养无效的条件和效果。第四节收养的解除。建议规定:解除收养关系的限制;可以解除收养关系的条件;解除收养关系的程序;解除收养关系的效果。

第八章 扶 养

建议设四节。第一节扶养的范围。建议规定:近亲属间的法定扶养关系;近亲属的范围:配偶、五代内的直系血亲、二亲等的旁系血亲。第二节扶养的顺序。建议规定:扶养义务人为数人时履行扶养义务的顺序;扶养权利人为数人时受扶养的顺序。第三节扶养的条件和方法。建议规定:扶养的条件;夫妻之间的扶养;父母对未成年子女的抚养;其他近亲属之间的扶养;离婚父母对未成年子女的抚养。第四节扶养关系的变更和终止。建议规定:扶养关系变更的条件和变更的效果;扶养关系终止的原因和终止的效果。

第九章 监 护

建议设四节。第一节一般规定。建议规定:监护的定义;监护设立的条件;监护的开始。第二节监护人。建议规定:未成年人的监护人,包括法定监护人、指定监护人、选任监护人;成年人的监护人,包括法定监护人、选任监护人、指定监护人;监护人的资格;监护监督人;监护机关。第三节监护职责。建议规定:未成年人的监护人的职责;成年人的监护人的职责;监护监督人的职责;监护机关的职责。第四节监护关系的终止。建议规定:监护关系终止的条件;临时保护人。

第七编 继 承

【说明】

继承法规定自然人死亡后遗产移转的基本规则,继承权属于以血缘或身份关系为基础的财产权。继承法为民法典重要内容,当然应作为民法典的一编。建议以现行《继承法》为基础,总结司法经验,稍做损益,设四章规定。

【各章名称及内容要点】

第一章 一 般 规 定

不分节。建议规定:被继承人死亡之时,继承开始;继承开始,有遗嘱的,按遗嘱继承;没有遗嘱的,按法定继承。规定继承权丧失的法定事由。鉴于现行法对胎儿保护不周及司法实践经验,建议规定:胎儿视为已出生,有继承及受遗赠能力。

第二章 法 定 继 承

不分节。建议规定:继承权男女平等;规定法定继承人的顺序;继承的代位。

第三章　遗嘱继承和遗赠

不分节。建议规定:遗嘱自由原则。规定遗嘱的形式:公证遗嘱;自书遗嘱;代书遗嘱;录音遗嘱;口头遗嘱。建议规定特留份制度。规定遗嘱见证人及其职责。规定遗嘱的撤销和变更;遗嘱的无效。

第四章　遗产的处理

不分节。建议规定:遗产的保管;放弃继承的表示;遗赠扶养协议;遗产分割原则;被继承人的债务和税负的清偿;无人继承遗产的处理。

中国民法：立法史·现状·民法典的制定[*]

近年来民法学界开始议论民法典制定问题。1991年春夏之交在北京召开的几个纪念《民法通则》颁行5周年座谈会上，一些学者提出制定民法典问题。同年在哈尔滨召开的中国法学会民法学经济法学研究会年会上，有不少学者呼吁制定民法典。1992年5月，中国政法大学民法教研室主持召开了一个关于制定民法典问题的学术讨论会。同年7月，在烟台举行的中国法学会民法学经济法学研究会年会上，民事立法问题是大会主题之一。会上有更多的民法学者关注和研讨制定民法典问题。在此之前，我关于制定民法典的条件是否具备发表过消极的意见，但制定民法典同样是我的理想，愿在此谈一点管见。

一、对我国民法立法史的简略回顾

中国漫长的封建社会，长期推行重农抑商的经济政策，自给自足的自然经济占主导地位。商品生产和商品交换被限制在狭小的范围内，市场经济极不发达。政治上实行封建专制主义统治，个人自由、平等、权利、义务等观念均无由发生。因此，不具备民法产生和发展的基本条件。

历代封建统治者虽重视法典编纂，但多为刑罚之规定。其中涉及民事关系的规定，如户婚、钱债等，亦仅以采用刑罚制裁为限，实质上仍

---

[*] 本文写于1992年7月，同年10月曾提交在南京召开的东亚法律、经济、文化国际学术讨论会。

属刑法规范。一般民事关系,主要由习惯法调整。现代意义上的民法之制定,始于清朝末年之法制改革。1907 年,光绪皇帝委派沈家本、俞廉三、英瑞为修律大臣,主持民、刑等法典之制定。沈家本先生当年亲赴日本,打算邀请日本著名民法学家梅谦次郎到中国帮助起草民法典。不巧,梅谦次郎先生要去朝鲜,不能应邀。于是,沈家本先生邀请了日本东京控诉院判事、民法学者松冈义正,同时还邀请了帝国大学刑法教授冈田朝太郎,司法省事务官小河滋次郎,帝国大学商法教授志田钾太郎。由松冈义正先生担任民法典总则、债权、物权三编的起草工作。四位日本学者除担任民法典起草工作外,还在当时的京师法律学堂任教。

1911 年,民法典起草工作完成,称为《大清民律草案》,是现代中国民法之始。该草案由总则、债权、物权、亲属、继承五编构成,共 1569 条。其编排体例及前三编内容,乃参考《德国民法典》和《日本民法典》。这一法典未及正式颁行,清王朝就被辛亥革命推翻。但是,通过这一民法典草案,大陆法系民法尤其是《德国民法典》的编排体例及法律概念、原则、制度和理论被引入中国立法,对现代中国民事立法及民法理论有深远的影响。且充分显示中华民族如何在外来压力之下,毅然决定抛弃固有传统法制,继受西方法学思潮,以求生存的决心、挣扎及奋斗。

中华民国成立后,设立修订法律馆主持起草民、刑法典,乃以《大清民律草案》为基础,予以增删修改,于 1925 年完成民法典草案的起草工作,形成《中华民国民律草案》,又称《第二次民律草案》。其中债权编采用了瑞士债务法的一些原则,物权编增设抵押权、典权制度。这部民法典草案曾经司法部通令各级法院作为条例引用,但最终并未成为正式法典。中国历史上第一部正式的民法典,是国民政府制定的《中华民国民法》。国民政府立法院于 1929 年设立民法起草委员会,着手起草民法典。该委员会依照中央政治会议决定之民法各编立法原则,经两年工作完成法典,并分编公布施行。该法典分总则、债权、物权、亲属、继承五编,共 29 章,1225 条。这一法典的制定,乃以《民法修正案》为基础,着重参考德国、日本、瑞士的立法经验,并且参考了《苏俄民法典》和《泰国民法典》。例如，采民商合一主义，乃参考瑞士、苏俄的立法经验。规定男女平等原则，废亲权之名而着重规定父母对子女的保护及教养义务，规定权利滥用之禁止，乃参考《苏俄民法典》。但是，在1949年之前，这部民法典只在国民党统治的大中城市有实际效力，在广大农村实行的依然是世代相传的宗法制度和风俗习惯。中华人民共和国成立后，这一法典被中央人民政府明令废除。

新中国成立，掀开了现代中国民事立法史新的一页。1954 年，根据中华人民共和国第一部《宪法》，由全国人民代表大会常务委员会着手组织起草民法典。经过两年多的时间，于 1956 年 12 月完成《民法草案》，草案包括总则、所有权、债、继承四编，共 525 条。后因政治原因中断了立法工作，使这一草案未正式成为法律。但是，这一民法典草案在我国民事立法史上无疑占有重要地位，它标志着中国社会主义民法立法的开端。它是以 1922 年《苏俄民法典》为蓝本制定的，标志着中国社会主义民法立法和民法理论对苏联民事立法和民法理论的继受。例如，这一草案完全采纳《苏俄民法典》的编排体例，将亲属法排斥于民法之外；不规定物权而仅规定所有权；不使用自然人概念而代之以公民概念；仅规定诉讼时效而否定取得时效；片面强调对国有财产的特殊保护；等等。虽然这一民法典草案是以《苏俄民法典》为蓝本，但是，由于1922 年《苏俄民法典》本身乃是参考《德国民法典》，这就决定了新中国第一个民法典草案及此后的民事立法及民法理论仍旧与大陆法系民法（例如《德国民法典》）相通，并有着相同的立法体例、基本概念、基本制度。

从 1962 年开始，为了贯彻中共中央对国民经济实行"调整、巩固、充实、提高"的方针，适应发展商品生产和交换的要求，进行了第二次民法起草，至 1964 年完成《民法（草案）》（试拟稿）。这一民法草案集中反映了集权型行政经济体制的本质特征和经济思想上"左"的倾向，并受国际国内政治斗争的影响，企图摆脱苏联民法的模式并且与资本主义民法彻底划清界限。该民法草案起草者设计了一种全新的体例，仅分三编：第一编"总则"；第二编"财产的所有"；第三编"财产的流转"。一方面将继承和侵权行为排除在外，另一方面却又将预算、税收等财政法关系及劳动工资报酬等劳动法关系纳入法典（第三编"财产的流转"）。整部法典不使用"权利""义务""债权""物权""所有权""法人"等概念。这次民法起草工作因"四清运动"而中断。我以为，这一民法典草案除留下深刻的教训外，不可能为我们留下任何有益的经验。

党的十一届三中全会后，纠正了思想上的"左"的错误，实行对外开放政策，发展商品生产和商品交换，民法典的制定再次提上议事日程。1979年11月组成民法起草小组，至1982年5月，先后草拟了四个民法草案。其中第四个草案，即《中华人民共和国民法（草案）》（第四稿），包括八编，43章，465条。这一民法草案虽未正式成为法律，但在现代中国民法史上占有重要地位。现行《民法通则》《继承法》《经济合同法》，都是以这一草案相应编章为基础，适当修改损益之后颁布的。尤其应当指出的是，这次民法典起草，是在经历了"文化大革命"十年动乱之后，反映了发展社会主义商品经济和建设社会主义民主政治的要求，并广泛参考了欧美、日本等发达资本主义国家及苏联东欧社会主义国家民事立法经验。因此，民法草案第四稿，无论是立法体例还是内容，与20世纪50年代和60年代的草案相比，都有极大的进步和发展。但是，由于当时经济体制改革才刚刚在农村展开，城市经济体制改革仅在少数城市进行试点，社会主义商品经济关系远未发育成熟，因而不可能在法典草案中得到准确的反映。特别是法学教育和法学研究在经历长期法律虚无主义和停滞之后刚刚恢复，并且大多数民法学者被卷入了从1979年开始的民法学界与经济法学界的大论战，因此来不及对民法理论进行系统的清理和深入的研究，这就使民法草案第四稿受到很大的局限，存在许多缺点。这些局限和缺点，有一部分在制定《继承法》《经济合同法》和《民法通则》时得到纠正和弥补，其余的依然存在于这三部法律中。

1982年以后，中国在民事立法方针上有了重大变化。立法者考虑到经济体制改革刚刚开始，社会生活中不断发生各种新情况和新问题，各种经济关系错综复杂而且变动不居,不可能在短期内制定出一部完整的民法典。因此,转而采取了先分别制定民事单行法,待条件具备时再制定民法典的立法方针。至1985年,已先后颁布了《经济合同法》《涉外经济合同法》《继承法》《专利法》《商标法》等单行法。鉴于民事立法中若干基本原则和制度不应由单行法分别规定,1986年颁布了《民法通则》,并于次年1月1日施行。此后,又相继颁布了《技术合同法》和《著作权法》。此时,新中国民事立法可以说已初具规模。

二、中国民法之现状

(一)现行民法的渊源

1. 立法

(1)《民法通则》

居于现行民事立法基本法地位的是《民法通则》。《民法通则》不同于民法典,也不同于民法典的总则编。它由九章156条组成,即第一章基本原则;第二章公民(自然人);第三章法人;第四章民事法律行为和代理;第五章民事权利;第六章民事责任;第七章诉讼时效;第八章涉外民事关系的法律适用;第九章附则。其中,第一、二、三、四章及第七、八、九章,大致相当于民法典的总则编。第五章对各种民事权利作提要式的规定,包括第一节财产所有权和与财产所有权有关的财产权;第二节债权;第三节知识产权;第四节人身权。第六章规定违反合同的民事责任和侵权的民事责任,属于民法典债权编的内容。

(2)民事单行法

相对于民事基本法而言,民事单行法为民事特别法。其中有的属于民法典债权编的内容,如《经济合同法》《涉外经济合同法》及《技术合同法》;有的相当于民法典亲属编的内容,如《婚姻法》及《收养法》;有的相当于民法典继承编的内容,如《继承法》;有的则属于商事单行法,如《专利法》《商标法》和《著作权法》。

(3)民事法规

由国务院制定的民事法规,为中国现行民法之构成部分。如国务院依据《经济合同法》的规定制定的若干合同条例,如《工矿产品购销合同条例》《加工承揽合同条例》《借款合同条例》等;再如国务院1989年颁布的《国内航空运输旅客身体损害赔偿暂行规定》。

(4)行政法规中的民法规范

国务院制定的行政法规中,也往往包含有民法方面的规范,这些民法规范亦为现行民法之构成部分。如《关于技术转让的暂行规定》(1985年),其中有关于技术合同必要条件的规定;《工业产品质量责任条例》(1986年),其中有关于瑕疵担保责任的规定;《城市私有房屋管理条例》(1983年),其中有关于共有人、承租人优先购买权的规定。

2. 属于民法性质的规范性文件

由国务院所属部委及地方政府发布的规范性文件,并不属于立法。但在现行法律体制中,这些规范性文件,在不与法律、法规相抵触的前提下,具有相当于行政法规的效力。其中最重要的,如国家经济体制改革委员会于1992年5月发布的《股份有限公司规范意见》及《有限责任公司规范意见》。

3. 有权解释

其中最为重要的是最高人民法院所作解释。最高人民法院在解释中,常常对法律和法规作出某种补充和扩张。如《关于贯彻执行〈经济合同法〉若干问题的意见》(1984年)、《关于贯彻执行〈中华人民共和国民法通则〉若干问题的意见(试行)》(1988年)等。

4. 习惯法

民间存在的习惯,因法院之认可而成为习惯法,其典型例子是关于典权的习惯。典权为我国固有制度,其他国家或地区民法上无与其相当者。因民国时期制定的民法典作了明文规定,而变为成文法制度。1949年新中国成立后,该民法典被废除,复以习惯规则形式继续存在于民间。截至1989年年底,最高人民法院肯定典权的批复、解答已有18件之多,足见关于典权的习惯规则已构成我国现行民法之一部分。

5. 判例法

我国民法理论原不承认判例法的地位,但由于40年来民事立法不完善,给判例法的发展留下很大的空间。最高人民法院发表的批复、解答及判例中所形成的许多判例法规则,毫无疑问是我国现行民法的重要组成部分。

(二)现行民法的进步性

现行民法的绝大部分是在中共十一届三中全会以后,为适应改革开放和发展社会主义市场经济的要求而陆续制定的,是改革开放的法律保障,并为我国保障社会主义人权,建设社会主义民主政治和法治国家提供了初步的法律基础。现行民法的基本精神和基本内容,无疑具有进步性,体现在下述几个方面:第一,现行民法的基本精神为权利本位与社会本位的结合。《民法通则》总结了极"左"路线否定公民人身权和财产权、给社会主义事业造成严重危害的教训,对公民、法人的人身权利和财产权利作了充分规定,其立法思想体现了权利本位。但是,基于社会主义经济制度的要求,《民法通则》在注重保护公民、法人民事权利的同时,也注意兼顾社会和国家的利益,协调国家、集体、公民、企业的利益冲突,因而又体现了社会本位的立法思想。这种立法思想,既不同于自由资本主义时代鼓吹自由放任的权利本位观念,又不同于我国在改革开放前的旧体制下,片面强调国家、集体利益因而否定公民和企业利益的思想。第二,现行民法反映改革开放和发展社会主义市场经济的要求,规定对国家、集体和公民利益一体保护原则,抛弃了过去长期实行的对国家利益和全民所有制企业利益特殊保护的原则。这体现了社会主义市场经济的机遇平等和公平竞争的要求。第三,现行民法对公民人格权作了比较充分的规定,其中包括生命健康、人身自由、名誉、隐私等最起码的人权。这些规定符合现代法律发展趋势并体现了社会主义法的精神。

(三)现行民法的缺点

1. 因经济体制上的原因所形成的缺点

现行民法的绝大部分是在1979年之后陆续制定的,正值对旧的体制进行改革而新的经济体制尚未形成的时期,这就决定了现行民法难免要保留不少反映集权型行政经济体制特征的制度和原则。随着改革开放的深入发展,这些反映旧体制的制度和原则日渐成为前进的障碍。尤其是《经济合同法》制定于20世纪80年代初,较多地反映旧经济体制的要求,如强调国家指令性计划;强调对合同当事人意志自由的限制等。即便是立法思想上比较进步的《民法通则》,亦有若干规定反映旧经济体制的要求,因而与改革开放和发展社会主义市场经济的实践不一致。例如,关于个人合伙组织的规定、要求合伙人"共同劳动"、关于合同转让的规定要求"不得牟利"等。

2. 因民法理论上的原因所形成的缺点

我国原有的民法理论是在20世纪50年代继受苏联民事立法和民法理论的基础上形成的。改革开放以来的民事立法和实务,基于社会经济生活所发生的根本变化,在许多方面已突破或修改了原有民法理论。例如,现行民法放弃原有理论中关于社会主义财产特殊保护的原则,规定对公民、法人合法权益不分所有制性质集于一体保护;放弃了所谓合同的实际履行原则,规定在违约时受害方有权拒绝实际履行而请求损害赔偿;突破了不承认精神损害赔偿的禁锢,规定在侵犯人格权的场合,受害人有权要求精神损害赔偿。不容忽视,现行民法中仍旧保留了原民法理论中过时的、错误的东西,这些内容阻碍改革开放的进一步发展并与发展社会主义市场经济的实践相冲突。例如,现行民法不承认取得时效制度;以主体之属于法人或公民而划分经济合同与民事合同;片面强调民事责任尤其是违约金的惩罚作用而忽视其补偿作用;关于国有企业财产权仍坚持苏联学者维尼吉克托夫在20世纪40年代提出的"国家所有权—企业经营权"结构,等等。

3. 因立法体制上的原因所形成的缺点

我国现行立法体制实际上受行政体制的制约,除基本法如《民法通则》系由全国人大常委会法制工作委员会组织起草外,多数单行法及条例均由国务院所属一个或几个部委负责起草。由于负责起草的部委往往不可能从全局利益考虑,而是较多地考虑本部门、本系统的利益,甚至借法律起草以扩张本部门的权限和编制,这就导致现行民法具有互不协调、重复规定、相互抵触及被人为地分割的缺点。现行民法体系中,并存三个相互独立的合同法,就是这种立法体制造成的后果。其中尤其令人难解的是《技术合同法》的制定。据说近年还有人呼吁进一步制定商业合同法、保险合同法、信贷合同法等像《技术合同法》那样的法律。

4. 因立法指导思想的原因所形成的缺点

我国立法指导思想上强调"成熟一个制定一个"及"立法宜粗不宜细"。例如,关于物权法,只有关于所有权的极简单规定;关于债法则缺乏总则性规定;亲属法亦很不完善;许多重要的商事法律尚付阙如,如公司法从1985年即着手起草,因被认为"不成熟"而至今未提交立法审议。已有的法律、法规受"立法宜粗不宜细"思想的影响,极为简略、原则化而不便适用。如关于抵押制度仅有一个条文,且无登记制度和拍卖制度与之配套。为了弥补现行法漏洞及对原则化的规定作补充,不得不在很大程度上依赖于解释。又因有解释权的机关不讲究解释方法及解释程序,致使所作解释违反立法本旨及解释与解释相互抵触的情形并不少见,且因法律的原则化使法官裁量权过大,影响法的安定性和妥当性。

三、关于民法典的制定

(一) 民法典的政治使命

任何现代民法典的制定,都不仅仅是出于经济上的要求。《法国民法典》的制定是为了巩固法国大革命的成果;《奥地利民法典》的制定是为了推行女皇 Maria Theresia 的政治及行政改革;《德国民法典》的制定则是要实现德意志民族、国家和法律的统一;《日本民法典》的制定,目的在于推行维新变法及废除领事裁判权。我国何尝不是如此。清末制定《大清民律草案》,目的在变法图强;1929—1930年国民政府制定民法典,目的在于借法制统一以实现政治统一。1986年,制定《民法通则》是为了保障经济体制改革和对外开放,而改革开放,绝不只是经济问题。

我国经济体制改革和对外开放在取得一定的成绩之后,从1988年开始出现了长期的停顿和徘徊。因此,我在 1990 年和 1991 年曾表示过制定民法典的政治条件尚不具备的见解。但今年以来,形势发生大的变化,以邓小平同志南方谈话的传达为契机,中国对外开放、经济体制改革和政治体制改革在结束三年停顿和徘徊之后将有大的发展。有鉴于此,我认为制定民法典的政治条件已经具备。

发展现代化的社会主义市场经济,建立社会主义市场经济体制,保障社会主义的人权,建设社会主义民主政治和法治国家,要求有一部现代化的完善的民法典和一系列与之配套的民商事单行法,为之提供可靠的法律基础。发展社会主义市场经济,保障社会主义人权,建设社会主义民主政治和法治国家,是民法典的三项政治使命。

(二)关于制定民法典的理论准备

要制定一部现代化的完善的民法典,必须要有一套现代化的完善的民法理论。毫无疑问,改革开放以来,我国民法理论已经有了很大的发展,达到了相当高的水平。但是,应当承认,我国现有民法理论还很薄弱,还不足以为制定民法典提供坚实的理论基础。

其一,现有民法理论缺乏体系性和完整性。还有许多制度、原则和理论,迄今未进行认真的研究。例如,迄今未见到系统论述物权、用益物权或担保物权的专著。现有研究往往局限于所有权,其中尤以对国家所有权的研究为主。

其二,现有民法理论缺乏开阔的眼界。第二次世界大战以后,为适应现代化市场经济的要求,民事立法和民法理论有极大发展。大陆法系若干民法典均进行了重大修改,并在成文法之外由判例和学说发展出许多新的制度和原则。在物权法领域,如各种新的担保形式(最高额抵押、财团抵押、浮动担保、动产抵押、抵押证券及各种非典型担保);在债权法领域,如积极侵害债权、附保护第三人效力契约、基于重大事由的告知、公共交通安全义务、因果关系的推定等。但这些新的制度、原则和理论尚未系统地介绍到国内,更谈不上对它们作深入的研究。

其三,现有民法理论尚未完全摆脱苏联民事立法和民法理论的影响。例如,把民法说成是商品经济法或财产法的理论观点迄今仍很流行、不承认民法是私法等。甚至当现行立法基于改革开放的实践已经突破旧有源自苏联的理论作出了新的规定之后,仍然存在用旧的理论解释新的规定的现象。

其四,现有民法理论在很大程度上受现行民事立法的局限。例如,以《民法通则》的范围作为中国民法学的范围,把《婚姻法》和《继承法》排除在"中国民法"体系之外,将《专利法》《商标法》《著作权法》及相关冲突规范规纳入"中国民法"体系之内。另外,对现行法的研究,往往限于文义解释,且在解释上不讲究方法论,以致所作解释常不符法律本意,更不用说达到借学理解释以弥补法律欠缺、纠正不当规定及完善现行法之目的。

我认为,我国民法学研究同样存在破除"左"的思想的问题。我们在发展社会主义市场经济、建设民主政治和法治国家方面没有多少成功的经验,应当认真学习和借鉴发达资本主义国家的经验。"左"的思想反对这种学习和借鉴,反对的理由:一是要划清资本主义和社会主义的界限;二是要保持所谓中国特色。但是,民商法制度究其实质不过是现代市场经济社会的一般规则,其基本要求是要与国外和国际市场相通,而不应是区分所谓姓"社"姓"资"或追求什么特色。发达资本主义国家民事立法的成功经验和判例学说新成果,凡是符合现代法律发展潮流,有利于发展市场经济和建设民主政治的,我们都要认真学习和借鉴。

(三)制定民法典的模式选择

1. 应坚持民商合一之立法主义

大陆法系民法有民商分立与民商合一两种立法主义。法国、德国、日本、西班牙、荷兰等采用民商分立主义,即分别制定民法典和商法典。瑞士、泰国、苏俄、匈牙利等采民商合一主义,即制定民商统一之民法典,另在民法典外制定若干民事单行法。意大利原采用民商分立主义,并存民、商两法典,后改采用民商合一主义,于1942年颁布民商合一之新民法典。我国清末法制改革本采用民商分立主义,分别起草民法典草案和商法典草案。国民政府于1929—1930年制定民法,采纳胡汉民、林森的建议,制定了民商合一之民法典,另在民法典之外制定了公司法、票据法、保险法、海商法等单行法。1949年新中国成立后,虽然废除了国民政府时期的立法,但因受苏联民事立法和民法理论的影响,民商合一之立法主义迄未改变。现行《经济合同法》《技术合同法》和《涉外经济合同法》虽属于商事合同法性质,但仍然被视为《民法通则》之特别法。将来制定民法典时应将现行三个合同法的基本内容纳入民法典债权编,乃是民法学界一致的见解。从立法机关多年来一直在分别起草公司法、票据法、海商法等单行法来看,亦无变更立法主义之迹象。鉴于现代化市场经济的高度发展,商业职能与生产职能融为一体,商人作为特殊阶层及其特殊利益已经消失,原则上一切法人和自然人均可从事商行为,民商合一主义符合法律发展潮流,因此制定民法典应坚持民商合一之立法主义。

2. 应坚持德国式法典编制体例

大陆法系民法之编制体例,有罗马式与德国式之分。所谓罗马式,乃罗马法学家盖尤斯《法学阶梯》及优士丁尼《法学阶梯》所用体例,即分为人法、物法和诉讼法三编。《法国民法典》采此体例,仅将诉讼法除外,分为:第一编人;第二编财产及对于所有权的各种限制;第三编取得财产的各种方法。德国式亦称潘德克顿式,乃德国法学者于著述中所用体例,为《德国民法典》所沿用。此种体例共分五编:第一编总则;第二编债权;第三编物权;第四编亲属;第五编继承。以上两种编制体例,学者通说认为德国式为优。我国制定民法典,从《大清民律草案》至民国时期民法均采德国式。新中国成立后,1956年的《民法草案》采《苏俄民法典》(1922年)体例,分总则、所有权、债、继承四编。其特点在于,因婚姻家庭等被认为不属于民法,亲属法被排除在外,且第二编仅规定所有权。尽管如此,该草案仍属于德国式编制体例之变形。1964年的《民法(草案)》(试拟稿)仅分三编:总则;财产的所有;财产的流转。该草案类似于《法国民法典》的编制体例。1982年的《中华人民共和国民法(草案)》(第四稿)分为八编:第一编民法的任务和基本原则;第二编民事主体;第三编财产所有权;第四编合同;第五编智力成果权;第六编财产继承权;第七编民事责任;第八编其他规定。这一编制体例乃是仿照1964年《苏俄民法典》和《匈牙利民法典》。

将来制定民法典时可否沿用《中华人民共和国民法(草案)》(第四稿)的编制体例,我以为不可。该草案将属于总则编的内容分为三编,即第一、二、八编,并无充分理由;第四编合同和第七编民事责任系将债权编一分为二,这种处理亦有重新斟酌的必要;我国已有《专利法》《商标法》和《著作权法》,第五编智力成果权已无保留之必要;是否应增设亲属编,亦应考虑。因此,我认为制定民法典以参照德国式编制体例为好,即分五编:第一编总则;第二编债权;第三编物权;第四编亲属;第五编继承。应予说明的是,现行《民法通则》中关于人身权的规定本应独立作为民法典的一编,但考虑到条文较少与其他编不成比例,故可归入总则编,安排在自然人一章。

(四)制定民法典的指导思想

1. 民法典应体现"私法自治"原则

我国旧有理论反映行政经济体制的要求,及受苏联民法理论影响,其特点是混淆公法与私法性质,将民法视为公法,并成为国家通过行政手段干预民事生活的理论依据。改革开放以来的实践已经证明,这种理论不符合建立社会主义市场经济法律秩序的要求。要建立社会主义市场经济法律秩序,实现政企分离、政经分离,使企业成为真正商品生产者和独立民事主体并能够抗拒国家行政权力的不当干预,首先要求严格区分民事生活与政治生活。在政治生活中通行的基本原则是国家意志先定;而在民事生活中则是当事人意思自治、合同自由,即由当事人自己决定他们之间的权利义务,只在发生纠纷时才由国家出面干预,即由司法机关对当事人之间的纠纷进行裁判,这就叫作"私法自治"。鉴于我国历来行政权力较为强大,各种行政机关对民事生活进行广泛的干预的事实,制定民法典应特别体现"私法自治"原则,尽量减少强制性规定,增加任意性规定,保障当事人有充分的意志自由。

2. 民法典应将保障人的尊严置于优先地位

在第二次世界大战以后,民法发展的一个重要方面是保障人的尊严。如《德国基本法》第1条规定:人的尊严不受侵犯。《日本民法典》新增第1条规定:对于本法,应以个人尊严及两性实质的平等为主旨而为解释。我国《宪法》总结"文化大革命"期间大规模践踏人格尊严的沉痛教训,在第38条规定:中华人民共和国公民的人格尊严不受侵犯。我国制定民法典,应当顺应这一法律发展潮流,将保障人的尊严置于优先地位,以维护人的尊严作为立法及解释适用法律之指导原则。

3. 民法典应体现保护消费者的立法思想

第二次世界大战以后,由于生产者与消费者利益的冲突,导致消费者运动的持续高涨,并推动各主要国家和地区制定和执行消费者保护政策。保护消费者已成为民法的一项指导原则。关于产品责任采无过错责任原则,对一般契约条款进行立法规制,即是保护消费者原则的体现。例如,欧共体(EC)在1985年7月25日关于产品责任的指令生效之后,于1990年又先后公布了关于消费者契约一般条款的指令提案和关于服务提供者责任的指令提案。我国制定民法典亦应体现保护消费者的立法思想,在这方面可以学习德国和欧共体的经验。

4. 民法典应体现社会主义的公平正义

在社会主义市场经济条件下,民法担负着维护社会公平正义的重要任务,起着协调各种利益冲突的"调节器"的功能。因此,民法典应体现社会主义的公平正义。民法典的各项规定,不应要求民事主体服从过高的道德标准,但也不应容许弱肉强食、巧取豪夺、为富不仁。民法典保护公民和法人在不损害社会公共利益和他人利益的前提下谋求自身的利益,不允许靠损害社会利益和他人利益而发财致富。

5. 民法典应坚持权利本位与社会本位相结合

在民法立法思想上有所谓"本位"问题,即由法律制度之进化过程观之,民法系由义务本位进入权利本位,最后再进入社会本位。如法国、德国、日本等国民法典,均为权利本位之立法,唯在第二次世界大战以后通过修订增添上社会本位之色彩。所谓社会本位之立法思想,即强调法律应兼顾社会公共利益。当代资本主义国家民法学说提倡社会本位有其进步意义,但社会主义国家民法,曾经在一个相当长的时期忽视公民权利和利益,表现为彻底的社会本位。有鉴于此,我国制定民法典应突出权利本位,强调对公民、法人合法权益的保护,在此基础上兼顾对社会公益和第三人利益的保护。换言之,民法典应体现权利本位与社会本位相结合,以权利本位为主、社会本位为辅的立法思想。

关于我国民事法律制度的几个问题
——全国人大常委会法制讲座第十讲*

新中国成立后,曾经在20世纪50年代初和60年代初,两次起草民法典,但均因政治原因而中断。现在看来,主要是不具备制定民法典的经济基础。在计划经济体制之下,整个社会经济生活的运作依靠行政手段和指令性计划,没有民法存在和发挥作用的条件。20世纪70年代末,党的十一届三中全会决定改革开放、发展社会主义市场经济(当时叫社会主义商品经济),民法的地位和作用开始受到重视。1979年11月,在法制委员会之下成立民法起草小组,至1982年5月共起草了四稿民法草案。此后,考虑到经济体制改革刚刚开始,社会生活处在变动之中,一时难以制定一部完善的法典,立法机关决定改采先分别制定民事单行法,待条件具备后再制定民法典的立法方针。迄今已经形成一个以《民法通则》为民事基本法、由《合同法》《担保法》《婚姻法》《继承法》《收养法》《公司法》《票据法》《证券法》《保险法》《海商法》《专利法》《商标法》《著作权法》等民事(民商)单行法构成的民事(民商)立法体系。这一民事立法体系,为改革开放和社会主义市场经济的发展,为建立民事生活的法律秩序,保障公民和企业的合法权益,维护社会公平正义,促进民主法治,发挥了重大的作用。实践证明,当时采取先分别制定民事单行法的立法方针,是正确的,也是成功的。我们现在面临的任务是,怎么样在《民法通则》和各民事单行法的基础上,

---

* 本文写作于1999年8月31日。

进一步完善我国民事法律制度,以适应发展社会主义市场经济,发展社会主义民主和建设法治国家的要求。

一、民法是调整民事生活的基本法

(一)民法是调整民事生活的法律

要说明什么是民法,须从对社会生活的划分说起。从法学角度看,整个社会生活可以划分为两个领域,即民事生活领域和政治生活领域。民事生活领域涵盖了全部经济生活和家庭生活,在马克思著作中称为市民社会。政治生活领域包括国家的组织、国家的活动,即立法、司法、行政以及公民政治权利的行使等,在马克思著作中称为政治国家。民事生活领域和政治生活领域所应遵循的法律规则是不同的,民法就是民事生活领域的法律规则。政治生活领域的法律规则,包括宪法、刑法、诉讼法、行政法、经济法等,属于公法。因此,民法是调整民事生活包括经济生活和家庭生活的法律。

(二)民法是行为规则兼裁判规则

法律规则有行为规则与裁判规则之分。行为规则,指公民和企业活动所应遵循的规则;裁判规则,指法院裁判案件所应遵循的规则。例如《刑法》《刑事诉讼法》和《民事诉讼法》,属于裁判规则。

如《刑法》第232条规定,犯故意杀人罪的,处死刑、无期徒刑或10年以上有期徒刑。不是行为规则,而是裁判规则。民法是为一切民事主体规定的行为规则,无论是经济活动如订立和履行合同,还是家庭生活如结婚、离婚,均应遵循。如不遵守此行为规则,发生民事纠纷,诉请法院裁判时,法院应以民法作为裁判基准。

因此,民法兼有行为规则和裁判规则的双重属性。

(三)民法为实体法

法律分为实体法与程序法。规定公民和企业的权利义务或具体事项的法律是实体法,规定实体法如何运用和如何施行的程序、手续的法律是程序法。民法规定民事主体相互间的权利义务的实体内容,而这些权利义务的实现遇到障碍时,当事人应依《民事诉讼法》等所规定的程序、手续请求国家机关救济。因此,民法属于实体法,而《民事诉讼法》则属于程序法。需注意的是,民法虽为实体法,其中也包含少量程序性的规定。

在理论上,实体法与程序法适用条件平等,但在实务上则是程序法先于实体法而适用。如原告向人民法院提起民事诉讼,法院首先须依《民事诉讼法》审查在程序上应否受理,如属于不应受理者,法院应以裁定驳回起诉,并无适用实体法民法之余地。若经审查认为符合《民事诉讼法》关于案件受理的规定,则应予受理,然后再依民法的规定从实体上裁判其有无理由,作出判决。

(四)民法的基本原理:意思自治

民法是调整民事生活的法律,公法是调整政治生活的法律,它们所遵循的基本原理也不相同。公法所遵循的基本原理叫国家意志决定,民法所遵循的基本原理叫意思自治。所谓意思自治,是指经济生活和家庭生活中的一切民事权利义务关系的设立、变更和消灭,均取决于当事人自己的意思,原则上国家不作干预。只在当事人之间发生纠纷不能通过协商解决时,国家才以仲裁者的身份出面予以裁决。意思自治的实质,就是由平等的当事人通过协商决定相互间的权利义务关系。意思自治这一基本原理,体现在民法的各个部分,例如,在物权法上叫所有权自由,是指所有权人在法律许可范围内可以自由占有、使用、收益和处分其所有物;在继承法上叫遗嘱自由,是指个人在生前可以订立遗嘱,决定其身后遗产的处分;在合同法上叫合同自由,是指当事人自己决定是否订立合同、与谁订立合同、以什么形式订立合同,以及决定合同内容。需说明的是,意思自治并非不受限制,在现代市场经济条件下,国家出于对市场宏观调控和保护消费者、劳动者利益及社会公共利益的需要,有必要制定一些特别法规对意思自治予以适度限制。

(五)民法的基本任务

1. 为现代市场经济活动提供行为规则

民法为现代化市场提供一般规则及市场活动的行为规则,使市场参加者可以遵循这些规则从事活动,进行预测、计划和冒险,并建立和维护正常的市场秩序。例如《合同法》规定市场交易的基本规则。一些特殊的市场,如证券市场、期货市场的特殊交易规则,由作为民事特别法的证券法、期货法规定。因此,民法的任务之一,是促进社会主义市场经济的发展。

2. 为人权提供基本保障

所谓人权,是指作为一个人应有的权利。其中首先是人身权、人格权和财产权。它们是民法上最重要的民事权利,并首先由民法予以规定和保护,尤其是人格权,是享有其他民事权利和政治权利的基础。《民法通则》规定公民享有生命权、身体权、健康权、姓名权、肖像权、名誉权等人格权,被称为中国的权利宣言。因此,保障人权是民法的基本任务。

3. 维护社会公平正义

在现代市场经济条件下,民法担负着维护社会公平正义的重要作用,发挥着协调各种利益冲突的调节器功能。所谓公平正义,指不同的人群、阶层、行业以及生产者、经营者、消费者和劳动者,在利害关系上大体平衡,不致过分悬殊。民法保护一切企业和个人在不损害他人利益和社会利益的前提下谋求自己的利益,不允许靠损害社会利益和他人利益而发财致富,妥善协调各种利益冲突,被称为社会利益冲突的调节器。

4. 促进社会主义物质文明和精神文明建设事业的发展

我国民法的物质基础,是我国社会主义的市场经济和社会主义的婚姻家庭关系。民法反映社会主义市场经济和社会主义婚姻家庭关系的本质特征和要求,通过民法对财产关系的调整,建立和维护健康有序的市场经济法律秩序;通过民法对身份关系的调整,建立和维护健康的婚姻家庭秩序。因此,民法的基本任务,是保障社会主义市场经济的顺利发展和社会主义婚姻家庭关系的稳定,促进社会主义物质文明和精神文明建设事业的发展。

二、我国民法的调整对象及与其他法律部门的区分

(一)民法的调整对象

一个国家的全部法律规则,构成一个内部井然有序的法律体系。

法律体系划分为若干重要构成部分,每一个重要构成部分,称为一个独立的法律部门。民法是我国统一的社会主义法律体系的一个重要构成部分。民法作为一个独立的法律部门,有其特定的调整对象,即民法调整特定的社会关系。《民法通则》第 2 条规定:"中华人民共和国民法调整平等主体的公民之间、法人之间、法人和公民之间的财产关系和人身关系。"根据这一规定,我国民法的调整对象包括两种社会关系,即财产关系和人身关系。但我国民法不是调整全部财产关系和全部人身关系,只是调整平等的民事主体之间的财产关系和人身关系,即发生在公民之间、法人之间、公民和法人之间的财产关系和人身关系。需说明的是,我国民法调整的民事关系的主体,除公民(自然人)、法人外,还有不具备法人资格的其他组织。

可见,我国民法是调整平等民事主体之间的财产关系和人身关系的法律规则的总称。所谓"调整",是指运用民法的基本原则和各项具体规定,对现实生活中发生的属于民法调整范围的各种财产关系和人身关系,分别予以确认、保护、限制、制裁,以便使公民和法人的民事活动能够遵循民事法律法规的规定,能够符合社会公共利益和国家利益,保障社会主义物质文明和精神文明建设事业的顺利进行。

(二)民法与经济法的区别

民法与经济法都是调整经济关系(财产关系)的法律部门,因此容易被混淆。在改革开放初期,我国法学界曾经发生过民法学与经济法学的论争,焦点即如何正确划分民法与经济法的界限。

直到《民法通则》颁布,才从立法上解决了这个问题。第六届全国人民代表大会第四次会议上王汉斌同志在《关于〈中华人民共和国民法通则(草案)〉的说明》中专门谈到这一问题,他说:"民法主要调整平等主体间的财产关系,即横向的财产、经济关系。政府对经济的管理,国家和企业之间以及企业内部等纵向经济关系或者行政管理关系,不是平等主体之间的经济关系,主要由有关经济法、行政法调整。"这就指明了民法所调整的财产关系,主要是平等主体之间的财产关系,亦即所谓横向的经济关系。这种财产关系,主要是商品所有者之间以货币为媒介进行的商品交换和劳务提供,价值规律起着作用,因而具有平等、自愿、等价有偿等特征。经济法所调整的财产关系或者经济关系,主要属于纵向的财产关系或经济关系。这种财产关系往往是基于国家对经济的管理,而发生在国家与企业或个体生产者之间,因而具有管理与被管理、监督与被监督、命令与服从的行政隶属性特征。民法除调整经济关系外,还调整人身关系,这与经济法只调整经济关系是不同的。

(三)民法与行政法的区别

行政法是指现代国家据以实施国家行政管理的法律规则的总称。行政法的调整对象是国家行政管理机关在行使国家行政管理职能中彼此之间,以及国家行政管理机关与公民、法人、其他组织之间发生的社会关系,其中也包括某些财产关系。作为行政法调整对象的财产关系,具有以下特征:其一,双方当事人中至少有一方是国家行政管理机关,当事人的法律地位不是平等的,属于一种管理与被管理、监督与被监督、命令与服从的行政隶属关系;其二,这类财产关系的发生取决于国家行政管理机关的命令或指令,无须征得被管理、被监督一方的同意;其三,这类财产关系通常是无偿的,不具有商品交换的性质。可见,民法与行政法是截然不同的法律部门。

(四)民法与劳动法的区别

劳动法是调整劳动关系和由劳动关系而产生的劳动保险、劳动福利等社会关系的法律规则的总称。劳动法的调整对象也包括某些财产关系,如职工的工资、劳动保险金、福利待遇等。我国在改革开放前的劳动关系主要是全民所有制企业和集体所有制企业与职工之间的关系,具有计划经济的特征。自改革开放以来,国家推行劳动管理体制的改革,劳动关系的基础是劳动合同关系。单就作为劳动法调整对象的基础关系的劳动合同关系而言,与民法有极密切的联系。例如,劳动合同双方当事人法律地位平等,劳动合同关系的发生取决于双方的意思表示,须遵循平等、自愿、公平和等价有偿的原则等。但是,由于国家实行社会主义的劳动政策,特别着重劳动者就业和选择职业的权利、取得劳动报酬的权利、休息休假的权利、获得劳动安全卫生保护的权利、接受职业技能培训的权利、享受社会保险和福利的权利、参加和组织工会的权利等的保障,使劳动合同关系区别于民法合同关系,使劳动法区别于民法。当发生劳动合同纠纷时,应当首先适用劳动法的有关规则,关于劳动法没有规定的事项,则应适用民法关于合同关系的规定。可见,劳动法中关于劳动合同关系的法律规则,具有民法的特别法的性质。

三、我国民法的基本原则

(一)平等原则

所谓平等原则,是指在民事活动中一切当事人法律地位平等,任何一方不得把自己的意志强加给对方。平等原则在现行法上的根据,首先是《民法通则》第3条的规定:"当事人在民事活动中的地位平等。"其次是《合同法》第3条的规定:"合同当事人的法律地位平等,一方不得将自己的意志强加给另一方。"

平等原则,最集中地反映了民事法律所调整的社会关系的本质特征,是民事法律区别于其他部门法的主要标志,也是市场经济条件下对合同关系当事人的法律要求。鉴于我国在实行计划经济体制时期,靠隶属关系组织生产和供应,改革开放以来也曾发生过强者强迫弱者服从自己意志,签订所谓霸王合同的现象,因此法律明文规定平等原则,有其重要意义。平等原则的含义是,参加民事活动的当事人,无论是自然人或法人,无论其法人的类别,无论其所有制性质,无论其经济实力强弱,在法律上的地位一律平等,任何一方都不得把自己的意志强加给另一方,同时法律也对双方当事人提供平等的法律保护。须特别注意的是,平等原则所要求的平等,非指经济地位上的平等或经济实力的平等,而是"法律地位"的平等。此法律地位平等,是法律对民事活动当事人的基本要求,应贯彻民事活动之始终。

(二)合同自由原则

所谓合同自由原则,是指参加民事活动的当事人在法律允许的范围内享有完全的自由,按照自己的自由意思决定缔结合同关系,为自己设定权利或对他人承担义务,任何机关、组织和个人不得非法干预。合同自由原则在现行法上的根据,首先是《民法通则》第 4 条的规定,民事活动应当遵循自愿的原则。其次是《合同法》第 4 条的规定:"当事人依法享有自愿订立合同的权利,任何单位和个人不得非法干预。"

合同自由不仅是民法的基本原则,也是市场经济的基本原则。没有合同自由,就没有真正的民法和真正的市场经济。在现代市场经济条件下,合同自由原则虽受到一定的限制,但仍是民法的基本原则。我国在计划经济体制下,谈不上当事人的合同自由。自改革开放以来,适应发展社会主义市场经济的要求,合同自由已为法律所认可。合同自由原则的含义,包括当事人自由决定是否缔结合同关系、同谁缔结合同关系,以及决定合同关系的形式和内容,不受非法干预。应当说明的是,现代民法上的合同自由,不同于 19 世纪资本主义国家所实行的自由放任主义,是在法律允许范围内的自由,并非不受限制的自由。不允许滥用合同自由以损害他人利益和社会公益。出于保护消费者、劳动者利益和保护社会公共利益的需要,法律往往对生产者、经营者和企业一方的合同自由予以某种限制。

(三) 公平原则

所谓公平原则,指民事法律行为内容的确定,应当遵循公平原则。由当事人一方或第三方确定民事法律行为内容的,其确定的内容只在符合公平原则时,始得对他方当事人发生效力。公平原则在现行法上的根据,首先是《民法通则》第 4 条的规定,民事活动应当遵循公平原则。其次是《合同法》第 5 条的规定:"当事人应当遵循公平原则确定各方的权利和义务。"

民法公平原则,主要是针对合同关系而提出的要求,是当事人缔结合同关系,尤其是确定合同内容时,所应遵循的指导性原则。公平的含义是,合同关系的当事人在利害关系上应当大体平衡。现代民法设立公平原则的目的,在于对市场交易的合同关系,要求兼顾双方的利益,并为法院判断具体的合同关系应否受法律保护树立判断基准。只有符合公平原则的合同关系,才被法院认可,才受法律保护。显失公平的合同关系,当事人可以请求法院和仲裁机构予以变更或撤销。

(四)诚实信用原则

诚实信用原则,简称诚信原则,这一原则要求民事活动的当事人在行使权利和履行义务时,应当遵循诚实信用的道德准则。

诚信原则在现行法上的根据是:《民法通则》第 4 条的规定,民事活动应当遵循诚实信用的原则。《合同法》第 6 条的规定,当事人行使权利、履行义务应当遵循诚实信用原则。《消费者权益保护法》第 4 条规定:经营者与消费者进行交易,应当遵循诚实信用的原则。

诚实信用为市场经济活动中的道德准则,它要求一切市场参加者符合"诚实商人"或"诚实劳动者"的道德标准。应在不损害他人利益和社会公益的前提下,追求自己的正当利益,绝不允许通过损害对方、损害他人和损害社会公共利益,谋取自己的利益。目的是在当事人之间的利益关系和当事人与社会之间的利益关系中实现平衡,并维持市场经济的道德秩序。应特别说明的是,诚实信用原则性质上属于授权条款。因为社会生活极度复杂,并不断变化,立法机关难以对社会生活中的各种关系和案件都制定具体规则,当出现立法当时未预见的新情况、新问题和法律上没有具体规定的新型案件时,法院可直接适用诚实信用原则裁判,直接调整当事人之间的权利义务关系。这是现代民法一项重要原则。

(五)公共秩序与善良风俗原则

所谓公共秩序与善良风俗原则,指民事法律行为的内容及目的不得违反公共秩序或善良风俗。这一原则在现行法上的根据是:《民法通则》第 7 条的规定,民事活动应当尊重社会公德,不得损害社会公共利益。《民法通则》第 58 条的规定,民事行为违反社会公共利益的无效。《合同法》第 7 条的规定,当事人订立、履行合同,应当尊重社会公德,不得扰乱社会经济秩序,损害社会公共利益。我国法律上的"社会公共利益"和"社会经济秩序",相当于其他国家或地区法律上的"公共秩序",我国法律上的"社会公德",相当于其他国家或地区法律上的"善良风俗"。

公共秩序和善良风俗,合称公序良俗,是现代民法一项重要的基本原则。在现代市场经济条件下,有维护国家利益、社会公共利益及一般道德秩序的功能。因立法当时不可能预见一切损害国家利益、社会公益和道德秩序的行为而作出详尽的禁止性规定,故设立公序良俗原则,以弥补禁止性规定之不足。公序良俗原则,性质上为授权条款。目的在于,遇有损害国家利益、社会公益和社会道德秩序的行为,而又缺乏相应的禁止性法律规定时,法院可直接适用公序良俗原则判决该行为无效。

(六)禁止权利滥用原则

所谓禁止权利滥用原则,是指一切民事权利之行使,不得超过其正当界限,行使权利超过其正当界限的,则构成权利滥用,应承担侵权责任。禁止权利滥用原则在现行法上的根据是《宪法》第 51 条的规定:中华人民共和国公民在行使自由和权利的时候,不得损害国家的、社会的、集体的利益和其他公民的合法的自由和权利。因此,禁止权利滥用是我国《宪法》上的一项基本原则,也当然是我国民法上的一项基本原则。按照这一原则,一切公民和法人在行使民事权利时,均负有不得超过其正当界限,即不得滥用其权利的义务。违反这一义务,例如,以损害他人为目的而行使权利,或者行使权利所获得的利益微小而造成他人重大损害,即构成权利滥用,应承担损害赔偿责任。

四、民法的基本内容

(一)民事主体制度

民事主体制度,规定参加民事生活所必须具备的法律资格,这就是自然人和法人。自然人是指具有血肉之躯的人类,具有中华人民共和国国籍的自然人叫公民。自然人是民法上的主体资格,公民是公法上的主体资格。自然人的民事权利能力,是指法律赋予自然人享有民事权利、承担民事义务的法律资格。自然人的民事行为能力,是指自然人通过自己的行为取得民事权利、承担民事义务的法律资格。现代民法认可一切自然人,不分民族、种族、政治态度、宗教信仰、财产多寡、文化水准、性别、年龄,具有平等的民事权利能力。我国《民法通则》第 9 条规定,公民从出生时起到死亡时止,具有民事权利能力。第 10 条规定,公民的民事权利能力一律平等。考虑到婴儿不可能自己实施民事行为，幼儿和儿童缺乏意识能力和社会经验，不理解自己行为的后果，自己实施民事行为可能损害自己和家人的利益，因此民法设立民事行为能力制度。按照《民法通则》第11条至第14条的规定，公民满18周岁，具有完全民事行为能力，可以独立实施民事行为。16周岁以上不满18周岁的公民，以自己的劳动收入为主要生活来源的，视为有完全民事行为能力。不满10周岁的未成年人为无民事行为能力人，10周岁以上的未成年人为限制民事行为能力人，实施民事行为应当由法定代理人代理。

法人是与自然人对应的另一类民事主体，是一种社会组织体。社会组织体具备法律规定的条件，被法律赋予法人资格，可以自己的名义参加经济活动，享有民事权利并承担民事义务。《民法通则》规定的法人，分为企业法人与非企业法人。企业法人是指具有法人资格的各种公司和营利性经济组织；非企业法人包括机关法人、事业单位法人和社会团体法人。一个国家机关，在国家政治生活中是国家权力的执掌者，是公法上的主体。但在参加经济生活，如采购办公用品、修建办公大楼、与供应商或建筑公司订立买卖合同或建设工程合同时，则是作为民事主体，称为机关法人。企业法人是最主要的市场主体，如果放任企业法人任意设立或任意消灭，将严重损害交易对方的利益和社会公共利益，因此，民法规定企业法人必须具备法定条件并经登记以取得法人资格，企业法人的消灭必须进行清算。

(二) 民事行为制度

民事主体取得权利和承担义务，须通过自己的行为，例如订立合同、订立遗嘱、设立公司，以及结婚、收养等。民法分别规定各种行为的成立条件、生效条件和法律后果，这就是民事行为制度。只有符合法律条件的行为，才能够发生当事人所希望的法律后果。例如，合同的成立须符合成立条件，合同的生效须符合生效条件。《合同法》第52条直接规定某些合同无效；第53条、第40条直接规定某些合同条款无效；第54条规定某些合同属于可撤销合同，受损害方可以请求法院和仲裁机构予以变更或撤销。至于哪些合同应当规定为无效合同,哪些合同应当规定为可撤销合同,标准在于合同内容是直接损害社会公共利益,或者仅仅损害相对方当事人的利益。直接损害社会公共利益的合同和合同条款,应当由法律直接规定为无效。合同内容仅仅损害相对方当事人的利益,则应当规定为可撤销,赋予相对方当事人撤销权。相对方当事人基于种种考虑,可以通过撤销权的行使,变更或者撤销该合同;也可以放弃撤销权,使该合同成为有效合同。

鉴于民事主体不可能亲自进行所有的民事行为,例如签订合同不妨委托他人代理,因此产生代理制度。按照代理制度,代理人在授权范围内以被代理人名义订立的合同,由被代理人作为合同当事人直接享有权利和承担义务。借助于代理制度,民事主体尤其是企业法人可以不受地域的限制,在全国市场和国际市场开展业务。代理人在授权范围内以被代理人的名义实施民事行为,称为直接代理;以自己的名义实施民事行为,称为间接代理。我国《民法通则》所规定的代理,要求"以被代理人名义",属于直接代理。《合同法》在关于行纪合同以及第402条、第403条的条文中,参考英美法和国际公约,规定了间接代理。

(三)民事权利制度

社会生活中,各人追求自己的利益,难免发生利益冲突。法律上认为合理正当的利益,便给予认可和保护,这就是民事权利。民事权利,意味着受法律保护的利益。民事权利所包含的利益,可以分为财产利益和非财产利益。因此,民事权利可以分为财产权和非财产权两大类。非财产权,是指与民事主体的人格和身份不可分离的权利,可再分为人格权和身份权。人格权,是自然人对自己的生命、身体、健康、自由、名誉、姓名、肖像、隐私等人格利益所享有的权利。法人对自己的商誉和名称也享有人格权。身份权,是自然人在婚姻家庭关系上的权利。财产权指具有财产价值的民事权利,可以再分为物权、债权、知识产权和继承权。

物权,是指直接支配有形财产(如房屋、汽车、彩电)的权利,性质上属于支配权。所有权是最典型、最完全的物权。抵押权、质权、留置权、土地使用权是不完全的物权。所有权包含对所有物使用价值和交换价值的支配。抵押权、质权、留置权,属于担保物权,只是对标的物交换价值的支配,即在所担保债务到期不能清偿时,以变卖标的物的价款抵偿。土地使用权属于用益物权,只是对标的物使用价值的支配,即对标的物占有、使用和收益。债权是指请求相对人为某种行为(如交货、付款、提供服务)的权利,性质上属于请求权。合同关系上的权利,就是最典型的债权。

例如,买卖合同关系上,需方的权利就是请求供方交货;供方的权利就是请求需方付款。知识产权,是指支配知识财产的权利,包括专利权、商标权和著作权。继承权是指取得遗产的权利。

由物权、债权、知识产权、继承权、人格权和身份权构成一个完整的民事权利体系。民法分别就各种民事权利的产生、变更、移转、消灭设置具体规则,分别构成各种民事权利制度,即物权法规定物权、债权法规定债权、知识产权法规定知识产权、继承法规定继承权、婚姻法规定身份权。人格权属于自然人人格的内容,因此规定在民事主体制度的自然人一章。

(四)民事责任制度

对各种侵害民事权利的行为进行制裁和对受害人予以救济的法律形式和规则,构成民事责任制度。民事责任,主要包括违约责任和侵权责任。《合同法》第107条规定,当事人一方不履行合同义务或者履行合同义务不符合约定的,应当承担违约责任。

按照这一规定,违约责任实行严格责任原则,只要违反合同,即应承担违约责任。要求免责,须证明有免责事由。例如,证明因不可抗力导致违约,或者证明合同中有免责条款,均可获得免责。民法将损害他人人身、财产依法应承担民事责任的违法行为称为侵权行为。侵权行为再分为一般侵权行为和特殊侵权行为。

按照《民法通则》第106条第2款和第3款的规定,一般侵权行为实行过错责任原则,特殊侵权行为实行严格责任原则。按照过错责任原则,以加害人有过错(故意、过失)为承担责任的条件,没有过错不承担责任。按照严格责任原则,不以过错为承担责任的条件,加害人不能通过证明自己没有过错而获得免责。加害人要求免责,须证明有免责事由。例如,交通事故造成他人损害,加害人即使证明自己没有过错也不能获得免责。但如果证明损害的发生由于受害人故意,即可免责。如果证明受害人对于损害的发生有过失,法院可以依据《民法通则》第131条关于过失相抵的规定,减轻加害人的责任。民事责任的实质,是法律强制加害人向受害人支付一笔金钱以填补受害人所受损害,因此损害赔偿金额应以实际发生的损害为限,即所谓"损害多少赔偿多少",不允许受害人获得超过实际损害的赔偿金。鉴于20世纪80年代中期出现了假冒伪劣和缺斤短两等故意损害消费者利益的社会问题,因此《消费者权益保护法》第49条规定了"双倍赔偿"制度,此成为民事责任制度的一个例外。

(五)民事时效制度

所谓时效制度,是指权利不行使的事实状态在法定期间持续存在,即产生与该事实状态相应的法律效果的法律制度。时效制度有稳定法律秩序的作用。因为某种权利不行使的事实状态长期存在,必然在此事实状态基础上发生种种法律关系,时过多年之后,如果允许原权利人行使权利,势必推翻多年以来以此事实状态为基础所形成的各种法律关系,造成经济秩序的混乱。因此,实行时效制度,使该不行使权利的人丧失其权利,以维护法律秩序的稳定。时效制度的另一重要作用,是作为证据之代用。因为有民事权利而长期不行使,必致证据消灭,证人死亡,经过多年之后提起诉讼,当事人难以举证,法庭难以认定事实。因此,实行时效制度,凡时效期间经过,使不行使权利的权利人丧失权利,可以避免当事人举证和法庭调查、认定证据的困难。民事时效,分为诉讼时效和取得时效两种。我国《民法通则》规定了诉讼时效,未规定取得时效。取得时效制度应当规定在《物权法》中。按照《民法通则》的规定,普通时效期间为2年,特别时效期间为1年,从知道或者应当知道权利被侵害时起计算。

(六)特别民事制度

民法以适用于一般的民事关系或者特殊的民事关系为标准,分为普通民法与特别民法。前述各项民事制度，是适用于整个民事生活和整个市场的共同规则，因此属于普通民法。仅适用于特别民事关系或特殊市场的法律规则，属于特别民事制度，例如公司制度、票据制度、海商制度、保险制度、证券制度等，应规定于各民事特别法。我国现在的民事特别法有《公司法》《票据法》《证券法》《海商法》《保险法》《专利法》《商标法》《著作权法》。

五、我国现行民事立法及其存在的问题

（一）现行民事立法

1. 《民法通则》

在大陆法系国家，民法典为民法最主要的法源，它包罗民法规则之大部分，居于民事基本法的地位。我国尚未制定民法典，居于民事基本法地位的是《民法通则》。《民法通则》既不是民法典，也不同于民法典的总则编，它包括九章156条，即第一章基本原则；第二章公民（自然人）；第三章法人；第四章民事法律行为和代理；第五章民事权利；第六章民事责任；第七章诉讼时效；第八章涉外民事关系的法律适用；第九章附则。《民法通则》中也有非民法规则，如第49条、第110条规定了法人的法定代表人的行政责任和刑事责任。第八章为冲突规范，本应属于国际私法。

2. 民事单行法

相对于民事基本法而言，民事单行法属于民事特别法。现行民事单行法有：属于民法典债权编内容的是《合同法》；《担保法》中关于保证和定金的规定，属于民法典的债权编，而关于抵押权、质权和留置权的规定，属于民法典的物权编；属于民法典亲属编内容的有《婚姻法》《收养法》；属于民法典继承编内容的是《继承法》；属于商事法性质的民事特别法有《海商法》《公司法》《票据法》《保险法》《证券法》等。

3. 民事法规

由国务院制定的民事法规，亦为民法之构成部分。如国务院1989年制定的《国内航空运输旅客身体损害赔偿暂行规定》。

4. 行政法律法规中的民法规则

行政法律法规中也往往包含民法规则,也属于现行民法之构成部分。如《产品质量法》第四章关于瑕疵担保责任和产品责任的规定,《城市房地产管理法》第四章关于房地产交易的规定,均属于民法规则。再如国务院 1991 年制定的《道路交通事故处理办法》,其中第六章损害赔偿,属于民法规则。

(二)存在的主要问题

1. 法律规则不完善

我国进行经济体制改革是从发展市场交易开始的,当时的一个口号叫"搞活流通",调整市场交易关系的法律较早受到重视,导致现行民法立法体系中,调整市场交易关系的法律法规(例如《合同法》《海商法》《证券法》《保险法》)相对而言要完善一些,而调整财产归属关系的物权法未受到应有的重视,明显薄弱和滞后。至今缺乏关于物权的基本规则、基本制度。例如,区分动产和不动产的准则,不动产物权和动产物权发生、变更与消灭的基本规则,物权保护的原则和制度,关于土地使用权的基本规则,关于高层建筑区分所有权的基本规则,以及善意取得制度、取得时效制度,等等。由于基本规则的缺乏,致现行《担保法》也难以发挥其作用。自 20 世纪 90 年代以来,我国经济学界一再讨论的所谓"企业产权界限不清""国有资产流失"等严重社会问题,均与未及时制定完善的物权法,导致社会生活中缺乏规范财产归属关系的基本规则有关。再如调整婚姻家庭关系的规则,虽有《婚姻法》和《收养法》,但缺乏若干重要的制度,如亲属制度、婚姻无效制度、亲权制度、婚生子女确认制度、非婚生子女认领制度等。

2. 法律规则不适当

现行民事法律法规,多数是改革开放初期制定的,由于受旧的经济体制和旧的民法理论的影响,导致若干不适当的法律规则的存在。例如,现行法律法规及实务混淆物权变动与基础关系的生效,如房屋买卖未办理产权过户手续的,认定买卖合同无效;设定抵押权未办理抵押登记的,认定抵押合同无效。这严重不利于保护交易秩序和当事人合法权益。再如普通诉讼时效期间,大陆法系国家一般都比较长,而我国《民法通则》规定为2年,不利于保护债权人(尤其是银行)的利益。例如,向银行借款几十万元、几百万元,仅仅经过2年,借款合同书墨迹未干,当事人和证人均健在,就以时效期间经过为由使债务人免责,无论如何是说不过去的,也违背设立诉讼时效制度的目的。

3. 行政权的不当干预

我国实行社会主义市场经济,要求建立全国统一的大市场,有必要对市场进行宏观调控和适当限度的管理。但民事法律法规关系到公民和企业的民事权利义务的享有和负担,关系到市场规则的统一,依其性质不应由行政部门和地方政府规定。但现在行政部门通过制定规章、地方政府通过制定地方性法规,限制公民和企业的权利、加重公民和企业的负担及对市场交易设置各种限制和障碍的现象,仍很普遍。例如,一些行政部门规定房屋出租、房屋买卖合同,按照标的物评估价值收取登记费;一些地方规定设定抵押权办理抵押登记时,按照标的物评估价值收取登记费,甚至规定登记一次,有效期1年,期满再登记再收费;一些地方规定许多合同实行强制公证,未经公证不生效,并按照标的物评估价值收取公证费。

六、制定民法典是当前面临的重大立法任务

(一)制定民法典是大多数国家的经验

依据法律发展史,法律的发展轨迹,是由习惯法到成文法,再到法典法。人类历史上,先后发生过三次民法典编纂热潮。第一次是发生在6世纪的罗马法编纂热潮,产生了《罗马法大全》;第二次是发生在19世纪的欧洲民法典编纂热潮,产生了以《法国民法典》《德国民法典》《瑞士民法典》等为代表的一大批著名的民法典;第三次民法典编纂热潮从20世纪90年代开始,产生了1992年《荷兰民法典》、1994年《俄罗斯联邦民法典》、1994年《蒙古国民法典》、1996年《越南民法典》、1996年《哈萨克斯坦民法典》、1996年《吉尔吉斯斯坦民法典》、1998年《土库曼斯坦民法典》等。据统计,现在世界上有113个国家有

民法典。其中,欧洲 32 个国家,南美洲、北美洲 24 个国家,非洲 34 个国家,亚洲 23 个国家。此外,还有若干国家正在制定民法典。

值得注意的是,1989 年欧洲议会已提出制定一部欧洲民法典的要求。依照欧洲议会的两个决议,1996 年的《欧洲合同法原则》,将来要纳入该欧洲民法典。即使实行判例法制度的美国和加拿大,也有若干个州制定了自己的民法典,如《加利福尼亚民法典》和《魁北克民法典》。可见,制定民法典是现代法治国家的一个共同经验。我国民事法律制度的完善,也应当通过制定民法典来实现。

(二) 制定民法典是当前重大的立法任务

党的十五大报告明确提出到 2010 年形成具有中国特色社会主义法律体系。按照构想,这个法律体系应当是一个金字塔形的结构,最上层是作为国家根本大法的宪法;其次是民法、刑法、民诉法、刑诉法等各基本法;再其次是各特别法;最下层则是国务院制定的行政法规。其中,宪法和民法、刑法、民诉法、刑诉法等基本法应当制定成文法典。迄今,宪法、刑法、刑诉法、民诉法均已制定了成文法典,并进行了修订,唯独民法未制定法典,只有一个《民法通则》和各单行法。虽说《民法通则》及各民事单行法,在保障公民和企业的民事权利、规范市场交易秩序、维护社会公平正义和促进社会主义市场经济发展等方面,发挥了极其重大的作用,但《民法通则》毕竟不能起到民法典的作用,许多重要的、基本的民法制度欠缺,这种情况不能适应市场经济和社会生活的要求。中国要建设法治国家,当然要制定自己的民法典。制定一部既符合我国改革开放和发展社会主义市场经济的实际,又符合法律发展潮流的、与国际社会相沟通的、完善的、现代化的民法典,是我们现在所面临的重大立法任务。

(三) 制定民法典的条件已经具备

(1) 经过 20 多年的经济体制改革,我国已经从计划经济转到了社会主义市场经济的轨道,市场经济的发展已经达到一定的规模,各种市场均已形成,如生产资料市场、消费品市场、劳动力市场、房地产市场、证券市场、期货市场、技术市场等,各种经济关系、各种社会问题大体上都表现出来了。

(2)自改革开放以来的民事立法已经为制定民法典提供了基础和经验,我们已经有《民法通则》《合同法》《担保法》《婚姻法》《收养法》《继承法》,以及《公司法》《票据法》《海商法》《保险法》《证券法》和知识产权法等民事(民商)单行法。

(3)民事审判有了相当的发展,各级法院建立了民事审判庭、经济审判庭、知识产权审判庭、房地产审判庭等民事法庭,审理各类民事案件,有了一支人数众多的民事法官队伍,其中一部分法官已经具有了较高的法律素质,民事审判工作已经积累了丰富的实践经验,已经积累了一批司法解释和判例。

(4)民法教学和理论研究已有相当的发展,培养和造就了一大批民法立法、司法、律师实务和理论人才,对民法在当代的发展趋势和主要变革已大体掌握,对我国社会生活中的各种社会问题和法律问题已有相当的了解,为起草民法典做了理论准备。

(5)特别是党的十五大报告已经确定以公有制为主体、多种所有制经济共同发展的基本经济制度和基本的经济政策,为制定民法典奠定了经济制度和经济政策上的基础。因此,我们可以说,当前制定民法典的条件已经具备。

七、制定民法典的设想

(一)制定民法典应当坚持民商合一的立法体例

制定民法典首先要决定采取什么样的立法体例和法典结构。

各主要国家和地区制定民法典,有民商分立与民商合一两种体例。所谓民商分立,是指在民法典之外,再制定一部商法典。19世纪进行民法典编纂的国家,如法国、德国、日本、西班牙、葡萄牙、荷兰、比利时,均有民法典和商法典,其中商法典为民法的特别法。所谓民商合一,是20世纪进行民法典编纂的国家所采取的立法体例,如泰国、意大利、俄罗斯、匈牙利、荷兰等。民商合一的主要论据是:其一,近代商法典的前身是中世纪欧洲商人团体的习惯法,即商人法。但现在所谓商人这个特殊的阶层已不存在,甚至特殊的商行为也失去其特殊性。例如票据制度、保险制度等过去仅商人利用的制度现今已普及于社会生活的各个方面,为全社会的人所利用。其二,即使在民商分立的国家,也难以确立划分民事行为与商事行为的严格界限,有的国家只是以民事法庭和商事法庭的管辖来划分,有很大的任意性,因而民法典与商法典的并存导致法律适用上的困难和混乱。我国清末进行法制改革,本采民商分立,分别起草民法典和商法典,至国民政府制定民法典,改采民商合一。新中国成立后,迄今仍坚持民商合一。现行《民法通则》和新颁布的《合同法》均为典型的民商合一的立法。《海商法》《公司法》《票据法》《保险法》《证券法》等,均属民事特别法。可见我国立法属于民商合一的立法体例。民商合一的实质是将民事生活和整个市场所适用的共同规则和共同制度集中规定于民法典,而将适用于局部市场或个别市场的规则规定于各民事特别法,如《公司法》《票据法》《证券法》《海商法》《保险法》等。民商合一并非轻视商法,它所反映的正好是现代市场经济条件下民法与商法的融合,即学者所谓"民法的商法化"。因此,制定民法典应继续坚持民商合一的立法体例。

(二)制定民法典应当采取德国式五编制结构

各主要国家及地区民法典的结构,分为两种结构模式:一是法国式,即《法国民法典》所采结构,分为三编:第一编人,包括婚姻家庭法;第二编财产及对于所有权的各种限制,包括财产分类、所有权和用益物权;第三编取得财产的各种方法,包括继承法、合同法、侵权行为法、担保物权和时效制度。二是德国式,即《德国民法典》所采结构,分为五编:第一编总则、第二编债权、第三编物权、第四编亲属、第五编继承。学者通说认为,德国式五编制优于法国式三编制。20世纪制定民法典的国家大多数采五编制或者以五编制为基础稍作变化。德国式五编制的特点在于着重法律规则的逻辑性和体系性,法律有严谨的逻辑性和体系性,便于法官的正确适用,易于保障法制统一和裁判的公正。着重法律的逻辑性和体系性,也便于公民学习和掌握法律。民法典作为社会的法制基础,保障民主、人权的基石,公民和企业的行为准则,公民学习法律的教科书,其逻辑性和体系性很重要。因此,制定民法典应当着重法律规则的逻辑性和体系性,以采德国式五编制结构为宜。

(三)以《民法通则》和现行民事单行法为基础设计民法典结构

民法所调整的社会关系分为两大类,即经济生活关系和家庭生活关系。与此相应,民法规则也应分为两大类,即财产法和身份法。财产法再分为物权法、债权法、继承法和知识产权法,而身份法仅指亲属法。民法属于权利法,物权法规定物权,债权法规定债权,继承法规定继承权,知识产权法规定知识产权,亲属法规定亲属权。人格权属于民事主体资格应有内容,应与主体资格一并规定。物权、债权、继承权和知识产权性质上属于财产权,人格权和亲属权性质上属于非财产权,再由财产权与非财产权构成一个完整的民事权利体系。

考虑到德国式编制体例的特点在于着重法律的逻辑性和体系性,并考虑到《德国民法典》的编制体例及所确立的概念、原则、制度、理论体系和民事权利体系,实际上已经为我国民事立法、司法实务和学术界所接受,现行《民法通则》的章节安排、所使用的概念术语及所确立的民事权利体系,已经借鉴了《德国民法典》的立法经验。因此,建议以现行《民法通则》为基础并着重参考德国式五编制体例,设计民法典结构。

建议民法典分为七编:第一编总则;第二编物权;第三编债权总则;第四编合同;第五编侵权行为;第六编亲属;第七编继承。

(1)以《民法通则》第一章、第二章、第三章、第四章、第七章和第九章的规定为基础,设计民法典的总则编。考虑到人格权为民事权利主体资格应有内容,如单独设编条文畸少而与其他各编不成比例,且对人格权的尊重和保护重在内容而不在于是否单独设编,因此人格权不宜单独设编,应将《民法通则》第五章第四节关于人格权的规定纳入总则编自然人一章。

(2)以《民法通则》第五章第一节的规定和现行《担保法》关于担保物权的规定为基础,设计民法典的物权编。关于担保物权,各主要国家及地区民法典有规定在物权编的,也有规定在债权编的,考虑到担保物权的权利性质及其成立的法定性,应与用益物权一并规定在物权编。

(3)考虑到自20世纪以来市场经济和科学技术的高度发展,产生了各种新的交易形式和新的合同类型,产生了各种新的危险和新的侵权行为类型,导致债权法内容极大膨胀,而与其他各编不成比例。因此建议以《民法通则》第五章第二节债权和第六章民事责任的规定为基础,参考20世纪90年代其他国家和地区制定的新民法典的经验,设计民法典的债权总则、合同和侵权行为三编,并以债权总则编统率合同编和侵权行为编。

(4)以《民法通则》第五章第四节第103条、第104条、第105条的规定和现行《婚姻法》《收养法》的规定为基础,设计民法典的亲属编,并将《民法通则》第二章第二节规定的监护制度作为亲属编的一章。

(5)以《民法通则》第五章第一节第76条的规定和现行《继承法》的规定为基础,设计民法典的继承编。

(6)知识产权为重要的民事权利,现行《民法通则》第五章第三节作了规定,但考虑到现行《专利法》《商标法》和《著作权法》已构成一个相对独立的知识产权法体系,并考虑到知识产权法具有变动性,不宜规定在民法典中。因此,民法典不设知识产权编,而以《专利法》《商标法》和《著作权法》作为民法典外的民事特别法。

(7)《民法通则》第八章涉外民事关系的法律适用,性质上属于国际私法。考虑到自20世纪以来单独制定国际私法法典已成为共同趋势,及我国国际私法学界对单独制定法典已达成共识,因此不宜在民法典设编,建议在民法典之外另行制定国际私法法典。

制定民法典的设想[*]

一、1949年以后中国的三次民法起草回顾

（一）第一次民法起草

1954年,根据《宪法》规定,由全国人大常委会组织起草民法,至1956年12月完成《民法草案》,分为总则、所有权、债、继承四编,共525条。立法工作后因政治原因而中断。本次民法起草主要参考1922年《苏俄民法典》,标志着中国民事立法和民法理论对苏联民事立法和理论的继受。例如,将亲属法排除在外,不规定物权,仅规定所有权,以公民概念代替自然人概念,不规定取得时效制度,片面强调对国有财产的特殊保护,等等。虽然是以1922年《苏俄民法典》为蓝本,因《苏俄民法典》也是继受《德国民法典》,这就决定了中国的民事立法和民法理论仍然属于大陆法系民法,与《德国民法典》有着相同的基本概念、基本原则、基本制度和编纂体例。

（二）第二次民法起草

1962年,在纠正经济工作中的"左"的错误、发展商品生产和商品交换的背景下,开始第二次民法起草。至1964年7月完成《民法(草案)》(试拟稿),仅包括三编:总则、财产的所有、财产的流转。为了反映计划经济体制的要求,并受当时国内外政治斗争的影响,企图既摆脱苏联民法模式又与资本主义民法划清界限,设计了全新的体例,一方面将侵权行为、继承、亲属排除在外;另一方面将预算、税收、劳动工资报

---

[*] 原文载《现代法学》2001年第2期。

酬纳入法典,不使用自然人、法人、物权、债权、权利、义务等基本概念。这次民法典起草,因"四清运动"而中断。

(三)第三次民法起草

1979年11月,在当时的全国人大常委会法制委员会之下成立民法起草小组,至1982年5月共起草了民法典草案一至四稿。此后,考虑到经济体制改革刚刚开始,社会生活处在变动之中,一时难以制定一部完善的法典,立法机关决定改采先分别制定民事单行法,待条件具备再制定民法典的立法方针。迄今已经形成一个以《民法通则》为民事基本法,由《合同法》《担保法》《婚姻法》《继承法》《收养法》《公司法》《票据法》《证券法》《保险法》《海商法》《专利法》《商标法》《著作权法》等民事单行法构成的民事(民商)立法体系。这一民事立法体系,为改革开放和社会主义市场经济的发展,为建立民事生活的法律秩序,保障公民和企业的合法权益,维护社会公平正义,促进民主法治,发挥了重大的作用。

二、现行民事法律及其存在的问题

(一)现行民事立法

1.《民法通则》

在大陆法系国家,民法典为民法最主要的法源,它包罗民法规则之大部分,居于民事基本法的地位。我国尚未制定民法典,居于民事基本法地位的是《民法通则》。《民法通则》既不是民法典,也不同于民法典的总则编。《民法通则》包括九章共156条,即第一章基本原则;第二章公民(自然人);第三章法人;第四章民事法律行为和代理;第五章民事权利;第六章民事责任;第七章诉讼时效;第八章涉外民事关系的法律适用;第九章附则。《民法通则》中也有非民法规则,如第49条、第110条规定了法人的法定代表人的行政责任和刑事责任;第八章为冲突规范,本应属于国际私法。

2. 民事单行法

相对于民事基本法而言,民事单行法属于民事特别法。现行民事单行法有:属于民法典债权编内容的《合同法》;《担保法》中关于保证和定金的规定,属于民法典的债权编,而关于抵押权、质权和留置权的规定,属于民法典的物权编;属于民法典亲属编内容的有《婚姻法》《收养法》;属于民法典继承编内容的是《继承法》;属于商事法性质的民事特别法有《海商法》《公司法》《票据法》《保险法》《证券法》等。

3. 民事法规

由国务院制定的民事法规,亦为民法之构成部分。如国务院1989年制定的《国内航空运输旅客身体损害赔偿暂行规定》。

4. 行政法律法规中的民法规则

行政法律法规中也往往包含民法规则,也属于现行民法之构成部分。如《产品质量法》第四章损害赔偿中关于瑕疵担保责任和产品责任的规定,《城市房地产管理法》第四章关于房地产交易的规定,均属于民法规则;再如国务院1991年制定的《道路交通事故处理办法》,其中第六章损害赔偿,属于民法规则。

(二) 存在的主要问题

1. 法律规则不完善

我国进行经济体制改革是从发展市场交易开始的,当时的一个口号叫"搞活流通",调整市场交易关系的法律较早受到重视,导致现行民法立法体系中,调整市场交易关系的法律法规(例如《合同法》《海商法》《证券法》《保险法》)相对而言要完善一些,而调整财产归属关系的物权法,未受到应有的重视,明显薄弱和滞后。至今缺乏关于物权的基本规则、基本制度,例如,区分动产和不动产的准则,不动产物权和动产物权发生、变更与消灭的基本规则,物权保护的原则和制度,关于土地使用权的基本规则,关于高层建筑区分所有权的基本规则,以及善意取得制度、取得时效制度等。由于基本规则的缺乏,致现行《担保法》也难以发挥其作用。自20世纪90年代以来,我国经济学界一再讨论的所谓"企业产权界限不清""国有资产流失"等严重社会问题,均与未及时制定完善的物权法,导致社会生活中缺乏规范财产归属关系的基本规则有关。再如调整婚姻家庭关系的规则,虽有《婚姻法》和《收养法》,但缺乏若干重要的制度,如亲属制度、婚姻无效制度、亲权制度、婚生子女确认制度、非婚生子女认领制度等。

2. 法律规则不适当

现行民事法律法规,多数是改革开放初期制定的,由于受旧的经济体制和旧的民法理论的影响,导致若干不适当的法律规则存在。例如,现行法律法规及实务中混淆物权变动与基础关系的生效,如房屋买卖未办理产权过户手续,认定买卖合同无效;设定抵押权未办理抵押登记,认定抵押合同无效,严重不利于保护交易秩序和当事人合法权益。再如普通诉讼时效期间,大陆法国家一般比较长,美国法最短也是6年,而我国《民法通则》规定为2年,不利于保护债权人(尤其是银行)的利益。例如,向银行借款几十万元、几百万元,仅仅经过2年,借款合同书墨迹未干,就以已过时效期间为由使债务人免责,无论如何是说不过去,也违背设立诉讼时效制度的目的。

3. 行政权的不当干预

我国实行社会主义市场经济,要求建立全国统一的大市场,有必要对市场进行宏观调控和适当的管理。但民事法律法规关系到公民和企业的民事权利义务的享有和负担,关系到市场规则的统一,依其性质不应由行政部门和地方政府规定。但现在行政部门通过制定规章、地方政府通过制定地方性法规,限制公民和企业的权利、加重公民和企业的负担及对市场交易设置各种限制和障碍的现象,仍很普遍。例如,一些行政部门规定房屋出租、房屋买卖合同,按照标的物评估价值收取登记费;一些地方规定设定抵押权办理抵押登记时,按照标的物评估价值收取登记费,甚至规定登记一次,有效期1年,期满再登记再收费;一些地方规定许多合同实行强制公证,未经公证不生效,并按照标的物评估价值收取公证费。

三、制定民法典是当前面临的重大立法任务

(一)制定民法典是大多数国家的经验

依据法律发展史,法律的发展轨迹,是由习惯法到成文法,再到法

典法。人类历史上先后发生过三次民法典编纂热潮。第一次是发生在 6 世纪的罗马法编纂热潮，产生了《罗马法大全》；第二次是发生在 19 世纪的欧洲民法典编纂热潮，产生了以《法国民法典》《德国民法典》《瑞士民法典》等为代表的一大批著名的民法典；第三次民法典编纂热潮从 20 世纪 90 年代开始，产生了 1992 年《荷兰民法典》、1994 年《俄罗斯联邦民法典》、1994 年《蒙古国民法典》、1996 年《越南民法典》、1996 年《哈萨克斯坦民法典》、1996 年《吉尔吉斯斯坦民法典》、1998 年《土库曼斯坦民法典》等。据中南政法学院民法典研究所 1998 年的统计，世界上有 113 个国家有民法典。其中，欧洲 32 个国家，南美洲、北美洲 24 个国家，非洲 34 个国家，亚洲 23 个国家。此外，还有若干国家正在制定民法典。

值得注意的是，1989 年欧洲议会已提出制定一部欧洲民法典的要求。依照欧洲议会的两个决议，1996 年的《欧洲合同法原则》，将来要纳入该欧洲民法典。即使实行判例法制度的美国和加拿大，也有若干个州制定了自己的民法典，如《加利福尼亚民法典》和《魁北克民法典》。可见，制定民法典是现代法治国家的一个共同经验。我国民事法律制度的完善，也应当通过制定民法典来实现。

(二) 制定民法典是当前重大的立法任务

中共十五大报告明确提出到 2010 年形成具有中国特色社会主义法律体系。按照构想，这个法律体系应当是一个金字塔形的结构，最上层是作为国家根本大法的宪法；其次是民法、刑法、民诉法、刑诉法等各基本法；再次是各特别法；最下层则是国务院制定的行政法规。其中，宪法和民法、刑法、民诉法、刑诉法等基本法应当制定成文法典。迄今，宪法、刑法、刑诉法、民诉法均已制定了成文法典并进行了修订，唯独民法未制定法典，只有一个《民法通则》和各单行法。虽说《民法通则》及各民事单行法，在保障公民和企业的民事权利、规范市场交易秩序、维护社会公平正义和促进社会主义市场经济发展等方面，发挥了极其重大的作用，但《民法通则》毕竟不能起到民法典的作用，许多重要的、基本的民法制度欠缺，这种情况不能适应市场经济和社会生活的要求。

我国要建设法治国家,当然要制定自己的民法典。制定一部既符合我国改革开放和发展社会主义市场经济的实际,又符合法律发展潮流的、与国际社会相沟通的、完善的、现代化的民法典,是我们现在所面临的重大立法任务。

(三)制定民法典的条件已经具备

(1)经过20年的经济体制改革,市场经济的发展已经达到相当的规模,各种市场均已形成,如生产资料市场、消费品市场、劳动力市场、房地产市场、证券市场、期货市场、技术市场等,各种经济关系、各种社会问题大体上都表现出来了。

(2)自改革开放以来的民事立法已经为制定民法典提供了基础和经验,我们已经有《民法通则》《合同法》《担保法》《婚姻法》《收养法》《继承法》,以及《公司法》《票据法》《海商法》《保险法》《证券法》和《著作权法》《专利法》《商标法》等民事单行法。

(3)民事审判有了相当的发展,各级法院建立了民事审判庭、经济审判庭、知识产权审判庭、房地产审判庭等民事法庭,审理各类民事案件,有了一支人数众多的民事法官队伍,其中一部分法官具有较高的法律素质,民事审判工作积累了丰富的实践经验,积累了一批司法解释和判例。

(4)司法教学和理论研究已有相当的发展,培养和造就了一大批民法立法、司法、律师实务和理论人才,对民法在当代的发展趋势和主要变革已大体掌握,对我国社会生活中的各种社会问题和法律问题已有相当的了解,为起草民法典做了理论准备。

(5)我国已经确定以公有制为主体、多种所有制经济共同发展的基本经济制度和基本的经济政策,为制定民法典奠定了经济制度和经济政策上的基础。因此,我们可以说,当前制定民法典的条件已经具备。

四、制定民法典的设想

(一)坚持民商合一

各主要国家和地区制定民法典,有民商分立与民商合一两种体例,所谓民商分立，是指在民法典之外，再制定一部商法典。19世纪进行民法典编纂的国家，如法国、德国、日本、西班牙、葡萄牙、荷兰、比利时，均有民法典和商法典，其中商法典为民法的特别法。所谓民商合一，是20世纪进行民法典编纂的国家所采取的立法体例，如瑞士、泰国、意大利、俄罗斯、匈牙利、荷兰等。民商合一的主要论据是：其一，近代商法典的前身是中世纪欧洲商人团体的习惯法，即商人法。但现在商人这个特殊的阶层已不存在，甚至特殊的商行为也失去其特殊性。例如票据制度、保险制度等过去仅商人利用的制度，现今已普及于社会生活的各个方面，为全社会的人所利用。其二，即使在民商分立的国家，也难以确切划分民事行为与商事行为的严格界限，有的国家只是以民事法庭和商事法庭的管辖来划分，有很大的任意性，因民法典与商法典的并存导致法律适用上的困难和混乱。我国清末进行法制改革，本采民商分立，分别起草民法典和商法典，至国民政府制定民法，改采民商合一。1949年以后，我国一直坚持民商合一。现行《民法通则》和新颁布的《合同法》均为典型的民商合一的立法。《海商法》《公司法》《票据法》《保险法》《证券法》等，均属民事特别法。民商合一的实质是将民事生活和整个市场所适用的共同规则和共同制度集中规定于民法典，而将适用于局部市场或个别市场的规则规定于各民事特别法。民商合一并非轻视商法，它所反映的正好是现代市场经济条件下民法与商法的融合，即学者所谓"民法的商法化"。因此，制定民法典应继续坚持民商合一的立法体例。

(二) 以五编制为基础

各主要国家和地区民法典的结构，分为两种结构模式。一是法国式，即《法国民法典》所采结构，分为三编：第一编人，包括婚姻家庭法；第二编财产及对于所有权的各种限制，包括财产分类、所有权和用益物权；第三编取得财产的各种方法，包括继承法、合同法、侵权行为法、担保物权和时效制度。二是德国式，即《德国民法典》所采结构，分为五编：第一编总则、第二编债权、第三编物权、第四编亲属、第五编继承。学者通说认为，德国式五编制优于法国式三编制。20世纪制定民法典的国家大多采五编制或者以五编制为基础稍作变化。德国式五编制的特点在于着重法律规则的逻辑性和体系性,法律有严谨的逻辑性和体系性,便于法官正确适用,易于保障法制统一和裁判的公正,也便于人民学习和掌握法律。因此,我国民法典应以德国式五编制为基础,在此基础上作适当变化。笔者建议民法典设七编:第一编总则、第二编物权、第三编债权总则、第四编合同、第五编侵权行为、第六编亲属、第七编继承。

(三)人格权不设专编

以《民法通则》第一章、第二章、第三章、第四章、第七章和第九章的规定为基础,设计民法典的总则编。将《民法通则》第五章第四节关于人格权的规定纳入总则编自然人一章。人格权不设专编的理由在于:其一,所谓人格权,是自然人作为民事主体资格的题中应有之义,没有人格权,就不是民事主体。其二,人格以及人格权与自然人人身不可分离。20世纪50年代从苏联引进的民法理论中将人格权表述为"与人身不可分离的非财产权",其中所说的"不可分离"是有合理性的。基于这样的考虑,人格权放在自然人一章较为妥当。

(四)维持物权概念和有体物概念

以《民法通则》第五章第一节的规定和现行《担保法》关于担保物权的规定为基础,设计民法典的物权编。关于担保物权,各主要国家和地区民法典有规定在物权编的,也有规定在债权编的,也有单独设编的,考虑到担保物权的权利性质及其成立的法定性,笔者认为应与用益物权一并规定在物权编。对"物权"概念应维持狭义的理解,严格按照教科书上以及现实当中所接受的物权概念。所谓物权,是指对有体物的支配权。如果像法国法那样采广义的概念,将导致把一切权利都包含在所有权概念之内,不仅有动产、不动产的所有权,还会有债权的所有权、知识产权的所有权。仅一个所有权概念,将囊括一切民事权利。极而言之,所谓人格权也可以说成是对人格的所有权,这违背法律的逻辑性和体系性。因此,笔者既不赞成改采广义物权概念,也不赞成取消物权概念和物权编,另设包括有形财产和无形财产的财产权编的主张。

(五)维持债权概念和债权总则

以《民法通则》第五章第二节债权和第六章民事责任的规定为基础,参考20世纪90年代其他国家和地区制定的新民法典,设计民法典的债权总则、合同和侵权行为三编。鉴于自20世纪以来,社会生活的复杂化和科学技术的高度发展,产生了各种新的合同类型、新的危险和新的侵权行为类型,导致债权法内容的极大膨胀,因此将债权分为三编,并以债权总则编统率合同编和侵权行为编。不当得利和无因管理制度仍规定在债权总则。这个设计在兼顾有的学者所主张的侵权行为作为独立一编的合理性的同时,强调保留债权总则。侵权行为之债与合同之债的区别在于:侵权行为之债属于法定债,而合同之债属于意定债;侵权行为法属于救济法,而合同法属于交易法。但侵权行为之债与合同之债,权利性质相同,均属于请求权,其履行、移转、变更、消灭以及多数当事人债权债务、连带债权债务等适用相同的规则,因此保留债权总则有其正当理由。债权总则,绝不仅仅是合同的总则,而是合同之债、侵权行为之债、不当得利和无因管理之债的总则,且对于亲属关系上以财产给付为标的的请求权,也有适用余地。如果取消债权概念和债权总则,必将彻底摧毁民法的逻辑性和体系性,就连权利名称也将成为问题,有的教授指出,总不能叫"侵权行为权""合同权""不当得利权"和"无因管理权"吧! 因此,民法典不能没有债权概念和债权总则。

(六)关于亲属法

以《民法通则》第五章第四节第103条、第104条、第105条的规定和现行《婚姻法》《收养法》的规定为基础,设计民法典的亲属编,并将《民法通则》第二章第二节规定的监护制度作为亲属编的一章。我们注意到,婚姻家庭法学界的学者正在起草婚姻家庭法草案。制定民法典的时候,当然要作为一编规定在民法典中。考虑到亲属关系中的姻亲和旁系血亲均超出婚姻家庭的范围,因此该编以称为亲属编为宜。

(七)维持继承权概念和继承编

以《民法通则》第五章第一节第76条的规定和现行《继承法》的规

定为基础,设计民法典的继承编。随着市场经济的发展和人民私有财产的增加,继承法的重要性是不言而喻的。有学者指出继承权不是现实的权利,不能和人格权、物权、债权、知识产权和亲属权并立,因此建议取消继承权概念和继承编,将关于法定继承顺序和范围的规则安排在亲属法中,将遗产分割、移转的规则安排在债权法中。基于法律逻辑性和体系性及便于法官裁判案件的考虑,制定民法典应当维持继承权概念和继承编。

(八)关于知识产权法

知识产权为重要的民事权利,现行《民法通则》第五章第三节作了规定。但考虑到现行《专利法》《商标法》和《著作权法》已构成一个相对独立的知识产权法体系,因此建议民法典不设知识产权编,而以《专利法》《商标法》和《著作权法》作为民法典外的民事特别法。有不少学者认为,知识产权非常重要,一定要在民法典中专设一编。按照这样的思路,无非是两种方式:一种是把关于专利、商标、著作权的规则全部纳入民法典设知识产权编,原封不动地把三部法律搬进来,等于是法律规则位置的移动,实质意义不大。另一种是从《专利法》《商标法》和《著作权法》当中抽象出若干条重要的原则和共同的规则,规定在民法典中,同时保留《专利法》《商标法》和《著作权法》。正如有的学者已经指出的,抽象出几条规定在民法典中也起不了什么作用。法官裁判知识产权案件不能仅靠那几条规定,还得适用《专利法》《商标法》和《著作权法》上的具体规则。与其如此,不如保留知识产权法作为民事特别法继续存在于民法典之外。除此之外,知识产权法往往涉及国际纷争,并且随着科学技术的进步,需要不断地修改、变动。如果继续作为民法典之外的单行法存在,修改起来要方便得多。余下一个问题是,知识产权法所不能包容的发明、发现这两项权利怎么办?笔者的意见是,在民法典的总则编专设一节规定民事权利,对原来《民法通则》第五章所规定的包括发明权、发现权的民事权利体系作列举性规定。这样既继承了《民法通则》的立法经验,也便于我们了解自己究竟享有哪些民事权利。

(九) 关于国际私法

《民法通则》第八章涉外民事关系的法律适用,性质上属于国际私法。考虑到自 20 世纪以来制定国际私法法典已成为趋势,及我国国际私法学界对此已达成共识并已经起草了国际私法示范法,因此建议在民法典之外制定国际私法法典。

当前关于民法典编纂的三条思路[*]

一、所谓"松散式、邦联式"思路

所谓"松散式、邦联式"思路,是由民法起草工作小组成员费宗祎所提出的编纂民法典的思路,并得到另外两位成员江平教授和魏耀荣同志的赞同。按照这一思路,我们已经有了《民法通则》《合同法》《担保法》《继承法》《婚姻法》,正在起草《物权法》,把它们编在一起,也就成了中国民法典。无须按照严格的逻辑关系,也无须要求完整的体系。各部分相对独立,相互之间构成松散式的、邦联式的关系。

这一思路的特点是,不赞成逻辑性和体系性,明显带有英美法系影响的痕迹。因此,要对这一思路作评论,须从大陆法系与英美法系的区别入手。

（一）如何看待大陆法系与英美法系的区别

讨论民法典的编纂,难免要涉及大陆法系与英美法系的区别。教科书上说,两大法系的区别在于,大陆法系的国家和地区实行成文法,制定成文的民法典,英美法系国家和地区则实行判例法。但自20世纪以来,英美法系国家和地区日益重视制定成文法,例如《美国统一商法典》,而大陆法系国家和地区日益重视判例法。过去用法典化与非法典化、成文法与判例法标志两大法系的差别,在现下是否适当,值得考虑。笔者认为,两大法系真正的、本质的差别在于,是否着重于法律的逻辑性和体系性。大陆法系,以德国法最为典型,着重法律的逻辑性和

---

[*] 本文原载《律师世界》2003年第2期。

体系性,英美法系则不着重于法律的逻辑性和体系性,这可能与民族传统和思维习惯有关。以是否着重于法律的逻辑性和体系性作为两大法系的标志,可以说明两大法系的优点和缺点:大陆法系的缺点是法律规则的灵活性较小,优点是法律规则明确,易于掌握和适用,易于保障裁判的统一和公正,对法官素质的要求相对较低;英美法系的优点是判例法具有较大的灵活性,缺点是法律规则不明确,难于掌握和适用,难以保障裁判的统一和公正,对法官素质的要求相对较高。

(二)如何看待中国历史上继受大陆法系

谈论两大法系,我们不能不注意这样一个事实:大陆法系各主要国家和地区当初决定加入该法系,均属于自觉自愿,即自主抉择、主动参考借鉴法国法和德国法的结果;而英美法系各主要国家和地区,除英国本土外,其当初决定加入该法系,均非出于自愿,是被占领、被征服和殖民的结果。100年前,中华民族在遭受帝国主义列强侵略,面临亡国灭种危险的紧急关头,决定抛弃固有的中华法系,学习西方政治法律制度,以德国法为蓝本,起草民法典,现今中国民法之属于大陆法系,是出于当时对德国法的主动继受。与此形成强烈对照的是,当年英帝国主义凭借其坚船利炮,强行割占我国香港地区,对其实行统治并推行英国法制,使中华民族蒙受百年奇耻大辱,直至1997年我国才收回香港主权,数代人的梦想终于实现。但回归祖国的香港地区作为中国的一个特别行政区,仍旧维持其法律制度不变。

(三)如何看待中国的法律体系

中国自20世纪初进行法制改革,在选择、移植了大陆法系的德国法模式后,德国法的这套概念、原则、制度和理论体系已经成为中国法律文化的有机组成部分。新中国成立,宣布废除民国政府制定的"六法",转而接受了苏联的立法和理论,但苏联的民法也是继受德国法,由此决定了中国的法律体系仍属于大陆法系中的德国法系。改革开放以来的民事立法,以《民法通则》和《合同法》为代表,基本上仍是遵循德国法系的立法模式。

既然我们继受了德国法,就应当了解德国法的特点是什么。如前所述,德国法的特点是着重于法律的逻辑性和体系性。过去的学术著作已经提到这一点,同时指出这样的法典是为法官和律师准备的,不是为普通老百姓准备的,属于法学家的法,并对此予以批评。现在看来,过去的批评似有失偏颇。因为着重法律的逻辑性和体系性,其突出的优点是易于保证裁判的公正性和统一性。这一优点的重要意义,尤其对中国来说,是显而易见的。

应当看到,从德国法继受过来的这套概念、原则、制度和理论的体系,已经成为中国法律传统和法律文化的重要组成部分。我们教学所采用的教材,所使用的一整套概念、原则、制度和理论的体系都是德国式的。法官在判决案件的时候,律师在从事法律实务的时候,采用什么样的方法,怎样进行推理和分析?他们不是采用英美法那样的个案分析的方法,不是采用那种从判例到判例的推理的方法,而主要是采用德国式的逻辑三段论的方法。这就说明,德国法的这套概念和逻辑的体系,已经成为我们司法实务中进行思维和推理的基本框架。再看我们的立法,新中国成立前的法律不用说,新中国成立以后的法律,尤其是改革开放以来的法律,以《民法通则》和《合同法》为典型,所使用的概念、所规定的原则和制度,诸如权利能力、行为能力、法律行为、代理、时效、物权、债权、支配权、请求权、抗辩权、代位权、撤销权等,都是德国式的。这足以说明,从德国法继受而来的这套概念、原则、制度和理论的体系,已经融入中国社会之中,成为中国立法、司法、教学和研究的理论基础,成为中国法律传统和法律文化的重要组成部分。我们现在讨论民法的完善,当然是在这个基础、这个传统之上进行完善。

(四)如何看待法典编纂

有的学者提出疑问说,完善民法是否一定要制定民法典?这就涉及如何看待法典编纂的问题。依据法律发展史,法律的发展轨迹,是由习惯法到成文法,再到法典法。历史上先后发生过三次民法典编纂热潮。第一次是发生在6世纪的罗马法编纂热潮,产生了《罗马法大全》;第二次是发生在19世纪的欧洲民法典编纂热潮,产生了以《法国民法典》《德国民法典》《瑞士民法典》等为代表的一大批著名的民法典;第三次民法典编纂热潮从20世纪90年代开始,产生了1992年《荷兰民法典》、1994年《俄罗斯联邦民法典》、1994年《蒙古国民法典》、1996年《越南民法典》、1996年《哈萨克斯坦民法典》、1996年《吉尔吉斯斯坦民法典》、1998年《土库曼斯坦民法典》等。据中南政法学院民法典研究所1998年的统计,现在世界上有113个国家有民法典。其中,欧洲32个国家,南美洲、北美洲24个国家,非洲34个国家,亚洲23个国家。此外,还有若干国家正在制定民法典。值得注意的是,1989年的欧洲议会已提出制定一部欧洲民法典的要求。依照欧洲议会的决议,1996年的《欧洲合同法原则》,将来要纳入该欧洲民法典。即使实行判例法制度的美国和加拿大,也有若干州制定了自己的民法典,如《加利福尼亚民法典》和《魁北克民法典》。可见,制定民法典是现代法治国家的一个共同经验。中国民事法律制度的完善,当然也应通过制定民法典来实现。

二、所谓理想主义思路

这是厦门大学徐国栋教授提出的民法典编纂思路。徐国栋教授称之为"理想主义思路",其论述这一思路的文章发表在《法学研究》上。按照这一思路,徐国栋教授设计的中国民法典分为两编:第一编人身关系法,第二编财产关系法。各编再细分为四个分编。第一编人身关系法再分为:第一分编自然人法、第二分编亲属法、第三分编法人法、第四分编继承法;第二编财产关系法再分为:第一分编物权法、第二分编债权法总则、第三分编各种合同、第四分编知识产权法。另外,在法典开头设一个序编,规定法律行为、代理、时效等,徐国栋教授称之为"小总则"。在法典后面设一个附编,规定国际私法。

这一编纂思路具有三个特点:第一个特点是"回到罗马法"。为什么分为人身关系法和财产关系法两编?因为罗马法就是分为"人法"和"物法"两部分,徐国栋教授设计的人身关系法,对应罗马法的"人法",财产关系法对应罗马法的"物法"。因为罗马法上就是"人法"比"物法"重要,"人法"在前、"物法"在后,因此人身关系法应该安排在

第一编,财产关系法应该安排在后面。第二个特点是以法国式三编制为基础。因为法国式三编制,是采纳罗马法著名学者盖尤斯《法学阶梯》的结构:人法、物法、诉讼法。只是《法国民法典》将诉讼法排除在外,将物法区分为两编,这就是《法国民法典》的三编制:人、财产、财产的取得方法。徐国栋教授认为,法国式三编制深得罗马法的本意,突出民法的"人法"色彩。《德国民法典》从各编抽象出共同的规则和制度,创设总则编,使民法沦为财产法,人被"湮没"了。因此徐国栋教授认为,德国式五编制是败笔,不足以借鉴。第三个特点是以重要性为标准。按照徐国栋教授的思路,什么制度应当安排在民法典中,什么制度应当安排在民法典之外;在民法典中什么内容应当在前,什么内容应当在后,纯以该制度的重要性为标准。人身关系法,直接体现人的尊严和人权,当然比财产法重要,因此安排在第一编。第一编中,首先是自然人最重要,在第一分编;其次是亲属法,在第二分编;再次是法人法,在第三分编;最后,继承法本属于财产法,但系以人身关系为基础的财产法,因此比普通财产法重要,安排在第四分编,表明其重要性低于前三个分编而高于第二编普通财产关系法。在第二编中,为什么物权法在前,因为物权比债权重要。徐国栋教授特别谈到日本学者的《债权的优越地位》一书,徐国栋教授认为该书颠倒了物权与债权的重要性,是错误的。再如,知识产权法为什么要安排在民法典中,因为知识产权法重要。民法起草工作小组内部也有同样主张,例如,认为人格权重要,因此应独立设编;知识产权重要,因此应当规定在民法典中。对于徐国栋教授的理想主义思路的前两个特点,这里不作评论,着重对第三个特点即以重要性作为标准作一些评论。

(一)如何看待民法的调整对象

讨论制定中国民法典,设计民法典的内容和结构体例,离不开对民法调整对象和本质的认识。民法是调整什么的?民法调整民事生活关系,或者说民法是调整民事生活关系的基本法。此所谓"民事生活"相当于马克思在其著作中讲的"市民社会"。民事生活可分为两个领域,一个是经济生活,另一个是家庭生活。如果讲关系,一个是经济生活关系,另一个是家庭生活关系。两类关系,都是人与人之间的关系,不能说哪一类是人的关系,哪一类是物的关系。经济关系也是市场上或者经济生活当中的人与人之间发生的关系。规范两类关系的规则,绝无优劣高低之分。学说上所谓"人法"与"物法"的划分,并没有严格的科学根据,严格说来都是"人法"。因此,我们不能硬从民法规则中区分出哪一个高、哪一个低、哪一个更重要。我们现在讲人格权很重要,因为没有人格权就不是真正的人。这当然有道理,但不能因此轻视财产权,认为财产权就不重要。因此马克思在他的著作中论述人权时将财产所有权作为基本的人权。美国总统在论述"四大自由"时特别列举了"免于贫困"的自由。人只有在享有财产权时,才能成为自由的人、真正的人,也才有所谓人权和人的尊严、人的自由。抬高人权和人身关系法、贬低财产权和财产关系法,是片面的、错误的。从民法的调整对象来看,我们绝不能够分出哪部分重要、哪部分不重要。因此民法典的结构和编排,不能以所谓重要性为标准,只能以逻辑性、体系性为标准。这里的逻辑,是指生活本身的逻辑和法律概念的逻辑。我们说民法是规范民事生活的基本法,就要注意它是相对于规范民事生活的特别法而言的。我们将整个民事生活的基本概念、基本原则、基本制度规定在民法典中,把它叫作基本法。把民事生活领域的一些特殊关系、特殊市场的特殊的规则和制度,规定在各单行法中,将其称为特别法。某一部分内容,是规定在民法典中还是规定在单行法中,既不表明重视它还是不重视它,也不表示其重要与不重要,标准同样是逻辑性和体系性。

(二)如何认识民法的本质

民法是行为规则兼裁判规则。法律规则有行为规则与裁判规则之分。行为规则,是指人和企业活动所应遵循的规则;裁判规则,是指法院裁判案件所应遵循的规则。例如刑法、刑事诉讼法和民事诉讼法,不是行为规则,而是裁判规则。宪法是行为规则,不是裁判规则。民法是为一切民事主体规定的行为规则,无论是经济活动如订立和履行合同,还是家庭生活如结婚、离婚,均应遵循。如发生民事纠纷,诉请法院裁判时,法院应以民法作为裁判基准。因此,民法兼有行为规则和裁判规则的双重属性。认识到民法是为法官裁判案件所制定的裁判规则很重要,从这一点出发,我们就可以理解为,民法典和民事法律绝不仅仅是宣示某一种规则的重要性、宣示某一种政策、某一种价值取向,而且是为法院裁判民事案件制定的裁判基准。因此,我们制定民法典一定要以保障裁判的公正性和统一性为首要目标,什么样的结构和模式有利于保障裁判的公正和裁判的统一,就采取什么样的结构和模式。从民法兼有行为规则和裁判规则的双重属性出发,民法典的结构设计和内容安排只能以法律本身和社会生活本身的逻辑性和体系性作为标准,而不能以所谓重要性为标准。

三、所谓现实主义思路

笔者所主张的编纂中国民法典的思路,可以称为现实主义思路。

(一)这一思路的三个重点

1. 从中国的实际出发

中国的实际是多方面的,首先是经济形态和经济制度,然后是民族的传统和法律的传统。需要指出的是,国民素质和法官队伍素质,这两点特别重要。如果我们的法律是"松散式""邦联式"的,缺乏体系性和逻辑性,则人民难以了解和掌握法律,法官难以操作和判决案件,怎么能够保障裁判的公正性和统一性?实践中,应注意我们的法学教学和法学理论研究的实际,在教学和理论研究中所采用的概念、原则、制度和理论的体系;应注意司法实务中法官和律师是按照大陆法系特别是德国法的概念、原则、制度和理论的体系进行思维和推理;还应注意到我们的立法实际,特别是改革开放以来的立法,例如《民法通则》《合同法》和《担保法》等,所采用的概念、原则、制度和理论的体系是德国式的。

2. 以德国式五编制和《民法通则》为编纂的基础

以德国式的编制结构,概念、原则、制度和理论的体系和我国现行《民法通则》作为编纂中国民法典的基础。德国式的这套概念为《民法通则》所采纳,《民法通则》的编制结构也基本上是德国式的。尤其需要指出的是,《民法通则》所规定的以人格权、物权、债权、知识产权、继承权和亲属权所构成的民事权利体系,也完全是德国式的。我们编纂民法典应当以《民法通则》为基础,以德国式的概念体系和权利体系为基础。

3. 适应 21 世纪以来社会生活的新发展,借鉴 20 世纪最新的立法经验

20 世纪以来科学技术和工业、交通、通信事业的进步,促成市场经济和社会生活的现代化,并引发各种各样的社会问题,民法典要有正确的对策和措施,要求实现自身的现代化。对此,我们当然要重视和参考 20 世纪制定的新的民法典,如《荷兰民法典》《俄罗斯联邦民法典》《蒙古国民法典》以及其他国家和地区新民法典的经验。

从中国的实际出发,以德国式五编制和《民法通则》作为基础,适应 21 世纪社会生活新的发展,借鉴 20 世纪其他国家和地区制定的新民法典的立法经验,这就是笔者所建议的编纂中国民法典所谓现实主义思路。

(二)设计中国民法典的若干要点

1. 坚持民商合一

各主要国家和地区制定民法典,有民商分立与民商合一两种体例。所谓民商分立,是指在民法典之外,再制定一部商法典。19 世纪进行民法典编纂的国家,如法国、德国、日本、西班牙、葡萄牙、荷兰、比利时,均有民法典和商法典,其中商法典为民法的特别法。所谓民商合一,是 20 世纪进行民法典编纂的国家所采取的立法体例,如瑞士、泰国、意大利、俄罗斯、匈牙利、荷兰等。民商合一的主要论据是:其一,近代商法典的前身是中世纪欧洲商人团体的习惯法,即商人法。但现在商人这个特殊的阶层已不存在,甚至特殊的商行为也失去其特殊性。例如票据制度、保险制度等过去仅商人利用的制度,现今已普及于社会生活的各个方面,为全社会的人所利用。其二,即使在民商分立的国家,也难以确切划分民事行为与商事行为的界限,有的国家只是以民事法庭和商事法庭的管辖来划分,具有很大的任意性,因民法典与商法典的并存

导致法律适用上的困难和混乱。我国清末进行法制改革,本采民商分立,分别起草民法典和商法典,至国民政府制定民法典,改采民商合一。新中国成立后,迄今仍坚持民商合一。现行《民法通则》和新颁布的《合同法》均为典型的民商合一的立法。《海商法》《公司法》《票据法》《保险法》《证券法》等,均属民事特别法。民商合一的实质是将民事生活和整个市场所适用的共同规则和共同制度集中规定于民法典,而将适用于局部市场或个别市场的规则规定于各民事特别法。民商合一并非轻视商法,它所反映的正好是现代市场经济条件下民法与商法的融合,即学者所谓"民法的商法化"。因此,制定民法典应继续坚持民商合一的立法体例,对此,民法起草工作小组内部的意见是一致的。

2. 五编制为基础

各主要国家和地区民法典的结构,分为两种结构模式。一是法国式,即《法国民法典》所采结构,分为三编:第一编人,包括婚姻家庭法;第二编财产及对于所有权的各种限制,包括财产分类、所有权和用益物权;第三编取得财产的各种方法,包括继承法、合同法、侵权行为法、担保物权和时效制度。二是德国式,即《德国民法典》所采结构,分为五编:第一编总则;第二编债权;第三编物权;第四编亲属;第五编继承。学者通说认为,德国式五编制优于法国式三编制。20世纪制定民法典的国家大多采五编制或者以五编制为基础稍作变化。如前所述,德国式五编制的特点在于着重法律规则的逻辑性和体系性,法律有严谨的逻辑性和体系性,便于法官正确适用,易于保障法制统一和裁判的公正,也便于人民学习和掌握法律。民法典作为社会的法制基础,保障民主、人权的基石,人民和企业的行为准则,人民学习法律的教科书,其逻辑性和体系性很重要。因此,制定民法典应以德国式五编制为基础,在此基础上做适当变化。建议民法典设七编:第一编总则、第二编物权、第三编债权总则、第四编合同、第五编侵权行为、第六编亲属、第七编继承。

3. 人格权不设专编

以《民法通则》第一章、第二章、第三章、第四章、第七章和第九章的规定为基础,设计民法典的总则编。将《民法通则》第五章第四节关于人格权的规定纳入总则编自然人一章。人格权不设专编的理由在于:其一,所谓人格权,是自然人作为民事主体资格的题中应有之义,没有人格权,就不是民事主体。其二,人格以及人格权与自然人人身不可分离。20 世纪 50 年代从苏联引进的民法理论中将人格权表述为"与人身不可分离的非财产权",其中所说的"不可分离"是有合理性的。基于这样的考虑,人格权放在自然人一章中较为妥当。

4. 维持物权概念和有体物概念

以《民法通则》第五章第一节的规定和现行《担保法》关于担保物权的规定为基础,设计民法典的物权编。关于担保物权,各主要国家和地区民法典有规定在物权编的,也有规定在债权编的,也有单独设编的,考虑到担保物权的权利性质及其成立的法定性,应与用益物权一并规定在物权编。对"物权"概念应维持狭义的理解,严格按照教科书上以及现实当中所接受的物权概念。所谓物权,是指对有体物的支配权。如果像法国法那样采广义的概念,将导致把一切权利都包含在所有权概念之内,不仅有动产、不动产的所有权,还会有债权的所有权、知识产权的所有权。仅一个所有权概念,将囊括一切民事权利。极而言之,所谓人格权也可以说成是对人格的所有权,这违背法律的逻辑性和体系性。因此,笔者既不赞成改采广义物权概念,也不赞成取消物权概念和物权编,另设财产权编,包括有形财产和无形财产的主张。

5. 维持债权概念和债权总则

以《民法通则》第五章第二节债权和第六章民事责任的规定为基础,参考 20 世纪 90 年代其他国家和地区制定的新民法典的经验,设计民法典的债权总则、合同和侵权行为三编。鉴于自 20 世纪以来,社会生活的复杂化和科学技术的高度发展,产生各种新的合同类型、新的危险和新的侵权行为类型,导致债权法内容的极大膨胀,因此将债权分为三编,并以债权总则编统率合同编和侵权行为编。不当得利和无因管理制度仍规定在债权总则中。这个设计在兼顾有的学者所主张的侵权行为作为独立一编的合理性的同时,强调保留债权总则。侵权行为之债与合同之债的区别在于:侵权行为之债属于法定债,而合同之债属于意定债;侵权行为法属于救济法,而合同法属于交易法。但侵权行为之债与合同之债权利性质相同,均属于请求权,其履行、移转、变更、消灭以及多数当事人债权债务、连带债权债务等适用相同的规则,因此保留债权总则有其正当理由。债权总则,绝不仅仅是合同的总则,而是合同之债、侵权行为之债、不当得利之债和无因管理之债的总则,且对于亲属关系上以财产给付为标的的请求权,也有适用余地。如果取消债权概念和债权总则,必将彻底摧毁民法的逻辑性和体系性,就连权利名称也将成为问题。有的教授指出,总不能叫"侵权行为权""合同权""不当得利权"和"无因管理权"吧!因此,中国民法典不能没有债权概念和债权总则。

6. 关于亲属法

以《民法通则》第五章第四节第 103 条、第 104 条、第 105 条的规定和现行《婚姻法》《收养法》的规定为基础,设计民法典的亲属编,并将《民法通则》第二章第二节规定的监护制度作为亲属编的一章。制定民法典的时候,当然要将婚姻家庭法作为一编规定在民法典中。考虑到亲属关系中的姻亲和旁系血亲均超出婚姻家庭的范围,因此该编以称为亲属编为宜。

7. 维持继承权概念和继承编

以《民法通则》第五章第一节第 76 条的规定和现行《继承法》的规定为基础,设计民法典的继承编。随着市场经济的发展和人民私有财产的增加,继承法的重要性是不言而喻的。有学者指出继承权不是现实的权利,不能和人格权、物权、债权、知识产权和亲属权并立,因此建议取消继承权概念和继承编,将关于法定继承顺序和范围的规则安排在亲属法中,将遗产分割、移转的规则安排在债权法中。基于法律逻辑性和体系性及便于法官裁判案件的考虑,制定民法典应当维持继承权概念和继承编。

8. 关于知识产权法

知识产权为重要的民事权利,现行《民法通则》第五章第三节作了规定。但考虑到现行《专利法》《商标法》和《著作权法》已构成一个相对独立的知识产权法体系,因此建议民法典不设知识产权编,而以《专利法》《商标法》和《著作权法》作为民法典外的民事特别法。有不少学者认为,知识产权非常重要,一定要在民法典中专设一编。按照这样的思路,无非是两种方式:一种是把关于专利、商标、著作权的规则全部纳入民法典并设知识产权编,原封不动地把三部法律搬进来,等于是法律规则位置的移动,实质意义不大;另一种是从《专利法》《商标法》和《著作权法》当中抽象出若干条重要的原则和共同的规则,规定在民法典中,同时保留《专利法》《商标法》和《著作权法》。正如有的学者已经指出的,抽象出几条规定在民法典中也起不了什么作用。理由之一是,法官裁判知识产权案件不能仅靠那几条规定,还得适用《专利法》《商标法》和《著作权法》中的具体规则。与其如此,不如保留知识产权法作为民事特别法继续存在于民法典之外。理由之二是,知识产权法往往涉及国际纷争,并且随着科学技术的进步,需要不断地修改、变动。如果继续作为民法典之外的单行法存在,修改起来要方便得多。余下的一个问题是,知识产权法所不能涵盖的发明、发现这两项权利怎么办?笔者的意见是,在民法典的总则编专设一节规定民事权利,对原来《民法通则》第五章所规定的包括发明权、发现权的民事权利体系,作列举性规定,既继承了《民法通则》的立法经验,也便于我们了解自己究竟享有哪些民事权利。

9. 关于国际私法

《民法通则》第八章涉外民事关系的法律适用,性质上属于国际私法。考虑到自 20 世纪以来制定国际私法法典已成为趋势,及中国国际私法学界对此已达成共识并已着手起草,因此建议在民法典之外制定中国国际私法法典,这也是民法起草工作小组一致的意见。

中国民法典编纂的几个问题[*]

一、起草民法典的经过

中国自 1949 年以来曾经三次起草民法典。前两次均因政治原因而中断[①]，第三次起草民法典从 1979 年开始，至 1982 年暂停[②]，改为先制定单行法。[③]

1998 年 1 月 13 日第八届全国人大常委会王汉斌副委员长邀请五位民法教授[④]座谈民法典起草工作，五位教授一致认为起草民法典的条件已经具备，王汉斌副委员长遂决定恢复民法典起草工作，并委托九

---

[*] 本文原载《山西大学学报（哲学社会科学版）》2003 年第 5 期。

[①] 从 1954 年开始起草民法典，至 1956 年 12 月完成新中国第一部《民法草案》，分为总则、所有权、债、继承四编，共 525 条。由于此后发生"整风""反右"等政治运动，致使民法典起草工作被迫中断。这一《民法草案》，其编制体例和基本制度均参考 1922 年《苏俄民法典》。1962 年，中国在经历严重自然灾害和"大跃进"所造成的严重困难之后，重新强调发展商品生产和商品交换，在此背景之下开始了第二次民法典起草工作，至 1964 年 7 月完成《民法（草案）》（试拟稿）。该草案仅分三编：第一编总则；第二编财产的所有；第三编财产的流转。这次民法典起草因"四清运动"而中断。

[②] 1979 年开始第三次起草民法典，至 1982 年完成民法草案一至四稿。《民法（草案）》（第四稿）包括八编：第一编民法的任务和基本原则；第二编民事主体；第三编财产所有权；第四编合同；第五编智力成果权；第六编财产继承权；第七编民事责任；第八编其他规定。其编制体例和主要内容，主要参考 1962 年《苏联民事立法纲要》、1964 年《苏俄民法典》和 1978 年修订的《匈牙利民法典》。

[③] 因 1982 年立法机关决定暂停起草民法典，于是形成现今由《民法通则》及《合同法》《担保法》《婚姻法》等单行法构成的民事立法体系。

[④] 出席座谈会的五位教授是：中国政法大学的江平教授、中国社会科学院法学研究所的王家福研究员和梁慧星研究员、清华大学的王保树教授、中国人民大学的王利明教授。

位学者专家组成民法起草工作小组⑤,负责民法典草案的起草工作。

1998年3月召开民法起草工作小组第一次会议,议定"三步走"的规划:第一步,制定统一合同法,实现市场交易规则的完善、统一和与国际接轨⑥;第二步,从1998年起,用4~5年的时间制定物权法,实现财产归属关系基本规则的完善、统一和与国际接轨;第三步,在2010年前制定民法典,最终建立完善的法律体系。至2001年,在两个物权法草案学者建议稿的基础上⑦,产生了全国人大常委会法制工作委员会的《物权法(草案)》(征求意见稿),按照原计划应当在2002年提交常委会审议,2003年通过。

因中国加入WTO,要求改善国内法制环境,第九届全国人大常委会李鹏委员长要求在2002年完成民法典草案并经全国人大常委会审议一次。于是,在2002年1月11日召开民法典起草工作会议,由全国人大常委会法制工作委员会副主任胡康生委托六位专家学者分别起草民法典各编条文草案⑧,民法典起草工作正式开始。

在六位受托人相继完成各编条文草案后,全国人大常委会法制工作委员会于2002年4月16—19日召开民法典草案专家讨论会。在对受托人起草的各编条文草案进行了讨论之后,于19日上午集中讨论民法典的结构体例。王家福研究员建议民法典共设十编:第一编总则;第

---

⑤ 民法起草工作小组的九位成员是:江平教授(中国政法大学)、王家福研究员(中国社会科学院法学研究所)、魏振瀛教授(北京大学)、王保树教授(清华大学)、梁慧星研究员(中国社会科学院法学研究所)、王利明教授(中国人民大学)、肖峋先生(全国人大常委会法制工作委员会退休干部)、魏耀荣先生(全国人大常委会法制工作委员会退休干部)、费宗祎先生(最高人民法院退休法官)。

⑥ 合同法的起草始于1993年,1993年10月拟订《合同法立法方案》,1994年1月正式开始起草,1995年1月产生《合同法(草案建议稿)》,1998年形成正式草案提交人大常委会审议,1999年3月15日经第九届全国人大第二次会议通过,同年10月1日生效。

⑦ 一是由梁慧星负责起草的中国社会科学院的《物权法草案建议稿》;二是由王利明负责起草的中国人民大学的《物权法草案建议稿》。

⑧ 委托中国社会科学院法学研究所梁慧星研究员负责起草总则编、债权总则编和合同编;中国人民大学法学院王利明教授负责起草人格权编和侵权行为编;中国社会科学院法学研究所郑成思研究员负责起草知识产权编;最高人民法院唐德华副院长负责起草民事责任编;中国政法大学巫昌桢教授负责起草亲属编和继承编;最高人民法院退休法官费宗祎负责起草涉外民事关系的法律适用编。

二编人格权;第三编物权;第四编知识产权;第五编债权总则;第六编合同;第七编侵权行为;第八编亲属;第九编继承;第十编涉外民事关系的法律适用。经过讨论,其中八编,包括总则、物权、债权总则、合同、侵权行为、亲属、继承、涉外民事关系的法律适用,获得一致同意。但对于是否设人格权编和知识产权编,未达成一致意见。⑨

全国人大常委会法制工作委员会在受托人起草的各编草案的基础上,用 5 个月的时间进行删节、修改、整理、编纂,形成《民法(草案)》(9月稿),包括九编:总则、人格权、物权、知识产权、合同、侵权行为、亲属、继承、涉外民事关系的法律适用。这一草案在 9 月 16—25 日的民法典草案专家讨论会上进行了讨论。

9 月 16—25 日的专家讨论会后,本应在《民法(草案)》(9 月稿)的基础上进行修改、增删,形成提交全国人大常委会审议的正式草案,但全国人大常委会法制工作委员会却将《民法(草案)》(9 月稿)的"合同编""亲属编""继承编""知识产权编"草案废弃,而将现行《合同法》《婚姻法》《收养法》和《继承法》原封不动地编入,形成彻底的"汇编式"民法典草案,于 12 月 23 日提交全国人大常委会进行第一次审议,然后发布征求意见。⑩

二、《民法(草案)》(征求意见稿)介绍

第一编总则,总共 117 条,包括:第一章一般规定⑪;第二章自然人;第三章法人⑫;第四章民事法律行为;第五章代理;第六章民事权

---

⑨ 笔者不赞成设人格权编,笔者和郑成思不赞成设知识产权编。

⑩ 以下称为《民法(草案)》(征求意见稿)。

⑪ 第一章"一般规定"中,未规定"禁止权利滥用""无法律时可以适用习惯""无法律和习惯时可以适用公认的法理"等原则。在 2002 年 9 月的专家讨论会上,全国人大常委会法工委民法室主任王胜明介绍说:"法工委草案与梁稿(指笔者受委托负责起草的总则编草案。——笔者按)相比:(1)未规定禁止权利滥用原则。我们认为,什么叫权利滥用说不清楚,被滥用的还叫权利吗? 权利滥用与诚信原则是什么关系? (2)未规定法律适用,特别法优先适用不成问题。未规定无法律时可以适用习惯,我们认为,什么是习惯说不清楚,习惯有好有坏。梁稿说无法律规定,无习惯,可以适用公认的法理,什么叫公认的法理?"

⑫ 未规定"非法人团体"。在 2002 年 9 月的专家讨论会上,全国人大常委会法工委民法室主任王胜明介绍说:"关于是否规定非法人团体,法工委一种意见认为,将法人概念扩大,改变法人限于有限责任,将合伙包括进去,因此不需要规定非法人团体。"

利[13];第七章民事责任[14];第八章时效;第九章期间。

第二编物权法,总共329条,分为五个部分:

(1)"总则"部分,包括:第一章一般规定;第二章物权的设立、变更、转让和消灭;第三章物权的保护。

(2)"所有权"部分,包括:第四章一般规定;第五章国家所有权;第六章集体所有权;第七章私人所有权;第八章建筑物区分所有权;第九章相邻关系;第十章共有;第十一章所有权取得的特别规定。

(3)"用益物权"部分,包括:第十二章一般规定;第十三章土地承包经营权;第十四章建设用地使用权;第十五章宅基地使用权;第十六章邻地利用权;第十七章典权;第十八章居住权[15];第十九章探矿权、采

---

[13] 因取消债权总则编,致不当得利和无因管理无所归属,致债权概念无所归属,因此专设第六章"民事权利",列举规定物权、债权、知识产权、人格权和婚姻家庭关系上的权利,造成大量重复:第85条与物权法编第一章第2条第1款重复;第89条关于知识产权的规定与专利法、商标法和著作权法的规定重复;第90条关于自然人和法人享有人格权的规定与人格权法编第一章第1条重复;第91条关于自然人因婚姻、家庭关系产生的人身权受法律保护的规定与婚姻法重复。

[14] 因取消债权总则编,致合同法编的违约责任与侵权责任编的侵权责任的共同制度、共同问题无所归属,因此在总则编设第七章"民事责任",造成与合同法编和侵权责任法编的重复:第93条关于承担民事责任的方式的规定与侵权责任法编第一章第4条重复;第94条关于不可抗力免责的规定与合同法编117条重复;第95条关于违约责任与侵权责任竞合的规定与合同法编122条重复。

[15] 第208条规定:"居住权人对他人住房以及其他附着物享有占有、使用的权利。"第209条规定:"设立居住权,可以根据遗嘱或者遗赠,也可以按照合同约定。根据遗嘱、遗赠或者按照合同约定设立居住权的,应当向县级以上登记机构申请居住权登记,居住权自记载于登记簿之时起设立。"第214条规定:"居住权期限有约定的,按照该约定;没有约定的或者约定不明的,居住权期限至居住权人死亡时止。"创设所谓"居住权"源于江平教授在2001年5月28日物权法草案专家讨论会上的建议。从当时的发言看,创设居住权所要解决的是:保姆的居住问题、父母的居住问题和离婚一方(通常是女方)的居住问题。其中父母的居住问题,靠规定父母为第一顺序继承人、子女对父母的赡养义务完全可以解决;离婚一方的居住问题,主要靠家庭共有财产制度解决,司法实践中判决房屋归男方而使女方继续居住的,属于特殊情形,且绝无允许其永久居住之理。可见创设居住权的理由,主要是解决保姆的居住问题。试问在使用保姆的家庭中究竟有多少家庭打算让保姆永久居住?虽然没有统计,凭生活经验可以肯定,必定属于非常特殊的情形。为了解决这样的非常特殊的保姆居住问题,采用在继承法上给继承权附义务(即"给继承人的所有权设定一个负担")的办法完全可以解决,何至于需要创设一种"新型"的用益物权!

矿权;第二十章取水权⑯;第二十一章渔业权。

(4)"担保物权"部分,包括:第二十二章一般规定;第二十三章抵押权;第二十四章质权;第二十五章留置权;第二十六章让与担保。

(5)"占有"部分,不设章,共11条。

第三编合同法,总共454条,即现行《合同法》。⑰

第四编人格权法,总共29条,包括:第一章一般规定;第二章生命健康权;第三章姓名权、名称权;第四章肖像权;第五章名誉权、荣誉权;第六章信用权⑱;第七章隐私权。

第五编婚姻法,总共50条,即现行《婚姻法》(2001年修正)。

第六编收养法,总共33条,即现行《收养法》(1991年通过)。

第七编继承法,总共35条,即现行《继承法》(1985年通过)。

第八编侵权责任法,总共68条,包括:第一章一般规定;第二章损害赔偿;第三章抗辩事由;第四章机动车肇事责任;第五章环境污染责任;第六章产品责任;第七章高度危险作业责任;第八章动物致人损害责任;第九章物件致人损害责任;第十章有关侵权责任主体的特殊规定。

第九编涉外民事关系的法律适用法,总共94条,包括:第一章一般

---

⑯ 第224条规定:"自然人、法人直接从江河、湖泊或者地下取用水资源的,应当按照国家取水许可制度和水资源有偿使用制度的规定,向主管部门申请领取取水许可证,并缴纳水资源费,取得取水权,但家庭生活和零星散养、圈养畜禽饮用等少量取水的除外。"创设所谓"取水权",对于我国长江流域及广大降水充沛地区有何实益? 依规定,从江河、湖泊取水须经国家许可授予"取水权",等于将江河、湖泊的"水"视为"国家财产",则江河、湖泊洪水泛滥造成人民生命财产损害,等于是"国家财产"造成人民生命财产的损害,试问:国家是否应当承担损害赔偿责任? 实则江河流水的取用问题在"相邻关系制度"中已有规定。至于干旱、缺水地区抽取"地下水"问题,可由行政法规或地方性法规设立特别管理规则,何至于需要创设一种"新型"的用益物权!

⑰ 将现行《担保法》第二章保证作为合同法编的第二十四章。

⑱ 第21条规定:"自然人、法人享有信用权。禁止用诋毁等方式侵害自然人、法人的信用。"在2002年9月的专家讨论会上,创设所谓"信用权"受到学者专家的质疑。究竟什么是"信用权"? 是"社会信用"还是"商业信用"? 是"人格利益"还是"商业利益"? 是"无形财产权"还是"人格权"? 所谓"信用"与"名誉""商誉"是什么关系? 学术界对这些问题并未进行理论研究,也缺乏法院裁判经验的支持。实际上,所谓"侵害自然人、法人的信用"的行为,完全被"侵害名誉权"的行为所涵盖,裁判实务中受害人均以"侵害名誉权"起诉,未有以"侵害信用权"起诉的。可见,即使认可所谓"信用"为"人格利益",也完全可以通过"名誉权"而获得妥善保护,何至于有必要创设一种新型的民事权利!

规定;第二章民事主体;第三章物权;第四章债权;第五章知识产权;第六章婚姻家庭;第七章继承;第八章侵权。

三、为什么不赞成"松散式、汇编式"的民法典

今天讨论民法典编纂,一个无可回避的现实是,清朝末年从德国民法继受过来的这套概念、原则、制度和理论的体系,在中国已经存在了100年之久。现今法学院所采用的民法教材中的一整套概念、原则、制度和理论的体系都是德国式的。法官裁判案件,不是采用英美法的从判例到判例的推理方法,而是采用德国式的逻辑三段论的推理方法。中国的立法,尤其是改革开放以来的法律,以《民法通则》和《合同法》为典型,所使用的概念、所规定的原则和制度,诸如权利能力、行为能力、法律行为、代理、时效、物权、债权、支配权、请求权、抗辩权、代位权、撤销权等,都是德国式的。可见从德国民法继受而来的这套概念、原则、制度和理论的体系,已经融入中国社会之中,成为立法、司法、教学和理论研究的基础,构成中国法律传统和法律文化的基础。

有的学者反对德国民法的概念体系,大谈所谓"对德国民法说不"。但现在中国所面对的,绝不是在大陆法系与英美法系之间,或者在大陆法系内部的德国法系与法国法系之间作出选择的问题。100年前,我们的前人已经替我们作出了选择。[19] 中国属于德国法系已经是既成事实[20],你不可能抗拒、改变、背离或者抛弃一个国家的法律传统。在中国历经百年所形成的法律传统面前,任何立法者和学者,都是渺小的,即使如某些学者所主张的"松散式、邦联式"方案,即使如现在提交审议并发布征求意见的"汇编式"的民法典草案,也并未真正背离德国民法的概念

---

[19] 王泽鉴先生指出:中国之继受外国民法,采大陆法系特别是德国民法,是受日本的影响。其所以不采英美法,纯粹是由于技术上的理由,并非基于法律品质上的考虑。大陆法系与英美法系,并无优劣之分,但英美法是判例法,不适于依立法方式继受。其所以不采法国民法而采德国民法,是因为德国民法典制定在后,其立法技术及法典内容,被认为较1804年的《法国民法典》进步。

[20] 北川善太郎指出,日本、韩国、中国,均属于大陆法系中的德国法系,参见〔日〕北川善太郎:《民法总则》,有斐阁1993年版,第105页。

体系,只不过人为地把这一概念体系弄得支离破碎、逻辑混乱罢了。

中国属于成文法国家,与英美法系不同。英美法系国家有悠久的判例法传统,法律规则是法官创制的,主要依靠法官的产生机制、高素质的法官和陪审团制度,保障裁判的公正性和统一性。在大陆法系国家或地区,法律规则是立法机关制定的,主要依靠法律本身的逻辑性和体系性,保障裁判的公正性和统一性。法典愈有逻辑性和体系性,愈能保障审理同样案件的不同地区、不同法院的不同的法官,只能从法典中找到同一个规则,作出同样的判决。尤其中国法官队伍人数众多,法律素质参差不齐,社会地位和工资收入不高,独立性不够,容易受法律外因素的影响。一部不讲究逻辑性和体系性的所谓"松散式、邦联式"民法典,使审理同样案件的不同地区、不同法院的不同的法官,可以从中找到完全不同的规则,得出截然相反的判决。这样的法典,不仅不利于保障裁判的统一性和公正性,还会适得其反,使那些在法律外因素影响之下作出的不公正的判决"合法化"。这样的法典,不仅不利于遏止地方保护主义、行政干预和司法腐败,还会适得其反,进一步助长地方保护主义、行政干预和司法腐败。

有的学者不赞成制定一部具有严格逻辑性和体系性的民法典,他们说,英美法不是适用得好好的吗?须知英美法系之所以不讲究法律的体系,不讲究法律的逻辑结构,是因为它们是判例法,是法官造法,它们的法官裁判案件是采用"从判例到判例"的方法。中国属于成文法国家,法律是立法机关制定的,法官只是适用法律而不能制定法律,法官裁判案件是采用德国式逻辑三段论的推理方法,因此我们的法律必须讲究逻辑性和体系性。因为法律愈有逻辑性和体系性,就愈能够保障裁判的统一性和公正性。法律的逻辑性和体系性,实则是法律的生命线。英美法我们学不了[21],是因为我们属于与英美法完全不同的成

――――――――

[21] 我们只能在德国民法概念体系的架构中吸收英美法的经验,如现行《合同法》采用德国民法的概念体系,许多原则、制度和条文,可以从德国民法、日本民法中找到它们的原型。但其总则和买卖合同部分,参考了《国际商事合同通则》(PICC)、《联合国国际货物销售合同公约》(CISG)、《欧洲合同法原则》(PECL)和英美契约法。

文法国家;我们没有英美法系的判例法传统;最关键的是我们缺少英美法系那样的高水平的法官队伍。[22]

四、为什么不赞成取消债权概念和债权总则编

中国民法学界主张取消"债权"概念的意见由来已久,在 20 世纪 80 年代中期制定《民法通则》时就曾发生过争论。已故著名学者佟柔教授在《新中国民法学四十年》一文中说,有人主张中国民法"应摒弃债的概念。理由是:(1)中国人民所理解的债,与大陆法系国家自罗马法以来形成的债的概念大相径庭;(2)债本身是一个外来词,我们可以不用;(3)债的概念主要是概括合同制度,把无因管理、不当得利和侵权行为放在其中,并无科学性;(4)不用债的概念不会影响中国民法和民法学的完整性、系统性以及民事法律关系的严肃性"。佟柔教授指出,"大多数人认为,中国民法和民法学应当使用债的概念"。根据大多数民法学者的意见,《民法通则》专设"债权"一节,并且明文规定了"债权"的定义。

《民法通则》颁布、实施已经十多年,应当说"债权"概念已经深入人心。但在 1998 年 3 月民法起草工作小组会议上,有的学者建议取消"债权"概念,建议民法典不设"债权编",理由是"债权"概念不通俗。在 2002 年 9 月 16—25 日召开的讨论《民法(草案)》(9 月稿)的专家讨论会上,就是否保留债权概念和设债权总则编发生激烈争论。主张取消"债权"概念和"债权总则编"的学者所持理由主要有四个:一是认为"债权"概念不通俗;二是认为我们不应迷信德国民法的体系;三是

---

[22] 美国著名法学家庞德于 1946 年 6 月来华,担任中华民国司法行政部顾问,在他呈交中华民国司法行政部的报告中指出:"我的第一个论点,即根据我的判断,如果中国由久经继受的现代罗马法改采英美法系,将是一个极大的错误。""一个国家如果没有英美法的历史背景,没有如英国或美国所训练的法官及律师,要去体会它是很困难的。""英美普通法最不善于处理立法文件,也没有把司法经验予以公布的背景,很多立法都是基于实际需要。英美法制中有法律与衡平法的双重制度,普通法与立法之间有着严格界限,这些我都不欲介绍进来。中国循着已走的道路向前进行,是最适当不过的。"(参见庞德呈交中华民国司法行政部的工作报告《改进中国法律的初步意见》,写于 1946 年 7 月 12 日)

认为债权总则实际是合同总则；四是认为侵权责任不是债或者主要不是债。笔者认为这四个理由都站不住脚。

有学者认为，民法上的"物权""债权""法律行为"三个概念最难懂。其实，民法上的概念，不通俗的岂止"法律行为""物权"和"债权"三者！我们制定民法典，绝不能以所谓"通俗化"为目标。民法是一个具有严格逻辑性的行为规则体系和裁判规则体系，每一个概念均有其特定的含义，概念之间相互有严格的逻辑关系。正因为如此，才需要开办法学院培养法律专门人才；才需要职业化的法官、律师和检察官；才需要建立专门的司法考试制度。再说，对中国人而言，"债"的概念是古已有之：唐律、明律都有"钱债"，老百姓说"杀人偿命，欠债还钱"，虽其文义有广狭，但其本质同一，都是一方请求他方为某种行为的权利，即"请求权"，从这一角度我们可以说"债权"概念并非不通俗。自《民法通则》颁布以来，"债权"概念已为广大人民所掌握并熟练运用，就是证明。

有学者认为，我们不应迷信德国民法的概念体系，不必套用"物权""债权"概念，不必设"债权总则编"。其实，"物权""债权"的明确区分，虽然是《德国民法典》首倡，但《法国民法典》在制定时就已经采用了"债权"概念。特别应注意的是，"债权""物权"是大陆法系民法的基础性概念，无论所谓大众化的法典如《魁北克民法典》，还是学者型的法典如《荷兰民法典》，都有"债权"概念，都有"债权编"或"债权总则编"。可见，采用"债权"概念，规定"债权总则编"，是民法典科学性和体系性的要求，与"迷信"德国民法的概念体系不相干。退一步说，即使是"迷信"，我们可以"迷信""物权""法律行为""时效""法人""人格权"等德国民法的概念，为什么就不可以"迷信""债权"概念和"债权总则"。

有的学者认为，侵权的本质是"责任"而不是"债"，或者仅"损害赔偿"是"债"，特别提到"停止侵害""赔礼道歉"不是"债"。但是，各校采用的民法教材，都说"债权"是一方请求他方为一定行为或不为一定行为的权利，从来没有限定所请求的"行为"必须具有金钱价值。因此，侵权行为的后果，不仅请求加害人支付赔偿金是"债"，而且请求加害人停止侵害（不为一定行为）、赔礼道歉（为一定行为）也当然是"债"！王泽鉴先生指出：因名誉被侵害请求为恢复名誉之适当处分，"如刊登道歉启示，虽其内容不以金额为赔偿标的，但性质上仍属债权"。

有学者认为，《合同法》总则部分的大多数内容实际是"债权总则"的内容，因此民法典不必设"债权总则编"。应当看到，现行《合同法》超越自己的范围规定本属于民法总则的法律行为规则、代理规则和本属于"债权总则"的规则，是因为《民法通则》的规定太简单，不能适应市场经济发展的要求，是不得已的权宜之计。现在我们制定民法典，就应当按照法律逻辑和体系的要求，使现行《合同法》中属于"债权总则"的规定回归于"债权总则编"，属于民法总则的内容回归于"总则编"，将剔除了属于"债权总则"内容和属于民法总则内容后的合同法作为民法典的"合同编"。怎么能够因《合同法》规定了"债权总则"的内容而取消"债权总则编"？难道也因《合同法》规定了属于"总则编"的法律行为规则、代理规则，而取消"总则编"吗？

没有"债权总则编"、没有"债权"概念，物权法上的"债权人""债务人""被担保债权""债权质押"等也将失去存在的前提，"物权优先于债权"这一基本原则也就失去了依据。能说"物权优先于合同"吗？能说"物权优先于侵权"吗？没有了"债权"概念，许多商事法律都要受到影响，如《公司法》关于"公司债"的规定、《票据法》关于"票据债权人""票据债务人"的规定。特别是《企业破产法》中的"债权人申请破产""债务人申请破产""债权申报""债权人会议""按债权额比例分配"等制度，以及基于"物权优先于债权"原则的"取回权"制度，均将失去前提。甚至公法也要受到影响，如《税收征收管理法》第 45 条规定的"税收优先于无担保债权"，能够改为"税收优先于无担保合同"吗？

应当指出，"债权"概念，绝不仅是民法财产法的基本概念，而是整个民商事法律的基础性概念，是国家整个法律体系的基础性概念，一旦取消"债权总则编"和"债权"概念，必将导致整个法律体系、法律秩序的混乱。

还应当注意,"债权"概念作为法律思维工具的重大价值,例如"物权优先于债权","债权平等","债权请求权"与"物权请求权"的区分,"可分债权"与"不可分债权","连带债权"与"连带债务",等等,是我们进行法律思维的工具。法官、律师正是靠这一系列建基于"债权"概念的原则,进行法律思维和办理案件的。如果废弃"债权"概念,法官、律师将如何进行法律思维,如何分析、裁判案件?

还应当看到,"债权"概念不仅在法律体系和法律思维上具有重大意义,而且在社会层面也有其重要意义。"债权"概念是反映市场经济本质的法律概念,"债权总则"是市场交易的基本规则。"合同之债"是市场交易的常态,"不当得利之债""无因管理之债"和"侵权之债"是市场交易的变态。在计划经济条件下,整个社会经济生活包括生产、流通、分配、消费均通过行政手段、指令性计划和票证安排,因此没有"债权"概念存在的基础。在改革开放前中国是计划经济体制,企业之间也签订所谓"经济合同",但这种合同的实质是"计划"而不是"债"。可见,计划经济与市场经济,差异不在合同,而在"债权","债权"是民法与市场经济的"连接点"。

1981 年发布的《经济合同法》不讲"债权",主要是反映计划经济的本质和要求。1986 年发布的《民法通则》专设"债权"一节,符合了市场经济的本质和共同规则,因此为进一步的改革开放提供了平台,为市场经济的发展、为《合同法》的制定提供了基础。《民法通则》采用"债权"概念,相对于此前的法律不使用"债权"概念,的确是一个巨大的进步,并且是改革开放和发展市场经济的成果,也是进一步改革开放和发展市场经济的基础。从"经济合同"概念到"债权"概念,实质是从计划经济转向市场经济。现在我们要建立市场经济法律秩序和法律体系,有赖于继续使用"债权"这一基础性概念。要说什么是《民法通则》的成功经验,《民法通则》专设"债权"一节并规定"债权"概念才是真正的成功经验。因此,制定民法典就应当在《民法通则》成功经验的基础上,保留"债权"概念,设立"债权总则编"以统率合同编和侵权行为

编,进一步完善"债权"法律制度,为发展现代化的市场经济和建立健康有序的市场经济法律秩序,提供法制基础。㉓

五、为什么不赞成人格权单独设编

主张人格权单独设编的第一条理由是人格权的重要性。人格权关系到对人的尊重及对人格尊严和人权的保护,其重要性并无人否认,但民法典的编排体例绝不能以重要性为标准。人的尊重、人格尊严和人权保护,属于法典的进步性问题,应当体现在民法典的价值取向、规范目的、基本原则和具体制度上。一项法律制度充分体现了对人的尊重,对人格权和人权的保护,就具有进步性,至于该项制度在民法典中的安排和位置,是作为单独的一编还是一章,是放在法典的前面还是后面,对其进步性不产生影响。法典结构体例、编章设置、法律制度的编排顺序,应当符合一定的逻辑关系,并照顾到法官适用法律的方便。民法典的编纂体例,应当以逻辑性为标准,使民法规则构成一个有严格逻辑关系的规则体系,以保障裁判的公正性和统一性。

主张人格权单独设编的第二条理由是所谓创新。有学者认为,世界上迄今存在的民法典,人格权都是规定在自然人一章,还没有单独设编的,中国民法典单独设立人格权编,就有了自己的特色,有所创新。笔者不反对创新,不反对中国民法典体现中国特色,但问题在于这种创新和特色,一定要符合公认的法理,至少在法理上说得通,有起码的合理性和说服力,否则,就是故意标新立异。民法典是为民事生活制定准则,为市场经济和家庭生活设立行为规则,为法官裁判民事案件设立判断基准,绝不允许任意性和标新立异。

世界上的民法典和民法典草案,关于人格权的规定有三种模式:一

㉓ 在9月16—25日的专家讨论会上,取消"债权总则编"和"债权"概念的做法受到多数学者的批评。但《民法(草案)》(征求意见稿)仍坚持不设债权总则编,仅在"总则编"增设"民事权利"一章,其中第86条规定"债权"定义:"自然人、法人依法享有债权。因合同、侵权行为、无因管理、不当得利以及法律的其他规定,在当事人之间产生的特定的权利义务关系,为债权债务关系,享有权利的人是债权人,负有义务的人是债务人。"

是规定在侵权行为法之中,如 1896 年《德国民法典》、1896 年《日本民法典》、1881 年《瑞士债务法》等;二是规定在总则编或人法编的自然人一章,如 1955 年《法国民法典(草案)》;三是在总则编或人法编的自然人一章规定人格权,同时在侵权行为法中规定侵害人格权的后果,如 1959 年的《德国民法典(修正草案)》。没有将人格权单独设编,其理论根据在于人格权的特殊本质,在于人格权与其他民事权利的差异[24],我们有什么理由和必要偏要反其道而行之呢?

主张人格权单独设编的第三条理由是所谓《民法通则》的成功经验。必须指出,当年制定《民法通则》,专设第五章对民事权利作列举性规定,其中第四节规定人身权,并不是出于理性的决定,而是出于不得已,绝不意味着将来制定民法典就一定要单独设立人格权编。《民法通则》之所以在国内外受到好评,是因为《民法通则》规定了比较充分的人格权,而绝不是因为将其单设一节。

人格权不应单独设编的基本理由,在于人格权的特殊本质。首先是人格权与人格的本质联系。作为人格权客体的人的生命、身体、健康、自由、姓名、肖像、名誉、隐私等,是人格的载体。因此,人格权与人格相始终,须臾不可分离,人格不消灭,人格权就不消灭。世界上的民法典,均将人格权规定在自然人一章,其法理根据正在于此。其次是人格权与其他民事权利的区别,还在于人格权是存在于主体自身的权利,不是存在于人与人之间的关系上的权利。人格权就像权利能力、行为能力、出生、死亡一样,属于主体自身的事项。人格权只在受侵害时才涉及与他人的关系,但这种关系属于侵权责任关系,属于债权关系。这也是人格权不应单独设编而应与物权、债权、亲属、继承并立的法理根据。最后是人格权与其他民事权利的区别,还在于其他民事权利均可以根据权利人自己的意思,依法律行为而取得,均可以根据自己的意

---

[24] 濑川信久指出,人格权区别于财产权的特征是:其一,非因当事人意思而取得;其二,当法律规定对其法益受侵害予以救济时才认识到权利的存在;其三,权利人不能处分其权利(除个别例外),与权利主体不能分离。参见濑川信久在 2002 年 8 月 27 日早稻田大学"日中法学者共同讨论会"上的报告稿《关于人格权》,第 1 页。

思,依法律行为而处分。而人格权因出生而当然发生,因死亡而当然消灭,其取得、发生与人的意思、行为无关,且人格权原则上不能处分,不能转让、赠与、抵销、抛弃。因此,民法总则中的法律行为、代理、时效、期间、期日等制度,不能适用于人格权。人格权单独设编,混淆了人格权与其他民事权利的区别,破坏了民法典内部的逻辑关系。相对于总则编而言,其余各编均属于分则,总则编的内容理所当然地应适用于其余各编。试问总则编的法律行为、代理、诉讼时效、期日、期间等制度,将如何适用于人格权编?[25]

---

[25] 濑川信久认为,考虑到人格权与权利主体的不可分离的关系,应当支持在总则编或人法编规定人格权的见解。如果人格权单独设编而与债权、物权并立,将人格权与债权、物权同样对待,将给人以人格权可与主体分离而存在并可以处分的印象。进而言之,如人格权单独设编,则至少在形式上,总则编的法律行为、消灭时效的规定,也应当适用于人格权。参见濑川信久在2002年8月27日早稻田大学"日中法学者共同讨论会"上的报告稿《关于人格权》,第2页。

民法典起草中的几个主要问题*

一、引言

新中国成立后,曾经在20世纪50年代初和60年代初,两次起草民法典,均因政治原因而中断。现在看来,主要是不具备制定民法典的经济基础。在计划经济体制之下,整个社会经济生活的运作依靠行政手段和指令性计划,没有民法存在和发挥作用的条件。20世纪70年代末,党的十一届三中全会决定改革开放,中国开始发展社会主义市场经济(当时叫社会主义商品经济),民法的地位和作用开始受到重视。1979年11月,在全国人大常委会法制工作委员会之下成立民法起草工作小组,至1982年5月共起草了四个民法典草案。此后,考虑到经济体制改革刚刚开始,社会生活处在变动之中,一时难以制定一部完善的法典,立法机关决定停止民法典的起草工作,改采先分别制定民事单行法,待条件具备后再制定民法典的立法方针。

现行《民法通则》《继承法》和1981年的《经济合同法》,就是以民法典第四个草案的相应编章为基础,适当修改后颁布的。迄今已经形成一个以《民法通则》为民事基本法,由《合同法》《担保法》《婚姻法》《继承法》《收养法》《公司法》《票据法》《证券法》《保险法》《海商法》《专利法》《商标法》《著作权法》等民事单行法构成的民事立法体系。这一民事立法体系,为改革开放和社会主义市场经济的发展,为建立民事生活的法律秩序,保障人民和企业的合法权益,维护社会公平正义,

---

* 本文为作者于2005年1月23日在"国家机关青年干部学术讲座"上的讲演。

促进民主法治,发挥了重大的作用。实践证明,当时采取先分别制定民事单行法的立法方针,是正确的,也是成功的。我们现在面临的任务是,怎么样在《民法通则》和各民事单行法的基础上,进一步完善我国民事法律制度,以适应发展社会主义市场经济、发展社会主义民主和建设社会主义法治国家的要求。

二、什么是民法

(一)民法是调整日常生活的法律

民法与我们的生活密切相关。我们早上醒来,先拧开水龙头洗脸刷牙,然后打开煤气灶做早饭。水是自来水公司供应的,煤气是煤气公司供应的,我们与自来水公司、煤气公司之间的关系是由民法调整的。饭后去单位上班,乘公共汽车或者地铁,我们与公交公司、地铁公司之间的关系是由民法调整的。如果坐自己的汽车,则我们与汽车供应商之间的关系、与保险公司之间的关系,也是由民法调整的。我们工作的单位无论是私人企业、外资企业、国有企业,还是事业单位、国家机关,我们与单位之间的雇佣(劳动)关系,也是由民法调整的。下班后去商场购物、去餐馆用餐、去保龄球馆打保龄球、去培训班上课、去浴池洗浴、去理发店理发、去医院看病等,我们与商场、餐馆、浴池、保龄球馆、理发店、医院之间的关系也都是由民法调整的。还有我们的家庭生活,夫妻之间的关系、父母子女之间的关系,也都是由民法调整的。可见,民法是与每一个人关系最密切的法律。

一个人要生存,总要用自己的劳动(包括智力劳动或者体力劳动)去换取金钱(工资报酬),然后用金钱去换取各种商品(生活资料)和各种服务,这就是我们的经济生活(市场经济)。每一个人,一出生就生活在(父母的)家庭中,成年后要结婚,要组建(自己的)家庭。这就是我们的家庭生活。因此,一个人总是同时处在经济生活(市场经济)中和家庭生活中。民法就是规定经济生活(市场经济)和家庭生活的行为规则的法律。一个国家有各种法律,当然各种法律都重要,但唯有民法是与每一个人关系最密切的法律,是每一个人须臾不可离开的法律。

(二) 民法包括财产法和身份法

民法的内容，可以分为两部分：一是有关经济生活（市场经济）的法律规则，通常称为财产法；二是有关家庭生活的法律规则，通常称为身份法。

在有关经济生活（市场经济）的法律规则，即通常说的财产法当中，首先是市场交易规则，包括购买商品（消费品和生产资料）和接受各种服务的规则，也就是我们所熟知的合同法。所谓合同，是市场交易的法律形式，合同法就是市场交易规则。合同法所规范的是市场经济中正常的经济关系。此外，还有不正常的经济关系，一个人的人身和财产遭受他人的非法侵害，法律要求由加害人承担赔偿责任，即由加害人向受害人支付一笔损害赔偿金，这就是我们熟知的侵权行为法。

合同法是市场交易规则，侵权行为法是对受害人的救济法，二者虽有不同，但考虑到受害人请求加害人支付损害赔偿金的权利，与合同当事人请求对方付款、交货的权利相同。要求对方交货、付款、支付工资报酬、支付损害赔偿金或者提供各种服务的权利，叫作债权；对方应当按照合同约定或者法律规定（侵权行为等情形）交货、付款、支付工资报酬、支付损害赔偿金或者提供各种服务的义务，叫作债务。因此，将合同法与侵权行为法合在一起，称为债权法。

你购买一辆汽车，后来发现其质量与说明书、合同约定或者国家规定的质量标准不符，你可以按照《合同法》的规定要求修理，或者要求退货。如果你有证据证明供应商在销售时隐瞒了某些真实情况或者提供了虚假的情况，你还可以按照《消费者权益保护法》第49条的规定要求双倍赔偿，《消费者权益保护法》第49条是合同法的特别法。这属于合同法上的违约责任。

如果你的汽车在行驶中因为某个部件有缺陷造成翻车，造成人身伤害，你可以依据《产品质量法》第四章的规定起诉汽车生产商或者供应商，要求支付损害赔偿金和精神损害赔偿金，这属于侵权行为法上的侵权责任。值得注意的是，有的损害既可以按照《合同法》追究违约责任，也可以按照侵权行为法追究侵权责任。例如，你乘坐的公共汽车发生碰撞事故造成你的人身伤害,你有权选择按照合同法或者侵权行为法要求赔偿。你如果选择按照《合同法》要求赔偿,应当以汽车公司为被告。这种情形,汽车公司应当向你支付违约损害赔偿金,即使事故是由碰撞对方的违章造成的,也应当由汽车公司向你支付赔偿金。如果选择按照侵权行为法追究侵权责任,应当以碰撞双方为被告,由双方根据各自对发生碰撞事故的过错比例承担赔偿责任。

侵权行为法是救济法,目的是解决发生损害后如何填补损害的问题。例如,你的小孩被邻居的狗咬伤,侵权行为法规定由狗的饲养人承担赔偿责任。你的小孩在学校与同学打架造成伤害,按照侵权行为法的规定,如果学校有过错,学校应当承担赔偿责任;如果学校没有过错,则由该同学的家长承担赔偿责任;如果你自己的小孩也有过错,则应当酌情减轻对方的赔偿责任,实际上是由打架的小孩双方的家长分担损害赔偿责任。

参加市场交易的前提是有财产(商品、金钱)。如果没有财产(商品、金钱),则可以用自己的知识、技术和体力劳动去换取金钱。进行市场交易的结果,通常是获得新的财产,如各种消费品、房屋、汽车、货币等。关于已经存在的财产,谁可以占有、使用、收益、处分,必须要有明确的规则。例如你的房屋、汽车,只有你和你的家人才能使用,其他人要进入你的房屋、使用你的汽车,必须得到你的许可。因为民法关于现存财产的占有、使用、收益、处分有明确的规定。这就是所有权制度。

你如果采用按揭贷款方式买房,在你的房屋上就设立了银行的担保物权,虽然不影响你和你的家人继续使用房屋,但一旦你到期不能归还银行的借款本金和利息,银行就可以申请法院拍卖你的房屋。这就是担保物权制度。假如你要长期去外地或者国外工作,你现在的房屋将长期空着,你既不想出卖,也不想出租,你就可以采用出典的方式,交由他人(典权人)长期使用,由典权人付给你一笔差不多等于卖价的金额(典价),这对双方都有利。将来你从外地或者国外回来,可以退还典价赎回自己的房屋,这就是用益物权制度。

所有权是权利人对自己的财产的权利,称为"完全物权";抵押权、典权都是权利人对他人的财产的权利,称为"限定物权"。两者都属于人与人之间关于有形财产的归属的权利,因此合称"物权"。关于所有权、抵押权、典权等的法律规则,合称物权法。

物权法的内容当然不限于此,还包括购买房屋、汽车等,从什么时候取得所有权;拾得遗失物应当怎么办;共有人之间的关系;相邻不动产之间的通行、取水、排水、采光及损害如何处理的规则;一栋建筑物有上百套单元房,有上百位房屋所有权人,他们如何行使权利,如何共同管理整栋建筑,如何处理与物业公司的关系;等等。物权法是(有形)财产关系的基本规则,目的在"定分止争"和促进对财产的利用。

有关家庭生活的法律规则,首先是结婚、离婚、收养、父母子女关系、亲属关系的法律规则。民法规定结婚的条件、手续,规定夫妻之间的权利和义务;规定父母子女之间的权利义务;离婚的条件和手续;离婚时财产的分割和子女的抚养;等等。民法的这部分内容,称为亲属法或者婚姻家庭法,目的是规定人与人之间的身份关系,因此属于"身份法"。

此外,某个家庭成员去世了,其留下的遗产如何处置?如果没有明确的法律规则,不知要发生多少亲人之间争夺遗产的悲剧。民法规定,如果死者立有遗嘱,应当由遗嘱指定的人取得遗产,这叫遗嘱继承;如果没有遗嘱,或者虽然立有遗嘱但被确认为无效,则应当由法律规定的人获得遗产,这叫法定继承。民法关于遗嘱的形式、遗嘱的执行、法定继承人顺序、继承份额、遗产如何分割等,都设有明确规定。民法的这部分内容,称为继承法。现代的继承法已经废除了由长子继承死者身份和全部家产的制度,只规定遗产的处置问题,因此属于财产法。

(三)狭义民法与广义民法

债权法、物权法、亲属法和继承法,是市场经济和家庭生活基本的法律规则,应当规定在民法典中。另外,还有关于某些特殊市场、特殊关系、特殊领域的规则,可以作为单行法保留在民法典之外,如公司法、票据法、保险法、海商法、证券法、专利法、商标法、著作权法等,称为民事特别法。广义的民法包括民法典和民事特别法,狭义的民法仅指民法典。

(四)民法属于私法

从法学角度看,整个社会生活可以划分为两个领域,即民事生活领域和政治生活领域。民事生活领域涵盖了全部经济生活和家庭生活。政治生活领域包括国家的组织、国家的活动,即立法、司法、行政以及人民政治权利的行使等。民事生活领域和政治生活领域所应遵循的法律规则是不同的,民法就是民事生活领域的法律规则。法律理论上,把调整政治生活领域的法律规则,包括宪法、刑法、诉讼法、行政法、经济法等,称为"公法";把调整民事生活(包括经济生活和家庭生活)的法律,称为"私法"。因此,民法属于私法。

(五)民法实行意思自治

民法是调整民事生活的法律,公法是调整政治生活的法律,它们所遵循的基本原理也不相同。公法所遵循的基本原理叫"国家意志决定",即政治生活领域的一切问题,包括政府机关的设置、国家权力的行使、人民政治权利的赋予和义务的设定,均取决于上级国家机关的决定。民法所遵循的基本原理叫"意思自治"。所谓意思自治,是指经济生活和家庭生活中的一切权利义务关系的设立、变更和消灭,均取决于当事人自己的意思,原则上国家不作干预。只有在当事人之间发生纠纷不能通过协商解决时,国家才以仲裁者的身份出面予以裁决。意思自治的实质,就是由平等的当事人通过协商决定相互间的权利义务关系。意思自治这一基本原理,体现在民法的各个部分。例如,在物权法上叫所有权自由,是指所有权人在法律许可范围内可以自由占有、使用、收益和处分其所有物;在继承法上叫遗嘱自由,是指个人在生前可以订立遗嘱,决定其身后遗产的归属;在合同法上叫合同自由,是指当事人自己决定是否订立合同,与谁订立合同,以什么形式订立合同及决定合同内容。需补充的是,意思自治并非不受限制,在现代市场经济条件下,国家出于对市场宏观调控和保护消费者、劳动者利益及社会公共利益的需要,有必要制定一些特别法规对意思自治予以适度限制。

(六)民法既是行为规则,又是裁判规则

法律规则有行为规则与裁判规则之分。行为规则,是指公民和企业活动所应遵循的规则;裁判规则,是指法院裁判案件所应遵循的规则。《刑法》《刑事诉讼法》和《民事诉讼法》,属于裁判规则。例如《刑法》(1997年)第232条规定,故意杀人的,处死刑、无期徒刑或10年以上有期徒刑。这不是行为规则,而是裁判规则。民法是为一切民事主体规定的行为规则,无论是经济活动(如订立和履行合同),还是家庭生活(如结婚、离婚),均应遵循。如不遵守此行为规则,发生民事纠纷,诉请法院裁判时,法院应以民法作为裁判基准。因此,民法兼有行为规则和裁判规则的双重性质。

三、为什么要制定民法典

(一)大陆法系民法与英美法系民法的区别

大陆法系民法与英美法系民法的区别主要在于法律的规范性。这是成文法的根本特征,成文法靠的是"规范约束",即立法机关为每一类行为、每一类案型,预先设立一个法律规范,每一个法律规范由"构成要件""适用范围"和"法律效果"构成。与此不同,不成文法、判例法,不具有"规范性",判例法靠的是"先例约束"。"先例约束"亦即教科书所谓"遵循先例原则",即法官查清案件事实后,须从历史上存在的许许多多判例中寻找"先例","先例"即其案件事实与本案事实相似的判例。如果找到这样一个先例,即按照该"先例"中法官的判决裁判本案。

大陆法系法官裁判案件则不同,法官查清案件事实后必须从成文法律中寻找一个法律规范,而本案事实属于该法律规范的适用范围。如果找到这样一个法律规范,即将本案事实与该法律规范的构成要件相对照,如果"本案事实"与"构成要件"相符,即对本案"适用"法律规范的"法律效果";反之,"本案事实"与"构成要件"不相符,即对本案"不适用"法律规范的"法律效果"。

例如,余秋雨诉肖某侵犯名誉权案就涉及《民法通则》关于侵犯名誉权侵权责任的法律规范,其构成要件是:"散布虚假的事实",并"造成他人社会评价降低";其法律效果是赔礼道歉、消除影响、支付精神损害赔偿金。法官认为本案被告肖某散播余秋雨接受某地方政府一套住宅,虽属于"虚假事实",但并未因此使原告余秋雨的社会评价降低,因此判决不构成侵犯名誉权的侵权责任。再如,北京某法院审理的人造美女案,法官认为被告指称原告是人造美女"并非虚假事实",再说"人造美女"概念在当今社会并无贬义,当然不会造成原告的社会评价降低,因此判决不构成侵犯名誉权的侵权责任。说明大陆法系民法的本质特征在于"规范约束",用立法机关预先制定的法律规范为法官裁判提供基准,指引和约束法官裁判案件。

(二)制定民法典是法治国家的成功经验

依据法律的发展史,法律的发展轨迹是由习惯法到成文法,再到法典法。先后发生过三次民法典编纂热潮。第一次是发生在6世纪的罗马法编纂热潮,产生了《罗马法大全》;第二次是发生在19世纪的欧洲民法典编纂热潮,产生了以《法国民法典》《德国民法典》《瑞士民法典》等为代表的一大批著名的民法典;第三次民法典编纂热潮从20世纪90年代开始,产生了1992年《荷兰民法典》、1994年《俄罗斯联邦民法典》、1994年《蒙古国民法典》、1996年《越南民法典》、1996年《哈萨克斯坦民法典》、1996年《吉尔吉斯斯坦民法典》、1998年《土库曼斯坦民法典》等。据1998年的统计,世界上有113个国家有民法典。还有若干国家正在制定民法典,如柬埔寨于2003年完成民法典草案。值得注意的是,根据欧洲议会的决议,欧洲民法典也正在起草当中。即使美国和加拿大,也有若干个州制定了自己的民法典,如《加利福尼亚民法典》《路易斯安那民法典》《魁北克民法典》。可见,制定民法典是现代法治国家的一个共同经验。我国民事法律制度的完善,也应当通过制定民法典来实现。

(三)制定民法典是当前最重大的立法任务

党的十五大报告明确提出,到2010年形成具有中国特色社会主义法律体系。按照构想,这个法律体系首先应当是一个金字塔形的结构,最上层是作为国家根本大法的宪法;其次是民法、刑法、民诉法、刑诉法等各基本法;再次是各特别法;最下层则是国务院制定的行政法规。其中,宪法和民法、刑法、民诉法、刑诉法等基本法应当制定成文法。迄今,宪法、刑法、刑诉法、民诉法均已制定了成文法,并进行了修订,唯独民法未制定法典,只有一个《民法通则》和各单行法。虽说《民法通则》及各民事单行法在保障公民和企业的民事权利、规范市场交易秩序、维护社会公平正义和促进社会主义市场经济发展等方面发挥了极其重大的作用,但《民法通则》毕竟不能起到民法典的作用,许多重要的、基本的民法制度欠缺,这种情况不能适应市场经济和社会生活的要求。中国要建设法治国家,当然要制定自己的民法典。制定一部既符合我国改革开放和发展社会主义市场经济的实际,又符合法律发展潮流的、与国际社会相沟通的、完善的、现代化的民法典,是我们现在所面临的重大立法任务。

四、为什么要强调民法典的逻辑性

制定一部民法典,法律条文上千条,总要有个编排顺序。这个编排顺序,以什么为标准？不是也不应该以所谓的"重要性"为标准,只能以"逻辑性"为标准。因为所谓"重要性",是主观的价值判断问题,一项制度是否重要及其重要程度,将因人、因时、因地而有不同认识。例如,统一合同法按照合同的"成立""生效""履行""变动""责任"的顺序,究竟"合同成立"重要,或是"合同生效"重要,或是"违约责任"重要？是很难判断、很难有统一意见的。

现在学术界关于民法典制定过程中最重大的争论,就是要不要强调民法典的逻辑性。如果我们仅仅满足于规定人民的权利,仅仅满足于承认人民有什么权利,不要求什么逻辑性,搞所谓的松散式、邦联式、汇编式都是可以的,甚至不制定民法典都可以,通过法院判例规则就可以保护人民的权利、确认人民的权利。英美法系不制定民法典,人民的权利照样得到保护,人民凭借法院判决来了解自己有什么权利。可见,单从规定人民有什么权利的角度看,完全可以采取松散式、邦联式、汇编式,甚至不制定民法典都是可以的。但是,为什么大陆法系国家或地区要制定民法典呢？关键理由,不是规定人们的权利,不是规定人们的行为规则,而是规定法官的裁判规则,为法官裁判案件提供裁判标准。这是问题的关键所在。当法官查清案件事实后,他发现民法典中的许多条文都与本案有关,他只能从中选用一个法律规则。他应该选择适用哪一个法律规则呢?需要一个基本原则来指引法官,这个指引法官选用法律规则的基本原则,就是教科书上说的"特别法优先适用"。

什么叫"特别法优先适用"呢?如果有两三个甚至更多的法律规则都与案件有关,法官不可能同时适用几个规则。因为这些法律规则的内容是不同的,例如,按照这个规则合同应当无效,按照那个规则合同应当有效,如果同时适用就无法作出判决。法官只能选用其中一个规则。选哪一个呢?就是看各个规则相互之间的逻辑关系,哪个是"特别法",哪个是"一般法"?这个"特别法"与"一般法"的关系,就是哲学上的"一般"和"特殊"、"共性"和"个性"的逻辑关系。如果两个法律规则,一个是一般的、共性的、抽象的规则,另一个是特殊的、个性的、具体的规则,按照"特别法优先适用"的原则,法官应当优先适用特别法规则裁判本案。如果法官不适用特别法而是适用一般法,就叫法律适用错误,就是错判。只有在特别法规则解决不了案件的情形时,才能沿着特别法与一般法的逻辑关系往后倒退,适用一般法规则。可见,这个法律上的逻辑关系非常重要。如果没有这个逻辑关系,逻辑混乱、支离破碎,法官就没有办法正确适用法律,他不知道应该适用哪一个规则才是正确的,他会无所适从,无法作出判决,这当然是公正的法官。反之,一个不公正的法官、受法律外因素影响的法官,却可以想怎么判就怎么判,既然几个条文都与案件有关,他适用任何一个条文,你都没法指责他,就会使一些枉法裁判合法化。因此,一部逻辑混乱的民法典,不仅不能遏制司法腐败,而且还会助长、促进司法腐败。

因此,我们制定民法典绝对不能想当然地搞什么松散式、邦联式、汇编式,一定要强调逻辑性,以逻辑性作为标准。哪一个制度安排在民法典中,哪一个制度安排在民法典之外,哪一个制度排在前面,哪一个制度排在后面,绝不可能以重要性为标准,只能以逻辑性为标准。这个逻辑性,就是"一般"与"特殊"、"共性"与"个性"。民事生活的共同制度、基本制度规定在民法典中;特殊关系、特殊领域、特殊市场的特殊规则和制度,规定在民法典之外。

民法典的安排顺序,也以逻辑性为标准:"一般"的、"共性"的制度在前,"特殊"的、"个性"的制度在后。这就使法典形成"总则"(共同的规则)、"分则"(特殊的规则)的结构。首先,民法典分为"总则"和"分则"(物权、债权、亲属、继承是分则);其次,债权法分为"债权总则"和"债权分则"(合同、侵权行为、不当得利、无因管理是分则);再次,合同法也分为"合同总则"和"合同分则"(买卖合同、租赁合同等是分则);最后,买卖合同也分为"买卖总则"和"买卖分则"(特种买卖是分则)。构成一个严格的从一般到特殊的逻辑关系:愈是一般愈靠前,愈是特殊愈靠后。这样的民法典就为法官正确适用法律奠定了逻辑基础,特别法优先适用的原则才能发挥作用。

举个例子,法官受理了一件拍卖案件。拍卖是订立买卖合同的特殊方式,对此拍卖法有规定;而合同法分则的买卖合同一章专门规定买卖合同;买卖合同属于合同的一种,合同法总则的规定如合同成立、生效、履行、违约责任的规定与之有关;买卖合同产生的权利属于债权的一种,债权总则的规定与之有关;买卖合同属于法律行为,民法总则关于法律行为的规定也与之有关。法官面对与案件有关的如此多的法律规则,他应当适用哪一个法律规则进行裁判呢?他应该按照特别法优先适用的原则,优先适用拍卖法的规定;如果拍卖法的规定解决不了,就应该适用合同法分则关于买卖合同那一章的规定;如果合同法分则关于买卖合同那一章的规定也解决不了,就应该适用合同法关于合同总则的规定;如果适用合同法关于合同总则的规定也解决不了,就要适用关于债权总则的规定;如果适用债权总则的规定也解决不了,就应该适用民法总则中关于法律行为的规定。可见强调民法典的逻辑性,关键在于保障法官正确适用法律,保障裁判的统一性和公正性。

有的学者认为,强调法典的逻辑性会导致法律僵化,不能适应社会生活的发展变化。实际情形恰好相反,坚持法典的逻辑性不仅不会使法律僵化,反而会增强法典的适应性和灵活性。下面举一个婚姻关系上的违约金的案件。原告和被告结婚时订立书面的婚姻合同,约定了违约金条款:任何一方有第三者构成违约,应当支付违约金25万元给对方。现在被告违约,原告起诉请求被告支付违约金。法院审理该案,遇到的难题是:该案是婚姻案件,应当适用婚姻法,但婚姻法上没有违约金制度。违约金制度是合同法上的制度,而《合同法》第2条第2款明文规定:婚姻、收养、监护等有关身份关系的协议,适用其他法律的规定。

我们看到,审理该案的法官正是根据法律的逻辑性解决了这一难题:合同和婚姻,一个是财产法上的行为,一个是身份法上的行为,各自具有"特殊性"。但两者均属于法律行为,法律行为是其"共性"。法律行为与合同、婚姻构成"一般"与"特殊"的关系。法律行为的规则是"一般法",合同的规则和婚姻的规则均属于"特别法"。按照"特别法优先适用"的原则,特别法有规定的,优先适用特别法的规定,特别法没有规定的,则应当适用一般法的规定。

因此,法官适用关于法律行为生效的规则,具体说就是:其一,意思表示真实;其二,内容不违反法律的强制性规定;其三,内容不违反公序良俗。审理该案的法官认为,本案的违约金条款,是双方的真实意思表示,现行法对此并无强制性规定,并不违反"公序良俗",因此认定该违约金条款有效,并据以作出判决,责令被告向原告支付25万元违约金。

如果我们的法律不讲逻辑关系,什么共性、个性、一般性、特殊性统统不讲,甚至像有的学者建议的那样把法律行为取消,那么合同法再完善也解决不了该案。

可见,民法典一定要有逻辑性,这是由民法的裁判规则的性质决定的,民法典有逻辑性,法官才能按照特别法优先适用的原则正确适用法律,才能保障裁判的统一性和公正性;民法典愈是有逻辑性,愈是能够保障裁判的统一性和公正性。不仅如此,民法典有逻辑性,如果遇到社会生活发展变化产生的新型的、千奇百怪的案件,遇到民法典没有具体规定的情况,就可以适用一般的、抽象的规则予以裁判,这就使法典具有适应性、灵活性。

五、民法典制定中的若干争论问题

（一）为什么要保留债权概念和债权总则

有的学者主张取消"债权总则编"。如果民法典不设"债权总则编"，"合同编"不可能规定"债权"定义，因为"合同编"如果规定"债权"定义，也就成了"债权编"而不是"合同编"。可见，取消"债权总则编"也就取消了"债权"概念，合同法现在的许多内容就失去了存在的基础。"债权人""债务人"尚可用"当事人"代替，就像当年的《经济合同法》那样，但"债权人代位权""债权人撤销权"能改为"当事人代位权""当事人撤销权"吗？现行《合同法》的许多规定是以《民法通则》关于"债权"概念的规定为前提的，皮之不存，毛将焉附？

没有"债权总则编"、没有"债权"概念，《物权法》上的"债权人""债务人""被担保债权""债权质押"等也将失去存在的前提，"物权优先于债权"这一基本原则也就失去了依据。能说"物权优先于合同"吗？能说"物权优先于侵权"吗？没有了"债权"概念，许多商事法律都会受到影响，如《公司法》关于"公司债"的规定、《票据法》关于"票据债权人""票据债务人"的规定。特别是《企业破产法》中的"债权人申请破产""债务人申请破产""债权申报""债权人会议""按债权额比例分配"等制度，以及基于"物权优先于债权"原则的"取回权"制度，均将失去前提。甚至公法也要受到影响，如《税收征收管理法》第 45 条规定的"税收优先于无担保债权"，能够改为"税收优先于无担保合同"吗？应当指出，"债权"概念绝不仅是民法财产法的基本概念，而是整个民商法律的基础性概念，是国家整个法律体系的基础性概念，一旦取消"债权总则编"和"债权"概念，必将导致国家整个法律体系、法律秩序的混乱。还应当注意"债权"概念作为法律思维工具的重大价值，例如"物权优先于债权""债权平等"、"债权请求权"与"物权请求权"的区分、"可分债权"与"不可分债权"、"连带债权"与"连带债务"等，是我们进行法律思维的工具。法官、律师正是靠这一系列基于"债权"概念的原则，进行法律思维和办理案件的。如果废弃"债权"概念，法官、律师将如何进行法律思维,如何分析、裁判案件?

还应当看到,"债权"概念不仅在法律体系和法律思维上具有重大意义,而且有极其重要的社会意义。"债权"概念是反映市场经济本质的法律概念,"债权总则"是市场交易的基本规则。不仅"合同之债"是交易规则,"不当得利之债""无因管理之债""侵权之债"也都是交易规则。在市场经济条件下,"合同之债"是市场交易的常态,"不当得利之债""无因管理之债"和"侵权之债"是市场交易的变态。在计划经济条件下,整个社会经济生活,包括生产、流通、分配、消费均通过行政手段、指令性计划和票证安排,因此没有"债权"概念存在的基础。在改革开放前的计划经济体制下,企业之间也签订所谓"经济合同",但这种合同的实质是"计划"而不是"债"。可见,计划经济与市场经济,差异不在合同,而在"债权","债权"是民法与市场经济的"连结点"。

1981年的《经济合同法》不讲"债权",主要是反映计划经济的本质和要求。1986年的《民法通则》专设"债权"一节,符合了市场经济的本质和共同规则,因此为进一步的改革开放提供了平台,为市场经济的发展、为《合同法》的制定奠定了基础。《民法通则》采用"债权"概念,相对于此前的法律不使用"债权"概念,的确是一个巨大的进步,并且是改革开放和发展社会主义市场经济的成果,也是进一步改革开放和发展社会主义市场经济的基础。从"经济合同"概念到"债权"概念,实质是从计划经济转向市场经济。现在我们要建立社会主义市场经济法律秩序和法律体系,有赖于继续使用"债权"这一基础性概念。要说什么是《民法通则》的成功经验,《民法通则》专设"债权"一节并规定"债权"概念才是真正的成功经验。因此,我们制定民法典就一定要在《民法通则》成功经验的基础上,保留"债权"概念,设立"债权总则编"以统率合同编和侵权行为编,进一步完善"债权"法律制度,为发展现代化的市场经济和建立健康有序的市场经济法律秩序,提供法治基础。

(二)要不要规定完整的物权定义

这在社科院的草案中作了一个表述:"物权是指直接支配特定的物并排除他人干涉的权利。"这个定义有三个要点:第一个要点,就是物权的客体必须是特定的,必须是"特定的物",这个物当然是有体物。对于特定的物可以成立物权,对于种类物不可以成立物权。第二个要点,物权是"直接支配物的权利",即"支配权"。"直接支配"是指权利人不依赖于他人的意志,不需要他人的同意,不需要任何人的许可,不需要借助任何人的行为,自己按照自己的意思来占有、使用、收益和处分,这就叫"直接支配"。第三个要点,物权是"排除他人干涉"的权利,正是教科书上所说的"排他性"。我们想象一下我们自己买的房子,我们买的商品房的大门,可以说是进出的通道,但是进出的通道为什么要加上门、加上锁,有的甚至还要加上防盗门,这充分体现了物权的排他性。物权的排他性不仅是针对其他的普通的自然人和法人,它首先是针对国家,包括排除国家的干涉,排除公权力的干涉,因此这一点非常重要。我们从电视剧上看到,一个警察要进入某一私人的房屋,也不能凭他是警察、是国家公权力的体现者就可以直接进去。他首先要表明他的身份,仅此还不够,还要出示搜查证,这样主人才能打开大门。此时这个自然人必须开门,如果不开门警察就可以破门而入;反过来警察如果没有搜查证破门而入就构成犯罪。所以物权的排他性这一点非常重要。

2002年的《民法(草案)》和2004年10月的《物权法(草案)》规定:"本法所指的物权是自然人、法人直接支配不动产、动产的权利。"这个定义包含了两个要点:一个是直接支配性;另一个是不动产和动产作为物权的客体,符合特定的物的要件。它抛弃了"排他性",这一点有什么害处?不仅理论上不完善,更重要的是没有"排他性"不足以向国家和人民传播物权法的理念。我们通常讲私法观念、私权观念,其中最重要的是物权观念,而物权观念最重要的体现是排除他人的干涉。物权完整的定义揭示了它的直接支配性和排他性,最有利于使我们掌握和普及物权的观念,我们就知道自己的房屋、汽车排除一切人的干涉,任何人没有经过法定的程序都无权干涉。

《物权法(草案)》关于物权的定义一定要完整。只有完整的物权定义才是有重大意义的,才有利于促使行政改革走上合理的轨道,才能够限制政府机关的违法行为。所以我们认为,物权的定义太重要了,绝不是教科书上的问题,不是一个理论问题,而是关系到人民的利益,关系到国家是否能走向真正的法治和民主的重要问题。

(三)要不要单独设人格权编

主张人格权单独设编的第一条理由是人格权的重要性。人格权关系到对人的尊重及对人格尊严和人权的保护,其重要性无人否认,但民法典的编排体例,绝不能以重要性为标准。人的尊重、人格尊严和人权保护,属于法典的进步性问题,应当体现在民法典的价值取向、规范目的、基本原则和具体制度上。一项法律制度充分体现了对人的尊重,对人格权和人权的保护,就具有进步性,至于该项制度在民法典上的安排和位置,是作为单独的一编还是一章,是放在法典的前面还是后面,对其进步性不产生影响。法典结构体例、编章设置、法律制度的编排顺序,应当符合一定的逻辑关系,并照顾到法官适用法律的方便。民法典的编纂体例,应当以逻辑性为标准,使民法规则构成一个有严格逻辑关系的规则体系,以保障裁判的公正和统一。

迄今存在的民法典和民法典草案,关于人格权的规定大致有三种模式:一是在债权编的侵权行为法部分设立人格权保护的规定,如1896年《德国民法典》、1896年《日本民法典》、1881年《瑞士债务法》等;二是在总则编或人法编的自然人一章规定人格权,如1955年的《法国民法典(草案)》;三是在总则编或人法编的自然人一章规定人格权,同时在债权编的侵权行为法部分规定侵害人格权的后果,如1959年的《德国民法典(修正草案)》。我建议在制定民法典草案时采纳第三种模式,在总则编自然人一章设第二节人格权,同时在侵权行为编专设一节规定侵害人格权的侵权责任。

不赞成人格权单独设编的主张,基本理由如下:(1)基于人格权与人格的本质联系。作为人格权客体的人的生命、身体、健康、自由、姓名、肖像、名誉、隐私等,是人格的载体。因此,人格权与人格不可须臾分离,人格不消灭,人格权就不消灭。这是将人格权规定在自然人一章的法理根据。(2)基于人格权与其他民事权利的本质区别。人格权的客体是存在于自然人自身的生命、身体、健康、自由、姓名、肖像、名誉、隐私等人格利益。因此,人格权是存在于主体自身的权利,不是存在于人与人之间的关系上的权利。人格权就像权利能力、行为能力、出生、死亡一样,属于主体自身的事项。只有在人格权受侵害时才涉及与他人的关系,但这种关系属于侵权责任关系,为债权关系之一种。这是人格权不应单独设编而与物权、债权、亲属、继承并立的法理依据。(3)人格权不能依权利人的意思、行为而取得或处分,不适用总则编关于法律行为、代理、时效和期日、期间的规定。其他民事权利均可以根据权利人自己的意思,依法律行为而取得,均可以根据自己的意思,依法律行为而处分,而人格权因自然人的出生而当然取得,因自然人的死亡而当然消灭,其取得与人的意思、行为无关,原则上不能处分,不能转让、赠与、抵销、抛弃。因此,民法总则的法律行为、代理、时效、期间、期日等制度,对于其他民事权利均有适用余地,唯独不能适用于人格权。如人格权单独设编而与物权、债权、亲属、继承并列,不仅割裂了人格权与人格的本质联系,混淆了人格权与其他民事权利的区别,而且破坏了民法典内部的逻辑关系,难以处理总则编的法律行为、代理、诉讼时效、期日、期间等制度应否适用于人格权编的难题。

(四)要不要规定居住权

2002年的《民法(草案)》和2004年10月的《物权法(草案)》创设了一种新型的用益物权,叫"居住权",即"居住权人对他人住房及其附属设施享有占有、使用的权利"。草案规定:"设立居住权,可以根据遗嘱或者遗赠,也可以按照合同约定。设立居住权,应当向县级以上登记机构申请居住权登记。"并进一步规定:"居住权的期限根据遗嘱、遗赠或者合同确定;无法确定的,成年居住权人的居住权期限至其死亡时止,未成年居住权人的居住权期限至其独立生活时止。"

居住权的创设,是个别民法学者的建议。从2001年5月28日全国人大常委会法制工作委员会召开的《物权法(草案)》专家讨论会上的发言看,创设居住权的目的,是要解决三类人的居住问题:一是父母;二是离婚后暂未找到居所的一方(通常是女方);三是保姆。下面先分析离婚一方的居住问题。

我国曾经长期实行公房制度。对双职工来说,通常是由男方单位分配住房。双职工夫妻离婚时,男方的单位一般都不同意将该住房全部判归女方或者将住房的一半判归女方。因为住房是公房,属于男方单位的财产,如果判归离婚的女方或者判一半给离婚的女方,势必影响男方单位的利益和男方单位其他职工的利益。因为房屋属于男方单位,法院纵然打算保护女方的利益,也无权处分男方单位的财产。于是法院就想出了一种办法,将住房判归男方,但同时判决女方仍旧可以继续居住,一直居住到再婚为止。

按照这种裁判实务中的做法,离婚的女方对判归男方的住房的使用,当然不是永久的居住,只是暂时的居住。不同于现在《物权法(草案)》所谓的居住权。显而易见,这是在我国当时实行公房制度的历史条件下采取的特别措施。现在,这一历史条件已不存在。公房制度已经废止,职工使用的公房,已经出卖给职工,成了职工的私有财产。并且,国家推行住宅商品化政策,只要有钱就可以买到商品房。没钱买房的,可以通过租赁方式解决居住问题。20世纪80年代曾经作为最严重的社会问题存在的住房困难,已经基本解决。在离婚案件中,离婚女方的居住问题,已经不再是困扰法院的难题。离婚前只要有住房,法院尽可以全部判给女方或者判一半给女方。有的男方打算离婚,先买一套商品房登记在女方名下,然后双方再签离婚协议,这样的报道也已见诸报端。假如还有个别案件,离婚女方的居住问题难以解决,法院完全可以继续采用过去的老办法,判决她有权在男方的房屋中暂时居住,直到再婚为止。

再看父母的居住问题。先要说明,居住权是法国民法上的制度,法国民法规定居住权,缘由何在?在于法国民法的继承制度,不承认夫妻相互间的继承权,因为法国民法未实现男女平等。《法国民法典》第731条规定:"遗产,依下列规定的顺序和规则,归属于死者的子女及其直系卑血亲、直系尊血亲及旁系血亲。"据此规定,丈夫去世,遗产由子女及孙子女继承,没有子女的,由丈夫的父母及兄弟姐妹继承,妻子不享有任何权利,不能继承任何遗产。

《法国民法典》另在第 767 条规定:"如死者未遗有按其亲等得为继承的血亲,亦未遗有非婚生子女,遗产归属于未离婚而尚生存的配偶。"依据本条的规定,只有在死去的丈夫未留下子女、孙子女、父母、兄弟姐妹,并且连非婚生子女也没有的情形下,妻子才有可能取得遗产。可想而知,丧夫的妻子取得遗产的可能性是非常微小的。可见,《法国民法典》之所以创设居住权,是为了解决寡居的母亲的居住问题。

再来看我国。我国是最早实行男女平等的国家,早在 1930 年的《中华民国民法》中就规定了男女平等,该法第 1144 条规定:"配偶,有相互继承遗产之权。"按照该条的规定,在有第一顺序继承人时,配偶的应继份与其他继承人均等;在有第二顺序或第三顺序继承人时,配偶的应继份为遗产的 1/2;在有第四顺序继承人时,配偶的应继份为遗产的 2/3;在无第一顺序至第四顺序继承人时,配偶的应继份为遗产之全部。因此,当然也就没有规定居住权的必要。

现行《继承法》第 9 条规定:"继承权男女平等。"第 10 条第 1 款规定:"遗产按照下列顺序继承:第一顺序:配偶、子女、父母。第二顺序:兄弟姐妹、祖父母、外祖父母。"从现行《继承法》的上述规定可知,夫妻相互有继承权。配偶、父母和子女,同为第一顺序法定继承人。考虑到现行《婚姻法》关于婚姻关系存续期间取得的财产属于夫妻共有的规定,如果丈夫去世,首先应当从夫妻共有财产中分出属于妻子的一半财产,剩下的另一半财产才属于丈夫的遗产。该遗产由妻子与子女及丈夫的父母继承。特别要注意的是,现行《婚姻法》还规定了子女赡养父母的义务。子女履行赡养义务,当然必须解决父母的居住问题。可见,在我们的社会中,父母的居住及丧夫的寡母的居住,在法律上有充分的保障,不会发生任何问题。

剩下的就是保姆的居住问题。我国幅员辽阔,大多数人口在农村。超过 10 亿之数的农民,恐怕不大可能雇用保姆。在城市居民中,虽然没有精确统计,使用保姆的家庭恐怕也只占少数。在使用保姆的家庭,准备给保姆永久居住权的,恐怕只是极个别的情形。为了极少数人的问题,而创设一种新的物权,创设一种新的法律制度,既不合逻辑,也不合情理。

如果要让保姆终身居住,可以在遗嘱中明确表述此种遗愿。遗嘱中这样的规定,虽然不发生物权的效力,并不等于不发生任何效力。按照遗嘱中的这一约定,法院仍旧采用此前的做法,通过在继承人的房屋所有权上设一个负担来解决该保姆的居住问题,以实现遗嘱人的遗愿。

基于上面的分析,可以断言,《物权法(草案)》创设所谓"居住权",与我国的国情和实际是相违背的,建议删去。

(五)要不要规定取水权

2002年的《民法(草案)》专门设了一章规定取水权,第224条规定:"自然人、法人直接从江河、湖泊或者地下取用水资源的,应当按照国家取水许可制度和水资源有偿使用制度的规定,向主管部门申请领取取水许可证,并缴纳水资源费,取得取水权……"从江河、湖泊取水,要经过批准,要付费,方能取得取水权。我们就想到,这岂不是将江河、湖泊的水都当作国家财产来对待。草案第46条正是这样规定的:水资源归国家所有。按照这样的规定,江河、湖泊的水属于国家财产,则1998年长江流域的洪水泛滥造成人民的生命财产的损失都应该由国家来承担赔偿责任。国家财产造成人民生命财产的损失,当然要由国家承担赔偿责任,这在民法上有规定。这应当没有疑问,问题是国家是否赔得起?再说,既然江河、湖泊的水是国家财产,则长江、大河的水流入汪洋大海,岂不是最大、最严重的国有资产流失,应该由哪一个国家机关承担渎职犯罪的责任?

其实,江河、湖泊的水属于地表水,各主要国家及地区都是用传统民法相邻关系上的取水、用水、排水的制度来解决,完全不需要将其规定为国有资产,不必要创设所谓取水权。而江河、湖泊的水无法特定,不能直接支配,不具有排他性,不符合物权的定义,创设所谓取水权,也与法理相悖。地下水的问题,可以特殊处理,可由行政法规或者地方性法规对地下水的抽取规定必要的措施。应当注意到,水和空气是地球生命产生和存在的前提条件,如果水资源被规定为国家所有,则我们有理由怀疑,是否会有一天空气也被规定为国家所有呢?

(六)要不要规定野生动物归国家所有

2002年的《民法(草案)》第48条第1款规定,"野生动物,国家规定归国家所有的归国家所有"。这一规定,来源于《野生动物保护法》。《野生动物保护法》第3条第1款规定,野生动物资源属于国家所有。该法第2条第2款规定,本法规定保护的野生动物,是指珍贵、濒危的陆生、水生野生动物和有益的或者有重要经济、科学研究价值的陆生野生动物。

保护野生动物,本来属于公法上的义务,而不是私法上的权利;是国家的义务,是整个社会的义务。现在的草案将野生动物规定为国家所有,不利于保护野生动物。因为,既然规定为国家所有,即应当由所有人国家自己保护,广大人民群众就被解除了保护义务。你的财产,你的汽车、房子,应当由你自己保护。别人来保护,那是侵权。再说,规定珍贵的、有价值的野生动物归国家所有,于情于理不合。为什么有害的野生动物,如苍蝇、蚊子、老鼠不规定为国家所有?为什么专挑珍贵的、有价值的野生动物规定为国家所有?

另外,将野生动物规定为国家所有,于法理不合。因为野生动物,是不特定的,不能直接支配。穿山甲今天在云南、广西境内,明天可能就在越南、缅甸境内。候鸟如天鹅、大雁、红嘴鸥冬春飞来中国境内,夏天飞往西伯利亚,如规定为归中国国家所有,其飞往西伯利亚岂不构成对俄罗斯领土的侵犯?岂不要产生国际争端?中国所有的大雁、天鹅飞到俄罗斯境内,俄罗斯会不会也向我们提出强烈抗议?两个国家为一群天鹅、大雁发生外交争端,有这个必要吗?

其实,野生动物,不具有直接支配性,在被捕获之前,不构成所有权的客体。野生动物属于无主物,其保护只需限制先占取得即可。例如,规定禁渔期、禁猎期,划定野生动物保护区,禁止猎取、捕捞国家保护的野生动物等就够了,完全没有必要规定为国家所有。如果规定为国家所有,则偷猎、偷捕野生动物,就属于盗窃财产罪,那么《刑法》也要修改。

(七)要不要规定农地使用权转让和抵押

有些学者建议,土地使用权是具有很大价值的财产,应当允许其市场化,要允许其转让、抵押,对此我坚决反对。我们可以想一想,我们的父母供我们上学,高中毕业考上了大学,学费一年要几千元,从哪里去拿这个钱呢?借?借不到钱,怎么办呢?一狠心,把这块土地抵押给银行,把钱拿来供我们上学。我们上学的费用越来越多,父母没有什么其他的生产资料,银行的钱到期还不了,银行就拍卖抵押的土地,土地归属于其他人了,有的父母直接把土地卖了。如果允许这样,用不了多少年,农村就会出现一大批没有土地的农民。有人说,这好啊,让他们到城市里去吧,促进工业现代化了。问题是城市无法容纳这么多的人口。所以说,我坚决反对农地使用权的转让和抵押。还有,要是农村真的出现了一大批无地、少地的农民,这对我们的社会是非常危险的。农民的资金需求,如子女上学、生病住院等需要钱,应当有一套专门的、简便的小额贷款制度来解决,并且专设一项担保基金,为农民取得小额贷款提供担保,绝对不允许农地使用权转让和抵押。

(八)要不要规定非法人团体

关于是否规定非法人团体,即民法典是否承认在自然人、法人之外的第三主体,早在《民法通则》制定时,就产生过激烈的争论,否定的意见被称为"两主体说",肯定的意见被称为"三主体说"。鉴于改革开放刚刚开始,经济生活中的各种组织体尚未发育成熟,因此《民法通则》仍维持两主体说,设第二章规定"公民(自然人)"、第三章规定"法人"。但考虑到经济生活中存在营利性合伙组织体,在法律上应当有其地位,在规定"公民(自然人)"的第二章增设第五节"个人合伙",在规定"法人"的第三章增设第四节"联营"。《民法通则》将"个人合伙"规定在"公民(自然人)"一章,将"联营"规定在法人一章,其立法意旨在于不承认合伙组织体是所谓第三主体。但"个人合伙"为两个以上的自然人集合形成的人合组织体,因此与"自然人"指称单个的个人有本质的不同;"联营"为两个以上的法人出资形成的人合组织体,因未取得法人资格,其成员对联营的债务承担无限责任,也与法人有本质上的不同。实则"个人合伙"与"联营",同属于人合组织体,因其为组织体,所以区别于自然人,因其未取得法人资格,所以区别于法人,难为自然人概念或法人概念所涵括,可以断言,《民法通则》的上述安排与法律逻辑显有未符。可见,持"三主体说"的学者,以《民法通则》关于个人合伙和联营的规定为根据,所谓《民法通则》已经在实际上承认了自然人、法人之外的第三主体,并非空穴来风,毫无理由。

现今我国已经实现了从计划经济向市场经济的转轨,市场经济已经有相当的发展,各类组织体,包括营利性的组织体和非营利性的组织体,已经有了充分的发展。现实生活中存在各种不具备法人资格的组织体,诸如业主委员会;无法人资格的分公司;各种企业的分支机构;独资企业;合作企业;合伙企业;非企业合伙组织,如律师事务所、会计师事务所;各种协会、学会的分会;学校的学生会、校友会、同乡会;各种俱乐部,如高尔夫俱乐部、足球俱乐部;大学内部的学院、系、所、教研室;科学院内部的研究所、研究中心、研究室、课题组;等等。

特别值得注意的是,不仅《民事诉讼法》已经承认了非法人团体的诉讼主体资格,《合同法》也已经承认了非法人团体的主体资格,称之为自然人、法人之外的"其他组织"。在制定民法典的讨论中,有一种意见认为,可以通过改变《民法通则》关于"法人限于成员负有限责任"的规定,扩张法人概念,承认"成员负无限责任的法人",将合伙组织体纳入法人概念,因此主张民法典不规定非法人团体。我认为,在我国经济生活中,大量不具有法人资格的组织体的存在,是不可否认的事实,而其中的许多组织体,按照现行法可以以自己的名义订立合同、履行合同并起诉、应诉,其与法人的差别仅在于法人资格的有无和责任承担的不同,有必要突破传统主体理论的局限,在民法典上明文规定非法人团体的法律地位。

所谓非法人团体,是指不具有法人资格但可以实施民事法律行为并享受权利、负担义务的组织体。相当于德国民法所谓"无权利能力社团"、日本民法所谓"非法人社团"和"非法人财团"。考虑到法律既然承认其具有主体资格,当然具有某种程度的民事权利能力,不宜称为

"无权利能力社团",合同法采用的"其他组织"一语,也不适于作为法律概念,建议仿日本民法称为"非法人团体"。所谓财团法人,是指财产的聚合体,即在一定独立财产基础上形成的、能独立参加民事关系的法人团体。

(九)要不要规定宗教财产归宗教法人所有

宗教财产,包括佛教的寺庙,藏传佛教的宫,道教的观,天主教、基督教和东正教的教堂,伊斯兰教的清真寺,供奉神明的庙,等等。根据现行的国家政策,教会(天主教、基督教和东正教)的房产,为中国教会所有。佛教和道教的庙观及所属房产为社会所有(僧道有使用权和出租权),家庙为私人所有,伊斯兰教的清真寺及所属房屋则为信教群众集体所有。实际上在寺观房屋产权登记中,无论何种寺庙宫观,均将宗教协会登记为所有权人。

妥当的做法是由民法典或者物权法规定,一切宗教财产,包括房产在内,都属于作为宗教法人的寺庙宫观所有。

时代呼唤科学完备的民法典[*]

编纂民法典是我们党提出的重大立法任务,是完善中国特色社会主义法律体系的重大举措。不久前,全国人大常委会正式审议《民法总则草案》,标志着我国正在进行的民法典编纂工作又迈出了坚实的一步。总体而言,审议的《民法总则草案》经多次讨论修改,概念比较准确、结构比较合理,逻辑性和体系性相对严密,为此次民法典编纂工作开了一个好头。我们对编纂一部具有中国风格、中国气派的民法典充满信心。

一、编纂过程历经起伏

自新中国成立后,从1954年至2002年的近半个世纪里,我国曾四次组织专家学者制定民法典,但都没有取得预期结果。第一次和第二次起草民法典的失败,与当时的历史条件有关。从表面上看,是历次政治原因使民法典起草工作中断,但深层次、关键的原因是我国当时实行计划经济体制。计划经济体制主要依靠行政权力、行政手段来组织和安排产品的生产、流通、交换和消费,缺乏民法赖以存在的经济社会条件。比如,在经济活动中使用各种指令、票证等,并不需要民法来规范,更不需要民法典。所以说,当时实行计划经济体制,是前两次民法典起草没有成功的根本原因。

1979年第三次起草民法典时历史条件已经发生了变化,我国开始

---

[*] 本文原载《人民日报》2016年8月15日。

实行改革开放。为了适应新的社会需要，民法典起草再次启动。虽然民法起草工作小组很快就完成了四稿草案，但是当时我国农村刚开始实行家庭联产承包责任制，城市刚放开个体经营，国有企业改革还没有完全开始。因此，制定民法典的条件并不成熟。而且，当时起草民法典，主要是以苏联、东欧社会主义国家的民法典为参考范例。这样制定出来的民法典，也很难为我国改革开放和社会主义市场经济发展提供法治基础。因此，当时立法机关决定停止民法典起草工作，改为先分别制定民事单行法，待条件成熟后再制定民法典。

到了2002年，第九届全国人大常委会计划加快民法典起草工作，全国人大常委会法制工作委员会随即委托学者起草民法典，当年即完成一部民法典草案。同年12月，全国人大常委会对该民法典进行了第一次审议，并公开征求修改意见。但由于当时立法上理论和实践准备仍然不足，各方争议较大。到2004年，第十届全国人大常委会变更了立法计划，暂缓民法典草案的审议修改工作，将工作转向物权法草案的修改、审议。

如今，民法典编纂的条件已不同以往。社会主义市场经济体制不仅完全确立，而且有相当深入的发展。我国民法理论研究已经达到相当高的水平，对发达国家和地区的民法发展潮流、发展趋势及民事立法理论大体上能够准确把握。多年的法学教育，培养出大批法学、法律人才，法院民事审判实务也积累了相当丰富的经验。

在这样的条件下，党的十八届四中全会作出编纂民法典的决定，具有重大而深远的意义，成为全面推进依法治国、建设中国特色社会主义法治体系的重要一步。这一次编纂民法典，强调在总结前三十多年民事单行法立法成果的基础上，借鉴法治发达国家和地区民法典编纂的经验，制定一部具有严密逻辑体系、内容完备、彰显中国特色的民法典。

二、对我国民法典编纂充满信心

我国要建设法治国家，当然要制定自己的民法典。编纂一部既符合我国改革开放和社会主义市场经济发展需要，又符合世界法治发展潮流，并能与国际社会相沟通的新时代民法典，是我们现在所面临的重大立法任务。民法法典化的基本目的和功能在于实现私法规则的体系化，确保民法的确定性、可预见性，确保裁判的公正性，并发挥民法典作为人民生活教科书的功能。

相比其他部门法，我国的民事法律目前仍处于较为散乱的状态，由《民法通则》与作为民事单行法的《物权法》《合同法》《侵权责任法》《婚姻法》《继承法》《收养法》等法律及最高人民法院颁布的司法解释，共同构成我国现行的民法体系。这些民法规范虽然在保障自然人、法人、其他组织的民事权利、维护社会公平正义和促进社会主义市场经济发展等方面发挥了重大作用，但因缺乏系统性，不仅在规范体系上存在诸多冲突之处，而且在规范内容上欠缺许多必要的民事制度，这种情况无法满足社会主义市场经济发展和日益活跃的民事活动对民事法律规范的更高要求。现行民事法律规范亟待通过编纂民法典予以体系整合和内容完善。

民法典编纂关涉民事立法的科学性。近现代民法是由一整套概念、原则、制度构成的逻辑严密的体系。适宜制定单行法的，只是其中分别规范各类民事关系的特别规则，而规范各类民事关系的共同规则，不适宜采取单行法的形式。如果缺乏规范各类民事关系的共同规则，分别制定的单行法将难以充分发挥作用，无法得到彻底实施。

民法典编纂的意义除了实现私法的体系化，还有助于提高全民族的文明程度。一部进步、科学、完备、充分体现民主、法治、人权精神的民法典，有助于引导人们正常生活、务工、经商、从政，可以教人如何行使权利、履行义务，如何运用法律手段保护自己的合法权益，等等。所以，我们唯有制定一部进步、科学、完备的民法典，才能担当得起时代赋予的使命。

三、在吸收融合中展现中国特色

我国民法典不仅内容要合理进步，而且结构应先进科学，具有严密的逻辑关系，强调完整性、体系性、逻辑性。

具有严格的体系性与逻辑性。我国多年受大陆法系国家或地区民法影响，法院裁判案件、律师从事法律实务，不是采用从判例到判例的演绎方法，而是采用逻辑推理的法律适用方法。我国民事立法，尤其是改革开放以来制定的民事法律，以《民法通则》和《合同法》为典型，所使用的概念、原则很多都是从大陆法系国家或地区继受而来的，比如权利能力、行为能力、法律行为、代理、时效、物权、债权、请求权、抗辩权等。我国属于具有成文法传统的国家，与英美法系国家法律传统不同。英美法系国家有悠久的判例法传统，依靠高素质的法官和陪审团制度来保障裁判的公正性和统一性。大陆法系国家或地区的法律规则是立法机关制定的，主要依靠法律本身的逻辑性和体系性保障裁判的公正性和统一性。法典越有逻辑性和体系性，就越能保障审理同样案件的不同地区、不同法院、不同法官从法典中找到同一个规则，并作出同样的裁决。可以预见，正在制定的民法典将继续采取这种模式。

多元复合将成为我国民法的特色。自制定统一的合同法开始，我国对外国民法的继受从单一转向多元，民法呈现多元复合色彩。为了适应发展现代市场经济的要求，实现交易规则的统一并与国际接轨，《合同法》起草广泛参考借鉴发达国家和地区成功的立法经验和判例学说，并与国际公约和国际惯例协调一致。这部法律的许多原则和制度学习了德国民法，还有一些重要的制度直接采自《国际商事合同通则》《联合国国际货物销售合同公约》和英美契约法。我国对外国民法的继受呈现出继受目标多元化现象，物权法的制定过程也体现出这一取向。民法典的编纂应沿着多元继受之路大胆地走下去，因为立法实践证明，这是提高立法质量、实现民事立法科学化的成功之路。完全可以想象，我国民法典必将全面总结、整合本国的民事法律规范，广泛吸收、融合世界各地先进私法规则与文化，进而展现出中国特色。

民法典解释与适用中的十个问题*

《民法典》于2020年5月28日由第十三届全国人民代表大会第三次会议通过，自2021年1月1日起施行。《民法典》的颁布施行，意味着围绕民法典编纂的诸多争议皆已尘埃落定，今后民法学理论研究和司法实践的主要任务是如何对《民法典》进行解释与适用。

一、对《民法典》第416条"超级优先权"的评析

《民法典》第416条规定："动产抵押担保的主债权是抵押物的价款，标的物交付后十日内办理抵押登记的，该抵押权人优先于抵押物买受人的其他担保物权人受偿，但是留置权人除外。"《民法典》第416条是一个新创的制度，要准确把握就需从立法政策角度去考虑。要理解这个条文，首先需理解什么叫抵押、抵押和质押的区别何在。

质押是人类历史上最悠久的担保制度，例如，我国在没有实行市场经济时就已经存在当铺。质押须移转标的物的占有，而抵押不必移转标的物的占有，所以在人类历史上抵押权制度出现较晚。无论是抵押还是质押，关键问题是怎样实现对标的物的控制。如果抵押物是不动产，且被移转占有，那么抵押人就没有办法利用抵押物。举例而言，假如抵押人借贷的目的是要发展生产，结果却是抵押人在拿到贷款以后反而丧失了生产的对象——不动产土地，以致无法实现生产的目的。这一突出难题催生了登记制度，登记制度解决了抵押人因抵押物被移

---

* 本文原载《温州大学学报（社会科学版）》2021年第1期。

转占有而产生的窘境,但必须是能够登记的物权才能适用抵押权制度。

自 2021 年 1 月 1 日废止的《物权法》所规定的抵押权均针对不动产,因为不动产有登记制度,动产也要有登记制度才能被抵押。《民法典》第 395 条规定了抵押财产的范围:第一,建筑物和其他土地附着物;第二,建设用地使用权;第三,海域使用权;第四,生产设备、原材料、半成品、产品;第五,正在建造的建筑物、船舶、航空器;第六,交通运输工具;第七,法律、行政法规未禁止抵押的其他财产。这些被列举的财产都需要登记后才能被抵押。

《民法典》第 416 条提到"动产抵押",第 395 条所列抵押财产范围当中哪一项属于该处的"动产"范畴呢?是第 1 款第(四)项的抵押财产"生产设备、原材料、半成品、产品"吗?不是。因为《民法典》第 395 条第 1 款第(四)项抵押财产有《民法典》第 396 条的规定与之相匹配。《民法典》第 396 条规定:"企业、个体工商户、农业生产经营者可以将现有的以及将有的生产设备、原材料、半成品、产品抵押,债务人不履行到期债务或者发生当事人约定的实现抵押权的情形,债权人有权就抵押财产确定时的动产优先受偿。"这类抵押常被称作浮动抵押,这是不准确的,因为所谓浮动就是不确定。原材料变成半成品,半成品变成成品,成品要卖出去,这些财产在流变,从这个意义上说它们才是浮动的。其实,《民法典》第 396 条规定的是特别动产结合抵押,也就是说,《民法典》第 395 条第 1 款第(四)项的抵押财产"生产设备""原材料""半成品""产品"虽然都是动产,但要结合在一起抵押。做法是,列一个抵押财产清单,并在清单上标明抵押财产的位置,如它们属于哪个厂、堆放在哪里。这个清单不像别的抵押那样要具体地列出特定物,而只需列出抵押财产的类型、种类,这就叫特别动产结合抵押,其抵押财产是合在一起的。

《民法典》第 395 条第 2 款规定:"抵押人可以将前款所列财产一并抵押。""一并抵押"是什么呢?它跟日本法律上说的企业财团抵押相当。所谓企业财团抵押就是指把企业所有的不动产、动产结合起来列一个清单一并抵押。企业财团抵押和浮动抵押的差别何在?平常说的浮动抵押,英美法系称 floating charge,着重于标的物的浮动、不确定。浮动抵押的内容不仅包括企业的不动产、动产,还包括抵押人的债权、债务、知识产权等。浮动抵押不是随便设定的,它是为了担保企业发行公司债券这一特定目的而设定的。

《民法典》第 396 条把第 395 条第 1 款第(四)项抵押财产规定为特别动产抵押,那么第 395 条所列举的其他抵押财产哪些是动产呢?那就是第(六)项,即交通运输工具。交通运输工具适用抵押,因为它有登记制度。船舶由船籍港登记,航空器(如民航飞机)由民航局登记,机动车由交通管理部门登记。交通管理部门登记机动车俗称"上路发牌照",这个登记同样可以起到物权上的登记效力。交通运输工具这一类动产在《民法典》"物权编"叫作特别动产。特别动产实行登记对抗主义,为什么特别动产要实行登记对抗主义呢?因为特别动产处于运动状态。假使一艘船航行到某一个港口,急需一笔资金,需要设定抵押,却又没法实现登记(因为登记地在船籍港),那么只要抵押合同生效抵押就生效了,而这艘船要回到船籍港办理了抵押登记才能取得对抗效力。航空器也是这样,因为航空器到处飞,所以它不能严格地像不动产那样实行登记生效主义。不动产实行登记生效主义,因为不动产是不动的,正所谓"跑得了和尚跑不了庙";特殊动产是处于运动状态的,所以不得已实行登记对抗主义。需要注意的是,在交通运输工具当中,船舶的抵押在海商法中有特别规定,航空器的抵押在航空法上有特别规定,《民法典》规定的对象其实就是机动车。《民法典》第 403 条规定的是动产抵押权设立的登记对抗主义,该条明确规定:"以动产抵押的,抵押权自抵押合同生效时设立;未经登记,不得对抗善意第三人。"

《民法典》第 404 条又规定:"以动产抵押的,不得对抗正常经营活动中已经支付合理价款并取得抵押财产的买受人。"据此而解读出的"动产抵押没有追及力"这一结论是值得商榷的。第 404 条讲的是,正常生产经营当中销售出去的产品,买受人花钱购买了,这些产品就脱离了抵押权的范围,不能追及。实际上,第 404 条的适用范围就是第 396

条规定的内容,即前面讲的特别动产结合抵押:企业把自己流水线上的生产设备、原材料、半成品、产品作一个清单,设定一个抵押,就作一个抵押登记;设定抵押权以后,企业正常生产,原材料变成半成品,半成品变成成品,成品销售出去,新的原材料又进来了,抵押物处于浮动当中。

但特别动产结合抵押有一个"确定",这个"确定"规定在《民法典》第411条。第411条确定什么呢?第411条规定:"依据本法第三百九十六条规定设定抵押的,抵押财产自下列情形之一发生时确定:(一)债务履行期限届满,债权未实现;(二)抵押人被宣告破产或者解散;(三)当事人约定的实现抵押权的情形;(四)严重影响债权实现的其他情形。"特别动产结合抵押的财产一经确定,其抵押权就变成普通的抵押权,而且马上就要执行。所以说"确定"是为了执行抵押权,而在"确定"之前,产品和原材料都存在流动性。也就是说,在"确定"之前,特别动产在浮动,无法追及,但在"确定"以后,特别动产就可追及。特别动产结合抵押与特别动产自身的性质相关,它是为生产当中处于浮动状态的标的物设定的抵押,但抵押财产一经"确定"就有追及力。

什么叫追及力?什么叫抵押权的追及力?《民法典》第406条第1款最后一句规定"抵押财产转让的,抵押权不受影响",这就是具体体现。抵押权设立以后,抵押财产转给张三,张三转给李四,李四转给王五,不管转到哪里,其抵押权不受影响,一直黏附在抵押财产的所有权上,虽然王五变成了抵押财产的所有权人,但抵押权人可以找到所有权人王五,并申请法院拍卖,这就是追及力。因此,从抵押权来说,第一个登记生效的抵押权一经生效抵押权就发生,就有追及力。总之,追及力是支配力的体现,凡是登记生效的抵押权都有追及力。

再看《民法典》第416条,该条中的动产其实特指机动车,机动车抵押所担保的主债权是购买机动车这一动产的价款。这个动产抵押制度是新设的,《物权法》中没有。在市场交易中,除家用的代步机动车以外,机动车还包括基建所用的大吊车、水泥搅拌车、油罐车等。一般的小轿车价格便宜,但像大吊车、水泥搅拌车这样的大型机动车,一个建筑公司如果要买好多辆,则要花费巨额的资金。针对这种因标的物价款巨大而难以一次支付的交易,《民法典》在第 634 条规定了分期付款。依据该条规定,采用分期付款的买卖,如果迟延付款的数额超过了全部价款的 1/5,且在出卖人催告后买受人在合理期限内仍然不支付,出卖人就可以行使"提前到期""解除权"两种权利。提前到期指的是,原来约定的分期付款,在买受人拖欠支付的价款超过全部价款的 1/5 时,就变成现付,即凡是拖欠的价款买受人需一次性付给出卖人;解除权则指的是,在出卖人行使提前到期权利后,如果买受人无法付清拖欠的价款,出卖人就可以解除合同,解除合同的后果就是出卖人有权收回所出卖的机动车。可见,《民法典》第 634 条保护的是出卖人。

《民法典》第 641 条还规定了出卖人保留所有权制度。分期付款买卖在国际上惯常约定由出卖人保留所有权,即在机动车售出并交付后,机动车的所有权仍在出卖人手里,出卖人在解除合同的时候凭所有权行使取回权①,直接到现场把车开走就行了。但这在我国现实生活中存在难题,这个难题来自交通管理部门的机动车执照制度。租一辆车去交通管理部门上牌照是绝对不允许的,需要上牌照的车必须是自己买的。汽车所有权人必须去交通管理部门申办汽车牌照,没有牌照就不能开车上路,否则就是违法的,这是汽车上路的行政许可制度,至关重要。但在买受人分期付款时,出卖人保留了汽车所有权,买受人如何上汽车牌照呢?所以自《物权法》生效以来,那些生产大型载重汽车、大型吊车的企业,仍然采用买受人分期付款的销售方式,却难以保留车辆的所有权,因为尽管法律规定了出卖人保留所有权制度,但生产企业一旦保留了车辆的所有权,买受人就无法申办车辆牌照,买受人如果无法申办车辆牌照就会放弃购买车辆。可见,买受人分期付款时出卖人保留所有权的买卖制度,在一定程度上给现实的生产生活造成了阻碍。

《民法典》第 416 条解决了这一难题。依据第 416 条的规定,出卖人在将车辆的所有权转移给买受人的时候,可以让买受人反过来把车

---

① 所有权的内容当中包含取回权,取回权规定在《民法典》第 642 条。

辆抵押给出卖人,以担保买受人分期付款的价款。可见,第416条完全是针对我国社会问题而创设的制度。这也正是《民法典》创设第416条这样一个崭新制度的原因,所以《民法典》第416条具有非常重要的实践意义和理论意义。

而且,《民法典》第416条规定标的物在交付后10日内需办理抵押登记,标的物一经登记,抵押权就具有对抗力和追及力了,该抵押权人就可以优先于买受人的其他债权人受偿,也就是说,即使买受人将标的物转卖,该抵押权人也可以凭借抵押权将标的物追回。如果买受人在车辆上重复设置抵押怎么办呢?按照《民法典》第414条的规定,同一财产重复抵押是以登记的时间先后顺序来划分权益保护的。

此外,《民法典》第416条规定办理抵押登记的时限为标的物交付后10日内,也是有考虑的。车辆一交付就要求买受人办理设定担保购买价款的特别抵押权的抵押登记不太现实,但万一买受人在买了车辆之后先将其抵押给别人,别人的抵押权就在先,这种情况需要限制,并且抵押登记也不是一件容易的事,所以《民法典》第416条要求办理抵押登记的时限为标的物交付后10日内,并且规定10日内办理登记的抵押权优先于别的抵押权。

《民法典》第416条不仅解决了我国现实存在的社会问题,而且保障了这个制度设立目的的实现——出卖人收回价款。不过,《民法典》第416条的"优先"并非"超级优先权",在我国法律中也没有优先权制度。

二、对《民法典》第494条"强制缔约"的解读

《民法典》第494条是关于强制缔约的规定。《民法典》第494条第1款规定:"国家根据抢险救灾、疫情防控或者其他需要下达国家订货任务、指令性任务的,有关民事主体之间应当依照有关法律、行政法规规定的权利和义务订立合同。"该款属于国家指令性计划范畴,国家指令性计划相当于具有法律效力。所谓指令性订货任务是指国家确定了买受人,出卖人,标的物的种类、品质、规格、型号、数量甚至价格等,

买受人和出卖人双方没有谈判的余地,交货的时间可能有一些商量的余地,但即使有也是次要的。因此,《民法典》第494条的关键词就是国家订货任务。

强制缔约是中国特色社会主义的重要体现,在起草《合同法》的时候,尽管当时依据国家指令性计划签订的合同所占的比例已经很少,但到底要不要让国家指令性计划合同退出历史舞台,当时并没有形成统一意见,于是国家指令性计划合同就保留了下来,以备不时之需,比如紧急情势下的抢险救灾。强制缔约在特殊情况时会多一些,在和平年代自然就会少一些。在法律上保留这个制度,是有益无害的。

三、对《民法典》第545条"债权转让对外效力"的解读

《民法典》第545条第1款规定:"债权人可以将债权的全部或者部分转让给第三人,但是有下列情形之一的除外:(一)根据债权性质不得转让;(二)按照当事人约定不得转让;(三)依照法律规定不得转让。"第2款规定:"当事人约定非金钱债权不得转让的,不得对抗善意第三人。当事人约定金钱债权不得转让的,不得对抗第三人。"

《民法典》第545条源自《合同法》第79条,《合同法》第79条没有《民法典》第545条第2款。当初设计时债权以可转让为原则,以不可转让为例外。《民法典》第545条第1款规定的三项情形实际上都是例外。《民法典》第545条第1款是一个法律政策上的判断,即债权转让对债务人没有损害。即使债权转让存在特别情形,如债务人因履行债务而增加了额外费用,这些费用由受让人或者转让人承担也就解决问题了。所以债权转让不损害债务人的利益是一个正确判断。但债务转移容易损害债权人利益,所以法律规定债务转移一定要得到债权人的同意。

《民法典》第545条第1款规定的"不得转让"的第一种情形是"根据债权性质不得转让"。《民法典》第535条第1款规定:"因债务人怠于行使其债权或者与该债权有关的从权利,影响债权人的到期债权实现的,债权人可以向人民法院请求以自己的名义代位行使债务人对相

对人的权利,但是该权利专属于债务人自身的除外。"最高人民法院《关于适用〈中华人民共和国合同法〉若干问题的解释(一)》第12条指出:"……专属于债务人自身的债权,是指基于扶养关系、抚养关系、赡养关系、继承关系产生的给付请求权和劳动报酬、退休金、养老金、抚恤金、安置费、人寿保险、人身伤害赔偿请求权等权利。""专属于债务人自身的债权"就是债权性质决定不能转让的情形。但哪些债权不能转让,最高人民法院有解释的,容易掌握,而没有相关规定的就难以确定。

《民法典》第545条第1款规定的"不得转让"的第二种情形是"按照当事人约定不得转让"。但如果当事人动不动就约定一个债权不得转让,岂不是和"债权以可转让为原则"相抵触?这是《民法典》第545条设立第2款的初衷:限制当事人盲目地约定债权不得转让,以保障这个制度设立目的的实现。

《民法典》第545条第2款对市场经济具有重要意义。比如,张三欠李四钱,王五欠张三钱,通常的还钱办法是张三从王五那里收账后再转给李四,但如果张三和李四协商采取债权转让的办法,一个转让合同就够了,即债务人王五直接把钱支付给张三的债权人李四,两个环节变为一个环节,这就大大减少了时间成本,进而加速了资本的流转与流通。但如果当事人动辄约定债权不得转让,势必会对市场的运行造成阻碍,此时《民法典》第545条第2款的作用就能得到体现。

《民法典》第545条第2款的立法目的从其条文表述亦可推出。第2款第一句是"当事人约定非金钱债权不得转让的,不得对抗善意第三人"。什么叫第三人?第三人这个概念是当今法律界最混乱的概念之一,将合同双方当事人之外的所有人都称作第三人是完全错误的。合同双方当事人之外的且与其中一方有某种法律关系的特定人才是第三人。《合同法》中的第三人往往与连锁交易有关,如张三把货物卖给李四,李四再卖给王五,那后一个合同的买受人王五对前一个合同双方当事人来说就是第三人。什么叫善意?这是民法上一个特殊概念,民法上所说的善意是指不知情,和老百姓所说的善意(慈悲之心)是不一样的。什么叫不得对抗善意第三人?善意就是不知情,第三人不知情,就不得对抗;知情就叫恶意,第三人知情,就可以对抗。例如,李四是债务人,张三是债权人,双方约定了非金钱债权不得转让,但出于某种原因,张三把债权转让给了王五;如果王五知道张三、李四之间的约定,则张三、王五之间的债权转让合同无效,如果王五不知道张三、李四之间的约定,王五就是善意第三人,那么张三、李四之间的约定就不能否定王五所受让的债权。所以,是否可以对抗第三人的问题实质上是后面一个转让合同有效与否的问题:可以对抗,那么后一个转让合同就无效;不可以对抗,那么后一个转让合同效力不受影响。

但善意与否是主观性的状态,在诉讼当中,第三人将面临举证困难的问题,因为按照社会生活经验,自己不知道什么是难以举证的,而知道什么反而更容易举证。正因为如此,法律上有一个判断善意的规则叫善意推定:凡是在诉讼、仲裁中,当事人一方主张自己是善意,法庭、仲裁庭不要求他举证,推定他为善意;如果另一方当事人对此持异议,法庭、仲裁庭就要求异议方就自己的异议举证。

在债权转让上,《民法典》第545条第2款区别了金钱债权和非金钱债权。对于金钱债权,合同双方的约定不能逾越合同相对性而约束合同当事人之外的第三人,即依法成立的合同仅在当事人之间有效。同样是债权,为什么金钱债权要严格遵守合同相对性?这源于金钱、货币的本质,涉及政治经济学的货币流通、价值等理论。货币最重要的功能是流通,它不具有特定的性质。所以对于金钱债权,法律要尽量使当事人不去限制它,以发挥货币的流通功能,即使当事人约定了不得转让,法律也要使该约定在当事人之外无效。

四、对《民法典》删除《合同法》第51条的看法

《合同法》第51条的去留问题是《民法典》"合同编"起草过程中的焦点问题。《合同法》第51条规定:"无处分权的人处分他人财产,经权利人追认或者无处分权的人订立合同后取得处分权的,该合同有效。"《民法典》没有吸收《合同法》这条规定,但《民法典》第597条第1款规定:"因出卖人未取得处分权致使标的物所有权不能转移的,买受

人可以解除合同并请求出卖人承担违约责任。"第 2 款规定:"法律、行政法规禁止或者限制转让的标的物,依照其规定。"那么《民法典》第 597 条能替代《合同法》第 51 条吗? 不能。

在因故意或者过失出卖他人之物这一问题上,大陆法系和英美法系从立法利益角度考虑产生了三种方案:第一种方案是合同无效,无效是原则,若权利人追认,合同就变成有效;第二种方案是合同有效,但是以不损害权利人的权利为前提;第三种方案是美国的方案,即"无处分权的人出卖他人之物"的合同可以宣告无效,首先是权利人可以宣告合同无效,其次是买受人可以宣告合同无效。《合同法》采取的是第一种方案。但是意想不到的是,自《合同法》颁布以来这种方案一直存有争议,其实这个争议肇始于"德国法区分物权行为和债权行为,认为合同有效,处分行为无效"。可是,处分行为无效还不是合同无效吗?《合同法》的这一方案和德国的方案没有区别,《合同法》的特点是把对权利人的保护与合同效力结合在一起了,即权利人不追认,法庭就认定合同无效。如果买受人主张有效,出卖人主张无效,法庭就要让买受人把权利人追认的文件拿来,甚至可以把权利人传到庭上,把对真正权利人的保护和合同效力合在一起审理。这样的制度无疑是最好的制度。因为自己的财产被他人处分,权利人不是马上就能知道的。即便在美国,权利人同样可以宣告这样的合同无效。

在司法实践中,"无处分权的人处分他人财产"这样的案件相当多,法院依据《合同法》裁判的公正性并没有受到质疑,而且最高人民法院还直接用这个规则去解决名义股东转让股权所引发的问题。② 从立法技术、立法学上说,如果法律上一个制度存有争论,但在实践当中并未造成弊端,而且现实中也没有严谨的调查研究与分析证明这个制度应该删掉,那么修法或立法就应该保留该制度。

---

② 详见最高人民法院《关于适用〈中华人民共和国公司法〉若干问题的规定(三)》(2020 年修正)第 25 条。参见《中华人民共和国上市公司法律法规全书(含典型案例及发行监管问答)》,中国法制出版社 2019 年版。

五、对《民法典》第 680 条"禁止高利放贷"的评论

禁止高利放贷是绝大多数国家和地区都有的规定,而且历史悠久,罗马法就有禁止高利放贷的规定。③《民法典》第 680 条第 1 款规定:"禁止高利放贷,借款的利率不得违反国家有关规定。"《民法典》第 670 条又规定:"借款的利息不得预先在本金中扣除。利息预先在本金中扣除的,应当按照实际借款数额返还借款并计算利息。"这样的制度设计是出于维护社会公平正义和弘扬诚信美德的考虑。简单地说,法律允许人们在市场经济下靠金钱去赚钱,但靠金钱去赚钱应有一定的限度,应该符合公平原则、诚信原则、公序良俗原则。这就是文明发展的体现。因此,"禁止高利放贷"的规定被民法一直保留了下来,但是这个规定必须具体化,比如到底利息多少是高利呢?

社会在发展,借贷上限利率也会随之调整。2015 年通过的最高人民法院《关于审理民间借贷案件适用法律若干问题的规定》第 26 条规定:"借贷双方约定的利率未超过年利率 24%,出借人请求借款人按照约定的利率支付利息的,人民法院应予支持。借贷双方约定的利率超过年利率 36%,超过部分的利息约定无效。借款人请求出借人返还已支付的超过年利率 36% 部分的利息的,人民法院应予支持。"最高人民法院《关于修改〈关于审理民间借贷案件适用法律若干问题的规定〉的决定》(2020 年 8 月 19 日修正)将此条修正为:"出借人请求借款人按照合同约定利率支付利息的,人民法院应予支持,但是双方约定的利率超过合同成立时一年期贷款市场报价利率四倍的除外。前款所称'一年期贷款市场报价利率',是指中国人民银行授权全国银行间同业拆借中心自 2019 年 8 月 20 日起每月发布的一年期贷款市场报价利率。"上限利率调整也是一个政策,它反映了一个国家的经济发展情况,所以禁止高利放贷这个原则在法律上不能被否定,但法律应对借贷上限利率予以合理规定。

---

③ 参见尚绪芝主编:《外国法制史教程》,知识产权出版社 2014 年版。

各国和地区关于禁止高利放贷的规定都是原则规定,具体的操作则在一些管制性的、行政性的法规当中,其中对违法合同的认定也是随时代的发展而变化。现实中有一种协议条款叫作对赌回购,它实质上是借款关系,目的就是规避金融管制。一开始的时候法院认定对赌回购协议条款无效,因为它是规避金融管制的,实际上是放贷;现在法院改变了态度,尽管也认定对赌回购协议条款无效,但认定借款合同是有效的,因为现在银行的资金多了,国家的资金多了,情况发生了变化。

六、对《民法典》"保理合同"的解读

保理,全称是保付代理。与保理制度相关的公约有《国际保理公约》《联合国国际贸易中应收款转让公约》等。《联合国国际贸易中应收款转让公约》最初草案的名称叫作《联合国国际贸易中应收款转让与融资公约》,后来"融资"二字被删去了。什么叫应收款转让呢?它是用来解决国际间货物买卖和销售合同问题的。国际贸易货款结算一般采取信用证的方式。比如,船长亲笔签发了装船的单据,出卖人、供货商就在合同后附上这些单据,买受人马上就会签信用证。在一段时间内,信用证被认为是最可靠的支付手段,但是后来人们发现信用证也不是那么可靠。如果货物在装船以后又被卸了,怎么办?货船到了百慕大三角消失了,怎么办?船方为侵吞货物编造事故欺诈合同相对人,怎么办?

于是,为了实现支付,联合国制定了《联合国国际贸易中应收款转让公约》,其中的操作方式是,出口商按照销售合同销售一批货物,这批货物一旦发货,货款债权就转让给了当地的银行,当地的银行则直接将货款支付给出口商。"融资"二字为什么被删掉了呢?因为经由出口商所在地的银行,货款债权实现了转让,出口商直接收到货款,整个过程不发生融资行为。出口商所在地的银行在得到货款债权以后,怎么去收款呢?它会把货款债权转让给进口商所在地的进口商开户银行,进口商所在地的进口商开户银行将直接从进口商存款账户中扣收。如果进口商存在不能支付的情况,进口商所在地的进口商开户银行就把货款债权再转让给出口商所在地银行,出口商所在地银行继而将货款债权退给出口商,这就是《联合国国际贸易中应收款转让公约》中的追索权。如果进口商进行了支付并且所支付金额超过货款数额,那么超过的数额也归银行,整个过程不实行"多退少补"制度。④

出口商和当地的银行没有必要每转让一次货款债权就成立一个转让合同,而是可以建立一个长期的合同关系。长期的合同不仅仅包括债权转让,还可以包括对出口商账户的管理,在这个基础上,双方还可以就融资问题达成合意,这就是保理。《国际保理公约》第1条中规定保付代理人应履行至少两项下述职能:"a. 为供应商融通资金,包括贷款和预付款;b. 保持与应收账款有关的账目(总账);c. 托收应收账款;d. 防止债务人拖欠付款。"⑤其中c项职能里的"托收"就是委托收款,所说的情形是,假设供货商的货没有出口,而是被发到国内别的地方,那么保付代理人(保付代理人一定是银行)就委托收款,可见委托收款和应收款转让在操作方式上是不同的。其中的d项职能则涉及坏账担保。什么叫坏账担保?为债务人所欠付的货款提供担保叫作坏账担保。坏账担保是银行保理当中一个特殊内容,银行不必受债务人委托就会主动为债务人提供担保,即货款如果收不回来就由银行支付。

《国际保理公约》第1条规定:"本公约适用于本章所规定的保付代理合同及应收账款的转让。为本公约的目的,'保付代理合同'系指在一方当事人(供应商)与另一方当事人(保付代理人)之间所订立的合同……供应商可以或将要向保付代理人转让供应商与其客户(债务人)订立的货物销售合同产生的应收账款。"⑥通俗地说,保理合同就是供货商和银行之间的一个合同,这个合同的基础是债权转让,但这里的债权转让不是一般的债权转让,而是将要发生的应收款债权的转让。

---

④ 参见李书文、厚朴保理:《商业保理理论与实务》,中国民主法制出版社2014年版,第260页。

⑤ 李书文、厚朴保理:《商业保理理论与实务》,中国民主法制出版社2014年版,第225页。

⑥ 李书文、厚朴保理:《商业保理理论与实务》,中国民主法制出版社2014年版,第225页。

账户管理、委托收款都是委托合同,融资是借款合同,坏账担保是一种特殊的担保合同,因此保理合同是一种复合性的合同。《民法典》规定的其他合同都是单一的合同,即便是融资性租赁,那也是租赁,只不过和设备买卖稍有联系,其合同仍是单一的合同,并不是两个合同。

需要注意的是,《民法典》第761条用"催收"一词是不妥的,"催收"应是"托收",两者是截然不同的。比如,根据《民法典》第763条的规定,如果债权人和债务人约定了一个假的应收款债权,并把假的应收款债权转让给了保理人,那么虽然假合同是虚伪表示,但应收款债权不能因为这个假合同而被否定。

尽管保理合同是一种复合性的合同,但处理相关纠纷的方法并不复杂,即在债权转让合同方面发生纠纷的,按照债权转让规则处理;在合同的成立生效方面发生纠纷的,按照合同的成立生效规则处理;涉及融资的,按照借款合同的规则处理;涉及账户管理、委托收款等问题的,按照委托合同处理。

七、对《民法典》"精神损害赔偿"新规定的解读

关于精神损害赔偿,《民法典》第996条和第1183条第2款均为新规定。前者规定的是因违约而产生的精神损害赔偿,后者规定的是因侵害财产(具有人身意义的特定物)而产生的精神损害赔偿。违约责任和侵权责任是不一样的,所以《民法典》第186条规定了违约责任和侵权责任竞合这一制度。这也是多数国家和地区的立法经验,尽管少数国家和地区不认可这个竞合概念。在违约责任、侵权责任的竞合当中,精神损害赔偿是最重要的一个问题。

"侵权责任承认精神损害赔偿,违约责任不承认精神损害赔偿"这一说法并不准确。违约责任原则上不承认精神损害赔偿,但也有例外,这个例外就是违约责任涉及某些具有人身意义的物品。例如,骨灰盒丢失了,这里的骨灰盒就是有人身意义的。又如,婚礼的视频、照片被损毁了,因为不可能再结一次,所以这里的视频、照片就是有人身意义的。人身意义的判断涉及社会生活的一般观念。比如,小猫、小狗对豢

养人来说可能如他们的孩子一般，但从社会生活经验来看，它们都是动物，和鸡、鸭、鹅一样，是一般的有机物，不是人，不具有人身意义。人身意义和人格意义尽管有所不同，但其实差别不大，因为人身意义包括人格利益，人身权包括人格权。

因违约而造成的精神损害赔偿，虽然《合同法》没有规定，但是在法院裁判实践当中是作为例外存在的。

八、对《民法典》新规定"遗产管理人制度"的解读

《继承法》没有遗产管理人制度，因此，《继承法》在施行期间就会遇到一个难题，即如果民事诉讼中的被告死亡，而且没有财产共有人，遗产继承人又放弃了继承权，那么原告的债权怎么办？按照应诉的原理，诉讼中当事人一方死亡，财产共有人要参加诉讼以保证诉讼继续进行；如果死亡的当事人没有财产共有人，遗产继承人则要参加诉讼；如果死亡的当事人没有财产共有人，遗产继承人也全部放弃继承，那么诉讼三要素当中人的要素丧失，诉讼就无法成立，按照《民事诉讼法》此种情形法院应该终止诉讼。而从法律的立法精神看，遗产继承人的继承权是可以放弃的，但法定继承人身份则是法律规定的，放弃继承权不等于放弃法定继承人身份，被告一方必须参加诉讼。换言之，这个难题的症结在于，《继承法》第33条第2款规定的"继承人放弃继承的，对被继承人依法应当缴纳的税款和债务可以不负偿还责任"使得处于上述情形中的诉讼因无人担当被告而不得不被终止。

《民法典》"继承编"设立的遗产管理人制度可以解决这一难题，即由遗产管理人担当被告。《民法典》第1145条规定："继承开始后，遗嘱执行人为遗产管理人；没有遗嘱执行人的，继承人应当及时推选遗产管理人；继承人未推选的，由继承人共同担任遗产管理人；没有继承人或者继承人均放弃继承的，由被继承人生前住所地的民政部门或者村民委员会担任遗产管理人。"第1147条又规定："遗产管理人应当履行下列职责：（一）清理遗产并制作遗产清单；（二）向继承人报告遗产情况；（三）采取必要措施防止遗产毁损、灭失；（四）处理被继承人的债权债务;(五)按照遗嘱或者依照法律规定分割遗产;(六)实施与管理遗产有关的其他必要行为。"

　　遗产管理人制度的建立有很多重要的立法政策上的考虑,其中之一就是在被继承人死亡且没有财产共有人、继承人的情形下如何保护债权人利益的问题,所以遗产管理人制度在程序法上有着重要意义。当然,遗产管理人制度还有其他的重要意义,如遗产管理、遗产分割等。在财产分割上,当财产需要清理、登记时,遗产管理人可以以召集人的身份组织遗产分配,被继承人有遗嘱就按照遗嘱分配遗产,被继承人没有遗嘱则按照法定继承来分配遗产;一旦继承人之间达不成协议,进而诉诸法院,那么遗产分割方式就由法院来判决,而这个时候"遗产管理人处于什么身份地位""法院应该不应该听取遗产管理人的意见""继承人达不成协议时,遗产管理人可不可以自己有效管理"等问题都留给法院去解决。

九、对《民法典》第1186条"公平责任"的评析

　　关于公平责任,《民法典》第1186条将《侵权责任法》第24条中的"根据实际情况"修改为"依照法律的规定",这一重大变化值得关注。关于公平责任的规定最早出现在《民法通则》中,后来《侵权责任法》作了修正:《民法通则》第132条的用词是"分担民事责任",《侵权责任法》第24条将其改为"分担损失"。当时考虑的是,面对案件中的具体损失时,怎么提出一个更具体的处理方案。在民法特别是大陆法系民法中,侵权法规定的基本都是过错责任。尽管德国有无过错责任,但其无过错责任适用面很窄,都规定在民事特别法中。所以在民法现代化的过程中,过错责任原则逐渐发展为在以过错责任原则为主的基础上规定过错推定、无过错、公平责任。

　　笔者在1981年阐论侵权行为法时提及过错责任、过错推定、无过错责任。⑦ 例如,一个5岁的孩子造成他人损害(比如把他人价值不菲

---

⑦　参见梁慧星:《试论侵权行为法》,载《法学研究》1981年第2期。

的花瓶损坏了),依据当时的侵权行为法应该免责。免责是有悖于常理的,因为这个 5 岁的孩子家里或自己可能很有钱。出于公平的考虑,用孩子父母的财产或者孩子自己的财产适当地予以赔付是合理的。但过错责任不适用于 5 岁孩子这样的无民事行为能力人,民法中又没有规定无过错责任原则,怎么办？此时公平责任就能起到作用,即法官出于公平的考虑对案件进行判决。公平责任的重大意义在于能够大致实现公平。

现在《民法典》不仅规定了无过错责任,还规定了监护人责任,这实际上已经解决了上述例子中的难题,那公平责任还需要吗？前文已述,关于公平责任,《民法通则》表述为"分担民事责任",《侵权责任法》修改为"分担损失"。而不管是"分担民事责任"还是"分担损失",《民法通则》和《侵权责任法》都规定"根据实际情况"。可见,两者关于公平责任的规定实际上都是具有弹性的授权性规则,即授予法官一定的自由裁量权让其根据案件的具体情况进行裁判,但适用前提是双方对损害的发生都没有过错。那么两者关于公平责任的规定是无过错责任规定吗？不是。无过错责任可以按照无过错责任的规定予以裁量,而公平责任的适用范围一定是过错责任。更精确地说,公平责任的适用前提一定是过错侵权但双方均没有过错的情形。比如,一住户外出旅行,家里的下水管道无故破裂,旅行回来的时候该住户发现家里满屋都是脏水,以致地板和部分生活物品受到损坏,该住户就把楼上的住户告上法院,而楼上的住户主张自己并没有什么过错。此时法院就面临一个问题:如何判决才能够让双方信服并能够弥补原告方的损失？根据《侵权责任法》第 24 条的规定,判决结果一般是被告适当地给原告一些金钱补偿。

《侵权责任法》第 24 条中的"实际情况"具体指什么？它实际上指的就是损失情况。虽然被告没有过错,但是其行为与侵害结果有因果关系,法官还要根据损害结果的严重与否去衡量实际情况这一因素来分配双方应分担的损失。《侵权责任法》第 24 条是一个授权条款,如果法律对"实际情况"有具体规定,这一条款就没有存在的必要了,法官按照法律规定去解决即可。《民法典》第1186条把《侵权责任法》第24条中的"根据实际情况"改为"依照法律的规定",那么《民法典》第1186条就不具有授权性质了,但现在的问题是法律中并没有与该条款相匹配的规定,这就使这个制度失去了它的价值。

十、对《民法典》第533条"情势变更"的解读

《民法典》第533条第1款规定:"合同成立后,合同的基础条件发生了当事人在订立合同时无法预见的、不属于商业风险的重大变化,继续履行合同对于当事人一方明显不公平的,受不利影响的当事人可以与对方重新协商;在合理期限内协商不成的,当事人可以请求人民法院或者仲裁机构变更或者解除合同。"第2款规定:"人民法院或者仲裁机构应当结合案件的实际情况,根据公平原则变更或者解除合同。"

《民法典》第533条是关于情势变更原则的规定,是在最高人民法院《关于适用〈中华人民共和国合同法〉若干问题的解释(二)》第26条的基础上修订而成。该解释第26条规定:"合同成立以后客观情况发生了当事人在订立合同时无法预见的、非不可抗力造成的不属于商业风险的重大变化,继续履行合同对于一方当事人明显不公平或者不能实现合同目的,当事人请求人民法院变更或者解除合同的,人民法院应当根据公平原则,并结合案件的实际情况确定是否变更或者解除。"

《民法典》第533条和《关于适用〈中华人民共和国合同法〉若干问题的解释(二)》第26条最重要的一个差别是,前者用词是"基础条件",后者用词是"客观情况"。涉及情势变更制度的理论各种各样,"基础条件"这个概念表明《民法典》第533条的理论基础来源于德国的行为基础理论。《民法典》第533条删除了《关于适用〈中华人民共和国合同法〉若干问题的解释(二)》第26条中的"不能实现合同目的",具有重要意义。"不能实现合同目的"在国外就是合同目的落空,适用解除制度,即合同由当事人行使法定解除权来解决。此外,合同目的落空还适用不可抗力制度。不可抗力和情势变更的区别就在于,发生不可抗力后合同目的不能实现,而发生情势变更后合同目的还能够

实现。《民法典》第533条删去"不能实现合同目的",就划清了情势变更制度和法定解除权制度的界限,划清了情势变更制度和不可抗力制度的界限。

其实,不可抗力和情势变更还有一个区别,即不可抗力是一个法定免责事由,是一个具体的、完整的裁判规范,并非授权条款,此中法官没有裁量权,只有认定权,当事人要提供证据,法官一旦认定不可抗力发生,当事人就可以免责;情势变更则是一个授权条款,变更的条件、解除的条件完全由法官在法庭上认定。

情势变更认定的条件有五个。第一个条件是合同的基础条件发生重大变化。什么叫基础条件?国外有个假设的判断标准理智人(reasonable man),这是一个抽象的判断标准。我国称理智人为"富有经验的诚信商人"。一个富有经验的诚信商人,在本合同签订所需的客观情况之下,一定会签订本合同;如本合同签订所需的客观情况不存在,他一定不会签订本合同。这样的客观情况就叫作基础条件。第二个条件是基础条件的重大变化发生在合同履行完毕之前。第三个条件是基础条件的重大变化不能合理预见,这也要借助上述抽象的判断标准。即使是一个富有经验的诚信商人,他在签订合同的时候也想不到,如新型冠状病毒肺炎疫情爆发,以致各国关闭商店,封闭小区等。第四个条件是不属于商业风险。商业风险与不能合理预见共同构成"一个硬币的两面",即不能合理预见不会导致商业风险,合理预见则会导致商业风险。第五个条件是若按照合同的约定履行将造成明显的不公平。情势变更虽然并不导致合同目的落空,但会使合同目的实现的实际难度超出人的想象,并且会使合同双方的利益发生变化。国际统一私法协会《国际商事合同通则》(2010版)称这种情况为"艰难情形",即"发生的事件致使一方当事人的履约成本增加,或者所获履约的价值减少,因而根本改变了合同的均衡"[8]。有的学者形象地称之为"生

---

[8] 参见张玉卿主编:《国际统一私法协会国际商事合同通则2010》,中国商务出版社2012年版,第475页。

存毁灭"⑨。

情势变更认定以后,双方需要协商变更合同。双方若达不成协议,则请求法院或者仲裁机构来变更合同。变更合同主要是变更它的价款。如何变更合同,法庭或仲裁庭要看当事人的意愿及合同的具体情形。如果当事人之间的合同是长期合同,发生情势变更时合同就以变更为原则,以裁决解除为例外。《民法典》第533条第2款规定"根据公平原则变更",国际统一私法协会《国际商事合同通则》(2010版)规定"极力在双方当事人之间公平地分配损失"⑩。两者基本一致。

情势变更制度在国际上是一个非常重要的制度,主要针对的是长期合同,同一合同发生情势变更甚至不止一次。

---

⑨ 参见张庆麟:《欧元法律问题研究》,武汉大学出版社2002年版,第190页。
⑩ 张玉卿主编:《国际统一私法协会国际商事合同通则2010》,中国商务出版社2012年版,第491页。

民法典分则编纂

民法典编纂体例若干问题[*]

引 言

编纂民法典是党的十八届四中全会提出的重大立法任务。编纂民法典是对现行民事法律规范进行系统整合,要求编纂一部适应中国特色社会主义发展要求,符合我国国情和实际,体例科学、结构严谨、规范合理、内容协调一致的法典。编纂民法典不是制定全新的民事法律,而是对现行的民事法律规范进行科学整理;也不是简单的法律汇编,而是对已经不适应现实情况的规定进行修改完善,对经济社会生活中出现的新情况、新问题作出有针对性的新规定。

按照既定计划,民法典编纂工作按照"两步走"的思路进行:第一步,在原《民法通则》的基础上,制定作为民法典总则编的《民法总则》,已于今年3月通过,自10月1日起施行;第二步,在各民事单行法的基础上,编纂民法典各(分则)编,拟于2018年上半年整体提请全国人大常委会审议,经全国人大常委会分阶段审议后,争取于2020年3月将民法典各(分则)编一并提请第十三届全国人民代表大会审议通过,从而完成统一的民法典。下面谈有关民法典编纂体例的几个问题。

一、民商合一还是民商分立

大陆法系民法典编纂有所谓民商分立与民商合一之别。所谓的

---

[*] 本文为作者于2017年5月11日在"中国社会科学院成立四十周年学部系列学术报告会(社会政法学部)"上的主题报告。

"民商分立",是指在民法典之外还有一个商法典,民法典是基本法(一般法),商法典是特别法。所谓"民商合一",是指只有民法典,没有商法典,民法典适用于全部民商事关系。

其中民商分立为旧制,为 19 世纪前编纂民法的国家所采,如法国、德国、日本、西班牙、葡萄牙、荷兰、比利时等。但民商分立,非出于理性认识,而是由历史传统形成的既成事实,即欧陆各主要国家和地区在资本主义发展的早期,形成商人特殊阶层和特殊利益,形成商事习惯和商事法庭,形成了独立于民法之外的商法、独立于民事法院之外的商事法院。如法国于 1673 年路易十四统治时期,颁布了《陆上商事条例》,即第一个商法;1681 年又颁布了《海事条例》,类似于海商法。至法国大革命后拿破仑主持法典编纂时,法国商事法已有百余年的历史,民商分立已经是历史既成事实。民商分立只能说是一个历史事实,没有建立在任何理论和学说之上,是一个自然发展的结果。商法典属于民法典的特别法,依据特别法优先适用的原则,将民法典与商法典联系起来适用。

"民商合一"的概念最早是由意大利学者摩坦尼利提出的。19 世纪中期,欧洲市场经济有了相当程度的发展,社会生活中商人与生产者之间的界限逐渐变得模糊。原来的生产者是农户和小手工业者,到 19 世纪中期,市场经济发展的结果,生产者以企业为主,将商人与生产者两种角色融为一体,生产者直接成为商人,商人直接成为生产者,商业职能与生产职能融合为一,进而导致商人特殊阶层和特殊利益的消失。从前经营商业是商人的特权,现今人人得而为之。其结果是,所谓商事主体与民事主体、商行为与民事行为之间的界限,变得模糊不清乃至界限消失。

例如,1807 年《法国商法典》采取商行为主义,以是否属于商行为作为划分的标准,而不论主体身份的不同。1897 年《德国商法典》则采取商人法主义,以商主体确定商事关系的范围,属于以适用主体作为划分的标准。19 世纪中期开始,这两种标准都很难贯彻,因为商行为与民事行为、商事主体与民事主体,已经难以区分。"民商合一"的提出,正是市场经济发展到一定阶段,民事主体与商事主体之间的界限逐渐消泯、商行为与非商行为之间的区分渐趋模糊的结果。

1847年意大利学者摩坦尼利率先提出"民商二法统一论",得到各国学者响应。瑞士首先采纳民商合一主义,于1881年制定含有公司、票据等商法规范的债务法,于1907年制定民法典,并将债务法并入民法典作为第五编,与前四编同时施行。其后,1922年《苏俄民法典》、1924年《泰国民商法典》、1959年《匈牙利民法典》、1978年《南斯拉夫债法》、1994年《俄罗斯联邦民法典》、1994年《魁北克民法典》、2012年《捷克民法典》、2013年《匈牙利民法典》、2014年《阿根廷民商法典》等,均采民商合一主义。意大利原采民商分立,制定了1865年民法典和1882年商法典,后改采民商合一,将原民、商二法典合并为1942年新《意大利民法典》。1992年《荷兰民法典》、2002年《巴西民法典》均废止原先的民商分立而改采民商合一。2009年全文公布的《欧洲民法典草案》(DCFR),亦采用民商合一主义。

中国清末改制,聘请日本学者松冈义正起草民法典草案,本采民商分立主义,后国民政府制定民法时,由胡汉民、林森向国民党中央政治会议提议,请定民商统一法典。认为民商分立之原因在于,当时欧陆各主要国家和地区,"商人有特殊之地位,势不得不另定法典,另设法庭,以适应之"。"社会经济制度递嬗,信用证券日益发达,投资商业者风起云涌,一有限公司之设立,其股票与债券类分散于千百非商人之手,而签发支票汇票等事,昔日所谓之商行为,亦非复商人之所专有,商行为与非商行为之区分,在学说上彰彰明甚者,揆诸事实,已难尽符。""吾国商人本无特殊地位,强予划分,无有是处。此次订立法典,允宜考社会实际之状况,从现代立法之潮流,定为民商统一之法典。"经中央政治会议决议交付审查,由胡汉民等拟定《民商法划一提案审查报告书》,详述采民商合一之理由,经中央政治会议第183次会议通过,交由立法院遵照起草,完成民商统一之民法典。

1949年中华人民共和国建立,国民政府制定的民法在大陆被废除,民商合一主义之合理性迄今未有任何动摇。新中国则转而继受苏联的民法立法和理论,而苏联亦系民商合一,因此民商合一至今未变。《民法总则》《合同法》《物权法》《侵权责任法》均为民商合一之立法。《海商法》《公司法》《票据法》《保险法》《证券法》等,均属民事特别法,可见仍坚持民商合一的立法体例。民商合一并非轻视商法,其实质是将民事生活和整个市场经济适用的共同规则集中规定于民法典,而将适用于特定类型主体或特别市场关系的规则规定于各民事特别法,如公司、票据、证券、海商、保险等法。民商合一所反映的正好是现代化市场经济条件下所谓"民法的商法化"。

虽然中华人民共和国成立后废止了国民政府的法律,但是这些法律所蕴含的理论与概念已经潜移默化地扎根于人们的意识中,形成中华民族的法律传统,而法律传统是斩不断的。回顾近70年来的立法,没有人刻意主张和呼吁,就自然而然地继承了民商合一的立法传统。无论是立法、司法、教学还是学术研究,均自觉遵循民商合一模式。这也可能与在1949年后的一段时期内接受苏联的经验有关,因为苏联"十月革命"后制定的民法典也采取民商合一模式。总而言之,中华人民共和国成立后,没有讨论过民事立法应采民商分立还是民商合一这个问题,而是很自然地继承了民商合一的法律传统。这是一种历史发展的结果。

我国台湾地区学术界将"民法"之外的公司、票据、海商、保险等"单行法"合称"商事法"。属于"商事法"的各单行法相互间均缺乏紧密联系,缺乏共同的原则和理论。名为"商事法"的教科书,也没有本来意义上的"总论"部分。在台湾地区称为"商事法"的分类,在大陆却称为"商法"。中国法学会商法学研究会一直致力于制定所谓"商法总则",并提出制定"商法通则"的立法建议,网上可以看到学者起草的一两个《商法通(总)则草案建议稿》。自民法典编纂提上日程以来,商法学界有各种不同的立法建议。江平教授建议,在《民法总则》中单设一章,规定商法的一些共同规则,称为商法总则。此项建议未被采纳,不是因为立法机关或者民法学者不赞成此项建议,而是因为各商事单行法相互之间缺乏共性,难以按照提取公因式的方法抽象出"共同规则"。

中国法学会商法学研究会会长赵旭东教授刊于《中国法学》(2016年第4期)的文章,题目叫《民法典的编纂与商事立法》,其中概括了当前民法典编纂中处理民法与商法关系的四种方案:一是完全分立式,即在民法典体系之外制定单独的商法通则,同时在民法典中对民法与商法通则的关系与适用作出接口性的链接规定;二是独立成编式,即在民法典体系之内制定商法通则,将其独立成编,与民法总则、物权法、债权法、侵权责任法、亲属法等并列;三是独立成章式,即在民法总则中独立设章,统一规定商法通则的内容;四是分解融合式,即将商法通则的内容全部分解,设定具体条款融入民法总则的各个章节之中。

作者总结说,第四种方案是既破坏民法总则的科学结构又危及商法通则完整立法的最下策的立法安排,而第二、第三两种方案,即在民法典中设商法通则编、在民法总则编设商法通则章,也不可取。理由是,"公司法、票据法、破产法、海商法、保险法这几个传统商法的部分,相互之间除公司法与破产法有些内在关联外,与其他基本没有什么直接联系,而后来陆续添加进入的证券法、期货法和信托法,也只有证券法与公司法关系密切。总体而言,各个商法单行法之间并不存在如民法各部分般相互依存、不可分割的机体联系"。换言之,就是很难从商法单行法中按照提取公因式的方法抽象出一些共同规则。应当肯定,作者抓住了事物(商法单行法)的本质。这些单行法是否一点共同规则都没有,当然不是,这些单行法的共同规则,诸如权利主体、权利义务、法律行为、代理、时效等,早已被抽象出来规定到民法总则中了。因此,作者不赞成在民法典中设商法通则编(第二种方案)、在民法总则(编)设商法通则章(第三种方案)的意见,值得赞同。

作者主张在民法典之外制定单独的商法通则(即第一种方案)。但是,作者用来反驳在民法典中设商法通则编(第二种方案)、在民法总则(编)设商法通则章(第三种方案)的同一理由,即"各个商法单行法之间并不存在如民法各部分般相互依存、不可分割的机体联系",同样足以证明在民法典之外制定商法通则之不可能。

商法学者主张的商事通则或商法通则,其内容不外乎商事主体、商事登记、商事账簿、商行为等。关于商事主体,《民法总则》规定的营利法人(第三章第二节)、非法人组织(第四章)、个体工商户制度(第二章第四节),已经构成商事主体的一般规则,在《民法总则》之外另行规定商事主体一般规则的可能性已不存在。关于商事登记,已有现行各类企业登记管理条例,如需改进,至多加以整合制定一部单行的商业登记法足矣。关于商事账簿,我国有单行的会计法,足以适用。关于经理权和代办权,已经被《民法总则》关于职务代理的规定(第170条)所涵括。

关于商行为,已经规定在合同法、物权法中。合同法是调整典型商行为的法律,物权法中担保物权的规定也是调整典型商行为的法律。《合同法》一共428个条文,除十几个条文如赠与、无偿保管等,其余均适用于商事行为,这也就是早期民法学者所谓的"民法的商法化"。合同法的立法大量参考《联合国国际货物销售合同公约》、国际统一私法协会《国际商事合同通则》和英美法系规范商事行为的法律。《合同法》中的买卖合同(第九章)、租赁合同(第十三章)、运输合同(第十七章)等均为兼容民商事的合同类型;融资租赁合同(第十四章)、仓储合同(第二十章)、行纪合同(第二十二章)为典型的商事合同,相当于大陆法系商法典中的商行为制度。《物权法》中的担保物权制度(第四编),亦兼容民商事担保,其中,动产、不动产一并抵押即财团抵押(第180条第2款)、特殊动产集合抵押(第181条),权利质权(第十七章第二节)更属于纯粹的商事制度。

进入现代社会以后,市场经济高度发达,任何人都可能并可以从事商行为。人们成为多种角色的复合体,关于商人身份的区分变得模糊。因此,在社会主义市场经济条件下,无论是在民法典中设商法总则编、在民法总则中设商法总则章,还是在民法典之外另行制定商法通则,均已丧失其必要性和可能性。在了解时代背景和历史条件之后,科学地看待"民商分立"和"民商合一",会发现"民商分立"已不可能,"民商合一"才是时代的潮流。

二、是否设知识产权编

知识产权权威学者吴汉东教授在刊于《中国法学》（2016年第4期）的《民法法典化运动中的知识产权法》一文中提出知识产权立法"应先入典后成典"的思路，即先在民法典中设立"知识产权编"，然后在时机成熟时再将这一编从民法典中抽出来，在民法典之外制定单独的"知识产权法典"。并且认为知识产权法单独立法已经成为一种趋势，而且我们有着在民法典中设知识产权编的经验。

值得注意的是，吴汉东教授于2002年、2003年发表的文章的观点却正好相反。吴汉东教授于2002年9月29日发表在《法制日报》的《知识产权制度不宜编入我国民法典》一文中断言："现代民法典编纂运动尝试接纳知识产权制度，但至今尚无成功的立法例。当代知识产权法是一个综合性、开放式、且最具创新活力的法律规范体系，采取民事特别法的体例较为适宜。"文章最后总结说，如《意大利民法典》等（将知识产权纳入其中），是不足效法的。此外，吴汉东教授发表于《中国法学》2003年第1期的《知识产权立法体例与民法典编纂》一文仍持同样的主张。其关于知识产权法已经形成了一个相对完备的独立规范体系，不宜纳入民法典，而应当作为单行法存在于民法典之外的主张，在当时得到几乎全体知识产权法学者和包括我在内的多数民法学者的赞同。

实际情形是，改革开放以来一段时间内，知识产权法被认为不属于民法。有鉴于此，1998年民法起草工作小组在讨论民法典大纲时，江平教授、王家福教授、魏振瀛教授均主张民法典设立知识产权编。他们认为，知识产权法本身是民法的一部分，在民法典上规定知识产权编是理所当然，并且可以纠正那种认为知识产权不属于民法的错误认识。对此，知识产权法学界的学者大都不表示赞成。

2002年中国政法大学王卫国教授发起"民法典论坛"，论坛第三期邀请的嘉宾是王家福教授、费宗祎退休法官和郑成思教授，议题是"物权法、知识产权法与民法典编纂"。郑成思教授说："我不赞成民法典设知识产权编的理由,一是世界上没有成功的立法例,当今知识产权法已经形成比较完整的规范体系;二是特别是工业产权,属于靠行政授予的权利,(如果纳入民法典)势必将一大堆行政程序规定进去,民法典也就不成其为民法典了。后来全国人大常委会法工委动员民法典搭便车,(我)也就同意了。""我问国际知识产权法权威专家,民法典能否规定知识产权的一般条款,都说没法写。WTO知识产权部负责人奥森(音)说,你就写上国民待遇原则和最惠国待遇原则。另外五位专家,都说奥森在胡闹。"

郑成思教授明确表示不赞成将知识产权法纳入民法典,其理由与吴汉东教授不赞成的理由是完全一致的。郑成思教授后来接受全国人大常委会法工委的委托起草(民法典)知识产权编草案,是全国人大常委会法工委做说服工作的结果,即为了搭民法典编纂的"便车"。在起草知识产权编草案时,郑成思教授曾就知识产权法纳入民法典的可能性,亦即从知识产权三法抽象出一般规则的可能性,征求国外权威知识产权学者的意见,而这些权威学者包括郑成思教授的导师在内,均给出了否定的回答。

郑成思教授介绍自己起草的知识产权编草案:知识产权编草案第一章一般规定,"自己拟了22条,自己认为只有三条属于站得住的一般条款。第一条规定,知识产权除受民法典与单行法保护外,并不妨碍受反不正当竞争法的保护;第二条规定有关载体的转让、出租、出借不能推断为有关权利跟着转让;第三条规定制止即发侵权"。"我对外国专家说,都被法工委删掉了。"全国人大常委会法工委将包括郑成思教授自己认为"站得住"的三条在内的一般条款都删去了。2002年曾经第九届全国人大常委会一审、后来成为废案的民法典草案,最后删去知识产权编的理由在此。

知识产权法为什么不能在民法典之中规定?这不是由某个学者主观上赞成或反对就能够决定的,而是由这些法律的特殊性以及民法典编纂所要求的逻辑关系决定的。各种知识产权在权利主体、权利客体、权利内容、权利效力、权利期限、权利取得或授予、权利变动、权利限制等各个方面存在很大的差别,从各种知识产权特别法之中提取不出公因式来,所能够提取的最大公因式不外乎主体、行为、诉讼时效、侵权责任、权利不随同权利载体移转等规定,而这些已经规定在民法总则以及侵权责任法、合同法之中了。例如《合同法》第 137 条规定:"出卖具有知识产权的计算机软件等标的物的,除法律另有规定或者当事人另有约定以外,该标的物的知识产权不属于买受人。"该条虽然仅指买卖,但因为买卖合同规定准用于其他有偿合同(《合同法》第 174 条)、无名合同可以准用合同法分则中最相类似的规定(《合同法》第 124 条),在知识产权载体出租等情形,知识产权当然也不随之转移。因此,知识产权编很难纳入民法典,这与前面谈到的商事法律与民法典的关系是同样的道理。

法国有独立的知识产权法典,但正如吴汉东教授所指出的,法国知识产权法典与民法典之间仍属于特别法和基本法的关系,关于知识产权,知识产权法典有特别规定的,优先适用;无特别规定的,则应适用民法典。知识产权法典虽冠名为法典,但并没有改变其民事特别法的基本地位。并且,法国知识产权法典显然遗漏了法典编纂的一个基本要素,即缺乏各项知识产权制度共同适用的原则和规则,立法者未能(也许不可能)设计出一个与民法典相同的(知识产权)总则,而仅仅是将当时的知识产权各部门法汇集到一起,体例上仍然保持相互独立,实质上不过是各类法律法规的汇集。①

《俄罗斯联邦民法典》第七编规定知识产权。有的国家将专利、商标等制定为工业产权法典或单行法,仅将著作权纳入民法典,1999 年《土库曼斯坦民法典》就是如此,即第一编总则;第二编物权;第三编债权;第四编著作权;第五编继承法。这种立法技术在很大程度上受到了《苏联和各加盟共和国民事立法纲要》的影响。据知识产权法学者的论述,这些也都不是成功的经验。因此,无论是从客观上说,还是从理论上言之,知识产权法很难在民法典中设单独一编加以规定。现今的

---

① 参见吴汉东:《知识产权立法体例与民法典编纂》,载《中国法学》2003 年第 1 期。

《民法总则》在第五章民事权利中以一个条文规定知识产权的客体范围,表明知识产权的私权属性,而将现行知识产权三法置于民法典之外是适当的。

三、是否设涉外民事关系法律适用编

原《民法通则》第八章规定涉外民事关系的法律适用,2010年以该章为基础制定了《涉外民事关系法律适用法》。需注意的是,现行民事立法体系中,《婚姻法》和《继承法》立法较早,并没有从法典化立场去考虑,而在起草合同法、物权法、侵权责任法时,是分别作为将来民法典的一编来设计的。按照这一思路,《涉外民事关系法律适用法》也应该成为民法典的一编。

2002年之前,以韩德培先生为代表的国际私法学者致力于中国国际私法的法典化,并起草了《中国国际私法示范法》。《中国国际私法示范法》共分五章,第一章一般规定;第二章管辖权;第三章法律适用;第四章司法协助;第五章附则。这一示范法凝结了国际私法学者的理论与思想。按照韩德培先生的理论,国际私法就像一架飞机的"一体两翼","机体"是法律适用,主要是指冲突法和一些国际实体规则;"两翼"中的"一翼"是关于国籍和外国人法律地位的规定,另外"一翼"是关于国际民商事诉讼程序和仲裁程序的规定。

主张制定国际私法法典的学者往往强调国际私法与民法的差异性、国际私法的特殊性。如中南财经政法大学刘仁山教授就认为,国际私法既不是实体法也不是程序法。但通过《中国国际私法示范法》以及国际私法的一些理论可以看出,国际私法的内容中实际上既有实体法也有程序法,在实体上其与民法有一定的差别。民法范畴的内容进入国际私法就变成了"法律适用",而关于管辖权、诉讼程序和仲裁程序的规定属于程序法。毋庸置疑,国际私法确有其特殊性。问题是,国际私法的特殊性能否成为民法典不设涉外民事关系法律适用编的充分理由?

明确表示不赞成制定独立于民法典的国际私法法典的国际私法学

者亦不乏其人。例如宋晓在《国际私法与民法典的分与合》②一文中特别指出："国际私法赖以为基础的法律关系的概念体系,并非由国际私法独立建构而成,而是直接来源于民法。""民法自身的概念体系一旦发生变化,就同样给国际私法提出变革要求。时至今日,综观各成文国际私法,诸如人(包括自然人和法人)、物权、债权(包括合同、侵权、无因管理和不当得利)、婚姻、家庭和继承等,仍与民法典的概念体系基本保持一致。""成文国际私法如果脱离民法典的法律关系的概念体系,历史基础和立法基础都将不复存在。""部分学者主张制定融合法律适用、管辖权、判决的承认与执行等的国际私法法典,将从根本上割裂国际私法和民法典的关系,国际私法为此将失去体系化的基础。"作者不赞成制定独立于民法典的国际私法法典的理由,是有说服力的。

这让我们联想到国际私法学界关于广义国际私法概念与狭义国际私法概念的分歧。所谓狭义国际私法仅指冲突法,不涉及其他的实体或程序规定,阐述狭义国际私法概念的代表性教科书是姚壮、任继圣教授所著的《国际私法基础》③及秦瑞亭教授主编的《国际私法》④;而以韩德培教授为代表的国际私法学者主张广义国际私法概念,即认为国际私法不仅包括冲突法,还包括其他一些实体或程序的规定。概言之,主张广义国际私法的学者,往往强调国际私法与民法的差异性,因此不赞成民法典设涉外民事关系法律适用编,而主张在民法典之外制定国际私法法典;主张狭义国际私法的学者则强调国际私法与民法典的本质联系,因此不赞成制定国际私法法典,而赞成民法典设涉外民事关系法律适用编,或者涉外民事关系法律适用法存在于民法典之外,成为民法典的特别法。顺便指出,现行《涉外民事关系法律适用法》以狭义国际私法为立法理论根据。

国际私法学者认为应当制定单独的国际私法法典,不仅仅是因为国际私法具有民法所不具有的特殊性,而且因为这是法律发展的趋势。

---

② 宋晓:《国际私法与民法典的分与合》,载《法学研究》2017年第1期。
③ 姚壮、任继圣:《国际私法基础》,中国社会科学出版社1981年版。
④ 秦瑞亭主编:《国际私法》,南开大学出版社2008年版。

20世纪50年代,海牙国际私法会议致力于国际私法的立法化,由此开始了国际私法法典化的进程。但是,半个多世纪之后的当下,响应海牙国际私法会议倡议的仅有1978年《奥地利国际私法》、1987年《瑞士联邦国际私法法典》及1996年《列支敦士登国际私法》。人们所预期的大多数国家纷纷制定独立的国际私法法典的场景并没有出现。产生这一结果的原因值得我们思考。

值得注意的是,2016年7月5日立法机关在公布《民法总则(草案)》征求意见时,有一个"说明",其中说:"民法典将由总则编和各分编(目前考虑分为合同编、物权编、侵权责任编、婚姻家庭编和继承编等)组成。"请特别注意,继承编后面有一个"等"字,这个"等"字是什么意思?大家查看2002年12月经过第九届全国人大常委会一审、后来被废弃的那个民法草案,其中有个"涉外民事关系法律适用编","说明"中的这个"等"字,是否暗示涉外民事关系法律适用编呢?我的理解是,"说明"中那个"等"字暗示,民法典是否包含涉外民事关系法律适用编,还未最终决定。

这里要说明的是,我在1998年民法起草工作小组讨论民法典编纂体例的会上,曾经明确表示赞成以韩德培先生为代表的国际私法学界关于制定国际私法法典的主张,我受委托起草的中国民法典大纲草案和我负责的社会科学院课题组起草的《中国民法典草案建议稿附理由》均未设涉外民事关系法律适用编,此前我在四川大学法学院关于民法典编纂的讲演中仍然支持制定国际私法法典的主张。但应注意到,时至今日,国际私法学界并非都赞成制定国际私法法典,多数学者并不反对借民法典编纂之历史机遇,将《涉外民事关系法律适用法》适当修改完善作为民法典的分则编,以实现国际私法的进一步完善和发展。正如宋晓所指出的,制定包括冲突法、管辖权、判决的承认与执行及诉讼程序的国际私法法典(且不论从现行《民事诉讼法》中分离涉外民商事管辖、诉讼、仲裁程序的可行性),将从根本上割裂国际私法与民法典的本质联系,国际私法为此将失去体系化的基础,究竟是祸是福,实难预料。有鉴于此,我在此明确表示:放弃此前支持制定国际私法法典的意见,赞成民法典设涉外民事关系法律适用编。

四、身份法在前还是财产法在前

民法典各编的编排顺序(编纂体例),大陆法系民法典分为德国式和法国式。德国式又称潘德克顿式,是由罗马法大全中的《学说汇纂》建立起来的,它的特点:一是"总分结构";二是物权与债权相区分;三是民法分则的编排顺序,财产法在前、身份法在后。法国式又称法学阶梯式,是在罗马法学教材《法学阶梯》的基础上发展形成的,其特点:一是不采总分结构(法典不设总则);二是不区分物权债权(称财产及财产取得方法);三是人法(身份法)在前、财产法在后,与德国式正好相反。

现在看来,"潘德克顿式"和"法学阶梯式"仍然有其明显差别,但"法学阶梯式"已经发生了变化。《法国民法典》由原来的三编变为五编,即将原来第三编中关于担保等内容抽出作为第四编,第五编是适用于马约特岛的规定。同时,两种模式之间也在发生融合和交流。一些晚近的民法典甚至增加了更多的分编,如新《荷兰民法典》是十编、《魁北克民法典》是十编。2012 年《捷克民法典》一共五编,第一编总则,第二编家庭法,第三编绝对财产权,第四编相对财产权,第五编共同规定、过渡规定、最后规定的适用条款等。2013 年《匈牙利民法典》一共八编,第一编序编、第二编自然人、第三编法人、第四编家庭法、第五编物权法、第六编债权法、第七遍继承法、第八编附编。可以说,对于 2013 年《匈牙利民法典》,很难界定其体例,它既不是严格的德国式,也不是严格的法国式。2002 年《巴西民法典》一共八编,总则部分一共三编,第一编人法、第二编财产、第三编法律事实;分则部分一共五编,第一编债权、第二编企业法、第三编物权法、第四编家庭法、第五编继承法。总则部分人法在前,可以说是法国式,但总分结构又是明显的德国式,分则部分可以说是德国式的变形,加入了关于企业的规定,企业编再分为两个分编,一个分编是对企业主作出的规定,另外一个分编规定合伙,包括无人格合伙、企业以及企业的配套制度等。说明在民法典的编纂中,德国式与法国式交流与融合,选择哪种体例并不是据守不变的,而是发展变化的。

回到我国民法典编纂体例,有两种方案。

第一种方案:第一编民法总则;第二编物权法;第三编合同法;第四编侵权法;第五编婚姻家庭法;第六编继承法;第七编涉外民事关系法律适用法。这一方案的特点是,财产法在人法之前(继承法实际上属于以人身关系为基础的财产法),反映大陆法系中的德国式编纂体例的特点,与《德国民法典》《日本民法典》《韩国民法典》《蒙古国民法典》相同。《民法通则》第2条规定民法调整"财产关系和人身关系",即隐含此种编纂体例。

第二种方案:第一编民法总则;第二编婚姻家庭法;第三编继承法;第四编物权法;第五编合同法;第六编侵权法;第七编涉外民事关系法律适用法。这一方案的特点是人法(身份法)在财产法之前,体现大陆法系中的法国法系采用的编纂体例。如《瑞士民法典》《埃塞俄比亚民法典》《意大利民法典》《魁北克民法典》即采用此体例。考虑到《民法总则》第2条规定民法调整"人身关系和财产关系",已经将"人身关系"置于"财产关系"之前,以及第五章民事权利已经将人格权、身份关系上的权利置于物权、债权、知识产权等财产权之前,因此建议采用第二种方案。

至于各编的名称,《德国民法典》称"债务关系法""物权法""亲属法""继承法";《瑞士民法典》称"亲属法""继承法""物权法""债务法";日本民法典称为"物权""债权""亲属""继承"。我国民法典编纂,建议直接采用现行法名称为编名,即"民法总则""婚姻家庭法""继承法""物权法""合同法""侵权责任法""涉外民事关系法律适用法",以体现在现行民事单行法构成的民事立法体系基础上进行整合、编纂的用意。

关于民法典分则草案的若干问题[*]

很高兴再次来到上海市高级人民法院和大家讨论民法典分则编的一些问题。按照计划，民法典分则编预计在2020年3月通过，因此从现在开始只有一年多一点的时间。特别要注意的是，我们平常说民法典是行为规则，但是，同时要注意民法典是裁判规则，它是为法院裁判民商事案件制定裁判依据。日本人讲"裁判基准"，我们说"裁判依据""裁判规则"。从这一点来说，民法典的制定直接关系到法院每一位同志的工作，我们将来裁判案件就要按照这部法典来进行。因此，我个人特别认为，民法典要充分吸收、尊重法院的意见、法官的意见、法院的裁判经验。对根据法院的裁判经验已经形成的法律秩序，我们要充分地尊重，不要轻率地规定一些新颖的、不切实际的制度，造成法院经过40年形成的民商事审判秩序、民商事审判实践混乱，甚至造成一些不好的后果。所以说，对到上海市高级人民法院讲这个课，我个人也是特别重视。

我今天会讲民法典草案一审稿的物权编、合同编和人格权编，但合同编是重点。物权编我只讲很少的制度，人格权编我也是简单地讲。对于合同编的一些新的制度，我会讲得详细一些。有些要肯定的，为什么要肯定，有些要否定的，为什么要否定，也顺便讲怎么运用的问题。我主要讲一些条文，当我讲到某个条文的时候，大家就看一下这个条文。

---

[*] 本文根据2018年11月16日在上海市高级人民法院的讲座稿修改。

一、物权编

我们先从物权编草案开始,选择两个制度在这里讲。一个是第九章所有权取得的特别规定中的第117条,添附制度;另一个是用益物权中的居住权制度。

(一)添附制度

大家先看第117条。添附制度在民法教科书上会讲到,但是在《物权法》上没有规定,在现实中常用,法院裁判案件时难免会遇到添附问题。这种情况法院就是用民法理论上关于添附的规则作为法理规则来引用。因为法律没有规定,所以把它当作法理规则来引用。现在法律把它正式规定为条文,这就是现在的第117条。大家看一下这个条文的表述:"因加工、附合、混合而产生的物的归属,有约定的,按照约定;没有约定或者约定不明确的,依照法律规定;法律没有规定的,按照充分发挥物的效用以及保护无过错的当事人的原则确定。因一方当事人的过错或者确定物的归属给另一方当事人造成损失的,应当给予赔偿或者补偿。"不知道大家看了这个条文后感觉怎么样。我告诉大家,这个条文是错误的,它混淆了物权法上的添附制度与合同法上的加工承揽制度。条文中说"有约定的,按照约定",那就讲到合同法。合同法上有加工承揽合同,加工承揽合同包括修理、定作、加工。起草人看见合同法上有"加工"两个字,就误以为物权法上讲的添附规则与合同法上的是一样的,"有约定的,按照约定"这样的话完全错误。

这就要说物权法上的添附规则讲的是什么?讲的是因为侵权行为或者无因管理、不可抗力,导致不同的所有人的财产结合在一起不能分开。这种情况按侵权行为法、不当得利法只能解决赔偿问题,解决不了结合在一起的物的归属问题。所以说,在物权法上需要有一个特别的制度来确定结合在一起的物的所有权归属。可以说,添附制度是解决侵权行为、不当得利这些制度解决不了的问题,它所针对的案件类型往往是违法的,是侵权行为。例如,因故意或者过失对他人的房屋进行装修;因故意或者过失改装别人的汽车,或者改装自己的汽车的时候用了别人的配件；因故意或者过失用了别人的材料来打自己的家具等，这些都属于添附。它往往是侵权行为，有的时候也有可能不是侵权行为，而是不可抗力、无因管理。在这种情况下，无因管理或者不当得利制度，不能解决结合在一起的物的归属问题。物的权利归属问题属于物权，因此在物权法上有添附制度。所以，这个条文是一个错误的条文，它把物权法上的添附制度混同于合同法上的加工承揽。再说合同法上的加工承揽合同，《合同法》第251条第1款规定什么是承揽合同：承揽人按照定作人的要求完成工作，交付工作成果，由定作人支付报酬的合同。即使在合同法上，加工承揽合同也不会约定工作物的权利归属，想一想我们请一个装修队来装修房屋，我们会约定装修后的房屋归谁所有吗？用自己的一块布料请缝纫店为我们缝制一套西装，合同中会约定这套西装归谁所有吗？用自己的材料让承揽人为我们打家具、书柜，我们会约定家具、书柜的所有权归属吗？不会。合同法、合同上也不会动不动就约定所有权的归属，所有权归谁取决于合同的性质，合同的性质决定了加工承揽合同中无论是由定作人提供材料，还是由承揽人提供材料，所完成的工作物的所有权都依据《物权法》第30条发生，自事实行为完成之时发生所有权。谁的所有权？依据加工承揽合同的性质发生定作人的所有权。即使在合同法上，也不是所有的合同都要约定所有权归属。加工承揽合同所完成的工作物归定作人所有，是由合同的性质决定的。如果定作人不支付报酬，承揽人会行使留置权。什么叫留置权呢？法律条文上说是留置他人的财产，物是他人的，是债务人的，是定作人的，他不付钱就把物扣下。到缝纫店缝制衣服你不付钱，缝纫店就会扣下你的衣服以行使留置权。留置权留置的一定是对方的财产。

还有，条文上说法律没有规定的，按照充分发挥物的效用的原则处理或者按照保护无过错方的原则处理。在添附制度中，如果在别人的宅基地上建造了自己的房屋，按照添附制度这叫不动产与动产相附合，该房屋所有权归谁呢？归不动产所有人，归宅基地的所有人。归宅基地的所有人与房屋的效用原则符合不符合呢？不符合。照道理讲，建房人最需要这个房子。所谓发挥物的效用的原则,是想象出来的、错误的,是违背添附制度的。

我们来看一下添附的具体类型。不动产与动产结合,不可分离,这叫附合,其结果是附合上去的动产归不动产的权利人所有,在我国包括所有权人、用益物权人。如果是动产与动产结合在一起呢？动产与动产的结合叫动产与动产的附合。刚才讲了,用自己的材料把他人的汽车改装成房车,这就是动产与动产的附合。结合在一起不可分离,分离一定会造成巨大损失,因此需要决定这个房车归谁所有。在添附制度上,这两个物如果一个是主物一个是从物,归主物所有人。把他人的汽车改装成房车,他人汽车的底盘、车体、发动机等都原封不动,那是主物。加上去的床等生活用具是从物,归主物所有人所有。如果两个动产难以区分主从呢？注意看哪一个动产的价值大,就归这个动产的所有人所有。如果两个动产的价值一样呢？以体积的大小为标准,归体积大的动产的所有人所有。如果两个动产的体积一样难以区分,那么就以共有原则来处理。这就是动产与动产附合的处理原则。

现在看混合。混合的情况较少,例如,酒和酒可以混合在一起;油与油可以混合在一起;还有大米和糯米可以混合在一起;不同种类的豆,大豆与黄豆可以混合在一起。不同的物混合在一起难以区分,或者真的要区分代价过大,这种情况构成混合。混合物归谁？原来的两个动产哪个价值大就归哪个动产的所有人所有,哪个动产的数量大就归哪个动产的所有人所有,如果区分不了,通过由两个物权人共有来解决。混合是动产与动产混在一起难以区分。

再看加工。加工是指因误认或者故意用他人的材料来加工自己的物品。例如,用别人的木料来制作自己的家具,用别人的玉石来雕刻自己的艺术品。在加工关系中,加工人用了他人的材料来完成自己的工作物、制造物、家具、艺术品,这叫加工。实际上它和合同法上的加工不一样,有特殊的含义。加工人提供技术把别人的材料用来完成自己的加工物,要么是故意,要么是过失。对此,在民法上有两种不同的方案。

第一种方案是归材料所有人,把他人的材料用来加工自己的物品,完成的加工物归材料所有人;第二种方案是归加工人,这叫材料主义,材料是谁的,完成的加工物原则上就归谁。例如,有一块和田玉,当加工人把它雕成一个佛像后,这个佛像就归玉石材料所有人。第二种方案又叫作加工主义。加工,就是在别人的材料上附上了自己的创造、技术、劳动成果。因此,加工物归加工人所有。加工主义以德国为代表。加工物是归材料所有人好,还是归加工人好?归加工人容易诱发侵权行为,例如,看见别人的好木料,假装认错了,把它拿来打成家具,最后归自己。所以说,这两种原则以材料主义为优。以材料主义为原则,如果因为加工使加工物的价值与材料的价值悬殊,如一段红酸枝木值一两万元,但是因为加工成一个明式的、清式的家具,大大提高了加工物的价值,这种情况怎么办呢?可以归加工人所有。注意添附制度只解决加工物的归属问题。即便如此,加工物归材料所有人,如果加工所创造的加工物价值远远高于材料的价值,可以归加工人,但是如果加工人是故意的,不能取得所有权。这就是法律为了平衡当事人之间的利益,还要显示法律的取向,不能鼓动那些侵权行为,要予以制裁。

以上所讲的规则,就是民法上传统的添附规则。不动产与动产结合在一起不能分离,叫附合。动产与动产结合在一起也叫附合。两个动产混合在一起难以区分,叫混合。加工他人的材料,叫加工。这些在民法上有固定的、传统的、共同的规则。在加工问题上,我们建议采材料主义为原则,加工主义为例外。

此外,还涉及第三人的权利。如果在某一个物上、某一个动产上有第三人的权利,当这个动产因添附制度而消灭,动产上附的第三人的权利当然消灭。但是,第三人权利如果是担保物权的话,担保权人的担保权仍然存在于这个动产消灭后的代位物上。什么叫代位物呢?就是动产与动产结合、动产与不动产结合后,原来的一方动产权利消灭归了另一方,消灭了动产权利的一方会得到补偿,这个补偿金就是代位物。如果这个动产上原来有第三人的担保权的话,担保权可以存在于代位物上。还有,添附规则只解决物权的归属、所有权的归属问题,不解决损害的补偿问题。因此,在添附制度确定物的权利归属以后,还有一个求偿关系。因为适用添附制度导致一方的物权消灭,可以按照不当得利要求对方给予补偿。如果构成侵权行为,可以按照侵权责任制度追究对方的损害赔偿责任。这在很多国家的民法典中有明文规定。例如,《德国民法典》第 951 条规定权利消灭的一方可以依不当得利请求金钱赔偿,但是不得要求恢复原状。

这是关于添附制度。现在草案的条文在理论认识上是错误的,建议按照民法的理论来规定完善的添附规则。

(二)居住权

下面讲物权法上的另外一个制度:第十四章居住权。居住权在中国民法立法上没有出现过,但是过去曾经在草案中出现过。江平教授在 2001 年的一次专家讨论会上发言说:我以前提出过居住权,请大家设想一下,我要让我雇用的保姆永久居住我的房屋而不给予所有权,有什么办法? 当时最高人民法院民庭副庭长李凡说,现在人民法院的办法是,在继承人所得到的所有权上设立一个负担来解决它。这是第一次在专家讨论会上提到居住权问题。居住权写进法律草案是在 2002 年的《民法草案》中,该草案在第十八章规定了居住权。2002 年的《民法草案》在当年的 12 月经过人大常委会第一次审议。2003 年全国人大常委会就换届了,换届以后这个草案就没有再审议,而是作废了,转而开始审议物权法草案。在物权法草案的第二次审议稿、第三次审议稿、第四次审议稿中,都规定了居住权。物权法中创设居住权制度,人大常委会审议时是什么意见呢? 委员们怎么看待呢? 在第三次审议以后,法律委员会整理了一个文件,把在审议中委员们提的意见归纳出来。两位委员对这一问题提出了意见。其中一位委员叫任茂东,他指出,通常居住权的取得有三种途径:第一种是法定的。有两种情况:一是未成年人随父母居住;二是解除婚姻的时候法院判定另一方有居住权。第二种是依合同。第三种是依据遗嘱。任茂东委员对居住权的认识是否正确呢? 不完全正确。但是,紧接着他发表了他的意见。他说现在的草案所规定的居住权只适用于很少的人群,因此没有必要设定居住权。草案所规定的居住权既不是合同法上租赁合同解决的居住问题,也不是孩子随父母居住,更不是离婚的时候一方的居住,它只适用于很少的人群,没有必要在物权法上规定。另外一位委员是沈春耀,他指出,最常见的解决居住权的租赁关系不包括在草案中,还有同一家庭成员的居住权在草案中已经排除。这一章所规定的居住权不是多数人看到的、听到的、想到的居住权,这里讲的居住权在现实中会有,但是很少,是否有必要专章规定则需要进一步研究。这是当时的记录。

对居住权问题作决定,是在第十届全国人大常委会第十八次会议第四次审议物权法草案以后,法律委员会写了一个汇报。这里顺便指出,法律草案在常委会审议以后,最后由谁来决定是否采用?是否修改以及怎么修改?最后决定草案已经成熟可以提交常委会表决或者提交大会表决的是法律委员会,现在叫作宪法和法律委员会。在我国的立法体系中,法律委员会的职责是统一审议法律草案。法律委员会在第四次审议以后写了一个意见,这个文件是给人大常委会的报告,关于物权法草案的汇报。其中讲到了哪些制度要,哪些制度不要,在该法律文件第9页特别讲到居住权问题。关于居住权,草案第四次审议稿第十五章对居住权作了规定。对物权法要不要规定居住权一直有争论。有的认为,社会生活中需要保留居住权的情形确实存在,如有人把自己的房屋赠与朋友但自己要保留居住权等,在物权法中对居住权作出规定是必要的。有的认为,居住权的适用范围很小,从一些国家或地区的法律规定居住权的社会背景看,主要是由于那些国家或地区的妇女在当时没有继承权,法律通过设定居住权以解决妇女在丈夫去世后的居住问题。例如,《法国民法典》原来规定妻子对丈夫的遗产没有继承权,所以说《法国民法典》规定了居住权。法律委员会接着说,我国妇女都享有继承权,物权法没有必要对居住权作出规定。法律委员会研究认为,居住权的适用面很窄,基于家庭关系的居住问题适用婚姻法有关扶养、赡养等规定,基于租赁关系的居住问题适用合同法等有关法律的规定,这些情形都不适用草案关于居住权的规定。并且居住权大多发生在亲属、朋友之间,一旦发生纠纷可以通过现行有关法律规定的救济渠道加以解决。因此,法律委员会建议将这一章删去。

但是在第五次审议的时候,还有委员主张恢复关于居住权的规定。第十届全国人大常委会第二十三次会议第五次审议物权法草案时,还有常委委员建议恢复居住权的规定。因此,第二十四次常委会会议第六次审议物权法草案的时候,法律委员会再次作出决定不予恢复,并讲了不予恢复的理由。不予恢复的理由基本上是重复前面的决定删除的理由,只是后面重复讲到了原草案规定的居住权适用面很窄,大多发生在亲属、朋友之间,一旦发生纠纷,可以依照公平原则,通过当事人协商或者人民法院的审判解决更为妥当。因此,法律委员会研究决定不予恢复。最后,全国人民代表大会通过《物权法》,该法中没有规定居住权。

这就是居住权问题成为全国人民代表大会表决通过《物权法》的一个既定的立法政策上的立场。《物权法》已经施行了11年,现在又有人提出规定居住权。如何看待这一问题呢?那就要研究。如果有证据证明当年法律委员会删除居住权规定的决定是错误的,现实生活中有大量的居住权问题存在,那就说明,现在重新规定居住权是有道理的。如果《物权法》生效以来的实践中没有什么居住权问题,或者发生的情况很少,就证明当年法律委员会的判断和决定是正确的,那就不能轻率地恢复对居住权的规定。

现在人民法院的判决在网上都能够找到,我们很容易通过输入关键词搜索到有多少判决书中涉及居住权问题。截至2018年10月8日,以"居住权"进行检索,有10989份判决书涉及居住权问题;以"离婚"加"居住权"进行检索,有3448份判决书涉及居住权问题;以"合同"加"居住权"进行检索,有6260份判决书涉及居住权问题;以"租赁合同"加"居住权"进行搜索,有1417份判决书涉及居住权问题。江平教授不是说要为保姆设居住权吗?我们以"保姆""居住权""终身居住"检索,找到1份判决书。但是,下载下来分析后发现不是为保姆设居住权,而是这个判决书中提到保姆费由谁负担的问题。我们再以"朋友""居住权""终身居住"进行检索,搜索到一份判决书。下载下来一看,也不是为朋友设居住权,而是关于赡养费纠纷,判决书中提到被赡养人在朋友家居住。所以说,直到现在为保姆设居住权、为朋友设居住权的案件一件也没有。那有没有真正的居住权案件呢?以"合同""居住权""终身居住"这三个关键词进行检索,检索到两份判决书。第一份是河南省洛阳市中级人民法院2014年作出的第3106号民事判决书。该案情形是,父母在房改的时候没有钱买房改房,由他的五个孩子中的第四个孩子出钱为父母买这个房改房。父母担心自己去世以后五个孩子为这套房子发生争执,就和五个孩子签订了一个协议,协议中明确写明:由父母终身居住。父母不在以后,这套房屋由出资购买的第四个孩子所有。本案涉及家庭关系中通过协议来规定居住权。第二份是吉林省通化市中级人民法院2018年作出的第467号民事判决书,法院认定该案中的合同是一个典型的赠与合同,赠与合同中确实约定了第三人终身居住,约定了第三人居住权,这个第三人当然与赠与人有亲属关系。这就说明法律委员会当年作出决定删除居住权的理由中讲到的,居住权问题会有,但是适用面很窄,通常涉及亲属和朋友,是正确的。两份判决书,一份是解决父母的居住,另一份是赠与合同为第三人设立了一个居住权。说明了什么呢?说明法律委员会当年的判断是完全正确的。居住权的适用面很窄,适用的案件很少。即使发生了这样的纠纷,人民法院也可以根据现行法律作出妥当的裁判。所以说,现在再提出规定居住权是轻率的。

二、合同编

(一)合同的订立

下面我讲合同编,讲一些重要的条文。大家看第二章合同的订立。合同的订立增加了三个条文。大家看第281条,法条规定合同成立前一方所作的允诺如果内容具体确定,对合同的订立有重大影响,对方有理由相信其为合同内容,该允诺视为合同的内容。这个规则是为法院制定的规则,法院审理案件,如果当事人主张合同中没有但是一方作过某一个允诺,法院就会看一方当事人作的允诺是否具体确定、是否对合同的成立有重大影响,以及对方是否有理由相信。如果符合这三个要件,就要把这个允诺视为合同的内容。这里用的是"视为",视为是不允许推翻的。法律规定视为就是直接作为合同内容,不能用任何相反的证据加以否定。这个规定是过去没有的,它要解决什么问题呢?举一个例子,一个开发商开发一个小区,他在推销广告中讲到某一个省重点、市重点中学要在这个小区建一个分校,当然买房人有的看重这一点,有的没有看重这一点。房子销售了以后,并没有建这样一个重点中学的分校。那么,买房人就可依据草案第281条起诉,要求追究开发商的违约责任。

大家想一想,如果对一个买房人,法院判决追究开发商的违约责任,在一个买房人提起的诉讼中,法院认定允诺建重点中学分校是本合同的一个内容,那这个小区有几百户,几百户买房人的购房合同上应该有同样的内容。也就是说,这个小区所有的买房人都可以根据这一条来追究开发商的违约责任。这会是一种什么样的情景呢?这个条文会刺激、诱发几百户买房人起诉开发商的集团诉讼。我把第281条现在这个设计叫作一般规定,是用一般的办法解决这个问题。我们可不可以改换思路用另外的办法呢?现行《合同法》没有规定草案第281条允诺视为合同内容这样的条文,同样的问题人民法院是根据什么制度解决的呢?是根据欺诈制度解决的。如果说开发商捏造了一个虚假的情况,说小区有某重点中学的分校建在这里,并大为宣传,真的就有一些人买房,结果买了房以后并没有建这样的分校,因此买房人依据《民法总则》第148条关于欺诈的规定向法院起诉。什么叫欺诈呢?最高人民法院说欺诈是当事人一方捏造了虚假的情况,或者隐瞒了真实的情况,使对方相信并因此与他订立了合同。因此,刚才假设的例子是符合民法中关于欺诈的规定的。如果法院按照欺诈的规定认定开发商捏造了虚假的情况,诱使对方相信而购买房屋,按照欺诈制度的规定,原告可以撤销买卖合同,要求退房退款,照样能解决同样的问题。用欺诈来解决同样的问题,这是个别化的办法,它是针对具体的当事人的个案解决。就是说,因孩子要进这个学校而购买房屋的人,根据欺诈的规定向法院起诉,法院认可并判决撤销这个合同。那其他买房人能不能适用呢？不能适用！其他买房人可能是因为这里的房价低、环境好、质量高等原因,或者就是想在这里养老,没有小孩上学这些问题。所以说其他买房人不能照此办理。用欺诈制度解决同样的事情,是一种个别化的方案。现在创设第 281 条,是一般化的方案,"视为"合同内容,那这个小区所有买房人的合同上都有这一内容,我们现在不是提同案同判吗？同一个小区、同一个开发商建的同样的房子,甚至价格等都是相同的,怎么能够认定他的合同上有这个内容,我的合同上没有这个内容呢？所以说第 281 条是一个危险的、不慎重的条文,建议删去。删去以后,这样的案件可以通过欺诈制度解决。

另外还要注意,上面讲的是涉及买房人个人的案件,那么企业之间呢？企业互相之间有一些大型的经济交往,比如技术引进、大型的合资合作、大型的建筑工程、修高铁、铺设煤气管道等大标的的合同。这些合同从谈判到最终签订时间通常是 3 个月、5 个月、1 年、2 年、3 年或以上,越是大标的的合同、越是重要的合同,谈判的时间就越长。在谈判过程中,当事人相互之间难免会作出这样或那样的允诺,有的是书面的,有的是以备忘录的形式甚至是草案的形式表述出来的。还有,一些企业惯常的做法是,签订合同的时候,找个地方的领导人出场,在一起讨论。在这样的场合,双方之间难免要作出一些不切实际的允诺,当着领导人也不好随便否定对方,最终的合同上肯定没有这样的内容。那我们把第 281 条的规定适用于企业之间,会发生什么样的后果呢？更不用说中国的企业同外国的企业之间签订这样的合同何等的复杂,从合同谈判到草签再到最后的签署生效这个漫长的过程中,必然有很多的允诺,并且最后都没有履行。因此,在这样的合同书中,最后有一个条款:本合同双方的权利义务以明文规定在合同上的为准。这个条款叫完整条款,用这个条款排除了谈判过程中所有的允诺,凡是没有载入合同书的通通无效,在进出口、国际间的商事谈判实践中常见。现在民法典如果规定第 281 条,这个条文不是仅适用于消费者买房,企业之间也适用;也不是仅适用于中国的企业之间,也适用于涉外合同按照《涉外民事关系法律适用法》应该适用中国法的情形。那么如何处理这个条文与合同上的完整条款之间的关系？当事人已经用完整条款排除了缔约前的允诺，我们还要用这个条文强行地把它视为合同的内容，这样做是不合理的，更不用说在实践中会造成什么样的后果了。

下面看第287条，即预约合同。最高人民法院《关于审理买卖合同纠纷案件适用法律问题的解释》第2条创设了买卖预约。原来的合同法上没有预约，多数国家和地区的民法典都不规定预约。预约是当事人约定将来签订本约的一个合同。《关于审理买卖合同纠纷案件适用法律问题的解释》第2条创设了预约，但是创设的预约是买卖预约。当事人以备忘录、认购书等形式订立的将来签订买卖合同的预约叫买卖预约。如果不能履行，可以追究违反预约合同一方的责任。现在要把买卖预约规定在本章，就变成合同预约，它不限于买卖合同，所有的合同都适用，就叫预约合同。各主要国家和地区民法典规定预约情况的很少，法国、瑞士、意大利、日本、墨西哥、智利、秘鲁的民法典中有关于预约的规定。法国和日本规定的是买卖预约，在买卖合同中规定了买卖预约。瑞士规定了预约合同，按照《瑞士民法典》的规定，所有合同都可以订立预约。这是它们的区分。现在我们查一下《关于审理买卖合同纠纷案件适用法律问题的解释》生效以来人民法院的民商事判决书中有多少涉及预约。我们查到有10705份判决书关于买卖预约，其中涉及买卖房屋预约的有9485份。这就说明自《关于审理买卖合同纠纷案件适用法律问题的解释》公布以来，从人民法院作出的民商事判决书的情况来看，社会生活中采用预约的情况主要是买卖预约，特别是房屋买卖预约。因此，我们提出一个问题，最高人民法院的司法解释规定的是买卖预约，我们有必要把它上升为一般的合同预约吗？按照最高人民法院司法解释的规定，仍然规定在买卖合同一章是不是更好？这个问题值得我们进一步研究。

合同的订立这一章还创设了另外一个规则：悬赏广告。在过去，法院对此有很多判决。对于该第291条没有太大争议，这里就省略了。

（二）合同的效力

下面讲合同的效力。合同的效力这一章删掉了关于合同生效、合同无效、代理的一些规则,原《合同法》中关于合同生效、无效、代理、撤销的规则都删掉了,原《合同法》第45条到第59条大部分都删去了。删去以后关于合同的效力直接适用《民法总则》第六章第三节民事法律行为的效力和第七章代理的规则。

这里要特别说明的是,本章保留了原《合同法》第50条。原《合同法》第50条叫作表见代表,规定在第49条表见代理之后,它规定了法人或者非法人组织的法定代表人或者负责人超越权限订立合同,如果相对方明知其是超越代理权的无效,相对方不明知的有效。这就是把代理章中表见代理的规则用到了超越代表权的情形。在大陆法系民法中,代表和代理是分开的,代理制度中有表见代理,代表制度通常规定得很简单,很少有强制性规定。《合同法》当时创设了第50条表见代表,现在表见代表这个条文保留在草案第296条。这个条文怎么适用,在现实中有很多争议。

这个条文的适用会和《公司法》第16条第2款发生联系。最高人民法院《关于适用〈中华人民共和国合同法〉若干问题的解释(二)》第14条解释《合同法》第52条第(五)项合同违反法律、行政法规的强制性规定无效,解释说是指违反效力性强制性规定的无效。这将强制性规定区分为效力性和管理性强制性规定。因此,法官和律师就争执《公司法》第16条第2款的强制性规定究竟是效力性的还是管理性的。《公司法》第16条第2款规定,公司为公司的股东或者实际控制人提供担保的,必须经过股东会或者股东大会决议。如果认为这个条文是效力性的规定,没有经过股东会决议就签了担保合同,那担保合同当然因违反强制性规定无效了。如果认为《公司法》第16条第2款的规定不是效力性的规定,那没有经过股东会的决议公司就为自己的股东提供了担保,这个担保合同就不能说无效。所以说争论比较大。

现在有人提出疑问,《公司法》第16条第2款的规定究竟是效力性还是非效力性的? 我认为,《公司法》第16条第2款既不是效力性规定也不是管理性规定,它是程序性规定。民法是行为法,民法是裁判规则,民法是权利法等,但是民法条文分为若干类型:第一种是关于原则的规定;第二种是概括性的规定;第三种是定义性的规定;第四种是程序性的规定;第五种是具体规定。所谓具体规定,就是为法官裁判案件创设的裁判规则。条文中规定主体、当事人有权无权、有责无责、有义务无义务,或者规定某一种行为、某一种合同有效无效、成立不成立、撤销、解除,这样的规定就是具体规定。定义性规定当然不是裁判规则。程序性规定,如《民法总则》第 15 条规定法庭认定出生时间、死亡时间的那个规则,是一个证据规则。《物权法》规定不动产登记,不动产登记簿由谁掌管、登记簿的效力、产权证的效力,这些都是程序性规则。程序性规则和定义性规则不能作为裁判的依据,概括性规则在某些情况下可以作为裁判的依据。《民法总则》第 143 条规定"具备下列条件的民事法律行为有效",可以作为裁判依据。《物权法》第 14 条规定,不动产的物权变更需要登记的,自记载于不动产登记簿时发生效力;《物权法》第 15 条规定,不动产物权没有发生变动的,合同的效力不受影响。像这样的概括性规定可以成为裁判的规则。原则性规定中唯有诚实信用原则和《民法总则》第 132 条规定的禁止权利滥用原则可以作为裁判规则。

《公司法》第 16 条第 2 款讲了一个程序问题,公司要为自己的股东、实际控制人提供担保,需经股东会或者股东大会作出决议。如果没有召开股东会、没有作出决议,法定代表人就以公司名义、法人名义为控股股东提供了担保,这个担保合同有效或无效不能直接根据《公司法》第 16 条第 2 款进行判断,要根据《合同法》第 50 条表见代表的规定来判断。没有经过股东会决议,法定代表人签订的担保合同就构成法人的法定代表人超越权限签订合同。相对人明知的就认定无效,相对人不知道的就认定有效。这是《合同法》第 50 条,现在规定在草案第 296 条。

假设将来把合同编第 296 条删掉了呢?我在讲民法总则的时候,曾经建议《合同法》第 50 条可以删掉。删掉《合同法》第 50 条后,同样的案件应当适用哪一条呢,应当适用《民法总则》第 61 条第 3 款。《民法总则》第 61 条第 3 款规定,法人章程或者法人权力机构对法定代表人代表权的限制,不得对抗善意相对人。例如担保合同中的贷款银行。贷款银行是相对人,贷款银行不知道法定代表人签订担保合同的时候没有经过股东会决议,它就是善意的,担保合同有效;如果知道了,它就是恶意的,担保合同无效。不能对抗善意第三人就是这个意思,不能仅仅因为超越了权限就主张担保合同无效,法院应该以受担保的债权人是善意相对人还是恶意相对人来判断担保合同是有效的还是无效的。善意相对人就认定合同有效,恶意相对人就认定合同无效。顺便讲到,法院在审理案件中涉及当事人主张自己是善意、善意相对人、善意第三人,不要求主张者举证,采取善意推定规则。原告银行向法庭主张其是善意相对人,法庭就推定它为善意相对人。如果被告公司能够举证证明其曾告诉银行贷款人是自己的控股股东,善意的推定被被告相反的证据推翻,法庭就认定原告银行是恶意,因此作出判决认定担保合同无效。如果被告举不出证据或举出的证据不足以使法庭认定银行知道,法庭推定原告银行是善意的,并依据《民法总则》第61条第3款判决担保合同有效。现在又有《合同法》第50条,《合同法》第50条讲的是除对方知道的以外,对方知道就是恶意,效果是一样的。知道是可以证明的,不知道是难以证明的。银行说自己不知道,我们不能让它举证证明自己不知道。因此,让被告举证。

在合同效力这一章,最大的问题是删掉了无权处分规则,这个问题非常严重。《合同法》第51条无权处分的适用范围在美国法及其他国家和地区叫作出卖他人之物,在德国法叫无权处分他人的财产,即无权处分。无权处分和出卖他人之物是一样的。为什么出卖他人之物?往往是因误认或故意,这是《合同法》第51条的适用范围。《关于审理买卖合同纠纷案件适用法律问题的解释》第3条的适用范围是什么呢?该解释第3条第1款规定,当事人一方以出卖人在缔约时对标的物没有所有权或处分权为由主张合同无效的,人民法院不予支持。然后第2款规定,出卖人因未取得所有权或者处分权致使标的物所有权不能转移,买受人可以解除合同并追究损害赔偿责任。它的适用范围有两个:一个是将来财产买卖。将来财产买卖以4S店为典型,出卖人把德国奔驰汽车卖给中国消费者的时候,这辆汽车并不在4S店,还在德国奔驰汽车公司的生产线上,甚至还没有生产出来。出卖人把汽车卖给中国的买车人之后,再从德国的奔驰汽车公司进口这辆汽车。这就叫将来财产买卖,先卖出,后买进。在《合同法》制定的时候没有想到、不知道这种交易形式,所以说有漏洞。另一个是权利受到限制的所有人出卖自己的财产。例如,抵押人没有经过抵押权人同意出卖抵押物,融资租赁的承租人没有还清租赁公司的垫付款就转卖租赁物。虽然《合同法》上说融资租赁所取得的设备的所有权归出租人,但这是形式上的,出租人并不是真正的所有权人。法律规定所有权归出租人,是用这个所有权来担保出租人债权的回收。所以说,真正的权利人是融资租赁的承租人。还有一些国有部门、事业单位没有经过批准而处分财产等,也属于这一类。也就是说,《关于审理买卖合同纠纷案件适用法律问题的解释》第3条的适用范围与《合同法》第51条无权处分规则的适用范围是截然不同的。

第一,如果我们把《合同法》第51条删掉了,那么因故意或者过失出卖他人之物这样的案件就进入了《关于审理买卖合同纠纷案件适用法律问题的解释》第3条的适用范围。根据《关于审理买卖合同纠纷案件适用法律问题的解释》第3条认定合同有效,其结果是灾难性的。因为,社会中有大量的财产在他人的临时控制、占有之下,一旦删掉了《合同法》第51条,会怂恿、诱使社会上一些心术不正的人故意出卖他人之物、骗卖他人之物,比如盗卖他人的房屋、骗卖他人的房屋、盗卖他人的汽车,再如汽车驾驶员把单位的车子卖了就跑了,这是很危险的。上个月,北京市法院在案的48件案件都是骗卖他人的房产。骗卖谁的房产呢?老年人的房产。通过花言巧语等各种办法把老年人的房产给卖了,最后老年人起诉到法院。其中46件案件法院不敢判,因为《关于审理买卖合同纠纷案件适用法律问题的解释》第3条规定不能因出卖人没有所有权、处分权认定合同无效。有两个案件法官作了判决,按照《合同法》第51条认定合同无效。电视台报道了这个案件,被骗的老年夫妻就这一套房子,被骗卖了,每天坐公交车到原来的房子那里看看自己的房子,然后回去。这个恶果已经摆在面前。《合同法》第51条是一项非常重要的制度,它能够起到稳定社会的作用。所以说,删掉《合同法》第51条是危险的。

第二,删掉《合同法》第51条无权处分规则,其他的制度也就名存实亡了,善意取得制度(《物权法》第106条)也就没有作用了,因为合同有效就不会发生善意取得。《物权法》第106条规定,无处分权人将不动产或者动产转让给受让人的,所有权人有权追回;除法律另有规定外,符合规定情形的,受让人取得该不动产或者动产的所有权。为什么权利人有权取回呢?需要法院认定合同无效,权利人才能取回。现在认定这样的合同有效了,权利人怎么取回?买受人不区分善意、恶意都根据有效合同得到所有权了,善意取得制度就落空了,就没有存在的必要了。相应的,合同法上的权利瑕疵担保制度(《合同法》第150条)也失去了作用。根据有效的合同得到所有权,就不发生权利瑕疵担保。你看,牵一发而动全身,那两个重要的制度就被取消了。

下面说一说出卖他人之物在当代民法上是怎么处理的,过去没有从这个角度进行过探讨。出卖他人之物的,在任何社会、任何国家和地区都有。现在我们稍加分析,有三种方案。

第一种方案,合同无效,权利人追认、处分人事后得到处分权的有效,这是《德国民法典》《法国民法典》、我国《合同法》及《葡萄牙民法典》《阿根廷民法典》的明文规定。《德国民法典》叫无权处分,讲的是无权处分行为,我们讲的是合同,实际上没有差别。《阿根廷民法典》第1330条规定:出卖他人之物的合同无效,但其无效可因所有权人的追认或者出卖人概括地继受而无效被补正。原则无效,但是权利人追认或者出卖人后来得到处分权,无效就变为有效。同时规定,合同无效的情形,权利人可以行使取回权。《葡萄牙民法典》第892条规定:不具有出卖他人财产的正当性的人,出卖他人的财产,买卖无效。然后,《葡萄牙民法典》第895条规定:合同可以转为有效。出卖人如果取得了所有权,这个合同可以由无效转为有效。第一种方案是原则无效,权利人追认、处分人事后得到处分权,转为有效。合同无效,权利人行使取回权的情况下,善意买受人怎么办呢?善意买受人可以主张善意取得。

第二种方案,认定出卖他人之物的合同有效,但不影响所有权人的权利。《智利共和国民法典》《埃及民法典》《路易斯安那民法典》都有明文规定。《智利共和国民法典》第1815条规定:出卖他人之物的合同有效,但不得损害该物所有人未因期间的经过而消灭的权利。然后,第1818条规定,所有人可以追认,如果所有人追认的,买受人可以自出卖时取得所有权。《埃及民法典》第466条规定:出卖他人之物的,买受人可以主张无效,在任何情形下,该买卖对物的所有人不发生效力。就是出卖他人之物的合同有效,但是任何情况下对被出卖的物的所有人不生效,不影响所有人的所有权。但是,紧接着第467条规定,如果所有权人追认,那么这个买卖合同才对他发生效力。这是第二种方案,出售他人之物的合同有效,但是这个有效只存在于合同当事人之间,严格拘泥于合同的相对性,不影响权利人的权利。

第三种方案是可宣告无效,以《魁北克民法典》和英美法为典型。《魁北克民法典》第1713条规定,非所有人、非负责财产买卖的人或者未经授权出卖财产的人出卖财产的,可被宣告无效。但出卖人尔后成为所有人的,不得宣告无效。也就是说,现在可以宣告无效,但出卖人后来取得了所有权成了所有人,就不得宣告无效。第1714条紧接着规定,真正所有人可请求宣告无效,并从买受人处取回出卖物,但法院授权的出卖除外。再者,如果买受人是在企业正常经营期间购买的,在这种情况下,真正权利人取回物的时候应当支付诚信买受人所支出的价款。买受人是在商场里买的标的物,是在企业正常经营期间买的,就叫诚信买受人。这个时候,权利人取回出卖物要支付它的对价。美国是判例法国家,按照美国法,出卖他人之物的合同属于可宣告无效的合同,英文是 voidable contract。void contract 是指无效合同,无效合同是自始没有效力的,在"void"后面加了"able"则为可宣告无效的合同。可宣告无效的合同,真正权利人可以主张无效,并从买受人处取回自己的财产。但是,在美国法上有相当于我们的善意取得制度的制度。如果属于可宣告无效的合同,权利人可主张无效,行使取回权从买受人手里取回自己的财产。这个时候,如果买受人向法庭主张并证明自己是诚信购买人,相当于我们的善意相对人、善意购买人,法庭就判决真正的权利人不能取回财产,驳回权利人的取回权请求,这个标的物、财产归善意买受人所有,和我们的善意取得制度是一样的。真正的权利人由于不能取回自己的财产遭受的损失就找出卖人赔偿。

现在对三种方案作一个简单分析。第二种方案合同有效,第三种方案合同可宣告无效,这两种方案的差别很小。一个特点是拘泥于合同的相对性,采取的是分别处理的办法。按照合同有效这样的方案,法院审理当事人之间的合同纠纷时,发现合同是出卖他人之物的,完全可以不理会谁是真正的权利人。出卖他人之物的合同,法律规定是有效的,因此,法院一般判决合同有效,当事人直接交付、付款就行了。法庭当然不会去找那个真正的权利人。假设真正的权利人发现了,他要求加入诉讼,并向法院提起返还之诉,行使取回权,这是物权法上的权利。法院可能会把这两个案件合并审理。但是,真正的权利人不可能总是在第一时间发现自己的财产被他人出卖并立即加入诉讼。所以说,通常出卖他人之物的合同,法庭即使知道是出卖他人之物,也依法判决有效。判决有效以后,经过若干时日,权利人才向法院起诉主张取回权,获得法院支持取回自己财产的可能性极其微小。所以说,第二种方案认定合同有效是把出卖他人之物的合同与对权利人的保护分别处理。我们可以说是"分别主义",它的依据就是合同的相对性。合同的相对性是指只针对合同当事人之间。虽然法律上说不损害权利人的权利,但是权利人往往不可能及时发现、及时加入诉讼、及时行使取回权。第三种方案和第二种方案实际上是一样的。虽然说权利人可以宣告无效,但权利人要知道、及时地发现,马上向法院起诉,这个时候才能宣告合同无效。如果权利人没有发现,没有加入诉讼,法院只是审理出卖他人之物的当事人双方之间的合同纠纷,依然认定合同有效。美国的法院会主动查找真正的权利人吗?绝不可能。法院也不会要求当事人提供证据说明真正权利人追认不追认,也没有必要。法律规定出卖他人之物的合同可宣告无效,权利人不来宣告无效,合同就有效。这也属于分别处理的方案,对权利人不利。所以说,第二种方案合同有效、第三种方案可宣告无效采取的是分别处理的办法,对权利人极为不利。

现在说第一种方案,原则无效,权利人追认的有效,处分人事后得到处分权的有效。它的特点是什么呢?是合并审理,把出卖他人之物的合同的有效、无效与权利人是否追认、权利人的取回权的行使合在一个案件中审理。想一想,我们的法官在审理违约纠纷案件时,发现这个案件属于出卖他人之物,按照《合同法》第51条的规定,权利人追认的有效,处分人事后得到处分权的有效,那法庭就要问权利人追认不追认?买受人、出卖人提供证据,提出书面文件,证明权利人某年某月有个追认的意思表示,那么就认定合同有效。还有出卖人提供证据证明他已经得到了所有权,从权利人那里取得了所有权或者得到了处分权、继承了财产,法庭也认定有效。法律条文把合同的有效、无效与权利人联系在一起,如果找不到权利人,当事人举不出权利人追认的证据,举不出得到处分权的证据,法庭就依据《合同法》第51条认定合同无效。合同无效,不发生所有权转移的效果,那就按照《合同法》第58条的规定恢复原状,已经交付的返还标的物,已经过户的进行涂销。这种情况下极为方便真正的权利人,真正的权利人一旦发现马上可以行使权利。甚至不排除人民法院审理出卖他人之物的合同案件时依职权通知权利人,权利人以第三人身份加入诉讼,法庭问他追认不追认,如果不追认,权利人就可以马上主张取回权。法庭依据权利人未追认、处分人事后没有得到处分权,认定合同无效;权利人主张取回权、行使取回权,案件就马上变成取回权行使的案件,法庭就会判决支持权利人取回权的行使。在这种情况之下,买受人如果主张自己是善意取得,就会依《物权法》第106条的规定主张抗辩,法庭就会把权利人行使取回权和买受人主张善意取得的案件同时审理,买受人符合《物权法》第106条规定的善意取得要件的,法庭判决该案的财产已经由善意买受人取得,权利人的权利已经消灭。

可见,这种方案是把权利人的权利保护与合同的有效无效合在一起审理,如果找不到权利人,认定合同无效,不发生权利转移的问题,留待权利人找到后向法院起诉的时候再去解决,对保护权利人是最为有利的。同时,是否会损害交易安全呢?也不损害交易安全。买受人可以主张善意取得,如果有证据证明符合善意取得的要件,就保护买受人,认定已经构成善意取得,权利人的取回权消灭。如果买受人主张善意取得,最后法庭认为不构成善意取得,判决权利人取回财产。买受人虽然没有取得财产,但他可以另案起诉出卖人,根据《合同法》第150条权利瑕疵担保规定追究出卖人的权利瑕疵担保责任,从出卖人那里得到赔偿。可见,第一种方案就是现在《合同法》第51条规定的方案,兼顾权利人的保护与善意买受人的保护,兼顾民法上的静的安全和动的安全,是最为妥当的方案。这个方案不会鼓励、怂恿那些偷卖、盗卖、故意出卖他人之物的行为。出卖他人之物,法院判决合同是无效的。所以说,它起到非常重要的作用。

下面来看这个制度在现实中的适用情况。我们检索了一下截至2018年11月2日案例库中4533725份民商事案件判决书,以"无权处分"和"合同"两个关键词检索,有25532件无权处分案件,最终法院认定合同无效的有12708件,约占无权处分合同案件总数的一半。认定合同有效的有5676件,约占22%。合同有效就是权利人追认,处分人事后得到处分权。我们现在看,法院认定无效的12708件案件,根据《物权法》第106条的规定,权利人可以行使取回权,但是买受人可以主张善意取得。认定无效的案件中,买受人主张善意取得的有3259件,占合同无效案件的25%。买受人主张善意取得得到法院支持的有1011件,占善意取得案件总数的1/3。法院判决不构成善意取得的有2248件。因此,我们看到无权处分合同被法院认定无效,买受人构成善意取得以后,权利人取回自己财产的案件有11697件,也就是说无权处分案件中有45.8%的案件保护了权利人,权利人取回了自己的财产。买受人最后得到所有权,权利人追认合同有效的有5676件,加上主张善意取得得到法院支持的有1011件,总共有6687件案件的买受人得到了所有权,占无权处分案件的26%。这个结果和立法当时所想象的出卖他人之物权利人不追认时合同无效、再以善意取得制度保护善意买受人,大致相符。这不仅说明了这套制度在当前大陆法系和英美法系的法律方案中是很好的一个方案,也说明在实践中的效果很好,是稳妥的,我们没有理由删掉这个制度。

(三)合同的履行

下面讲合同的履行这一章。大家请看第 323 条,该条文大家可能不陌生,是关于情事变更原则的规定。《合同法》没有规定情事变更原则,最高人民法院《关于适用〈中华人民共和国合同法〉若干问题的解释(二)》第 26 条创设了情事变更原则。注意司法解释规则在裁判实务中发生效力。但是请大家注意,这个条文与最高人民法院的司法解释又有区别,区别在于按照传统的制度,情事变更原则的法律效力是解除合同并免除违约责任。因合同成立的客观环境发生了异常变化,如果按照原来的合同履行对一方显失公平,因此法庭可以根据情事变更原则判决解除合同,并免除当事人一方的违约责任。现在草案规定还可以要求当事人协商,当事人如果能够协商变更的也行。

现在说的情事变更原则和传统民法上所说的情事变更原则有区别,它是专门针对现在的长期合同的一个重要规则。长期合同的特殊性在于当事人订立的合同的期限很长,当事人不愿意随意解除合同,当事人的目的是要使这个合同长期存在。以能源供应合同为例,想一想,我们好不容易从俄罗斯边境修了一条天然气管线一直到上海,因为国际能源市场的价格异常变化,我们就把这个合同解除了,输气管线拆掉还是保留,这是个很大的问题。所以,不论发生什么情况,长期合同的双方当事人并不要求解除合同和免除责任,当事人最大的目的是继续维持这个合同。那么继续维持这个合同就需要解决因为国际环境异常变动所打乱了的当事人之间的利益平衡。例如,原来签订合同的时候国际市场上的油价是 30 美元一桶,现在涨到 100 美元一桶;或者原来签订合同的时候是 70 美元一桶,后来又下跌到 30 美元一桶。在这些情况下,当事人之间的利益关系严重失衡。这个时候当事人的目的并不是要消灭这个合同,而是要维持这个合同。但是仅靠当事人双方的力量很难做到，因为中间的利益差别很大，这种情况下需要借助某种力量来衡平当事人之间的利益关系，借助于谁的力量呢？唯有法院。

我们看这个条文。订立合同的基础因为无法预见的、不属于商业风险的重大变化导致按照原来的约定履行对于一方显失公平，这个时候可以请求相对方重新协商。请求了以后如果在合理的期限内协商不成怎么办呢？可以请求法院或者仲裁机构变更或者解除合同。第一个阶段就是请求对方协商，协商如果达成了协议就对原来的约定进行修改，但是没有那么容易。因此，这里重要的是请求法院或者仲裁机构变更合同。这里的重点在变更，变更什么呢？变更价格。法院应该怎么变更？把这个差额按照双方分担、分享的原则进行调整，造成的损失双方分担，得到的盈利双方分享。合同的基本精神就是共赢。法院用自己的权力来改变合同原来的价格，实现双方当事人利益关系的平衡，这个平衡我们把它叫作"衡平"，它不像我们平常说的一般的自由裁量权，而是法律授予法院的有力手段。那怎么变更呢？第2款说法院或者仲裁机构结合案件的实际情况，根据公平原则变更或者解除合同。后面用了解除合同，这里重点在变更，解除是次要的。

还有大家注意，这里没有提免除责任问题。合同要解除，就是要分担损失，难点在于不予解除，只予变更。现在国际上处理长期合同的经验就是凭借法院的力量来变更合同关于价格、价款的约定，这是各个国家和地区非常重视、重要的手段，并且法院可能不止变更一次，什么时候国际市场又变化了，再借助法院的力量给予变更，这就是现代市场经济中的长期合同的处理方式。

（四）合同的保全

下面讲第五章合同的保全。合同的保全是把《合同法》合同的履行一章中的第73条、第74条和第75条单独拿出来设立一章。实际上，这个名称已经不恰当了。传统民法所谓的债的保全，债权人代位权、债权人撤销权属于保全，但保全谁呢？保全债务人的资产，保全债务人的履约能力、清偿能力。传统民法上，行使债权人代位权即最后从次债务人处取回的财产是归债务人的。最高人民法院《关于适用〈中华人民共和国合同法〉若干问题的解释(一)》规定,从次债务人处取回的财产直接由行使代位权的债权人受偿。所以债权人代位权不仅仅是一种保全制度,它也是一种崭新的、有力的清偿制度,这样名字已经变了。大家看第326条,这一条把最高人民法院《关于适用〈中华人民共和国合同法〉若干问题的解释(一)》关于债权人代位权的解释上升为条文,经过实践检验。合同编草案把原来《合同法》第74条债权人的撤销权拆分为三条,即第327条、第328条和第329条,并根据司法解释有一些调整,原来的《合同法》第75条作为第330条。

请大家注意,第331条是一个新增加的条文,这一条在原来的撤销权基础上作了大的改变。例如,张三把自己的房屋以明显不合理的价格卖给了李四,债权人行使撤销权撤销张三和李四之间的买卖合同。撤销了以后,房屋的所有权应恢复原状,恢复到债务人张三名下。在现实中,虽然撤销了,但债务人不主动收回财产权怎么办?如果房屋已经过户在李四名下,张三不主动根据撤销合同的判决到登记机构变更此前的过户登记,撤销权行使了以后撤销权人得不到实惠,因此增加了第331条。债权人行使撤销权撤销了债务人与第三人之间的转让财产的合同,同时债权人就可以行使代位权代替债务人从第三人手里把财产取回来,行使取回权。如果是不动产,可以到登记机构涂销过户登记,涂销过户登记实际上就是恢复了债务人的所有权。这个时候当然就可以对债务人的财产进行强制执行,保障债权人的权利能够实现。

(五)合同的变更和转让

下面给大家讲第六章合同的变更和转让。这一章增加了第336条重复转让。如果债权人将同一个债权重复转让的话,属于可以登记的权利,先登记的那个受让人得到该债权。如果是无须登记的权利,先通知债务人的那个通知中所指明的受让人得到该债权。

特别重要的是第337条。第337条是《合同法》第81条,就是从权利随之转让。这就产生一个问题:抵押权当然是随着债权转让,由受让人得到这个抵押权。但是受让人向法院申请行使抵押权的时候,法院告诉他:你先去登记机构变更登记,因为抵押权证上的抵押权人是让与人。法院这样做对不对呢？当然也是有道理的。但是，债权转让发生从权利同时转让，等到去变更的时候说不定这段时间又发生了很多问题，比如别的法院重复扣押的、重复查封的，还有已经转卖过户的，第二顺位的抵押权人已经执行的，这就使债权转让的受让人虽然根据法律得到了这个从权利，但是不能顺利地行使这个权利，最后遭受了损失。因此，现在增加了第337条第2款。第337条第2款规定，从权利随着债权转让，不因从权利未登记、未占有而受影响。就是说只要债权已转让，从权利就转让，虽然抵押权证上的抵押权人是让与人，但是申请法院执行，法院就应该执行。因为，虽然从权利未变更登记，但不影响受让人的权利。如果是动产质权，虽然受让人没有占有，但受让人已经是动产的权利人了，他可以行使别除权这些权利。所以说，第337条具有非常重大的意义。

然后大家看第344条，这一条增加了债务加入，这是我们所熟知的债务加入，就不详细讲了。

（六）合同的权利义务终止

下面讲第七章合同的权利义务终止。法定解除权是原《合同法》第94条，现在增加了两款，第2款规定持续履行的不定期合同当事人可以随时解除；第3款规定不能履行导致目的落空的解除权人不解除合同对对方明显不公平时，对方可以行使解除权，但不影响其违约责任。第3款特别重要，它所说的是原来的《合同法》第94条施行以后，大家拘泥于只有受害人才可以行使解除权，违约方不能行使解除权。违约方的违约行为导致目的落空，怎么行使解除权呢？这就导致有解除权的一方不行使解除权、不及时行使解除权，这个合同就不能解除。对方虽然有违约行为，但是他也难以从这个合同中脱离出来，这就违背了法定解除权的本质。法定解除权说的是一个合同关系已经死亡。《合同法》第94条规定，目的不能实现，国外说的目的落空，这个合同关系已经死亡了，法律创设解除权制度就是要使当事人双方及时地从已经死亡的合同关系中脱身出来，到市场上去追求自己的利益。至于违约方承担违约责任，是另外的问题，原《合同法》第97条规定了合同解除后发生的损害赔偿问题。违约责任的问题与解除没有直接的关系，所以说增加第3款是有意义的。但是，我觉得表述过分拘泥于"有了解除权不行使给违约方造成明显的不公"，违约方才可以行使解除权。我的意见是不论什么原因导致合同目的不能实现，双方都有解除权，不管是不是违约方，这样才能贯彻法定解除权制度的目的，及时消灭已经死亡的合同关系。至于违约责任有违约责任的规则，谁行使解除权对违约责任没有影响。

大家注意，后面增加了第354条关于解除权存在的期间，基本上吸收了最高人民法院《关于审理商品房买卖合同纠纷案件适用法律若干问题的解释》第15条的规定。

下面注意，第355条对原来《合同法》第96条有重大修改。《合同法》第96条规定，解除权以通知的方式行使，对方有异议的，可向法院提起异议之诉。现在增加了一句规定：如果通知中载明了期限，期间届满时解除。原来的规定是通知到达时解除，这里补充了一个小的问题，即到了通知指定日期，期满解除。更重要的是，对方有异议的，任何一方都可以提起确认解除行为效力之诉，双方都可以向法院起诉。这个诉的性质，条文上也作了表述，是确认解除行为的效力之诉，改变了原来只由异议一方起诉的规定，现在是双方都可以起诉。更重要的是，本条增加了第2款，解除权人可以不发通知直接向法院起诉，通过起诉的方式行使解除权。过去有个别法院拘泥于《合同法》第96条的文字，认为法律规定是发通知解除，不发通知向法院起诉，法院会不予受理或者驳回。当然，多数法院也受理这样的诉，当事人以诉讼的方式行使解除权是可以的。但是有一个问题，如果以诉讼的方式行使解除权得到法院的支持，合同什么时候解除呢？合同是从法院判决作出之时解除，判决生效之时解除，还是从起诉之时解除？这就会导致当事人之间重大的利益关系不一致。因此，现在的条文明确规定：以起诉的方式行使解除权，当然包括仲裁的方式，如果主张得到法院或仲裁庭的支持，合同自起诉状副本或者仲裁申请书副本送达对方时解除。这样就统一了解除的时间，并且也保障了解除权人的利益。

还有一个更重要的规定,第 356 条解除的后果。这一条增加了第 2 款,因违约解除的可以追究违约责任。这个规定就是解决《合同法》第 97 条存在的问题。《合同法》第 97 条说解除要恢复原状,不能恢复原状的要补偿,并可以要求赔偿损失。赔偿什么损失?《合同法》制定的时候是严格区分解除与违约的,违约责任是赔偿实际损失加可得利益损失,解除只赔偿机会损失,《合同法》制定的时候拘泥于德国法的立场,其实法国法等早就规定可以追究违约责任了。因此,对于解除和违约责任不并行的这样一个传统的理论立场,现在有了重大改变,解除与违约责任并行。解除可以同时追究违约责任,就不再只是机会损失。因为违约解除时违约行为已经发生,违约责任已经成就,这样就解决了《合同法》实施以来一直争执不断的一个问题,同时使解除后果制度和现在的大陆法系多数国家和地区的立场相一致。现在德国也改变了,德国民法过去坚持解除只赔偿信赖利益、机会损失,现在明文规定解除可以追究违约责任(债务不履行责任)。

(七)违约责任

关于第八章违约责任的内容没有什么实质性的改变,我在这里要讲的是原来《合同法》第 114 条违约金的调整。违约金的调整,最高人民法院司法解释规定要由违约方主张抗辩或者反诉,不主张就不能够调整。这对不对呢?对,但是不能绝对化地理解,如果违约金计算出来数额巨大,例如,合同履行才得到 200 万元,最后因违约计算出的违约金高达 500 万元、700 万元甚至上千万元,法官把它叫作巨额违约金,即使当事人没有主张、没有抗辩,或者是缺席审判等原因,这样的违约金也不能认定有效,法院要依职权认定巨额违约金无效。理由、根据是什么?如果是格式合同,以《合同法》第 40 条为根据,即免除自己的责任、加重对方的责任、剥夺对方的主要权利的格式条款无效。如果是手写的合同,不是格式条款呢?依据诚实信用原则,认定巨额违约金无效。

现在有个问题,违约计算出来的违约责任,如果按照《合同法》第 113 条第 1 款计算实际损失加可得利益金额巨大呢?法庭根据社会生活经验判断,履行合同只得到几百万元,因对方违约,结果得到了上千万元,这公平不公平呢?当然不公平,这是绝对不能允许的。因为违约,计算实际损失加可得利益得出的金额导致当事人之间利益关系严重失衡,法官不能要求按照计算出来的金额来赔偿,要协调当事人之间的利益关系,把计算出来的损害赔偿金降低到法官认为比较公平、合理的金额,这就叫法庭的衡平权。我们平常说法官有自由裁量权,自由裁量权一定有一个授权,比如说调整违约金法律有规定。侵权责任案件中的补充责任,适当的补充责任规定是授权你自由裁量。我们刚才讲的衡平权是完全没有的,脱离了法律的具体规定,需要法官来调整当事人之间的利益关系,使当事人之间的利益关系恢复到一个大体平衡的状态。这样的权力来自法律本身、法律制度,来自诚信原则、公平原则,来自民法的目的和精神,我们把它叫作衡平权。计算出来的金额太大了,要给它减少到法官认为公平、合理的金额,总得要有个根据吧,这个根据在《合同法》第113条第1款的最后一句规定的不可预见规则。什么叫不可预见规则?条文规定违约方订立合同之时不能预见到的损失不赔,那法官如果死抠条文问违约方:被告,你订合同的时候预见到还是预见不到?谁都会告诉你预见不到。可见这个条文不要求你去问,这个条文就是一个授权,授权法庭来平衡当事人之间的利益关系。当事人履行合同也就得到500万元,最后计算出1000万元的损失,那不行,法庭要予以减少,减少到500万元、600万元都是可以的。按照社会生活经验来减少到一个认为比较公平、合理的数额,根据就是不可预见规则。

  不可预见规则来自英美法和国际公约,合同法起草的时候曾经按照大陆法以过失相抵规则来衡平当事人之间的利益关系,后来注意到涉外经济合同法已经采用了英美法和国际公约的不可预见规则,因此,最后放弃了过失相抵规则,直接采用不可预见规则。为什么英美法不用过失相抵规则来平衡当事人之间的利益关系呢?因为英美法理论认为,违约不以过错为要件,违约是当事人的自由。订立合同是自由,履行合同是自由,违约也是自由。违约尚且是自由,那受害方更谈不上过错,所以说英美法在违约责任中用来平衡当事人利益的手段叫不可预见规则。不可预见规则是一个概括的授权,就是法庭认为太多了直接减少就行了。根据什么认为太多?根据什么减少到认为合理的程度?社会生活经验。大陆法采用过失相抵规则来实现同样的目的。过失相抵就是受害人对于损害的发生有过失,因此要减轻加害人的责任,它达到的目的同样是平衡当事人之间的利益关系,但是合同法只能选择其一。我们已经选择了不可预见规则,就不能同时再采用大陆法的过失相抵规则。

大家看现在的第382条,增加了过失相抵规则,这是不妥当的。不是不可预见规则,就是过失相抵规则,已经选择了不可预见规则就不能同时再采用过失相抵规则。不可预见规则在我们的实践中已经为法官所掌握,可以看一下不可预见规则的适用情况。截至11月2日,民商法案例库有4533725件案件,其中违约责任案件有519862件,适用不可预见规则的判决书中当事人主张不可预见的有4406件,占违约责任案件的0.85%,法庭给予支持的有214件,不予支持的有4043件,支持的占主张不可预见规则的4.9%。这个结果我看了以后比较满意,因为不可预见规则在英美法中是不易得到法庭支持的。不可预见规则来自英美法,当事人很容易主张不可预见规则要求减少损害赔偿金,但是要得到法庭的支持非常难,当然不是说绝对不可能,我们现在的实践结果说明,中国的法官对不可预见规则的掌握大体上是正确的。主张不可预见的案件有4406件,驳回了4043件,支持了214件。要从这个制度的适用情况来说,适用这个规则审理案件的法官的水平是相当不错的。因此,增加关于过失相抵的规定不知道是什么原因,如果要回到过失相抵规则,那就要删掉不可预见规则,但草案也没有删掉不可预见规则。

三、人格权编

我利用最后的时间再说一点人格权编的问题。大家现在看第773条。从第773条看,人格权编是一个人格权侵权责任编。第773条说人格权所发生的民事关系。人格权是人对自身的权利,没有"人格权关系"一说,人格权受侵害发生的关系是侵权责任关系。我们看人格权编的内容,就可以看到它就是一个小侵权责任法,人格权侵权责任的规则大部分在侵权责任编。我们想一下,交通事故、产品责任、医疗损害、高度危险、动物伤害都是保护人格权的,都在侵权责任编。所以说,人格权单独成编导致民法典上一个大的侵权责任编、一个小的侵权责任编并存。相信有很多学者建议把小的侵权责任编纳入大的侵权责任编,一个民法典不可能同时有两个侵权责任编。

然后再说这一编的内容。人格权具有不可言说性,非要用条文详细表述的话,往往是第一句可能正确,第二句必定错误,必定是废话。大家看第775条,先是说"人格权不得放弃、转让、继承",这很正确,但是来了一句"法律另有规定的除外"。有法律规定人格权可以放弃、可以转让、可以继承的吗?生命、身体、健康怎么转让、怎么继承?姓名怎么转让?肖像怎么继承、怎么转让?都不可能发生。有的人说,有的国家承认安乐死,不就是放弃生命吗?一开始我们也觉得有些像,其实安乐死绝不是放弃生命权,安乐死是使剥夺他人生命的犯罪行为变成合法行为。因为人格权(生命、身体、健康等)是一个客观存在,不以权利人的意志为转移,你放弃不了它。什么叫放弃呢?是通过意思表示来放弃一个权利。继承权的放弃,《继承法》规定在继承开始之后继承权人可以放弃继承权,怎么放弃呢,通过意思表示。债权的放弃,别人欠我的钱我不要了,一个意思表示就算放弃了。生命、身体,我说我不要了行吗?它与人的意思无关,而放弃是一个意思表示。可以放弃别的权利,生命放弃不了。生命的了结,除生病抢救无效以外就是意外事故,还有他杀或自杀,这些都是通过行为才能够剥夺人的生命。所以说安乐死实际上并不是放弃生命,而是实施安乐死的医生、医疗机构因为事先得到了患者的同意使他的剥夺他人生命的犯罪行为变成合法行为。所以说,加上第二句就是错误的。我们看第775条第2款说"对人格权不得进行非法限制",有哪一种权利可以非法限制?

第778条关于双重适用,我已经批判过了,这是颠覆我们的民事审判实践和民商事裁判秩序的,这里不说了。请大家看第783条和第784条生命权、身体权。第783条说民事主体有生命权,有权维护自己的生命安全。乍看起来像是没有问题,其实有大问题。哪一个国家的法律规定现在的人民有权维护自己的生命安全?怎么维护?我们靠赤手空拳能够维护生命安全吗?别人用拳头我要用棍棒,别人用棍棒我要用刀枪,请给我这个武器。在现代社会实行公力救济,私力救济原则上是禁止的,这是民法一开始就要讲的。这里特别要注意,法律上轻率地出现一个人有"维护自己生命的权利"这样的条文,人民要问怎么维护?还有,处理不当会发生极大的问题。所以说现代民法绝不会规定每个人有权维护自己的生命、有权维护自己的身体。这个问题太重大。有的同志说,我们的法律上不是还有正当防卫吗?大家看一下正当防卫放在哪里?放在民事权利一章吗?不放在民事权利一章。可见,正当防卫不是作为人的权利来对待的,它放在哪里呢?放在民事责任的免责事由中,正当防卫可以免责。什么叫免责?就是本来应该承担责任,因为某种考虑来不及得到警察、军队和国家的公力救济,这个时候不得已自己防卫,我们把它作为一种免责事由,并且超过正当防卫限制的要追究责任。在刑法上,防卫过当要判刑,这说明现代法治国家对待每一个人可不可以自己保护自己的问题时,是慎之又慎的。所以说,我们看第783条,第一句说自然人有生命权当然是正确的;第二句就是错误的,极大的错误;第三句说任何组织和个人不得侵害他人的生命,这就是废话。

人格权是人对自身的权利,它是防御性的权利,它不发生权利的取得、生效、无效、消灭、转让、继承、变更等问题,人格权是生而存在,死亡就消灭,先于法律而存在。人格权是防御性的权利,只要别人不予加害,它的利益就在其中了。别人不伤害,生命、身体就安然无恙。人格权是防御性的权利,不发生行使问题。因此,鉴于人格权的防御性和先于法律而存在的先在性,它不符合权利法的逻辑,不可能制定一个人格权权利法。我们现在的起草人不得已搞出了一个人格权的侵权法。

第778条规定尤其危险,该条规定,侵害人格权的侵权责任案件,法院要先依据人格权编的规定判断受害人应不应该受保护、加害人应不应该承担责任,再适用侵权责任编的规定判断怎样保护受害人、怎样追究加害人的侵权责任,这叫双重适用。在座的都是法官,这在古今中外的审判中,绝无先例。侵害财产权的侵权责任案件是单独适用,侵害知识产权的侵权责任案件是单独适用,唯独侵害人格权的案件是双重适用,把我们好不容易形成的民商事审判秩序、民商事审判实践打乱了、颠覆了。还有,民事法官审理侵害人格权的侵权责任案件需要双重适用,刑事法官审理侵害人格权的刑事案件照理也应该双重适用,这样才说得过去。我们的法院判双重适用,当事人拿着判决书到日本、美国或者德国法院去申请执行,人家会执行吗?我们都是单一适用,怎么你们搞出一个双重适用,裁定不予执行。我们对它们的判决也照此办理,裁定不予执行,这就衍生出一些问题。双重适用,不知道是怎么想象出来的。向法院起诉依据一个法律条文,法院用了这个条文裁判就成了法院的裁判依据。任何案件的判决,裁判依据只有一个。在判决书中可能会提到其他条文,但是其他条文不是裁判依据,比如《消费者权益保护法》三倍赔偿的诉讼,裁判依据是《消费者权益保护法》第 55 条第 1 款,它会提到《消费者权益保护法》第 2 条关于消费者的定义,会提到关于欺诈的规定,这些条文都不是裁判的依据,是用来认定事实、本案的适用范围、本案的构成要件是否具备的。这是民事裁判、法院裁判的基本常识。

  由于时间关系,我就不讲了。我的意见是两个方案:第一个方案,删掉它,其中如果有个别条文有道理,可以纳入侵权责任编,在侵权责任编增加一节"人格权保护的一般规则"。第二个方案,如果舍不得本编,非要有,那么删掉所有的关于承担民事责任、不承担民事责任的条文,删掉第 778 条,使人格权编变成纯粹的宣示性条文。宣示就是表示的意思,使它不至于对我们的社会、民商事审判实践发生重大的危害,当然这是下策。

  利用今天的时间,跟大家讲了民法典草案分则编的一些问题,分享了我的一些意见,供同志们参考,谢谢大家。

关于民法典分则编纂中的重大分歧[*]

引 言

党的十八届四中全会决定,将民法典编纂提上立法日程。民法学界立即提出两条编纂"思路":其一,"三步走",即先制定民法总则,再制定人格权法,然后编纂民法典;其二,"两步走",即第一步制定民法总则,第二步编纂民法典。二者的差别在于,是否制定人格权法(编)。

2016年党中央决定采取"两步走"的民法典编纂思路。

2017年3月8日李建国副委员长在第十二届全国人大第五次会议上《关于中华人民共和国民法总则(草案)的说明》中说:

编纂民法典是对现行民事法律规范进行系统整合,编纂一部适应中国特色社会主义发展要求、符合我国国情和实际,体例科学、结构严谨、规范合理、内容协调一致的法典。编纂民法典不是制定全新的民事法律,而是对现行的民事法律规范进行科学整理;也不是简单的法律汇编,而是对已经不适应现实情况的规定进行修改完善,对经济社会生活中出现的新情况、新问题作出有针对性的新规定。

因为贯彻执行了党中央为民法典编纂确定的"两步走""不是制定全新的民事法律,而是对现行的民事法律规范进行科学整理"的"基本遵循"的思路,保障了2017年3月《民法总则》的顺利出台。

现在的民法典草案分则编包括物权编、合同编、人格权编、侵权责任编、继承编和婚姻家庭编。下面谈谈我与起草人就民法典草案分则编产

---

[*] 本文源自作者于2019年12月15日在深圳的讲座。

生的重大分歧,仅限于前四编,不涉及继承编和婚姻家庭编。请予注意。

一、不赞成规定"双重适用原则"

请看《人格权编(草案)》(三审稿)第778条第1款规定:"人格权受到侵害的,受害人有权依照本法和其他法律的规定请求行为人承担民事责任。"

请大家特别注意,按照民法典"总则与分则"的逻辑关系,"本法典"与法典之外的"其他法律"的适用关系,只能由民法总则编加以规定,不能由分则编加以规定。而实际上,民法典与其他法律之间的适用关系,已经规定在《民法总则》(将来的民法典总则编)第11条了。

因此,第778条第1款所谓"本法"是指"人格权编",而不是"本法典";所谓"其他法律",是指侵权责任编(以及民法典之外规定人格权侵权责任的法律法规)。

再请注意,本款在"本法"(实指人格权编)与"其他法律"(实指侵权责任编及其他法律法规)之间用了一个"和"字,相当于英文的"and"。因此,草案第778条第1款的意思是,法官审理侵害人格权的侵权责任案件,须同时适用两个法律条文:一个是人格权编的条文,另一个是侵权责任编(或者其他法律)的条文。这就叫"双重适用原则"。

大家看王泽鉴先生的《民法思维:请求权基础理论体系》[①]一书,王先生讲请求权基础,是一个法律条文。他讲到,如果原告的请求权,有两个法律条文可以作为请求权基础,则原告必须(只能)选择其中一个条文,作为本案请求权基础。

请求权基础,是从原告角度讲的,如果原告的诉求得到法官支持,法官就用原告起诉状中作为本案请求权基础的那个条文,作为裁判本案的法律依据。假设原告起诉状中提出两个法律条文作为请求权基础,法官必须通过释明权之行使,告知原告选择其一;如原告不作选择,将驳回其起诉。所以说,请求权基础只能是一个条文,裁判依据也只能

---

① 参见王泽鉴:《民法思维:请求权基础理论体系》,北京大学出版社2009年版。

是一个条文,可称为单一适用原则。

双重适用原则对案件当事人、判决结果可能影响不大,因为最终仍然是依据侵权责任法条文判决被告是否承担侵权责任、承担什么样的侵权责任。规定双重适用,对人民法院的裁判实践和裁判秩序是一场危险的挑战。

因为只有侵害人格权的侵权责任案件才是双重适用,侵害知识产权、继承权、财产权的侵权责任案件仍然是单一适用。至于违约责任案件,也是单一适用。一个国家的法院适用法律,某一类案件双重适用,其他案件单一适用,这岂不荒唐?

从法官来说,上午审理一个侵害人格权的侵权责任案件是双重适用,下午审理侵害知识产权的侵权责任案件就改为单一适用;开前一个庭审理违约责任案件是单一适用,开后一个庭审理侵害人格权的案件立即转换成双重适用。

我曾经说过,为什么要这样翻来覆去地折腾民事法官?为什么审理民商事案件都是单一适用,审理侵害人格权的侵权责任案件要双重适用?为什么审理侵害人格权的刑事案件不是双重适用?

双重适用不仅折腾民事法官,同样也折腾民事律师。律师代理侵害人格权的侵权责任案件,需要两个请求权基础:一个人格权编条文再加一个侵权责任编条文。代理民商事案件只需一个请求权基础:一个法律条文。一旦律师搞错了怎么办?例如,在侵害人格权的侵权责任案件中律师只提了一个侵权责任编条文,遗漏了人格权编的条文,怎么办呢?

法院立案庭是按照程序法的规定立案。只要有当事人(原告和被告)、有法律关系、有明确的诉求、有法律依据,立案庭就予以立案。案件交到审判庭,法官一看原告诉状缺少了人格权编条文,应当如何处理?是退回立案庭,还是开庭审理?如果退回立案庭,就要算立案庭的错误,立案庭同意吗?如果开庭审理,是判决驳回起诉,还是判决原告败诉,还是行使释明权告知原告补充人格权编条文?经告知原告仍不予补充,怎么处理?

如果审判庭没有注意到本案应当双重适用、诉状遗漏了人格权编条文,直接按照单一适用原则依据侵权责任编条文作出判决,理当构成法律适用错误,成为上诉的理由。二审法院应当如何处理?是否撤销原判、发回重审?如果发回重审,原审事实认定无误、判决结果公正,如何重审?重审什么?如果重审只是补充了遗漏的人格权编条文、原审判决结果不变,此项判决究竟是原告胜诉,还是被告胜诉?如果重审仍不补充人格权编条文,再上诉到二审法院,二审法院应该如何处理?如果二审法院直接改判,只是补充了遗漏的人格权编条文,判决结果不变,是上诉人胜诉,还是被上诉人胜诉?

此外,双重适用的案件判决书拿到日本、美国、欧洲国家的法院去申请执行,它们的法院会怎么看?会不会以违反程序、违反公共秩序为由裁定不予执行。它们的法院裁定我们的判决不予执行,我们的法院也应照此办理,裁定它们的(单一适用)判决不予执行。

一个双重适用,给法院制造出意想不到的、难以处理的各种各样的难题。人民法院经过四十多年形成的民商事裁判实践、裁判秩序,会不会因此毁于一旦?

可以断言:这样的"双重适用原则"一旦付诸实施,人民法院(包括最高人民法院)经过四十多年的艰苦奋斗所形成的民商事裁判秩序和裁判实践,将被彻底搅乱。

二、不赞成规定"自卫权"

在讲人格权编关于"自卫权"的规定之前,作为对照,让我们先看《民法通则》和 2002 年全国人大常委会审议后公布征求意见的《中华人民共和国民法典(草案)》是如何规定"生命健康权"的。

《民法通则》第 98 条规定:"公民享有生命健康权。"

《民法通则》另在侵权责任部分规定了侵害生命健康权的侵权责任,即第 119 条规定:"侵害公民身体造成伤害的,应当赔偿医疗费、因误工减少的收入、残废者生活补助费等费用;造成死亡的,并应当支付丧葬费、死者生前扶养的人必要的生活费等费用。"

再看 2002 年的《中华人民共和国民法典(草案)》人格权编第 8

条:"自然人享有生命健康权。禁止非法剥夺自然人的生命、禁止侵害自然人的身体健康。"

《民法通则》和2002年《中华人民共和国民法典(草案)》的规定,完全符合现代法治国家的共同立法经验:人格权属于防御性权利,只需规定自然人享有生命健康权即可。国家对人民的生命健康权,实行公力救济,即由国家运用公权力保护人民的生命(身体和财产)安全。

公力救济,特别体现在法院根据刑法关于侵犯人身权利罪的规定,追究犯罪人刑事责任;根据侵权责任法关于侵害人身权侵权责任的规定,追究侵权人的侵权责任。

下面看《人格权编(草案)》(三审稿)的三个条文:

第783条:"自然人享有生命权,有权维护自己的生命安全和生命尊严。任何组织或者个人不得侵害他人的生命权。"

第784条:"自然人享有身体权,有权维护自己的身体完整和行动自由。任何组织或者个人不得侵害他人的身体权。"

第785条:"自然人享有健康权,有权维护自己的身心健康。任何组织或者个人不得侵害他人的健康权。"

我们将这三个条文与《民法通则》第98条、2002年全国人大常委会审议的《中华人民共和国民法典(草案)》人格权编第8条相互对照,即可发现:这三个条文中的第2句,规定了一项新的权利。这三个条文中的第2句:"有权维护自己的生命安全和生命尊严""有权维护自己的身体完整和行动自由""有权维护自己的身心健康",是区别于生命权、身体权和健康权的,不属于民事权利的特别权利,即自然人用自己的力量保护自己的生命、身体和健康的权利(权力),法律理论上称为"自力救济权",通称"自卫权"。

《人格权编(草案)》(三审稿)规定自卫权,违背了现代法治国家"禁止私力救济、实行公力救济"这一奠基性基本原则。由国家承担保护人民生命、财产安全的职能,禁止私力救济,实行公力救济,是现代法治国家的第一块奠基石。包括大陆法系国家和英美法系国家(美国除外),莫不如此。

有人说,不是还有"正当防卫"吗?但正当防卫绝不是"权利"。在民法上,正当防卫是免除侵权责任的"免责事由"。在刑法上,正当防卫是免除刑事责任的"违法性阻却事由"。

即使要设人格权编,对于生命、身体、健康也应当像草案对其他人格权的规定一样,规定任何组织或者个人不得侵害,一旦侵害应当承担法律责任,这就足够了。完全没有必要规定一个自卫权。

三、不赞成规定"居住权"

下面讲居住权。居住权规定在《物权编(草案)》第十四章。居住权迄今在中国民法立法上没有出现过,但曾经在法律草案中出现过。

居住权写入法律草案是2002年的《中华人民共和国民法典(草案)》,该草案第十八章规定了居住权。《中华人民共和国民法典(草案)》在2002年12月经过常委会第一次审议,到2003年全国人大换届,该草案就没有再审议,因此成为废案。

第十届全国人大常委会重新将物权法的制定提上日程。在《物权法(草案)》的第二次审议稿、第三次审议稿、第四次审议稿中都规定了居住权。

《物权法(草案)》中创设居住权制度,全国人大常委会审议时是什么意见呢?常委会委员们怎么看待呢?在第三次审议以后,法律委员会整理了一个文件,归纳了审议中常委会委员们提的意见。第三次审议中有两位委员对这一问题发表意见:

一位是任茂东委员,他指出通常居住权的取得有三种途径:第一种是法定的。有两层意思:一是未成年人随父母居住;二是解除婚姻的时候法院判定另一方有居住权。第二种是依合同。第三种是依据遗嘱。实际上,任茂东委员对居住权的认识并不完全正确。但是,紧接着他发表的意见却是正确的,他说,"现在的草案所规定的居住权只适用于很少的人群,因此就没有必要设定居住权"。

另一位是沈春耀委员,他是现在的全国人大常委会法工委主任。沈春耀委员指出,最常见的解决居住的租赁关系不包括在草案中,还有同一家庭成员的居住权在草案中已经排除，也不包括在草案中。"这一章所规定的居住权都不是多数人看到的、听到的、想到的居住权，这里讲的居住权在现实中会有，但是很少，是否有必要专章规定则需要进一步研究。"根据当时发言的记录，任茂东委员和沈春耀委员都不赞成物权法规定居住权。

对居住权问题作决定，是第十届全国人大常委会第十八次会议第四次审议《物权法（草案）》之后，法律委员会向常委会写了一个汇报（《全国人大法律委员会关于物权法草案修改情况的汇报》，2006年8月22日）。在这个法律文件的第9页写道：

关于居住权，草案第四次审议稿第十五章对居住权作了规定。对物权法要不要规定居住权，一直有争论。有的认为在社会生活中需要保留居住权的情形确实存在，如有人把自己的房屋赠与朋友但自己要保留居住权等。在物权法中对居住权作出规定是必要的。有的认为，居住权的适用范围很小，从一些国家的法律规定居住权的社会背景看，主要是由于那些国家的妇女在当时没有继承权，法律通过设定居住权以解决妇女在丈夫去世后的居住问题。我国男女都享有继承权，物权法没有必要对居住权作规定。

法律委员会研究认为，居住权的适用面很窄，基于家庭关系的居住问题适用婚姻法有关扶养、赡养等规定，基于租赁关系的居住问题适用合同法等有关法律的规定，这些情形都不适用草案关于居住权的规定。并且，居住权大多发生在亲属朋友之间，一旦发生纠纷可以通过现行有关法律规定的救济渠道加以解决。因此，法律委员会建议将这一章删去。

于是，《物权法（草案）》第五次审议稿删除了居住权。

但是在第十届全国人大常委会第二十三次会议第五次审议《物权法（草案）》时，还有常委建议恢复居住权。因此，第二十四次常委会第六次审议《物权法（草案）》之前，法律委员会再次作出决定：不恢复居住权，并讲了不恢复居住权的理由。《全国人大法律委员会关于物权法草案修改情况的汇报》（2006年10月27日）第21页写道：

法律委员会研究认为,从一些国家的法律规定居住权的社会背景看,主要是那些国家的妇女当时没有继承权,法律通过设定居住权,以解决妇女在丈夫去世后的居住问题。我国男女享有平等的继承权,物权法没有必要对居住权作规定。我国基于家庭关系的居住问题适用婚姻法有关扶养、赡养等规定,基于租赁关系的居住问题适用合同法等有关法律的规定,这些情形都不适用作为物权的居住权的规定。原草案规定的居住权适用面很窄,大多发生在亲属朋友之间,一旦发生纠纷,依照公平原则,通过当事人协商或者法院审判解决有关居住问题更为妥当。因此,法律委员会建议不予恢复原草案关于居住权的规定。

于是,根据法律委员会上述建议,《物权法(草案)》第六次审议稿和提交全国人大大会审议的正式《物权法(草案)》,均未规定居住权。最后,2007年3月第十届全国人民代表大会第五次会议表决通过《物权法》,物权法不规定居住权,成为经全国人民代表大会肯定的中国民事立法既定立场。

《物权法》迄今已实施12年,现在有人又提出规定居住权,如何看待这一问题呢?如果有证据证明,现实生活中有大量的居住权问题存在,表明现阶段中国社会经济条件下确有相当数量社会成员依靠设立居住权解决居住问题,就可以判定:当年全国人大法律委员会建议、第十届全国人大常委会决定从《物权法(草案)》中删除居住权,的确是错误的。于是,现在重新规定居住权就是有道理的、合乎民法典编纂的逻辑的。反之,如果有证据表明,《物权法》生效以来的实践中设立居住权的实例极少并且限于亲属朋友之间,就可以证明在中国特色社会主义经济条件下,不存在规定居住权的社会需求,因此可以肯定:当年全国人大法律委员会关于删除居住权的建议,第十届全国人大常委会删除居住权的决定,经社会实践的检验证明,是完全正确的。民法典物权编绝不能规定居住权。

截至2018年10月8日人民法院网民商事案例库的判决书总数是4073667份,以"居住权"作为关键词检索,有10989份判决书涉及居住权;以"离婚"加"居住权"检索,有3448份判决书涉及居住权;以"合同"加"居住权"检索,有 6260 份判决书涉及居住权;以"租赁合同"加"居住权"检索,有 1417 份判决书涉及居住权。

以"保姆""居住权""终身居住"检索,找到一份判决书,但下载下来发现,并不是为保姆设定居住权,而是判决书提到"保姆费"由谁负担的问题。以"朋友""居住权""终身居住"检索,搜索到一份判决书,下载下来看,也不是为朋友设定居住权,而是关于赡养费的纠纷,判决书中提到被赡养人曾"在朋友家居住"。可见为保姆设居住权、为朋友设居住权的案件均为零。

有没有亲属关系中设立居住权的案件呢?以"合同""居住权""终身居住"三个关键词检索,检索到 2 份判决书。

第一份是河南省洛阳市中级人民法院 2014 年作出的第 3106 号民事判决书,案件事实是,父母没有钱买房改房,由他的五个孩子中的第四个孩子出资为父母购买房改房。父母担心自己去世后五个孩子为这套房子发生争执,就和五个孩子签订了一个协议,明确写明"由父母终身居住",父母去世以后,这套房屋归出资购买的第四个孩子所有。本案是家庭关系中通过协议约定居住权。

第二份是吉林省通化市中级人民法院 2018 年作出的第 467 号民事判决书。该判决书中,法院认定该案中的合同是一个典型的附负担的赠与合同。赠与合同中约定了第三人终身居住,亦即约定了第三人的居住权,而这个第三人是赠与人的亲属。

请看,从 4073667 份判决书中,仅仅检索到两份设立居住权的判决书,一份是在父母子女之间通过约定居住权解决父母的居住问题;另一份是赠与合同中约定居住权解决赠与人亲属的居住问题。

事实充分证明,全国人大法律委员会关于"居住权适用面很窄,大多发生在亲属朋友之间",即使发生了纠纷,人民法院完全可以根据现行有关法律作出妥当裁判的判断是正确的。

四、不赞成删除"无权处分合同规则"

《合同编(草案)》最大的问题是删掉了《合同法》第 51 条无权处分

规则。删掉无权处分规则会造成非常严重的社会问题。《合同法》第51条无权处分规则的适用案型,在美国和其他国家叫"出卖他人之物",在德国法叫作"无权处分他人财产"。"无权处分"和"出卖他人之物"是同一意思。为什么出卖他人之物?往往是出于误认或故意,这是《合同法》第51条的适用范围。

《关于审理买卖合同纠纷案件适用法律问题的解释》第3条的适用范围是什么?解释第3条第1款规定,当事人以出卖人订立合同之时对标的物没有所有权或处分权为由主张合同无效的,人民法院不予支持。第2款规定,如果出卖人不能交付标的物并移转所有权,买受人可以要求解除合同并追究损害赔偿责任。它的适用范围是两类案型:

第一类案型是将来财产买卖。将来财产买卖以4S店为典型,出卖人把德国奔驰汽车卖给中国消费者的时候,汽车并不在4S店,还在德国奔驰汽车公司的生产线上,甚至还没有生产出来。出卖人把汽车卖给中国的买车人之后,再从德国的奔驰汽车公司进口汽车。这就叫将来财产买卖,即先卖出、后买进。在合同法制定的时候,起草人没有想到、不知道这种交易形式,没有规定将来财产买卖合同规则,构成法律漏洞。

第二类案型是权利(处分权)受到限制的所有人出卖自己的财产。例如,抵押人没有经过抵押权人同意出卖抵押物;融资租赁的承租人没有还清租赁公司的垫款就转卖租赁物;还有一些国有部门、事业单位没有经过批准处分财产等,也属于这一类案型。

可见,《关于审理买卖合同纠纷案件适用法律问题的解释》第3条的适用范围和《合同法》第51条无权处分规则的适用范围是截然不同的。现在的草案,把《合同法》第51条删掉了,那么因故意或者过失出卖他人之物的案型就进入了《关于审理买卖合同纠纷案件适用法律问题的解释》第3条的适用范围。这样,因故意或者过失出卖他人之物的合同,将根据《关于审理买卖合同纠纷案件适用法律问题的解释》第3条的规定被认定为有效。

由于社会上有大量的财产在他人的控制、占有之下,甚至登记在他人的名下，登记簿上的名义所有权人并不是真实所有权人、名义股东并不是真实股东(实际出资人)。一旦删掉了《合同法》第51条无权处分规则，盗卖、骗卖、误卖他人财产的合同案型，将适用《关于审理买卖合同纠纷案件适用法律问题的解释》第3条的规定，即认定买卖合同有效、转让合同有效，这样就会怂恿、诱使社会上那些心术不正的人盗卖、骗卖他人的房屋、他人的动产、他人的股权，等等。这是很危险的。

2018年10月，据电视台报道，北京市法院在审的48件骗卖他人(老人)房产案件中，其中46件案件法院不敢判，因为最高人民法院《关于审理买卖合同纠纷案件适用法律问题的解释》第3条规定不能够以出卖人没有所有权、处分权为由认定合同无效。仅有两个案件法院依据《合同法》第51条认定合同无效。据电视台报道，一对老年夫妻就一套房子，被骗卖之后，每天坐公交车到原来的小区看自己的房子，然后悲苦万分地回到他们租住的地下室。删除《合同法》第51条无权处分规则的恶果已经摆在我们面前。

《合同法》第51条在我国是一项非常重要的制度，它能够起到稳定社会的"压舱石""承重墙"的作用。删掉《合同法》第51条，其后果是非常危险的。

还要注意，删掉了《合同法》第51条无权处分规则，其他若干法律制度也就名存实亡了，首当其冲的是善意取得制度(《物权法》第106条)。因为无权处分他人财产的合同有效，买受人(不区分善意、恶意)均依据有效的买卖合同取得财产所有权，善意取得制度也就失去其存在的价值。

《物权法》第106条规定，无处分权人将不动产或者动产转让给受让人的，所有权人有权追回；除法律另有规定外，符合规定情形的，受让人取得该不动产或者动产的所有权。为什么权利人有权取回？先要法院认定这个无权处分合同无效，权利人才能取回。现在认定无权处分合同有效，买受人根据有效合同合法取得标的物所有权，权利人怎么能够取回？既然买受人不区分善意、恶意都可以根据有效合同得到标的物所有权，善意取得制度的立法目的就落空了，就没有存在的必要了。

相应地,合同法上的权利瑕疵担保(又称追夺担保)制度(《合同法》第 150 条)也就失去了存在的价值。因为,既然无权处分合同都有效,买受人根据有效买卖合同合法取得的所有权、债权人根据有效抵押合同取得的抵押权、受让人根据有效转让合同取得的股权,就不发生权利瑕疵问题,就具有完全的排他效力、对抗效力,任何人(包括真正权利人)都不能干涉、不能侵犯、不能追夺,权利瑕疵担保制度就没有用了。因此,删除一个无权处分制度,牵一发而动全身,善意取得和权利瑕疵担保这两个重要的制度就名存实亡了。

下面我借这个机会谈谈"出卖他人之物"案型,在当代民法上是怎么处理的。民法(判例),有三种处理方案:

第一种方案,认定合同无效(原则),但权利人追认、处分人事后得到处分权的有效(例外)。《德国民法典》《法国民法典》、我国《合同法》及《葡萄牙民法典》《阿根廷民法典》均有明文规定。《德国民法典》叫无权处分行为,其他民法叫无权处分合同,在实际效果上没有差别。

例如,《阿根廷民法典》第 1330 条规定:"出卖他人之物的合同无效,但其无效可因所有权人的追认或者出卖人概括继承而被补正。"亦即出卖他人之物的合同原则上无效,但如权利人追认或者出卖人后来得到处分权,其无效可变为有效。该条还同时规定,"合同无效的情形,权利人可以行使取回权"。

再如,《葡萄牙民法典》第 892 条规定:"不具有出卖他人财产的正当性的人,出卖他人的财产,买卖无效。"第 895 条规定:"出卖人如果取得了所有权,这个合同可以由无效转为有效。"

以上是第一种方案,出卖他人之物的合同原则上无效,如权利人追认、处分人事后得到处分权,可转为有效。不用说,在合同无效、权利人行使取回权的情况下,买受人如属于善意,还可以主张善意取得。

第二种方案,认定出卖他人之物的合同有效,但不影响所有权人的权利。《智利共和国民法典》《埃及民法典》《路易斯安那民法典》都有明文规定。

例如,《智利共和国民法典》第 1815 条规定:"出卖他人之物的合同有效,但不得损害该物所有人未因期间的经过而消灭的权利。"然后,第 1818 条规定:"所有人可以追认,如果所有人追认的,买受人可以自出卖时取得所有权。"

因为合同本来是有效的,只是因为法律规定不损害所有人的权利,因此买受人得不到标的物所有权。现在第 1818 条规定,如果所有人予以追认的话,则买受人可以(自买卖合同成立之时)得到所有权。

再如,《埃及民法典》第 466 条规定:"出卖他人之物的,买受人可以主张无效,在任何情形,该买卖对物的所有人不发生效力。"紧接着第 467 条规定,如果所有权人追认,则该买卖合同才对他发生效力。

这是第二种方案,出售他人之物的合同有效,但是有效只限于买卖双方当事人之间,不能拘束标的物权利人。可见此种立法方案拘泥于合同的相对性原理,同时明文规定不影响权利人的权利以保护真正权利人。

第三种方案,认定出卖他人之物合同可宣告无效。以《魁北克民法典》及美国法为典型。《魁北克民法典》第 1713 条规定:"非所有人、非负责财产买卖的人或者未经授权出卖财产的人出卖财产的,可被宣告无效。但出卖人尔后成为所有人的,不得宣告无效。"第 1714 条紧接着规定:"真正所有人可请求宣告无效,并从买受人处取回出卖物,但法院授权的出卖除外。"此外还规定,如果买受人是在企业正常营业期间购买的,在这种情况下,真正权利人取回物的时候应当支付诚信买受人所支出的价款。实际上是保护诚信买受人,因此不存在善意取得的可能性。可见《魁北克民法典》的规定更为严格。

美国判例法中出卖他人之物的合同可分两类:自动无效合同和可宣告无效合同。如属前者,合同自始不发生效力,真正权利人可以从诚信购买人手中取回自己的财产(动产、不动产)。但出卖他人之物合同,被认定为自动无效合同的情形极为罕见。华盛顿特区法院在 *Chen v. Bell Smith* 案中指出,可以成功证明合同属于自动无效,只发生在最极端的情形。如属后者,真正权利人可主张合同无效,但不能从诚信购买人手中取回自己的财产,他只能向出卖人索赔。美国联邦第九巡回上诉法院在 Southwest v. Rozays Transfer 案中指出,真正权利人只能在合同自动无效而非可宣告无效情形下,才能从诚信购买人手中取回自己的财产。

可见,在美国法中,出卖他人之物的合同通常属于可宣告无效的合同,真正权利人可主张合同无效并行使取回权,从买受人手里取回自己的财产。但如果买受人向法庭主张并证明自己是诚信购买人(相当于善意购买人),法庭在宣告合同无效的同时,将驳回权利人的取回请求,判决标的物归诚信买受人取得。真正权利人不能取回自己的财产所遭受的损失,理当要求出卖人予以赔偿。这与我们的善意取得制度类似。

现在对三种方案作一个简单的分析。第二种方案是认定合同有效,第三种方案是认定合同可宣告无效,两种方案的差别较小。共同特点是拘泥于合同的相对性原理,对于合同在当事人之间的效力及对被出卖之物权利人的保护,采取分别处理的办法。按照合同有效的方案,法院审理当事人之间的合同纠纷,发现合同是出卖他人之物时,完全可以不理会谁是真正的权利人。

出卖他人之物的合同,既然法律规定合同有效,因此法院判决这个合同有效,于是依有效合同在当事人之间发生交付、付款这些问题,法庭当然不会去找真正权利人。假设真正权利人发现了,要求加入诉讼,向法院提起返还之诉,法院可能会把这两个案件合并审理,并判决真正权利人从购买人手中取回自己的财产。

但是,按照社会生活经验,真正的权利人不可能总是在第一时间发现自己的财产被他人出卖并立即加入诉讼。因为法律规定出卖他人之物的合同有效,所以法院将依法认定合同有效,并在当事人之间依据有效合同发生交货、付款及产权过户的效果。经过若干时日之后,真正权利人才发现,才向法院起诉主张取回权,能获得法院支持取回自己财产的可能性极其微小。

所以,第二种方案,将出卖他人之物的合同效力与权利人的保护分别处理,在规定出卖他人之物合同有效的同时,虽以"但书"规定不损害权利人的权利,但是权利人往往不可能及时发现、及时加入诉讼、及时行使取回权。可见第二种方案对权利人不利。

第三种方案和第二种方案实际上是一样的。虽然说权利人可以宣告该合同无效,并行使取回权,但权利人要在第一时间知道、发现并且及时向法院起诉,才能够主张宣告合同无效。权利人没有在第一时间发现、不能及时加入诉讼,法院将依法(依先例)认定合同有效,买卖双方将依有效合同发生交货、付款及所有权移转的法律效果。时过境迁之后,当真正权利人发现自己的财产被他人出卖,才向法院起诉,最终从购买人手中取回自己财产的可能性极其微小。

所以说,第二种方案、第三种方案采取对合同效力、权利人保护分别处理的办法,都对真正权利人不利。

现在说第一种方案,规定出卖他人之物的合同原则上无效,但权利人追认或者处分人事后得到处分权的有效。它的特点是,将出卖他人之物的合同的效力,与权利人是否追认、是否行使取回权合并在一个案件中审理。

法官审理违约纠纷案件,发现案件事实属于出卖他人之物,按照《合同法》第51条关于权利人追认或者处分人事后得到处分权合同有效的规定,法庭就要问权利人追认不追认?处分人事后是否获得处分权?并要求出卖人提供证明权利人予以追认的书面证据,要求出卖人提供证明他已经从权利人那里取得了标的物所有权或者处分权的书面证据。出卖人提供了这样的证据,法庭就认定合同有效;反之,出卖人举不出权利人追认的证据,举不出得到所有权或者处分权的证据,法庭即依据《合同法》第51条认定合同无效。合同无效,不发生标的物所有权移转的效果,已经履行的按照《合同法》第58条规定恢复原状,返还标的物,涂销此前的过户登记。因此,权利人一旦发现,他可以行使取回权,从出卖人处取回标的物,恢复自己的所有权。

按照《合同法》第51条的规定,人民法院审理出卖他人之物的合同案件,可依职权通知(或者责令出卖人通知)权利人到庭,权利人以第三人的身份加入诉讼,当庭询问他是否追认？如权利人追认,法庭即判决合同有效；如权利人不追认,法庭即判决合同无效,并支持权利人行使取回权。

这种情形,买受人如果依《物权法》第106条主张善意取得,法庭就会一并审理权利人的取回权与买受人的善意取得主张。符合《物权法》第106条善意取得要件的,法庭即判决本案财产已经由善意买受人取得,权利人的权利（包括取回权）已经消灭；反之,则判决驳回买受人的善意取得主张,认可权利人的取回权。

可见,这种方案是把权利人的权利保护与合同的有效无效合并在一起审理,如果找不到权利人（没有权利人追认或者没有出卖人获得所有权、处分权的证据）,法庭即认定合同无效,不发生权利转移的效果,并责令双方恢复原状,为权利人以后向法院起诉行使取回权留下可能性,对保护权利人最为有利。同时,也不会损害交易安全,因为买受人如属于善意,他可以根据善意取得制度主张善意取得,即使买受人主张善意取得（因不符合善意取得的要件）被法庭驳回,他还可以根据《合同法》第150条权利瑕疵担保制度另案起诉,追究出卖人的权利瑕疵担保责任,从出卖人那里得到赔偿。

可见,第一种方案即《合同法》第51条这种方案,兼顾权利人的保护与善意买受人的保护,兼顾财产"静的安全"与市场交易"动的安全"的最为妥当的方案。尤其值得重视的是,这个方案不会鼓励、怂恿那些偷卖、盗卖、故意出卖他人之物（他人股权、知识产权）的行为,有利于防止这类行为的发生。对于维护社会经济法律秩序和诚实守信的道德水准,有非常重要的作用。

下面看这个制度在现实中的适用情况。我们检索了一下截至2018年11月2日案例库中的4533725件民商事案件判决书,以"无权处分"和"合同"两个关键词检索,检索到无权处分案件25532件,最终法院认定合同无效的有12708件,约占无权处分合同案件总数的一半。因权利人追认、处分人事后得到处分权被法院认定合同有效的有5676件,约占总数的22%。

还要注意,被法院认定无效的案件,权利人可以根据《物权法》第106条第1款第1句行使取回权,而买受人可以根据同条善意取得制度主张善意取得。检索结果,认定无效的12708件案件中,买受人主张善意取得的有3259件,占合同无效案件的25%。买受人主张善意取得,得到法院支持的有1011件,占(主张善意取得案件)总数的1/3。法院判决(不构成善意取得)驳回的有2248件。

因此,我们看到无权处分案件(25532件),被法院认定合同无效的有12708件,然后买受人主张善意取得的有3259件,法院判决构成善意取得的有1011件,判决不构成善意取得的有2248件,最终权利人取回自己的财产的有11697件。也就是说,无权处分案件中有45.8%的案件保护了权利人,权利人取回了自己的财产。

买受人最后得到所有权的有多少?法庭因权利人追认或者出卖人事后得到处分权判决合同有效的案件有5676件,加上主张善意取得获得法院支持的有1011件,买受人得到了所有权的有6687件,占无权处分案件总数的26%。这个结果和立法当时的政策判断大致相符(以上统计仅限于无权处分他人有形财产案型,不包括无权处分他人无形财产如股东权、知识产权的案型)。

这充分说明,《合同法》第51条无权处分合同规则,加上《物权法》第106条善意取得制度(此外还有《合同法》第150条权利瑕疵担保制度)这套制度设计,在当前大陆法系和英美法系的法律方案中是最好的一个方案,而且是经过长期实践检验证明的最好、最稳妥、最符合中国国情的制度设计。今天编纂民法典,没有任何理由删掉《合同法》第51条。

民法典物权编增加规定租赁取得建设用地使用权可以抵押的建议[*]

一、现今租赁取得建设用地使用权抵押的"规章"依据

迄今明文规定租赁取得建设用地使用权抵押的规范性文件,是省级和市级地方人民政府规章和(国务院)部委规章。例如,湖南省《国有土地使用权租赁管理办法(试行)》(1999年10月1日)、浙江省《国有土地租赁暂行办法》(2003年9月23日,浙江省人民政府令第162号)、新疆维吾尔自治区《城镇国有土地使用权出让和转让暂行办法》(1995年2月19日,新疆维吾尔自治区人民政府令第49号)。各省级、市级人民政府均发布了同类规章。部委规章仅有《国土资源部关于印发〈规范国有土地租赁若干意见〉的通知》[国土资发(1999)222号]。

各地方政府同类规章的内容大同小异,均包括以下要点:(1)国有土地租赁是国有土地有偿使用的一种形式,是出让方式的补充。当前应以完善国有土地出让为主,稳定推行国有土地租赁。(2)国有土地租赁以租期长短分为短期租赁和长期租赁。短期租赁一般不超过5年,长期租赁最长不得超过法律规定同类用途土地出让的最高年期。因建造房屋等建筑物、构筑物及其他附着物利用土地的应当订立长期租赁。(3)国有土地租赁合同由承租人与地方土地行政主管部门签订。(4)在土地租赁期限届满前,不收回土地。如果因社会公共利益需

---

[*] 本文写作于2017年11月24日。

要提前收回土地的,应当给予承租人合理的补偿。(5)承租人可以将土地使用权转租、转让或抵押,但必须办理相关登记手续。(6)地上房屋等建筑物、构筑物依法抵押的,租赁土地使用权可随之抵押,抵押权实现时,土地租赁合同同时转让。

例如,浙江省《国有土地租赁暂行办法》第6条第1款规定:"自然人、法人和其他组织均可通过租赁方式取得国有土地使用权。"第17条规定"承租人应当按照国有土地使用权登记规定向国土资源行政主管部门办理土地登记",所颁发的国有土地使用权证应当注明"土地租赁"字样。第26条规定:"租赁土地上的建筑物、构筑物和其他附着物抵押的,抵押人应当办理抵押登记。抵押登记证除注明抵押物有关要素外,还应当注明租赁土地的租赁期限和租金交纳情况。抵押物处分后,依法取得抵押物的受让人应当与出租人签订土地租赁合同,并办理土地使用权登记手续。"湖南省《国有土地使用权租赁管理办法(试行)》第10条规定:"……承租人转让土地租赁合同的,租赁合同约定的权利义务随之转给第三人,承租土地使用权由第三人取得,租赁合同经更名后继续有效。地上房屋等建筑物、构筑物依法抵押的,承租土地使用权可随之抵押,但承租土地使用权只能按合同租金与市场租金的差值及租期估价,抵押权实现时,土地租赁合同同时转让。"

二、银行不愿意接受租赁取得建设用地使用权抵押融资的原因

现在的问题是,银行往往不愿意接受企业以租赁方式取得土地使用权随同地上建筑物、构筑物抵押融资。银行不愿意接受这种抵押融资的原因,不是难以办理抵押登记,因为抵押登记机关隶属于当地人民政府,有执行当地人民政府规章的义务。如果银行接受租赁土地使用权附随地上建筑物抵押,到当地不动产登记机关办理抵押登记,应不成问题。银行不愿接受租赁取得土地使用权抵押融资的原因在于,迄今规范土地使用权租赁和租赁取得建设用地使用权抵押的法律文件属于"规章"(地方政府规章、部委规章)。在我国法律规范体系中,规章不具有拘束人民法院的效力,人民法院裁判国有土地使用权租赁合同纠纷案件和执行抵押权，必须适用法律、行政法规，而不能适用规章。

《立法法》第 80 条规定："国务院各部、委员会、中国人民银行、审计署和具有行政管理职能的直属机构，可以根据法律和国务院的行政法规、决定、命令，在本部门的权限范围内，制定规章。部门规章规定的事项应当属于执行法律或者国务院的行政法规、决定、命令的事项……"第 82 条第 1 款规定："省、自治区、直辖市和设区的市、自治州的人民政府，可以根据法律、行政法规和本省、自治区、直辖市的地方性法规，制定规章。地方政府规章可以就下列事项作出规定：（一）为执行法律、行政法规、地方性法规的规定需要制定规章的事项；（二）属于本行政区域的具体行政管理事项。"第 88 条规定："法律的效力高于行政法规、地方性法规、规章。行政法规的效力高于地方性法规、规章。"

特别值得注意的是，《立法法》第 8 条规定，"民事基本制度"只能由全国人大及其常委会"制定法律"；第 9 条规定，"本法第八条规定的事项尚未制定法律的，全国人民代表大会及其常务委员会有权作出决定，授权国务院可以根据实际需要，对其中的部分事项先制定行政法规"。毋庸置疑，国有土地使用权租赁及租赁取得国有土地使用权抵押，属于"民事基本制度"，依据《立法法》的规定，只能由全国人大及其常委会制定法律加以规范，或者在制定法律之前，由全国人大及其常委会授权国务院"先制定行政法规"。在关于国有土地使用权租赁及企业租赁取得国有土地使用权抵押方面，在既没有法律规定也没有行政法规规定的情况下，由地方人民政府规章、部委规章加以规定是不合法、不适当的。加之规章本来就不具有对人民法院的拘束力，人民法院不能适用规章裁判案件和执行抵押权，银行担心接受抵押之后得不到法律保护、人民法院很可能不予执行，不是空穴来风。但问题是，现行法律、行政法规只是对租赁取得建设用地使用权抵押未设明文规定，并非真的没有规定。

三、租赁取得建设用地使用权抵押的现行法依据

现行物权法，基于现代化市场经济发展对资金融通的需求，尽量适

应现代抵押制度由传统保全型抵押转变为融资型抵押的发展趋势,参考市场经济发达国家的成功经验,着重于抵押权的价值权性及企业融资的需要,对可供抵押的财产尽量不设限制。按照《物权法》的规定,凡归企业支配、具有交换价值的财产,包括有形财产(动产、不动产)、无形财产和财产权利,均可设定抵押权。请看《物权法》关于哪些财产可供抵押、哪些财产禁止抵押的规定。

《物权法》第180条第1款规定:"债务人或者第三人有权处分的下列财产可以抵押:(一)建筑物和其他土地附着物;(二)建设用地使用权;(三)以招标、拍卖、公开协商等方式取得的荒地等土地承包经营权;(四)生产设备、原材料、半成品、产品;(五)正在建造的建筑物、船舶、航空器;(六)交通运输工具;(七)法律、行政法规未禁止抵押的其他财产。"

《物权法》第184条规定:"下列财产不得抵押:(一)土地所有权;(二)耕地、宅基地、自留地、自留山等集体所有的土地使用权,但法律规定可以抵押的除外;(三)学校、幼儿园、医院等以公益为目的的事业单位、社会团体的教育设施、医疗卫生设施和其他社会公益设施;(四)所有权、使用权不明或者有争议的财产;(五)依法被查封、扣押、监管的财产;(六)法律、行政法规规定不得抵押的其他财产。"

租赁取得建设用地使用权,显然不属于《物权法》第184条所列举规定的"不得抵押"财产的范围,且迄今我国并无禁止租赁取得建设用地使用权抵押的"法律、行政法规",因此也不属于该条第(六)项"法律、行政法规规定不得抵押的其他财产"。既然如此,则租赁取得建设用地使用权,就应属于《物权法》第180条第1款第(七)项"法律、行政法规未禁止抵押的其他财产"。由此可知,《物权法》第180条第1款第(七)项规定,是租赁取得建设用地使用权抵押融资在现行物权法上的法律依据。

实际上,物权法设计、起草时,确曾考虑到企业利用国有土地的方式,除采取出让方式并经登记取得(物权性)建设用地使用权外,还可以采用租赁方式取得(债权性)建设用地使用权。后者无须一次性支付使用对价(出让金),而以土地租金的形式在使用年限内由企业、使用者分摊,有显著降低企业负担(如用于商品房用地则有显著降低房价)的功效。鉴于以出让方式设定(物权性)建设用地使用权为主要形式,采用租赁方式取得(债权性)建设用地使用权为补充形式,因此《物权法》第180条第1款第(二)项明文规定了(物权性)建设用地使用权作为抵押物,而在该款第(七)项设立"兜底条款"规定包括(债权性)建设用地使用权及其他法律未禁止抵押的财产(权)可以抵押。显而易见,现行《物权法》第180条第1款第(七)项规定,是为租赁取得建设用地使用权抵押及其他企业财产权抵押预留的法律依据。

按照国土资源部《不动产登记暂行条例实施细则》第65条的规定,租赁取得建设用地使用权,属于该条第1款第(六)项规定的"法律、行政法规未禁止抵押的其他不动产"。因该实施细则属于对国务院制定的《不动产登记暂行条例》的解释,具有所解释的行政法规的效力。因此,《不动产登记暂行条例实施细则》第65条第1款第(六)项规定是租赁取得建设用地使用权抵押的行政法规依据。

四、建议

如上所述,虽然不能说租赁取得建设用地使用权抵押在现行法没有根据,但通过对于现行《物权法》第180条第1款第(七)项兜底条款作目的解释、对第184条作反对解释得出,租赁取得建设用地使用权抵押的法律根据,无论是对当事人(企业和银行)还是对法官来说,均要求具有较高的法律解释适用的技巧和方法,存在一定的难度。因此,在现行物权法对于租赁取得建设用地使用权抵押未设明文规定的当下,银行方面担心接受租赁取得建设用地使用权抵押融资后不能办理抵押权登记,由于银行的债权和担保权可能得不到人民法院的认可和保护,因此不接受企业用租赁取得建设用地使用权抵押融资,并不是毫无道理的。有鉴于此,特建议趁物权法编纂为民法典物权编之契机,于物权编抵押权一章,增加一条或者一款,明确规定:"以租赁方式取得的(债权性)建设用地使用权可以抵押。"

建议民法典合同编保留行纪合同[*]

——对合同编草案(室内稿)的修改意见

民法典分则合同编草案(2017年8月8日民法室室内稿)未规定行纪合同欠妥,建议保留现行《合同法》第二十二章关于行纪合同的规定。理由如下。

一、间接代理不能包含、代替行纪合同

乍看起来,行纪合同与间接代理颇为类似。因此,确有个别民法学者误认为间接代理即是行纪合同。但大陆法系民法理论之通说和各立法例均认定行纪合同与间接代理有本质差异,对间接代理和行纪合同要严加区别。尤其我国《合同法》明文区分间接代理与行纪合同,切不可将二者混为一谈。

在外部关系上,间接代理与行纪合同各不相同。按照《合同法》第402条关于间接代理的规定,间接代理的法律效果直接归属于委托人(被代理人),代理行为产生的权利义务关系直接拘束委托人与第三人,因此委托人与第三人相互之间可以直接主张权利;行纪合同的法律效果不直接归属于委托人,行纪行为产生的权利义务关系不直接拘束委托人与第三人,而只拘束行纪人与第三人,因此委托人与第三人相互之间不得直接主张权利,而是在行纪人与第三人之间直接发生权利义务关系。按照《合同法》第403条关于间接代理的规定,基于间接代理

---

[*] 本文写作于2017年8月22日。

人的披露义务,第三人可以行使选择权,委托人可以行使介入权,这将导致法律关系主体变更;而在行纪合同中,权利义务关系简单明确,无所谓选择权或者介入权,不发生法律关系主体变更问题,行纪人也不负担向委托人披露第三人或者向第三人披露委托人的义务。由此可见,间接代理与行纪合同具有本质区别。不可将采用间接代理的交易,误认为行纪合同;也不可将属于行纪合同的交易,混同于间接代理。质言之,行纪合同与间接代理在实践中各有其独特功能,不可相互替代。如果误认为间接代理可以代替或者包含行纪合同,则势必导致法院裁判案件时发生法律效果归属认定上的混淆,将严重损害当事人合法权益,并有妨碍相关行业健康发展之虞。

例如,如果误将委托人委托寄售商店向第三人出售商品的行为认定为《合同法》第402条规定的间接代理,则委托人将和第三人直接发生买卖关系,寄售商店反而可置身事外,并将造成委托人与(未接触的)第三人之间相互求偿的困难,违背委托人委托寄售商店代为处理贸易事务之合同目的。如果将此类行为认定为《合同法》第403条规定的间接代理,则当第三人不履行义务时,寄售商店应当向委托人披露第三人;当委托人不履行义务时,寄售商店应当向第三人披露委托人,从而在委托人和第三人之间直接发生买卖关系,寄售商店反而可置身事外,也显然违背寄售业之本质和寄售之目的。

须注意的是,行纪合同的认定,应依合同约定的当事人权利义务而定。即使当事人拟定的合同名称为"代理",只要其实质上符合行纪合同的特征,法院仍应认定为行纪,而非代理。例如,甘肃省高级人民法院判决中称:"根据捷马公司、昊世新懿公司双方签订的《代理协议》及捷马公司、昊世新懿公司、宁煤集团分别签订的《枣泉煤矿整体耦合让均压锚杆、锚索等新支护产品与支护技术试用协议》和《梅花井煤矿整体耦合让均压锚杆、锚索等新支护产品与支护技术试用协议》并结合各方当事人在庭审中的陈述可以认定,昊世新懿公司依据捷马公司的授权以自己的名义与宁煤集团之间形成买卖合同法律关系,捷马公司根据昊世新懿公司的指示向第三人履行发货义务,宁煤集团向昊世新懿公司履行付款义务后再由其向捷马公司支付,而捷马公司向其报价与其向宁煤集团报价的差价则是昊世新懿公司在交易中获取的报酬。故捷马公司与昊世新懿公司之间行为符合行纪合同的法律特征,本案应为行纪合同纠纷。"①

二、作为行纪的典型业态的寄售行业在我国不断发展壮大

寄售商店从事的寄售(也称寄卖)业务,是行纪合同的传统形态。寄售业在我国国民经济中具有重要地位,尤其是自 2009 年以来,在金融危机大背景和低碳环保生活的理念下,寄售业以其独特灵活的商业模式对经济发展作出贡献。

(一)寄售企业数量庞大

在国家企业信用信息公示系统中查询名称中含有"寄卖"的公司,至少有 5000 家(查询结果显示企业为 5000 家以上,未显示最大数量);名称中含有"寄售"的公司,至少也有 5000 家(查询结果显示企业为 5000 家以上,未显示最大数量)。二者并不重合,因此总数至少有 1 万家。

(二)寄售业拥有全国性的行业协会

2009 年国家二级资质协会"中国旧货业协会寄卖工作委员会"成立。中国旧货业协会寄卖工作委员会是经民政部核准,由各地寄卖企业及相关的企事业单位和个人自愿结成的非营利性社会组织,受国家商务部、民政部、公安部和中国旧货业协会的业务指导和监督管理。全国寄卖工作委员会会长单位"寺库寄卖"是中国首家奢侈品寄卖交流专业平台,也是目前国内规模最大、品类最全的高端奢侈品折扣平台,拥有实名制会员超 50 万人。

(三)寄售业受到国家政策的支持

2009 年年初,商务部出台《关于健全旧货流通网络的意见》,要求

---

① 甘肃昊世新懿机电科技有限公司、神华宁夏煤业集团有限责任公司行纪合同纠纷案,甘肃省高级人民法院(2016)甘民终 450 号民事判决书。

各地积极推动旧货流通网络建设,以盘活企业存量资产,充分挖掘社会闲置资源,满足不同群众的消费需要,倡导一种经济时尚业态,促进寄卖行业的发展。

2011年《商务部关于"十二五"期间促进旧货业发展的指导意见》(商流通发〔2011〕479号)回顾了我国旧货市场发展的形势:"旧货流通规模持续扩大。据行业协会统计,至2010年底,全国约有各类旧货市场5000多个,旧货企业5500多家,个体经营门店18000多个,从业人员近500万人。2010年旧货交易额约3000亿元,2006年至2010年,年均增长15%……旧货流通模式不断创新。在传统旧货市场、寄售店、委托行、旧物租赁、跳蚤市场的基础上,电子商务、连锁经营等新型经营模式快速发展,二手设备以旧换新、维修等相关服务不断完善。"在此基础上提出各项政策要求,其中也涉及寄卖店:"加快完善旧货流通网点建设。大力发展连锁经营,鼓励各类投资主体积极参与建设统一规范的城镇社区、乡镇及农村旧货网点,形成便民连锁的旧货收购和销售网络。鼓励发展库存积压商品销售、规范高端旧货寄卖店……"

(四)寄售业受到国家标准、行业标准的支持

全国性的行业标准,有商务部公告的《寄卖店服务规范》(SB/T 10902—2012)、《寄卖店经营管理技术要求》(SB/T 10689—2012)。

(五)寄售业的新业态不断发展

随着国际贸易的发展和技术的进步,传统的寄售业正在发生新的变化,而向大型商事业务和互联网经济扩展。学者和立法者不能仅考虑以传统的小寄售商店为原型的行纪合同形态。略举三例。

例一,《国务院关于印发中国(重庆)自由贸易试验区总体方案的通知》(国发〔2017〕19号)的"主要任务和措施"包括"8.加快发展新型贸易……鼓励开展国内商品海外寄售代销业务。"

例二,2016年,山东金鼎金寄卖股份有限公司自主开发的"专利寄卖电商平台及系统"上线运营。[②] 工商登记信息显示该公司注册资本

---

② 参见《济南日报》2016年10月21日。

3000万元人民币,经营范围包括闲置旧物寄卖、进出口业务等。

例三,炼油与化工 ERP 系统已在中国石油集团公司各炼化企业实施建成并平稳运行,在基于 ERP 业务流程的环境下,炼化企业物资管理工作中引入寄售业务。③

三、司法实践中体现的行纪合同运用广泛、内容丰富,并涉及许多新的交易类型

关于行纪合同的商业实践,虽未见权威的全国性统计数据,但是,仅从司法实践来看,现实中行纪合同的类型,也早已不限于传统的寄售,断不可囿于旧时观念,而无视当下的实践。根据对网上公布的人民法院民事判决的分析可见,现实生活中的行纪合同,遍布货物销售、房屋销售、汽车租赁等领域。诸如货运代理、证券承销、商品代购代销等业务,均采用行纪合同的形式。特别要注意的是,下面列举的这些实例,是很难采用间接代理的。

(一)寄售(寄卖)

新疆维吾尔自治区高级人民法院判决认为:"被上诉人买买提尼亚孜艾买提尼亚孜经卢亚军同意将属于自己的两块和田玉石存放到上诉人陈桂贤所有的浙江省杭州市玉王珠宝城雍和致臻珠宝店,委托其限价出售。双方当事人之间虽未签订书面合同,但该合同客观存在,性质上为行纪合同。"④

(二)代销

最高人民法院判决认为:"农业银行与乾坤公司签订的《金杯代销合同》明确约定为代销合同,该合同的内容符合代销合同的基本特征。代销合同属于行纪合同,是受托人以自己的名义为委托人代销商品,委托人支付报酬的合同。在代销合同的履行过程中,代销商品的所有权属于委托人,代销期间代销人对代销商品享有占有权。相应地,代销商

---

③ 参见李由:《ERP 环境下的寄售业务》,载《石油石化物资采购》2011 年第 8 期。
④ 陈桂贤与买买提尼亚孜艾买提尼亚孜等行纪合同纠纷上诉案,新疆维吾尔自治区高级人民法院(2016)新民终 354 号民事判决书。

品在代销期间的市场销售风险也应由委托人承担。在没有当事人合同明确约定的情况,不应依代销商品价值的高低,以及是否具有知识产权而改变代销商品的所有权归属和市场销售风险的承担原则。"⑤

又如橡胶产品的代销。海南省高级人民法院判决认为:"《销售合同》约定,益合公司委托中橡公司销售货物,中橡公司以自己名义对外销售货物。从该合同的内容看,本案中橡公司与益合公司签订的《销售合同》应为行纪合同。"⑥

(三) 委托收购

例一,钰丰公司委托中粮公司收购粮食,法院认定双方构成行纪合同关系。江苏省高级人民法院判决认为:"钰丰公司作为委托人有权变更委托内容。在本案行纪合同履行中,中粮公司租赁了盐城东南棉业有限公司和大丰新团国家储备粮库的仓库,容积分别为 6000 吨和 25000 余吨。"⑦

例二,委托收购煤炭。内蒙古自治区高级人民法院判决认为:"体现在合同内容上,亚光公司不仅仅是提供公章、法人签字等简单服务,而是以自己的名义为委托人孟庆和与朝阳发电厂进行煤炭贸易活动,全面负责计量、化验、协调等多重工作,并由委托人孟庆和向亚光公司支付报酬。这符合《中华人民共和国合同法》第四百一十四条的规定,属于行纪合同关系。"⑧

例三,委托收购商品棉。河南省高级人民法院判决认为:"本案的四份《协议书》系鸿润公司利用鑫益公司在全国棉花交易市场的电子撮合交易商的资格委托鑫益公司购买电子撮合商品棉、鸿润公司按一

---

⑤ 中国农业银行、内蒙古乾坤金银精炼股份有限公司与中国农业银行个人业务部代销合同纠纷上诉案,最高人民法院(2006)民二终字第 226 号民事判决书。

⑥ 中国石化化工销售有限公司华南分公司与中橡电子交易市场有限公司行纪合同纠纷案,海南省高级人民法院(2014)琼民二终字第 28 号民事判决书。

⑦ 大丰市中粮贸易有限公司诉江苏钰丰麦芽制造有限公司行纪合同纠纷再审案,江苏省高级人民法院(2014)苏商再提字第 0004 号民事判决书。

⑧ 宁城县亚光煤炭经销有限公司等与孟庆和行纪合同纠纷再审案,内蒙古自治区高级人民法院(2012)内民抗一字第 108 号民事判决书。

定标准支付报酬而订立的合同,符合行纪合同的法律特征。"⑨

例四,中药材代购。四川省高级人民法院判决认为:"双方当事人签订合同约定徐德全以自己的名义代万禾公司采购黄柏和半夏,万禾公司向徐德全支付手续费作为报酬,符合《中华人民共和国合同法》第四百一十四条'行纪合同是行纪人以自己的名义为委托人从事贸易活动,委托人支付报酬的合同'的规定,故案涉《中药材代购协议》应为行纪合同。"⑩

(四)证券交易行纪

例如,法院认为,原告在中经开翔殷路营业部开具资金账户,签订《授权书》等委托其进行证券交易,双方之间形成证券经纪业务关系……因原告与其之间存在证券托管合同、资金存管合同、证券行纪合同、监管合同。⑪

(五)汽车租赁行纪

例如,法院认为,原、被告口头约定,原告将自己所有的湘G×××××小车交由被告对外出租,被告再以自己的名义与第三人签订汽车租赁合同,所得租金的20%归被告所有,该20%租金应视为原告陶文兵支付给被告的报酬,因此,原、被告之间构成行纪合同关系。⑫

四、合同法关于行纪合同的规定,是法院和仲裁机构裁判行纪合同纠纷案件不可或缺的裁判依据

在数据库中查询案由为行纪合同纠纷的裁判文书,中国裁判文书网有1225件,北大法宝数据库有1337件。中国裁判文书网的数据显

---

⑨ 郑州市鑫益贸易有限公司与郑州鸿润纺织有限公司行纪合同纠纷案,河南省高级人民法院(2013)豫法民提字第00005号民事判决书。

⑩ 徐德全与四川万禾中药饮片股份有限公司行纪合同纠纷上诉案,四川省高级人民法院(2012)川民终字第544号民事判决书。

⑪ 参见王霞凤诉中国银河投资管理有限公司等证券交易代理合同纠纷案,上海市杨浦区人民法院(2009)杨民二(商)初字第643号民事判决书。

⑫ 参见陶文兵诉华容县顺达汽车租赁服务部行纪合同纠纷案,湖南省华容县人民法院(2017)湘0623民初425号民事判决书。

示,近几年来行纪合同纠纷数量增加明显,尤其是汽车租赁、房屋销售等领域的纠纷较为常见。行纪合同纠纷的仲裁案件数量缺乏公开数据,但可推知,绝非可以忽略不计。如果贸然删除合同法中关于行纪合同的规定,将使大量案件的处理无法可依。

需特别说明的是,货运代理特别依赖于行纪合同。我国是航运大国,货运代理业十分发达。海事法院和仲裁机构每年需要审理大量的货运代理合同纠纷。货运代理,其性质并非代理,而是承揽运送。承揽运送,是指承揽运送人以自己名义,为他人之计算,使运送人运送物品的合同。大陆法系民法典或者商法典大多明文规定承揽运送或货运代理为有名合同,例如《德国商法典》《瑞士债务法》等。货运代理人,即承揽运送人,其地位类同于行纪人,故明文规定,承揽运送,无特别规定者,准用行纪合同的规定(例如我国澳门特别行政区《民法典》第621条)。《合同法》《海商法》等民事法律未规定承揽运送或者货运代理合同,仅有司法解释关于货运代理的零星规定,但未能准确把握货运代理的法律性质,不敷使用。法律未规定的合同为无名合同,货运代理合同仍作为无名合同而存在。依照《合同法》第124条的规定,无名合同参照最相类似的有名合同规定。货运代理合同,与行纪合同最相类似(且某些情况下可构成行纪合同),因此可以参照适用《合同法》中关于行纪合同的规定。如果删除行纪合同的规定,将导致货运代理合同纠纷的诉讼和仲裁丧失法律依据,严重不利于我国航运业的发展。

关于在民法典合同编增加规定独立保证合同的建议*

（附：独立保证合同一章草案建议稿）

建议在民法典合同编"保证合同"一章之后，设"独立保证合同"一章。规定独立保证合同的理由：

一、独立保证在我国国内交易和涉外交易中被普遍采用，并已成为我国"一带一路"倡议中重要的金融工具

独立保证合同在实务中又称为独立保函，具有独立性和跟单性的特点，因此在国际交易尤其是"一带一路"建设以及国内交易中被大量使用。独立保证对于债权人的保护更加确定，并促进交易便捷化，因此不仅在国际交易中广泛使用，近年来为国内交易开具独立保函也已经成为我国金融机构的一项重要业务。

在最高人民法院《关于审理独立保函纠纷案件若干问题的规定》（以下简称《规定》）新闻发布会上，最高人民法院民四庭负责人在说明司法解释起草背景和意义时指出：近年来，随着"一带一路"建设以及企业"走出去"等国家战略的持续深入推进，我国经济与全球经济深度融合，我国与各国和地区之间的贸易、金融交往日益增多，国际投资及基础设施建设规模不断扩大，独立保函已经成为我国企业参与境外交

---

* 本文写作于2017年9月22日。

易和签署合同的必要条件之一,同时带动国内独立保函业务的快速递增。2015年,工农中建四大商业银行保函余额达到24450亿元人民币,商业跟单信用证余额7232亿元人民币,独立保函业务的规模和体量已远远超过商业跟单信用证。与独立保函商业实践高速发展的趋势相对应的是,近年来诉至法院的独立保函纠纷案件逐年增多。各地法院对制定独立保函纠纷裁判规则的需求十分迫切……《规定》的出台意义重大:

一是司法服务和保障"一带一路"建设,促进对外开放的重大举措。独立保函业务是与国家战略配套的金融工具。"一带一路"建设、人民币国际化、自贸区建设、"中国制造2025"等国家战略,给独立保函的业务发展提供了广阔的发展空间。2015年,我国对"一带一路"相关49个国家直接投资148.2亿美元,同比增长18.2%;签订对外承包工程合同额2100.7亿美元,同比增长9.5%,其中承接"一带一路"相关60个国家新签对外承包工程合同额926.4亿美元,独立保函已经成为我国对外贸易、投资、工程承包的重要增信工具。"十三五"规划明确提出我国要从"贸易大国迈向贸易强国",将进一步推动催生独立保函业务新需求的增长。制定审理独立保函纠纷案件的裁判规则,对于营造高效、公正的投资营商法治环境,提升我国在"一带一路"建设和企业"走出去"等战略实施过程中的法治竞争力,保障我国与沿线国顺利构建全方位多层次复合型的互联互通网络,促进我国开放型经济新体制的持续健康发展,具有积极重要的作用。

二是人民法院及时解决新类型案件纠纷,切实维护当事人合法权益的审判实际需要。独立保函是商业实践发展的产物,我国并无调整独立保函的专门立法,也未加入相关国际条约。由于独立保函种类繁多,包括履约保函、预付款保函、投标保函等多种形态,相关当事人之间的法律关系复杂,涉案金额高,涉及国别多,域外法查明和平行诉讼协调困难重重,新型疑难法律问题层出不穷,各地法院普遍反映该类新型案件的处理难度大……

三是司法规范金融市场秩序、依法支持金融创新的职能体现。独立保函是顺应现代市场经济条件的金融创新。独立保函替代了过往难以谈判成功的保证金,降低了商业交易成本,促进商业效率提高,故被誉为"国际商业社会的生命血液"。另一方面,独立保函对债权人予以高效便捷的赔付,减少因债务人违约带来的风险损失,对于构建平稳有序的商业信用体系意义重大……因此,《规定》的出台,对于完善发展我国的商业及金融信用市场、规范国际国内金融交易秩序,具有重要而深远的意义。

二、处理独立保证纠纷,已有审判实践经验积累

最高人民法院法官撰文指出:"与独立保函商业实践高速发展的趋势相对应的是,近年来诉至法院的独立保函纠纷案件逐年增多,从独立保函的开立、修改、转让、付款到追偿等各个环节的纠纷都在司法实践中有所体现……独立保函纠纷涉案金额高、涉及国别多,反映出来的法律问题错综复杂,并直接影响我国金融机构的海外信用状况,因此引起国内乃至国际社会的较大关注。然而,我国尚未加入独立保函相关国际公约,我国现行法律也没有专门设立关于独立保函权利义务的规定,这造成人民法院处理独立保函纠纷时在确定管辖、适用法律和划分责任上的不统一。"[①]

此前,最高人民法院《民事案件案由规定》虽然尚未规定独立保证合同案由,但针对独立保证纠纷中最突出的止付问题,规定一类案由,即案由401"申请中止支付保函项下款项"纠纷。为统一司法适用,最高人民法院总结审判实践经验,于2016年发布《关于审理独立保函纠纷案件若干问题的规定》(法释〔2016〕24号),坚持贯彻平等保护原则,首次明确统一了国际和国内独立保函的效力认定规则,并明确了关于独立保函的若干重要规则,为立法积累了经验。

[①] 张勇健、沈红雨:《〈关于审理独立保函纠纷案件若干问题的规定〉的理解和适用》,载《人民司法(应用)》2017年第1期。

三、独立保证是保证合同从属性原则的例外,且属于民事基本制度的范畴,宜由法律规定

独立保证合同不因主债权债务合同无效而无效,此为担保合同从属性原则的例外。按照民法原理,担保合同是主债权债务合同的从合同,主债权债务合同无效,担保合同随之无效。此即担保从属性原则。《物权法》第172条第1款规定:"……担保合同是主债权债务合同的从合同。主债权债务合同无效,担保合同无效,但法律另有规定的除外。"《物权法》虽规定担保物权,但该项原则同样适用于保证合同。据此,担保合同从属性的例外,由"法律"规定。此外,担保合同从属性原则的例外,涉及当事人权利义务的重大变动,应属于《立法法》所称的"民事基本制度"的范畴,属于法律保留事项。以司法解释规定独立保证制度,属于立法不完备时期的权宜之计,因此,在民法典编纂中,宜将司法解释上升为法律规定。

须注意的是,独立保证性质仍属于合同。除保证责任独立性之外,在其他方面,独立保证与从属保证几乎完全一致。② 实务中虽使用独立保函之称谓,但独立保函并非单方法律行为,而是保证合同的要约;经债权人(受益人)接受,独立保证合同始告成立。凡规定独立保证的民商法典,均将之作为一种有名合同加以规定。例如,《欧洲民法典草案》(DCFR)第四卷"有名合同"第七编"保证",设四章:第一章一般规则,第二章从属保证,第三章独立保证,第四章消费者保证的特殊规则③;《法国民法典》第四卷"担保"第一编"人的担保",设第一章"保证",第二章"独立担保"(即独立保证);我国澳门特别行政区《商法典》第三卷规定各种商事合同,其中第十七编"担保合同",第四章"独立担保"(即独立保证)。

---

② 参见《欧洲私法的原则、定义与示范规则:欧洲示范民法典草案》(第四卷),法律出版社2014年版,第1097页。

③ 参见《欧洲私法的原则、定义与示范规则:欧洲示范民法典草案》(第四卷),法律出版社2014年版,第1261—1298页。

四、规定独立保证合同，有助于体现民法典的时代特色，增强我国法律的国际竞争力

独立保证属于较新的交易形式，包括法国、德国、瑞士、日本等国民法典在内的大陆法系传统民法典多无规定，英美法系的代表性法典《美国统一商法典》亦无规定。仅《法国民法典》2006 年修正时增加规定独立保证合同（第 2321 条），2009 年公布的《欧洲民法典草案》在合同分则中规定了独立保证合同。作为 21 世纪的新民法典，将独立保证合同规定为新的有名合同类型，既是回应本国需求的举措，也是时代精神的反映。同时，考虑到独立保证合同事关我国金融机构和金融工具的信用，因此在民法典中规定独立保证合同，比仅仅在司法解释中作出规定，更有利于增强我国金融机构和金融工具的信用，并增强我国法律的国际竞争力。

附　独立保证合同章草案建议稿

第一章　独立保证合同

第一条　【独立保证合同的定义】

独立保证合同是保证人与债权人订立的不受主债权债务合同效力影响并由保证人在发生约定事由时立即支付特定款项或者在约定最高限额内付款的合同。

[独立保函司法解释第一条第一款改]

第二条　【独立保证合同的形式】

独立保证合同应当采用书面形式。

债务人以外的人向债权人出具载明见索即付或者其他提供独立保证意思的独立保证书，债权人接受的，独立保证合同成立。

第三条　【独立保证合同的内容】

独立保证合同一般包括下列内容：

（一）债务人；

（二）债权人；

（三）保证人；

（四）独立保证合同所担保的主债权债务合同；

（五）保证人应付的特定款项或者付款的最高限额；

（六）保证人付款事由；

（七）支付的币种和方式；

（八）独立保证合同的失效日期或者失效事由。

独立保证合同当事人约定适用相关交易示范规则的，该交易示范规则的内容构成独立保证合同的组成部分。

[独立保函司法解释第五条改]

第四条 【独立保证书的不可撤销性】

独立保证书一经出具即不可撤销，但独立保证书另有表示的除外。

[独立保函司法解释第四条第三款]

第五条 【独立保证合同的独立性】

独立保证合同的效力不受主债权债务合同有效、无效、被撤销、变更、解除或者终止的影响，但本章另有规定的除外。

第六条 【保证人抗辩权的限制】

保证人不得主张先诉抗辩权，也不得以主债权债务合同关系为由主张抗辩，但当事人另有约定或者本章另有规定的除外。

[独立保函司法解释第六条]

第七条 【保证人的抵销权】

保证人可以对债权人行使抵销权，但不得以债务人对于债权人的债权或者受让于债务人的债权对债权人主张抵销。独立保证合同另有约定的，按照其约定。

第八条 【债权人付款请求的提出】

债权人请求保证人付款时，应当提交符合独立保证合同约定的单据。

前款所称的单据，是指独立保证合同载明的债权人应提交的付款请求书、违约声明、第三人签发的文件、法院判决、仲裁裁决、汇票、发票等表明发生付款事由的书面文件。

[独立保函司法解释第一条改]

第九条 【保证人收到单据后对债务人的通知义务】

保证人收到债权人的付款请求书和其他单据后,应当立即书面通知债务人,并附债权人付款请求书和其他单据的副本。

第十条 【保证人对付款请求的审查】

保证人对于债权人依照前条规定提交的单据,有独立审查的权利和义务,有权自行决定单据和独立保证合同条款之间、单据和单据之间是否表面相符,并自行决定接受或者拒绝接受不符点。

保证人已向债权人明确表示接受不符点的,债权人有权请求保证人付款。

保证人拒绝接受不符点的,债权人不得以他人接受不符点为由请求保证人付款。

[独立保函司法解释第八条]

第十一条 【保证人的付款】

债权人提交的单据与独立保证合同条款之间、单据与单据之间表面相符的,债权人有权请求保证人按照独立保证合同付款。

保证人付款后应当立即书面通知债务人。

[第一款来源于独立保函司法解释第六条第一款;第二款新增]

第十二条 【审单标准】

人民法院在认定是否构成表面相符时,应当根据独立保证合同约定的审单标准进行审查;独立保证合同未约定的,可以参照适用国际商会确定的相关审单标准。

单据与独立保证合同条款之间、单据与单据之间表面上不完全一致,但并不导致相互之间产生歧义的,仍构成表面相符。

[独立保函司法解释第七条]

第十三条 【付款义务的例外】

有确切证据证明有下列情形之一的,保证人可以拒绝付款:

(一)按照债权人提交的单据中所述依据,不应付款;

(二)独立保证合同约定的付款事由尚未发生;

（三）法院判决或者仲裁裁决债务人不承担义务或者责任，但独立保证合同约定该情形属于保证范围的除外；

（四）债务人已经按照主债权债务合同约定履行其债务；

（五）债权人的故意不当行为明显妨碍了债务人按照主债权债务合同履行其债务；

（六）债权人提交的单据是虚假或者伪造的；

（七）债权人与他人恶意串通，虚构主债权债务合同；

（八）债权人明知自己没有付款请求权而请求付款的其他情形。

［独立保函司法解释第十二条改］

第十四条 【止付】

有前条规定情形之一的，债务人、保证人有权申请法院裁定中止支付独立保证合同约定的款项。

前款所称止付的申请、管辖和裁定等事项，适用民事诉讼法关于保全的规定。

［独立保函司法解释第十三条至第十八条改］

第十五条【保证人的追偿权与代位权】

保证人按照独立保证合同的约定向债权人支付款项后，其追偿权和代位权，适用本法关于保证合同保证人追偿权和代位权的规定。

债权人提交的单据存在不符点而保证人仍向其付款的，或者保证人因违反独立保证合同的其他约定而付款的，债务人可以拒绝清偿。

［独立保函司法解释第九条改］

第十六条 【保证人的免责事项】

保证人对于下列事项不承担民事责任，但保证人有过错的除外：

（一）保证人收到的文件的形式、有效性、真实性；

（二）债权人或者债务人的文件或者信息在传递过程中发生的延误或者损失；

（三）保证人为执行债务人的指示而利用他人服务所产生的费用或者责任。

第十七条 【付款请求权的让与】

债权人对保证人的付款请求权不得让与,但独立保证合同另有约定的除外。

[独立保函司法解释第十条]

第十八条 【保证人付款数额递减条款】

当事人可以在独立保证合同中约定,保证人的付款数额可以随约定时间的届至或者约定条件的成就而减少。

第十九条 【独立保证合同的终止】

债权人书面免除保证人付款义务,或者债权人将独立保证书退还给保证人,或者独立保证合同约定的付款金额已减额至零的,独立保证合同终止。

[独立保函司法解释第十一条改]

第二十条 【合同终止或保证金额递减时保证人对债务人的通知义务】

独立保证合同终止或者保证金额递减发生后,保证人应当立即书面通知债务人。

第二十一条 【不适用保证合同规定】

独立保证合同不适用本法关于保证合同的规定,但本章另有规定的除外。

[独立保函司法解释第三条第三款改]

民法典之合同编草案二审稿若干问题*

今天这个讲座的主题是关于民法典合同编草案二审稿①,虽然它存在一些问题,但是大部分内容可能已经确定了,进行适当修改后明年就会颁布。合同法是民法当中最重要的行为规则和裁判规则。我讲的时候不限于新修改的内容,没有修改的一些重要内容,我也会作一些提示和提要。我尽量从学习的角度来解读这一编,下面我讲第一个问题。

现行《合同法》已经实施20年,我们要在这个基础上编撰民法典的合同编,所以我们应当对《合同法》有一个回顾。在大陆法系的立法当中,合同一般规定在民法典的债权编,这是多数立法例,比如说德国式的就是如此。法国式的立法合同规定在哪里?规定在第二编财产取得方法中。德国在债权总则中规定合同的定义之类的问题,然后在分则中详细规定各种具体合同。我们当年为什么要单独把合同拿出来立法?实际上并不是预先有理论上充分的研究或者准备,纯粹是因为市场经济发展的要求。改革开放一开始,市场最需要的就是交易的规则。改革开放发展市场经济,市场交易规则最重要。1981年颁布了《经济合同法》、1985年颁布了《涉外经济合同法》、1987年颁布了《技术合同法》,然后到1986年《民法通则》公布,三个合同法分别规定了不同的法律关系,其中存在许多不一致、空白地带等,于是学界就提出了统一

---

* 本文源自作者于2019年5月31日在中国社会科学院研究生院所作的报告。

① 该草案于2018年12月23日提请第十三届全国人大常委会第七次会议审议,并于2019年1月4日公布。

合同法的目标。从1993年开始,到1999年出台《合同法》,其生效在当年具有极为重大的意义,这标志着中国改革开放以来的市场交易规则终于得到了统一和完善。改革开放从开始到现在40多年了,中国取得了伟大的成就,已经从原来的经济非常落后的状况一跃成为世界第二大经济体,这其中《合同法》的功劳最大。除此之外《物权法》也意义重大。《物权法》是保障大家有了财产之后的归属关系,从而让大家能安心地从事生产经营。《物权法》中也有交易关系,比如房产的抵押权、质权。所以说改革开放以来的民事立法,《合同法》《物权法》的出台有非常重大的意义。到现在编纂民法典,我们仍然要注意我们是大陆法系国家,当初学的是德国法,那么我们的教科书上讲的民法总则、物权、债权、亲属、继承这些内容要怎么编排,合同法在民法典上又要怎么安排?是否按照原来大陆法系、德国法系的办法,把它拆开设立债权总则,把现在《合同法》中的大量关于债权债务的内容规定到债权总则当中,然后在债权分则规定合同编,着重规定合同的分则、各种具体合同、违约责任等问题?我们面临着这样一个选择,虽然这样做符合理论,符合大陆法系的立法传统,符合我们教育教学的理论,但是把一部已经实施了20年的单行法拆开,合同法总论部分归入债权总则,分论部分归入合同编,会不会使法官、律师办理合同纠纷案件的时候遇到障碍?我们过去习惯了合同纠纷案件根据《合同法》解决,《合同法》解决不了的再适用《民法通则》的案件很少,除非涉及当事人主体资格、权利能力、行为能力这些问题。因此在这种情况下,面临一个实际的立法状况与理论不一致的问题。立法机关还是会按照现在的状况,保留合同法的完整性,它们的理由是实务中方便法官裁判,因此不改变我们已经习惯了20年的裁判规则。尽管这是带有实用主义的,但是这种做法也不是一点道理都没有。大陆法系国家也有单独强调合同法的,例如《瑞士民法典》。它们没有法律行为,没有法律行为实际上就等于没有民法总则,着重规定的是合同,它们的民法是以合同来代替法律行为的制度。还有我们应当注意到,第二次世界大战以后,大陆法系一些国家或地区的学者在讲课或研究中,突出了合同法。过去民法学者开课都是以民法总论、物权、债权、债权总则、债权分则、亲属、继承为内容的,但是自那时起一些学校的老师开始专讲合同,出版专门的合同法著作,这说明合同法在现代市场经济条件下的重要性非常突出。德国2002年修改民法典时,主要方向就是德国民法的现代化,着重修改了合同部分。不仅德国如此,法国、瑞士也如此,它们都是修改了合同法部分。由于市场经济的要求,应当把合同法单独作为民法典中的一个完整的部分来规定,在适用时专门作为一个完整的规则体系来使用。虽然现在决定了要制定合同编,但是马上产生一个问题,我们的民法典并没有债权总则,这虽然维护了合同法的完整性,但是毕竟债权及其相关内容在现行《合同法》上没有规定,其中部分内容是无法纳入合同编的,例如债的概念、债的发生原因。如果这些都纳入合同编,合同编就变成债法了。幸好我们在2017年制定《民法总则》的时候就处理了这个问题,《民法总则》专门有民事权利一章,我们把债的概念、债的发生原因等规定在《民法总则》中,债权总则中的连带债权债务、选择债权债务、选择权之类的问题就要纳入合同编。现在的问题是立法和理论存在不一致,老师讲课仍然是按照物权、债权总则、债权分则的结构讲,而立法体系和理论体系不一致。这在实务当中马上就会发生一个问题,债权总则中,除债的概念和发生原因纳入民法总则编以外,别的内容就要纳入合同编,因此合同编,特别是合同编的总则部分实际上要起到债权总则的作用。其他的非合同之债,也要适用债权总则的,以合同编的总则代替了债权的总则。这就是现代立法发展到现在的一种安排方式——以合同编的总则代替债权总则,所以我们需要注意债权总则和合同编的关系。

当然我们还要注意合同编与民法总则的关系,这些关系在草案第一章中都有交待,下面我也会提到这些内容,现在我们来看第一章。第一章首先面临的一个问题就是合同的概念。我们采广义的合同概念还是狭义的合同概念?广义的合同概念是:双方当事人之间以意思表示为要素的法律行为都叫合同。这样的话结婚、离婚、遗赠扶养协议也是合同。许多大陆法系国家或地区采取广义的合同概念,最早可以追溯到罗马法时代。我国采取的是狭义的合同概念,注意合同编第2条,也就是草案第255条,第1款是定义,这个定义是《合同法》原来的定义,在文字上没有修改:当事人之间关于设立、变更、终止民事法律关系的协议。这里的法律关系是什么?是何种民事法律关系?《民法总则》在第2条规定了民事法律关系包括财产关系和人身关系,而草案第255条第2款把身份关系拿出去,只剩下财产关系,但这里所有的财产关系,将物权关系排除在外。《物权法》制定的时候,就决定了我国的民事立法不采纳物权行为制度,所以说我们尽管在理论上有物权行为、债权行为这样的明确划分,但是在讲到法律行为的时候,我们只有债权行为,没有物权行为。因此我国合同的定义是最狭义的债权合同的概念,而这也是当年经过讨论斟酌定下来的既定的立法立场,这个立场到现在都没有变。

　　《民法典(草案)》第255条第1款说的民事法律关系是指债权债务关系。但是需要注意的是合同,例如,买卖合同不仅发生债权债务关系,同时也要发生物权的变动,发生物权的设立、变更、终止这样的效果,这是我国合同法最重要的一个理论问题,所以我们需要注意《民法典(草案)》第255条,注意它和《民法总则》第2条怎么联系。大家注意《民法典(草案)》第255条第2款,是在原来《合同法》第2条第2款的基础上稍加修改之后的结果。原来的《合同法》说的是身份关系不适用本法,现在依然沿用了这个立场,但是不能够绝对化。不适用本法,意思是当然不适用本法,但是身份关系上的一些协议,还是属于法律行为,它的成立生效如果没有特殊的规定怎么办?身份上的法律行为同样需要意思表示,同样需要要约、承诺,它的成立也要遵守要约、承诺的规则,那适不适用呢?离婚协议、结婚的意思表示、遗赠扶养协议中双方对是否成立、是否生效的问题发生争议的时候,可不可以适用本法呢?第2款提到了要适用。既然本法是债权总则,规定在某些情况下合同的成立、生效、要约承诺这些规则可以代替法律行为的成立,当法律行为的成立没有规定时,就参照合同成立的规则。所以说本编关于合同的要约、承诺等这些关于合同成立、生效的规则可以在身份关系上的协议的成立、生效中使用。所以我们要注意法律之间的逻辑关系，法律适用的关系。

大家看《民法典（草案）》第 256 条，该条实际上是原来《合同法》第 8 条，只是在文字上有些改动。《民法典（草案）》第 256 条规定，依法成立的合同，仅对当事人具有法律约束力。原来《合同法》中的规定是对当事人具有法律约束力，新的合同编加了一个"仅"字，这是至关重要的。加了这个"仅"字就限定了合同法律效力的范围，仅仅在当事人之间有效，它严格地表述了合同的相对性。我们说合同是相对性的，合同上的权利是相对权。原来的《合同法》第 8 条没有这个字，因此过去的学者讲合同的相对性原则的时候就不一致，有的人讲第 8 条，有的人讲第 121 条，这是因为过去在《合同法》中没有明文进行表述。现在有了明文规定，老师授课时就可以统一把《民法典（草案）》第 256 条第 2 款直接表述为合同的相对性。合同相对性是英美法上的原理，大陆法系称之为债的相对性、债法的相对性，这都是同一个概念。此外，大家注意《民法典（草案）》第 256 条有但书，因此这个条文由两部分组成，第一部分是原则规定，合同相对性原则仅对当事人之间有效；后面第二部分的但书是例外规定，即如果其他法律有另外规定的话，合同效力就不限于当事人之间，可以涉及第三人。这个规定在原来《合同法》第 64 条、第 65 条，而现在规定在《民法典（草案）》第 313 条、第 314 条，第 313 条是合同约定向第三人履行，第 314 条是合同约定由第三人履行，合同当中本身就涉及第三人，因此合同的效力对他们有效，将其作为一个合同相对性的例外来处理。

紧接着《民法典（草案）》第 257 条讲的是合同的解释问题。原来《合同法》第 125 条规定了合同的解释规则，而格式合同的特别解释规则，规定在《合同法》第 41 条。现在《民法总则》规定了法律行为的解释规则，而合同的解释当然是法律行为的解释，在解释合同时当然要适用《民法总则》中关于双方法律行为的解释规则。《民法典（草案）》第 257 条第 2 款是关于合同文本、文字不一致的问题，这些都是技术性解释问题。

下面看《民法典(草案)》第258条。第258条讲的是无名合同,民法典合同编不可能把社会生活中所有的合同全部作出规定,这是任何国家都做不到的。我国《合同法》中规定的有名合同已经够多了,但是社会生活非常复杂,而且还会不断产生新的合同关系。商人、企业在市场中会创新发明一些新的合同类型,有时还会把不同的合同类型结合起来形成新的合同。法律上规定的合同叫典型合同,具有示范的性质,而社会生活中存在的许许多多的合同,法律没有规定。如果法律要规定一个新的合同类型,就涉及立法技术的运用问题,除一般合同的定义以外,还要区分各种合同的定义。要认识任何事物,规范任何事故,首先是给它下定义,因此下定义是立法的第一个步骤。所以无论是原来的《合同法》,还是现在合同编中的各种合同都有名字,比如买卖、租赁、赠与等,所以命名是对客观事物进行分类、分析的第一个工具。人类认识世界的第一个方法就是命名,命了名才能够分类,才能够认识事物,才能进一步规范它。所以说《合同法》上规定的合同在理论上就叫有名合同,在每章分则的第一个条文就给它下一个定义,比如买卖合同是一方移转标的物所有权与对方支付价款的合同。其他每一个有名合同都是如此。因此民法典上规定的合同就叫有名合同或典型合同,而民法典没有规定、没有命名的社会生活中的各式合同就叫无名合同或非典型合同。那么这些无名合同的法律适用该怎么办呢?要怎么解决呢?由于法律没有专门设分则来具体规定,那么法院审理纠纷的时候用什么规则呢?答案是适用合同编总则。所以说《民法典(草案)》第258条讲得很清楚,就是要解决无名合同的问题。虽然合同编规定的有名合同数量有限,但是社会生活中的所有合同都要适用合同编。《民法典(草案)》第255条已经提到了,如果不是合同而是身份关系上的协议,在某种情况下也要适用。例如,这些协议的成立、生效甚至撤销,也要适用《民法总则》的规定,总则解决不了的就适用合同编的规定。

下面我们看《民法典(草案)》第259条。第259条讲的是非合同的债权债务关系,非合同债权债务关系要适用有关债权债务关系的法律规定,没有规定的适用本编通则的规定,最后但书将性质不能适用的除外。第一章最后一条,讲的是非合同的债权债务关系。非合同债权债务,首先可能是侵权行为发生之后的侵权责任关系;其次可能是不当得利、无因管理这些民事上债权债务关系;最后还有公法上的债权债务关系。从这一条规定可以看出,立法者的意图很清楚,就是以合同编的总则代替债权总则。合同编的第一章,实际上就讲了无名合同、非合同的债权债务、身份关系上的债权债务等,这些关系怎么处理及如何适用法律等问题十分重要,大家需要特别注意。

下面我们看第二章。《合同法》只有总则和分则,没有再分一个分编,而起草民法典合同编二审稿的时候,把合同编分成了三个分编:第一分编叫通则,也就是原来的合同总则;第二分编是包括有名合同、无名合同的合同分则;第三分编是准合同,要解决的是不当得利、无因管理等问题。不当得利、无因管理在《民法总则》中已经作了规定,《民法总则》第 108 条是债权的定义,第 109 条是合同的定义,第 120 条是侵权行为的定义,第 121 条规定的是不当得利,第 122 条规定的是无因管理。《民法通则》上的不当得利、无因管理是一个条文,法院照样可以审理这些案件,但是现在编纂《民法典》的时候,立法者觉得一个条文太少了。如果我们有债权总则,就可以把不当得利、无因管理规则规定在其中。传统民法典的债权总则的内容包括债务发生的原因、合同的定义、侵权行为、不当得利、无因管理,因此债权分则一般只规定特别合同。现在既然想把不当得利、无因管理的内容进行细化,那么面临的问题是可不可以设立一个不当得利编呢?这个是做不到的,用十几个条文设立一编是不合适的,在法典中是不协调的。因此不设债权总则的结果将导致不当得利、无因管理的规则无所归属,不得已把它附在合同编的后面,作为第三分编,给它一个名字叫准合同。准合同这个概念实际上来自美国。英美法国家没有法典,但是它们的大学教育中也有合同法、侵权法之类的课程,那它们能不能开不当得利法、无因管理法课程呢?当然不行,因为不当得利、无因管理的内容很少,因此也是附带在合同法课堂上,既然把它附带在合同法部分,不当得利、无因管理就被命名为准合同。

这里顺便介绍一下,民法上的"准"字特别重要,什么叫"准"呢?这个"准"字很特殊,在法律上出现"准"字就是说明两个事物虽然不是同一类事物,但是把它当作同一类事物看待,这就是"准"。不当得利、无因管理不是合同,因为合同是双方意思表示一致的双方行为。不当得利、无因管理是事实行为,当然不是合同。我们不得已要把它放在合同编,再适用与合同相同的某些规则对其进行规制,所以把它叫作准合同。

"准"字除在准合同的命名时用以外,它还有另外一个概念叫作"准用"。在《德国民法典》上"准用"这个概念频繁出现。准用就是说一个法律规则本来不是规制现在这类事物的,但是现在这类事物并没有法律规则来规制,出于某种法律政策考虑,适用另外一类事物的法律规则,这就叫准用。某一个法律条文原本是规定某一类案件类型的,现在所审理的案件在法律上没有规定,法官基于某种考虑,适用其他类似案件类型的法律规则来裁判,这就叫"准用"。当然这里的"准用"是有条件的,就是这两类事物、这两类案件有某些相似的地方时才能够"准用"。

"准用"这个概念在大陆法系很常见,属于法律适用问题。法律准用和适用是不一样的,例如,合同编适用于所有的有名合同、无名合同,因为合同编已经规定所有合同了,所以说合同问题直接适用合同编;但是合同编并不规定合同之外的那些关系,因此合同之外的非合同债权债务关系可以"准用"合同编的规则,中国的立法,习惯把"准用"叫作参照适用,参照适用这个概念就相当于德国法所说的"准用"。

立法上某一类案件没有法律预先规定,"准用"其他法律已经作出规定的那类案件的法律规则,我们就称之为参照适用。法律上明确规定某些情况可以"准用",但是社会生活很复杂,法官裁判案件的时候,遇到某类案件在法律上没有规定,并且法律也没有规定说这类案件可以"准用"其他规则,这个时候法官难道就不审判了吗?当然要审判。法官需要以两类案件具有相似性为根据,如果一类案件有法律规则,另一类案件没有法律规则,那就用有法律规则的那类案件的法律规则来裁判没有法律规则的案件,法官采取这样的法律适用技术叫类推适用。法律上明文规定可以"准用""参照适用"的可以称之为立法类推。类推就是不同类型案件之间有相似性,类似的案件可用同样的方法去解决。上述内容就是《民法典(草案)》第259条讲的"参照适用""准用"这些问题。

现在讲合同订立。这一章在立法的时候没有什么大的变动,增加的内容很少。大家看《民法典(草案)》第261条合同的内容。理论上我们把合同的内容、条款区分为:主要条款、非主要条款。从理论上讲,主要条款是决定合同成立的条款,主要条款不具备则合同不成立;非主要条款不影响合同成立。《合同法》在制定的时候就考虑了这些问题,但是立法的时候没有采取主要条款与非主要条款这样的划分。我们采取的是"一般应包括下列条款",这是对当事人起一个示范作用。因为当事人不懂得、不精通法律,当他签订某个合同的时候就去翻《合同法》,《合同法》明确规定合同一般应该包括哪些条款,但没有进一步说哪些是主要条款,哪些是非主要条款,把这个问题留给实务部门去解决。

最高人民法院关于这个问题进行了解释,认为本条规定的一般条款当中,唯有前三项是主要条款。其实前三项中的第一项当事人是不用说的,因为合同是当事人之间的意思表示的协议,没有当事人哪里有合同;所以最高人民法院虽然写了三项,实际上只有标的、数量这两项。标的确定——标的如果是有形财产,当然包括它的规格、型号和数量。这两项如果不确定、不明确,那合同就不成立。大家要注意,主要条款规定了标的、数量,但为什么没有规定价款呢?因为按照《合同法》发展的趋势,在现当代裁判实务中,在国际市场经济中,都认为合同中缺少很多条款之后并不影响合同的成立,可以由当事人通过协议弥补,如果协议不能弥补还可以由法官来弥补,但是唯有标的和数量没有办法弥补。所以说标的和数量是决定合同是否成立的主要条款。这一点在另外一个条文当中也有体现,大家看《民法典(草案)》第263条——要约。

《民法典(草案)》第263条规定了什么样的行为是要约。要约需具备两个要件:第一,内容具体确定;第二,一经受要约人承诺,要约人就要承担责任,即要约人受意思表示的约束并要承担责任。而要约的要件当中的"内容具体确定"具体指什么?指的是合同一般条款的第二项、第三项,标的和数量的确定。在这里我们要注意法律条文之间的逻辑关系,关于要约承诺的具体规则,我不详细讲了。

大家还需要注意《民法典(草案)》第279条和第280条。这两个条文的内容实际是关于合同是否成立的。我们刚刚说了,要约要求内容具体确定,怎么达到具体确定呢?在现实生活中,要约人向对方发出一份书面要约,在书面要约中会有很多条款,对方公司也会回一份说明文件,即承诺。如果说承诺的文件和要约文件内容完全吻合,这当然好,但是在实践中,企业特别是参与国际交易的大企业都有自己的合同条款、合同条件、合同范本等,因此最后会出现这样的情况:当事人都以为合同已经成立,发生了纠纷向法院起诉,当考虑要约与承诺的时候,发现这两个文件内容不完全一致;当要约与承诺内容不完全一致的时候就产生了一个问题——怎样判断合同成立与否?这就是现在的《民法典(草案)》第279条和第280条要解决的问题。

理论上,特别是在国际进出口买卖合同中,"镜像规则"和"最后一枪规则"都是人们所熟知的合同法规则。"最后一枪规则",就是以承诺文本为准,即要约文本和承诺文本不一致时,以承诺为准。你发过去,他再给你回过来,有不一致的地方,如果你马上就接受了,就要以对方的文本为准,所以你要小心谨慎。当你发现对方的承诺文件有不一样的条件,你要马上再发一个给他指出某些条件不能接受,这就是"最后一枪规则"。"镜像规则"是:这两个文件(要约和承诺)必须内容完全一致,法庭才会认定合同成立。现实生活中能够做到当事人的这些文本完全、绝对地一致,是很难的,因此严格的"镜像规则"很难得到实际执行。

合同成立完全采取"最后一枪规则"也往往意味着不公平,因为要让要约人接受他本来没有同意的条件。大家看《民法典(草案)》第

279条和第280条,第279条界定了哪些是实质条款,实质条款必须一致,实质条款不一致则合同不成立。实质条款以外的就是非实质条款,非实质条款规定的内容由《民法典(草案)》第280条来解决,非实质条款如果不一致,就可能适用"最后一枪规则"。实质条款实际上就是适用严格的"镜像规则"。《民法典(草案)》第280条规定,对方承诺发过来后有非实质性的变动,你没有检查、没有表示不同意见,且你预先没有说要约绝对不允许更改,该承诺就是"最后一枪",你要接受它。因此,将来要从事法律实务的、到企业去当法务的同学不可轻视这两个条文。在担任企业法务的时候、和别人签订合同的时候,一定要多加注意。如果你的要约对你至关重要,绝对不能改变,那你最好在要约中注明任何一个条款、任何一个内容都不能变,非实质性的也不能变。你一旦发现对方的文件有和你的意思不一致、和本单位的意思不一致、有可能导致产生误解的地方,要马上回复表示不能接受。所以说这一点在实务上特别重要。

关于合同成立我们再讲一个内容。现在大家看《民法典(草案)》第287条。第287条规定的预约在原来的《合同法》上没有相关内容。预约是双方当事人关于将来在某个期限之内订立一个合同的约定,按照合同编的规定,预约也是一个合同文书。比如,预约买房子,我们看上了一套房子,但是没有决定要买,或者因为现在没有钱而贷款不能到位,或者是其他的原因,我们不能马上签订具体的房屋买卖合同、商品房预售合同,这个时候我们就签一个文件,在这个文件当中我们约定什么时间之内,将签订一份购房合同,这样的文件就叫预约。

预约在商品房买卖中最常见,此前在《合同法》中并没有规定。后来最高人民法院在对买卖合同进行司法解释的时候,针对商品房买卖中最常见的预约作出了规定。合同编立法的时候参考了这个规则,就成了现在的《民法典(草案)》第287条。

接下来我们详细分析一下什么是预约。相对于预约来说商品房买卖合同叫本约,本约就是具体的买卖合同,其中具体规定:什么标的(哪一套房子)、什么规格型号(面积大小)、价格、什么时候付款等内容;预约只是说在一定时间之内,双方将要签订一个买卖合同,并没有约定合同的价款、房号,也没有说什么时候交房、付款等这些内容。这就存在一个问题:既然我们规定了预约,那么所有的合同类型都存在预约吗?还是只规定在买卖合同当中作为买卖预约?最高人民法院《关于审理买卖合同纠纷案件适用法律问题的解释》第2条创设的解释规则叫作买卖预约,是特指买卖合同当中的预约。它当然可以适用于某些非买卖的预约,因为《合同法》买卖合同一章的条文说:其他的有偿合同如果没有具体规定的,可以参照适用。

合同总则是整个合同法的总则,而买卖合同是所有的双务有偿合同的总则。所以说,我们现在要斟酌的是,预约制度是规定在买卖合同一章好,还是规定在合同的成立一章好。并不是所有的国家都作出了预约规定,大陆法系在民法上规定预约的情况还是很少的。我们可以看到法国、日本、意大利称为买卖预约,瑞士称为预约合同,名称上是不一样的。如果把预约规定在合同的订立一章适用于所有的合同的话,那么就会存在问题。

现在我们回过头来说究竟怎么判断预约和本约?当事人发生纠纷,起诉到法院后,法院怎么判断合同文书究竟是买卖预约还是买卖合同,标准是什么?标准是当事人的目的能不能根据这个文本来实现,即根据合同文书双方能不能履行义务。比如说交房付款,如果根据合同可以实现双方的目的,即一方得到房屋,另一方得到价款,可以直接履行,这就是本约,就是买卖合同。如果说根据合同实现不了当事人的目的,需要当事人另外再签订一个合同,再履行那个合同才能够实现自己的目的,那么签订的这个合同就是预约,我们用这样的方法来区分它。在现实中,有的时候签订预约时还会要求支付定金,这种情况非常常见。比如我们看中某一套房屋,为了防止开发商卖给别人,我们可以先交3万元的定金,在法律文件中约定将来签订合同。我们需要注意,一般的买卖合同本约可以有定金,现在预约也可以有定金,那么一个有定金的法律文件,我们怎么判断它究竟是有定金的预约,还是有定金的本约呢?这就要看定金罚则的条件。通常定金罚则规定,若是买卖合同,定金交付方如果违约，其就会丧失定金；收受定金的一方如果违约，其要双倍返还定金。因此，我们要看合同文本中说的违约是什么。如果说的是没有交房、没有付款就要执行定金罚则，就要双倍返还定金或者丧失定金，那么它就是本约。如果约定定金罚则的条件是任何一方拒绝签订合同，那么它就是预约。所以，按照定金罚则实现的条件，来区分是附有定金的本约还是附有定金的预约。

现在还有个问题，如果把预约规定在合同成立一章，往往就会与现实中存在的框架合同发生联系。现实中有一种合同文件叫作框架合同或者框架协议，过去制定《合同法》的时候没有听说过，但现在仲裁机构仲裁的案件、法院裁判的案件中，遇到很多框架协议。什么叫框架协议呢？框架协议就是双方当事人达成了一个很简单的意思表示，是双方当事人就未来合同关系的一般特征所达成的意思表示。它描述当事人将订立一个什么样的合同，并没有把合同关系上的标的、数量确定下来，只是说双方将会签订某个合同，其所约定的内容是关于双方将要订立的合同关系的一般特征。例如，框架协议一般只约定了将来达成的合同内容是投资、合作、合伙还是技术转让，只说了一般的特征，并没有约定合同的主要条款，并没有达到要约构成要件中的"内容具体确定"的要求，标的、数量、规格型号等合同的主要内容并没有约定，更没有约定一经对方承诺就要承担责任、受到约束等内容。框架协议既没有合同的主要条款，特别是没有要约承诺的要约要件，也没有合同的一般条款。它只是描述将来双方可能建立合同关系的一般状况、一般特征，仅仅描述它的性质、合同种类。

框架协议、框架合同很容易跟预约混淆。预约是指双方当事人在一定的期限之内签订某一个具体合同这样的书面文件；而框架协议是说双方将来可以订立一个什么样的合同，把它的一般特征描述一下。比如，双方合作、合伙、合资或者融资之类的框架协议，并没有具体约定合同的标的、价款、出资条件、投资比例的内容。所以现在既然要将预约规定在合同成立一章，那就需要划分预约和框架协议的界限。合同文件中如果指明了在一定的期限内要签订某一种合同，无论是投资、合伙、技术转让、融资,还是股权收购等,如果指明了签订这样的合同,那就是预约;如果没有指明,只是说要投资、将来要合伙,只是对将来合同关系的一般特征进行描述,没有说将来要签订合同,那就是框架协议。

框架协议的意义是双方当事人可以在此基础上进一步签订具体的合同,在签订框架协议之后就有后续的签约行为,签订执行合同。后面一个签约行为为什么叫执行合同?是因为这是执行框架协议约定的合同。实际上执行合同就是具体的合同,就是具体的投资、合伙、融资、技术转让、土地买卖、转让使用权之类的具体合同。只是这些具体合同和框架协议联系起来,按照框架协议的约定,由双方来签订后续的具体合同。就算没有框架协议,双方照样可以签订这样一个合同,只不过不再是执行合同。在现实生活中一般没有执行合同,如果把预约规定在买卖合同这一章就不容易与框架协议发生混淆,因为买卖关系不会预先签订一个框架协议。

下面讲第三章合同的效力。合同的效力这一章主要处理其与《民法总则》的关系。《民法总则》已经规定了民事法律行为完整的规则,包括民事法律行为的定义、民事法律行为无效、民事法律行为的撤销等。比如《民法总则》第143条民事法律行为的一般生效要件;第144条无民事行为能力人实施的民事法律行为无效;第145条限制民事行为能力人签订的合同如何处理;第146条第1款虚伪表示无效;第146条第2款隐藏行为符合法律规定的有效,反之无效;第147条重大误解;第148条欺诈;第149条第三方欺诈;第150条胁迫;第151条显失公平。《民法总则》制定的时候,把原来《民法通则》以及《合同法》上的乘人之危和显失公平(原本乘人之危是主观方面,显失公平是客观方面)两个制度合二为一,成为《民法总则》第151条。这说明《民法总则》关于法律行为的规则已经相当完善,合同编没有必要再重复规定合同的生效、撤销之类的在《民法总则》中已经规定的内容。由于《民法通则》没有完整的民事法律行为的规则,所以我们不得已以合同的成立、生效等合同的效力规则来代替法律行为的效力规则。现在有了《民法总则》之后,合同编的合同效力这一部分内容应当进行大幅删减,只规定《民法总则》上没有规定的内容,因此现在第三章的条文较少,给大家简单介绍一下。

大家看《民法典(草案)》第296条,这条是之前《合同法》第50条表见代表,与其相关的制度还有《合同法》第48条无权代理、第49条表见代理。我们一定要注意,民法上的代表制度和代理制度是两项功能相似但不同的制度。代理是让别人来代替自己实施法律行为,法律效果由被代理人承担。人的能力是有限的,不可能做到事必躬亲,因此代理制度在现代非常发达。代表制度最典型的就是法定代表人。由于公司是一个组织体,它由若干人结合组成,那么这些若干人如何去签订合同呢?于是法律就让它确定一个法定代表人来代表公司签订合同。因此代表制度与代理制度的制度目的存在相似之处,都是为了替人签合同。

民法上关于代理制度的规定很完善,而关于代表制度的规定很简略,甚至只是提到了法定代表人,没有代表制度的定义、内容,因此民法中的代表实际上是参照代理制度来使用的。如果代理人超越权限怎么办?这在《合同法》第49条作出了规定,发明了表见代理制度,当代理人超越权限进行代理行为且第三人不知道时,表见代理行为有效。虽然表见代理人实际上并没有代理权,但是出于法律政策上维护交易安全的考虑,将表见代理行为视为有效。那么法定代表人超越代表权的行为该怎么处理?《合同法》第50条是参考表见代理制度创设的,实际上内容基本上是一样的,只是文字上有差别。《民法总则》第61条的内容是法定代表人,其第1款规定了什么是法定代表人;第2款规定了法定代表人以法人的名义实施的法律行为的后果由法人承担;第3款规定法定代表人超越代表权实施的法律行为,不能对抗善意相对人。《民法总则》第61条第3款就是解决超越代表权的问题。既然《民法总则》当中已经规定了表见代表制度,那么《民法总则》颁布之后,原《合同法》中的表见代表就可以删掉,直接适用《民法总则》的规定。《民法典(草案)》起草人不仅在《民法总则》中保留了表见代表制度,而且在合同编第296条规定了超越代表权的特别规则,由于合同编的规定更具体，所以优先适用合同编第296条。《民法总则》第61条第3款与合同编第296条之间是一般规则与特别规则的关系，如果涉及合同编第296条解决不了的其他问题，再去适用《民法总则》第61条第3款的规定，这就是特别规则优先适用的道理。例如，《公司法》第16条第2款规定，公司为自己的控股股东、实际控制人提供担保、签约保证合同，需要召开董事会投票决议。《公司法》第16条第2款是什么性质？有的律师、法官认为这不是效力性的规定。实际上，这个规定既不是效力性规定，也不是非效力性规定，而是程序性规定。如果法定代表人、董事长在没有召开股东会的情况下签订担保合同，担保控股股东向银行借款，就构成超越代表权的行为。在这里不是直接根据《公司法》第16条第2款进行认定，而是适用合同编第296条来认定其无效。如果对方并非善意，知道受担保人是其控股股东且知道法定代表人签订担保合同之前没有召开股东会、没有作决议，则表见代表行为无效，反之则有效。

下面看第四章合同的履行。这一章基本上没有什么变化。这一章首先要注意的是当合同约定不明确时如何履行，《民法典（草案）》第301条是原来《合同法》第61条，我们讲合同的一般条款不具备时不影响合同的成立，但是必然会影响到合同的履行。比如说价款、交货时间、违约责任等条款没有约定或约定不清楚的，当然会影响当事人对合同的履行，这是无法回避的。为了解决这个问题，设置了《民法典（草案）》第301条，如果当事人达不成补充协议，我们就给他一个法律上补充合同的标准，具体的规则诸如怎么交货、什么时候付款、质量标准等规定在《民法典（草案）》第302条，这就是原来《合同法》第61条和第62条的规定。大家要特别注意，《民法典（草案）》第301条具体指明了质量、价款、履行地点的补充规则，但是没有对标的进行规定。为什么没有提到标的呢？因为标的和标的的数量是合同的主要条款，只要没有约定或者约定不清楚，合同就不成立，所以说能补充的都是合同的非主要条款。

大家接着看这一章的法条。这一章增加了许多关于债权、债务的规则。《民法典(草案)》第 306 条到第 312 条,就是债权、债务的总则性规定,例如怎么选择债权债务、连带债权债务、份额的确定、选择债权债务行使选择权等,在这里不特别讲了。大家接着看《民法典(草案)》第 313 条、第 314 条,这两条是讲合同相对性的例外,合同约定对当事人之外的第三人有约束力的情况,这是原来《合同法》第 64 条、第 65 条的规定。最高人民法院有过解释,双方约定向第三人履行,一旦不履行,进行诉讼时,谁是原告、谁是被告呢?第三人可不可以作为原告呢?按照原来《合同法》第 64 条的规定,最高人民法院的司法解释认为不可以,第三人只能作为诉讼第三人加入诉讼。法官可以依职权让第三人参加诉讼,因为如果第三人不在场,法官怎么知道第三人究竟是否收到了货物、货物的质量如何?最高人民法院解释他只能作为没有独立请求权的第三人参加诉讼。没有独立请求权的第三人类似于证人,理论上参加诉讼只是为了查清案子,他本身没有请求权。大家注意,《民法典(草案)》第 313 条增加了第 2 款,规定在某种条件之下第三人可以行使请求权,可以作为原告自行起诉,这对原来《合同法》的规定进行了完善。讲到这里,我要提醒大家区分两个不同的概念,合同编第 313 条在理论上叫涉他合同,但是在大陆法系中叫利益第三人契约,这两个概念要与德国债法上的附保护第三人效力的合同相区别。从字面来看,后者与前者极易混淆,但是大家要注意这是两个不同的制度,利益第三人契约就是合同编第 313 条规定的涉他合同,即双方约定向第三人履行,这在《德国民法典》第 328 条有明文规定;附保护第三人效力的合同在大陆法中并不是一种合同类型,而是实务中常用的一个理论,其认为虽然有些合同没有约定向第三人履行,但是出于公平原则应当保障第三人的利益。如果主人请朋友来家里聊天喝茶,电视机突然爆炸了,如果是主人受伤了,这比较好说,按照违约责任或者侵权责任起诉厂商就行;但是如果主人的朋友因此受伤的话,由于其朋友并不是买卖电视机合同的相对人,因此只能通过侵权责任来起诉厂商。德国当时的侵权限于过失责任,要求被害人证明行为人有过失,起诉厂商有难度,因此德国在出现这种侵权时会选择尽量回避侵权责任,选择主张过错推定的违约责任。这就产生了一个问题,主人的朋友并不是合同的相对人,那怎么能主张违约责任呢?因此为了解决这个问题,德国学者发明了附保护第三人效力的合同。比如乘坐出租车,朋友跟付钱的人一起在车上,如果发生交通事故,付钱的人既可以主张侵权又可以主张违约;但是他的朋友不是合同当事人,所以就出现了附保护第三人效力的合同理论。

这里顺便讲一下,德国人发明了许多理论,比如附保护第三人效力的合同理论、信赖理论、交易安全理论等。我曾经说过德国人擅长抽象思维,因此他们发明了好多法律概念、法律原理、法律制度。这个说法是有一定的道理的,但是德国人为什么发明这些制度?仅仅是因为他们擅长抽象思维吗?当然不是这样,由于德国民法是在一百多年前制定的,他们在制定民法典的时候,侵权法中没有无过错责任,而无过错责任在特别法中适用的范围很窄,仅限于与轨道交通相关的侵权。第二次世界大战以后,尤其是现代社会面临着大量的侵权责任案件,按照道理应该适用民法典中的过失责任原则,但是德国民法中的过失责任要求受害人举证,证明加害人有过错。这个证明责任太难,很难证明。比如工人受伤,他是难以证明厂主有什么过错的;电视机爆炸也难以证明生产厂商有什么过错;因此受害人为了规避举证责任就会尽量主张违约责任,如果合同之外的第三人受到加害,就不能主张违约。为了解决这个问题,德国法发明了附保护第三人利益的合同。此外,刚才说到的信赖利益、安全保障义务等这些理论之所以发明,都是为了规避《德国民法典》中侵权责任制度的缺陷。因此我们在学习法律的时候,要看到、想到法律背后的制度、背景、社会条件等因素。

接下来我们讲《民法典(草案)》第314条第1款。第314条第1款讲的是第三人代替履行,这一款很容易理解。什么叫第三人代替履行?人是不可能无缘无故替他人履行义务的,因此他们之间总是有一定的关系。举个例子来说明,房主把房屋抵押用来贷款,当他没有还清银行贷款的时候抵押权依然存在。按照《物权法》的规定,如果他要转卖这个房屋,应该得到抵押权人的同意。如果房主告诉银行说我要出卖抵押的房屋，银行往往不会同意，因此房主可能选择不经银行同意私自出卖，没有得到抵押权人同意转卖房屋，该买卖合同是否有效呢？关于这个问题，《物权法》有一个特殊规定，买受人如果能替出卖人清偿他所欠的银行债务就行。如果买受人先替出卖人偿还银行的贷款，这就叫第三人代替债务人履行，他们的关系就是该房屋的买卖关系。一般不太可能出现随便一个与你毫无关系的人替你履行合同义务，而别人替你履行合同义务，绝大多数情况下都是有利益关系。《民法典（草案）》第314条第1款第三人代替履行在后面要讲的合同的变动中还有与它类似的制度，这里就先不说了。

我们来看第五章合同的保全。现在合同编这一章的内容就是原来《合同法》合同的履行这一章第73条、第74条、第75条三个条文。《合同法》第73条规定债权人的代位权，第74条规定债权人的撤销权。为什么这几条都规定在《合同法》合同的履行这一章？它与合同的履行到底有没有关系？答案是有的。现在合同编把这两个制度规定在第五章合同的保全中，《民法典（草案）》第324条债权人的代位权以及第325条是把最高人民法院《关于适用〈中华人民共和国合同法〉若干问题的解释（一）》中关于债权人代位权的解释规则上升为法律条文，这个解释规则规定债权人代位权如果得到法院支持，次债务人用于偿还的那笔钱应当交给谁，从而解决代位权行使的效率问题。按照最高人民法院对债权人代位权的解释，如果法院支持债权人行使代位权，债权人与原债务人之间的债权债务关系就消灭，债务人与次债务人之间的债权债务关系也消灭，原因就是次债务人把他欠债务人的钱直接还给了行使代位权的债权人。从结果来说，就是债权人优先受偿。比如李四欠张三50万元，王五欠李四50万元。李四想，我从王五那里收回50万元之后还不是要还给张三吗？因此他可能怠于行使对王五的债权，也就偿还不了欠张三的50万元，影响张三的债权。此时就具备了债权人代位权的条件，张三可以根据债权人代位权的规定向法院起诉王五。张三向法院起诉的依据不是他自己的权利，他行使的是自己的债务人的权利。张三在诉讼中的地位就是债务人的代理人，是一种代理关系,这种关系源自法律对于债权人代位权的直接规定。既然张三是债务人的代理人,如果这个诉讼得到法院的支持,法院应当判决被告王五偿还的 50 万元交给谁呢?按照最高人民法院的司法解释,这 50 万元直接交给行使代位权的张三。张三为什么可以接受?因为他是法定代理人,代理人行使债务人实体上的权利,当然可以收取债务人的清偿,因为这就是代理人的权利。这 50 万元本来是王五欠李四的,代理人代李四收取了这 50 万元,应该交给李四,于是代理人就欠了李四 50 万元,但由于李四和张三之间相互欠债,因此就符合原《合同法》第 99 条抵销权的规定。最高人民法院司法解释规定债权人行使代位权时可以优先受偿的理论根据就在于,首先他是法定代理人,代理收取对方的清偿,其次债务人与他又相互有债权债务,因此他接受了这 50 万元以后马上可以行使代位权,之后债务人欠他 50 万元就一笔勾销。这里需要特别说明的是,债权人代位权在传统民法中并没有效力,传统民法认为债权人代位权实际上是保全制度,它保全的是债务人的债务。债务人李四不去要债务人王五欠的钱,当执行的时候,李四就还不起张三。因此按照传统民法的观点,债权人行使代位权从次债务人那里得到了 50 万元,它应该归属于债务人李四,而自己不能优先受偿,因此是对债务人的保全。就相当于债务人的债务人欠他钱了,我们帮他去讨回欠款,最后把欠款回到债务人的账户上,然后我们要另案起诉债务人来让他还钱,从他的账户中扣除他欠的 50 万元。但是这就存在一个问题:债务人可能还欠了其他人的钱,债权人自己行使代位权获得法院的支持,把钱从次债务人手中转移到债务人手中,这笔钱一旦入了债务人的账户,50 万元就可能会用来清偿其他债权人的欠款或者按照债权平等原则与别的债权人共同按照比例来分配。这样一来行使债权人代位权就太麻烦了,债权人费了很多时间、精力得到了法院的支持以后还要去另案起诉,最后跟其他债权人一起分配这 50 万元,最后能拿到多少钱并不确定,这与自己付出的时间、精力不成比例,这一点使得传统民法的债权人代位权制度无法发挥作用。

在制定《合同法》的时候,创设债权人代位权制度的原因就是要解决中国社会当时存在的严重的三角债问题。三角债问题在 20 世纪 80 年代及 90 年代初的时候，困扰着很多相互拖欠债务的企业，这些债务严重地影响企业的发展，使之难以进行生产和经营。政府曾经两次采用行政手段清理三角债，均以失败告终，因此我国在司法上创设了债权人代位权制度。而要解决三角债问题一定要使债权人积极地行使债权人代位权，因此在制度上让其优先受偿从而调动其行使代位权的积极性。所以说《合同法》颁布后，最高人民法院制定《关于适用〈中华人民共和国合同法〉若干问题的解释（一）》进行了讨论，争议在于我们是严格按照传统民法的理论，追偿的欠款优先归属于债务人，还是按照实际的需要让债权人优先受偿？这个讨论我当时在场，崔建远教授也参加了，最后讨论的结果是债权人优先受偿。债权人行使代位权优先受偿并不是毫无理论根据的，其理论基础一个是代理、另一个是抵销，这种制度规定是合理的。我国《合同法》规定债权人代位权对三角债问题的解决起了非常大的作用，该制度直接调动了债权人行使代位权的积极性，彻底解决了当年非常严重的社会问题。

《合同法》中的这个制度在别的国家也有实践，债权人行使代位权优先受偿的制度发明也是参考了别的国家的判例。日本民法上债权人代位权由于受到传统理论的影响也在很长时间没有起到作用，因此受到民诉法学者猛烈的抨击。日本的民事诉讼法学者认为传统的民法理论不合理，这种规定根本不符合诉讼的规律。当法院在执行判决的时候如果可以对第三人执行不就解决了这个问题吗？为什么民法学者非要搞一个债权人代位权，这叫作叠床架屋，把简单问题复杂化。因此在日本社会中，债权人代位权长期没人使用，因为债权人行使代位权之后无法得到足额偿还。后来日本的一个法院突然作出了一个债权人行使代位权优先受偿的判决，判决作出之后好多学者都反对，认为违反了传统民法理论。日本东京大学著名民法教授平井宜雄写了一篇长文分析这个案件，对法院的判决给予了高度的肯定。这位教授讲到这个判决的合理性，依据就是我刚才提到的法定代理、互负债务抵销，把这个判决解释得非常合理。从此之后日本就慢慢开始改变，这个判决一方面鼓励了债权人行使代位权优先受偿,另一方面也改变了债权人代位权的性质,使得其从传统意义上的保全制度变成一个非常有力的债权清偿制度。

《合同法》第73条以及最高人民法院司法解释直接参考采纳的就是日本的制度,20年的实践证明这个制度在中国非常成功。为什么我要讲这个呢?是因为立法制度当初为什么这样规定,合理性何在,在实务当中起什么作用,为什么会起好的作用,等等,这些内容都需要我们来掌握。在合同编编纂过程中,有人拼命地反对第325条规定这个制度,反对的理由就是这个制度违反了传统民法的保全制度,按照传统民法的保全制度,最后从次债务人那里拿到的钱,应该归属于债务人,债权人不能优先受偿。这种说法虽然有一定的道理,但这是陈旧的、被历史抛弃的制度,我们不应该因循守旧。因为有人用这样的理论来批判这个条文,所以我对第325条特别作了一些讲解,让大家知道这个制度的来源、合理性、针对性。虽然这一章叫保全,但是我们要注意,债权人代位权已经不是本来意义上的保全,而是成了一个债务清偿制度。

大家接着看《民法典(草案)》第331条,债权人的撤销权。本条是原来《合同法》第74条,是针对赖账的人所作的规定,最高人民法院作了好多解释。原来就此制度只规定了两个条文,而现在规定了6个条文,大家注意,合同编的很多条文都是司法解释的解释规则上升为法律。大家要特别注意第331条,它说的是债权人撤销权的效力,规定在之前《合同法》第74条。债权人行使撤销权如果得到法院支持,无偿转让或者以明显不合理的低价转让财产的合同无效,从而丧失其法律约束力。请大家想一个问题,如果李四为了赖账,把自己仅有的一套房屋无偿或者以明显不合理的低价转让给了自己的亲戚王五;债权人张三向法院起诉之后当然很容易得到法院的胜诉判决,但是当要强制执行的时候,由于李四没有财产,房屋的所有权已经归他的亲戚王五所有,这时该怎么办呢?按照债权人撤销权,王五可以行使撤销权,向法院起诉撤销李四和王五之间的房屋买卖合同;撤销以后,由于这个房屋已经在王五的名下,债务人李四会不会主动把房屋收回,恢复自己的所有权？他是不会的，如果会的话他为什么还会赖账？这个时候虽然撤销了他的买卖合同，但是债权仍然没有办法得到实现，债权人还得向法院申请执行，而法院会认为房屋并不在被告名下，因此先前的债权人撤销权制度并不能够真正发挥其保护债权人的作用。合同编第331条增加了第2款，规定债权人在行使撤销权撤销了债务人与第三人之间的转卖合同以后，行使撤销权的债权人可以同时行使取回权。如果撤销权行使的标的物是轿车之类的动产，现在还在王五家的车库里，债权人可以直接把这车开回来；如果不动产已经过户登记到王五的名下，张三可以拿着撤销权行使的胜诉判决到登记机构去行使代位权，对不动产进行变更登记。这里的变更登记实际上就是涂销此前的过户登记，恢复债务人对房屋的所有权，在此基础上债权人就可以行使债权，对房屋进行执行，从而保证自己的债权。所以说《民法典（草案）》第331条第2款有特别重要的意义，当时《合同法》制定撤销权制度的时候没有考虑到这个问题，但是在合同编得到了完善。

下面我们来看第六章，合同的变更和转让。首先来看《民法典（草案）》第334条，这是原来《合同法》第79条，债权转让，即债权原则上都是可以转让的。债权不属于专属性权利，原则上可以转让。但是《民法典（草案）》第334条规定三种情况下债权不得转让：第一种情况是根据债权的性质不得转让，也就是所谓的专属于债权人的专属性债权不能转让。什么叫专属性债权？专属性债权就是基于身份关系的抚养、赡养、人身保险合同、养老保险合同、人身损害赔偿等这些请求权。最高人民法院关于哪些是专属性的权利有一个司法解释，我这里就不详细讲了。虽然专属性权利不得转让，但是专属性权利是可以继承的，我这里也不详细说了。第二种是当事人约定不得转让。第三种是法律规定不得转让。那么法律规定在什么情况下不得转让呢？比如最高人民法院关于交强险的司法解释第24条就规定，交强险的保险金请求权转让、抵押无效，除此之外还有其他法律上规定的情形，这里就不详细讲了。草案第334条最后规定，当事人约定非金钱债权不得转让的，不得对抗善意第三人。为什么这里偏偏说非金钱债权，为什么不是金钱债权呢？因为金钱债权原则上是可以转让的。这一章有很多内容都是《合同法》的内容，我在这里就不详细讲了。

除此之外，这一章有一条新的规定非常重要，尤其是对律师特别重要，这就是《民法典(草案)》第337条。第337条是原《合同法》第81条，主债权转让，从债权、从权利一并转让，受让人不仅得到了债权，而且同时也得到债权的从权利。关于债权的从权利，《合同法》规定债权专属性的从权利不能随主债权一并转移，非专属性的比如抵押合同中的抵押权属于债权的从权利，抵押合同从属于债权债务合同，债权和抵押权是主从关系。从制度上讲如果主权利不成立、不生效，从权利也不成立、不生效。但是这个规则不能反过来，从权利不成立、不生效并不影响主权利的成立和生效。最典型的主从关系就是债权债务合同和保证合同，主从关系决定的是两个合同之间在成立生效上相互影响的关系，主合同影响从合同，主权利影响从权利，不能倒过来。现在有学者、法官将其进一步扩大到主合同，通过主合同的司法管辖来确定从合同的管辖，主合同在一个地方受理，从合同如果也被起诉了，当然可以一并审理。如果从合同在别的法院审理，可以吗？有的法官说不行，这违背主从原则。这个问题的症结就在于他们对主从关系解决什么问题没有正确的理解。主从关系只解决两个合同、两个权利的生效和成立的相互影响问题，它丝毫不涉及案件的管辖。如果进行诉讼，案件的管辖完全是程序上的问题，不能将主从合同关系扩大适用。

现在回过头来说《民法典(草案)》第337条第2款，本款规定受让人取得从权利，不受未办理过户登记或者没有占有的影响，这一款是针对现实中一类非常重大的问题。现实中的债权转让，受让人可以得到债权的抵押权，等受让人向法院申请执行的时候，法院会告诉他抵押权的权利人不是受让人，你现在拿着债权转让文书，债权当然归受让人，但是抵押权证上的权利人还是债权出让人，因此法院会告诉受让人要先到登记机关去变更登记，把登记簿上的权利人变更为受让人。这当然是可以的，登记机关会按照债权转让文书变更登记，但是去变更的时候，说不定抵押权还有其他顺位的抵押权人，或者抵押物已经被别的法院扣押,等到他变更登记以后再去行使抵押权的时候,财产已经被别人执行了,被别人处分了。因此会导致一些债权转让之后,受让人虽然得到了债权及从权利,但是抵押权还是不能实现。现在的这一款对律师特别重要,规定债权转让时,抵押权作为从权利也一并转移,就是受让人的从权利不受没有办理过户登记、没有占有的影响。因此受让人可以根据债权转让的法律文件直接申请法院执行,法官不得再以抵押权证上登记的抵押权人不是受让人而拒绝执行,这就解决了社会上让人头疼的债权受让人的抵押权保护问题。当然接受了债权受让以后最好还是去变更抵押权登记,但是不去变更登记从权利依然不受影响,只是为了使其在执行时的效率提高。转让人把抵押权证直接交给受让人,然后受让人拿着债权转让的凭证,拿着未经变更的抵押权证,就可以执行,这可以在很大程度上保护受让人的权利。

下面大家看《民法典(草案)》第 344 条,它讲的是债务加入。债务加入是指债务人之外的第三人主动地要求加入债务,与债务人一道来承担这个债务。债务加入在理论上叫作平行的或并立的债务承担。债务承担就是债务的转移,《合同法》第 84 条规定的是债务转移,并没有用债务承担这个词。债务人之外的第三人主动告诉债权债务人,他能替债务人还债,经过债权人同意之后债务承担才能实现。由于一旦发生债务承担,原来的债务人就脱离了债权债务关系,债务就转移到了承担人身上,因此债务的转让不要求取得债务人同意,但是必须得到债权人的同意。如果把债务转到一个没有偿还能力的人身上,债权人就得不到清偿。假如有债权人张三、债务人李四,现在王五告诉张三自己替李四承担这个债务,但是如果债权人张三表示,如果王五不还钱他照样会找李四要,那么李四债务人的身份并没有改变,并没有从债权债务关系中脱离。如果原债务人李四从债务关系当中脱离出去,这在理论上就叫债务转移。而刚才所讲的例子中债务人并不变更,李四仍然是债务人,只是又加入了王五来共同承担这个债务,这两个债务人相互之间是连带债务关系,这对债权人没有什么害处。但如果是采取债务承担的方式,原债务人就要退出,债权人就会有担忧,例如万一王五不还钱的话他该找谁去要钱呢？债务加入在原《合同法》中并没有规定，2017年湖北省高级人民法院在判决时创设了债务加入的规则，现在把它作为一个法律规则规定在合同编第344条。这两个债务人相互之间是共同债务关系，这就叫共同债务人。由于共同债务人是连带承担债务，因此这对债权人将非常有利。

在座的有律师事务所的朋友，在你找银行贷款的时候，银行通常让你找一个担保人，为什么不换一种方式？银行不让你找担保人，而是让你再找一个人与你一同借款。假如是分公司贷款，你可以把总公司找来，在借款人这一栏加上它的名字，这就叫共同债务人；把你的关联公司找来，作为共同债务人也可以。共同债务人对债权人非常有利，共同债务人跟保证不一样，保证有一般保证、连带保证的区分。如果你担任企业、银行方面的法律顾问，可以利用签订合同时的特殊条件，让债务人找一个单位作为共同债务人，从而规避保证制度。

现在回过头来看，前面我们讲了第三人代替履行，现在又讲了第三人加入债务，这两个制度各有什么特征？第三人代替履行指的是事实行为，王五要替李四还钱，张三不反对王五替李四还钱，那么李四的债务就因履行、已清偿而消灭，所以说债务的第三人代替履行是一个清偿行为、事实行为，而不是一个意思表示。代替履行是一个事实行为，一定要还了这笔钱，原来的债务才能消灭。债务加入是法律行为，最后的结果是发生债权债务的变更，债权债务关系由单一的债务人变成两个共同债务人，我们要注意这两个制度之间的区别。

现在我们看第七章合同的解除。首先来看《民法典（草案）》第352条。第352条是法定解除权，同学们学法定解除权的时候，一定要把一些基本的概念弄清楚。什么叫解除？解除是一个有效的法律关系消灭的法律制度。什么是撤销？撤销是一个效力不完善、有瑕疵的法律行为归于消灭。撤销一个合同，是因为订立合同的意思表示有瑕疵，这个合同效力不完善。有撤销权利的一方，以单方的意思表示撤销这个合同，使这个合同归于消灭，这叫撤销。撤销是订立合同的意思表示有瑕疵，瑕疵就是有重大误解、欺诈、胁迫、显失公平这些问题。而解除针对的是完全有效的合同关系,我们要注意撤销和解除之间的区别。

在很多情况下都会发生合同的解除,《民法总则》在法律行为这一章规定了法律行为可以附生效、附解除条件。如果合同附了解除条件,解除条件成就之时,法律行为的效力就消灭了,当事人不需要行使这个权利。解除权的条件规定在原《合同法》第93条第2款,现在规定在《民法典(草案)》合同编第352条第2款。解除条件是指法律行为附解除条件,理论上叫法律行为的附款、合同附款。解除权的条件是约定解除权,第352条第2款规定的就是约定解除权,解除合同的事由出现后,解除权人可以据此解除合同。它和解除条件的差别在哪里？解除条件一旦具备,合同就解除、消灭了,不需要当事人再进行意思表示。解除权的条件是指条件成就时即发生解除权,解除权人有了解除权还可以考虑究竟是解除还是不解除,如果保留合同关系对自己有利就放弃解除权,如果消灭合同关系对自己有利就行使解除权。《民法典(草案)》第352条还规定了协商一致可以解除合同,协商一致解除合同是指当事人协商订立一个新的合同来消灭旧的合同。我们要注意实务中经常造成混淆的一个叫补充协议的概念,各种合同都有补充协议,而补充协议是什么意思？补充协议是变更合同的协议。我们在讲合同的变更和转让时提到,当事人可以协商变更合同,变更合同的协议也采用补充协议这个名称,补充协议生效后原来的合同仍然有效,只是原来合同中的某些内容因为补充协议而发生改变。解除合同的协议一旦生效,原来的合同就消灭了。实务中,很多当事人对于解除合同的协议也用了补充协议的名称,但是用这个名称有的时候会对自己非常不利。如果法官认为是补充协议的话,就证明原来的合同还有效,因此还要执行原来的合同,而实际上当事人双方协商解除合同,原来合同关系已经消灭了。法官为什么会产生这样的错误认识？是因为我们滥用了补充协议这个词。我看来,做法律顾问也好,做律师也好,起草合同一旦涉及解除合同,我们一定要写明"解除什么合同的协议",一定不能用"补充协议"这个词。

下面大家看《民法典(草案)》第353条法定解除。双方约定的解除条件成就时产生的解除就是约定解除权,而与此相对应的《民法典(草案)》第353条就是法定解除权。法定解除权是直接按照法律规定所产生的当事人的解除权,法律上为什么要规定一个法定解除权呢?它的立法目的是什么?当事人已经有约定解除权、解除条件、协议解除,为什么还要一个法定解除权?大陆法系国家或地区都有设置这个制度,它的立法目的是解决社会生活中实际上已经死亡、已经不能够履行的合同关系。按照市场经济的本质要求,应当尽量使这些实际上已经死亡但是形式上还在的合同关系尽快消灭。我们把它消灭,能使当事人从一个已经死亡的合同关系中及时解脱出来,去抓住别的机会。在改革开放初期的一段时间,经济学界的学者偶尔会召开一个有经济学专家和民法专家参加的讨论会。一位经济学博士在会上就讲到,市场经济下的中国遍地都是黄金,我们只要出去就可以发财。法定解除权就是为了保障合同当事人另行缔约的机会,既然这个合同关系已经死亡了,还用"法锁"把双方当事人控制在一起,当事人会丧失和别人缔约的机会。现在法律规定了这个制度,及时地使当事人从"法锁"中解放出来,去自由地追求自己的利益。我们要特别注意法定解除权的立法目的。法定解除权只是消灭这个合同,它不规定责任承担,如果消灭合同关系之后一方受损需要损害赔偿,这是另外一个问题。我们的教科书讲法定解除权的时候,往往都没有准确地把握法定解除权的立法目的,把法定解除权片面地理解为对守约方的救济手段。从这个角度来理解的话,法定解除权只有守约一方拥有,违约一方没有法定解除权。过去的教科书、好多学者、法院也都这样理解,这样就会在实际生活中发生这样的案件:符合了法定解除权的条件,但是对方(守约一方)迟迟不去解除,按照教科书中的理解违约方没有权利解除合同,而双方在已经无法实际履行的死亡合同中长期纠缠,这对双方都不利,因此会有违约的一方向法院起诉,要求解除合同。一审法院判决支持违约方解除合同,但是上诉后,二审法院认为适用法律错误,违约方不能解除合同,因此撤销原判。案件后来又提到巡回法院再审,法官对一审法院支持违约方解除合同、二审法院又否定违约方的解除合同,对究竟该解除还是不解除合同这个问题进行了讨论。二审法院为什么不允许违约方解除合同,是认为违约方没有这个权利。这与我们教科书的理解有关。然而这样的理解和法定解除权的立法目的并不一致,因此巡回法院作出判决,撤销终审判决,改为支持原告(违约方)行使解除权。

行使解除权与违约责任的承担损害赔偿是两个不同的问题,现在把损害赔偿的内容规定在《民法典(草案)》第353条的最后一款:合同不能履行致使不能实现合同目的,有解除权的当事人不行使解除权,构成滥用权利,对对方显失公平的,人民法院或者仲裁机构可以根据对方请求解除合同,但不影响其承担违约责任。这个条文非常拗口,我认为这个条文不够好,这样规定反而使法院难以实际操作。法院不仅要判断有解除权的一方不行使解除权是否构成滥用权利,还要判断对起诉方是否显失公平,这是何等复杂,根本没有达到解除的立法目的。我的意见是,凡是合同目的落空、不能实现的这种情况,双方都有解除权。比如按照《民法典(草案)》第353条的规定,不可抗力导致合同目的落空是第一种情况;第四种情况是一方一般违约导致合同目的落空;第五种情况是其他法律规定的情形。即凡是合同目的落空、合同关系死亡的情况,就都允许双方解除合同;如果合同关系没有死亡、目的没有落空,那么只有守约方有权解除合同。那么《民法典(草案)》第353条第1款规定的不可抗力使合同目的落空,双方都有权解除;第2款规定的逾期违约,并不能认为是合同目的落空,因此只有守约方才可以解除合同;第4款规定的根本违约,也只有守约方有解除权。这样来处理是合适的。我觉得《民法典(草案)》第353条的规定修改得还不够,反而给法院裁判增加了困难。

法定解除权有重大修改的部分是在《民法典(草案)》第355条。第355条第1款规定了约定解除权、法定解除权的行使。原来《合同法》第96条规定,解除权要以通知的方式行使,通知到达对方后合同关系随即消灭。"通知"在理论上叫作意思通知,法律上的"通知"除意思通知以外还有事实通知,比如发生不可抗力后不能履行合同,向对方发一个不可抗力的通知,这就叫事实通知。如果是以意思通知的方式来行使解除权,通知到达对方合同随即解除。如果对方有异议怎么办呢?原来《合同法》第96条规定:对方有异议的,可以请求人民法院或者仲裁机构确认解除合同的效力,这个诉叫作解除权行使的异议之诉。《民法典(草案)》第355条对通知作了一个补充,如果通知中规定了时间期限,解除权行使后在通知规定的期限届满后合同关系消灭;如果通知中没有附带解除权的期限,通知到达对方时合同消灭。当事人发通知的时候,要考虑规定时间对自己有利,还是不规定时间对自己有利。更重要的是现在还规定,一旦有异议,双方都可以提起异议之诉。对方有异议向法院起诉,叫异议之诉,这样的诉都是在审查这个合同是否因为通知已经解除,这是关于解除权行使的异议之诉。第2款特别重要,规定有了解除权的人,他可以不发通知而直接向法院起诉。《合同法》当年颁布后就遇到过这样的情况,有解除权的一方直接向法院起诉,有的法院拘泥于法律的文字含义,驳回了原告的起诉。因为法律上规定的是当一方有了解除权后只要向对方发出通知,当解除通知到达对方时合同就消灭了,不发通知而向法院起诉是不符合法律规定的。多数法院认为解除权通过向法院起诉来行使是一种很严格、严重的手段,而发通知是比较轻微的手段。原本发一个通知就可以解除合同,而现在合同一方采用了向法院起诉这种更严重、更严格的方式,这有什么不可以?法律的解释方法论上不是有一个举轻以明重吗?既然用通知这种比较轻微的方法就可以解除合同,那么直接采取向法院起诉这种重大的方法当然是可以的。因此多数法院都认可了这种做法。如果当事人不发通知直接向法院起诉,法院当然要审理原告是否有解除权,如果有解除权的话应当判决合同解除。这里有一个问题,如果法院支持了原告的解除权请求后,合同什么时候解除呢?按照原来《合同法》第96条的规定是通知到达对方时合同解除。而现在主张解除合同的一方并没有发通知,而是直接向法院起诉,如果判决合同解除,那么解除合同的时间究竟是判决作出之时、判决生效之时,还是原告起诉之时。这三个解除合同的时间跟当事人的利害关系非常大,因为一个案件,从向法院起诉至最后作出判决,经过一审、二审,少则3个月到5个月,多则三年五载,甚至有些案件审期超过七八年。在如此长的期间可能会发生各种各样的问题,比如原来合同关系中的财产还在不在？是不是已经流转了多次？是不是已经被别人强制执行了？所以说合同解除时间的确定特别重要。《民法典(草案)》第355条第2款明确了这一点,如果解除权主张得到法院的支持,合同是从起诉状副本发送给被告之日起解除或仲裁申请书的副本送达被申请人之时解除,这样就避免了解除权人在不确定的审期中遭受不必要的损失,这是非常重要的。

接着我们看《民法典(草案)》第356条。本条对法律解释权作了很重大的变更。《合同法》中的法定解除权、约定解除权制度在创设的时候,起草人拘泥于德国民法关于解除和违约责任严格区分的传统理论。如果按照传统理论,合同已经解除了,当然就没有合同关系了,这个时候应该赔偿机会损失;而违约责任的损害赔偿是对履行利益损失的赔偿。所谓履行利益的损失不就是实际损失加可得利益吗？所谓机会损失指的就是实际损失,因此可得利益就得不到赔偿。德国传统的民法理论中,违约责任以合同有效存在为前提,如果合同有效,违反合同约定即发生违约责任;如果合同解除、消灭,那么原合同关系已经消灭,当然不可能发生违约责任,这个情况下只能赔偿机会损失。比如,签订合同的时候房价是1万元1平方米,因为种种原因现在履行不了,合同要解除,但是现在房价已经涨到了10万元1平方米,机会损失就是赔偿这个差额,这是德国法上的传统理论。《合同法》的起草人拘泥于这个传统,使得在《合同法》实践中就一直存在争论。如果一方违约,最后发生了纠纷,那么为什么按照《合同法》第97条的规定只赔偿实际损失呢？法院可不可以按照原来合同中关于违约责任、违约金的约定来判决？这样的争论长期存在。现在的合同编规定,如果是因为违约导致的合同解除,可以要求追究违约责任。当初制定《合同法》的时候,实际上大陆法系有两种意见,德国是严格区分解除和违约责任的,如果是违约责任赔偿就是赔偿实际损失加上可得利益,如果是解除就只赔偿机会损失;而法国早就规定,如果违约导致合同解除可以主张违约损害赔偿。法国这样规定的理由很简单,由于违约解除之前违约行为已经发生,违约责任已经成就,当然可以依此主张违约赔偿。现在起草合同编时我们明确地采取了法国的方案,而德国的民法学界也开始明确地表示要进行改变,违约导致的合同解除可以追究违约责任。

合同解除后赔偿的内容是什么,对当事人中守约的一方至关重要。大家看《民法典(草案)》第356条,规定了由于违约导致的合同解除,守约方可以要求追究违约责任。最后一款规定,虽然主合同解除后保证合同也要消灭,但是担保人对债务应当承担的民事责任仍然需要承担。前面讲到了主从关系,保证合同是从合同,保证合同有效的前提是主合同有效。如果主合同解除,保证合同也要一并消灭,所以保证人就没有保证责任了。这就产生了一个问题,保证人因主合同消灭、解除后继而不承担保证责任的制度好像有点不合适,因为如果保证人当初不为债务人担保的话,对方就不会借钱给债务人,那主合同也就无法成立。因此在裁判实务中已经开始作出改变,主合同解除、消灭,保证合同一般情况下应该消灭,但是出于某种法律上的考虑,虽然保证人不承担原来保证合同上的保证责任,但是对债务人因合同解除所产生的责任还要提供保证。我们把这个经验上升为法律,规定在《民法典(草案)》第356条的最后一款。大家注意第356条的最后一款提到了当事人另有约定的除外。合同解除以后,违约责任的承担也有一个当事人另有约定的除外,这就给当事人在签订合同时留下了变通的手段。由于违约责任都金额巨大,如果担心合同解除以后要承担金额巨大的违约责任,当初在签订合同的时候就可以预先规定由于违约而造成的合同解除不能追究违约责任,这样可以稀释自己的违约责任。保证人签订合同的时候约定一旦主合同解除,那么保证人的保证合同也相应解除,保证人一方面不承担保证责任,另一方面保证人也不对主合同解除后的债务承担责任。这两款规定都以当事人的约定优先,这就要求律师、法律工作者根据当事人利益,在具体合同签订时基于具体的情况为当事人留有余地。所以我们不是懂了一般的法律规则就可以了,关键在于我们能不能够在实际中运用法律赋予我们的权利,如果能运用好,从事法律职业的水平就会提高。

下面我们来看第八章,违约责任这一章没有太大的改变。大家看《民法典(草案)》第374条,这就是原来《合同法》第133条。我要特别强调的是,《民法典(草案)》第374条第1款最后一句规定的不可预见规则,本规则在字面上说得很清楚,违约损害赔偿不能超过订立合同的时候能够预见或应当预见到的因违约而产生的损失。如果你当法官,遇到这样的违约责任案件的时候,你去问违约方:"你订合同的时候是否预见到了你违约会给对方造成如此巨大的损失?"被告肯定会告诉你:"我预见不到,怎么会预见到呢?"这个条文虽然文字非常具体、清楚,但是绝不是要求我们真的去问当事人是否能预见到。不可预见规则是一个授权条款,它授权法院在某种特定情况下平衡双方的利益关系。比如,双方全面履行合同最多可以获利200万元,但因为一方违约,最后计算出来的损害赔偿金有500万元、600万元、1000万元甚至2000万元,这么大的金额都让违约方承担并不公平。本来合同履行才能获利200万元,但是由于一方违约,最后对方可以得到500万元、600万元、1000万元甚至2000万元,这使得当事人之间的利益关系严重失衡。这时就需要有一个手段来调整当事人的利益关系,使当事人之间的利益关系恢复到一个比较平衡的状态。那怎么恢复到比较平衡的状态呢?就是要把计算出来的损害赔偿金减少到一个公平合理的数额。如果合同实际上履行了,可以获利200万元,现在因为违约计算出应当赔偿1000万元,法院就将赔偿金减少到300万元或者350万元,这难道还不够吗?法院这个时候要做的就是恢复当事人之间的平衡,但是法官也不能随便平衡,要根据不可预见规则来进行平衡。

不可预见规则原本是英美法上的规则,大陆法中并没有不可预见规则,大陆法往往采用过失相抵的原则来处理此类问题。法官在审理案件时考虑原告对损害的发生有无过失,虽然计算出由于违约要赔偿1000万元,但是基于原告的过错将其减少到350万元,这就是过失相抵。法院、仲裁庭为了平衡当事人之间的关系,减少原本计算出来的远远超出可得利益的赔偿金,因此需要适用过失相抵规则。但如果计算出的损害赔偿金与可得利益相差不多,法官根本不考虑过失相抵规则,他直接按照计算结果作出判决就行。大陆法系中运用过失相抵规则是为了在违约责任、侵权责任中平衡当事人之间的利益关系,这与英美法系的不可预见规则具有同样的功能和目的。

英美法中的侵权责任案件,采用过失相抵规则,而违约责任采用不可预见规则,原因在于两大法系在合同的理论、理念上存在差别。虽然大陆法系与英美法系都讲合同自由,但是英美法认为当事人不仅有订立合同、履行合同的自由,还有不履行合同的自由。简而言之,英美法认为违约也是一种自由,而违约责任与过失无关,所以说英美合同法上的违约责任是严格责任、无过错责任。只要合同生效就要履行,不履行就承担责任,这与过错没有关系,这就是英美法的合同理论。它们讲的合同自由比大陆法系的合同自由更彻底、范围更广,只要承担责任连违约都是自由的。同学们是否听说过一个主张,叫作效益违约。效益违约简直就是鼓励违约,主张如果你看到房价上涨,那就赶快撕毁原先订立好的买卖合同,把房子转卖给其他人。虽然这构成违约,但是所要支付的赔偿金、违约赔偿金要远低于你转卖房屋所能获得的利益,所以出于经济效益的考虑,此时应当果断违约。大家看上述这些内容,完全就是一个鼓励违约的制度。当然,效益违约这种理论在英美法中也是少数观点,只有少数学派,特别是法经济学派主张,其他学派也认为效益违约太极端了。法律直接鼓励民事主体违约,这在法理上说不过去。但是大家想,效益违约不就是合同自由最极端的表现吗?英美法实际上认为当事人违约也是他的自由,因此英美法的违约责任不以过错为条件,而是一种无过错责任。既然违约责任是无过错责任,现在要减少违约损害赔偿金额的时候,怎么能适用过失相抵规则呢?怎么能够说受害人有过失呢?被告承担责任都不以过失为条件,现在为了平衡双方的责任,强行说受害人有过失这是说不通的,所以英美法另外发明了一个不可预见规则。英美法发展出的不可预见规则是非常重要的一个法律手段,法律授权仲裁庭、法庭把不合理的赔偿金额降低,减少到法庭、仲裁庭认为比较公平、合理的数额,以实现当事人之间的平衡。

大家看《民法典(草案)》第 382 条第 2 款。合同编已经规定了不可预见规则,而《民法典(草案)》第382条第2款增加了过失相抵规则。合同编的起草人没有注意到,我们20年来一直采纳英美法制度。我国《合同法》虽然概念体系是大陆法的,但是其在精神、原则上有很多英美法的内容。比如违约责任是英美法的,以金钱赔偿为原则,实际履行为例外。我们的实际履行、强制履行制度直接采纳了英美法的特别履行制度。预期违约是英美法的,我们将预期违约规定在不安抗辩权、法定解除权以及违约责任中。预期违约可以发生不安抗辩权、法定解除权,也可以直接起诉追究违约责任。《合同法》中有很多内容采纳了英美法、国际公约的规定,现在的起草人反而没有注意到这一点,在已经有不可预见规则、减损规则等这些足以用来平衡当事人之间利益关系的法律手段之外,又添了一个过失相抵规则,这当然是不适当的。现在起草人搞了一个同时走两条路的规定。如果保留不可预见,就不能再规定过失相抵,两个规则同时规定是绝对不行的。不可预见规则已经施行了20年,被法官、律师熟练地掌握,没有任何理由再改变这个规则。

  合同编中另外一个重大的失误就是删掉了无权处分合同规则,也就是原来《合同法》第51条,这是非常重大的失误,这会对中国市场经济和中国社会造成巨大的危害。如果认为擅自出卖别人财产的合同有效,随便就可以把别人财产卖了,这还得了吗? 社会生活中有大量的财产处在别人的占有之下,如果我们删掉了无权处分规则,无论是在故意还是过失的情况下对于无权处分的他人财产,法院都会认定合同有效,买受人直接依据合同而取得所有权的话,不仅会使善意取得、权利瑕疵担保制度名存实亡,更重要的是会鼓励社会上某些心术不正的人盗卖、骗卖他人的合法财产。就此问题,我曾详细分析了各主要国家和地区民法处理出卖他人之物的三种方案。我们现在采用的无权处分规则是在权利人不追认的情况下擅自出卖他人的财产无效,这个制度跟德国、法国这些主要国家是一致的,是最可靠、最稳妥的。德国人难道不知道合同的有效性取决于当事人之间的意思表示一致吗? 为什么把这两个制度合在一起? 按照道理,他们最应该规定无权处分他人财产的合同有效，出卖他人之物的合同有效，然后权利人再根据物权法行使取回权。然而他们却偏偏不这样做，反而把权利人的保护、权利人取回权的行使与合同的有效合在一起规定，权利人不追认合同就无效，所有权就不转移，为权利人行使取回权保留了可能性。权利人后来发现他人无权处分自己的财物，可以向法院直接行使取回权。合同无效因此就不发生所有权转移，所以说财物的所有权还在出卖人手中，权利人可以直接拿回来。而其他的方案，如无权处分他人财物的合同有效，但是不得损害权利人的权利，这虽然说得很好，但问题在于，在这种情况下权利人是无法及时发现权利受损的，等权利人发现自己的房子被他人擅自出卖之后向法院起诉时，房屋已经基于合同有效而被买受人合法取得，又不知道转手多少次了。英美法中的《魁北克民法典》规定了无权出卖他人之物的合同，权利人可以宣告其无效，但问题是权利人不可能及时发现自己的财物被他人擅自出卖，等到他发现的时候已经收不回来了。所以说《合同法》第 51 条是整个社会最重要的制度之一，被称作压舱石。只有这个制度才能够保障我们的财产安全。

合同法的内容最多了，我只是讲了总则部分，分则部分还没讲。同学们无论如何一定要把合同法学好，不仅法考肯定会考，而且掌握好合同法也是法律人将来最重要的本事。今天我就讲到这里，谢谢大家！

中国民法典中不能设置人格权编[*]

中国民法典对人格权如何规定,是单独设编,还是在民法总则编的自然人一章加以规定,学界对此一直存在争论。主张人格权单独设编的学者主要以王利明教授为代表,反对人格权单独设编的学者以笔者为代表。中国法学会民法学研究会在2015年年会上,以研究会的名义提出了《民法典·人格权法编专家建议稿(征求意见稿)》。这表明,人格权是否单独设编,已不仅是笔者与王利明教授之间的分歧,还是笔者与中国法学会民法学研究会之间的分歧。必须说明的是,双方的分歧不在于对人格权本身的认识不同,也不在于对人格权是否重要的认识不同。笔者反对人格权单独成编,但并不否认人格权的重要性,也不否认应强化对人格权的保护。双方争议的焦点是,人格权是否单独设编,选择何种立法模式。在此,笔者郑重表态,不赞成中国民法典设立人格权编,而主张在民法总则编的自然人一章规定人格权。

一、民法典不应设置人格权编的主要理由

1. 人格权与人格有本质联系

作为人格权客体的自然人的生命、身体、健康、自由、姓名、肖像、名誉、隐私等,是人格的载体。人格权与人格相始终,不可须臾分离:人格不消灭,人格权就不消灭;人格消灭,人格权就消灭。这是将人格权规定在民法总则编自然人一章的法理根据。

---

[*] 本文原载《中州学刊》2016年第2期。

法人是不可能有人格权的。法人有名称权或商号权。法人的名称权与自然人的姓名权类似，法人的名誉权类似于自然人的名誉权。因此，可以采取准用的立法技术，在民法总则编的自然人一章规定人格权，然后在法人一章增加准用条款。

2. 人格权与其他民事权利有本质区别

人格权的客体是自然人的生命、身体、健康、自由、姓名、肖像、名誉、隐私等人格利益。人格权是存在于主体自身的权利，而不是存在于人与人之间的关系上的权利。人格权就像权利能力、行为能力、出生、死亡一样，属于主体自身的事项，因此，民法中不存在人格权关系。人格权只在受侵害时才涉及与他人的关系，但这种关系属于侵权责任关系，是债权关系的一种。这是不能将人格权作为民法典的分则，即不能在民法典中设置与物权编、债权编、亲属编、继承编相并立的人格权编的法理根据。

人格权与其他民事权利的最大区别在于，其他民事权利都是民事主体对其身外之物或人享有的权利，而人格权是民事主体（自然人）对其自身享有的权利，其客体（对象、标的）不在主体身外，而在主体自身。人格权实际上是自然人作为一个活生生的人进而作为法律主体所不可或缺的要素。没有生命不叫人，没有身体不能称其为人，没有姓名不能签订合同、不能报考学校。因此，人格权是自然人对其自身享有的权利。

3. 人格权不能适用民法总则编关于法律行为、代理、时效、期日、期间等的规定

人格权不能依权利人的意思、行为而取得或处分，其他民事权利均可以根据权利人的意思、依法律行为而取得或处分。人格权因自然人的出生而当然取得，因权利人的死亡而当然消灭，其取得与人的意思、行为无关，原则上不能处分、转让、赠与、抵销或抛弃。因此，民法总则编的法律行为、代理、时效、期日、期间等制度，对于其他民事权利均有适用余地，唯独不能适用于人格权。如果人格权单独设编，与物权编、债权编、亲属编、继承编并列，不但割裂了人格权与人格的本质联系，混

淆了人格权与其他民事权利的区别,而且破坏了民法典内部的逻辑关系。我国《民法通则》第 2 条规定,民法调整平等主体之间的财产关系和人身关系。这里的人身关系是指身份关系,即家庭中父母子女之间、兄弟姐妹之间、祖父母与孙子女之间的身份关系。《民法通则》把人格权称为人身权,该权利与作为民法调整对象之一的人身关系应当严加区别。人格权是人对自身的权利,存在于作为主体的自然人本身,而不是人与人之间的关系上。如果人格权单独设编,就违反了民法典总则与分则的逻辑关系。这也是笔者不赞成人格权单独设编的法理上的理由。

4. 人格权单独设编没有成功的立法例

各主要国家和地区民法典关于人格权的规定大致有五种立法模式:(1)在债权编的侵权行为法部分设置人格权保护的规定,如 1896 年《德国民法典》、1898 年《日本民法典》。(2)在总则编或人法编的自然人一章规定人格权,如 1992 年《荷兰民法典》、1994 年《魁北克民法典》等。(3)在总则编或人法编的自然人一章规定人格权,同时在债权编的侵权行为法部分规定侵害人格权的侵权责任,如《瑞士民法典》《葡萄牙民法典》《匈牙利民法典》《立陶宛民法典》、1959 年《德国民法典(修正草案)》。(4)在总则编的权利客体一章规定各种人身非财产利益(人格权),同时在债权编的侵权行为法部分规定侵害人格权的侵权责任,如《俄罗斯联邦民法典》《白俄罗斯民法典》。(5)单独设置人格权编,仅有 2003 年《乌克兰民法典》。

特别需要提及第一种立法模式,即只在债权编的侵权行为法中规定侵害人格权的侵权责任,这种模式以《德国民法典》和《日本民法典》为代表。能不能据此认为,《德国民法典》的起草者根本不重视人格权、没有认识到人格权的重要性呢?绝对不能。事实上,萨维尼及以他为首的历史法学派,都认为人格权是自然人与生俱来的权利,不像其他权利那样取决于法律的授予。人格权无须法律规定,只需法律予以保护(救济)。这就是《德国民法典》和《日本民法典》只在债权编的侵权行为法部分规定人格权保护的理由。

还需特别注意第五种立法模式,即《乌克兰民法典》专门设置了第二编"人格权编"。乌克兰1996年公布了民法典草案,该草案2003年获得通过。因此,对人格权单独设编,绝不是中国学者的首创,而是乌克兰的首创。笔者不赞成人格权单独设编,除前面谈到的法理上的理由外,还有一条立法政策上的理由,即笔者不赞成中国民法典模仿《乌克兰民法典》。

二、不能将人格权提升到人权保护的高度

1. 对"民法典要把人权保护提到前所未有的高度"提法的评论

民法典与人权保护的关系,这一问题在过去没有受到足够的关注。民法典要把人权保护提到前所未有的高度,这一提法实际上是王利明教授主张对人格权单独设编的一个理由,即通过人格权单独设编,把人权保护提到前所未有的高度。笔者认为,这一理由根本不能支持人格权独立成编。

首先,"民法典要把人权保护提到前所未有的高度"的提法将引起思想混乱,引发歧义。虽然不能说民法典与人权保护没有关系,但民法教科书上什么时候说过,人权保护是民法的目的、民法的功能?2015年9月14—16日,全国人大常委会法工委民法室召集专家集中讨论了《民法总则(草案)》。该草案第1条规定:为了保障民事主体的合法权益,调整民事关系,维护经济社会秩序,促进经济社会发展,根据宪法和我国实际情况,制定本法。该条是关于立法目的的规定,其中只字未提"人权保护"。该草案共有160个条文,其中没有一个条文中有"人权"一词,更不用说规定"人权保护"了。那么,"民法典要把人权保护提到前所未有的高度"的提法,是不是会在社会上引发关于民法典立法目的的思想混乱呢?并且,这一提法容易使人心生疑问:要将中国的人权保护提到前所未有的高度,这个高度以什么为标准?什么是前所未有的高度?

其次,"民法典要把人权保护提到前所未有的高度"的提法隐含着中国当下的人权保护状况"很糟糕"的意思。这符不符合中国人权保护的现状呢？如果不持偏见，就应当肯定中国自改革开放以来在人权保护方面已经取得了长足进步。提出"民法典要把人权保护提到前所未有的高度"是非常轻率、不合时宜的。

2. 民法典的立法目的不是保护人权

什么是人权？相关文章非常多，观点因人而异。笔者在这里以联合国的正式文件作为定义人权的依据。1966年联合国大会通过的两个国际人权公约(《公民权利和政治权利国际公约》《经济、社会及文化权利国际公约》)实现了人权的定型化，1977年联合国大会通过的《关于人权新概念的决议案》明文规定了12类人权：生存权、平等权、社会保障权、环境权、自决权、发展权、知情权、接受公正审判权、安全权、基本自由、受教育权、和平权。这12类人权与民法典规定的民事权利并不相同。当然，不能说一点联系没有，如生存权就与自然人的生命权有关。但是，联合国人权公约中的生存权，肯定不同于民法典上的生命权。这12类基本人权与民法典上的民事权利有本质区别，不应混为一谈。民法典的立法目的是保护民事权利，调整对象是平等主体之间的人身关系和财产关系。应当肯定，这12类人权不在民法典立法目的的范围之内，不在民法典的调整范围之内。

3. 保护人权特别要靠限制和杜绝公权力的滥用

有没有民事主体相互侵害人权的现象？当然有。如英国有一个案件：一家航空公司禁止女雇员佩戴宗教标志性饰物，一个女雇员以非法歧视为由起诉这家航空公司。一审法院判决原告败诉，原告以侵犯基本人权为由向欧洲人权法院起诉，获得了胜诉判决。英国还有一个案件：承租人死亡后，其同性伴侣要求续租房屋，被出租人拒绝。法院判决支持出租人，原告以侵犯基本人权为由上诉到英国上议院，英国上议院改判出租人败诉。我国台湾地区法院裁判过"女雇员一经结婚即视为自动离职"的案件，天津市塘沽区人民法院裁判过"工伤概不负责"的案件。这些都是民事主体侵害对方人权的实例。但是，可以肯定地说，民事主体侵犯对方人权的现象，在数量上是很少的，在程度上是轻微的，这是由民事主体的法律地位平等所决定的。当然，不能因此就对民事主体侵害对方人权的事例不予重视,民法仍然要采取相应的对策。如我国《合同法》第 53 条规定免除人身伤害责任的免责条款无效,就是将天津市塘沽区人民法院审理的"工伤概不负责"案所形成的裁判规则上升为民法条文。

人类历史上大规模严重侵犯人权的事例发生在民法之外的公法领域。如纳粹德国推行种族灭绝政策,剥夺了数百万犹太人的生命;侵华日军在南京屠杀了 30 万毫无抵抗能力的妇女、儿童、老人和已经放下武器的军人;第二次世界大战期间日本在中国、朝鲜、菲律宾等国家强征慰安妇;美国有种族歧视、虐囚事件;等等。可以断言,古今中外大规模严重侵犯人权的事件都发生在公法领域,都是公权力滥用的结果。提高人权保护的水准,要靠整个法治的进步,特别是靠限制和杜绝公权力的滥用。认为只要民法典单独设置人格权编,就可以将人权保护提到前所未有的高度,这种观点是不正确的。

三、尊重人格权保护的中国经验

1. 德国保护人格权的经验

如前所述,《德国民法典》既没有设立人格权编,也没有在总则编规定人格权类型,而是在债权编的侵权行为法部分规定了侵害人格权的侵权责任,即用侵权法保护人格权。这是德国民法保护人格权的一大特色。日本也是如此。其实,用侵权法保护人格权,不仅是《德国民法典》《日本民法典》的特色,也是除《乌克兰民法典》之外其他国家和地区民法典的共同特色。区别仅在于,其他国家和地区的民法典不仅用侵权法保护人格权,还同时在民法典的总则编规定若干人格权类型。

德国保护人格权的经验在第二次世界大战以后受到挑战,因为《德国民法典》债权编侵权行为法部分有关条文所明示的人格权类型较少,仅有生命权、身体权、健康权、自由权(第 823 条)及信用权(第 824 条)和性自主决定权(第 825 条)等八条,这些不能涵盖社会发展和科技进步中发生的新案例。于是,德国判例和学说创设了一般人格权的概念。一般人格权相当于一个"筐子",凡民法典明示的人格权类型之外的人格利益受侵害案例一律装入这个"筐子",依侵犯一般人格权追究侵权责任。换言之,《德国民法典》明示的人格权类型加上判例和学说创设的一般人格权,解决了民法典明示的人格权类型不足以涵盖新型案例的问题,即人格权保护的范围问题。自20世纪末以来,德国市场经济发展中出现了"名人代言""角色商品化"等"人格商品化"现象,这些现象与传统民法理论上人格权属于非财产权的原理发生冲突。非财产权即不具有财产价值的权利,如果坚持人格权的非财产权性,则名人代言凭什么收取高额报酬？法院对不经许可使用他人创造的角色的案例,凭什么判决金钱赔偿？对此,德国判例和学说进一步突破人格权的非财产权性原理,承认人格权具有财产价值,回应了"人格商品化"现象提出的挑战。

简言之,人格权保护的德国经验可以概括为:侵权法保护,加上创设一般人格权,再加上承认人格权具有财产价值。

2. 美国保护人格权的经验

美国保护人格权的最大特色,是用侵权法保护隐私权。美国侵权法中的隐私权与中国侵权责任法中的隐私权是有区别的。中国侵权责任法中的隐私权是狭义概念,是指自然人对自己不愿他人知晓的个人隐私(个人秘密)的权利。美国侵权法中的隐私权是一个抽象的概念,凡是属于自然人的非财产利益(人格利益)受侵害的情形,均可以纳入隐私权范围受到保护,法院会判决加害人承担侵害隐私权的侵权责任。因此,美国侵权法既不需要规定各种具体的人格权类型,也不需要创设一般人格权概念。美国侵权法中的隐私权概念本身就相当于一个"筐子",一举解决了人格权保护的范围问题。不过,美国同样面临"人格商品化"现象,美国法对此是如何因应的呢？美国不可能像德国那样通过判例和学说承认人格权具有财产价值,因为美国法中没有人格权的概念,但美国判例和学说发明了"商品化权"概念。"商品化权"的功用与德国法上的"人格权具有财产价值"的功用相同。因此,美国保护人格权的经验可以概括为:侵权法保护,加上隐私权保护,再加上"商品化权"保护。

3. 中国保护人格权的经验

据王泽鉴先生研究,德国经验和美国经验是当代法律保护人格权的成功典范。中国保护人格权的经验,与它们有什么差距吗？只要不持"外国月亮总是比中国圆"的偏见,就不得不承认,保护人格权的中国经验与德国经验、美国经验并没有明显的高下、优劣之别。毫无疑问,中国编纂民法典一定要肯定和尊重保护人格权的中国经验,将现行《侵权责任法》作为民法典的一编,对其内容不作实质改动,并在民法典总则编自然人一章专设一节,列举规定在《民法通则》中的人格权类型,加上最高人民法院司法解释认可的人格权类型,充其量再按照学者们的建议,增加关于一般人格权的规定,这就足够了。

第一,中国保护人格权的特色之一,首先是用侵权法保护。这与德国经验、美国经验及更多国家和地区的做法是完全一致的。我国《侵权责任法》第2条第2款列举规定了该法保护的民事权利,包括生命权、健康权、姓名权、名誉权、荣誉权、肖像权、隐私权、婚姻自主权等。其中,隐私权是最高人民法院通过司法解释认可的人格权类型,其他都是现行《民法通则》规定的人格权类型。值得注意的是,主张人格权单独设编的学者最近又提出了一个新的理由,即《侵权责任法》不足以保护人格权。按照大陆法系传统民法,侵权行为法本应在民法典债权编中与合同法并列,并无单独设立侵权行为编或者制定侵权行为单行法的立法例。现在主张人格权单独设编的学者,当年曾极力强调侵权责任法作为民事权利保护法的性质及其重要性,建议民法典单设侵权责任编。立法机关采纳了此项建议,在民法典编纂之前以单行法形式制定了现行《侵权责任法》。应当肯定,强调《侵权责任法》作为民事权利保护法的性质及其重要性,在严重灾害、侵害和侵权现象频发的背景下,具有相当的合理性。《侵权责任法》保护的民事权利首先是人格权,然后才是物权、知识产权。令人不解的是,前述学者为了使人格权单独设编,现在又提出《侵权责任法》不足以保护人格权,不惜贬损、肢解现行《侵权责任法》。

第二,中国保护人格权的特色之二,是将人格权类型化,即由法律明文规定人格权的各种类型,再由最高人民法院通过司法解释认可新的人格权类型,以此解决人格权保护的范围问题。我国《民法通则》列举规定了各种人格权类型,司法实践中一旦发现有《民法通则》未列举规定的侵害人格利益的案例,就由最高人民法院以司法解释的形式认可新的人格权类型。例如,最高人民法院通过司法解释认可了侵害死者名誉或披露他人隐私致他人名誉损害的,可以追究侵权责任。最高人民法院还通过司法解释将《民法通则》规定的生命健康权分解为生命权、身体权和健康权。需补充一点,有学者建议中国借鉴德国经验,在民法典编纂时增加规定一般人格权的概念。这种主张有一定道理。如果民法典规定了一般人格权,则将来遇到侵害人格利益的新型案件,法院就可以根据一般人格权条款追究侵权责任,而不再通过司法解释认可新的人格权类型。

第三,中国保护人格权的特色之三,是通过《侵权责任法》第20条解决了"人格权商品化"问题。对于这一问题,美国通过商品化权制度解决,德国通过一般人格权制度解决。《德国民法典》和《日本民法典》中都没有规定人格权,都是用侵权责任法保护人格权。人格权是需要侵权责任法保护的,其需要损害赔偿制度。民法不需要表述哪些人格权有财产价值,哪些人格权没有财产价值,这些由法官在个案中具体斟酌。隐私权、名誉权、肖像权、生命权,这些权利有没有财产价值呢?中国有死亡赔偿金制度,实际上解决了这个问题。中国运动员王军霞在1996年亚特兰大奥运会上获得了5000米女子长跑冠军,她披着五星红旗绕场一周的照片被一个商人用作商品广告。王军霞以侵犯肖像权为由起诉到法院,法院首先面临人格权属于非财产权的问题。如果坚持人格权是非财产权的原理,就只能判被告赔礼道歉,而不能判金钱赔偿。即使法院承认侵害肖像权给原告造成了财产损失,原告也没有办法证明财产损失的数额。值得赞扬的是,该案中法院比照《商标法》第63条的规定,将被告因使用原告肖像所获得的利益作为原告受到的损失,承认了人格权具有财产价值,并解决了财产损失额的计算问题。该案确立的裁判规则被立法机关上升为法律条文,规定在现行《侵权责任法》第20条。既然该条规定了侵害人格权益所致财产损失的计算方法,中国就没有必要像德国或美国那样通过判例或学说来承认人格权具有财产价值或者创设"商品化权"。

最后,笔者再次郑重表态:不赞成中国模仿乌克兰;不赞成贬损侵权责任法、肢解侵权责任法;不赞成中国民法典设置人格权编。

人格权立法和民法典编纂[*]

  人格权是民法研究中最为不足的内容。我们的教科书上讲到人格权时只有很少的几句话。我们在权利的分类中讲到了财产权与非财产权,讲到非财产权时提到人格权和身份权,甚至有的教材根本就没有谈到人格权。我曾经翻阅日本的一些民法总则著作,相当于我们的民法总论教材,甚至没有提到人格权。最新翻译的德国民法总论,在讲到人格权时也是几句话,只是讲到了人格权作为非财产权,然后讲到身份权(在德国理论上改称"个人家庭权"),没有任何详细的介绍、分析,非常简单。这说明过去民法理论对于人格权的研究不足,重视不足。现在中国制定民法典,草案中有"人格权编",我们姑且不论将来的民法典是否保留"人格权编",如果借此机会对人格权的认识能够提高一些,也是一个很大的收获。这就是我今天作这个讲座的初衷。
  很多国家或地区法律上没有规定人格权,难道它们的人民就没有人格权吗?肯定不是。因此,我们把人格权分为"实质上的人格权"和"法律上的人格权"。实质上的人格权,有的学者把它称为"自然法上的人格权"。法律上的人格权是我们的民法、民法典规定的人格权,又称"制定法上的人格权"。所以我在讲座中会交替运用"实质上的人格权"和"法律上的人格权",请大家注意。
  我讲五个部分。第一部分讲一下法律未规定人格权的法律体系,即英美法系国家怎样保护人格权,它们为什么没有人格权概念。第二

---

 * 本文源自作者于 2018 年 11 月 19 日在华东政法大学的讲座。

部分讲大陆法系国家或地区为什么要规定人格权,简单介绍法律上规定人格权的经过,评论一下它的理由。第三部分顺次介绍人格权和其他民事权利的区别,并尝试概括人格权的几个特殊性。当然也可以举一些例子。第四部分讲保护人格权,特别是大陆法系包括我国是怎样保护人格权的。在刑法上、民法上怎样保护人格权,对于大陆法系的共同经验作一个概括。第五部分对现在的人格权编草案作一个简单的评论,也表达一下我的意见,供大家参考。

一、英美法系国家怎样保护人格权

英美法系国家怎样保护人格权？当然这里是指"实质上的人格权"。我们首先从英美法系的侵权法说起,我们读英美的侵权法著作时,看到一些侵权法的著作,书名叫"Torts"——"Tort"加一个"s"。然后,在读这些著作的前言、序言时,其中会讲到在英美法系没有一个统一的侵权行为概念。英美法系的侵权法是历史上由国王或法院分别颁发的一些令状所形成的一些个别的侵权行为,即由个别的侵权行为来组成、拼合而成的。甚至有的作者把英美的侵权法形容为有很多小的"筐子",拼合在一起组成一套筐子。下面简单介绍一下,英美法系保护"实质上的人格权"的侵权行为的类型。

第一种侵权行为是侵害身体。侵害身体的侵权行为有两种:第一种,中文翻译为"殴打",用我们的话说就是"侵害身体权"。在英美法里面称为"battery","battery"可以进一步区分为两种:一种叫作"offensive contact",指的是冒犯性地侵犯他人身体;另一种叫作"harmful contact",是指伤害性地侵犯他人身体,字面意思就是伤害性地接触他人身体。这容易理解,就是我们说的侵害身体权,打伤人、伤害、造成残疾,等等。"offensive contact"是一种冒犯性(也可以理解为侮辱性)的行为。前几个月网上有一则新闻:在一个游泳池里,一位女士说一个游泳的男孩的手接触到她的身体,导致纠纷,后来还发生了悲剧。如果这个男孩是有意的,是故意接触到这位女士的身体,这就是所谓的"offensive contact",称为"冒犯性的身体接触"。

侵害身体的侵权行为，另外还有一种，中文翻译为"威胁"，即威胁要伤害他人身体，英文是"assault"。这是一种以伤害他人身体为威胁的侵权行为。

第二种侵权行为是侵害生命。用我们的话说叫"侵害生命权"，英文是"wrongful death"，即违法致死，属于侵害生命的侵权行为。

除侵害身体、侵害生命以外，还有相当于我们讲的侵害名誉权的侵权行为，"defamation"，即诽谤。在英国，除判例法之外，议会还制定有专门的《诽谤法》(Defamation Act)。

除此之外，还有"trespass"和"nuisance"。"trespass"是指侵入他人的私密空间、私密领域；"nuisance"是指侵扰、干扰、妨碍。在英国法上，这两种侵权行为都涉及对人身权和财产权的侵害。

这是英国侵权行为法中相当于侵害实质人格权的侵权行为。反过来说，英国法不就是用这些特别的侵权行为制度来保护人格权吗？前面讲到，国家分别颁发的令状规定这些特别侵权行为。到了近代，英国不再颁发这样的令状了。但是英国是判例法国家，在裁判实践中法官有的时候会创设新的侵权行为。我们读英美侵权法的时候，注意到一个案件：原告到酒吧去喝啤酒，当一大杯啤酒喝完，猛然看见了装啤酒的玻璃杯底上有一个腐烂的蜗牛的尸体。我相信学过英美法的同学都记得这个案件。原告向法院起诉了。这个案件事实不符合过去的那些侵权行为类型，它没有接触原告的身体，也没有侵害他的什么空间，更没有伤害他的生命，怎么办？法官创设了一个新的侵权行为类型："过失侵权"(negligence)。"negligence"中文翻译为过失侵权行为，容易与大陆法系国家或地区的"过失责任"混淆。但它是一种具体的侵权行为类型。

另外，到了照相技术、电影产业迅速发展的时代，就出现了把他人的隐私、他人不愿告诉别人的过去的私生活拿来制成影视作品等，从而给受害人造成心理上的伤害。但是，过去的侵权行为的"筐子"中没有这样的侵权行为类型。我们读英美法的时候注意到，有两个作者发表了一篇叫作《论隐私权》的文章，即学者提出了"隐私权"。"隐私权"

适应了这个新的时代,因为这种侵害隐私的侵权行为在当时很严重。《美国第二次侵权法重述》就编入了侵害隐私,即"侵害隐私"的侵权行为。"侵害隐私"的侵权行为可以分为四类:第一类是侵入他人的私密空间;第二类是盗用他人姓名、肖像;第三类是公布他人的隐私;第四类是不实形象的公布,即公布他人形象以后,加以歪曲,加以编造,歪曲了他人的真实形象。这就是在《美国第二次侵权法重述》中规定的侵害隐私的侵权行为。它是由学者提出来、后来被判例法认可的保护人格权的侵权行为类型。

后来进一步的发展就是美国的侵权法上创设了"right of publicity",我们把它翻译为"公开权",也有人把它翻译成"商品化权"。什么叫公开权?为什么要创设一个公开权?过去认为人格权是非财产权,非财产的权利遭受侵害,通常就是通过赔礼道歉这样一类制度进行救济,还得通过精神损害赔偿安慰一下。现在面临的是,被告利用了他人的形象,如一些图像,来做商业广告获利,当然没有得到他人同意。如果仅仅判决赔礼道歉,或者精神损害赔偿安慰一下,那不行。所以要突破"人格权是非财产权"这个传统的观念,要突破这个"筐子",就创设了公开权。这就是在实践中法官随着实践发展创设的新的侵权行为类型。

然后,我们还进一步知道英美法上还有"wrongful birth""wrongful life"。什么是"wrongful birth"?例如,女士怀孕期间到医院检查,如果检查发现胚胎形成时期的孩子有缺陷,她就会堕胎而不把孩子生下来。如果医院方面有过错,没有检查出来,最后生下了有残疾的孩子,那么对于母亲而言,就称为"wrongful birth",王泽鉴先生的著作中把它翻译为"错误出生"。从孩子的角度来说就叫"错误生命",即"wrongful life"。

以上大概介绍了英美法系的情况。英美法系国家直到现在一般不使用"人格权"的概念,并且我们注意到,英国法传统上连"隐私权"的概念都不承认。英国法以前为什么不承认隐私权、不认可隐私权的概念?理由是:"隐私权"这个概念语义模糊,难以把握。还有人认为,英国历史上的侵权行为类型足以保护人民的隐私了。因此,英国直到现在都没有直接保护隐私的一般化的"侵害隐私"的侵权行为类型,而是通过其他的侵权行为类型间接地保护隐私。

我们对英美法系国家保护"实质上的人格权"作一个小结。英美法为什么没有人格权的概念?因为它是判例法,我们是成文法,有一个概念法的体系。还有,英美法保护"实质上的人格权"的侵权行为不以侵害的对象来划分,而是直接以加害行为来分类。前面讲到的殴打、置人于死地、诽谤、过失侵权都是直接以加害行为来划分。当然也就不必再创设"人格权""生命权""身体权"这样一种权利的类型或权利的体系。但是,虽然英美法没有"法定的人格权"概念及其分类,它照样保护了"实质上的人格权"。

二、大陆法系国家和地区为什么会规定"人格权"的概念

大陆法系国家和地区为什么会规定"人格权"的概念?这当然要从德国法说起。在《德国民法典》制定之前,关于民法典要不要规定"人格权"、承认"人格权"这种权利,有激烈的争论。当时争论些什么呢?争论"人格"究竟是权利能力还是权利的客体?可不可以作为权利的客体?人格权这种高位阶的利益、自然发展的权利,有没有必要规定在民法典中?如果规定在民法典中,规定在哪里?德国著名的民法学者萨维尼是反对"人格权"的概念、反对规定人格权的。萨维尼反对民法典规定人格权的理由何在?他说人对自身的权利是"原权利",是自然法上的权利,不适宜在民法典中规定,不适宜使它实证化而成为实证法上的权利。萨维尼的弟子温德沙伊德是《德国民法典》起草委员会的主要成员。我们知道,《德国民法典》的内容基本上就是以温德沙伊德的潘德克顿教科书为基础拟定的。温德沙伊德也不赞成"人格权",他说:人对自身的权利是毋庸置疑的,不必要在民法典中加以规定。

于是,我们注意到为什么他们反对"人格权",他们反对的真正理由是什么?真正的理由是,在大陆法系这一套概念体系中,最重要的一

个概念是"权利"。我们讲到权利的时候,要严格区分权利的主体和权利的客体,权利的主体不能同时是权利的客体。如果承认人格权,人格权是人对自身的权利,刚好违反了"权利"这个概念,主体和客体就合二为一而混同了。这是由于概念法学的原因。还有一个理由,就是在德国民法理论看来,个人权利来自家庭关系和财产关系。人对自身的权利既不是家庭关系上的,也不是财产关系上的。此外还有一个理由,在潘德克顿的理论体系中,"人格"这个词是指权利能力,而不是指权利的客体。

以上简单介绍了《德国民法典》制定之前,反对在民法典中规定人格权的代表人物以及他们反对的理由。下面介绍民法典怎么处理"人格权",介绍一下《德国民法典第一草案》。《德国民法典第一草案》第704条规定了赔偿义务,用我们的话说即规定"侵权行为"概念,它是规定侵权行为的定义性规定。《德国民法典第一草案》第704条第2款规定:因故意或者过失侵害他人权利者,对因此造成他人损害负赔偿义务。这是我们熟知的大陆法系的侵权行为概念。然后,第2款下面特别加了第2句规定:侵害人的生命、身体、健康、自由和名誉,也视为上述规定中的权利侵害。这一句特别重要,它用了一个"视为","视为"在民法上是一个特殊的概念,"视为"的前提首先是说这个东西不是什么,然后把它当作什么对待。"视为"和"推定"是两个特殊的技术性概念。

《德国民法典第一草案》的起草人在说明中特别指出:第704条第2款第2句实在有必要规定。为什么有必要规定呢?说明中说,人的生命、身体、健康、自由、名誉能不能够被认定为权利是有怀疑的、有争论的,但是它们也应该受到法律的保护。亦即,虽然把生命、身体、健康、自由、名誉等当作权利有争论、有怀疑,但是,人的生命、身体、健康、自由、名誉应该受到法律的保护。因此草案规定了第704条第2款第2句。能不能因为草案规定了这一句就推定民法典承认了"人格权"的概念?这要由以后的法学理论去解决。可见,当时起草人有一个矛盾的心理:如果不承认、不规定"人格权",难以满足现实需要。人的生命、身体、健康、自由、名誉需要法律保护,需要把它纳入侵权行为法的适用范围,需要对加害人追究侵权责任。但是,要公开承认生命、身体、健康、自由、名誉等是权利,又觉得不符合"权利"的概念。《德国民法典第一草案》公布以后,社会上提出了很多意见。然后,又委托另外的专家委员会对第一草案进行某种程度的修改、完善,而后作为《德国民法典第二草案》提交议会审议。

值得注意的是,《德国民法典第二草案》公布时把《德国民法典第一草案》第704条第2款第2句删掉了。《德国民法典第二草案》第746条同样是规定侵权行为的概念,但把原来的第2句删掉了。为什么删掉？理由是什么？对此有一个说明:当前的法学理论在更广泛的意义上使用了"人身权"的概念。言下之意,既然当前在更广泛的意义上使用了人身权的概念,那就不必要再列举规定"人格权"了。说明紧接着指出:个人的权利范围首先是财产权,在财产权之外也包括所谓的"人格权"。所谓的"人格权"——生命、身体、健康、自由、名誉,因为每个人都必须遵守"不得加害他人"的禁令,这表示人格权已经受到了相当于物权一样的保护。民法上的责任都来源于违反义务。违约责任是违反了合同上的义务,即约定义务。侵权责任来源于违反什么义务？当事人之间没有合同关系,于是,民法理论认为侵权责任违反了一条禁令:任何人都不得加害于他人。违反了这条人类的禁令,因此产生侵权责任。《德国民法典第二草案》的起草人在删除涉及人格权的列举规定时讲到:所谓"人格权"的这些权利,因为人类社会有一条禁令——人人都必须遵守不得加害他人的禁令,实际上它们已经受到了和物权同样的保护,因此不必要在民法典中明文加以列举规定。

我们看到了这种立法反复:《德国民法典第二草案》把《德国民法典第一草案》第704条第2款第2句删掉了。但是值得注意的是,《德国民法典第二草案》在议会二读的时候又恢复了被删去的条文。"一读、二读"有点类似于我们的人大常委会"一审、二审"。《德国民法典第二草案》在议会二读时,又恢复了《德国民法典第一草案》第704条第2款第2句。不仅恢复,而且把"视为"这个词删掉了。这就是最后通过的《德国民法典》第823条。《德国民法典》第823条规定了"侵权行为"的定义，称为"赔偿义务"。《德国民法典》第823条规定：因故意、过失不法侵害他人的生命、身体、健康、自由、所有权以及其他权利者，对因此造成他人损害的负赔偿义务。这就是在原来草案的侵权行为概念中，把侵害生命、身体、健康、自由等人格权的具体类型包括在第823条，同时删去了"名誉"。本来是一个抽象的概念——因故意、过失不法侵害他人权利者对因此造成他人损害负赔偿义务，现在列举了侵害他人生命、身体、健康、自由、所有权及其他权利。这个列举的立法技术，有点像我国《民法总则》第118条规定的"债权"的概念。对于"债权"的概念，本条说是权利人请求特定义务人为或者不为一定行为的权利。我们的"债权"概念加上了"因合同、侵权行为、无因管理、不当得利以及法律的其他规定"产生的，这个条文与《德国民法典》第823条在表述技巧上有些类似——《德国民法典》第823条把生命、身体、健康、自由列举规定。

　　以上就是《德国民法典》规定人格权的过程。现在法律上规定人格权已经没有"视为"了，而是明文表述为"权利"，生命、身体、健康、自由和所有权一样，都是权利，还有"其他权利"。我们作一个小结：通过大陆法系特别是德国民法创设"人格权"概念和在民法典中规定人格权的过程，我们可以看到，无论是反对规定人格权还是主张规定人格权，都与大陆法系的本质——它是一个概念体系有关，与我们的概念法学思维有关。反对规定人格权的学者从民法的权利概念出发，认为"人格权是人对自身的权利"不符合权利的概念，因此加以反对。萨维尼、温德沙伊德的理由就是人格权把权利主体和权利客体混而不分，不符合权利的概念，这是一种概念法学的思维。

　　为什么《德国民法典》最后又规定了人格权？是因为概念法学的思维，为了把侵害人格权的加害行为纳入侵权行为法的适用范围，对加害人追究侵权责任。如果说侵权行为的概念只说"侵害他人的权利者，承担赔偿义务"，就要发生一个问题：生命、身体、健康、自由等不是权利，法律不作规定，可能使人误以为它无法受到侵权行为法的保护。

我们想一下,最后规定了人格权满足了哪一个概念的要求?满足了"侵权行为"这一概念的要求。因为侵权行为的定义中说的是"侵害他人的权利",在早期法院裁判侵权责任案件的时候,查明了本来的损害事实之后,法官还要进一步审查判断本案事实之中受侵害的是不是权利,而判断是不是权利,在大陆法系是以法律的规定作为标准。法律没有规定它是权利,虽然遭受了损害,但是法官会驳回原告的请求,判决原告败诉。这当然是一种死抠概念的思维方式,就是我们说的"概念法学",死抠"侵权行为"这一概念:"侵权行为"是侵害他人的权利,没有侵害他人权利,当然不构成侵权,驳回原告的诉讼请求。

讲到这里的时候,同学们、老师们是否注意到我们讲侵权法的时候,有一类案件反复强调,就是所谓的"纯粹经济损失"。什么叫"纯粹经济损失"?王泽鉴先生在他的著作中讲到纯粹经济损失时,他举的案例是"挖断电缆":被告施工挖断供电公司的电缆。挖断电缆当然侵害了供电公司的物权,这不用说。现在的问题是电缆挖断了,导致一片社区停电,社区内的原告就其企业因停电造成的损失(停工损失等)向法院起诉。原告要求施工企业赔偿的根据是什么呢?根据侵权行为。被告侵害了原告的什么权利呢?对于没有侵害他人的身体、财产,又没有侵害其他的权利,我们称之为纯粹经济损失。由于法律上没有规定它是一种权利,在早期的法院审理造成纯粹经济损失的案件时,通常判决原告败诉,但是后来,法官、学者加以反思、斟酌后认为,造成纯粹经济损失的案件若一律认为不构成侵权,不予以保护,也不公正,毕竟造成了重大损害。这就导致之后在侵权法中思想的改变,即不死抠侵权行为的概念,原告毕竟遭受了损害,就应该保护遭受纯粹经济损失的受害人。

这样的结果就是,侵权行为的案件类型一分为二,分为权利侵害与合法利益侵害。我国台湾地区的侵权行为相关制度包括权利侵害、法益侵害,即合法利益的侵害。我国台湾地区"民法"第184条第1款侵权行为的定义:即因故意、过失侵害他人权利者,对他人因此遭受的损失负赔偿义务。虽然没有规定纯粹经济损失,但是法官仍然给予保护,这种侵权行为叫法益侵害的侵权行为。日本也是如此,《日本民法典》第 709 条规定,因故意、过失侵害他人权利者,对因此造成的他人损失负赔偿义务。在实践中,法官、学者把侵权案件分为两类,权利侵害的侵权行为与法益侵害的侵权行为。值得一提的是,2004 年,日本议会委托学者对《日本民法典》进行口语化,因其民法典制定较早,对现在的人民来说不易懂。承担口语化任务的学者,包括星野英一教授,他们在口语化的时候,把第 709 条关于侵权行为的定义,在侵害他人"权利"的后面增加了几个字:因故意、过失侵害他人的权利及合法利益者,对因此造成他人损害,负赔偿义务。这就把法益侵害、侵害合法利益直接纳入侵权行为的概念中。

当然,直到现在,我国台湾地区"民法"第 184 条条文还是原封不动。这就说明大陆法系是一个概念的体系,容易滋生、发展死抠概念的倾向,我们叫它概念法学。早期概念法学盛行,即侵害权利才承担责任,侵犯的不是权利,不承担责任。这一点又反过来证明了,《德国民法典》为什么最终要将生命、身体、健康、自由在侵权行为的概念中列举规定,就是为了避免一些法官死抠概念,没有列举,就可能认为侵害人的生命、身体、健康等不构成侵权,不予保护。从这里我们可以看到,德国法系之所以规定了人格权这个概念,是为了满足侵权行为概念的要求。既然法学的思维与概念法学有关系,那不如承认人格权,以损害的权利来划分侵权行为。当然,我们和英美法系不一样,因此可以看出人格权这种权利的特殊性,它是为了把侵害人格权的加害行为纳入侵权法的适用范围。从这一点说,人格权的特殊性和别的民事权利截然不同。

三、人格权的特殊性

(一)防御性

从德国民法规定人格权的过程可以看出,为了把侵害生命、身体、健康、自由、名誉这些人格利益的加害行为纳入侵权法的适用范围,才规定了人格权,其目的就是制裁加害人,这就是人格权的防御性。回到民法上讲权利,关于权利的本质有利益说、意思说、法力说。意思说认为,权利是人类意思所支配的范围,这是最早的学说。权利是法律保护的利益,叫利益说。现在通行的学说将权利的本质称为法律上之力,简称法力说。法律上的力量区别于我们生理上的力量,它是由国家机器做后盾的,但是它不排斥利益说,而是和利益说结合起来,赋予利益法律上的力量。例如,物权是直接支配特定物并排他的权利。支配特定物就是法律赋予物权的力量,叫支配力。排除他人的干涉,叫排他力。担保物权、抵押权附着在房屋上,房屋转手不影响担保权,担保人仍可以实行担保权,对房屋进行拍卖,这叫追及力。物权的支配力、排他力、追及力,就叫法律上之力。按照法律上之力说,权利由利益和法律上之力这两种要素构成。物权如此,债权、继承权、知识产权莫不如此。唯有人格权,它是为了防御,所以说人格权权利人享受权利,只需以别人不予加害为前提,只要别人不加害于他,他的权利、他的利益就存在了。

因此,人格权和别的权利都不同,别的权利一定要通过行使才能享受到权利所包含的利益。物权如此,买一套毛坯房,需要装修,搬进去才能享受到利益。物权必须行使,才能够享受到它的利益。债权也是如此,银行存款,储户需要支取本息,拿去消费,才能够享受到利益。继承权亦是如此,继承虽然规定继承人有财产继承权,但只有从遗产中分配到财产的时候,才能够享受到其中的利益。人格权就不一样,人格权是防御性的权利,只要别人不予加害,个人利益就存在,就能享受。其他权利都有一个权利的行使问题,而有行使就有行使方式问题。民法上通过法律行为、事实行为来行使;自己不亲自行使,由他人行使,就产生代理制度。谈到权利行使的方式,我们会想到《民法总则》第130条,权利的自由行使原则。权利人行使权利,按照自己的意思来行使,造成他人损失的,有《民法总则》第132条禁止权利滥用进行规制。但是,人格权不发生权利的行使问题,也不发生权利的限制问题,这就是防御性。

(二) 先在性

直到现在,英美法上都没有规定人格权的概念,但是英美法国家的人民却实实在在地享受着人格权,包括生命、身体、健康、自由、名誉这些权利,所以说人格权不因法律的规定而存在,法律没有规定,它仍然存在。对个人来说,从出生时人格权就存在,死亡时就消灭,与法律是否规定没有关系。我们把这一特征叫作人格权的先在性,先于法律而存在。其他权利不是这样,如我国物权中的建设用地使用权,1990年如果不发布《城镇国有土地使用权出让和转让暂行条例》,那我国就没有这个权利。该条例规定了建设用地使用权,也不是作为民事主体就有了这个权利,开发商还需要通过法律行为去取得。怎么取得?向国土局申请,然后订立出让合同,这是一种法律行为,还要支付出让金,办理登记,才能够得到这样的权利。土地承包经营权也是如此。另外还有宅基地使用权,如果我们不改革开放,《民法通则》《土地管理法》《物权法》不创设宅基地使用权这个物权,我们的农民就没有这个权利。这些都是以法律规定为前提的,取得这些权利,一定有权利的取得问题,然后有权利的成立问题、权利的发生问题,有权利的无效、撤销、转让、继承、变更等一系列的问题,这都是一般的民事权利。这些权利法律虽然有规定,但要通过法律行为去取得,因此就有设定、生效、无效、撤销、解除、变更、转让、继承等一系列的问题,这不就是权利法吗?我们讲的权利法就是规定这些内容的。物权法、合同法、继承法,都是这些内容。但是,人格权不以法律规定为前提,不需要取得,出生就有,死亡就消灭,又不适用法律行为、代理、时效制度,这就是人格权的先在性。人格权的两个本质性特征,一个是先于法律而存在的先在性,另一个是防御性,因此它没有权利法规定的那些内容。那些权利法的制度对它都不产生影响。

从以上这两个本质上的特殊性,也可以衍生出人格权的理论上的另外两个特征,就是不可定义性、不可言说性。

(三)不可定义性

人格权是人自身的权利,若真的要给它下定义,就违反了大陆法系的概念体系。说"人对主体自身的权利",这样的定义违反了权利概念的逻辑,因此没办法给它下定义。

人格权是支配权吗？是支配自己的人格利益、生命、身体、健康、自由生活的权利。什么叫支配？直接支配，如小的物品把它握在自己的手里，衣服披在自己的身上，这叫身体把握；如果说是一辆汽车、一栋房屋，没有办法用身体把握，借助于标志如房门钥匙，来表示支配。这个支配，有一个特殊的要点，即客体要分离，独立于人体之外。但生命和身体不能分开，身体和生命、健康也不能分开，这些都是主体自身存在所不可缺少的要素，相互之间不能分开，这就不符合支配的要求。"享有"，意思是说人格权是享有人格利益的权利。但是，享有是一个及物动词。享有、享受高档的住宅、一辆好车、一段音乐、一片美景等，其客体都是在主体之外。人格权不可定义，它不符合支配、享有的意思。

再进一步说，生命权更没法定义，说"生命权是人对自己的生命享有的权利"，等于是废话；说"身体权是人对自己的身体享有的权利"，也完全是废话。这就是人格的不可定义性。王泽鉴先生有本著作《人格权法》。我曾经对他说，这本书写的是人格权保护法、人格权侵权法，王先生点头说，正是如此。这本书里明确写着人格权"难以作具体的定义"①。另外，翻阅各主要国家和地区的民法典，没有发现哪一个国家或地区的民法典为人格权、生命权、身体权、健康权下定义。这就是它的不可定义性，这又和权利法不一致，权利法必须下定义。想一想我们《物权法》上，物权的定义、所有权的定义、用益物权的定义、建设用地使用权的定义、宅基地使用权的定义、抵押权的定义、质权的定义等，都有定义。权利法必须通过定义才能够进行分类，才能够进行分析，才能分别加以规定。但是没有哪一个国家和地区的民法典为人格权、为生命权下过定义，这叫不可定义性。

（四）不可言说性

理论上讲，人格权有一个特征，那就是很难讲理由，讲不出什么理由。我前面说到了，书上说人格权制度，只是说人格权是非财产权，讲不出什么理由来。我把这一点叫作不可言说性，没有办法用口头、书面

---

① 参见王泽鉴：《人格权法》，北京大学出版社2013年版，第43页。

语言来表达它。举一个例子,王泽鉴先生在他的《人格权法》一书中讲了人格权的意义。若讲物权、债权的意义,下笔千言万言都打不住。对于人格权,王泽鉴先生说了四句话:第一,人格权的主体是人;第二,人格权以人的存在为基础;第三,人格权体现人的自主性及个别性;第四,人格权在于维护人性尊严及自由发展。王先生是何等的大家,他的著作都是长篇大论,你看看他的"天龙八部",任何一个小的案件都是好多内容。但是在人格权问题上,只概括出这样四句话,加上相应的解释,不足 300 字。相比之下,王先生写一本《不当得利》②,写了 40 多万字,而不当得利在《民法总则》上只有 1 个条文,在许多国家和地区的民法典上一般都不足 10 个条文。这说明人格权在理论上很难讲什么道理。

为什么讲不出道理?因为人格权不可定义,不发生权利的取得、变更、行使、消灭、转让等问题,没有很多内容可讲,这也就决定了人格权没有办法制定一个权利法,这是由人格权的本质、区别于其他权利的特殊性所决定的。

以上就是人格权的四个特殊性。再补充一下,如果对人格权非要言说,非要再多说一句话,往往不是废话,就是错话。举个例子,《民法典(草案)》第 774 条说"民事主体的人格权受法律保护",这是一句废话。为什么说是一句废话?哪个权利都受法律保护,何止人格权。而且《民法总则》第 3 条明文规定了民事主体的人身权、财产权及其他合法权益受法律保护,任何组织和个人不得侵犯。《民法总则》已经将此作为基本原则规定了,为什么又要在人格权编重复呢?

再看《民法典(草案)》第 775 条。第 775 条第 1 款前半句说人格权不得放弃、转让、继承。这是正确的,后面"但是法律另有规定的除外",这是错误的。法律怎么能规定人格权可以转让、继承、放弃呢?有哪一部法律规定人格权可以放弃、可以继承?没有!那么起草人为什么要在这里加一个但书呢?他们是不是看了王泽鉴先生的《人格权

---

② 参见王泽鉴:《不当得利》(第二版),北京大学出版社 2015 年版。

法》这本书而没有弄清楚,这本书讲到人格权专属性的时候有两句话:侵害人格权所生的财产上损害赔偿请求权,以及姓名、肖像等人格法益授权使用契约所生的报酬支付请求权,非属一身专属,而得让与或继承。王泽鉴先生为什么要讲这两个权利可以转让、继承?因为我国台湾地区"民法"上关于专属性的权利有不得转让、不得继承的规定,但是另有规定的除外。这两个权利可以转让,可以继承,它的前提就是专属性权利原则上不可转让、继承。《合同法》第79条规定,除了三种权利之外的权利,都可以转让,其中一种就是依合同性质不得转让。按照解释,就是指专属性的权利,包括人寿保险金请求权、残疾赔偿金或死亡赔偿金请求权,不得转让,这是我们过去的理解。现在的法院实践中也承认可以转让、可以继承,如死亡赔偿金作为遗产继承。这些是例外的例外,王泽鉴先生这里讲的权利是指债权,不是人格权。人格权编起草人写上"法律另有规定的除外",原因可能就在于对此理解有误。

　　会不会还有其他的原因呢?人格权不可放弃,比如生命权不能放弃,这是原则。起草人是不是把安乐死理解成这个原则的例外?对于安乐死,有的国家和地区的法律规定是合法的。有人可能认为安乐死就是患者放弃自己的生命。乍一听好像有道理,但是仔细分析,安乐死与权利的放弃、生命权的放弃没有必然的关系。安乐死是什么意思?就是医生剥夺他人的生命,这本来是违法犯罪行为。但是因为事前患者的书面表示同意,有这个同意书,而使剥夺他人生命的行为合法化,我国台湾地区称除罪化。包括生命权在内的人格权是一个客观存在,前面说到它不受支配,因此人也不能放弃自己的生命。放弃,在民法上有特定含义。比如《继承法》规定了继承权的放弃,继承人可以通过意思表示放弃继承权,他只要依法作出了这样的意思表示,就不再享有继承权。放弃债权也是如此,债权人以书面或者口头方式表示"这个债权我不要了",那么他的债权也就消灭了。但是,生命、身体、健康、自由是一种客观存在,不受意思的支配,因此也不能通过意思表示来放弃。你说"我不要生命了",生命依然存在,生命权并没有被放弃,没有消灭。身体权、健康权、自由权等,莫不如此。安乐死是剥夺他人生命的行为，本来是违法的，因为法律政策的考虑，最后通过安乐死合法化的法律使它合法化。然而它不是"放弃生命权"，它成为合法的前提是这个患者事先用书面形式表示同意实行安乐死。最近荷兰发生了一个案件，一个老人受病痛折磨，预先签了同意实施安乐死的一个书面文件。到后来真的对她实施安乐死的时候，她反悔了，说我不想死。她已经表示了不想死，这个时候医生和她的家属强行继续注射致命的药，剥夺了她的生命。后来这些医生以杀人罪被起诉到法院。我们从这些例子可以看到，生命权不能放弃，是没法放弃的，安乐死与放弃生命权无关。因此《民法典（草案）》第775条第1款称"法律另有规定的除外"，是错误的。

《民法典（草案）》第775条还有第2款："对人格权不得进行非法限制。"有什么权利可以非法限制呢？没有一种权利是可以非法限制的，这个条文当然是一个错误。

为什么会有这样一些错误的条文呢？起草人就是为了凑一些条数。很多学者说，人格权要独立成编，至少要有足够的条文，只有十几个条文，不像话嘛。所以起草人为了拼凑条文，就想把人格权多写几个条文，但是人格权具有不可言说性，多说一句，不是错话，就是废话。

再来看《民法典（草案）》第783条、第784条。第783条第1句规定人享有生命权。这当然正确，尽管仍然不过是一句"正确的废话"。但是，第2句说人有权维护自己的生命安全，第3句说任何组织和个人不得侵害他人的生命权。第2句是一个极端错误的规定。怎么说呢？我们学民法的时候，有一个原则叫作以公力救济为原则，教科书上叫作禁止私力救济原则。法律提倡公力救济，原则上禁止私力救济，这是近现代法律的原则。按照卢梭的社会契约论，就是人民和政府订了一个社会契约，把保卫自己生命、身体安全的权利转让给国家去行使。国家因此设立军队、警察、监狱等来保护人民的生命财产安全，人民因此就负担交税的义务，这就是社会契约。这是社会的进步，在这之前的社会叫蒙昧社会，人们以暴力自卫，自己救济自己。可能有人会问，这不是还有正当防卫吗？我们来看一下正当防卫是规定在民法中的什么地方。我国民法并没有规定正当防卫权,正当防卫规定在《民法总则》民事责任一章,《民法总则》是把正当防卫作为民事责任免责事由来规定的。正当防卫造成他人损害的,不承担民事责任;防卫超过必要限度,造成他人损害的,应当承担侵权责任。这意味着,对于侵害他人生命的行为,法律并不提倡随时动用私力救济;正当防卫是有限定条件的,一般是在情况紧急、来不及请求公力救济时才可以自力防卫,在防卫行为没有超过必要限度时,免除民事责任,即阻却违法性。各主要国家和地区民法典在规定私力救济作为例外时,都是慎之又慎。《民法典(草案)》第783条违反了公力救济基本原则,即使有正当防卫也解释不了。

面对《民法典(草案)》第783条这样的条文,人民就会问政府,我们怎么维护自己的生命安全呢?别人拿拳头,我可不可以拿刀枪?刀枪从何而来?但起草人在草案中大笔一挥,"每个人都有维护自己生命安全的权利"。这样人民就会说:怎么维护?能不能用枪?请允许购枪。这就更加麻烦。这里的问题还是在于,人格权立法条文上多说一句话,不是错误,就是废话。

再看《民法典(草案)》第783条第3句"任何组织或者个人不得侵害他人的生命权",第784条第3句"任何组织或者个人不得侵害他人的身体权",第785条第3句"任何组织或者个人不得侵害他人的健康权",这些还用说吗?这都是废话。

关于人格权的特殊性,它的防御性、先在性、不可定义性、不可言说性,这里就简单举了几个例子,其他就不展开讨论了。

四、怎样保护人格权

大陆法系国家和地区,包括我国,怎么样保护人格权?前面从人格权概念在大陆法系从不承认到承认的过程可以看到,它是为了保护人格权产生的。人格权首要的特殊性就在于防御性,因此它决定了所谓的人格权法只能是人格权保护法,而不可能是人格权权利法。王泽鉴先生的一本书《人格权法》40多万字,一翻全是讲侵权法保护。民法保护人格权,就是侵权责任。侵权法保护人格权,各个国家和地区无不如此。现在就这个问题,讲一下怎么保护人格权。

一些人认为,民法典制定独立的人格权编来保护人格权如何重要。我告诉同学们,保护人格权最重要的手段不是民法,而是刑法,首先是刑法保护人格权。民法上最重要的保护手段是损害赔偿,它有一个致命的缺点,造成损害以后,让加害人承担一笔损害赔偿金,人都已经死了,人死不能复生,但是受害人家属愤愤不平,提出不要这笔钱,要把加害人送进监狱,最好是剥夺他的生命。这就要依靠刑法了,刑法有事后惩治的功能,也有事先预防的功能。这就是说,在现代法制中,保护人格权最有力的手段是刑法。我国《刑法》专门有一章"侵犯公民人身权利、民主权利罪",列举了很多罪名,照样是以侵害的人格权的权利类型来命名的,这里我不详细介绍了。我只举一个例子:2016年全国法院审理的侵害人格权刑事案件有169191件,其中侵害生命权案件,也就是杀人案件,总共有12000件。侵害身体权,刑法上叫伤害罪,包括故意伤害罪、过失致人重伤罪,这样的刑事案件数量特别大。故意伤害罪有115719件,过失致人重伤罪有493件。当然,还有很多别的侵害人格权的刑事案件,这里不一一列举,只举其中几个我们平常不太注意的案件。非法拘禁罪,也就是侵害人身自由的案件,2016年有9494件。诽谤罪,就是侵害名誉案件,有428件。还有侵害个人信息罪,《民法总则》第111条规定了个人信息受法律保护,规定了不得非法收集个人信息,不得非法转让、买卖、使用等。但是刑法上早就规定了侵害个人信息的犯罪。2016年侵犯个人信息的刑事案件有400件,这难道不是说明对于人格权的保护,刑法承担了最重要的职责?

我们讲民法保护,不要忘了除刑法保护,还有行政法的保护。《行政处罚法》《治安管理处罚法》规定,对一些侵害人格权的行政违法行为人,可处以15日行政拘留,还有罚款等制裁。保护人格权,不仅仅是民法的任务,不要以为在民法典上规定一个人格权编就万事大吉,然后就能够宣称中国人格权保护实现了什么什么、达到了什么水平。

下面说民法承担的保护人格权的任务。2016年全国侵害人格权的侵权责任案件有189323件。其中不计调解结案、撤诉的案件，法院判决结案的有88113件，最后都追究了侵权责任。

我们总结一下，大陆法系用民法保护人格权，规律性在哪里？共同经验在哪里？我把它概括为：民法规定人格权的类型，加上侵权法的保护，就是追究加害人的侵权责任。

下面介绍大陆法系民法规定人格权的类型。因为人格权的防御性是为了保护它，为了将加害行为纳入侵权法的保护范围。法律关于人格权类型的规定，是怎么样一种情况？直到现在，《西班牙民法典》没有规定任何一个人格权的类型。《荷兰民法典》规定了一个姓名权，《瑞士民法典》规定了一个姓名权，《路易斯安那民法典》规定了一个生命权。看荷兰、瑞士的民法典只规定姓名权，没有提到生命、身体、健康权。《路易斯安那民法典》只规定一个生命权，难道它们的人民没有姓名权、身体权？《法国民法典》规定了隐私权和身体权两个类型的人格权。《意大利民法典》规定了身体权、姓名权、肖像权三种人格权。《日本民法典》规定生命权、身体权、自由权、名誉权四种人格权，没有提到姓名权、肖像权。《巴西民法典》也规定了生命、身体、姓名、肖像四种人格权。《俄罗斯联邦民法典》规定了十种人格权，有生命、身体、健康、姓名、人格尊严、名誉、商誉、隐私、迁徙自由和居住自由，还有著作权。我国的《侵权责任法》规定了生命、健康、姓名、肖像、名誉、荣誉、隐私、婚姻自主八种人格权。《民法总则》又增加了人格尊严、人身自由以及身体权。

从上面的介绍，我们可以作一个小结。我们可以看到，民法典之所以规定人格权，是为了保护人格权。但是，民法典规定人格权的类型、所规定的人格权类型的多少，与保护人格权的水平没有关系，与人格权保护法的进步性、完善性没有关系。《荷兰民法典》只规定了一种人格权，即姓名权，《法国民法典》只规定了两种人格权，即隐私权和身体权。可见民法上规定人格权类型的多少与这个国家或地区保护人格权的制度的先进性、进步性、完善性没有任何关系。那么一个国家或地区保护人格权制度的进步性、完善性体现在哪里？体现在侵权法上。侵权法保护人格权的进步性，可以从侵权法的内容来加以列举。

第一，是否承认精神损害赔偿？侵权责任法承认精神损害赔偿，是晚近的事。早期的侵权法不承认侵害人格权的精神损害赔偿，理由是人格无价，人格没有市场，怎么能够用金钱赔偿？后来大陆法系民法理论改变了该立场。虽然人格无价，但是对于侵害人格权的侵权行为，判决赔偿精神损害赔偿金，可以对受害人给予某种安慰，对加害人给予某种惩戒，虽然这笔赔偿金数额不大，但是可以向社会表示加害人受到了惩戒。精神损害赔偿在我国台湾地区叫作抚慰金，在日本叫作慰谢金。《民法通则》就规定了侵害他人姓名、肖像、名誉权的案件中，可以判决精神损害赔偿。后来的实践中进一步认可了侵害生命、身体健康的，都可以判决精神损害赔偿。2001年最高人民法院《关于确定民事侵权精神损害赔偿责任若干问题的解释》第9条明文规定，精神损害赔偿金分为三种：致人死亡的，为死亡赔偿金；致人残疾的，为残疾赔偿金；其他情形，为精神抚慰金。当然顺便说一下，我国的死亡赔偿金、残疾赔偿金不仅仅是精神损害赔偿，还包含其他国家和地区民法上的逸失利益的赔偿，它有双重的性质。

第二，能不能够免除受害人的举证责任？大陆法系侵权法过去都是适用过失责任原则。近代民法有三大原则：合同自由、所有权绝对、自己责任。什么叫自己责任？就是自己对自己的行为负责，就是过失造成他人损害承担责任，非过失造成损害不承担责任。因此，在侵权责任案件审理中，要求受害人举证证明加害人有过失。在早期的法院裁判实践中，受害人举不出证据，因此就驳回他的请求。工人在工厂里手被机器绞断了，向法院起诉，法院要求他证明被告厂主有过错，他怎么证明？证明不了。厂主反而可以证明自己没有过错：我们招工的时候有严格的条件，进行了严格的培训，有严格的规章制度，还有现场的管理人员，比如有工头的监督指导，我们有什么过错？早期侵害劳动者身体、生命的这些案件，由于受害人不能举证证明被告有过错，得不到保护。因此，这就产生一个问题，能不能够免除受害人的举证责任？后来逐渐规定了无过错责任原则,包括严格产品责任等。产品缺陷致人损害,例如电视机爆炸致人死伤,过去要证明生产者有过错。后来《美国第二次侵权法重述》第402a条规定,凡是销售的产品有缺陷,造成他人损害的,生产者承担责任,不以过错为要件,叫作严格产品责任。到了20世纪90年代,严格产品责任风靡世界,几乎主要国家和地区都规定了严格产品责任。我国1993年《产品质量法》直接引进了美国、欧共体的严格产品责任制度。《侵权责任法》第7条规定,法律规定不以过错为要件的,依照法律规定。这就是无过错责任原则。法律规定不以过错为要件,交通事故责任、产品责任、高度危险责任、建筑物倒塌的责任、环境污染责任等,都是无过错责任。

免除受害人举证责任,还有一类侵害人格权的案件——医疗损害责任。医疗损害责任,在全国人大常委会审议《侵权责任法》的时候,当初考虑的是过失推定,推定医生方面有过失。全国人大常委会上,医疗界的一些常委强烈表示,在医疗损害案件中,患者难以证明医生、医院有过错,但是在很多情况下,医院和医生也难以证明自己没有过错,因为医疗属于科学,好多领域属于未知的领域。因此《侵权责任法》没有采取过失推定原则,也没有一律要求受害人举证,而采取了过错客观化原则。什么叫过错客观化?《侵权责任法》第55条规定,实施手术没有得到患者或者其近亲属的书面同意,就是过错。第57条规定,没有履行与当时的医疗水平相应的诊疗义务,就是过错。这就是过错客观化。在侵权法理论中又叫作"新过失说",用来免除受害人的举证责任。这是侵权责任法保护人格权的第二方面的进步。

第三,停止侵害请求权、停止侵害的救济。前面说到民法上的责任往往是"马后炮",人格权侵权行为非要等到加害行为结束,造成损害后果,才到法院起诉,法院再判决加害人承担一笔损害赔偿金。我们能不能在侵权行为刚刚开始实施的时候、还在准备的时候,例如,诽谤他人、损害他人名誉的著作还在印刷中,还没有销售;侵权的影片、电视剧制作完成,还没有上映,我们这个时候制止,行不行?在过去的侵权法上,可没有这个制度,那怎么办?因此德国法发明了一个办法,就是准用物权法上的物上请求权。物上请求权中就有停止侵害、排除妨害的规定。我国《物权法》第三章"物权的保护"第 35 条就是规定排除妨害的。我国《侵权责任法》《民法通则》一开始就规定了停止侵害、排除妨碍,它就是一个侵权责任的具体形式。现在《侵权责任法》第 15 条、《民法总则》第 179 条都作了规定,可以向法院申请发布一个禁止令,禁止发布、销售侵权的书,销毁侵权的音像制品,等等。

第四,侵害人格权的财产损害赔偿。侵害人格权中的某些权利,可不可以要求财产损害赔偿?特别是盗用他人的姓名、肖像来作商业广告,只是判决停止侵害,判决赔礼道歉,行不行?被告因此获得了一大笔不当利益,怎么办?如果严格拘泥于过去的民法,人格权是非财产权,那么就只能判决赔礼道歉。现在需要有所突破。我们看德国,德国在理论上有所突破,认为人格权具有财产价值,当然是指某些人格权具有财产价值。瑞士民法没有突破人格权不具有财产价值的观念,但是规定侵害人格权中姓名、肖像的侵权行为,除赔礼道歉、停止侵害以外,受害人还可以提起不当得利返还的请求,通过不当得利来剥夺被告得到的利益。我国《侵权责任法》第 20 条规定:"侵害他人人身权益造成财产损失的,按照被侵权人因此受到的损失赔偿;被侵权人的损失难以确定,侵权人因此获得利益的,按照其获得的利益赔偿;侵权人因此获得的利益难以确定,被侵权人和侵权人就赔偿数额协商不一致,向人民法院提起诉讼的,由人民法院根据实际情况确定赔偿数额。"

第五,死者人格利益的保护。人死了,权利主体不存在了,但是他的某些人格利益遭受侵害,应不应该给予保护?应不应该追究侵权责任?如果追究侵权责任,由谁来起诉?这就涉及死者的名誉、肖像、隐私保护问题。日本的裁判实践中创设了一个规则,侵害死者的人格利益,特别是死者的名誉、隐私,导致生者(也就是死者的在世遗属,死者的配偶、父母、子女叫遗属)对死者的敬爱追慕之情遭受损害的,遗属有权起诉。1993 年最高人民法院《关于审理名誉权案件若干问题的解答》第 5 条规定,死者名誉受侵害时其近亲属有权起诉。后来 2001 年最高人民法院《关于确定民事侵权精神损害赔偿责任若干问题的解释》第3条把它概括为一个司法解释规则:侵害死者的人格利益,造成近亲属精神痛苦的,近亲属有权请求精神损害赔偿。虽然《侵权责任法》没有将此上升为条文,但有司法解释规则足以实现保护。

第六,违约行为侵害人格权的责任。违约行为侵害他人的人格权,怎么办?允不允许竞合?允不允许受害人选择?是选择按照合同法追究违约责任,还是按照侵权责任法追究侵权责任?把这个选择权交给受害人,或者受害人的亲属。在这一问题上,德国是允许竞合,有的国家或地区直到现在不允许竞合。为什么不允许竞合?因为它们的民法理论认为,违约责任和侵权责任的规定比较起来,关于违约责任的规定是特别规则,关于侵权责任的规定是一般规则,特别规则优先于一般规则。因为违约责任是当事人约定的,因此是特别规则。不允许竞合,只能追究违约责任。我国《合同法》第122条规定了侵权责任违约责任竞合的规则,现在已经规定在《民法总则》第186条。

这是大陆法系国家和地区保护人格权的共同经验。侵权责任法的进步性,首先体现在它的内容上,刚才概括了六个方面。下面看一下,侵权责任法的形式,例如条文的多少、是否采用类型化之类的立法方式、新的立法方案、与保护人格权的法律制度的进步性有没有关系。

我过去觉得,可能没有什么太大的关系,现在我改变了看法,认为有关系。我们注意到,民法典制定越早的国家和地区,侵权责任的条文越少,越是后制定民法典或者后修改民法典的国家和地区,侵权责任法的条文越多。这当然是因为社会发展、科学技术的进步、交通事业的发展,导致侵权行为和危险无处不在、损害严重这样的结果,立法者对此作了回应。这里简单说一下侵权责任法的条文:《法国民法典》有5个条文;《西班牙民法典》有9个条文;《路易斯安那民法典》有10个条文;《日本民法典》有16个条文;《韩国民法典》和《意大利民法典》有17个条文;《瑞士民法典》有21个条文;《德国民法典》和《巴西民法典》有31个条文;《荷兰民法典》有36个条文;《俄罗斯联邦民法典》有38个条文;《奥地利民法典》有40个条文;《阿根廷民法典》有71个条文;我国《侵权责任法》有92个条文,除去第1条和最后一条,共90个条文。当然也不能绝对化,虽然有的国家和地区侵权责任法的条文少,可是有大量判例。所以从某种角度来说,侵权法的进步性、完善性与条文的多少还是有关系的。条文太少,法官裁判不方便,不得不借助判例,判例使用太多,容易导致裁判的不统一,法官自由裁量权过大。所以我们看到一些早期制定民法典的国家和地区,后来有民法典的再法典化,它们在再法典化中往往对侵权责任法作了修改、补充。

2009年中日民商法研究会在海南大学举行,当时讨论到中国的侵权责任法草案的时候,一位日本学者突然提出一个问题,他说中国制定《侵权责任法》有必要规定如此多的条文吗?中方学者一下就懵了,没有想到别人会提这样一个问题。这个时候日本早稻田大学的民法学教授近江幸治站起来大声说,有必要。他说,因为现代社会各种侵权行为严重化、复杂化,规定太简单,不方便裁判。这就说明条文多少还是有关系。中国《侵权责任法》采用"一般条款加上特别列举"的模式,将特定的侵权行为类型化。比如网络侵权、安全保障义务、校园伤害,这些都是特别规定的。后面规定类型化,交通事故、高度危险、产品责任、医疗损害甚至动物的伤害、环境污染等,一个类型由一章来规定。有的人不认同,说有必要吗?别的国家和地区条文少,不照样很好吗?他没有注意,别的国家和地区条文虽然少,判例可不少。所以我们的条文多,还是有它的好处。举例来说,交通事故,我们有一章的规定,专门规定了转让汽车没有过户造成损害怎么办;拼装的、报废的汽车造成损害怎么办;盗窃、抢劫或者抢夺的机动车造成损害怎么办;肇事人跑了、没有人承担责任时,有社会救济制度,由道路交通事故社会救助基金垫付。可见,这样详细的针对各种情况的规定,有利于保护受害人。

关于保护人格权法律的进步性,着重体现在侵权责任法的内容以及形式上。

五、怎样看待现在的人格权编草案

关于现在的人格权编草案,大家看《民法典(草案)》第773条规定本编的适用范围，它说本编调整因人格权产生的民事关系。为什么不说本编调整人格权关系？因为按照民法规定，人格权不发生关系，人格权是人对自身的权利，它不发生关系，它是为了防御别人加害、追究加害人责任；别人一旦加害，就构成侵权责任关系。我国《民法总则》第2条规定本法调整人身关系和财产关系，我们老师一定要进一步解释，这里的人身关系是指婚姻家庭关系，一定不要误认为有所谓的人格权关系。这里顺便说到，《瑞士民法典》制定的时候规定"人格关系受法律保护"，结果《瑞士民法典》一公布，受到学者猛烈抨击，说人格怎么能够发生关系？它是指主体自身，不发生关系，不发生人格权关系，不发生人格关系。因此后来《瑞士民法典》修改的时候，把关系两个字删掉，现在的条文是"人格受法律保护"，也就等于人格权受法律保护。《民法典（草案）》第773条意味着本编是人格权受侵害的侵权责任法，它调整的是人格权受侵害所发生的侵权责任关系。

大家看草案当中至少十多个条文规定不得侵害、应当承担责任、不承担责任之类的内容，这里不作详细列举。这些条文本来都是侵权责任法的内容。大家特别看一个条文，《民法典（草案）》第778条规定："侵害民事主体人格权的，应当依照本法和其他法律的规定承担停止侵害、排除妨碍、消除危险、赔偿损失、消除影响、恢复名誉、赔礼道歉等民事责任。"大家特别注意，民法典关于人格权的规定，既有本编（人格权编），也有侵权责任编。"其他法律"，当然是指其他特别法中关于人格权侵权责任的规定。而且，"本法和其他法律"之间用了一个"和"字。以上这些条文使我们马上想到，这说的是什么？说法官审理侵害人格权的侵权责任案件，首先要适用人格权编的某一项规定来判断受害人应不应该受保护、加害人应不应该承担责任；然后，再适用侵权责任编的某一个规定来判决怎么样保护受害人，怎么样追究加害人的侵权责任，追究什么样的责任。例如交通事故导致死亡、伤害，案件起诉到法院。法院要首先适用人格权编关于生命权受法律保护的规定、身体权受法律保护的规定作出判断，认定本案受害人应该受保护，加害人应该承担责任；再适用侵权责任编关于机动车交通事故责任一章的具体规定,来判决被告承担什么样的责任。这就叫作双重适用。

双重适用,在人类历史上是前所未闻的,没有哪一个国家或地区、哪一个朝代、哪一个法庭,裁判一个案件会适用两个法律条文。有的同学可能会说,我们看见一些法院的判决书中,在"判决如下"之前,引用了好多个条文。例如,首先引用《民事诉讼法》的某个条文,然后引用《侵权责任法》的某个条文,还引用《侵权责任法》的另外一个条文。但是,在此类引用数个条文的裁判文书中,各个条文指向的事项是不同的。例如产品责任案件中,法官引用《民事诉讼法》条文是决定本案该不该受理;引用《侵权责任法》关于产品责任的条文,是作为本案的裁判依据。他可能顺便也提到了《侵权责任法》"产品责任"一章或者《产品质量法》关于产品缺陷的规定,来说明涉案产品是否存在缺陷。侵权法上所说的缺陷是指产品对他人具有不合理的危险。关于产品缺陷这个条文,是用来判断本案产品是否存在缺陷,是判断这个事实,不是用来作为裁判依据的。可以作为裁判依据的只有一个条文。

这就是我们说的,从法官方面来说,裁判依据只能是一个条文。日本人讲裁判基准,裁判基准只是一个条文,从当事人角度来说叫请求权基础。王泽鉴先生的《民法思维》一书,副标题就是"请求权基础理论体系"③。请求权基础,是一个法律条文。你向法院起诉,要求赔偿,根据哪一个条文赔偿? 是根据合同法哪一个条文,还是根据侵权法哪一个条文。没有听说过对同一事项用两个请求权基础的。人格权编多个条文规定不得侵害、应当承担责任、不承担责任之类的侵权责任规范,再加上《民法典(草案)》第 778 条,这是违反理论、违反实践的,直接导致对于同一个案件、同一个事项、同一个侵权行为,要重复适用两个以上的条文。

还要注意,发明了一个双重适用后,法官在审理民事案件时,其他案件都是单一适用,违约责任案件、侵害知识产权的侵权责任案件、侵害物权的侵权责任案件、侵害继承权的侵权责任案件,都是单一适用,

---

③ 王泽鉴:《民法思维:请求权基础理论体系》,北京大学出版社 2009 年版。

唯独侵害人格权的侵权责任案件要双重适用,那法官会不会搞错? 法官上午审了一件单一适用的案件,下午审理人格权侵权责任案件,也就直接根据侵权责任法判决了。这个判决是否构成适用法律错误? 当然构成适用法律错误。因为,按照民法典的规定应该双重适用,但法官只适用了一个条文,所以单一适用构成适用法律错误。适用法律错误是上诉的理由,当事人肯定上诉。这时候二审法院怎么办? 依照《民事诉讼法》的规定,二审法院有两种处理方法:一是撤销原判、发回重审;二是直接改判。撤销原判、发回重审的,原审法院需要另行组成合议庭来重审此案。且不说这当然导致财力、物力、诉讼资源的浪费,问题是怎么重审呢? 原审判决事实认定正确,裁判结果公正,审什么? 不就是添上一个漏掉的人格权编的条文吗? 如果重审的法官添上一个条文,那就说原审错了。法院有错案追究制,因此重审维持原判的可能性较大。当事人又上诉到二审法院,因为《民事诉讼法》规定只能发回一次重审,这次只能改判。二审法院怎么改判? 自己给它添上一个条文,还是责令当事人重新起诉,在起诉状上增加一个条文? 这很难办。如果要这样,一定要修改《民事诉讼法》,规定二审、再审中对漏掉条文的案件专门设立一个补充程序:遗漏条文的补充程序。二审或者再审可以依据《民事诉讼法》关于补充程序的规定,直接添加漏掉的人格权编的条文。如果真的这样做了,修改了《民事诉讼法》,二审、再审时给裁判文书添加了条文,那么这个判决是谁胜诉? 是上诉人胜诉,还是被上诉人胜诉? 上诉人当然胜诉,但是判决结果原封未动,因为事实认定正确,裁判结果公正。这将导致诉讼秩序极大的混乱。

再说,这样的判决拿到其他国家或地区的法院去申请执行,它们怎么看待? 它们会觉得闻所未闻,一个案件、一个事项,怎么能够适用两个条文。它们都是适用一个条文、一个裁判基准的,于是会裁定不予执行。裁定不予执行的理由如,程序错误,可以裁定不予执行;违反执行法院所在地的公共秩序,可以裁定不予执行。英美法上的公共秩序包括法律秩序,法律适用原则就属于公共秩序。它们不予执行,我们对它们单一适用的案件也可以以违反我们的公共秩序为由,按照对等原则,裁定不予执行。这就会引发国际之间关于相互承认执行的一些意想不到的纠纷。

还有，既然民事法官审理侵害人格权的侵权责任案件需要双重适用，按照类似事件同样处理的原则，刑事法官审理侵害人格权的刑事案件，难道就不应该双重适用吗？既然民事法官单一适用侵权责任法的规定不足以保证裁判的公正，不足以限制法官的自由裁量权，那么刑事法官单一适用《刑法》的规定，就能够限制法官的自由裁量权，就能够实现裁判的公正？照此办理，即同样的事情同样办理，这叫类推，那么岂不是要修改《刑法》，在侵害人身权利、民主权利罪一章加一节，把民法典人格权编那些类似的条文改一下措辞加到《刑法》中去（把"承担民事责任"改为"承担刑事责任"）？无法想象这样的结果。

这就是民法典人格权编草案最大的错误。像这样的双重适用闻所未闻，它会导致审判秩序、审判实践极大的混乱。好不容易才形成现在的民商事审判的秩序和实践，轻率地设立几个条文来予以冲击，造成混乱，其后果是不可想象的。我的意见是，无论如何，无论有多少理由设人格权编，都绝不应当搞双重适用。

王泽鉴先生对此已经表达了这个意见。2018年4月他与王利明教授在珠海举行"高峰对话"，王泽鉴先生建议删掉人格权编，把人格权编中可能有道理的、有价值的条文纳入侵权责任编，民法典只能有一个侵权责任编，不能出现两个侵权责任编。对此建议，我完全赞成。

中国民法典，无论怎么样，无论它的水平的高低，绝对不允许出现两个侵权责任编。删去人格权编，这是上策。假设我们的立法机关已经决定了非要保留一个独立的人格权编，我的意见是退一步，把《民法典（草案）》第778条关于双重适用的规定删掉，把本编关于"不得侵害……""……应当承担民事责任""……不承担民事责任"之类的条文全部删掉，使本编仅仅成为一个人格权的宣示法。就是宣传、表示，我们的民法典有个人格权编，仅仅满足于这个目的。不涉及保护问题，不涉及民事责任的承担、免责这些问题。

换句话说，如果真的要保留一个人格权编，我们就老老实实地学习《乌克兰民法典》。《乌克兰民法典》第二编"自然人的人格权"，全编只是讲自然人享有什么权利,只规定自然人有什么人格权。它不下定义,没有下任何一个定义。它不涉及保护问题、责任的承担问题。特别是它有两个条文非常值得我们借鉴:《乌克兰民法典》第275条规定,人格权的保护,适用本法典总则第三章关于权利和利益保护的规定。《乌克兰民法典》总则第三章规定的就是怎么样保护权利、保护利益。怎么样保护呢?《乌克兰民法典》总则编第三章规定了起诉、仲裁等程序法上的保护路径,以及损害赔偿、自助行为、自卫行为等实体法上的保护方法,还规定了国家从立法上提供保护的义务。一句话,《乌克兰民法典》人格权编自己不规定怎么保护。《乌克兰民法典》第280条的标题是损害赔偿请求权,该条明文规定,人格权受侵害,造成精神损害或者财产损失的,有权要求赔偿。依据什么赔偿,人格权编不说,当然是依据侵权责任法的规定。它的侵权责任法在哪里?在债法里。《乌克兰民法典》是一部人格权的宣示法,向世人昭示,我们规定了很多人格权,但它不涉及怎么保护、怎么追究责任等这些问题。

虽然绝大多数国家和地区都不采用《乌克兰民法典》的这种安排,大家对这部法律很轻视,没有人赞赏它,尖锐的批评就更不用说了。这部民法典体系上也不是那么好,但没有造成对审判秩序的冲击和审判实践的危害。所以说,现在来看,如果真的要、一定要设立人格权编,无论有什么理由,都建议删去《民法典(草案)》第778条以及所有关于不得侵害、承担责任、不承担责任的条文。

这就是我关于现在的人格权编草案的意见,供在座的同学、老师参考,谢谢。

民法典人格权编草案（二审稿）评论[*]

一、第773条

第773条规定："本编调整因人格权产生的民事关系。"这一条为什么不写调整人格权关系呢？因为，人格权是人对自身的权利，不是人与人之间关系上的权利，根本就没有人格权关系。顺便说到，《瑞士民法典》制定的时候第29条规定"人格关系受法律保护"，遭到学界猛烈抨击，后来修改时把"关系"两个字删掉了，变成"人格受法律保护"，与我们说人格权受法律保护是同样的意思。

《民法总则》第2条规定民法调整人身关系和财产关系。教科书讲到这里的时候，一定要指出人身关系是指婚姻家庭关系，亦即身份关系。人身权包括身份权和人格权。身份权是身份关系上的权利；人格权是人对自身的权利，它不是任何关系上的权利。所以说，我们对《民法总则》第2条，不应错误地理解为有所谓"人格权关系"。现在第773条规定本编调整的范围是因人格权所发生的关系，当然是指侵权责任关系。侵权责任关系属于债权债务关系。

2018年4月在广东珠海举行的王利明教授与王泽鉴先生的"高峰对话"中，王泽鉴先生明确指出，人格权编草案实际是人格权侵权责任编，建议删除人格权编，把规定人格权侵权责任的内容并入侵权责任编。王泽鉴先生的建议是完全正确的。

---

[*] 本文根据作者在北京航空航天大学法学院2019年5月28日的讲座整理而成。

二、第 774 条

第 774 条规定:"民事主体的人格权受法律保护,任何组织或者个人不得侵害。"这句话好像在哪里见过。《民法总则》第 3 条规定:"民事主体的人身权利、财产权利以及其他合法权益受法律保护,任何组织或者个人不得侵犯。"大家看差别在哪里呢？我们的民法典编纂不是说提取公因式吗？关于民事权利的保护,物权怎么保护,债权怎么保护,知识产权怎么保护,人格权怎么保护,等等,已经采用提取公因式的方法,作为最大公约数从各编提取出来,规定在《民法总则》(民法典的总则编)中了。有了《民法总则》第 3 条,现在的第 774 条就成了一句废话。假设它不是废话,则民法典的各分则编,以及民法典之外的民商事特别法,凡涉及各种民事权利都应当规定同样的条文。如物权编在规定物权定义、所有权定义、抵押权定义、质权定义的条文中,都应当规定"某某权利受法律保护,任何组织或者个人不得侵犯"。但是,物权编、合同编、继承编等会作这样的规定吗？民法典之外的民商事特别法会作这样的规定吗？

三、第 775 条

第 775 条,我在此前的讲座中讲过,该条第一句是正确的。人格权不得放弃、不得转让、不得继承,这是由人格权的本质特征所决定的。人格权是人对自身的权利,因此属于专属性的权利,而专属性的权利不得转让。人格权因出生而当然享有,因死亡而当然消灭,因此人格权不发生继承问题。而别的专属性权利,虽然不能转让,但是可以继承,因为主体消灭,权利并不消灭。如人寿保险的保险金请求权、人身损害赔偿请求权,虽然不得转让,却可以继承。除人格权之外的民事权利,包括其他专属性权利,权利人都可以放弃。例如继承权,虽不能转让,但可以放弃。唯有人格权,不仅不得转让、不得继承,也不得放弃。

请注意,第 775 条第二句"但是法律另有规定的除外"是错误的。你能找到规定人格权可以转让、继承、放弃的法律吗？肯定找不到。因为人格权是主体对自身的权利,与主体不能分离,属于专属性的权利,无法转让。生命、身体、健康这些权利不用说了,即使姓名权、肖像权、名誉权也不能转让。人格权因权利人死亡当然消灭,因此不得继承,这也不用说。那么可不可以放弃呢?人格权与别的权利不同,它是一种客观存在,不受权利人的意思支配,因此也就不能放弃。

所谓"放弃",是指权利主体以自己的意思表示消灭权利的单方法律行为。《继承法》规定,继承开始后到遗产分割之前,继承人可以放弃继承权,继承人只要作出放弃继承的意思表示就行了。放弃物权更简单,把你的手机往垃圾箱里一丢就放弃了。放弃债权,你对债务人说"我不要了",债权就消灭了。人格权怎么放弃?怎么放弃自己的身体权呢?怎么放弃自己的健康权呢?怎么放弃自己的隐私、名誉、姓名、肖像权呢?只要主体存在,人格权就存在,无法放弃。

生命权可不可以放弃?有人说实行"安乐死",不就是生命权的放弃吗?实际上,所谓安乐死,是实施安乐死的医生剥夺患者生命的事实行为。前面谈到生命权不受权利人意思的支配,因此生命权不能放弃。导致生命权消灭的是他杀、自杀等事实行为,此外还有交通事故、空难、地震等法律事实(事件)。安乐死是实施安乐死的医生注射致命毒剂的事实行为使患者的生命消灭,不是患者预先签署的自愿接受安乐死的同意书(意思表示)使自己的生命消灭。患者自愿接受安乐死的同意书的法律意义,是使医生剥夺患者生命(本属于犯罪)的事实行为合法化(除罪化)。说安乐死是对生命权的放弃,是对安乐死的误解。

可见,第775条第一句规定人格权不得放弃、转让、继承,是正确的;第二句"法律另有规定的除外",是绝对错误的。之所以没有规定人格权可以转让、继承、放弃的法律,是人格权的本质和特殊性使然。

四、第776条

第776条规定:"民事主体可以许可他人使用姓名、名称、肖像。"这是最似是而非的条文,乍一看,好像有道理,但仔细研究不难发现,是一个天大的错误。

什么叫姓名？人的姓名与动植物的名称并无实质区别，是一种区别技术。人类采用命名这种区别技术，区别客观事物，也同样用命名的方法区别人类自身。人类区别自身，还采用编号的方法。过去一个母亲生好多孩子，就采用编号的方法区别，叫老大、老二、老三、老四。家庭内部用编号就可以区分，在一个村子里就需要在编号前加上姓氏，如张家老大、李家老四、王家老五。但在学校、军队、机关、企事业单位，就必须使用姓名。

首先，既然姓名是这样一种区别技术，则姓名的功能主要是供别人使用。姓名权和别的权利不同，别的权利是供权利人自己使用的；姓名是供别人使用的，即供别人用于区别特定的主体。其次，姓名也可以由权利人自己使用，但自己使用自己的姓名，是不得已而为之。别的权利，权利人想使用就使用，不想使用就不使用。《民法总则》第130条规定，民事主体按照自己的意思依法行使权利。其他民事权利，例如物权、债权、知识产权、继承权等，都是完全按照权利人自己的意思行使。你的房屋，想使用就搬进去住，不想使用就让房屋空着；你的汽车，想使用就开，不想使用就闲置在车库。但姓名不同，权利人使用自己的姓名是被迫的，非使用不可！不使用姓名就上不了学、参不了军、进不了单位、买不了飞机票、办不了银行卡、坐不了高铁，甚至住不了宾馆。所以说，自己使用姓名是不得已的，实际上也是为了别人使用，用来区别特定的主体。

当年德国制定民法典的时候，第一草案总则编起草人格布哈特（Gebhart），以及亲属编起草人普朗克（Planck）都不赞成规定姓名权，认为将姓名规定为一种权利是没有道理的。迄今很多国家和地区的民法典没有规定姓名权，理由正在于，姓名是供别人使用的、自己使用是不得已的。

下面讲肖像。在人类历史进程中，姓名在前，肖像在后。人们什么时候才认识到肖像、肖像权呢？王泽鉴先生的《人格权法》一书中说，是在发明了照相机和电影以后。肖像同样也是区别人类自身的技术。在机场安检之时，我们递上身份证或者护照之后，安检员让我们的面部对着一个摄像头，这就是通过我们的肖像来"验明正身"。因为身份证可以伪造，姓名可以随便改动，所以需要加上肖像才能识别。如果姓名加肖像识别还不够，就再加指纹。所以说，肖像也是供别人使用的，自己使用自己的肖像（刷脸）是不得已的。

由于市场经济的发展，商品广告广泛运用，于是就产生了冒用、盗用他人姓名、肖像的侵权行为。使用他人的姓名和肖像作商品广告，须获得权利人同意，已经成为现代民法一项没有法律条文的法律原则。既然厂商未经权利人同意就使用其姓名、肖像作商品广告，构成盗用姓名、肖像的侵权行为，似乎就可以反向推论出，存在许可他人使用其姓名或者肖像的合同（法律行为）。草案第 776 条规定"民事主体可以许可他人使用其姓名、名称、肖像"，就是这样推论出来的。

显而易见，本条规定，类似于知识产权法上的著作权许可使用、专利权许可使用、商标权许可使用。因此，乍看起来似乎有道理。但是，我要告诉大家，社会生活中，并不存在姓名、肖像许可使用合同。

市场经济条件下，不存在许可他人使用自己的姓名或者肖像这样的合同。如果厂商请名人代言商品或者服务，他们之间签订的是"商品广告代言合同"。

实际上，商品广告代言合同，并没有许可使用姓名、许可使用肖像这样的内容，而是规定如何制作"广告作品"，即视频广告或者平面广告的各种事项。合同内容（条款）比我们想象的要复杂得多。合同规定，乙方的艺人按照约定的工作时间到特定场所，按照甲方制订的方案进行表演；甲方应提供化妆师、服装、饰品、方案、台词、音乐及指导（导演）；最终制作完成的视频广告或平面广告如何使用。合同还规定，如果艺人需要乘坐交通工具，甲方应当提供头等舱机票；如需住宿，甲方应当提供四星级以上宾馆的豪华套间；如果代言商品，甲方应当提前一定的时间将该商品交付艺人试用，并提交该商品的生产许可证、质量合格证以及生产厂家的一应资质证明（证照）。合同为什么要规定产品试用？因为，如果艺人不试用就代言了，将来这个产品因缺陷造成消费者损害，代言人可能承担连带责任。合同还要规定代言费等内容，自不待言。

特别要注意的是,商品广告代言合同的内容根本不涉及所谓姓名许可使用或者肖像许可使用。所谓姓名许可使用合同、肖像许可使用合同,是绝对不可能规定提供化妆师、服装、饰品、表演方案、台词以及商品试用等内容的。所以说,绝不能将商品广告代言合同混同于起草人想象出来的所谓姓名许可使用合同、肖像许可使用合同。

商品广告代言合同的标的是什么？是向消费者推荐特定商品(或者服务)的事实行为(俗称代言),绝不是把你的肖像(照片)和签名(姓名)往商品上一贴就万事大吉,而是要双方共同制作完成约定的平面广告或者视频广告。比如,女明星代言洗发水,需要甩她那一头秀发,甲方要求甩几次她就必须甩几次,直到甲方满意为止。男明星念广告台词,需要一直念到甲方满意为止。他们实际上是进行表演,与他们在电视剧、电影制作中的表演行为的差别,仅仅是剧本长短、台词多少而已。最后商家使用的是"广告作品",是供电视台播放的视频广告,或供平面媒体刊登的平面广告,而不是艺人的姓名或肖像。

至于条文所谓许可他人使用名称,同样可以一言以蔽之,是起草人凭空想象出来的。只要稍有企业登记管理法律法规方面的常识,即可知道,绝对不存在许可他人使用其名称的合同。因为企业登记管理法规和实务,绝对不允许两个市场主体(公司企业、合伙企业、个体工商户)使用同一名称。甚而至于,两个市场主体的名称中某个关键词相同也不行,除非两个市场主体之间存在控股关系(例如总公司与分公司之间、同一总公司下属两个分公司之间)。

顺便指出,起草人规定所谓名称许可使用合同,也是出于对当今市场中广泛存在的加盟店合同的误解。当今市场零售业风行的连锁店经营分为两种形式:一是自营店方式,以"星巴克咖啡"为典型。全球一万多家星巴克咖啡店,都是由同一个总公司投资设立的自营店,各自营店的登记名称中都有同一关键词"星巴克",而星巴克咖啡总店与各星巴克咖啡店之间不存在名称使用许可问题,自不待言。二是加盟店方式,以"上岛咖啡"为典型,在我国的三百多家上岛咖啡店,都是加盟店。总公司与各加盟店之间不存在投资关系,而是一种合同关系。各加盟店名称与总店名称不同,各个加盟店的名称也互不相同,总店与加盟店之间不存在名称许可使用问题。

这里介绍一下加盟店合同。加盟店合同,是与传统经销合同有显著区别的新型合同。传统经销合同与一般商品买卖合同无本质区别,经销商赚取商品进价与售价之间的差额,供应商对经销商不具有监督、管理、指导、业务培训等职能,也不能在货款之外向经销商收取额外的费用(如管理费、广告费、品牌使用费)。加盟店合同的主要内容包括:申请加盟的店主自己筹集资金、租用店铺、自己办理工商登记手续设立加盟店;加盟店店面布置装潢必须按照总店的统一设计;招聘员工必须按照总店统一规定的条件,接受总店派员进行开业前的业务培训,并在开业后参加总店定期进行的业务培训;加盟店必须实行总店统一制定的规章制度和各项标准;加盟店必须从总店进货,完成进货计划,不得从其他渠道进货;从总店到达加盟店所在城市的运费由总店负担,所在城市市区内的运费由加盟店负担;合同签订时加盟店须向总店交纳规定的履约保证金(合同终止后可以退还);加盟店开业后须定期向总店交纳规定的管理费、广告费和品牌使用费;加盟店招牌由总店设计制作;等等。

可见,加盟店合同,根本不存在所谓总店许可加盟店使用其名称的问题。起草人看见加盟店招牌上的"上岛咖啡"四个字,便想当然地把招牌上的"上岛咖啡"当成(公司、企业、个体工商户、加盟店的)"名称"了,其实,招牌上的"上岛咖啡"只是所经营商品、服务的品牌。如前所述,"上岛咖啡食品有限公司"才是总店的名称,各加盟店绝不可能使用此名称,并且各加盟店的名称中不可能出现"上岛咖啡"这一关键词(因为与总店无控股关系)。讲到这里,对于说第776条是不了解社会生活的起草人闭门造车想出来的错误条文,还有什么疑问吗?下面请看第778条。

五、第778条

关于第778条,我在过去已经详细地批判过了。大家对于本条,特别要注意"依照本法和其他法律的规定"这一句中的"和"字,这是关键。据此,本条规定了法律适用的"双重适用"原则。按照王利明教授的解释,法官裁判侵害人格权的侵权责任案件,必须先适用人格权编的某个条文,判断受害人应不应该受保护,加害人应不应该承担责任;紧接着再适用侵权责任编的某个条文,决定怎样保护受害人,加害人应当承担什么样的侵权责任。

大家是否注意到,在北京航空航天大学举办的海峡两岸民商法前沿论坛上,著名民法学者苏永钦教授发言时曾一针见血地指出,人格权编草案的大多数条文都是不完全法条。所谓不完全法条,是指未明确规定构成要件、法律效果的条文。草案中的条文,只说应该承担民事责任,至于承担什么样的民事责任,以及民事责任的构成要件,都没有规定。不完全法条,不能成为裁判案件的依据,这是常识。

早些时候,我在四川大学讲演时就指出,双重适用在古今中外概无先例,没有哪一个国家或地区、哪一个法院、哪一个法官裁判案件是适用两个条文的。大家看王泽鉴先生的《民法思维:请求权基础理论体系》一书[①],王先生讲请求权基础,是一个法律条文。他讲到,如果原告的请求权有两个法律条文可以作为请求权基础,则原告必须(只能)选择其中一个条文作为本案的请求权基础。请求权基础,是从原告角度讲的,如果原告的诉求得到法院支持,法院就用原告起诉状中作为本案请求权基础的那个条文,作为裁判本案的法律依据。假设原告在起诉状中提出两个法律条文作为请求权基础,法庭必须通过释明权之行使,告知原告选择其一;如原告不作选择,法庭将驳回其起诉。所以说,请求权基础只能是一个条文,裁判依据也只能是一个条文,可称为单一适用原则。

我今天讲简单一点。双重适用对案件当事人、对案件判决结果可能影响不大,因为最终仍然是依据侵权责任法条文判决被告是否承担侵权责任、承担什么样的侵权责任。受影响最大的是人民法院,规定双

---

① 参见王泽鉴:《民法思维:请求权基础理论体系》,北京大学出版社2009年版。

重适用,对人民法院的裁判实践和裁判秩序是一场危险的考验。因为只有侵害人格权的侵权责任案件才是双重适用,而侵害知识产权、继承权、财产权的侵权责任案件仍然是单一适用。至于违约责任案件,不用说仍然是单一适用。一个国家或地区的法院适用法律时,某一类案件双重适用,其他的案件单一适用,这荒唐不荒唐?可笑不可笑?

从法官来说,上午审理一个侵害人格权的侵权责任案件是双重适用,下午审理侵害知识产权的侵权责任案件马上改为单一适用;开前一个庭审理违约责任案件是单一适用,开后面一个庭审理侵害人格权的案件立即转换成双重适用。我曾经说过,为什么要这样翻来覆去地折腾民事法官?为什么审理别的民商事案件都是单一适用,偏偏审理侵害人格权的侵权责任案件要双重适用?为什么审理侵害人格权的刑事案件却又不双重适用?简直匪夷所思。

双重适用不仅折腾民事法官,也折腾民事律师。律师代理侵害人格权的侵权责任案件时,需要两个请求权基础:一个人格权编条文再加一个侵权责任编条文。代理别的民商事案件时只需一个请求权基础:一个法律条文。一旦律师搞错了怎么办?例如,在侵害人格权的侵权责任案件中律师只提了一个侵权责任编条文,遗漏了人格权编的条文,怎么办呢?法院立案庭是按照程序法的规定立案,只要有当事人(原告和被告)、有法律关系、有明确的诉求、有法律依据,立案庭就予以立案。案件交到审判庭,法官一看原告诉状缺少了人格权编条文,应当如何处理?是退回立案庭,还是开庭审理?如果退回立案庭,就要算立案庭的错误,立案庭同意吗?如果开庭审理,是判决驳回起诉,还是判决原告败诉,还是行使释明权告知原告补充人格权编条文?经告知原告仍不予补充,怎么处理?

如果审判庭没有注意到本案应当双重适用、诉状遗漏了人格权编条文,直接按照单一适用原则依据侵权责任法条文作出判决,那么理当构成法律适用错误,成为上诉的理由。二审法院应当如何处理?是否撤销原判、发回重审?如果发回重审,原审事实认定无误、判决结果公正,如何重审、审什么?如果重审只是补充了遗漏的人格权编条文、维持原审判决结果,此项判决究竟是原告胜诉还是被告胜诉？如果重审仍不补充人格权编条文、维持原判,再上诉到二审,二审法院如何处理？二审法院直接改判补充遗漏条文,判决结果不变,是上诉人胜诉还是被上诉人胜诉？

此外,双重适用的案件判决书拿到其他国家和地区去申请执行,它们的法院会怎么看？会不会以违反程序、违反公共秩序为由裁定不予执行。它们的法院裁定我们的判决不予执行,我们的法院也应照此办理,裁定它们的(单一适用)判决不予执行。一个双重适用,给法院制造出意想不到的、难以处理的各种各样的难题。人民法院经过四十多年形成的民商事裁判实践、裁判秩序,会不会因此毁于一旦？

最高人民法院从 2015 年到 2016 年,一直都未表态赞成设置人格权编,直到 2017 年下半年才表态赞成设置人格权编。应当肯定,作为宪法授权的最高裁判机关,最高人民法院已经认识到双重适用对于人民法院的巨大危险,因此最高人民法院绝对不可能接受所谓双重适用,我们对此应有信心。

六、第 780 条

第 780 条规定停止侵害、排除妨害请求权。传统民法侵权行为制度,没有停止侵害、排除妨害请求权。按照传统民法,侵权责任主要是损害赔偿,须加害人的行为造成损害,受害人向法院起诉,法院判决加害人向受害人支付一笔损害赔偿金,填补受害人所受损害。传统民法理论认为,民法的救济手段就是损害赔偿,都是事后的赔偿。但是后来随着社会的发展遇到了新的问题,我们总不能眼睁睁地看着加害人实施侵权行为,而没有予以阻止的手段。例如剽窃、盗版的著作,或者损害他人名誉、隐私的影视作品正在制作中,或者刚刚制作完成,还没有发布、上线或向市场销售,这时我们可不可以请求法院下达一个禁止令,禁止侵权作品销售、发行或上映,从而在侵权行为还没有造成严重损害后果的时候就予以制止。事实上,这种方式无论是对受害人、对整个社会,还是对法院,都是最合理、最经济的。

为了解决这个问题,德国的办法是,准用《德国民法典》物权编物上请求权中的停止侵害、排除妨害请求权。我国《民法通则》和《侵权责任法》都规定了停止侵害、排除妨害请求权。如《侵权责任法》第 15 条规定停止侵害、排除妨碍、消除危险,是承担侵权责任的形式。《侵权责任法》第 21 条进一步规定,侵权行为危及他人人身、财产安全的,受害人可以请求停止侵害、排除妨碍、消除危险。

可见,停止侵害、排除妨碍、消除危险请求权,是我国侵权责任法固有的责任形式和救济手段。现在的《民法总则》第 179 条、民法典侵权责任编草案二审稿第 946 条,均有明文规定。现在民法典人格权编草案二审稿第 780 条是一种重复规定,没有实质性意义。因为法院裁判的时候,仍将直接适用侵权责任编第 846 条,而不适用人格权编第 780 条。

七、第 781 条

第 781 条规定:"认定行为人承担侵害除生命权、身体权、健康权以外的人格权的民事责任,可以考虑行为人和受害人的职业、影响范围、过错程度以及行为的目的、方式、后果等因素。"从条文的表述来看,本条起草人考虑得很细,可以说是不厌其烦。请问,对于侵害姓名权、肖像权的案件,以及侵害名誉权、隐私权的案件,法院判决加害人停止侵害、排除妨碍、消除危险、赔礼道歉、恢复名誉、消除影响,如何考虑受害人和加害人的职业等因素?对于侵害这些人格权益造成受害人财产损失的案件,法院判决加害人支付一笔财产损失赔偿金,如何考虑加害人与受害人双方的职业等因素?对于侵害这些人身权益造成受害人严重精神损害的案件,法院判决加害人支付一笔精神损害赔偿金,如何考虑加害人与受害人双方的职业等因素?

对于这样的侵权责任案件,现行法有没有明确的规定?现行法当然有明确的规定。对于侵害名誉权,《民法总则》第 179 条规定加害人应消除影响、赔礼道歉以及承担精神损害赔偿责任。关于精神损害赔偿,在《侵权责任法》第 22 条、现在的民法典侵权责任编草案第 960

条,都有明确规定。对于侵害人格权益造成受害人财产损失的案件(包括盗用他人姓名、肖像作商品广告),现行《侵权责任法》第20条的规定,解决了德国人承认人格权具有财产价值、美国人发明商品化权所解决的同一问题,具有重大的理论和实践意义。

《侵权责任法》第20条规定:"侵害他人人身权益造成财产损失的,按照被侵权人因此受到的损失赔偿;被侵权人的损失难以确定,侵权人因此获得利益的,按照其获得的利益赔偿;侵权人因此获得的利益难以确定,被侵权人和侵权人就赔偿数额协商不一致,向人民法院提起诉讼的,由人民法院根据实际情况确定赔偿数额。"经《侵权责任法》实施以来的实践检验证明,此项裁判规则是成功的,且极具可操作性。

民法典人格权编草案二审稿第781条规定,法官裁判案件可以考虑职业、影响范围、过错程度,以及行为的目的、方式、后果等因素,为法官裁判案件规定了如此之多的标准。这些因素好多是主观的、难以掌握的,要求法官将它们结合在一起加以考虑,不仅难以操作,更重要的是,它与侵权责任编的规定直接冲突。特别要指出的是,本条要求法官裁判案件时考虑加害人与受害人双方的职业,以决定加害人是否承担责任、承担什么责任以及承担责任的轻重,不仅违反侵权责任法的原则、违反民法平等原则和公平原则,而且违反法律面前人人平等的宪法原则。

八、第781条之一

第781条之一规定:"实施新闻报道、舆论监督等行为的,可以合理使用民事主体的姓名、名称、肖像、个人信息等。行为人未合理使用的,应当依法承担民事责任。"我在前面已经讲到,姓名和肖像都是供他人使用的,用来辨别、区别特定的主体。权利人自己使用是不得已的,实际是为了供他人使用、"验明正身",亦即确定民事主体的同一性。确定民事主体的同一性非常重要。现代社会可能存在各种恐怖活动的危险,单靠姓名不足以确定身份,这就需要加上肖像,如果加上肖像还不够,那就还要加上指纹。

特别是新闻报道,如果不使用被报道人的姓名、肖像,观众和读者怎么知道报道表扬了谁、批评了谁?舆论监督更不用说。舆论监督批评某一个人的时候,不指名道姓,仅大而化之地说某某人,例如某某社科院民法专业的教授,社科院民法专业有好多教授,即使你再说他大致多大年纪,也达不到确定主体同一性的目的。而使用他的姓名,如果再加上肖像,受众一下就知道批评的是谁。可见,新闻报道、舆论监督使用被报道、被监督人的姓名、肖像,既不存在许不许可的问题,也不存在合理不合理的问题。

即便一个新闻报道损害了被报道人的名誉权,但导致被报道人名誉损害的是新闻报道的内容,而不是使用了被报道人的姓名。大家是否注意到最近《法学家茶座》有一篇批评我的文章,有朋友数过,梁慧星这个名字被使用了三十多次。作者使用我的姓名,当然无须经我同意,一篇几千字的批评文章使用被批评对象的姓名三十多次,合理不合理呢?我要告诉大家,作者这样使用并非不合理。如果他不用梁慧星这个名字,大家怎么知道他批评的是谁呢?使用的次数多少,并不改变使用的性质。至于对我的批评是否正确,在于文章的内容、批评是否有理有据,与使用我的姓名无关。质言之,姓名的主要职能就是供别人使用的,即使诽谤他人、诬告他人而使用他人的姓名,也不发生不合理的问题。诽谤、诬告行为的违法性,体现在所陈述的事实不真实,以及行为人的加害目的。

所以说,新闻报道、舆论监督(以及学术批评、历史研究、日常生活中等)使用他人的姓名、肖像,都是姓名、肖像的社会功能所在,不存在合理不合理的问题。本条起草人用"合理"性来限定对他人姓名、肖像的使用,特别是限定新闻报道和舆论监督对被报道、被监督人姓名、肖像的使用,是完全错误的。本条就讲到这里,后面我还要专门讲新闻报道和舆论监督。

九、第 782 条

第 782 条第 1 款规定:"行为人因侵害人格权依法承担消除影响、

恢复名誉、赔礼道歉等民事责任的,应当与行为的具体方式和造成的影响范围相当。"请大家注意条文中的"相当"一词。

　　立法的技术水平不仅体现在条文的规范构成,即有没有明确的适用范围、构成要件和法律效果,还体现在法律概念的准确使用上。本条使用的"相当"一词,是指相当性,前条使用的"合理"一词,指合理性;还有"正当"指正当性;"相应"指相应性,等等,这都是法律上常用的技术性概念,均具有特定的法律意义及特定(既定)的使用场合。例如,"合理(性)"用于限定"期限","正当(性)"用于判断"理由"。这都是起码的法律常识。

　　法律上所谓"相当(性)",特指存在数量或者程度差异的两类事物相互之间所呈现的某种平衡关系。举一个例子,我们常说"优质优价"。质量有程度差异,价格有数量的差别。商品的质量优等,与其较高的价格"相当";商品质量低下,与其较低的价格"相当"。反过来,商品质量低下,其价格却很高,或者商品质量优等,其价格却很低,就叫"不相当"。

　　可见,相当和不相当是两种事物之间的一种平衡关系。这种平衡关系(相对性),只在有数量差异或者程度差异的两类事物之间才可能存在。例如,刑法上,犯罪行为与量刑之间,存在"相当"(性);民法上违约行为与违约损害赔偿金之间、侵权行为与侵权责任损害赔偿金之间,都存在"相当"(性)。因为犯罪行为有严重程度的差别,量刑有轻重的差别,违约行为、侵权行为有严重程度差别,违约损害赔偿金、侵权损害赔偿金有数量差别。

　　我们来看第782条第1款规定,行为人因侵害人格权依法承担消除影响、恢复名誉、赔礼道歉等民事责任的,应当与行为的具体方式和造成的影响范围相当。请特别注意,恢复名誉、赔礼道歉、消除影响,及行为的具体方式,有数量的差异或者程度的差别吗?没有!仅"造成的影响范围",有大小程度的差别,也不可能与不具有数量和程度差别的恢复名誉、赔礼道歉、消除影响构成相当性的关系。

　　恢复名誉、赔礼道歉、消除影响,无所谓数量或者程度的差别。赔礼道歉,能够要求加害人说十句、百句"对不起"吗?消除影响,能够允许加害人消除一半留下一半吗?恢复名誉,只恢复一半或者三分之一行不行?所以说,赔礼道歉、消除影响、恢复名誉,不存在数量或者程度的差别,属于"要么全有、要么全无"的一次性事实行为。问题的关键是行为或者不行为,是做或者不做。

因此,赔礼道歉、消除影响、恢复名誉三种责任形式,与侵权行为人的"行为的具体方式和造成的影响范围"之间,绝对不可能存在"相当"(性)问题。本条要求法官判决加害人承担赔礼道歉、消除影响、恢复名誉的侵权责任,与加害"行为的具体方式和造成的影响范围""相当",是无论如何也做不到的。起草人不掌握"相当""合理"等技术性法律概念的常识,一再闹笑话,令人遗憾。

十、第 783 条、第 784 条和第 785 条

下面讲第 783 条、第 784 条和第 785 条三个重要条文。我在前面说过,第一句可能正确,第二句就是错话,第三句是废话。此断语,对这三个条文都适用。请老师和同学们特别注意,三个条文的第二句规定了一项新的权利,即"自卫权"。

我在华东政法大学的讲座中已经讲到,民法典人格权编草案规定自卫权,颠覆了现代法治国家禁止私力救济、实行公力救济这一奠基性基本原则。由国家承担保护人民生命、财产安全的职能,禁止私力救济、实行公力救济,是现代法治国家的第一块奠基石。包括大陆法系国家和地区及英美法系国家(美国除外),莫不如此。有人说,不是有"正当防卫"吗?但正当防卫绝不是"权利"。在民法上,正当防卫是免除侵权责任的"免责事由";在刑法上,正当防卫是免除刑事责任的免责事由(刑法理论称为"违法性阻却事由")。

民法典人格权编草案对于生命、身体、健康,可以像其他人格权一样,规定任何组织或者个人不得侵害,一旦侵害应当承担法律责任,完全没有必要规定一个自卫权。我在华东政法大学的讲座中批评草案规定所谓"自卫权",希望人格权编草案二审稿删除关于"自卫权"的规

定,遗憾的是,二审稿并没有删除。

自卫权不是民事权利,更不是所谓人格权。没有任何一本民法教科书上有自卫权。中国学术界迄今没有研究自卫权或者研究美国公民自卫权的博士论文、硕士论文和专题研究论文。主张单独制定人格权编的学者和人格权编草案的起草人,也没有在任何正式的或者非正式的场合,对规定自卫权作过任何的解释和说明。甚至在提出"通过设立人格权编将中国的人权保护提升到前所未有水平"的著名讲演中,也未有只言片语提及自卫权。在这种情况下,民法典人格权编草案规定自卫权,难免使人有暗度陈仓、瞒天过海的疑惑。

十一、第 787 条、第 788 条、第 789 条

第 787 条、第 788 条、第 789 条,这三个条文的问题是,将下位法的规定提升到民事基本法,违反法典编纂的逻辑。第 787 条规定的器官移植等问题,在国务院《人体器官移植条例》中有明确规定,并得到遵行。第 788 条规定以任何形式买卖人体细胞、人体组织、人体器官、遗体的行为无效,不仅属于下位法上的规定,而且应当属于合同编的买卖合同分则的内容。

请看第 788 条第 1 款规定"禁止以任何形式买卖人体细胞、人体组织、人体器官、遗体"。紧接着第 2 款规定"违反前款规定的买卖行为无效"。说明起草人不懂得什么叫禁止性规定。禁止性规定,即《民法总则》第 153 条第 1 款所称导致法律行为无效的强制性规定。禁止性规定有两种形式:一是条文中直接规定某某行为"无效";二是条文使用"禁止"或者"不得"两个概念之一。既然本条第 1 款条文已经使用了"禁止"概念,则该等行为当然是无效的,再设第 2 款规定就是画蛇添足。

第 789 条规定的临床试验,属于法律位阶最下层的部委规章的规定。原国家食品药品监督管理局 2003 年制定的《药物临床试验质量管理规范》第 1 条规定:"为保证药物临床试验过程规范,结果科学可靠,保护受试者的权益并保障其安全,根据《中华人民共和国药品管理

法》《中华人民共和国药品管理法实施条例》，参照国际公认原则，制定本规范。"条文所谓"国际公认原则"是指《世界医学协会赫尔辛基宣言》和国际医学科学组织委员会《人体生物医学研究国际道德指南》。把如此具体的、兼具管理性的部委规章的内容提升为民事基本法，不仅违反民法典编纂的逻辑，也是完全没有必要的。第789条规定的实质内容是要求临床试验须向受试者说明，并得到书面同意。这一说明义务和取得书面同意的义务，以及违反此义务的法律效果，早就规定在《侵权责任法》第55条（民法典侵权责任编第994条）了。

十二、第790条

第790条是关于性骚扰的规定。我在这里作一个保留，我不反对第790条第1款关于对性骚扰行为追究民事责任的规定，我认为此项规定应当纳入侵权责任编第一章。性骚扰案件最大的难题是取证。因为是两个人之间的事情，谁会在公共场合性骚扰？在公共场合性骚扰，过去叫流氓犯罪，现在构成行政违法行为。法院审理性骚扰案件，难在事实认定（难以取证），而不是法律适用。

在北大法宝民事案例库中有44482920件民事案例，其中性骚扰案件判决书有141件，最终得到法院支持（受害人胜诉）的仅4件。可见，在此之前，性骚扰是会被作为侵害人身权益追究侵权责任的，受害人胜诉的案件少，是因为取证困难。

本条第2款规定："用人单位应当在工作场所采取合理的预防、投诉、处置等措施，防止和制止利用从属关系等实施性骚扰。"北京航空航天大学法学院就是用人单位，其应该采取什么预防措施？把男老师和女老师隔开，让他们不在同一个办公室？男老师给学生上课的时候，派一个人监督？规定男老师只带男博士生、男硕士生，女老师只带女博士生、女硕士生？单位采取处置措施，是什么处置措施？用人单位既没有调查权也没有处罚权，凭什么把行为人抓起来、关起来？

第2款第二句还要求单位"防止和制止利用从属关系等实施性骚扰"。难道每一个企业都要设一个防止和制止管理人员对女秘书实施性骚扰的纠察部门？可见，第790条第2款的规定，是起草人拍脑袋想出来的、不切合实际的、荒唐可笑的。

十三、第805条

由于时间关系，我讲后面一个更重要的问题，即第805条。第805条内容在中国民法立法上是前所未闻的。第805条规定新闻报道侵害名誉权、舆论监督侵害名誉权，这两类侵权行为被规定在一个条文里。我先讲新闻报道侵权。

什么叫新闻报道？所谓新闻报道，是指一种特殊的文体（文章体裁），其文体特征通常被概括为五个"W"：Who、When、Where、Why、What。即记载什么人、在什么时间、什么地点、因什么原因做了什么事情的文章，就是新闻报道。

法律上怎么看待新闻报道侵权？鉴于新闻报道的重大性，即新闻报道涉及社会利益与公众利益，关系到党和国家的新闻事业、新闻媒体的社会责任、新闻工作者的权利，关系到言论自由、新闻自由等宪法权利，还关系到人民的知情权，也属于宪法权利。并且，新闻报道具有非常重要的社会职能：激浊扬清，针砭时弊。国家对新闻报道的要求、法律对新闻报道的要求，就是内容的真实性，亦即客观性。当然，还要求及时性。因此，法律对待新闻报道侵权案件的基本态度是：对新闻报道侵害名誉权案件，不能按照普通侵权案件（只是受害人、加害人两个平等主体之间的关系）处理，即应当在权衡加害人与被害人的权利、利益之外，还须特别考虑社会公共利益和宪法权利之保障。

对于新闻报道侵害名誉权的案件，国内外法院已经有大致相同的处理办法和方案。最高人民法院对此作过司法解释：新闻报道侵害名誉权有两个构成要件，第一个要件是传播了虚假的事实；第二个要件是因此造成受害人的社会评价降低（贬损了受害人的名誉）。同时具备这两个要件，就构成侵害名誉权的侵权行为。虽然传播了虚假事实，并未因此导致原告社会评价降低的，不构成侵害名誉权的侵权行为。

新闻报道侵害名誉权的案件，在具备两个构成要件之后，再适用各项免责事由,以平衡当事人权益、社会公益、人民知情权之间的关系。可以说这是现代法治国家的共通规则,有的老师曾经留学德国、日本,知道德国、日本法院的处理方案与我们法院的处理方案是大致相同的。第一个免责事由:报道的主要内容基本真实。不要求绝对真实、全部真实,只要所报道的主要内容基本真实,即可免责。第二个免责事由:虽然报道的事实不真实,但被告有理由相信其真实。例如,检察机关的公诉书、原告起诉状、被告答辩状等法律文书,行政执法机构检查产品质量等的报告文件,新闻工作者将这些文书、文件中的内容写入新闻报道,即使事后查明不真实,亦可依有正当理由相信其真实而免责。第三个免责事由:正当的舆论监督应受法律保护。什么样的新闻报道属于正当的舆论监督?作者没有诬陷、诽谤他人的目的,只是出于新闻工作者的社会责任,报道社会生活中存在的问题、督促有关方面解决问题,就属于正当的舆论监督,即使后来查明内容不真实,亦可免责。第四个免责事由:刊登澄清真相的后续报道(亦称"反报道")。在查明之前新闻报道的内容不真实之后,作者再发表一篇后续报道以澄清真相,即可免于承担侵权责任。

可以肯定,草案第805条所谓新闻报道侵害他人名誉,以不承担责任为原则、承担责任为例外的规定,与当今国内外法院审理新闻报道侵害名誉权案件的共同做法、共同经验是相抵触的。而且,法律明文规定实施某一类侵权行为可以不承担侵权责任,是前所未闻、匪夷所思的。

下面讲舆论监督侵害名誉权。什么叫舆论监督?中国没有新闻法,没有舆论监督法,对于什么是舆论、什么是舆论监督,还没有法律定义。按照行业间采用的定义,所谓舆论,是指社会中相当数量的成员对于特定话题所表达的个人意见、个人观点、个人态度和信念的总和。所谓舆论监督,是指社会公众通过大众传播媒介所表达的趋于一致的观点、意见、信念和态度的总和形成舆论,对某种社会现象进行表扬、批评,或者揭示社会存在的问题,督促有关主管机关解决这些问题。

舆论监督与新闻报道不同。舆论监督,是社会上人数众多的个人(表达意见)汇集而成的群体活动;而新闻报道,则是新闻工作者(发表新闻报道作品)的个人行为。舆论的形成和最后舆论监督作用的发挥,很可能与一篇新闻报道有关,即某一篇新闻报道揭发了某个问题,最后引起大家在网上、微信中评论、讨论、传播、转发,最后形成舆论,发挥了舆论监督的作用。

舆论监督的作用可能是正面的,也可能是反面的。虽然,舆论监督起因于某一篇新闻报道,但最终舆论监督无论是发挥正面作用还是负面作用,都不能够等同于该篇新闻报道所发挥的作用。如果舆论监督产生了好的效果,能不能认为这个好的效果是最初的那一篇新闻报道发挥的作用呢?即便是一篇好的新闻报道,如果没有如此多的人参与形成舆论,也绝不可能发挥这样的作用。因此,不能说是那篇新闻报道产生了这样的作用。如果舆论监督最终导致损害个人名誉的负面作用,那是不是能够认定该负面作用是当初那一篇新闻报道所造成的呢?如果那篇新闻报道不经过如此多的个人评论、讨论、传播、转发形成舆论,是绝不可能造成这样的损害的。

因此,如果舆论监督最后发挥了负面作用,对某个特定公民的名誉权造成损害,很难在法律上认定这个损害结果与谁的行为之间存在因果关系。例如,认定某个人的转发行为、发表意见的行为,或者发表最初那篇新闻报道的行为,与损害结果之间存在因果关系。即使当初的那篇新闻报道内容与事实不符,也不能因为形成舆论监督最后造成了损害,就追究该新闻报道作者的侵权责任。如果当初那篇新闻报道本身就构成损害他人的名誉,且符合新闻媒体侵害名誉权的构成要件,则受害人是可以追究作者的侵权责任的,但这是新闻报道侵害名誉权,不是舆论监督侵害名誉权。

如果要追究舆论监督的侵权责任,在法律上能不能做到?舆论监督是千千万万人汇集而成的群体行为、群体活动,既没有办法查明、确定谁是加害人,也没有办法认定因果关系。可见,第805条规定舆论监督侵害名誉权的责任,是不切实际、没有办法操作的,因此是错误的。

请注意第805条规定的承担侵权责任的第二种情形,即"对他人提供的失实内容未尽到合理审查义务"。此所谓"审查义务",是一种特别注意义务。民法所谓"注意义务",是作为认定行为人是否具有过错的判断标准,未尽注意义务就有过错,尽了注意义务就没有过错。但所谓"注意",仍然是行为人的内心活动,需要用一个客观标准予以限定,才能够供法官据以认定行为人是否尽到注意义务。

罗马法所谓"善良家父之注意",是以"善良家父之注意"作为"注意义务"的客观标准。善良家父标准,相当于英美法上的"理性人"标准。善良家父、理智人,相当于一个有经验的诚实商人。罗马法所谓"与自己同一之注意"标准,低于"善良家父"标准。如委托一个朋友作为代理人,应适用"与自己同一之注意"标准,委托中介人(中介机构)当代理人,则应适用善良家父、理智人注意标准。此外,所谓专家责任法,对于医生、设计师、审计师、律师,实行"专家的注意"标准。《侵权责任法》第57条规定医生的注意义务,未采纳"专家的注意"义务标准,而代之以"与当时的医疗水平相应的诊疗义务"标准。

民法为什么不采用"合理注意义务"标准?因为"合理性"是不确定概念,究竟合理还是不合理,是一个见仁见智的问题,具有主观性。民法常用"合理期限"概念,而不用"合理注意义务"概念。采用"合理期限"概念,因为"期限"本身是客观存在,虽然合理不合理的判断具有主观性,但法官可根据社会生活经验排除其主观性。而所谓"合理注意义务","合理"和"注意"二者都是主观的,实际是"用主观性限定主观性",使本不确定的"注意义务"更加不确定,是违背认识规律的。

举一个"合理期限"的例子,《合同法》第95条第2款关于解除权的行使规定:经对方催告后在"合理期限"内不行使的,解除权消灭。最高人民法院《关于审理商品房买卖合同纠纷案件适用法律若干问题的解释》第15条解释此"合理期限"说:经对方当事人催告后,解除权行使的"合理期限"为3个月。即最高人民法院依据社会生活经验排除"合理性"的主观性,认定"三个月"是"合理期限"。假如是"合理注意义务",即使排除了"合理性"的主观性,"注意义务"也仍然是不确定的。

回到第805条关于"合理审查义务"的规定,审查义务属于特殊注意义务。审查、不审查以及如何审查？将因人而异,具有主观性、不确定性。现在加上另一个同样具有主观性的、不确定的"合理(性)"予以限定,当然达不到为"审查义务"确定判断标准的目的。

十四、第 806 条

第 806 条要解决的是什么问题呢？就是为前条规定的"合理审查义务"确定标准。前面已经谈到,起草人用了一个同样具有主观性的不确定概念"合理(性)",以限定具有主观性的不确定概念"审查义务",没有达到为"注意义务"确定判断标准的目的,为此,再设第 806 条。但是,出乎意料的是,第 806 条继续在错误的道路上急行军,用了一系列更加主观、更加不确定的概念,以限定前条"合理审查义务"概念,完全是一个法律外行的做法。"合理审查义务"已经是一团乱丝,加上第 806 条,更是越理越乱、乱上加乱,根本理不清。

为了使"合理审查义务"得以确定,第 806 条使用了一系列更具主观性、更不确定的概念。第一,"信息来源的可信度";第二,"对明显可能引发争议的内容是否进行必要的调查";第三,"内容的时效性";第四,"内容与公序良俗的关联性";第五,"受害人名誉受贬损的可能性";第六,"审查能力和审查成本"。请大家看这一系列概念,"可信度""明显可能引发争议""必要的""时效性""关联性""可能性""审查能力和审查成本",有任何一项是客观、确定的吗？

起草人设立第 806 条是为了使第 805 条中的"合理审查义务"得以确定,却不使用具有客观性、确定性的概念,反而使用一系列更具主观性、更具弹性、更不确定的概念,使本不确定的"合理审查义务"更加难以确定。不仅如此,第 806 条的规定、要求,是不切实际、不合情理的,是新闻工作者做不到、违背新闻规律的。

十五、结束语

由于时间关系,我已经讲得太多了,其他条文(并不是没有错误)就省略了。最后说一下,我曾经讲过,赞成王泽鉴先生关于删除人格权编，将草案中规定的侵权责任的内容纳入侵权责任编的建议。我现在还是坚持这个意见。但是，究竟本编有哪几个条文是可行的、有道理的呢？唯有前面讲到的第790条第1款规定对性骚扰追究侵权责任的条文可以考虑纳入侵权责任编。

我曾经说过，如果立法机关实在要保留人格权编的话，建议把包括第778条在内的涉及侵权责任的条文全部删掉，使之变成（像《乌克兰民法典》人格权编那样的）纯粹的"权利宣示法"。现在，借北京航空航天大学法学院这个讲台，我郑重表示收回此项建议。

《民法总则》第110条规定了九种人格权，第109条规定了一般人格权（作为兜底）。现在的人格权编草案二审稿只规定了八种人格权。对于个人信息，《民法总则》没有将其规定为权利，国家将制定专门的《个人信息保护法》。这样看来，人格权编草案没有增加任何一种人格权类型，反倒是少了一种婚姻自主权。增加规定的"自卫权"属于宪法性权利，不是民事权利，更不是人格权。可以断言，人格权编草案在删除涉及侵权责任的内容之后，甚至连所谓"权利宣示法"那样的"宣示性意义"也不具备。因此，我向立法机关建议，断然删除人格权编。

今天的讲座就到这里，我的意见供同志们和同学们参考。感谢北京航空航天大学法学院给我这个讲台，谢谢！

对侵权责任编草案（2017年10月31日民法室室内稿）的意见[*]

（一）我认为草案（室内稿）依据最高人民法院司法解释对侵权责任法所作的增删修改是适当的。

（二）我对于以下新增条文特别表示赞同：第19条损益相抵规则，第23条自助行为，第29条承揽人责任，第30条恶意诉讼，第32条、第33条网络侵权的完善，第46条网络约车责任，第48条机动车挂靠，第49条擅自使用他人机动车，第63条会诊的责任。这些新增条文弥补了原法的不足，将有利于法院公正裁判和保护当事人合法权益。

（三）第90条、第91条规定施工损害（内容是适当的），属于危险作业（施工）损害责任，超出第十章规定的建筑物、物件损害的立法范围，建议纳入第八章高度危险责任，安排在第76条之后。

（四）建议第十章章名"物件损害责任"，改为"建筑物、物件损害责任"。

---

[*] 本文写作于2017年11月18日。

民法典分则侵权责任编草案的若干问题*

一、侵权责任编草案二审稿的结构

在讲侵权责任编草案(以下简称"草案")的结构之前,先介绍《侵权责任法》的结构。原《侵权责任法》是一个总则加分则的结构,并且分则以类型化为其特点。当年制定《侵权责任法》时,学界提出若干立法结构方案,最终采取"一般条款+特别规定+类型化"的方案。一般条款指的是《侵权责任法》第2条第1款:"侵害民事权益,应当依照本法承担侵权责任。"一般条款也称为概括条款,它规定了侵权责任的请求权基础,相当于《德国民法典》第823条第1款①、《法国民法典》第1382条②、《日本民法典》第709条③。

侵权责任的一般条款,或者说侵权责任的请求权基础,应当包括:(1)保护客体;(2)归责原则;(3)责任形式;(4)责任主体。以《日本民法典》第709条为例,该条规定:"因故意或过失侵害他人权利及法律上利益者,负因此而产生损害的赔偿责任。"其中,"权利及法律上利益"是保护客体,"故意或过失"是归责原则(即过失责任原则),"损害的赔偿责任"是责任形式,"侵害他人权利及法律上利益者"(即加害人)是责任主体。

---

* 本文根据2019年2月26日作者于云南大学法学院的讲座稿整理而成。
① 《德国民法典》第823条规定:因故意或者过失侵害他人生命、身体、健康、自由、所有权或其他权利者,对所生损害负赔偿责任。
② 《法国民法典》第1382条规定,因过失侵害他人者,应负损害赔偿责任。
③ 《日本民法典》第709条规定,因故意或过失侵害他人权利及法律上利益者,负因此而产生损害的赔偿责任。

值得注意的是,《侵权责任法》第 2 条第 1 款只是规定了保护客体"民事权益"及责任形式"侵权责任",而归责原则(过错责任包括过错推定、无过错责任)、责任形式(损害赔偿责任的类型及赔偿金的计算、减免以及其他责任形式)以及责任主体(加害人承担责任、非加害人承担替代责任),规定在《侵权责任法》第二章(责任构成和责任方式)、第三章(不承担责任和减轻责任的情形),以及第四章(关于责任主体的特殊规定)中。第二、第三、第四这三章的内容,是关于归责原则、责任形式、责任主体的"特别规定",属于一般条款(请求权基础)的要素和内容,鉴于其内容之复杂,绝非一两句话所能概括,难以纳入规定一般条款的条文(第 2 条第 1 款)之中,因此安排在一般条款(第 2 条第 1 款)的后面,并在一般条款中用"依照本法"一语加以概括、指引。这些规定责任原则、责任形式及责任主体(替代责任)的条文,称为"特别规定"。

法官审理案件在以《侵权责任法》第 2 条第 1 款作为请求权基础(裁判依据)时,承担侵权责任是否要以过错为要件、承担什么样的责任,以及加害人承担责任还是别的人代其承担责任(替代责任、补充责任)这些问题,必须"依照本法""同时引用"相应的"特别规定"。

一般条款加上各项特别规定,构成《侵权责任法》的总则。《侵权责任法》"分则"规定各类最重要、常见的侵权责任"类型",如产品责任、机动车交通事故责任、高度危险责任、医疗损害责任等。一个类型作为一个分则(一章),称为"类型化"立法。每一个"分则"规定一个"侵权责任类型",每一个"侵权责任类型"的第一个条文,实际上是该类型的"一般条款"(请求权基础),该条以下的条文实际上是该侵权责任类型的"特别规定"。因此,审理的案件符合某个侵权责任类型,法庭就直接适用规定该类型的分则(章)的第一条(该类型的一般条款)及相关条文,而不适用总则关于一般条款(请求权基础)及相关条文的规定。

可见,我国《侵权责任法》的结构和其他国家和地区的有所不同。其他国家和地区的侵权法往往比较简单,通常只是规定"一般条款"

（请求权基础），此外再设置若干特别规定，因此结构简单、条文数少。例如《法国民法典》关于侵权责任只有5个条文，《德国民法典》有23个条文，《瑞士民法典》有21个条文，新《荷兰民法典》有36个条文，《俄罗斯联邦民法典》有38个条文。我国《侵权责任法》有92个条文，除了首尾两条也有90个条文，并且这些条文不是随便安排的，而是以一般条款加特别规定再加类型划分的结构组织起来的。这是我国《侵权责任法》的结构和特色。

特别值得注意的是，现在的侵权责任编草案把"一般条款"（《侵权责任法》第2条第1款）删掉了。理由何在？似乎误认为《侵权责任法》第2条第1款内容已经规定于《民法总则》第120条了。《民法总则》第120条规定："民事权益受到侵害的，被侵权人有权请求侵权人承担侵权责任。"但是，这个条文是关于债权债务发生原因的规定，还是关于侵权责任一般条款（请求权基础）的规定？从它所处的位置及与前后条文之间的逻辑关系可以肯定，是关于债权债务发生原因（侵权行为）的（定义性、解释性）规定，而不是关于侵权责任一般条款（请求权基础）的规定。再说，怎么能够设想法官裁判侵权责任案件，必须先引用民法总则编条文作为裁判依据，然后再退回去引用侵权责任编关于责任原则、责任形式等特别规定？因为，按照法律适用的基本规则，侵权责任编应当优先于总则编适用，而作为分则编的侵权责任编，缺乏"一般条款"（请求权基础）的规定，是难以适用的。因为删除一般条款（《侵权责任法》第2条第1款），现在的侵权责任编就只是"特别规定"加"分则规定"，这样的侵权责任编全是"特别规定"，违背民法典编纂的逻辑，并且难以适用。恐怕这是草案存在的最大问题。

除此之外，可以说草案二审稿大体上沿袭了《侵权责任法》的章节结构。草案第一章就是《侵权责任法》第二章和第三章合并起来的内容，自第四章开始的类型化"分则"未作大的改动。草案的章节结构和《侵权责任法》有密切联系，这与中央提出的民法典编纂要在现有的民事法律基础上加以科学整合的原则有关。所谓科学整合，首先是如何协调草案与民法总则的关系，然后才是做好本编内部的制度调整和完善。现在的草案,因删去"一般条款"(请求权基础),既未正确协调其与民法总则编之间的逻辑关系,也破坏了草案内部的逻辑关系,必将给法律的解释适用造成混乱和困难。

二、侵权责任编草案二审稿第一章(一般规定)

侵权责任编草案二审稿的第一章是《侵权责任法》第二章加第三章合并的内容,名为"一般规定"。具体看,现在的第一章是把《侵权责任法》第二章(责任构成和责任方式)中第6条、第7条(归责原则)、第8条、第9条(多数人侵权)、第10条(共同危险)等内容,再加上《侵权责任法》第三章的部分内容,共同作为一般规定。《侵权责任法》第三章(不承担责任和减轻责任的情形)的另外一些内容,如《侵权责任法》第26条(过失相抵)、第27条(受害人故意)、第28条(第三人行为损害)等,这些条文被规定在侵权责任编草案第二章中。《侵权责任法》第三章除了过失相抵、免责减责事由外,还有不可抗力免责、正当防卫、紧急避险等内容,已经规定在民法总则编中了。

现在的侵权责任编草案二审稿第一章,第943条规定了本章的调整范围;第944条第1款规定过失责任原则,第2款规定过错推定;第945条规定无过错责任原则;第947、948、949、950、951条规定多数人侵权。其中,共同侵权分为客观共同与主观共同,主观共同是现在的第947条,客观共同是现在的第950条;第951条规定按份责任(《侵权责任法》第12条),属于多数人侵权但不构成共同侵权的情形。以上条文是保留《侵权责任法》原文,未有改动。

这一章中,我们需要注意过失相抵这一概念。过失相抵是大陆法系和英美法系的侵权法共有的制度,是用来协调加害人与受害人双方利害关系的法律手段。例如,计算出来的损害赔偿金额过高,按此金额赔偿将导致双方利益关系严重失衡,这时便需要一个手段让法官据以平衡双方利害关系,即将计算出来的金额减少到法庭认为较为公平合理的数额。过失相抵规则就起到这样的作用,它是侵权法平衡当事人利益关系最重要的手段。值得注意的是,在合同法领域平衡当事人间利益关系的手段,大陆法系仍采用过失相抵规则,而英美法系的合同法却不采用过失相抵规则,而是采用著名的"不可预见"规则。

下面,我们再看第954条(第三人行为造成侵权),即《侵权责任法》第28条,该条被规定为免除责任的理由。按照民事诉讼理论,如果损害是第三人造成的,就应当由该第三人作为被告,承担侵权责任。而本案起诉的被告不是加害人,就没有当事人资格,当然不应承担责任。

顺便指出,共同侵权、多数人侵权等也可以看作具体的侵权行为类型,但现在只是作为责任主体进行特别规定,而不是作为侵权责任类型加以规定。因为,多数人侵权、共同危险行为、第三人的行为造成损害等,即使作为"类型",但是其内容简单,没有加以"类型化"立法的必要,勉强作为"类型"规定,无法与后面的产品责任、高度危险责任、交通事故责任等"侵权责任类型"相平衡。

请特别注意,侵权责任编草案二审稿第一章规定了两个新的制度,即第954条之一、之二,分别是自甘冒险与自助行为。

自甘冒险制度来自美国法,简单说,是指个人自愿参与有危险的活动,应自行承担所遭受的损害后果。它在美国的侵权法体系中是一个重要的免责事由。大家看第954条之一的条文,自甘冒险同样作为法定免责事由加以规定,但补充了加害人存在重大过失时要承担责任的"但书"规定,并且第2款规定了组织者违反安全保障义务的责任。可见,本编将自甘冒险规定为一种特别制度,主要适用于竞技体育。除参加竞技体育的人以外,还有看球的观众,有的时候球飞过来将其砸伤,也应适用自甘冒险规则。但是,自甘冒险也有一定限度。例如,在足球场上铲球,有些球员的腿故意向上踢对方,导致对方的小腿骨断裂,这就超出了自甘冒险的范围,构成故意致人损害,加害人和组织者当然要承担侵权责任。

草案第954条之二,是我们熟知的自助行为。自助行为,与正当防卫和紧急避险有一定渊源。后者在刑法领域也有适用,但自助行为只是一项民法制度,刑法无所谓自助行为。自助行为与正当防卫有什么区别呢？正当防卫是不是自助行为？现代社会强调公力救济,限制私力救济,只保留了特殊情况下必要的私力救济。正当防卫,就是允许受害人在面临危险而来不及请求公力救济时,靠自身力量来保卫自己、反击对方。正当防卫所指的危险通常是危害生命安全、身体完整的危险。正当防卫只限于法律允许的限度之内,一旦超过必要限度就构成防卫过当,自卫人要承担相应的责任。防卫过当在刑法上构成犯罪,而在民法上构成侵权行为。

值得注意的是,并没有国家和地区在民法上规定公民有自己保卫自己的权利。国际公法有"自卫权"概念,是主权国家的权利。但是,国内法中并没有自卫权。国内法上的正当防卫的性质是一种免责事由,而不是民事主体的权利。免责事由是一种法律上的特殊措施,其针对的行为原则上应属于犯罪行为或侵权行为,但基于某种法律政策上的理由而规定防卫人可以免责,这在刑法上称为刑事责任"阻却事由",在民法上则称为民事责任"免责事由"。

我们要能够体会立法者谨慎的思维,为什么不能够规定每一个人都有正当防卫的权利?这就是现代社会和野蛮社会的区别所在。在史前社会,人们遵守丛林法则,用拳头、棍棒互相厮杀,这是野蛮社会。而文明社会的一个标志就是实行公力救济,禁止私力救济。社会契约论曾提到人民把自己自卫的权利让渡给国家行使,因此国家需要组建军队、警察,需要筹集财政经费,相应地,人民就需要承担纳税的义务。这就是正当防卫的法哲学理论基础。

自助行为是受害人在侵权行为损害其经济利益而无法及时得到公力救济时,可以采取一定的自助措施,如条文所列举的扣留对方的财产、财物。能不能扣留对方的人身?肯定不行。私力救济不能超出合理、必要的限度,因此本条第 2 款规定了"立即请求国家机关处理"的义务,第 3 款规定了"自助过当"的责任。

三、侵权责任编草案二审稿第二章(损害赔偿)

草案第二章在一审稿时名为"责任承担",在二审稿时改为"损害赔偿"。这是因为,侵权责任尽管还有停止侵害、排除妨害、恢复原状等责任形式,但最重要也是最常见的责任形式还是损害赔偿。观察草案条文,我们可以发现该章是在《侵权责任法》第二章"责任构成和责任形式"与第三章"不承担责任和减轻责任的情形"基础上删减后形成的,例如第956条是《侵权责任法》第16条、第957条是《侵权责任法》第17条等。

第956条是人身损害情形计算损害赔偿的规定,规定人身损害赔偿包括哪些赔偿项目,是《侵权责任法》第16条的原文。然后是第957条规定同一侵权行为造成多人死亡时可以相同的数额确定损害赔偿金,也是《侵权责任法》第17条的原文。这两个条文之间的逻辑关系,第956条是原则规定,第957条是例外规定。在《侵权责任法》颁布之前,同一事故造成多人死亡,各受害人的赔偿金计算标准不同,需要考虑受害者的身份、所居住的城市收入的差别等因素,最后计算的赔偿结果千差万别,这是很不公平的。并且在同一事故造成死亡人数众多的案件中,例如空难,这样计算也很困难。因此,第957条规定不区分受害人的特殊身份,确定相同的赔偿金数额。

再看第959条,即《侵权责任法》第20条,这是一个特殊的条文。按照传统民法理论,民事权利分为财产权和人身权,人身权是没有财产价值的权利。在传统民法教科书中,民事权利是以有没有财产价值为标准分为财产权和非财产权。非财产权在我国又叫人身权,包括人格权和身份权。既然人身权没有财产价值,那侵害了人身权就只需要赔礼道歉,所以传统民法对侵害人身权没有规定精神损害赔偿,理由是人格无价。后来的立法承认了侵害人身权的精神损害赔偿。但精神损害赔偿通常是一笔数额很少的赔偿金,目的是安慰受害人,而不是真正的损害赔偿。

现在的市场经济条件下,出现一类新的侵权案件,例如,盗用他人姓名、肖像作商品广告。这类案件,只是判决加害人赔偿一笔金额很少的赔偿金,难以平衡当事人之间的利益关系,因此需要判决被告承担真正意义的赔偿金。而要判决被告承担真正意义的赔偿金,就需要突破人身权属于非财产权的原有民法理论。为此,德国人发展出一种理论,认为人格权(某些人格权)也具有财产价值。美国人发明一种新型权利,称为商品化权,商品化权性质上属于财产权。为了解决同一问题,《侵权责任法》创设第 20 条,规定侵害他人人身权益造成财产损失的,按照受害人因此所受的损失进行赔偿;受害人所受损失难以确定的,以加害人所获得的(广告)利益作为受害人的损失;加害人所获得的利益也难以确定的,由法庭根据实际情况确定赔偿金额。该条是将河北省某法院裁判的"侵害王军霞肖像权"案创设的判例规则上升为法律条文。

王军霞是亚特兰大奥运会的长跑冠军,被告盗用她在亚特兰大奥运会获奖牌的照片作商业广告。当时《民法通则》仅规定了精神损害赔偿(第 120 条),法院判决突破了原来的法律,参照商标法上的类似规定,按照被告所得的利益计算损害赔偿金额。制定《侵权责任法》时,在该案判决的基础上,增加被告所得的利益难以计算的情形授权法庭行使自由裁量权的规定。这是《侵权责任法》第 20 条的由来。现在草案的第 959 条是《侵权责任法》第 20 条的原文,具有重大理论和实践意义。

第 960 条是关于精神损害赔偿的规定。精神损害赔偿原规定于《侵权责任法》第 22 条。草案第 950 条第 1 款是《侵权责任法》第 22 条原文,规定侵害自然人人身权益造成严重精神损害的,被侵权人有权请求精神损害赔偿。新增第 2 款规定:"故意或者重大过失侵害自然人具有人身意义的特定物品造成严重精神损害的,被侵权人有权请求精神损害赔偿。"所谓"具有人身意义的特定物品",例如结婚举行婚礼的录像或视频,或者火葬场保管的骨灰盒等。

从第 960 条规定看,第 1 款是原则规定,即侵害自然人的人身权益可以判决精神损害赔偿。对此作反对解释,则侵害财产物品不能判决精神损害赔偿。现在增加第 2 款作为"例外",侵害具有人身意义的特定物品,也可以判决精神损害赔偿。值得注意的是,从现在的合同编草案二审稿看,合同编草案并没有增加类似的规定。可见,民法典仍将维持侵权责任承认精神损害赔偿、违约责任不承认精神损害赔偿的既有立场,而由当事人依据请求权竞合规则(《民法总则》第186条)进行选择。要获得精神损害赔偿,当事人应当选择侵权责任。

第961条是关于财产损失计算的规定,即《侵权责任法》第19条。该条规定,侵害他人财产的,财产损失按照损失发生时的市场价格或者其他方式计算。那么,什么情况下不按照损失发生时的市场价格计算?什么情况下按照其他方式计算?例如房屋损坏,损坏当时房价很低,但赔偿时房价已大幅上涨;或者发生车祸后需赔偿时,该型号车辆价格已大幅下跌;等等。这类情形仍然按照损害发生时的市场价格计算财产损失显然不合理,因此应由法官结合案情自由裁量决定自认为比较公平合理的赔偿金额。

请注意草案二审稿增加了第961条之一,规定故意侵害知识产权,情节严重的,被侵权人有权请求相应的惩罚性赔偿。按照《侵权责任法》的规定,侵害知识产权也是损害多少赔偿多少。现在增加本条关于惩罚性损害赔偿的规定,体现进一步强化对知识产权保护的政策目的。

四、侵权责任编草案二审稿第三章(关于责任主体的特殊规定)

第三章是《侵权责任法》的第四章,标题没变,是关于责任主体的特殊规定。这一章实际是规定侵权行为人之外的人替代侵权行为人承担责任,是关于责任主体的特别规定。因此,本章属于侵权责任法总则,而不是分则。包括监护人责任(第964条、第965条)、使用人责任(第967条、第968条)、定作人责任(第969条)、网络侵权责任(第970条、第971条、第972条)、安全保障义务(第973条)和校园伤害责任(第974条、第975条、第976条)。

这一章中最大的修改在使用人责任(第967条、第968条)。所谓使用人责任,在民法历史上称为雇用人责任,即受雇人在执行职务中造成他人损害的由雇用人承担责任。后来改称使用人责任,只需加害人与责任人之间存在事实上的使用关系即可,而不要求有雇佣合同、劳务合同等合同关系。《侵权责任法》制定中,一是把使用人责任分为单位的使用（第 34 条）和个人的使用（第 35 条）；二是把使用人责任从传统民法上的（推定）过错责任改为严格责任（即无过错责任）。

传统大陆法系民法的使用人责任，使用人可以主张自己无选任监督过失而获得免责，因此属于过错责任。但英美法系的使用人责任不考虑使用人是否有选任监督过失，称为"替代责任"（无过错责任）。考虑到在现代社会条件下，公司、企业对于员工有严格的招聘、入职条件和管理监督措施，当员工执行职务造成他人损害时，使用人很容易证明自己没有选任监督过失。如果允许使用人免责，因被使用人通常无承担责任的资力，最终使受害人难以获得赔偿。因此，《侵权责任法》制定时，改为无过错责任。顺便提及，《日本民法典》上的使用人责任仍然是过错责任，但在裁判实务中法庭往往不容许使用人免责，而将使用人责任实际上变成无过错责任。

使用人责任的另一个重要问题是，使用人承担责任后，可不可以主张追偿权？即使用人向具有故意或者重大过失的被使用人追偿。《侵权责任法》制定时，追偿权问题被反复讨论，最终决定暂不规定，委托法庭结合具体案情自由裁量。虽然《侵权责任法》第 34 条和第 35 条未提及追偿权，但立法机关并未否定追偿权，而是授权法官根据案件事实作决定，如果属于普通劳动关系、被使用人工资较低，可以否定使用人的追偿权；反之，属于高工资、高报酬的使用关系，法庭即可支持使用人的追偿权。

草案第 967 条第 1 款明文规定了追偿权，"用人单位承担侵权责任后，可以向有故意或者重大过失的工作人员追偿"。第 968 条第 1 款关于个人劳务关系也增加了同样的规定。在明文规定使用人的追偿权之后，剩下一个重要问题是：行使追偿权在获得法庭支持的情况下，容许追偿的比例是多少？是否容许百分之百的追偿？不用说，对于较高工资报酬的使用关系，法庭认可的追偿比例可以高一些；反之，对于较低工资报酬的使用关系，法庭认可的追偿比例应当低一些，甚至不认可使用人的追偿权。但即使在较高工资报酬的使用关系中，是否容许全额追偿？按照使用人责任制度的立法目的，不应当允许全额追偿。前几年出版的日本横滨大学圆谷峻教授的《判例形成的日本新侵权行为法》一书中讨论过这个问题。我的记忆中，法庭支持追偿权，至多追偿赔偿金额的四分之一。

来看新增的第968条第2款，在个人的使用关系中，因第三人的行为造成提供劳务一方损害时，规定了受损害的被使用人的选择权：他可以请求该第三人承担赔偿责任，也可以请求使用人承担赔偿责任。这是个好的制度。此外，本条第1款关于被使用人在执行职务中"因劳务自己受到损害的"，《侵权责任法》第35条规定由被使用人与使用人按照各自的过错分担责任，显然是一个错误规定。因为一般情形下，使用人不可能有什么过错，例如保姆切菜切掉半截小指头。现在修改为"由接受劳务一方承担责任"，这一改动当然是正确的。

请看草案第969条定作人责任，这条是新增的。这一条规定，承揽人在完成工作过程中造成第三人损害或者承揽人自己受到损害的，定作人不承担责任，但定作人对于定作指示或者选任有过错的，应当承担相应的责任。请注意，定作人不承担责任是原则规定。按照此原则规定，定作人不承担责任，那应当由谁承担责任？如果承揽人是个人，则自己承担责任；如果承揽人是单位（其员工造成第三人损害或者自己遭受损害），则由单位对第三人的损害承担使用人责任，对员工所受损害承担劳动法上的责任。"但书"规定定作人承担责任是例外，并且承担责任以定作人具有指示过失或者选任过失为条件，所承担的责任也不是全部责任，而是"相应的责任"。

本章另一个重要的修改是关于网络侵权增加了若干条文。例如新增的第971条规定："网络用户接到转送的通知后，可以向网络服务提供者提交不存在侵权行为的声明。声明应当包括不存在侵权行为的初步证据。网络服务提供者接到声明后，应当将该声明转送发出通知的权利人，并告知其可以向有关部门投诉或者向人民法院起诉。网络服务提供者在转送声明到达权利人后十五日内，未收到关于权利人已经投诉或者起诉通知的，应当及时终止所采取的措施。"这个制度很重要，可以避免因向网络服务提供者发送没有根据的侵权"通知"导致网络服务商或者网络使用者遭受损害。

新增的还有第972条规定网络服务提供者与侵权行为人承担连带责任:"网络服务提供者知道或者应当知道网络用户利用其网络服务侵害他人民事权益,未采取必要措施的,与该网络用户承担连带责任。"这样规定,加重了网络服务提供者的责任,对于减少网络侵权、保护受害人有重要意义。

再看第973条,该条是《侵权责任法》第37条关于安全保障义务的规定。第973条第1款是《侵权责任法》原文,未作改动。有改动的是第2款:"因第三人的行为造成他人损害的,由第三人承担侵权责任;经营者、管理者或者组织者未尽到安全保障义务的,承担相应的补充责任。经营者、管理者或者组织者承担补充责任后,可以向第三人追偿。"第一句、第二句是原文,第三句是新增的。

须注意,安全保障义务,是德国民法理论和实务所创设的一项侵权法理论(原则),其适用范围很广,所适用的案件类型很多。凡是按照德国法应当属于过失侵权而法庭认为适用过失责任原则将导致裁判不公正的案件,法庭均可适用安全保障义务理论(原则)进行裁判。原因是德国的无过错责任规定在特别法中,而且适用范围太窄,一般法(民法典)都是过失责任。安全保障义务理论(原则)的实质是,将那些适用过失责任原则将导致裁判不公正的案型,从过失责任原则的适用范围中抽离出来,以所谓安全保障义务的名义实行无过错责任。本条的创设虽然参考了德国安全保障义务理论,但应当注意的是,本条安全保障义务是一项具有严格适用范围、适用条件的无过错侵权法制度。

还要注意,本条第二句规定安全保障义务人承担"相应的补充责任",现在增加第三句规定安全保障义务人承担责任后的追偿权。但结合现实生活,安全保障义务人承担相应的补充责任的前提,本就是第三人无法足额赔偿或者逃逸,至少可以认为第三句增加规定安全保障义务人追偿权的实际意义不大。并且,安全保障义务人承担相应的补充责任,以其未尽安全保障义务为条件,所谓"相应的"补充责任,即与其"未尽安全保障义务"相对应、相适应,立法政策上已经作了权衡,再赋予追偿权与已有立法政策考量相抵触，似有删去第三句规定的必要。

五、侵权责任编草案二审稿第五章（机动车交通事故责任）

草案的第四章是产品责任，该章对《侵权责任法》没有太大改动，在此不赘述。相比之下，第五章有重大修改。下面介绍本章新增的条文。

第986条是关于挂靠营运机动车肇事的规定。挂靠经营，在我国台湾地区又叫"名义贷"，即民事主体把自己的名义借给他人使用。例如，现在很多城市以出租车公司名义营运的很多出租车，其实并不是该出租车公司的车辆，实际是出租车司机个人所有，由于体制限制，出租车司机不能以个体名义营运，必须挂靠某个出租车公司而以该公司的名义营运。在这种情形下，挂靠的出租车发生道路交通事故，是仅由该出租车司机以机动车使用人的身份承担责任，还是所挂靠的出租车公司也需要承担责任？如果出租车公司也要承担责任，则承担什么样的责任？是承担连带责任还是承担补充责任？《侵权责任法》对此并没有规定，因此导致裁判实践的不一致。并且，如果仅判决出租车司机承担责任，因其个人资力不足往往使受害人不能获得充分赔偿，所挂靠的公司通过肇事机动车营运获得利益（俗称份子钱）而不承担责任也不公正。

草案第986条规定："以挂靠形式从事道路运输经营活动的机动车发生交通事故造成损害，属于该机动车一方责任的，由挂靠人和被挂靠人承担连带责任。"这样规定统一了裁判标准，有利于充分救济受害人，值得肯定。从侵权法理论上说，挂靠人与被挂靠人分享肇事机动车营运利益，承担连带责任符合"利益归属者承担风险"的原理。既然被挂靠公司承担的是自己应负担的责任，因此在其承担责任之后当然不发生所谓的"追偿"问题。

第987条新增擅自使用他人机动车发生交通事故的责任。现实生活中，未经车主允许，擅自驾驶他人机动车发生交通事故造成损害的案件时有发生，是仅由机动车使用人承担责任还是机动车所有人也应承担责任？机动车所有人承担责任的条件是什么、承担什么样的责任？这些问题，《侵权责任法》未有规定，显然不利于裁判实践。如果是机动车所有人忘拔钥匙、忘锁车门导致他人擅自驾驶发生交通事故，此时机动车使用人和所有人的责任又要如何划分？

草案第 987 条规定："未经允许驾驶他人机动车发生交通事故造成损害，属于该机动车一方责任的，机动车使用人应当承担赔偿责任。机动车所有人或者管理人有过错的，承担相应的赔偿责任，但是法律另有规定的除外。"条文第一句是原则规定，即未经允许驾驶他人机动车发生事故造成损害应由机动车使用人承担责任，机动车所有人或者管理人不承担责任，这是原则。第二句规定机动车所有人或者管理人有过错的才承担责任，这是例外规定。而作为例外规定，机动车所有人或者管理人承担责任以"有过错"为条件，此"过错"应当解释为"管理过失"，即因对机动车的管理不善致使自己所有、管理的机动车被他人擅自使用。并且，在有"管理过错"情形下承担的责任是"相应的"赔偿责任。考虑到此项制度的立法目的在于保障受害人获得充分救济，我认为规定为承担"相应的补充责任"似乎更好。

请注意，本条第三句"但书"规定"法律另有规定的除外"。所谓法律另有规定，是指草案第 990 条关于盗窃、抢劫或者抢夺机动车肇事责任承担的规定。该条规定盗窃、抢劫或者抢夺机动车肇事造成损害，该机动车所有人、管理人不承担责任。因为本条"未经允许驾驶他人机动车"一语的文义太宽，涵盖了"盗窃、抢劫或者抢夺"他人机动车肇事案型，现在用"但书"规定将其排除在本条适用范围之外。

草案第 988 条规定机动车交通事故中保险人的赔付顺序："同时投保机动车强制保险和商业保险的机动车发生交通事故造成损害，被侵权人同时请求保险人和侵权人承担赔偿责任，属于该机动车一方责任的，先由承保机动车强制保险的保险人在强制保险责任限额范围内予以赔偿；不足部分，由承保机动车商业保险的保险人根据保险合同的约定予以赔偿；仍然不足的，由侵权人赔偿。"明确了交强险和商业保险的赔付顺序。

上述两种保险的赔付顺序，最高人民法院的司法解释作出过规定，明确机动车交通责任事故中，同时承保了交强险和商业保险的，先由交强险赔付，交强险不足赔付的部分由商业险在承保范围内赔付。现在是将司法解释规则上升为法律条文。此外，按照该司法解释，受害人未将交强险的保险公司列为被告的，法院应当依职权将其追加为共同被告。但是，对于承保商业险的保险公司，受害人未将其列为被告，法院不得依职权将其列为共同被告，是否将其追加为共同被告，由受害人决定。对此，法庭可以释明。

再看第992条新增关于好意同乘的规定。人与人之间本应互相帮助，好意同乘（俗称搭便车）即是现实生活中人们互相帮助的体现。并且，好意同乘也有利于节约资源、保护环境。但是，如果在好意同乘过程中发生交通事故，造成无偿搭乘人损害的，司机是否需要承担责任？这在《侵权责任法》中没有规定。草案新增第992条明确规定："非营运机动车发生交通事故造成无偿搭乘人损害，属于该机动车一方责任的，应当减轻其赔偿责任，但是机动车使用人有故意或者重大过失的除外。"按照本条规定，好意同乘发生交通事故而造成无偿搭乘人损害的，机动车一方不能免责，仅可要求减轻责任。可见，起草人将好意同乘作为减责事由，而非免责事由。再加上"但书"规定，如果机动车使用人对事故的发生具有故意或者重大过失，则不得减轻其赔偿责任，即应对无偿同乘人承担全额赔偿责任。这样规定，目的在于维护社会和谐、彰显社会公平正义，维护互帮互助的社会良好风尚。

六、侵权责任编草案二审稿第七章（损害生态环境责任）

请特别注意草案新增第1008条规定："侵权人故意违反国家规定损害生态环境造成严重后果的，被侵权人有权请求相应的惩罚性赔偿。"惩罚性赔偿是英美法系特别是美国法上的制度，大陆法系民法原本不承认惩罚性赔偿。因为大陆法系民法理论坚持严格区分私法责任与公法责任，认为私法责任（民事责任）的本质和目的在于填补受害人所遭受的损害，并不具有类似刑事责任和行政责任的惩罚功能。大陆法系的损害赔偿包括违约责任的损害赔偿与侵权责任的损害赔偿,原则是损害多少赔偿多少,不允许受害人因此获得额外利益。理论依据在于公法责任与私法责任在性质与功能上的不同。公法上的责任即刑事责任、行政责任,其功能在于对违法行为人的惩戒与预防违法行为;私法上的责任,包括违约责任、侵权责任,其目的只是填补损害,将受害人的利益状况恢复到没有发生损害之前的水准。但英美法系特别是美国法中,公法责任与私法责任的功能划分并不明确。在美国法中,惩罚性损害赔偿的适用很普遍,后来,大陆法系国家和地区学者曾有借鉴美国惩罚性损害赔偿制度的建议。

我国在改革开放初期曾经出现假冒伪劣商品泛滥、严重损害消费者合法权益的社会问题。制定《消费者权益保护法》时,中消协与若干民法学者建议规定惩罚性赔偿,但多数民法学者不赞成规定惩罚性赔偿。最后,立法者进行折中,虽在《消费者权益保护法》第49条规定了惩罚性损害赔偿,但仅限于"双倍赔偿",实际上惩罚性赔偿只是价款的一倍,另一倍是退款,这是一个折中的结果。虽然如此,《消费者权益保护法》率先引进惩罚性损害赔偿具有重大意义,后来制定的《食品安全法》和《侵权责任法》都规定了惩罚性赔偿。

《侵权责任法》制定时将惩罚性损害赔偿规定在产品责任一章,即该法第47条规定:明知产品存在缺陷仍然生产、销售,造成他人死亡或者健康严重损害的,被侵权人有权请求相应的惩罚性赔偿。当时,社科院提出的方案,建议规定不超过实际损害赔偿金3倍的惩罚性损害赔偿。但是,在后来通过的《侵权责任法》第47条,未规定惩罚性赔偿的倍数,而将这个问题留给特别法和司法解释。

后来的发展情况是,2013年修改《消费者权益保护法》,将原来的"双倍赔偿"修改为"四倍赔偿",即修改后的《消费者权益保护法》第55条第1款的规定,即一倍退款、三倍惩罚。须注意的是,《消费者权益保护法》原第49条关于"双倍赔偿"、修改后的第55条第1款关于"四倍赔偿"的规定,属于违约责任的特别规定,这在原《合同法》第113条第2款有明确规定。但修改后的《消费者权益保护法》第55条第 2 款规定,明知产品存在缺陷仍然生产销售并向消费者提供,造成消费者人身损害的,可以判决所受损失两倍以下的惩罚性赔偿,是对《侵权责任法》第 47 条规定的具体化,应属于侵权法上的制度。

现在我们看到,起草人将惩罚性损害赔偿扩大到故意侵害知识产权(第 961 条之一)及损害生态环境(第 1008 条)等侵权类型,这说明改革开放以来的立法进程中,民法思想发生变化,惩罚性损害赔偿在中国的民事法律中呈现逐渐扩大的趋势。

顺便提及,《消费者权益保护法》规定惩罚性损害赔偿以来一直存在的所谓"专业打假""知假买假",亦即滥用关于惩罚性损害赔偿制度的行为已经成为严重的社会公害,值得特别注意。

草案第 1010 条规定了"修复责任",这是一条新规定。所谓修复,例如当事人砍掉了多少树就责令其栽多少树。环境侵权损害的是环境,但环境污染案件有时可能有具体的受害人,受害人可以依法得到赔偿;如果没有具体的受害人,谁来行使权利、追究加害人的责任? 所以本章又增加了第 1011 条规定,法律规定的机关或者组织有权请求侵权人赔偿损失,这就是我们多年所呼吁的公益诉讼的一种。

今天没有提到的其他章节基本没有大的变动。最后一章章名原来叫"物件损害",现在叫"建筑物和物件损害",房上一片瓦脱落造成他人损害可称物件损害,但房屋倒塌造成他人损害应是建筑物损害。

以上就是侵权责任编草案二审稿的主要修改。

对婚姻家庭编草案（2017年9月26日民法室室内稿）的意见[*]

一、基本同意现在的法律结构。建议将第三章家庭关系分设为三节：第一节夫妻关系（包括财产制）；第二节父母子女关系；第三节兄弟姐妹、祖父母与孙子女关系。

二、赞同草案不规定所谓家事代理权，并赞同草案第19条的规定。

三、基本赞同草案关于夫妻财产制度的规定，在此基础上建议增加约定分别财产制登记公示的规定："夫妻财产约定应当采用书面形式，并且在结婚登记时，一并登记于婚姻登记档案。婚后订立财产约定的，应当到原婚姻登记机关办理财产约定登记。未经登记的，不得对抗善意第三人。"删除草案第34条第3款。

四、建议增加夫妻相互继承遗产权利的规定。

五、建议在父母子女关系部分，增加关于父母教育子女的规定："父母应当以适当的方法教育未成年子女在身体、品德、智力、人格等方面全面发展。父母有义务使未成年子女接受义务教育，并应当充分考虑未成年子女的才能、爱好，为未成年子女接受教育提供条件。禁止使用有害于未成年子女身心健康的方式管束或者教育子女。"

六、鉴于人工生殖技术的采用日益增多，建议将最高人民法院指导案例第50号裁判规则提升为正式条文，增加规定："夫妻双方自愿采用人工生殖方式所生育子女，视为婚生子女。"

---

[*] 本文写作于2017年10月12日。

七、对于离婚一章增设第 36 条规定 1 个月审查期间特别表示赞同,这是立法应对"草率离婚"社会现象的有效措施。鉴于"草率结婚"的社会现象同样严重存在,建议考虑对于结婚亦增设 1 个月(或者 15 天)审查期间的规定。

八、对于草案第 12 条仅规定胁迫结婚的撤销而不规定欺诈结婚的撤销表示赞同。

建议民法典婚姻家庭编不规定
所谓"家事代理权"[*]

按照民法原理,代理制度的实质是不能事必躬亲的人(本人、被代理人)授予他人(代理人)代理权,而自己承受代理人依据授权所实施法律行为的效果(权利、义务和责任)。代理不适用于共有人之间,因共有关系的任何一方均有权处分共有财产及(为共同利益而)使共有人负担连带债务。

所谓家事代理权,是使夫妻一方(为家庭共同生活)实施法律行为的法律效果(产生的权利、义务和责任)归属于夫妻关系另一方的权利。依据家事代理权实施的法律行为可大致分为:财产处分行为和债务负担行为(借债)。所谓家事代理权的实质是,夫妻一方(代理人)通过家事代理权之行使,处分夫妻关系另一方(被代理人)的财产及使夫妻关系另一方负担债务。

明文规定家事代理权的立法例是韩国民法。考虑到韩国社会生活之实际情形,绝大多数家庭属于所谓"男主外、女主内"的传统家庭,妻子不外出工作,没有工资收入,其职责是做家务、带孩子,即所谓"相夫教子",而由丈夫在外工作"挣钱养家"。在这样的传统家庭关系中,家庭财产归丈夫所有,但丈夫并不(为家庭共同生活而)处分家庭财产;为(家庭共同生活而)处分家庭财产并在必要时向银行举债的,是承担"相夫教子"职能的、既不享有家庭财产所有权也没有偿债能力的妻

---

[*] 本文写作于2017年9月12日。

子。可见,所谓家事代理权,是在所谓"男主外、女主内"的传统家庭关系中,使对家庭财产不享有所有权、不具有偿债能力的妻子,可以为了家庭共同生活和教育子女的需要,而处分(属于丈夫所有的)家庭财产和使丈夫负担债务的法律手段(技术)。

中国的国情是,绝大多数家庭属于所谓"双职工"家庭,即夫妻双方均有正式工作、均有劳动收入,夫妻双方均"挣钱养家"、共同承担(分担)家务劳动和子女教育,绝不同于所谓"男主外、女主内"的传统家庭。绝大多数家庭依法实行"夫妻婚后所得共同制",家庭财产为夫妻双方共同共有。在此基础上,《婚姻法》第17条第2款进一步明文规定,夫妻双方对于家庭共有财产享有"平等的处理权"(与《法国民法典》第220条"夫妻各方均有权单独订立以维持家庭日常生活与教育子女为目的的合同"类似)。在这样的家庭关系中,夫妻相互具有共有人身份,夫妻任何一方均可依据共有人身份和共有人权利,处分家庭(共有)财产,而无须借助所谓"家事代理权"。夫妻一方为了家庭共同生活和子女教育的需要而实施负担债务行为(向银行借债),依据共有关系之法理,属于家庭共同债务,应由夫妻双方承担连带清偿责任。因现行《婚姻法》无明文规定,致实务中产生疑义,故最高人民法院《关于适用〈中华人民共和国婚姻法〉若干问题的解释(二)》第24条设立解释规则,予以明确规定。

特建议《民法典》婚姻家庭编不规定所谓"家事代理权",而维持《婚姻法》第17条第2款关于夫妻双方对于家庭共有财产享有"平等的处理权"(可以修改为"平等的管理权和处分权")的规定,同时将最高人民法院《关于适用〈中华人民共和国婚姻法〉若干问题的解释(二)》第24条解释规则提升为法律条文,明文规定:"夫妻一方为家庭共同生活和教育子女的需要所负担的债务,由夫妻双方承担连带清偿责任。"

附录：

最高人民法院《关于适用〈中华人民共和国婚姻法〉若干问题的解释(二)》第24条

债权人就婚姻关系存续期间夫妻一方以个人名义所负债务主张权利的,应当按夫妻共同债务处理。但夫妻一方能够证明债权人与债务人明确约定为个人债务,或者能够证明属于婚姻法第十九条第三款规定情形的除外。

夫妻一方与第三人串通,虚构债务,第三人主张权利的,人民法院不予支持。

夫妻一方在从事赌博、吸毒等违法犯罪活动中所负债务,第三人主张权利的,人民法院不予支持。

《韩国民法典》第827条[夫妻间的家事代理权]

(一)夫妻就日常家事,互有代理权。

(二)对前项代理权的附加的限制,不得对抗善意第三人。

《韩国民法典》第832条[因家事引起的债务的连带债务]

夫妻一方,就日常家事与第三人为法律行为的,另一方就因此而产生的债务负连带责任。但已向第三人明示另一方不负责任的,则不同。

《法国民法典》第220条

夫妻各方均有权单独订立以维持家庭日常生活与教育子女为目的的合同。夫妻一方依此缔结的债务对另一方具有连带拘束力。

但是,依据家庭生活状况,所进行的活动是否有益以及缔结合同的第三人是善意还是恶意,对明显过分的开支,不发生此种连带责任。

关于制定《中华人民共和国婚姻家庭法》的议案[*]

我国现行法律体系中,婚姻家庭关系分别由两部法律规定。《婚姻法》(1980年通过,2001年修正),规定我国婚姻家庭制度的基本原则、结婚制度、夫妻关系、亲子关系、离婚制度、扶养关系等。《收养法》(1991年通过,1998年修正),规定收养制度的基本原则、收养关系的成立、收养的效力、收养关系的解除等。这种状况已不能适应我国社会生活急速发展和建立健康、亲情、和谐、有序的社会主义婚姻家庭秩序的要求。建议制定统一调整婚姻家庭关系的婚姻家庭法。

现行《婚姻法》虽于2001年进行了修订,但仍存在体系不完整、制度漏洞、制度设计不当及缺乏可操作性等问题。2011年8月9日,最高人民法院发布《关于适用〈中华人民共和国婚姻法〉若干问题的解释(三)》[以下简称《婚姻法司法解释(三)》],对夫妻财产归属认定进行解释,引发全社会高度关注和争议,凸显现行《婚姻法》存在的制度性缺漏,有进行修改完善的必要。

现行《婚姻法》是我国调整"婚姻家庭关系的基本准则"(《婚姻法》第1条)。虽名为《婚姻法》,实则是婚姻家庭法。所谓"家庭关系"是以父母子女关系为核心的血亲关系及姻亲关系的总和。血亲关系,包括自然血亲关系和拟制血亲关系,即亲生父母子女关系和养父母子女关系。现行《婚姻法》主要规定婚姻关系和亲生父母子女关系,而养

---

[*] 本文写作于2012年3月。

父母与养子女这一拟制血亲关系,另由《收养法》规定。这种立法体例,割裂了家庭关系的整体性,导致适用法律的不一致,容易造成思想混乱,使人误认为拟制血亲关系不属于家庭关系。实则养父母子女关系和亲生父母子女关系,同是我国婚姻家庭法调整的对象,受同等法律保护,理当由婚姻家庭法统一调整。

现行《婚姻法》规定了五项基本原则,即婚姻自由;一夫一妻;男女平等;保护妇女、儿童和老人的合法权益;实行计划生育。《收养法》也规定了五项基本原则,即有利于被收养的未成年人的抚养、成长;保障被收养人和收养人的合法权益;平等、自愿;不得违背社会公德;不得违背计划生育法律、法规。《收养法》规定的这些原则,要么与《民法通则》重复,要么与《婚姻法》重复。实则,收养关系为婚姻家庭关系之一,没有单独规定基本原则之必要。鉴于为子女利益而收养,是当代亲子关系法的发展趋向,可在婚姻家庭法总则一章明文规定"未成年子女最佳利益原则",以贯彻"收养应当有利于被收养的未成年人的抚养、成长"的基本立法理念。

一部法律的名称应与其所调整的社会关系范围一致。自新中国成立以来,1950年的《婚姻法》和1980年的《婚姻法》,虽然都称为"婚姻法",实则以婚姻家庭关系为调整对象,并非仅规定结婚、离婚和夫妻关系。1950年《婚姻法》专章规定父母子女间的关系,区别于革命根据地时期为解放妇女而着重规定结婚离婚的《婚姻法》。1980年《婚姻法》进一步扩大对家庭关系的调整范围,将祖孙关系、兄弟姐妹关系也纳入其中。将《婚姻法》和《收养法》合并,制定统一调整社会主义婚姻家庭关系的法律,名称以婚姻家庭法为宜。

现行《婚姻法》的体系不完整,缺乏亲属关系的通则性规定,缺乏亲子关系确认制度,对夫妻人身关系和夫妻财产关系的规定过于简略,无法解决我国婚姻家庭领域的诸多实际问题。因此,制定婚姻家庭法,不应是将《婚姻法》与《收养法》简单合并,而应以现行《婚姻法》为基础,增加若干新的章节,并对原有章节充实完善,实现婚姻家庭立法的逻辑性、完整性和体系性。

制定婚姻家庭法,应当基于婚姻家庭关系的本质特征和中华民族婚姻家庭道德的优良传统,明确规定社会主义婚姻家庭制度的价值取向和基本原理、原则,解决婚姻家庭法在民法体系中的定位问题,并厘清民事身份法性质的婚姻家庭法与民事财产法性质的《物权法》《合同法》的关系,避免简单套用民事财产法的原理、原则。

附录:

中华人民共和国婚姻家庭法(草案)

目　　录

第一章　通则

第二章　亲属

第三章　结婚

　　第一节　结婚的条件和程序

　　第二节　婚姻的无效与撤销

第四章　夫妻关系

　　第一节　夫妻的权利和义务

　　第二节　夫妻财产制

第五章　离婚

　　第一节　登记离婚

　　第二节　诉讼离婚

　　第三节　离婚后子女的监护、抚养和教育

　　第四节　离婚财产分割与救济

第六章　父母子女关系

　　第一节　父母与亲生子女

　　第二节　养父母与养子女、继父母与继子女

　　第三节　收养

　　第四节　父母子女的权利与义务

第七章　扶养
　　第一节　扶养与扶养关系
　　第二节　扶养的条件和方式
　　第三节　扶养关系的变更和终止
第八章　监护与照顾
　　第一节　对未成年人的监护
　　第二节　对成年人的照顾

第一章　通　　则

第一条　[调整范围]
本法是婚姻家庭关系的基本准则。婚姻家庭法调整夫妻之间、亲子之间及其他近亲属之间的人身关系和财产关系。

第二条　[婚姻自由]
当事人依法享有自愿缔结婚姻和解除婚姻的权利,任何组织和个人不得干涉。

禁止包办、买卖婚姻和其他干涉婚姻自由的行为。

第三条　[一夫一妻]
任何人不得同时有两个或者两个以上配偶。

禁止重婚。禁止有配偶者与婚外异性同居。

第四条　[男女平等]
男女在婚姻关系和家庭生活中享有平等的权利,承担平等的义务。

家庭成员在享有民事权利时,不应受到任何基于性别的差别对待。

第五条　[弱者利益保护]
妇女、儿童、老人的婚姻家庭权利受国家特别保护。在处理涉及儿童的家庭事务时,应当以儿童利益最大化为首要考虑。

收养应当有利于被收养人健康成长,遵循平等、自愿、合法原则。

禁止一切形式的家庭暴力;禁止借收养之名买卖儿童。

第六条　[善良风俗]
维护善良风俗,提倡建立平等、和睦、文明的婚姻家庭关系。

本法有规定的,适用本法;本法没有规定的,可以适用婚姻习俗,但不得违背善良风俗。

第二章　亲　　属

第七条　[定义]

亲属是自然人之间基于婚姻、血缘和法律拟制而发生的身份关系。

亲属包括配偶、血亲、姻亲。

第八条　[配偶]

男女因结婚互称配偶。配偶关系因一方死亡、双方离婚、婚姻被依法撤销而终止。

第九条　[血亲]

血亲是因自然的血缘联系或因法律拟制的扶养关系而产生的亲属关系。

自然血亲关系因出生而发生,因死亡而终止;拟制血亲关系因收养或者继父母与继子女形成扶养关系而发生,因一方死亡或者养、继父母子女关系依法解除而终止。

第十条　[血亲的亲等]

亲等,是表示血亲间血缘联系远近的单位。亲等的计算方法:

(一)直系血亲的亲等,从己身上数或者下数,以其间的世数而定,一世代为一亲等。

(二)旁系血亲的亲等,从己身数至双方同源的直系血亲,再从同源的直系血亲数至计算亲等的对方,一世代为一亲等。

第十一条　[姻亲]

姻亲是以血亲的婚姻为中介形成的亲属。姻亲包括:

(一)血亲的配偶。如儿媳、女婿;兄嫂、弟媳、姐妹夫等;

(二)配偶的血亲。如岳父母、公婆等。

姻亲关系因作为中介的婚姻当事人离婚或者婚姻被依法撤销而终止。婚姻当事人一方死亡后,姻亲关系是否终止,由双方商定。

姻亲的亲等,依己身与血亲的亲等,或者从配偶与其血亲的亲等。

第十二条　[近亲属]

下列亲属为近亲属：

(一)配偶；

(二)四亲等内的直系血亲；

(三)四亲等内的旁系血亲。

同居一家共同生活的直系姻亲，在扶养关系上视同近亲属。

第十三条　[亲属的法律效力]

亲属之间有关禁婚、扶养、监护等婚姻家庭法上的权利义务，适用本法规定。

亲属在其他法律上的权利义务，依照其他法律的规定。但其他法律规定与本法规定抵触的，适用本法。

第三章　结　婚

第一节　结婚的条件和程序

第十四条　[结婚能力]

自然人均具有结婚的权利能力。

自然人达到法定婚龄并符合本节规定的其他条件，始得结婚。

第十五条　[合意]

结婚必须男女双方完全自愿，禁止任何一方对他方加以强迫或者任何第三者加以干涉。

第十六条　[结婚年龄]

结婚年龄，男不得早于二十二周岁，女不得早于二十周岁。

第十七条　[禁止重婚]

无配偶者，始得结婚。

一人不得同时与两个以上的人结婚。

第十八条　[禁止结婚的亲属]

有下列亲属关系之一者，相互间不得结婚：

(一)四亲等以内的直系血亲；

(二)四亲等以内的旁系血亲；

（三）四亲等以内的直系姻亲。

拟制直系血亲间的收养、扶养关系终止后，亦不得结婚；但养子女与收养方的旁系血亲辈分相同者不在此限。

第十九条　[不宜结婚的疾病]

患有医学上认为不宜结婚疾病的人，应当根据婚前医学检查医师的建议，决定是否结婚。

第二十条　[结婚登记]

男女双方必须亲自到婚姻登记机关办理结婚登记。取得结婚证，即确立夫妻关系。

第二十一条　[事实婚姻]

男女未办理结婚登记即以夫妻名义同居生活的，其相互关系为事实婚姻关系。

事实婚姻关系，符合本章各项结婚实质要件的，可以补办结婚登记，成为有效婚姻。

第二节　婚姻的无效与撤销

第二十二条　[婚姻的无效]

有下列情形之一的，婚姻无效：

（一）重婚。

（二）存在禁止结婚的亲属关系。

婚姻当事人、当事人的近亲属及人民检察院，可以向人民法院请求确认婚姻无效。

第二十三条　[婚姻无效的后果]

被确认无效的婚姻自始不具有法律拘束力，当事人之间不具有夫妻的权利和义务。

当事人同居期间所得财产，准用本法关于共同共有的规定，但有证据证明为一方所有的除外。人民法院分割当事人同居期间财产时，应当根据照顾无过错方的原则判决。

当事人同居期间所生子女的权益问题，适用本编有关父母子女的规定。

第二十四条　[婚姻的撤销]

有下列情形之一的,撤销权人可以向人民法院请求撤销婚姻:

(一)因欺诈、胁迫而结婚;

(二)结婚时一方未达到法定婚龄;

(三)结婚时一方患有医学上认为不宜结婚的疾病。

第二十五条　[撤销权人]

(一)因欺诈、胁迫结婚的,受到欺诈、胁迫的一方享有撤销权;

(二)早婚的,双方享有撤销权。

第二十六条　[撤销权的消灭]

有下列情形之一的,撤销权消灭:

(一)因欺诈、胁迫结婚的,撤销权人自知道或者应当知道撤销事由之日起六个月内没有行使撤销权的;撤销权人被非法限制人身自由的,该期间从恢复人身自由之日起计算;

(二)早婚的撤销权人已达到法定婚龄的;

(三)撤销权人知道撤销事由后,明确表示或者以自己的行为表明放弃撤销权的。

第二十七条　[婚姻撤销的效力]

婚姻被撤销的,从撤销之日起婚姻关系消灭。

第二十八条　[离婚规定的准用]

可撤销婚姻被人民法院依法撤销后,当事人间财产分割,子女监护、扶养和教育,准用本法第五章第三节和第四节的规定。

第二十九条　[损害赔偿]

因婚姻无效或者被撤销而受到损害的无过错一方,有权向过错方请求损害赔偿。

第四章　夫 妻 关 系

第一节　夫妻的权利和义务

第三十条　[地位平等]

夫妻互为配偶,在婚姻关系和家庭生活中地位平等。

第三十一条 ［婚姻居所］

婚姻居所由夫妻双方共同决定。

夫妻一方自愿成为对方家庭成员的，以对方的居所为婚姻居所。

第三十二条 ［人身自由］

夫妻双方均有选择职业、接受教育和参加社会活动的自由，一方不得对他方加以限制或者干涉。

第三十三条 ［生育权］

夫妻双方平等地享有生育子女的权利。妻有权决定是否终止妊娠。

第三十四条 ［家事代理权］

在日常家庭事务范围内，夫妻互为代理人。

夫妻非因日常生活需要对共同财产作重要处理决定，双方应当平等协商，取得一致意见。

夫妻一方滥用此项代理权时，他方可予以限制，但不得对抗善意第三人。

第三十五条 ［扶养、扶助与维持家庭生活的义务］

夫妻应当相互扶养、相互扶助，按各自能力，共同承担维持家庭生活的义务。

第三十六条 ［对未成年子女的照顾权］

夫妻平等享有和承担对未成年子女扶养、教育、监护和保护的权利和义务。

第三十七条 ［遗产继承权］

夫妻享有相互继承遗产的权利。

第二节 夫妻财产制

第一目 法定夫妻财产制

第三十八条 ［适用的原则］

夫妻双方没有订立财产约定，且不存在依法适用非常财产制情形的，应当适用法定夫妻财产制。

第三十九条 ［婚后所得共同制］

法定夫妻财产制，实行婚后所得共同制。

婚姻关系存续期间夫妻一方或者双方所得的财产及权利,以及一方婚前财产的孳息,除法律另有规定或者夫妻另有约定外,属于夫妻双方共同共有。

第四十条　[共有财产范围与推定]

下列财产,为夫妻共同共有:

(一)工资、奖金及其他收入;

(二)生产、经营的收益;

(三)知识产权中的财产权及其收益;

(四)双方共同继承或者接受赠与所得的财产;

(五)婚前财产在婚后的孳息;

(六)不属于本法第四十二规定情形的其他财产。

婚姻关系存续期间夫妻一方取得的财产,不能证明为夫妻一方所有的,应推定为夫妻共有财产。

第四十一条　[共有财产的享有]

夫妻对共有财产,享有平等的管理权、使用权和处分权。

第四十二条　[特有财产]

特有财产,是指夫妻一方婚前或者婚后依法取得的享有完全所有权的财产及权利。

下列财产为夫妻一方所有:

(一)婚前财产;

(二)依法属于一方所有的具有人身专属性的财产,如一方因身体受到伤害获得的医疗费、残疾人生活补助费等费用,人身保险金、复员转业费等;

(三)一方继承或者接受赠与所得的财产;

(四)一方专用的衣物及其他生活用品;

(五)一方从事职业必需的专用物品,但用夫妻共同财产购置且价值较大的除外;

(六)其他应当归一方所有的财产。

夫妻可以在婚前或者婚后,约定一定的财产为夫妻一方所有。

第四十三条 ［特有财产的享有］

夫妻对各自所有的特有财产,享有完全的所有权。但作为婚姻居所及基本条件的房屋等财产,所有权人不得自由处分。

第二目　约定财产制

第四十四条 ［夫妻财产制契约的内容］

夫妻可以约定婚姻关系存续期间所得的财产以及婚前财产归各自所有、共同所有或者部分各自所有、部分共同所有。

没有约定或者约定不明确的,适用本编有关共同财产和特有财产的规定。

第四十五条 ［订立的时间］

夫妻有关财产制的约定,可以在婚前订立,也可以在婚后订立。

第四十六条 ［方式和登记］

夫妻财产制契约应当采用书面形式,并且在结婚登记时,一并登记于婚姻登记档案。

婚后订立财产制契约的,应当到原婚姻登记机关办理财产制契约登记。

第四十七条 ［有效条件］

夫妻双方订立、变更或者撤销财产制契约,应当具备以下条件:

(一)具有结婚的行为能力;

(二)亲自订立,变更或者撤销不得由他人代理;

(三)意思表示真实;

(四)内容不得违反法律、行政法规的强制性规定和善良风俗。

第四十八条 ［效力］

婚前订立的夫妻财产制契约,自婚姻关系成立时起对双方具有约束力;婚后订立的夫妻财产制契约,自依法成立时起对双方具有约束力。

夫妻财产制契约未经登记的,不得对抗善意第三人。

第四十九条 ［变更与解除］

夫妻双方协商一致,可以变更、解除财产制契约。

夫妻财产制契约的变更、解除，未向原婚姻登记机关办理变更、解除登记的，不得对抗善意第三人。

第三目　非常夫妻财产制

第五十条　［非常夫妻财产制］

法定事由出现时，依法律规定或者经法院宣告，夫妻共同财产制变更为分别财产制。

第五十一条　［当然的非常财产制］

夫妻一方受破产宣告时，其财产关系适用分别财产制。

第五十二条　［宣告的非常财产制］

有下列情形之一的，经夫妻一方申请，人民法院可以宣告解除原共同财产制，实行分别财产制：

（一）夫妻一方的财产不足清偿个人债务，或者其在共同财产中的应有部分已被扣押；

（二）夫妻一方的行为危害他方利益或者妨害婚姻共同生活；

（三）夫妻一方拒绝向他方报告其收入、财产及债务或者共同财产状况；

（四）夫妻双方因感情不和连续分居一年以上；

（五）继续实行共同财产制，将使夫妻一方利益受到严重侵害的其他事由。

在第（一）项情形，除夫妻另一方外，债权人也有权申请撤销共同财产制，宣告实行非常财产制。

当事人应当依据人民法院宣告解除原共同财产制，实行分别财产制的判决，向婚姻登记机关办理变更登记。

第五十三条　［共同财产制的恢复］

改采分别财产制的法定事由消除后，经夫妻一方申请，人民法院应当宣告恢复原共同财产制。

当事人应当依据人民法院宣告恢复原共同财产制的判决，向婚姻登记机关办理变更登记。

第五章 离　　婚

第一节　登 记 离 婚

第五十四条　［登记离婚的定义］

登记离婚,是指合法婚姻关系的夫妻双方合意离婚,符合法定条件,而由婚姻登记机关办理离婚登记的离婚方式。

第五十五条　［登记离婚的条件］

夫妻双方合意离婚,符合下列条件的,适用登记离婚程序：

(一)双方具有完全民事行为能力；

(二)双方离婚的意思表示真实；

(三)婚姻关系为合法缔结；

(四)双方已经就离婚后的子女抚养、财产分割、债务清偿、对生活水平明显下降一方的经济帮助,以及对一方家务劳动补偿等达成书面协议；

(五)协议内容有利于保护妻和子女的合法权益,并不损害国家、集体或者第三人的利益。

第五十六条　［离婚登记的程序］

要求离婚登记的夫妻双方必须持法律、法规规定的文件,亲自到一方户口所在地或者经常居住地的婚姻登记机关,提出离婚申请。

婚姻登记机关应当在审查期间内审查双方是否符合登记离婚条件,经审查符合登记离婚条件的,应于审查期间届满后予以登记,向双方签发离婚证,并注销结婚证。

前款审查期间为一个月,从婚姻登记机关受理离婚申请之次日起算。

审查期间内,当事人双方均有权向婚姻登记机关撤回离婚申请。审查期间届满后的一个月内,当事人双方未请求婚姻登记机关签发离婚证的,视同双方撤回离婚申请。

第五十七条　［离婚登记的效力］

当事人双方从婚姻登记机关签发离婚证之日起,解除夫妻关系。

第五十八条 ［离婚协议书的变更］

登记离婚生效后,当事人双方就变更子女的监护与扶养,或者财产的处理等事项达成协议的,应当签订协议书,到原婚姻登记机关办理变更登记。

当事人一方要求变更离婚协议有关子女监护与扶养,或者财产分割内容的,可以向人民法院提起民事诉讼。

当事人一方不按照离婚协议书履行义务的,另一方可以向人民法院申请执行或者提起民事诉讼。

第二节 诉 讼 离 婚

第五十九条 ［诉讼离婚的定义］

诉讼离婚,是指合法婚姻关系的夫妻一方直接向有管辖权的人民法院起诉要求离婚,由人民法院依法作出裁判的离婚方式。

第六十条 ［调解原则］

人民法院审理离婚案件,应当进行调解。

经调解夫妻双方和好的,人民法院应当裁定准予原告撤诉;经调解夫妻双方达成离婚协议的,人民法院应当制作离婚调解书。离婚调解书与离婚判决书具有同等效力。

调解无效的,人民法院应当及时作出准予离婚或者不准予离婚的判决。

第六十一条 ［准予离婚的标准］

人民法院审理离婚案件,查明有下列情形之一,致夫妻关系不可挽回地破裂的,应当准予离婚:

(一)一方被依法宣告失踪;

(二)患有严重精神病或者传染病经治不愈;

(三)因感情不和分居满二年,或者经人民法院判决不准离婚后,分居满一年;

(四)重婚或者与婚外异性同居;

(五)对一方或者其他家庭成员实施暴力、虐待或者遗弃;

(六)有赌博、吸毒等违法行为,屡教不改;

（七）被判处三年以上有期徒刑,或者犯罪行为严重伤害夫妻感情;

（八）其他导致夫妻关系不可挽回地破裂的情形。

第六十二条　[抗辩理由]

离婚对一方当事人或其子女将造成极其严重损害,而暂缓离婚有益于防止或减轻这种伤害的,人民法院可以中止离婚诉讼。

第六十三条　[离婚诉权的限制]

女方在怀孕期间、分娩后一年内或者终止妊娠后六个月内,男方不得提出离婚。

第六十四条　[复婚登记]

离婚后,男女双方自愿恢复夫妻关系的,应当共同到婚姻登记机关进行复婚登记。

第三节　离婚后子女的监护、抚养和教育

第六十五条　[离婚后的亲子关系]

父母子女关系,不因父母离婚而消除。离婚后,子女无论由父或者母监护,仍是父母双方的子女。

父母离婚后对子女仍有监护、照顾、抚养和教育的权利和义务。

第六十六条　[离婚后的子女监护]

离婚后,不满两周岁的子女,以随母亲生活为原则。

两周岁以上子女的直接抚养,由双方协商决定;双方不能达成协议的,由人民法院根据双方具体情况,按照未成年子女利益最大化原则判决。

第六十七条　[子女利益最大化的审酌因素]

人民法院在确定未成年子女的监护人时,应当综合考虑下列因素,作出有利于子女利益最大化的裁判:

（一）子女的年龄、性别、人数及健康状况;

（二）子女本人的意愿和人格发展的需要;

（三）父母的年龄、职业、品行、健康状况、经济能力及生活状况;

（四）父母保护教养子女的意愿与态度;

（五）父母子女间或未成年子女与其他共同生活者之间的感情

状况。

第六十八条　[子女抚养教育费的给付]

离婚后,不担任子女监护人的一方,应当负担子女抚养教育费的一部或者全部,给付费用的数额,由双方协议;协议不成的,由人民法院判决。

人民法院对子女抚养教育费数额的确定,应当考虑子女的实际需要、父母的负担能力和当地的实际生活水平。

必要时,子女可向父母任何一方提出超过协议或者判决原定数额的合理要求。

第六十九条　[给付方式和期限]

子女抚养教育费应当定期给付,有条件的可以一次性给付。

给付期限,一般到子女满十八周岁为止。

十六周岁以上不满十八周岁的子女,以自己的劳动收入为主要生活来源,并能维持当地一般生活水平的,父母可以停止给付抚养教育费。

对确无独立生活能力和条件的成年子女,父母有给付能力的,应负担必要的扶养教育费。

第七十条　[探望权]

离婚后,不担任子女监护人的一方,有探望子女的权利,另一方有协助的义务。

行使探望权的方式、时间由当事人协议;协议不成时,由人民法院判决。

祖父母、兄弟姐妹等其他近亲属有权与该儿童会面交往,但以有利其身心健康为前提。

第七十一条　[探望权中止的事由]

探望权人有下列情形之一的,子女、直接抚养子女的父或母以及子女的其他法定监护人,可以请求人民法院中止其探望权:

(一)患有影响子女身体健康的疾病;

(二)有赌博、吸毒或者酗酒等恶习;

(三)拒付子女抚养教育费;

(四)对子女有性侵犯或其他暴力行为;

(五)教唆、引诱子女实施违法行为。

探望权中止的事由消失后,应当依法恢复该方探望子女的权利。

第七十二条 [探望权的强制执行]

人民法院对拒不执行有关探望子女或者中止探望权行使的判决和裁定的当事人,可以采取拘留、罚款等民事强制措施。

第四节 离婚财产分割与救济

第七十三条 [共同财产分割原则]

夫妻财产关系因双方离婚而终止。共同财产的分割,一般应当均等。双方有争议的,由人民法院根据财产的具体情况,以照顾女方、子女监护方以及无过错方原则判决。

第七十四条 [共同债务清偿]

夫妻为共同生活、共同经营和履行法定抚养义务所负的债务,是共同债务。

离婚时,夫妻共同债务应当以共同财产清偿;共同财产不足清偿或者财产归各自所有的,以双方各自财产均等偿还;发生争议的,由人民法院判决。

第七十五条 [离婚经济帮助]

一方生活水平因离婚明显下降的,离婚时有权要求另一方予以适当经济帮助。具体办法由双方协议;协议不成的,由人民法院判决。

第七十六条 [家务劳动补偿]

婚姻关系存续期间,夫妻一方因抚育子女、照料老人、协助另一方工作等付出较多家务劳动的,离婚时有权向另一方请求经济补偿。

第七十七条 [共同财产的隐藏、转移、变卖、毁损]

离婚时,一方隐藏、转移、变卖、毁损夫妻共同财产,或者伪造债务企图侵占另一方财产的,分割夫妻共同财产时,对隐藏、转移、变卖、毁损夫妻共同财产或者伪造债务的一方,可以少分或者不分。

离婚后,一方发现另一方有上述行为的,可以向人民法院请求重新分割夫妻共同财产。

第六章　父母子女关系

第一节　父母与亲生子女

第七十八条　[亲子关系的推定(一)]

婚姻关系存续期间受胎或者出生的子女,以其母亲的丈夫为父亲。非婚同居期间受胎或者出生的子女,以与其母亲同居的男子为父亲。

受胎期间为子女出生之前的第三百天到第一百八十天之间。

第七十九条　[亲子关系的推定(二)]

依法采用人工生殖技术生育的子女,以同意采取该方式生育子女的男女为父母。

第八十条　[亲子关系的推定(三)]

数名男子均可被推定为子女的父亲时,依下列原则推定:

(一)在母亲的丈夫与母亲非婚同居的男子之间,推定母亲的丈夫为子女的父亲;

(二)在子女出生时母亲的丈夫与受胎时母亲的丈夫之间,推定子女出生时母亲的丈夫为子女的父亲;

(三)在子女出生时与母亲非婚同居的男子和受胎时与母亲非婚同居的男子之间,推定子女出生时与母亲非婚同居的男子为子女的父亲。

第八十一条　[亲子关系推定的否认]

有下列情形之一的,父母及成年子女均有权向人民法院提起亲子关系推定的否认之诉:

(一)在推定的子女受胎期间内,被推定父亲与母亲未发生性关系的,但采用人工生殖技术生育子女的除外;

(二)通过医学方法证明子女不可能是被推定父亲的亲生子女的;

(三)有其他事实证明子女不可能是被推定父亲的亲生子女的。

父母提起否认之诉的期限为一年,自知道或者应当知道否认理由之日起计算。

成年子女提起否认之诉的期限为一年,自子女成年后知道或者应当知道否认理由之日起计算。

第八十二条　[抚养费返还请求权]

亲子关系否认之诉成立的,负担抚养费的当事人可以要求适当返还抚养费。

第八十三条　[自愿认领]

生父认领未成年亲生子女的,须经子女的生母同意。

认领成年亲生子女的,须经子女本人同意。

第八十四条　[强制认领]

未成年子女的生母或者其他法定代理人,有权向人民法院提出强制生父认领之诉。

成年子女也有权提出强制生父认领之诉。

第二节　养父母与养子女、继父母与继子女

第八十五条　[养父母、养子女]

养父母为基于合法有效的收养关系领养他人为自己的子女的人。

养子女为基于合法有效的收养关系为他人所领养的人。

第八十六条　[养父母与养子女间的法律关系]

养父母与养子女之间的权利和义务,适用关于父母子女关系的规定。

第八十七条　[继父母、继子女]

父母一方死亡或者父母双方离婚后再婚的,子女与父母的再婚配偶之间为继父母继子女关系。

第八十八条　[继父母与继子女间的法律关系]

继父母子女间不得虐待或者歧视。继父或者继母和受其抚养教育的继子女间的权利和义务,适用关于父母子女关系的规定。

第三节　收　养

第一目　收养关系的成立

第八十九条　[被收养人的范围]

下列不满十四周岁的未成年人可以被收养:

(一)丧失父母的孤儿;

(二)查找不到生父母的弃婴和儿童;

(三)生父母有特殊困难无力抚养的子女。

第九十条　[送养人的条件]

下列自然人或组织可以作为送养人:

(一)孤儿的监护人;

(二)有特殊困难无力抚养子女的生父母;

(三)社会福利机构或者民政部门。

第九十一条　[收养人的条件]

收养人应当是具备下列条件,具有完全民事行为能力的自然人:

(一)年满三十周岁;

(二)无子女;

(三)有抚养、教育被收养人的能力。

无配偶的人收养异性子女的,收养人与被收养人的年龄应当相差三十周岁以上。

第九十二条　[共同送养]

生父母送养子女,须双方共同送养。但生父母一方被宣告失踪的除外。

第九十三条　[监护人送养]

未成年人的父母均不具有完全民事行为能力的,该未成年人的监护人不得将其送养,但父母对该未成年人可能构成严重危害的除外。

监护人送养未成年孤儿的,须征得抚养义务人的同意。

第九十四条　[共同收养]

有配偶的人收养子女的,应当夫妻共同收养。

第九十五条　[收养人数]

收养人只能收养一名子女。

收养孤儿、残疾儿童或者民政部门、社会福利机构抚养的查找不到生父母的弃婴和儿童,可以不受收养人无子女和收养一名子女的限制。

收养四亲等以内同辈旁系血亲的子女,可以不受本法第八十九条第三项、第九十一条第一款第二项和第二款,以及第八十九条被收养人须不满十四周岁的限制。

华侨收养四亲等以内同辈旁系血亲的子女,除适用第三款规定外,还可以不受只收养一名子女的限制。

继父或者继母经继子女的生父母同意,可以收养继子女,并可以不受本法第八十九条被收养人须不满十四周岁、第九十一条第一款第二项、第二款,以及本条第一款只能收养一名子女的限制。

第九十六条　[试养期]
被收养人为未成年人的,在办理收养登记之前,送养人与收养人可以协商确定适当的试养期。

第九十七条　[收养成年子女]
六十五周岁以上无子女的完全民事行为能力人,可以收养一名成年子女。被收养人应当为完全民事行为能力人,并且收养人与被收养人的年龄应当相差三十周岁以上。

收养关系成立后,收养人与被收养人之间适用法律关于父母子女关系的规定;被收养人与其亲生父母间的权利义务关系不变。

收养人与被收养人的亲属间、被收养人与收养人的亲属间,不适用法律有关亲属间的权利义务关系的规定。

第九十八条　[收养协议]
收养应由收养人与送养人、被收养的成年人自愿达成收养协议。收养协议应当采取书面形式。

收养十周岁以上未成年人的,应当征得被收养人的同意。

第九十九条　[收养公证]
收养可以办理收养公证。收养人或者送养人、被收养的成年人要求办理收养公证的,应当办理收养公证。

第一百条　[收养登记]
收养人、送养人、被收养的成年人应当共同到民政部门办理收养登记。收养关系自登记之日起成立。

第二目 收养的效力

第一百零一条 ［收养的拟制效力］

自收养关系成立时起,养父母与养子女间的权利义务,适用法律关于父母子女关系的规定。

养子女与养父母的近亲属间的权利义务,适用法律关于子女与父母的近亲属关系的规定。

第一百零二条 ［收养的解销效力］

养子女与生父母及其近亲属间的权利义务关系,因收养关系的成立而解销。但本法关于禁婚亲的规定,仍然适用于养子女与生父母及其近亲属之间。

第一百零三条 ［保密义务］

收养人、送养人要求保守收养秘密的,收养登记机关和知情人应当保守秘密。

第一百零四条 ［养子女的姓名］

养子女可以随养父或者养母姓。当事人协商一致,也可以保留原姓。

第一百零五条 ［无效收养行为］

违反民事法律行为有效要件和本法规定的收养行为无效。

无效收养行为自始不发生收养的法律效力。

第三目 收养关系的解除

第一百零六条 ［当事人协议解除］

收养人、送养人可以协议解除对未成年人的收养关系。被收养人为十周岁以上的未成年人时,应当征得被收养人的同意。

收养人、被收养的成年人可以协议解除对成年人的收养关系。

第一百零七条 ［因违法行为而解除］

收养人不履行抚养义务,滥用父母照顾权,有实施家庭暴力、性侵犯、虐待、遗弃等侵害未成年养子女合法权益行为的,送养人有权要求解除收养关系。

第一百零八条 ［因关系恶化而解除］

养父母与成年养子女关系恶化,无法共同生活的,可以协议解除收养关系。协议不成的,任何一方均有权请求人民法院解除收养关系。

第一百零九条　[登记解除]

当事人协议解除收养关系的,双方应当到民政部门办理解除收养关系的登记。

收养关系自登记之日起解除。

第一百一十条　[诉讼解除]

当事人对解除收养关系有异议时,可以向人民法院提起诉讼。

人民法院审理解除收养关系的案件,应当进行调解。如收养关系确已无法继续维持,调解无效,应当准予解除。

第一百一十一条　[收养关系解除的效力(一)]

收养关系解除后,养子女与养父母及其近亲属间的权利义务关系消灭。

未成年的养子女与生父母及其近亲属间的权利义务关系自行恢复。成年养子女与生父母及其近亲属间的权利义务关系是否恢复,由当事人协商确定。

第一百一十二条　[收养关系解除的效力(二)]

收养关系解除后,由养父母扶养成年的养子女,对缺乏劳动能力、生活困难的养父母,有给付生活费的义务。

第一百一十三条　[收养关系解除的效力(三)]

成年养子女因实施家庭暴力、虐待、遗弃养父母而解除收养关系的,养父母有权要求养子女补偿收养期间支出的生活费和教育费。

生父母要求解除收养关系的,养父母可以要求其适当补偿收养期间支出的必要的生活费和教育费。但因养父母不履行抚养义务,滥用父母照顾权,有实施家庭暴力、性侵犯、虐待、遗弃养子女的行为而解除收养关系的除外。

第四节　父母子女的权利与义务

第一目　子女的权利与义务

第一百一十四条　[受抚养权]

子女有接受父母抚养的权利。

父母应当抚养、照料未成年子女的生活,为未成年子女的健康成长提供必要的条件。

第一百一十五条 ［受教育权］

子女有接受父母教育、人格尊严受到尊重的权利。

父母应当疼爱、教育子女,关心子女的学习并促进其在智力、品德、人格方面的健康发展。

第一百一十六条 ［受保护权］

子女有接受父母保护的权利。

子女有权维护自己的权益不受父母照顾权的侵害。

第一百一十七条 ［与父母交往权］

子女有权与父母任何一方交往,但严重损害其利益的除外。

子女有权与祖父母、外祖父母、兄弟姐妹交往,但与其利益相抵触的除外。

第一百一十八条 ［表达意见的权利］

子女有权在家庭中表达自己的意见。有关子女利益的一切问题,父母应当考虑子女的意愿。

父母应当考虑十周岁以上子女的意见,但与子女最佳利益相抵触的除外。

第一百一十九条 ［财产权］

子女对其劳动收入、接受赠与、遗赠和继承取得的财产及其收益享有财产权。

第一百二十条 ［子女的一般义务］

子女应当尊重、帮助和孝敬父母。

第一百二十一条 ［子女在家庭中的服务义务］

子女在与父母共同生活期间,有义务承担与其年龄、体力和健康相适应的家务劳动。

第二目　父母的权利与义务

第一百二十二条 ［照顾权的定义］

照顾权是父母对未成年子女养育、照顾、保护义务和权利的总称。

包括人身照顾权和财产照顾权。

父母应当按照子女利益最大化原则行使照顾权。

第一百二十三条　[姓名决定权]

父母有权决定、改变未成年子女的姓名,但子女已满十周岁的,应当征求子女意见。

第一百二十四条　[抚养权]

父母应当抚育、照料未成年子女的生活,为未成年子女的健康成长提供必要的条件。

第一百二十五条　[居所决定权]

父母有权决定未成年子女的居所。

未成年人的父母应当与未成年子女在同一居所居住。

非经父母同意,未成年子女不得在他处居住。

第一百二十六条　[教育管束权]

父母应当以适当的方法教育未成年子女在德、智、体、美、劳等方面全面发展。

父母有义务使未成年子女接受义务教育,并应当充分考虑未成年子女的才能、爱好,为未成年子女接受教育提供条件。

父母可以适当的方式管束子女,但不得使用有害于未成年子女身心健康的方式。

第一百二十七条　[职业同意权]

十六周岁以上的未成年子女在就业和选择职业时,应当征得父母的同意。

第一百二十八条　[法定代理权]

父母是未成年子女的法定代理人,有权代理子女为法律行为。

父母不得代理子女放弃继承、放弃接受遗赠和拒绝接受赠与。

第一百二十九条　[与子女交往权]

父母任何一方均有义务和权利与子女交往。

父母离婚后,不与子女共同生活的一方有探视子女、与子女正常交往的权利,另一方有协助的义务。

第一百三十条　[交还子女请求权]

在未成年子女被他人诱骗、拐卖、劫持或隐藏时,父母享有请求交还子女的权利。

第一百三十一条　[财产管理权]

父母对于未成年子女的财产,应当以适当的方式妥善管理。

父母为未成年子女健康成长或者受教育所需时,可以使用、收益、处分未成年子女的财产。

第一百三十二条　[保护未成年子女人身、财产的义务]

父母负有保护未成年子女人身、财产的义务。当未成年子女的人身、财产受到侵害时,父母应当采取相应的措施予以保护。

第一百三十三条　[照顾权的丧失]

父母一方有下列情形之一的,丧失照顾权:

(一)不履行义务或者滥用照顾权,使未成年子女的人身、财产遭受重大损害的;

(二)对未成年子女实施犯罪行为,或者教唆未成年子女犯罪的。

照顾权的丧失须经人民法院宣告。

父母对于未成年子女的抚养义务不因照顾权的丧失而消灭。

第一百三十四条　[照顾权事实上不能行使]

父母一方或者双方有下列情形之一的,为事实上不能行使照顾权:

(一)因精神、智力或者身体障碍;

(二)被宣告失踪;

(三)因其他原因,客观上不能行使照顾权。

事实上不能行使照顾权的父母,有与子女正常交往的权利,但对于子女明显不利的除外。

第一百三十五条　[照顾权的恢复]

丧失照顾权或者事实上不能行使照顾权的父母,有下列情形之一的,恢复照顾权:

(一)确有悔改表现,恢复其照顾权对未成年子女有利;

(二)刑满释放,恢复其照顾权对未成年子女无不利影响;

（三）父母因精神、智力障碍消除，完全恢复民事行为能力；

（四）被宣告失踪的父母重新出现；

（五）人民法院认为应当恢复照顾权的其他情形。

恢复照顾权时，应当征求十周岁以上未成年子女的意见。

照顾权的恢复应当经人民法院宣告，但第（三）、（四）项情形除外。

第一百三十六条　[一方行使照顾权]

父母一方丧失照顾权或者事实上不能行使照顾权时，由另一方行使照顾权。

第一百三十七条　[父母照顾权的终止]

父母照顾权因下列原因终止：

（一）未成年子女成年；

（二）未成年子女死亡；

（三）未成年子女被他人收养；

（四）父母死亡。

第一百三十八条　[为未成年人设监护人]

有以下情形之一的，应当依法为未成年子女设监护人：

（一）父母双方均丧失照顾权，或者事实上不能行使照顾权；

（二）父母一方死亡，生存的另一方丧失照顾权，或者事实上不能行使照顾权。

第七章　扶　　养

第一节　扶养与扶养关系

第一百三十九条　[扶养的定义]

扶养是一定范围的亲属之间相互供养、扶助的民事权利义务关系。

第一百四十条　[扶养权利人和扶养义务人]

依法接受他人扶养的人，为扶养权利人。向他人履行扶养义务的人，为扶养义务人。

以下近亲属间互负扶养义务，互享扶养权利：

（一）直系血亲；

(二)配偶;

(三)二亲等内的旁系血亲。

第一百四十一条　[扶养权利人为数人]

扶养权利人为数人时,扶养义务人应当履行扶养全体权利人的义务。

扶养义务人无能力扶养全体权利人时,下列顺序在先的权利人有权优先向义务人主张权利:

(一)未成年子女、父母、配偶;

(二)祖父母、外祖父母,孙子女、外孙子女,兄弟姐妹。

第一百四十二条　[扶养义务人为数人]

扶养义务人为数人时,按照下列顺序向扶养权利人履行扶养义务:

(一)父母、成年子女、配偶;

(二)祖父母、外祖父母,成年孙子女、外孙子女,兄弟姐妹。

同一顺序的扶养义务人对于扶养权利人负有同等的义务。自愿独自负担义务或者多负担义务的,不在此限。

同一顺序的扶养义务人可以按照其扶养能力,协议分担扶养义务。

第一百四十三条　[不得转让和抵销]

扶养权利人不得转让接受扶养的权利。

扶养义务人不得主张抵销扶养义务。

第二节　扶养的条件和方式

第一百四十四条　[父母对子女的抚养]

父母对子女有抚养的义务。父母不履行抚养义务时,未成年的或者不能独立生活的子女,有要求父母给付抚养费的权利。

父母离婚后,不与子女共同生活的一方有给付子女抚养教育费的义务。

第一百四十五条　[子女对父母的赡养、扶助]

子女对父母有赡养、扶助的义务。子女不履行赡养义务时,无劳动能力的或者生活困难的父母,有要求子女给付赡养费的权利。

第一百四十六条　[夫妻间的扶养]

夫妻有互相扶养的义务。一方不履行扶养义务时,需要扶养的一方,有要求对方给付扶养费的权利。

第一百四十七条　[祖父母、外祖父母对孙子女、外孙子女的抚养]

有负担能力的祖父母、外祖父母对下列未成年的孙子女、外孙子女有抚养的义务:

(一)父母已经死亡的;

(二)父母一方死亡,另一方确无能力抚养的;

(三)父母均丧失抚养能力的。

第一百四十八条　[祖父母(外祖父母)的优先抚养权]

父母一方死亡,另一方送养未成年子女时,死亡一方的父母(祖父母或外祖父母)有优先抚养的权利。

第一百四十九条　[孙子女(外孙子女)对祖父母(外祖父母)的扶养]

有负担能力的孙子女、外孙子女对于下列祖父母、外祖父母有扶养的义务:

(一)子女已经死亡的;

(二)子女确无扶养能力的。

第一百五十条　[兄姐对弟妹的抚养]

有负担能力的兄姐对于下列未成年的弟妹有抚养的义务:

(一)父母已经死亡的;

(二)父母无力抚养的。

第一百五十一条　[弟妹对兄姐的扶养]

由兄姐抚养长大的有负担能力的弟妹,对于丧失劳动能力、孤独无依的兄姐,有扶养的义务。

第一百五十二条　[扶养协议]

扶养人与被扶养人之间可以就扶养方式、扶养的范围、扶养的程度等订立扶养协议。

第一百五十三条　[扶养的方式]

扶养义务人可以采取共同生活的方式履行扶养义务,也可以采取支付扶养费等方式履行扶养义务。

第一百五十四条　[扶养的范围]

扶养义务人应当支付扶养权利人全部生活的必需费用,包括日常生活费用、必需的教育费用、医疗费用等。

第一百五十五条　[扶养程度]

扶养程度应当与扶养权利人的需要、扶养义务人的扶养能力相一致。通常应当达到扶养权利人所在地的一般生活水平。

当事人对于扶养程度有异议的,可以请求人民法院确定。

第三节　扶养关系的变更和终止

第一百五十六条　[扶养顺序的变更]

扶养义务人之间可以协商变更扶养顺序,由顺序在后的扶养义务人履行扶养义务。

当事人对于扶养顺序的变更不能达成协议时,可以请求人民法院确定。

第一百五十七条　[扶养方式的变更]

当事人可以在有利于扶养权利人的前提下,协商变更已经确定的扶养方式。

当事人对于扶养方式的变更不能达成协议时,可以请求人民法院确定。

第一百五十八条　[扶养费的变更]

当事人可以协商变更扶养费的数额及支付方式。

有下列情形之一,扶养义务人有能力增加扶养费的,应当增加扶养费:

(一)当地生活水平提高,原定的扶养费数额明显不足;

(二)扶养权利人由于接受教育、患病等原因,需要增加扶养费;

(三)其他需要增加扶养费的情形。

有下列情形之一的,可以适当减少或者免除扶养义务人所承担的扶养费：

(一)扶养义务人生活困难,难以继续承担原定扶养费；

(二)扶养义务人丧失劳动能力；

(三)扶养义务人丧失民事行为能力；

(四)其他应当减少或免除扶养费的情形。

当事人对于扶养费的变更不能达成协议的,可以请求人民法院确定。

第一百五十九条　[扶养关系的终止]

有下列情形之一的,扶养关系终止：

(一)扶养权利人或者扶养义务人死亡；

(二)扶养权利人与扶养义务人之间的身份关系消灭；

(三)其他应当终止扶养关系的情形。

第八章　监护与照顾

第一节　对未成年人的监护

第一百六十条　[监护的定义]

监护是依法对未成年人的人身、财产及其他合法权益进行监督、保护的制度。

依法受到监督、保护的未成年人是被监护人；依法监护未成年人的人是监护人。

第一百六十一条　[被监护人的行为能力]

被监护人实施法律行为,须由监护人代理,但使未成年人纯获法律上利益的行为,以及未成年人依法可独立实施的日常消费行为除外。

第一百六十二条　[法定监护人]

未成年人的父母,是其法定监护人,但父母不具有完全民事行为能力,或者人民法院认为另有不适合担任监护人原因的除外。

第一百六十三条　[委托监护人]

父母不能履行监护职责时,可以为未成年子女设立委托监护人。

第一百六十四条　[遗嘱监护人]

父母可以在遗嘱中,为未成年子女设立遗嘱监护人。

第一百六十五条　[指定监护人]

未成年人既无法定监护人也无委托监护人、遗嘱监护人的,应当由监护监督人或者人民法院在未成年人的下列亲属、亲友中为其指定监护人:

(一)未成年人的祖父母、外祖父母、兄、姐;

(二)关系密切的其他亲属、朋友愿意担任监护人的。

监护监督人或者人民法院在指定监护人时,应当听取年满六周岁未成年人的意见。

第一百六十六条　[监护人的资格限制]

有下列情形之一的,不得担任监护人:

(一)限制行为能力人;

(二)被撤职的监护人、照顾人;

(三)对被监护人提起诉讼之人及其配偶或直系亲属;

(四)与被监护人有其他利害冲突的人;

(五)下落不明的人;

(六)不能履行监护职责的人。

第一百六十七条　[公职机构担任监护人]

没有合适的监护人人选时,应由当地民政部门或者社会保障部门担任监护人。

第一百六十八条　[监护监督人]

未成年人父母之外的人担任监护人时,由监护监督人对监护人的行为进行监督。

下列人员和机构为监护监督人:

(一)立遗嘱人在遗嘱中指定的监护监督人;

(二)与被监护人血缘关系最近的有监护监督能力的人,但担任监护人的除外;

(三)当地民政部门或者社会保障部门。

监护人为民政部门或者社会保障部门时,以其上一级主管部门为监护监督人。

本节关于监护人资格限制、监护人辞职、监护人撤职的规定准用于监护监督人,但公职机构担任监护监督人的除外。

第一百六十九条 ［监护监督人的职责］

监护监督人的职责如下:

(一)监督监护人的事务,必要时要求监护人报告与监护有关的事宜;

(二)当缺少监护人时,应立即向人民法院提出申请;

(三)当监护人或其代理人与被监护人为法律行为时,代表被监护人。

第一百七十条 ［监护人的职责］

监护人应当履行下列监护职责:

(一)保护被监护人的人身;

(二)对被监护人进行管理和教育;

(三)照顾被监护人的生活;

(四)管理和保护被监护人的财产;

(五)代理被监护人实施民事法律行为。

第一百七十一条 ［财产管理权］

监护人应当编制财产目录,并妥善管理被监护人的财产。

监护人基于被监护人日常生活和受教育的需要,可以处分被监护人的财产。但重大的财产处分,应当经监护监督人同意。

监护人不得代理被监护人为赠与行为,但依道德义务所为的赠与除外。

监护人不得代理被监护人放弃继承、放弃受遗赠和拒绝接受无负担的赠与。

第一百七十二条 ［监护人为数人］

监护人为数人时,各监护人可以依照约定共同履行监护职责或者分别履行监护职责。没有约定或者约定不明确的,视为共同履行监护职责。

第一百七十三条 ［监护人的责任］

禁止监护人以履行监护职责之名,损害被监护人的利益。

监护人滥用监护权,损害被监护人人身或者财产权益的,应当承担侵权责任。

监护人不履行监护职责或者因管理不善造成被监护人财产损失的,应当承担赔偿责任。

第一百七十四条　[监护监督人的责任]

监护监督人与监护人串通损害被监护人利益的,应当承担连带赔偿责任。

第一百七十五条　[监护费用]

监护人处理监护事务的必要费用,可以从被监护人的财产中支付。

第一百七十六条　[监护人报酬]

可以从被监护人的财产中向监护人支付合理的报酬,但监护人为法定扶养义务人或者公职机构的除外。

支付报酬的标准,应经监护监督人同意。因报酬标准发生争议的,监护人与监护监督人均可请求人民法院确定。

第一百七十七条　[监护人辞职]

自然人担任监护人有下列情形之一的,可以辞职:

(一)年满六十五周岁;

(二)因疾病、残疾不能履行监护职责;

(三)住所或居所与被监护人居所距离较远,不便监护;

(四)其他重大事由。

监护人辞职的,人民法院应当重新指定监护人。

第一百七十八条　[监护人撤职]

监护人有下列情形之一的,人民法院可以依监护监督人、被监护人或其亲属、人民检察院的申请,撤销监护人的职务:

(一)对被监护人实施家庭暴力、性侵犯或者虐待、遗弃被监护人,严重损害被监护人身心健康;

(二)对被监护人实施犯罪行为,或者教唆、帮助被监护人实施犯罪行为;

(三)由于其他原因,不宜继续担任监护人。

人民法院在撤销监护人职务的同时,应当重新指定监护人。

第一百七十九条　[监护终止]

有下列情形之一的,监护关系终止:

(一)被监护人成为完全民事行为能力人;

(二)被监护人或者监护人死亡;

(三)监护人与被监护人之间特定的身份关系消灭;

(四)其他应当终止监护的情形。

监护关系终止后,被监护人仍然需要监护的,应当另行为其设置监护人。

第一百八十条　[财产清算]

监护人撤职或监护关系终止时,应当对被监护人的财产进行清算。财产清算应会同监护监督人进行。

第一百八十一条　[临时保护人]

监护人资格被撤销或者监护关系终止,新的监护人尚未确定时,监护监督人可以为被监护人指定临时保护人,以保护其利益。

第二节　对成年人的照顾

第一百八十二条　[定义]

对成年人的照顾是依法对因精神、智力、身体障碍,不能处理自己事务的成年人的人身和财产进行保护的制度。

因精神、智力、身体障碍不能处理自己的事务而受照顾的成年人,称为被照顾人;依法对被照顾人承担照顾职责的人,称为照顾人。

第一百八十三条　[被照顾人的行为能力]

被照顾人实施法律行为,须经照顾人同意或者由照顾人代理,但购买日常用品或与日常生活相关的行为除外。

第一百八十四条　[法定照顾人]

被照顾人的配偶为其法定照顾人,但双方因感情不和已经分居或者人民法院认为有其他不适合担任照顾人的原因的除外。

第一百八十五条　[指定照顾人]

被照顾人无配偶或者配偶不适合担任照顾人的,人民法院应依申请为其指定照顾人。

下列人可以提出申请：

（一）本人、配偶、近亲属；

（二）委托照顾受托人、照顾监督人；

（三）村委会、居委会负责人。

无上述申请人或者申请人不提出申请的，由人民检察院提出申请。

第一百八十六条　［依合同指定照顾人］

成年人在有意思能力时，可以与受托人订立委托照顾合同，约定于本人意思能力衰退，不能处理自己事务时，由受托人处理自己生活、疗养看护及财产管理事务之全部或一部，并就委托事务授予受托人代理权。

委托照顾合同经公证方可成立。

委托照顾合同成立后，当委托人因精神、智力障碍导致意思能力衰退，不能处理自己的事务时，人民法院依本人、配偶、近亲属及受托人申请，可以指定该受托人为照顾人。但该受托人不适合担任照顾人的除外。

当受托人不适合担任照顾人时，人民法院应另行指定照顾人。

委托照顾合同自人民法院指定照顾人时生效。

第一百八十七条　［照顾人的资格限制］

有下列情形之一的，不得担任照顾人：

（一）限制行为能力人；

（二）被撤职的监护人、照顾人；

（三）对被照顾人提起诉讼之人及其配偶、直系亲属；

（四）与被照顾人有其他利害冲突的人；

（五）下落不明的人；

（六）无支付能力的人。

第一百八十八条　［公职机构担任照顾人］

在没有合适的照顾人人选时，应由被照顾人所在地的民政部门或者社会保障部门担任照顾人。

第一百八十九条　[照顾监督人]

下列人员或者机构为照顾监督人:

(一)被照顾人在委托照顾合同中指定的照顾监督人;

(二)与被照顾人血缘关系最近的有监督能力的人,但担任照顾人的除外;

(三)被照顾人住所地的民政部门或者社会保障部门。

民政部门或者社会保障部门担任照顾人的,其上一级主管部门为照顾监督人。

照顾监督人准用本节关于照顾人资格限制、照顾人辞职、照顾人撤职的规定,但公职机构担任照顾监督人的除外。

第一百九十条　[照顾监督人的职责]

照顾监督人具有下列职责:

(一)监督照顾人的事务,必要时要求照顾人报告照顾有关事宜;

(二)当缺少照顾人时,应立即向人民法院提出申请;

(三)当照顾人或其代理人与被照顾人为法律行为时,代理被照顾人。

第一百九十一条　[照顾人的职责]

照顾人应以有利于被照顾人最大利益的方式,处理被照顾人的事务,尽可能地治疗、改善被照顾人的疾患、障碍。

照顾人在处理被照顾人生活、疾患治疗、疗养看护及财产管理事务时,应当尊重被照顾人的意愿,但以不与被照顾人的利益抵触为限。

第一百九十二条　[财产调查与目录制作]

照顾人应当从速调查被照顾人的财产,须在一个月内完成调查并制作财产目录。但人民法院可以延长该期间。

财产调查及目录制作,应会同照顾监督人进行,否则无效。

照顾人在财产目录制作完成前,有权实施紧急必要的行为。但不得以此对抗善意第三人。

照顾人对被照顾人有债权债务时,应当在财产调查之前向照顾监督人或人民法院申报。未申报的,丧失其债权。

第一百九十三条 ［财产管理权］

照顾人应谨慎管理被照顾人的财产,代理被照顾人实施与财产有关的行为。

照顾人转让、出租、抵押被照顾人居住的房屋及宅基地的,应经人民法院批准。

第一百九十四条 ［采取强制措施的限制］

被照顾人有利用其人身自由,自残、自杀或者对他人造成危险之虞的,照顾人可对其采取限制人身自由的强制措施。

如需将被照顾人送入精神病院或者安置在限制自由的场所,应经人民法院批准。但被照顾人在委托照顾合同中有明确授权的除外。

第一百九十五条 ［照顾人为数人］

照顾人为数人时,各照顾人可以依照约定共同履行照顾职责,也可以依照约定分别履行照顾职责。没有约定或者约定不明确的,视为共同履行照顾职责。

第一百九十六条 ［照顾人的任期］

自然人担任照顾人的,任期为五年。

照顾人任期届满时,人民法院可以另外指定照顾人,或者经照顾人同意而延长其任期。

延长的期限仍为五年。

第一百九十七条 ［照顾人的责任］

照顾人履行照顾职责时,因过失造成被照顾人财产损失的,应当承担赔偿责任。

第一百九十八条 ［照顾监督人的责任］

照顾监督人与照顾人串通损害被照顾人利益的,应当承担连带赔偿责任。

第一百九十九条 ［照顾费用］

照顾人处理照顾事务的必要费用,可以从被照顾人的财产中支付。

第二百条 ［照顾人的报酬］

可以从被照顾人的财产中向照顾人支付合理的报酬,但照顾人为法定扶养义务人或者公职机构的除外。

支付报酬的标准,应经照顾监督人同意。因报酬标准发生争议的,照顾人与照顾监督人均可请求人民法院确定。

第二百零一条　[照顾人辞职]

自然人担任照顾人而有下列情形之一的,可以辞职:

(一)年满六十五周岁;

(二)因疾病、残疾不能履行照顾义务的;

(三)住所或居所与被照顾人居所距离较远,不便照顾的;

(四)其他重大事由。

照顾人辞职的,人民法院应重新指定照顾人。

第二百零二条　[照顾人撤职]

照顾人不履行照顾职责或者侵害被照顾人利益的,人民法院可以依照顾监督人、被照顾人、其亲属、人民检察院的申请,撤销照顾人的职务,并重新指定照顾人。

第二百零三条　[照顾的终止]

设置照顾的原因消失时,经本人、配偶、近亲属、照顾人、照顾监督人或者人民检察院申请,人民法院应决定终止照顾。

第二百零四条　[财产清算]

照顾人撤职或照顾关系终止时,应当对被照顾人的财产进行清算。财产清算应会同照顾监督人进行。

对继承编草案（2017年7月28日民法室室内稿）的修改意见[*]

一、建议增加关于胎儿继承的规定并删除第38条

理由：《民法总则》第16条规定："涉及遗产继承、接受赠与等胎儿利益保护的，胎儿视为具有民事权利能力……"据此规定，胎儿当然享有遗产继承权，可以接受遗赠。因此，本法应当明文规定三个问题：一是胎儿作为法定继承人的继承顺序；二是胎儿的继承权、受遗赠权如何行使；三是胎儿娩出时为死体的，其已经取得的遗产如何处理。

（1）关于胎儿的继承顺序。按照多数立法例，例如《德国民法典》第1923条、《日本民法典》第886条规定，在继承开始时尚未出生、但已孕育的胎儿，"视为在继承开始前已出生"，则"胎儿"为"子女"概念所涵括，故继承法无须在规定"子女"继承顺序之外，另行规定"胎儿"的继承顺序。但我国《民法总则》规定"胎儿视为具有民事权利能力"，而与多数立法例不同。"胎儿视为具有民事权利能力"，亦即单独赋予胎儿民事主体资格。因此，本法有必要明文规定"胎儿"的继承顺序。

（2）关于"胎儿"的继承权、受遗赠权如何行使。"胎儿"尚未出生，不能自己行使继承权、受遗赠权，按照民法原理，应当准用无民事行为能力的未成年人由法定代理人代为行使的制度。建议明文规定由"胎儿"的母亲作为其法定代理人代为行使。

（3）关于"胎儿"出生时为死体的，其已经继承或者受遗赠的遗产

---

[*] 本文写作于2017年8月6日。

如何处理。《民法总则》规定"胎儿娩出时为死体的,其民事权利能力自始不存在",则其已经继承或者受遗赠的遗产属于"不当得利",应当归属于其他法定继承人。

特此建议将上述关于胎儿的三项规定合并为一个条文,安排在草案第 5 条之后:"继承开始前已受孕、尚未出生的胎儿的继承顺序与子女相同。胎儿的继承权、受遗赠权,由其母亲作为法定代理人代为行使。胎儿娩出时是死体的,所继承或者受遗赠的遗产由其他法定继承人继承。"

鉴于草案第 38 条关于遗产分割时保留胎儿继承份额的规定,已经与《民法总则》第 16 条规定不符。按照《民法总则》第 16 条的规定,胎儿具有民事权利能力,应作为法定继承人继承、分割遗产,与其他法定继承人没有区别,不是为其"保留继承份额"的问题。故应删除该条。

二、建议修改草案第 10 条第 1 款末句

理由:草案第 10 条第 1 款末句"代位继承人一般只能继承其父亲或者母亲有权继承的遗产份额",有将"代位继承人"局限于"被代位继承人"的"子女"之意,而与代位继承法理及本款明文规定"代位继承人"可以是"被继承人的子女的晚辈直系血亲",并不以"被继承人的子女"的"子女"为限,显然冲突。建议修改为"代位继承人只能继承被代位继承人有权继承的遗产份额"。

三、建议修改草案第 22 条第 3 句

理由:草案第 22 条第 3 句"危急情况解除后,遗嘱人能够用书面或者录音录像形式立遗嘱的,所立的口头遗嘱无效",未为危急情况解除后遗嘱人采取其他法定形式订立遗嘱预留必要的"期间",而按照民法原理和立法例,须此"期间"经过后口头遗嘱方才"丧失效力"。例如,《意大利民法典》(第 610 条)规定此"期间"为 3 个月。因此,建议修改为:"危急情况解除后,自遗嘱人能够用书面或者录音录像形式立遗嘱之时起经过三个月,该口头遗嘱丧失效力。"

四、建议规定"受欺诈、胁迫所立遗嘱"的法律效果为"可撤销"

理由:草案第27条第2款规定"受欺诈、胁迫所立的遗嘱无效",与《民法总则》关于欺诈、胁迫行为的法律效果为可撤销的规定相冲突。原《民法通则》第58条第(三)项将欺诈、胁迫行为的法律效果规定为无效,现行《合同法》将欺诈、胁迫行为的法律效果"一分为二":其一(增加损害国家利益要件)为"无效"[《合同法》第52条第(一)项];其二(无损害国家利益要件)为"可撤销"(《合同法》第54条第2款)。《民法总则》制定时,根据民法原理并总结裁判实践经验,严格区别民事法律行为的"无效"与"可撤销",将"无效"限定于损害国家利益、社会公共利益和第三人利益(损害第三人利益亦即损害市场交易安全)的民事法律行为,而将因欺诈、胁迫成立的民事法律行为(仅损害相对人利益)统一规定为"可撤销"(《民法总则》第148条、第149条、第150条)。因此,"受欺诈、胁迫所立遗嘱"应属于可撤销的民事法律行为。特此建议删除草案第27条第2款,另设一条规定:"受欺诈、胁迫所立遗嘱,继承人、受遗赠人和利害关系人有权请求人民法院予以撤销。"

(附记:我对草案第9条关于继承顺序的规定,第29条至第31条新增关于遗产管理人的规定,第35条新增关于转继承的规定等,特别表示赞成。)

关于修改《中华人民共和国继承法》的建议[*]

现行《继承法》颁布于改革开放刚刚开始的1985年。当时仍实行单一公有制的计划经济体制,全社会长期物资严重匮乏,广大工人、农民家庭基本上没有什么财产,继承关系极为简单,加之法学教育和法学研究刚刚恢复,对于继承法律制度的重要意义认识不足,因此造成现行《继承法》过分简略,仅有37个条文,遗漏了许多重要继承制度。《继承法》实施至今已有二十多年,我国已经成功实现从计划经济体制向社会主义市场经济体制的转轨,现代化社会主义市场经济有了相当发展,党中央提出的全面建设小康社会的目标即将实现,广大人民群众拥有的私有财产种类和数量日益增加,同时由于实行计划生育政策,一对夫妇只生一个孩子,家庭关系和亲属关系发生了深刻变化,《继承法》已经无法满足和适应社会经济生活的需求。同时,《继承法》本身的诸多漏洞和缺陷,也限制了继承制度的调整功能的进一步发挥,不符合建设社会主义和谐社会对法律调整的要求。特此建议全国人大常委会尽快将《继承法》的修订工作提上立法日程。

建议修订的主要内容如下。

一、关于遗产的范围

继承立法应采取列举式,明确规定《物权法》《公司法》《合同法》

---

[*] 本文写作于2012年3月。

等现行法律所规定和认可的财产权利，如土地承包经营权、建设用地使用权、抵押权、质权、占有、股权、知识产权、债权等，属于可以继承的遗产范围。

二、关于完善继承权丧失制度

《继承法》乃私法，应重视并充分体现对当事人意志之尊重，应当将杀害被继承人、遗弃被继承人或者虐待被继承人情节严重的行为作为继承权丧失的事由，并明确规定继承回复请求权及其时效、行使和效力等。

三、关于法定继承人的范围和顺序

由于我国长期实行计划生育政策，家庭关系和亲属关系日趋简单，如果仍坚持现行法所规定的法定继承人范围，将导致遗产无人继承的情形日渐增多。为尽量不将遗产收归国家或集体所有，应适当扩大法定继承人之范围。考虑到我国历史传统和继承习惯，建议将法定继承人范围扩大至四亲等以内的亲属，并将现在的两个继承顺序变更为三个或者四个继承顺序。如继承人中无直系血亲的卑亲属，对公婆或岳父母尽了主要赡养义务的丧偶儿媳、女婿也应作为第一顺序继承人。

四、关于代位继承制度

《继承法》在代位继承的性质上采取了代表权说，被代位继承人丧失继承权的，代位继承人不得代位继承。但是，被代位继承人的责任不应由代位继承人承担。因此，在代位继承的性质上应当采取固有权说，被代位继承人即使丧失继承权的，代位继承人也得代位继承。

五、关于遗嘱的形式

一是各种遗嘱应具有相同的效力，而不应赋予公证遗嘱最强效力；二是应承认打印的由本人亲笔签名的自书遗嘱；三是录音遗嘱应改为音像遗嘱，以涵盖录像、光盘以及其他电子读物载体的遗嘱；四是危急情况解除后口头遗嘱的效力应予有条件地承认。

六、关于特留份制度

特留份,是遗嘱人不得通过遗嘱处分的,由法定继承人继承的遗产份额。其实质是限制遗嘱人的遗嘱自由,防止遗嘱人滥用遗嘱自由,从而损害法定继承人的合法权益。建议创设特留份制度,以遏制遗嘱人滥用遗嘱自由,切实保障法定继承人的合法利益,以维护健康和谐的社会主义家庭秩序。

七、关于补充继承制度

补充继承是遗嘱人于遗嘱中指定的继承人不能继承时由遗嘱中指定的补充继承人继承的制度。补充继承能够更加充分地尊重遗嘱人的意愿,是大陆法系国家和地区通行的继承制度,我国继承立法亦有明确规定的必要。

八、关于遗嘱执行制度

遗嘱生效后,遗嘱人已经死亡,如果没有严格的遗嘱执行程序,遗嘱人的意愿将难以实现。关于遗嘱执行,继承立法应规定下列制度:遗嘱执行人的资格和确定、遗嘱执行人的职责、遗嘱执行人的撤销等。

九、关于遗产分割制度

一是遗产"归扣",即在遗产分割时将继承人已于被继承人生前所受的特种赠与归入遗产,并于其应继份中予以扣除之法律制度。这种制度为各主要国家和地区所通行,我国民间也有此习俗,对于平衡继承人之间的利益具有不可取代的作用。因此,我国继承立法应规定"归扣"制度。二是遗产分割的效力。我国继承立法应吸收我国司法实践经验,明确规定继承开始后,遗产分割前,遗产为继承人共同所有。

关于修改《中华人民共和国继承法》的议案[*]

现行《继承法》颁布于改革开放刚刚开始的 1985 年。当时仍实行单一公有制的计划经济体制,全社会长期物资严重匮乏,广大工人、农民家庭基本上没有什么财产,继承关系极为简单,加之法学教育和法学研究刚刚恢复,对于继承法律制度的重要意义认识不足,因此造成现行《继承法》过分简略,仅有 37 个条文,遗漏了许多重要继承制度。《继承法》实施至今已有二十多年,我国已经成功实现从计划经济体制向社会主义市场经济体制的转轨,现代化社会主义市场经济有了相当发展,党中央提出的全面建设小康社会的目标即将实现,广大人民群众拥有的私有财产种类和数量日益增加,同时由于实行计划生育政策,一对夫妇只生一个孩子,家庭关系和亲属关系发生了深刻变化,《继承法》已经无法满足和适应社会经济生活的需求。同时,《继承法》本身的诸多漏洞和缺陷,也限制了继承制度的调整功能的进一步发挥,不符合建设社会主义和谐社会对法律调整的要求。特此建议全国人大常委会尽快将《继承法》的修订工作提上立法日程。

---

[*] 本文写作于 2012 年 3 月。

附件：

中华人民共和国继承法修改草案

第一章 总 则

第一条 ［立法依据］

根据《中华人民共和国宪法》规定，为保护公民的私有财产的继承权，制定本法。

第二条 ［继承的定义］

本法所称继承，是指自然人死亡时其法律规定范围内的亲属按照死者生前所立的合法有效的遗嘱或者法律的规定取得死者所遗留的个人合法财产。

在继承中，其生前所享有的财产因其死亡而移转给他人的死者称为被继承人，依法承接被继承人财产的人称为继承人。

第三条 ［继承开始的时间］

继承从被继承人死亡时开始。

前款所称"死亡"包括生理死亡和宣告死亡。

第四条 ［数人在同一事故中死亡先后的推定］

相互有继承关系的人在同一事故中死亡，如不能确定死亡先后时间的，推定没有继承人的人先死亡。各死亡人都有继承人的，若死亡人辈分相同，则推定同时死亡，彼此不发生继承；死亡人辈分不同的，若晚辈未成年，则推定晚辈先死亡，若晚辈已成年，则推定长辈先死亡。

第五条 ［继承开始的地点］

继承于被继承人生前最后住所地或者主要遗产所在地开始。

第六条 ［法定继承、遗嘱继承、遗赠、遗赠扶养协议间的效力］

继承开始后，按照法定继承办理；有遗嘱的，按照遗嘱继承或者遗赠办理；有遗赠扶养协议的，按照遗赠扶养协议办理。

第七条　[继承能力]

继承开始时生存的自然人有继承能力。

被继承人死亡前已受孕的胎儿,有继承能力。但胎儿出生时为死体的除外。

第八条　[继承权的丧失]

继承人有下列行为之一的,丧失继承权:

(一)为争夺遗产而杀害其他继承人的;

(二)故意杀害被继承人的,但属于正当防卫的除外;

(三)遗弃被继承人的,或者虐待被继承人情节严重的;

(四)伪造、篡改或者销毁遗嘱,情节严重的;

(五)以欺诈或者胁迫的手段,迫使或者妨碍被继承人设立、变更或者撤销遗嘱,情节严重的。

继承人因前款第(二)、(三)、(四)、(五)种情形丧失继承权,如经被继承人宽恕的,可不确认其丧失继承权。

继承权丧失的事由准用于受遗赠权的丧失。

第九条　[遗产的范围]

遗产是自然人死亡时遗留的个人合法财产。

前款规定的遗产包括自然人因其死亡而获得的未指定受益人的保险金、补偿金、赔偿金以及其他基于该自然人生前行为而应获得的财产利益。

下列权利义务不得作为继承的标的:

(一)与被继承人人身不可分离的人身权利;

(二)与被继承人人身有关的专属性债权债务;

(三)因被继承人死亡而发放的死亡抚恤金;

(四)法律规定不得继承的其他财产。

第十条　[赠与的冲抵]

继承开始之前,继承人因结婚、分居、营业以及其他事由而由被继承人赠与的财产应当列入遗产范围,但被继承人生前有相反意思表示的除外。

前款规定的赠与财产数额应在遗产分割时从该继承人的应继份中扣除。

赠与财产的具体数额应依赠与当时的价值计算。

第十一条　[继承回复请求权]

继承人在其继承权受到侵害时,得请求回复。

前款规定的请求权,自继承人知道或者应当知道继承权被侵害之日起二年内不行使时消灭;自继承开始经过二十年的,亦同。

第二章　法　定　继　承

第十二条　[法定继承的定义]

法定继承是指继承人范围、继承顺序、继承条件、继承份额、遗产分配原则及继承程序由法律直接规定的继承。

第十三条　[法定继承的适用范围]

有下列情形之一的,遗产中的有关部分适用法定继承:

(一)遗嘱继承人放弃继承或者受遗赠人放弃受遗赠的;

(二)遗嘱继承人丧失继承权或者受遗赠人丧失受遗赠权的;

(三)遗嘱继承人、受遗赠人先于遗嘱人死亡的;

(四)遗嘱无效部分所涉及的遗产;

(五)遗嘱未处分的遗产。

第十四条　[法定继承人及其顺序]

遗产按照下列顺序继承:

第一顺序:配偶、子女、父母。

第二顺序:兄弟姐妹、祖父母、外祖父母。

第三顺序:四亲等以内的亲属。

第十五条　[配偶的界定]

本法所称配偶,是指被继承人死亡时与被继承人有合法婚姻关系的人。

第十六条　[子女的界定及继承]

本法所称子女,包括婚生子女、非婚生子女、养子女和有扶养关系的继子女。

经夫妻双方协议实施人工生育的,其父母子女间的关系等同婚生父母子女关系。

有扶养关系的继子女继承了继父母遗产的,不影响其继承生父母的遗产。

养祖父母与养孙子女的关系,视为养父母与养子女关系的,可互为第一顺序继承人。

第十七条　[父母的界定及继承]

本法所称父母,包括生父母、养父母和有扶养关系的继父母。

有扶养关系的继父母继承了继子女遗产的,不影响其继承生子女的遗产。

第十八条　[兄弟姐妹的界定及继承]

本法所称兄弟姐妹,包括同父母的兄弟姐妹、同父异母或者同母异父的兄弟姐妹、养兄弟姐妹、有扶养关系的继兄弟姐妹。

有扶养关系的继兄弟姐妹之间相互继承了遗产的,不影响其继承亲兄弟姐妹的遗产。

第十九条　[代位继承]

被继承人的子女在继承开始前死亡或者丧失继承权的,由被继承人子女的直系血亲卑亲属代位继承。

代位继承人只能继承被代位继承人的应继份。

代位继承不受辈分的限制,但以亲等为序。

第二十条　[转继承]

继承开始后,继承人未放弃继承,但于遗产分割前死亡的,其所应继承的遗产份额由其继承人承受。

第二十一条　[继承顺序的优先]

前一顺序继承人优先于后一顺序的继承人继承。

第二十二条　[共同继承]

继承开始后,继承人有数人的,为共同继承。

共同继承中,遗产属于数继承人共同共有,各共同继承人,按其应继份承继被继承人的权利义务。

第二十三条　[应继份]

同一顺序继承人有数人时,按人数平均继承,但法律另有规定的除外。

第二十四条　[继承份额的不均等]

对生活有特殊困难的缺乏劳动能力的继承人,分配遗产时,应当予以照顾,可以多分遗产。

对被继承人尽了主要扶养义务的继承人,分配遗产时,可以多分。

有扶养能力和有扶养条件的继承人,不尽扶养义务的,分配遗产时,应当不分或者少分。但被继承人因有固定收入和劳动能力,明确表示不要求其扶养的,其继承份额不受影响。

继承人协商同意的,继承份额可以不均等。

第二十五条　[继承人以外可适当分得遗产的人]

下列继承人以外的人可以分得适当的遗产:

(一)依靠被继承人生前继续扶养的缺乏劳动能力又没有生活来源的;

(二)对被继承人扶养较多的;

(三)其他与被继承人有特别关系的。

第三章　遗嘱处分

第一节　一般规定

第二十六条　[遗嘱的定义]

遗嘱是自然人按照法律的规定处分自己的财产,安排与此有关的事务,并于死亡后发生效力的单方民事行为。

第二十七条　[代理的禁止]

遗嘱应由遗嘱人亲自订立,第三人代理设立的遗嘱无效。

第二十八条　[遗嘱自由原则]

自然人可以依照本法的规定设立遗嘱,指定由法定继承人中的一人或者数人继承其遗产,或者将其个人财产赠给国家、集体或者法定继承人以外的其他人。

第二十九条　［特留份］

遗嘱人设立遗嘱时，必须为特留份继承人预留法律规定的份额，并不得为特留份设定负担。遗嘱人违反法律规定对特留份所作的遗嘱处分无效。

在被继承人死亡前，特留份继承人放弃特留份的声明无效。

本法规定的第一顺序、第二顺序法定继承人为特留份继承人。

第三十条　［特留份份额的确定］

第一顺序法定继承人的特留份为其应继份的二分之一。

第二顺序法定继承人的特留份为其应继份的三分之一。

特留份的继承顺序准用法定继承人的继承顺序。

第三十一条　［特留份的丧失］

继承人按照本法的规定丧失继承权的，其享有特留份权利同时消灭。

第三十二条　［遗嘱合法原则］

当事人设立遗嘱，不得违反法律规定和社会公德。

第三十三条　［遗嘱能力］

遗嘱人设立遗嘱时必须具有完全民事行为能力。限制民事行为能力人、无民事行为能力人设立的遗嘱无效。

遗嘱人的遗嘱能力以其设立遗嘱时为准。

无民事行为能力人所立的遗嘱，即使其本人后来恢复了民事行为能力，仍属无效遗嘱。遗嘱人立遗嘱时有民事行为能力，其后丧失了民事行为能力，不影响遗嘱的效力。

第二节　遗嘱的形式

第三十四条　［遗嘱的形式］

设立遗嘱可以采用公证遗嘱、自书遗嘱、代书遗嘱、录音遗嘱和口头遗嘱等法律规定的形式为之。

第三十五条　［公证遗嘱］

公证遗嘱由遗嘱人经公证机关办理。公证遗嘱必须由遗嘱人亲自申请办理公证,不能委托他人办理。

办理遗嘱公证应当有两个以上的公证员参加,公证员办理遗嘱公证应当遵守回避程序。

遗嘱人须在公证员面前以书面或者口头形式表述出遗嘱的内容。遗嘱人亲笔书写遗嘱的,应在遗嘱上签名,并注明年、月、日;遗嘱人口授遗嘱的,由公证员作出记录并向遗嘱人宣读,经确认无误后,由在场的公证员和遗嘱人签名,并注明设立遗嘱的年、月、日。

公证员办理公证遗嘱应当对相关事项进行审查。审查的具体内容包括:遗嘱人的遗嘱能力、遗嘱意思表示的真实性、遗嘱形式的合法性以及其他按照公证规则应当审查的事项。

第三十六条　[自书遗嘱]

自书遗嘱应当由遗嘱人亲笔书写遗嘱的全部内容并签名,注明年、月、日。

自然人在遗书中涉及死后个人财产处分的内容,确为死者真实意思的表示,有本人签名并注明了年、月、日,又无相反证据的,视为自书遗嘱。

第三十七条　[代书遗嘱]

遗嘱人可以口述遗嘱内容,并由他人代为书写遗嘱。

代书人应当忠实地记载遗嘱人的意思表示,不得对遗嘱人的意思表示作篡改和修正。

代书遗嘱应当有两个以上见证人在场见证,由其中一人代书,注明年、月、日,并由代书人、其他见证人和遗嘱人签名。

第三十八条　[录音遗嘱]

遗嘱人可以用录音(含录像、光盘以及其他电子读物)的方式制作遗嘱。以录音形式设立遗嘱,应当有两个以上见证人在场见证。

录音遗嘱应当由遗嘱人亲自制作,遗嘱人在录制完遗嘱后,应将记载遗嘱的磁带封存,遗嘱人、见证人应当在封存好的录音遗嘱的封口上签名并注明年、月、日。

录音遗嘱应当在见证人、继承人、受遗赠人以及其他利害关系人都到场的情况下当众启封。

第三十九条　[口头遗嘱]

遗嘱人在危急情况下,可以订立口头遗嘱。

遗嘱人按前款规定设立遗嘱的,应当有两个以上见证人在场见证。遗嘱人能够以其他方式将其订立遗嘱的真实意思告知见证人的,见证人可以不出席现场。见证人应当及时将其见证的遗嘱内容作成书面形式,注明遗嘱设立的时间、签名并在危急情况解除后迅速交付继承人、受遗赠人或其他利害关系人。

危急情况解除后,遗嘱人能够用其他形式立遗嘱的,所立口头遗嘱自危急情况解除之日起两周后失效。

第四十条　[遗嘱见证人]

遗嘱见证人是证明遗嘱真实性的第三人。遗嘱见证人应由遗嘱人设立遗嘱时亲自指定。在紧急情形下,虽未经指定但确能证明口述遗嘱真实性的完全民事行为能力人可以作为遗嘱见证人。

下列人员不能作为遗嘱见证人:

(一)无民事行为能力人、限制民事行为能力人;

(二)继承人、受遗赠人及其配偶或者其他直系血亲;

(三)与继承人、受遗赠人有利害关系的其他人。

第三节　遗嘱的内容

第四十一条　[遗嘱的内容]

遗嘱人可以在遗嘱中对下列事项进行指定:

(一)指定继承人、受遗赠人以及候补继承人、候补受遗赠人以及后位受遗赠人;

(二)指定遗产的分配顺序、分配方法或份额;

(三)规定遗嘱继承人、受遗赠人的附加义务;

(四)指定遗嘱执行人;

(五)指定遗嘱信托的受托人和受益人;

(六)其他事项。

遗嘱不完全具备上述内容的,不影响其效力。

第四十二条 ［遗赠］

遗嘱中指定的受遗赠人只能是国家、集体、法人或者其他组织以及法定继承人以外的人。

受遗赠人须为遗嘱生效时生存的人，但遗赠人死亡时已经受孕或在遗嘱生效期间内受孕的胎儿可以作为受遗赠人。

遗赠的财产须为遗产，且在遗赠人死亡时执行遗赠为可能和合法。

遗赠的效力及于主物的从物及自遗嘱生效时起由遗赠物所生的孳息，但不影响遗嘱生效时已经存在于遗赠标的上的权利。

受遗赠人基于故意或重大过失而导致遗嘱人及其直系血亲死亡或重伤的，其受遗赠权消灭，但遗赠人明确表示宽恕的除外。

第四十三条 ［遗嘱信托］

遗嘱人设立遗嘱信托的，应当符合《中华人民共和国信托法》的有关规定。

第四十四条 ［遗嘱附条件的限制］

遗嘱人可以在遗嘱中对遗嘱继承或者遗赠附加一定的条件。

遗嘱人对遗嘱继承或遗赠所附的条件不得违反法律规定，不得损害国家、社会、集体或他人的利益。遗嘱人不得对遗嘱继承或者遗赠附加非财产性质的限制条件。

遗嘱人违反上述规定所设立的条件无效。

第四十五条 ［遗嘱内容的推定］

遗嘱人在遗嘱中仅指定了遗嘱继承人和遗产的名称、范围或者数额但没有指明各遗嘱继承人应继承的具体遗产和份额的，遗产应在其指定的遗嘱继承人中作等额分配。

第四十六条 ［遗嘱的解释］

对遗嘱的内容作出解释时，应根据遗嘱的上下文采纳最符合于遗嘱人意思的解释。

第四节 遗嘱的变更和撤回

第四十七条 ［遗嘱的变更和撤回］

遗嘱人可以按照法律规定的遗嘱设立的条件和方式撤回、变更自己所立的遗嘱。

第四十八条　[遗嘱撤回的方式之一:明示撤回]

遗嘱人得以任何一种法定遗嘱形式撤回其先前依其他法定形式所设立的遗嘱。

第四十九条　[遗嘱撤回的方式之二:推定撤回]

遗嘱人有下列行为之一的,视为其撤回遗嘱:

(一)遗嘱人立有数份遗嘱,且内容相抵触的,以最后的遗嘱为准;

(二)遗嘱人生前的行为与遗嘱的内容相抵触的,遗嘱就相抵触的部分视为撤回;

(三)遗嘱人故意销毁遗嘱的,视为撤回遗嘱。

第五节　遗嘱的效力

第五十条　[遗嘱生效的时间]

遗嘱自遗嘱人死亡时生效。遗赠附有生效条件者,自条件成就时起生效。

遗嘱对继承附停止条件的,所附条件无效。

第五十一条　[遗嘱的无效]

有下列情形之一的,遗嘱无效:

(一)无民事行为能力人或者限制民事行为能力人所立的遗嘱;

(二)代理设立的遗嘱;

(三)伪造的遗嘱;

(四)受胁迫、欺诈所订立的遗嘱;

(五)被篡改的遗嘱部分;

(六)遗嘱处分属于国家、集体或者他人所有的财产的部分;

(七)违反法律规定对特留份进行处分的部分。

无效的遗嘱不具有执行效力,遗嘱部分无效的不影响其他部分的效力。

第五十二条　[瑕疵遗嘱的撤销]

遗嘱不符合法律规定的形式要求的,继承人、受遗赠人或其他利害关系人可以申请撤销。

遗嘱被撤销的,溯及自遗嘱人死亡时起无效,尚未执行的,停止执行;已经执行的,应当返还被执行的遗产,不能返还的,受益人应折价补偿。

前款撤销权自权利人知道或者应当知道可撤销事由时起经过五年即消灭。

第六节　遗嘱的执行

第五十三条　[遗嘱执行人的条件]

遗嘱执行人应当具有完全民事行为能力。

第五十四条　[遗嘱执行人的确定]

遗嘱人可以在遗嘱中指定遗嘱执行人,也可以在遗嘱中委托第三人指定遗嘱执行人。

遗嘱人未指定遗嘱执行人或者指定的遗嘱执行人不能执行遗嘱的,遗嘱人的法定继承人为遗嘱执行人。

既没有遗嘱指定的遗嘱执行人也没有法定继承人能够执行遗嘱时,遗嘱人生前所在单位或者继承开始地的居民委员会或者村民委员会为遗嘱执行人。

第五十五条　[遗嘱执行人的接受或拒绝]

继承人以外的人被指定为遗嘱执行人的,有权决定是否担任遗嘱执行人;不愿担任遗嘱执行人的,应当及时通知继承人、受遗赠人或者其他利害关系人。

第五十六条　[多数执行人]

指定遗嘱执行人为二人以上的,除遗嘱人在遗嘱中有另外的意思表示外,应共同执行遗嘱。

在无指定遗嘱执行人时,法定继承人为多数人的,全体继承人为共同遗嘱执行人。继承人可以共同推举一人或者数人为代表执行遗嘱。

遗嘱执行人对遗嘱的执行意见不一致时,可以请求人民法院裁定。

第五十七条　[遗嘱执行人的权利和义务]

除遗嘱中另有特别规定外,遗嘱执行人有下列权利和义务:

(一)查明遗嘱是否合法真实;

(二)清理遗产；

(三)管理遗产；

(四)诉讼代理；

(五)召集全体遗嘱继承人和受遗赠人，公开遗嘱内容；

(六)按照遗嘱内容将遗产最终转移给遗嘱继承人和受遗赠人；

(七)排除各种执行遗嘱的妨碍；

(八)请求继承人赔偿因执行遗嘱受到的意外损害。

第五十八条　[遗嘱执行人的责任]

遗嘱执行人执行遗嘱时，应当按照法律的要求和遗嘱人的意愿忠实地履行自己的职责。遗嘱执行人因故意或者重大过失而给继承人、受遗赠人以及其他利害关系人造成损失时，应当承担赔偿责任。但遗嘱执行人有偿执行遗嘱的，应对自己的一切过失所造成的损失承担赔偿责任。

第五十九条　[遗嘱执行人资格的撤销]

遗嘱执行人不能适当地履行自己的职责时，遗嘱继承人、受遗赠人以及其他利害关系人可以申请人民法院撤销遗嘱执行人的资格。

第六十条　[遗嘱执行人的报酬]

遗嘱人可以在遗嘱中对遗嘱执行人指定报酬。遗嘱人没有作出上述指定的，遗嘱执行人不得请求报酬。但继承人或者受遗赠人自愿支付报酬的除外。

第四章　遗赠扶养协议

第六十一条　[遗赠扶养协议的定义]

遗赠扶养协议是自然人(遗赠人、受扶养人)与扶养人或者集体组织订立的，以被扶养人的生养死葬及其财产的遗赠为内容的协议。

关于遗赠扶养协议，本法未作规定的，适用《中华人民共和国合同法》有关规定。

第六十二条　[遗赠扶养协议的形式]

遗赠扶养协议应当采取书面形式。

第六十三条　[遗赠扶养协议的效力]

遗赠扶养协议一经成立即发生法律效力,并受法律保护。

遗赠扶养协议生效后,扶养人应当履行对受扶养人的生养死葬的义务。在受扶养人死亡后,扶养人得依照遗赠扶养协议的约定取得受扶养人的遗产。

第五章　遗产的处理

第六十四条　[继承开始后的通知]

知道被继承人死亡的继承人为继承开始通知的义务人。继承人中无人知道被继承人死亡或者知道被继承人死亡而不能通知的,被继承人生前所在单位或者住所地的居民委员会、村民委员会为继承开始通知的义务人。

其他利害关系人知道继承开始的事实的,也可以通知继承人或遗嘱执行人。

第六十五条　[遗产管理人的选任]

继承开始后两个月内,继承人应当举行会议推选遗产管理人。共同继承人未推选遗产管理人的,由全体继承人共同行使遗产管理人的职责。

遗嘱中指定有遗嘱执行人的,由遗嘱执行人行使遗产管理人的职责。

在下列情况下,经利害关系人申请,人民法院可以指定遗产管理人:

(一)遗嘱未指定遗嘱执行人,继承人对遗产管理人的选任有争议的;

(二)没有继承人或者继承人下落不明,而遗嘱中又未指定遗嘱执行人的;

(三)遗产债权人有证据证明继承人的行为已经或将要损害其利益的。

人民法院在指定遗产管理人之前,经利害关系人的申请,可以对遗产进行必要的处分。

第六十六条 ［遗产管理人的报酬］

继承人和遗嘱执行人以外的人担任遗产管理人的,有权请求与其所执行职务相当的报酬。遗产管理人的报酬应列入继承费用优先受清偿。

第六十七条 ［遗产的保管］

继承开始后,存有遗产的人应当妥善保管遗产,并将其存有的遗产的种类、数量和状况及时通报遗产管理人,由遗产管理人与继承人协商决定该项遗产此后的保管方式。

第六十八条 ［编制遗产清册］

遗产管理人应当及时清理被继承人的财产,编制遗产清册。

遗产管理人在编制遗产清册时,应当将被继承人财产与夫妻共同财产、家庭共同财产及其他人的财产区分开。

第六十九条 ［遗产的使用、收益和处分］

继承人有数人时,遗产在分割以前归全体继承人共同共有。未经全体继承人同意,任何继承人不得进行有损于遗产价值的使用、收益和处分。

遗产占有人在紧急情况下,为保存遗产价值而进行处分的,事后应当及时通知继承人和遗产管理人,并将所得价款移交遗产管理人。

第七十条 ［遗产份额的转让限制］

在遗产分割前,共同继承人不得将其所继承的遗产份额转让于共同继承人以外的人。

违反前款规定为遗产份额转让的,其转让行为无效。

第七十一条 ［继承的接受和放弃］

继承人放弃继承的,应当在知道继承开始后两个月内以书面形式作出放弃继承的意思表示;逾期未表示的,视为接受继承。

受遗赠人接受遗赠的,应当在知道受遗赠后两个月内作出接受遗赠的意思表示;逾期未表示的,视为放弃受遗赠。

继承人接受或放弃继承、受遗赠人接受或放弃受遗赠的意思表示不得撤回,但在受欺诈、胁迫情况下作出的除外。

第七十二条 ［附条件、期限的接受和放弃及部分的接受和放弃］

接受或者放弃继承不得附条件或期限。

部分接受或放弃继承的意思表示无效。

第七十三条 ［放弃继承的溯及力］

放弃继承的效力，溯及于继承开始之时。

第七十四条 ［放弃继承的无效］

继承人放弃继承损害其债权人利益的，债权人可以在知道或者应当知道继承人放弃继承之日起六个月内申请人民法院作出放弃继承无效的裁定，但继承人提供充分担保的除外。

第七十五条 ［遗产债务的范围及共同继承人的连带责任］

遗产债务是指被继承人生前依法应当缴纳的税款和完全用于个人生活和生产需要所欠下的债务。家庭债务中应当由被继承人承担的部分也属于遗产债务。

共同继承人对遗产债务的清偿负连带责任，但遗产债权人同意免除的除外。

第七十六条 ［继承人偿还责任的限制］

继承人以其所接受遗产的实际价值为限对遗产债务承担责任。超过遗产实际价值部分，继承人自愿偿还的不在此限。

继承人放弃继承的，对被继承人依法应当缴纳的税款和债务不负偿还责任。

第七十七条 ［遗嘱继承和遗赠的扣减］

遗嘱生效时，实际遗产的数额不足遗嘱所列的遗产数额时，应当对遗嘱继承和遗赠的数额按应得份额的比例进行扣减。

第七十八条 ［遗产处理的顺序］

遗产首先应当用于清偿遗产债务。清偿遗产债务后有剩余的，应当按遗嘱继承办理；仍有剩余的再由法定继承人按法律规定的比例分配遗产。

同一顺序继承人有数人时，应当按其应得份额的比例进行分配，法律另有规定的除外。

依前两款规定完成遗产处理程序可能导致缺乏劳动能力又没有生活来源的继承人难以维持生活的,应当在遗产处理前为其保留维持六个月生活所必要的费用。

第七十九条 ［对遗产债权的公告］

继承人和遗产管理人应当于知道继承开始后三个月内向人民法院递交遗产清册,由人民法院依公示催告程序催告债权人申报债权。

前款公示催告程序的期间不得少于三个月。

继承人和遗产管理人在本条规定的公示催告期间内,得拒绝任何债权人和受遗赠人的给付请求。

第八十条 ［遗产债务的清偿］

本法前条规定的催告期届满后,继承人和遗产管理人应当依据已申报债权和其他已知债权的数额或比例,以遗产分别偿还。对遗产享有担保物权的债权人可申请就担保物优先受偿。

对于尚未到期的遗产债务或有争议的遗产债务,继承人和遗产管理人应当在遗产分割前保留为清偿此债务所必要的财产。

第八十一条 ［损害赔偿责任］

继承人和遗产管理人违反本法第七十八条至第八十条规定,对遗产债权人和受遗赠人造成损害的,应当承担赔偿责任。

前款受有损害的遗产债权人和受遗赠人,可向明知有不当受偿情形的遗产债权人和受遗赠人请求偿还其不当受偿的数额。

第八十二条 ［不申报债权的效果］

遗产债权人不依本法规定的期限申报债权,而又为继承人和遗产管理人所不知者,仅得就剩余遗产,行使其权利。但就遗产享有担保物权者,不在此限。

第八十三条 ［遗产分割自由及其限制］

继承开始后,继承人得随时请求分割遗产,但有下列情况的除外:

(一)遗产债务尚未清偿完毕;

(二)遗嘱指定遗产于一定期间内不得分割,但此期间不得超过五年;超过五年的,缩短为五年;

（三）继承人协商同意于一定期间内不分割遗产。

胎儿未出生的，请求分割遗产时，应为胎儿保留其应继份。出生后为死胎的，保留份额按法定继承处理。

对特定遗产进行即时分割将会严重损害其价值的，人民法院经继承人申请，可裁决暂缓分割。

第八十四条　[遗产分割的原则和方法]

遗产的分割应当依照遗嘱中指定的遗产分割方法进行。遗嘱中未指定的，应当依照有利于生产和生活、不损害遗产的效用的原则进行。

不宜分割的遗产，可以采取折价、适当补偿或者共有等方法处理。

第八十五条　[遗产分割的溯及力]

遗产分割溯及于继承开始时发生效力，但不得侵害第三人的利益。

第八十六条　[继承费用]

为完成管理、分割遗产及执行遗嘱而支出的继承费用先于遗产债务清偿。

因继承人和遗产管理人过失而支出的费用不属于继承费用，由负有过失的继承人和遗产管理人承担。

第八十七条　[瑕疵担保责任]

遗产分割后，各继承人以其所得的遗产份额为限，对其他继承人分得的遗产，负与出卖人同样的瑕疵担保责任。

受遗赠人所接受的遗产为种类物的，有权要求继承人承担前款规定的责任。

各继承人对其他继承人分得的债权，就遗产分割时债务人的支付能力负担保责任。

前项债权如附有停止条件或者未届清偿期的，则各继承人应就清偿时债务人的支付能力负担保责任。

第八十八条　[担保责任的分担]

依前条规定负担保责任的共同继承人中有无支付能力不能偿还其分担份额的，其不能偿还部分由有请求权的继承人与其他继承人按其所得遗产份额的比例分担。但不能偿还部分是由有请求权的继承人的自身原因所致的,其他共同继承人不负分担责任。

第八十九条　[**遗嘱的实现**]

附义务的遗嘱继承或遗赠,如义务能够履行,而继承人、受遗赠人无正当理由不履行,经受益人或者其他继承人请求,人民法院可以取消其接受附义务部分遗产的权利,由提出请求的继承人或受益人负责按遗嘱人的意愿履行义务,接受遗产。

第九十条　[**无人承受遗产的处理**]

无人承受的遗产,在人民法院指定的遗产管理人依本法规定清偿了遗产债务和继承费用之后仍有剩余的,由遗产管理人移交有关部门上缴国库所有;如果死者生前是集体所有制组织成员的,则应移交所在的集体所有制组织并归其所有。

关于民法典设置涉外民事关系
法律适用编的建议[*]

原《民法通则》第八章规定涉外民事关系的法律适用,2010年以该章为基础制定了《涉外民事关系法律适用法》。现行民事立法体系中,婚姻法和继承法立法较早,并没有从法典化立场去考虑,而合同法、物权法、侵权责任法、涉外民事关系法律适用法,是分别作为将来的民法典的一编设计的。按照这一立法思路,涉外民事关系法律适用法也应该成为民法典的一编。

值得注意的是,2002年之前,以武汉大学法学院韩德培先生为代表的国际私法学者致力于中国国际私法的法典化,并起草了《中国国际私法示范法》(以下简称《示范法》)。《示范法》共分五章,第一章一般规定;第二章管辖权;第三章法律适用;第四章司法协助;第五章附则。按照韩德培先生的理论,国际私法就像一架飞机的"一体两翼","机体"是法律适用(即冲突法);"两翼"中的"一翼"是关于国籍和外国人法律地位的规定,另外"一翼"是关于国际民商事诉讼程序和仲裁程序的规定。

法学界关于广义国际私法概念,有所谓广义国际私法与狭义国际私法之别。所谓狭义国际私法仅指冲突法,不涉及其他的实体或程序规则,阐述狭义国际私法理论的代表性教科书是姚壮教授和任继圣教授合著的《国际私法基础》(中国社会科学出版社1981年版)及秦瑞亭

---

[*] 本文写作于2017年7月4日。

教授主编的《国际私法》(南开大学出版社 2008 年版)。广义国际私法的代表性教材是韩德培先生主编的《国际私法》(武汉大学出版社 1983 年版)。

主张广义国际私法的学者,往往强调国际私法与民法典的差异性,不赞成民法典设置涉外民事关系法律适用编,而主张在民法典之外制定国际私法法典;主张狭义国际私法的学者则强调国际私法与民法典的本质联系,不赞成制定国际私法法典,而赞成民法典设置涉外民事关系法律适用编。原《民法通则》第八章规定涉外民事关系的法律适用,2002 年经全国人大常委会审议一次的《中华人民共和国民法典(草案)》设置涉外民事关系法律适用编(第八编),及 2010 年制定的现行《涉外民事关系法律适用法》,均是以狭义国际私法为立法理论根据的。顺便指出,大多数国家和地区将国际私法作为民法典的一编或者规定在民法典施行法中,也都是以狭义国际私法为其立法依据的。

国际私法学者主张制定单独的国际私法法典,是以广义国际私法为理论依据的。韩德培先生率先提出广义国际私法概念,认为国际私法不仅包括冲突法,还包括其他一些实体或程序的规定,并于 1994 年提出"脱离民法,实现(国际私法)立法体例的法典化"的立法主张。以韩德培先生为代表的国际私法学者还认为,制定独立于民法典的国际私法法典,是当今世界法律发展的趋势。

20 世纪 50 年代,海牙国际私法会议曾致力于国际私法的法典化。但是,半个多世纪之后的今天,响应国际私法会议倡议、制定国际私法法典的国家或地区,仅有奥地利(1978 年制定《奥地利国际私法》)、瑞士(1987 年制定《瑞士联邦国际私法法典》)及列支敦士登(1996 年制定《列支敦士登国际私法》)三个国家,而世界上大多数国家或地区却不为所动。人们所预期的大多数国家或地区纷纷制定独立的国际私法法典的场景并没有出现。这值得我们深思。

考虑到人类法律发展的总趋势,是由早期的实体法和程序法混为一体,如罗马《十二表法》、盖尤斯的《法学阶梯》,进而到实体法与程序法分离、分别制定独立的实体法(民法典)和程序法(民事诉讼法典)。

如法国按照盖尤斯《法学阶梯》前两编（人法、财产法）制定三编制的民法典，而将其第三编（诉讼法）分离出去制定单独的民事诉讼法典。应当肯定，广义国际私法理论对于理论研究和法学教学应有其意义和价值，但真要据以制定实体法和程序法混为一体的国际私法法典，就必然要打乱实体法和程序法分别立法的近现代立法秩序。所谓国际私法法典化的潮流迄今没有（不可能）出现，其原因应在此。

实际上，不赞成制定国际私法法典的国际私法学者大有人在。例如，南京大学法学院宋晓教授在《国际私法与民法典的分与合》（载《法学研究》2017年第1期）一文中特别指出："国际私法赖以为基础的法律关系的概念体系，并非由国际私法独立建构而成，而是直接来源于民法。""民法自身的概念体系一旦发生变化，就同样给国际私法提出变革要求。时至今日，综观各成文国际私法，诸如人（包括自然人和法人）、物权、债权（包括合同、侵权、无因管理和不当得利）、婚姻、家庭和继承等，仍与民法典的概念体系基本保持一致。""成文国际私法如果脱离民法典的概念体系，历史基础和立法基础都将不复存在。""部分学者主张制定融合法律适用、管辖权、判决的承认与执行等的国际私法法典，将从根本上割裂国际私法和民法的关系，国际私法为此将失去体系化的基础。"

正如宋晓教授所指出的，制定包括冲突法、管辖权、判决的承认与执行及诉讼程序的国际私法法典（且不论从现行民事诉讼法分离涉外民商事管辖、诉讼、仲裁程序的可行性如何），将从根本上割裂国际私法与民法典的本质联系，国际私法为此将失去体系化的基础。究竟是祸是福，实难预料。

现行《涉外民事关系法律适用法》属于狭义国际私法即冲突法，既不同于民法典的其他分则编（如物权、合同、侵权责任、婚姻家庭法和继承），也不同于其他民事特别法（如公司、票据、海商、保险、专利、商标等法），是人民法院审理涉外民事关系纠纷案件时，据以判定是依据内国法（中国法）裁判案件还是依据其他国家和地区法裁判案件的"冲突法规则"，其本身并不能作为裁判案件的法律根据（准据法）。现行

《涉外民事关系法律适用法》是《民法总则》第 12 条关于民法地域效力规则的特别规定,即《民法总则》第 12 条"法律另有规定的,依照其规定"中的"法律另有规定"。大多数国家和地区的民法典将其(国际私法、冲突法)规定在民法典施行法、民法典总则编或者作为民法典的一编,其理由在此。

除前述理由外,将涉外民事关系法律适用法规定在民法典上,还有一个最大的好处,就是方便法官(仲裁员)找法、节约法官(仲裁员)的时间和精力。起诉到中国法院(或者仲裁机构)的涉外民事关系纠纷案件,法庭(仲裁庭)须先依据冲突法(涉外民事关系法律适用法)的规定判定本案应当适用中国法还是外国法,在判定应当适用中国法后,就应立即查找中国民法(实体法)有关本案的具体规定。如果实体法和冲突法规定在不同的法律文件(无论纸质文本、电子文本)上,必定使法庭(仲裁庭)花费许多时间和精力;如果冲突法和实体法规定在同一法律文件(纸质文本、电子文本)上,必定可以使法庭(仲裁庭)节约许多时间和精力。考虑到案件数量及世代的累积,法庭(仲裁庭)在不同的法律文件(纸质文本、电子文本)之间多花费的时间和精力,肯定是难以计算的巨大时间、精力的浪费。可见,那种主张将涉外民事关系法律适用法保留在民法典之外(作为民法典的特别法)的方案,也是不足取的。

基于上述考虑,特建议以现行《涉外民事关系法律适用法》为基础,对法律条文稍作调整并加上《民法通则》第 142 条关于我国缔结和参加的国际条约及国际惯例的规定,设置为民法典的涉外民事关系法律适用编。

第二部分
民法原理

社会主义市场经济与民事立法[*]

一、引言

党的十四大正式提出以社会主义市场经济取代有计划商品经济,并为我们确定了建立社会主义市场经济体制的战略目标。表明党和政府关于社会主义经济性质的认识更深刻、更正确了,这就为立法和法学研究指明了方向。

回想起来,关于经济性质的认识曾经有过曲折的过程,并对法学研究和立法的方向产生过影响。例如,1989年以后学术界就出现所谓"本体"之争。一些学者在会上发言、在报刊上撰文,大谈所谓"计划经济是本体,商品经济只是补充",并进而否认社会主义经济条件下存在"平等""自愿""等价有偿""诚实信用"等原则,甚至认为《民法通则》是所谓"资产阶级民法观点"的复活。有鉴于此,1991年春夏之交北京召开过几个纪念《民法通则》5周年的座谈会,与会人士对前述错误言论进行了批驳。现在党的十四大正式提出建立社会主义市场经济,为立法和法学研究指明了方向和目标。

二、市场经济与法律调整

在谈论市场经济与法律调整之前,应当先谈谈计划经济与法律调整。所谓计划经济,本质上是一种行政经济,亦即依靠行政层次、行政环节、行政机关、行政手段直接组织和运作的经济。行政经济与法律调

---

[*] 本文原载《中南政法学院学报》1993年第1期。

整是一种什么关系？是一种相互排斥的关系。因为法律调整是将当事人之间的利益关系用法律上权利义务关系的形式予以肯定，并保障其实现，亦即将经济关系法律化，要求权利、义务、责任相一致。但行政手段则相反，行政手段要求不受任何约束地直接运作。不可否认，在旧体制下的某些时期也曾提出过法律调整的要求，也确实制定过一些经济法津、法规。而问题在于，这些法律只是试图给行政手段披上一层法律的外衣，实际上真正起作用的依然是行政手段，而不是法律。为什么立法愈多，其权威性愈低？为什么法律规定不如行政负责人的批示、便条、电话管用？为什么一遇到重大问题，如整顿清理公司、清理所谓"三角债"，往往置现行法律、法规于不顾？问题的答案就在这里。

与计划经济相反，市场经济不能离开法律调整。所谓市场，不过是商品交换关系的总体系。而商品交换关系，要求当事人地位平等，有充分意志自由，由立于平等地位的双方当事人自由协商、共同决定他们之间的利益关系。这就决定了商品交换关系排斥行政手段。从战时经济体制、高度集中的行政经济体制以及单一指令性计划经济体制，我们看到过通过行政手段实现实物配给、无偿调拨、统购统销、计划分配，没有看到过用行政手段直接组织和运作的真正市场经济。因为行政手段的特征是：不平等的行政隶属关系，上级机关意志决定，绝对排斥当事人意思自治。

市场经济离不开法律调整。现代化的市场靠法律来建立，靠法律来维持，而且只有靠法律才能得以正常运作。某些市场关系，如即时交易的买卖，在国家未制定专门法律的情形下也能进行，这种情形下当事人应当遵守交易习惯规则。但那些现代化的市场关系，如证券、金融、期货等市场，离开法律就不可能产生、存在和运转。市场要求法律调整，要求民商法为市场活动提供一般规则，使市场参加者能够按照这些规则活动，进行预测、计划、冒险并相互竞争。

我们所说的社会主义市场经济，当然是现代化的市场经济。现代化的市场不仅要求民商法调整，也要求经济法调整。这里所说的经济法不是苏联现代经济法学派所说的经济法，也不是我国曾经广为流行的所谓"纵横统一"的经济法,而是指国家于必要限度内进行直接干预的法律。这种国家干预是以市场整体为对象,而不是以具体的市场关系为对象;是依靠法律手段,而不是直接依靠行政手段。国家干预的目的,是要维持公正自由的市场竞争秩序。

对社会主义市场经济进行法律调整,建立社会主义市场经济法律秩序,要求建立和完善两种不同性质的立法体系,即为市场提供一般规则的民商法体系和以维持公正自由竞争秩序为目标的经济法体系。后者主要是反垄断法、反不正当竞争法、消费者保护法、质量管理法及各种市场管理法。

三、社会主义市场经济条件下的民法

我国法学理论上长期流行一个错误认识,即认为我国民法是公法。这种认识歪曲了民法的本质,成为长期以来国家运用行政手段对民事生活进行广泛干预的理论依据。今天有必要澄清这一错误认识,恢复民法的本来面目。

1. 现代法以划分公法和私法为必要

将法律划分为公法和私法,是人类社会文明发展的重大成果。我们知道,古代法是诸法合体,不加分类。德国学者基尔克(Gierke)指出,整个中世纪都未认识到公私法的区别,一切人与人之间的关系,包括个人之间的交换关系和国家与人民的统治关系,均被包括在一个相同性质的单一法中。日本学者美浓部达吉说过,日本王朝时代的最完备的成文法典《大宝令》,表明立法者并未意识到公法与私法的区别。我国何尝不是如此,从秦律到大清律,均无公法与私法的划分。但人类社会发展到现代,法律之区分为公法和私法,已经成为法制的前提。基尔克说过,在今日,这种公法与私法的区别是整个法秩序的基础。美浓部达吉将公法与私法的区别称作现代法的基本原则。他说,在现代国家,法律之一切规范,无不属于公法或私法之一方,且因所属不同而其意义不同。对于国家的一切制定法规,若不究明该规定属于公法或私法,而欲明了其所生效果和内容,盖不可能。

2. 划分标准歧异，但有规律可循

关于公法与私法的划分标准，主要有三种学说：其一为利益说。系罗马法学者乌尔比安（Ulpianus）所倡，认为规定国家之事者为公法，规定私人利益者为私法。德国法学者拉逊（A. Lasson）从之。其二为意思说。为学者拉邦德（Laband）所倡，认为公法所规定的意思为权力者及服从者的意思，私法所规定的意思为对等者的意思。其三为主体说。为德国公法学者耶律内克（G. Jellinek）所倡，得到日本著名学者美浓部达吉的赞同，认为公法之主体至少有一方是国家或者由国家授予公权者。划分标准虽然歧异，难以统一，但若将各学说综合来看，亦不难发现划分公私法之大体规律。不可否认，第二次世界大战以来，一些被公认为公法或私法的法律出现了相互交错的现象，例如所谓"私法公法化"，但不可因而否认公法与私法的区别。因为，社会生活中确实存在两类不同性质的社会关系、两类不同的审判机关和两类不同的诉讼程序。区分公法与私法的实益在于，易于确定法律关系的性质、应适用何种法律规定、采用何种救济方法，以及案件应由何种性质的法院或审判庭审理，应适用何种诉讼程序。

3. 将法律区分为公法和私法与阶级本质无关

我国法学界反对公、私法划分，其根据有二：一是认为公、私法划分为资产阶级法学之分类法，目的在于掩盖其法律的剥削阶级本质；二是因为革命导师列宁反对公、私法划分。实际上，没有哪一个国家的立法者在法律上明文规定公法、私法字样，且反对公、私法划分的资产阶级学者代不乏人，如外国的凯尔逊、玛克尔、奥斯丁等，中国的黄右昌等，可见公法、私法划分与所谓阶级本质无关。至于列宁的意见不能作为认识民法性质的依据，因其始终没有放弃消灭商品经济的观点，不可能正确认识社会主义市场经济条件下民法的本质和作用。此外，应当断言，列宁强调国家对私法关系进行干涉的所有指示，无疑是以承认公法与私法的区别、承认民法是私法为前提的。

4. 强调公法与私法划分有其重大意义

当前强调划分公法与私法，强调民法属于私法而非公法，将导致法观念乃至于国家观念的变革。公法之设,专在保护私权即民事权利。由此出发,才有可能摆正公权与私权、公法与私法、政府与社会、国家与人民、政治与经济的关系。所谓公与私,乃是相对应的概念。以国家为公则人民为私,以政府为公则社会为私,以行政为公则民事为私。提倡所谓私权神圣,即人民权利、个人权利、民事权利不可侵犯,非有重大的正当理由不得限制和剥夺。提倡私法自治,即在民事生活中由当事人自己决定他们之间的权利义务关系,原则上国家不进行干预,只在双方发生纠纷不能通过协商解决时,国家才出面进行"第二次干预",亦即由司法机关以仲裁者的身份对当事人间的纠纷作出裁判。

四、正确认识和发挥民法的作用

我国民法学界长期流行一种理论,将民法理解为"商品经济法",将民法的作用局限于促进商品经济的发展。这一理论在改革开放初期,尤其是在民法学界与经济法学界的论战中,曾经起到过积极作用。但这一理论本身无疑是片面的、不正确的。在社会主义市场经济条件下,如何正确认识和充分发挥民法的重大作用,是一个重要课题。

毫无疑问,民法为现代化市场经济提供一般规则和市场活动的行为规范,使企业和个人可以遵循这些规则从事活动,进行预测、计划和冒险,使市场安全获得保障。因此,民法的重大作用之一,是促进社会主义市场经济的发展。

民法的另一重大作用是保障社会主义的人权。所谓人权,是指作为一个人应有的权利。其中首先是人身权、人格权和财产权。而人身权、人格权和财产权,是民法上最重要的民事权利,由民法予以规定和保护。《民法通则》规定了人民享有人身、名誉、姓名、肖像、隐私、自由等人格权,规定了人格尊严不受侵犯,使人民作为真正的人,能够依法维护自己的人格尊严。我们已经看到一些人为维护自己的名誉、隐私而提起诉讼,一些顾客因自选商场强行检查其手袋而走上法庭,以维护自己的人格尊严。为权利而斗争,就是为法律而斗争!民法在保障人权方面必将发挥愈来愈重大的作用。

在社会主义市场经济条件下,民法担负着维护社会公平正义的重要任务,发挥着协调各种利益冲突的调节器的功能。民法不容许恃强凌弱、巧取豪夺、为富不仁、坑蒙拐骗、假冒伪劣。民法维护社会主义的公平正义,即保护企业和个人在不损害他人和社会利益的前提下谋求自己的利益,也不允许靠损害公共利益和坑害他人发财致富。

民法对于促进社会主义民主政治有重大作用。民法要求划分民事生活与政治生活,民事生活领域实行私法自治原则,有利于抑制行政机关的权力膨胀和限制行政干预,政府机关侵害民事权利亦应依法承担法律责任,最终有利于实现政府职能转化,实现社会主义民主政治和法治国。

五、坚持民商合一主义

大陆法系民商立法体例上有所谓民商合一主义与民商分立主义。其中民商分立为旧制,为19世纪前制定民商法的国家所采用,如法国、德国、日本、西班牙、葡萄牙、荷兰、比利时。这些国家均有民法典和商法典,其中商法典为民法之特别法。民商分立非出于理性认识,而是由历史传统形成的既成事实。原因是欧陆各主要国家和地区在资本主义的早期发展中形成商人特殊阶层和特殊的利益,形成商事习惯和商事法庭,形成独立于民法之外的商法。如法国,于1673年路易十四颁布了《陆上商事条例》,1681年又颁布《海事条例》,类似于海商法。至法国大革命后拿破仑主持法典编纂时,法国商事法已有100年历史,民商分立已经是历史既成事实。

资本主义市场经济因各主要国家和地区资产阶级相继掌握政权而获得进一步的发展。市场经济极大发展的结果,导致人的普遍商化,生产者直接成为商人,商人直接成为工业生产者,商业职能与生产职能融合为一,并进一步导致商人特殊阶层和特殊利益消失,从前经营商业是商人的特权,现今已人人得而从事商业。1847年摩坦尼利提出"民商二法统一论",得到各主要国家和地区学者的响应。率先采纳民商合一主义的国家是瑞士,1881年制定债法,1912年制定民法典,1937年将债法并入民法典作为一编。其后,1922年《苏俄民法典》、1957年《匈牙利民法典》、1978年《南斯拉夫债法》等,均采民商合一主义。意大利原来采民商分立,有1865年《意大利民法典》和1882年《意大利商法典》,后改采民商合一,将原民商二法典合并为1942年新民法典。

我国清朝末年法治改革,本采民商分立主义,聘请日本法学者松冈义正起草民法典草案。国民政府于1929—1930年制定民法时,由胡汉民、林森提议制定民商合一之民法典,经中央政治会议第183次会议通过。所提出理由主要是:因我国历史关系,商人本非特殊阶级;因社会发展进步,认为民商合一有相当理由;民商合一为世界立法之最新发展趋势;人民在法律上应一律平等,不宜因职业而分别立法;什么是商行为,难以区分;商法仅系民法之特别法,分别立法重复之处甚多,如一方为商人,一方非商人,发生适用困难。1949年该民法典在大陆被废除,民商合一主义之合理性迄今未有任何动摇。

我国大陆1949年后继受苏联立法和理论,而苏联亦系民商合一,因此民商合一迄今未改变。《民法通则》为民商合一之立法,《经济合同法》《涉外经济合同法》及《技术合同法》虽有商事合同法性质,但仍属《民法通则》之特别法,最近颁布的《海商法》及正在制定中的公司法、票据法等均属民事单行法。民商合一,绝不是轻视商法,其实质不过是将民事生活和整个市场适用的共同规则集中规定于法典,而将适用于局部市场或个别市场的规则规定于各民事特别法,如公司法、票据法、证券法、海商法、保险等法。民商合一所反映的正好是现代化高度发达的市场经济条件下的所谓"民法商法化"。毫无疑问,我国应当继续坚持民商合一主义。

六、现行法的缺点及其产生原因

我国现行民法的绝大部分是在中共十一届三中全会以后为适应改革开放和发展社会主义市场经济的要求而陆续制定的,为改革开放和发展社会主义市场经济,为发展社会主义民主、人权和法治国家,提供

了初步的法律基础。但是,现行民法仍具有下述缺点:

其一,现行民法尚不适应发展社会主义市场经济、发展社会主义民主、人权和法治国家的要求。现行民法大部分制定于改革开放初期,较多地反映了旧体制的特征和要求。例如,较多地突出行政手段和指令性计划,过多地限制当事人的意思自由。

其二,现行民法还很不完善,很不系统,欠缺许多重要的法律制度。例如,关于物权的规定很不完善,尤其缺乏各种用益物权和担保物权的规定,缺乏物权取得方法的规定;再如,债法缺乏通则性的规定,如债的效力、债的保全、同时履行原则及履行抗辩权等;民事特别法方面,缺乏公司法、票据法、证券交易法等。

其三,现行民法还存在互不协调的缺点。以债法为例,并存三个互不统率、互不协调的合同法,且基本原则、基本精神也不一致。单就合同法的基本原则来说,《经济合同法》规定,订立经济合同,必须贯彻平等互利、协商一致、等价有偿的原则;《涉外经济合同法》规定,订合立同,应当依据平等互利、协商一致的原则;《技术合同法》规定,订立技术合同,应当遵循自愿平等、互利有偿和诚实信用的原则。这些不同的表述,仅是文字上的差异,抑或有实质上的不同?

其四,现行民法许多规定不配套,影响其适用。例如,《民法通则》在债的担保中规定了抵押制度,仅一个条文,事后亦未颁布相应的登记制度和拍卖制度与之配套,这就使抵押制度很难被正确适用和发挥其功能。

其五,现行民法有不科学的缺点。所谓不科学,是指以姓"社"姓"资"排斥市场经济的共同规则。民商法不过是现代化市场经济的共同规则,其要求应与国外市场和国际市场相通,而不应是追求什么特色。一个国家走什么道路,实行什么政治经济制度,当然有自己的特色,但民商法和民商法理论却不应有这种特色。

产生上述缺点的原因,有以下几点:

(1)经济体制上的原因。有的法律是20世纪80年代初制定的,当时改革开放刚刚起步,旧的体制和指令性计划基本上没有改变,因而法律较多地反映了旧体制的特征和要求。《经济合同法》突出指令性计划和行政手段即其著例。

（2）立法指导思想上的原因。立法指导思想上强调"成熟一个制定一个"和"立法宜粗不宜细"，导致许多重要法规和制度欠缺，已公布的法规往往规定得过于原则，影响其适用。

（3）立法体制上的原因。除《民法通则》外，现行民法大都由行政部门负责起草，造成负责起草的部门以部门利益凌驾于全国利益之上，以部门意志代替全体人民的意志，甚至有利用起草法规扩大自己的权限和编制的现象。这是造成现行民法互不协调的一个重要原因，并存三个合同法就是这种立法体制的结果。

（4）民法理论上的原因。原有民法理论是在继受苏联民法理论的基础上形成的，自改革开放以来，基于社会经济生活发生根本性变化，使现行民法在许多方面已经突破原有理论。但不可忽视现行民法仍保留了不少过时的、错误的东西，如将民法说成是公法、以主体划分经济合同与民事合同、在国有企业财产权问题上仍坚持所谓国家所有权与企业经营权的结构，等等。

七、结语：为民商法的现代化而奋斗

要建立社会主义市场经济法律秩序，要求尽快实现法制的现代化，尤其是民商法的现代化，建立健全现代化的民商法体系。所谓现代化的民商法体系，是指既符合我国改革开放和发展现代化的社会主义市场经济的实际，又符合世界民商法发展潮流且与国外和国际相通的完善的民商法体系。为此，必须对四十多年来，尤其是自改革开放以来的民事立法、司法、教学、理论研究进行全面总结，在认真总结成功与失败、经验与教训的基础上，广泛借鉴发达国家和地区成功的立法经验和理论研究新成果，形成一套完善的、现代化的民商法科学理论，为立法提供坚实的理论基础。还应看到，靠目前这种零敲碎打的立法不可能实现民商法的现代化。必须将民法典的制定尽快提上日程，通过民法典的制定以实现民商法现代化，争取在不太长的时期内（例如 10 年）

制定出一部现代化的完善的中国民法典。制定民法典无疑是中国法制现代化进程中一项伟大的工程,通过制定这样一部现代化的完善的民法典,实现民商法现代化和法制现代化,并通过现代化的民商法和现代化的法制,最终实现高度发达的社会主义市场经济;高度发达的社会主义人权;高度发达的社会主义民主和高度发达的法治国家。

20世纪民法学思潮回顾[*]

引 言

中国正好是在20世纪之初实行法治改革,源远流长的中华法系中的不足部分,继受西方法治和法学的,充分显示中华民族在外来压力之下,毅然决然地继受西方法学思潮,以求生存的决心、挣扎和奋斗! 在20世纪的最后20年,中国实行改革开放政策,进行经济体制改革和发展现代化的社会主义市场经济。在这一历史背景下,立法、司法和法学界面临的任务是,立足于发展现代化市场经济的实际,广泛借鉴发达国家和地区成功的立法经验和判例学说,力求实现法治的现代化,包括立法的现代化、法学的现代化和审判实务的科学化。当20世纪行将结束、21世纪即将到来之际,作为一个民法学者,有必要对即将过去的世纪作一回顾,即所谓回顾过去,展望未来。回顾20世纪的民法思潮,有助于展望21世纪民法的发展趋势,这对于正致力于民商事立法现代化、民商法学现代化和民商事审判科学化的中国民法学界,具有重要意义。

一、概念法学的形成

德国以萨维尼为首的历史法学派以反对自然法学派的立法主张著称,主要理由在于,当时分裂体制下编纂统一法典困难。在自然法学派衰微后,历史法学派发展为潘德克顿学派,而为适应政治统一的需要,

---

* 本文原载《中国社会科学院研究生院学报》1995年第1期。

潘德克顿成为统一立法的推进者。在一般票据条例和商法典的编纂获得成功之后,统一民法典的编纂计划又被提上立法日程,更刺激了潘德克顿法学的制定法至上主义、法律逻辑崇拜及成文法完美无缺等观念。

萨维尼虽非概念法学者,但已有此倾向,至其弟子普赫塔(Georg Friedrich Puchta,1789—1846)和温德沙伊德(Bernhard Windscheid,1817—1892)遂将逻辑自足观念推向高峰,为维持法律逻辑一贯性、体系性,竟不顾社会事实,无视社会的或法律的目的,使潘德克顿法学流于概念法学。但需说明的是,概念法学之发生有其深刻的社会经济原因。19世纪的德国处在资本主义经济稳定发展时期,要求有安定的法秩序,要求预测和计划的可能性,要求维持现状,而概念法学正好适应这一历史时期对法律的要求。

概念法学之产生,源于德国的潘德克顿法学,尤其是从普赫塔开始,渐渐生成概念法学之倾向,温德沙伊德作为潘德克顿法学之集大成者,将概念法学推向顶峰。但萨维尼亦难辞其咎,其强调罗马法学的重要性,认为罗马法的概念很精密,任何问题均可"依概念而计算",以求得解答,这已经创造了概念法学发展的契机。但仔细分析,萨维尼、普赫塔、温德沙伊德三人之见解,亦未必尽同。

萨维尼主张法律是成长的,非固定不变的。法律是民族精神之产物,因民族的成长而成长,因民族的强大而强大,亦因民族的灭亡而消灭。故法律之形成,犹如习惯法之形成,先是肇始于习惯和通行的信仰,然后由于法学者的淬炼。法律之产生系由内在的潜移默化的力量,非出于任何立法者独断的意志。从萨维尼的观点可演绎出以下理念:其一,法律系发现而来,非由制定,其成长系一无意识的、自然的过程,因此成文法与习惯法相较,实居于次要地位。其二,由于现代社会之法律关系极为复杂,须由通晓法技术之法律家担负发现法律的任务,因此法律家显然比立法者更重要。其三,法律因不同民族而产生不同的习性,正如各民族有不同的语言、行为态度及组织形式,因此法律不可能放诸四海而皆准,行诸万世而不惑。基于此理念,萨维尼认为,法官的职责在于发现法律、适用法律,绝不能自己创造法律。

而普赫塔则偏重于以逻辑的方法适用法律,认为法律尤其是罗马法,系一有体系、有逻辑一贯性的法律,试图将罗马法分析成许多法律概念、法律准则或较为一般性的规定,通过分析、归纳及演绎等方法,导出一般原理原则,构成一个上下之间层次分明、逻辑严密的法律秩序的体系。遇到任何法律问题,只需将有关的法律概念纳入这一体系中,归纳演绎一番,即可获得解答,此与数学家以数字及抽象的符号,按照公式为纯粹形式的操作,并无不同。

温德沙伊德则集潘德克顿法学之大成,更进一步将整个罗马法体系予以架构,认为原始的罗马法完美无缺,且层次井然,甚有体系,其中有许多法律规定相互对称,合乎公平原则,值得继受。温氏认为,法官之职责,乃在根据法律所建立的概念体系作逻辑推演,遇有疑义时,则应探求立法者当时的意思予以解决。要求解释,均应以立法者当时的意思为依归。而法学者的任务,亦集中于法律解释,其作风与中世纪之注释学派大同小异,即根据法条构成明晰的概念,然后建立严密的逻辑体系,法官执法之际,尽往概念堆里取之用之,即已足够,无须于法条之外,另事他求。须注意的是,温氏虽主张法律解释的目的在于探求立法者的意思,唯此所谓立法者的意思,非仅指立法者明白表示的意思,对于立法者所未预见的法律问题,亦应考虑。如所得结论不违背原立法者的意思,亦应包括在内。甚或法律有漏洞时,亦可通过理论构成的方法加以解决,将利益衡量隐藏在逻辑的外衣之下。若结果与当时的立法目的矛盾冲突,亦牵强附会地谓立法原意本应如此。

在法国,以1804年《法国民法典》为出发点而兴起的注释学派,认为现实中发生的或可能发生的一切问题,均可依据民法典求得解决,鼓吹法典崇拜,法典之外无法源,至20世纪70年代发展为以法典为中心的概念法学。德意志概念法学是历史法学派的产物,而历史法学派理论带有反启蒙的色彩,与此不同,法国的概念法学则从属于启蒙的自由主义。18世纪最重要思想家孟德斯鸠的三权分立学说,成为法国概念法学理论上的根据。依三权分立学说所形成的"依法裁判"原则,为了确保裁判的公正和法的安定性,法律条文应严格拘束法官,不允许法官有任何裁量余地,以致成为"法律的奴隶"被认为是理所当然的。在这样的法律观、裁判观之下,必然产生理论崇拜、逻辑支配。在法、德两国不同的历史条件下,形成了包含共同要素的概念法学。

概念法学的主要特征可概括如下:其一,在法源问题上,独尊国家制定的成文法,特别是法典,亦即以国家的制定法为唯一法源,排斥习惯法和判例。其二,强调法律体系具有逻辑自足性,即认为无论社会生活中发生什么案件,均可以逻辑方法依现在的法律体系获得解决,不承认法律有漏洞。其三,对于法律解释,着重于形式逻辑的操作,即强调文义解释和体系解释方法,排除解释者对具体案件的利益衡量及目的考量。其四,否定法官的能动作用,将法官视为适用法律的机器,只能对立法者所制定的法规作三段论的逻辑操作,遇有疑义时亦应以立法者的意思为依归,否定司法活动的造法功能。其五,认为法学系纯粹的理论认识活动,不具有实践的性质,无须进行价值判断。

概念法学虽发源于德国潘德克顿法学,但到 19 世纪后期,已在大陆法系国家和地区普遍发展,对于普通法系国家如英、美等国也有相当影响。直到 20 世纪初期,概念法学占据了支配地位,使民法解释学陷于僵化和保守,丧失了创造性,无法适应新的社会经济生活对法律的要求。

二、对概念法学的批判——自由法运动

与 19 世纪形成鲜明对照的是,20 世纪是一个急剧变化、剧烈动荡的世纪,如发生了席卷世界的经济危机,先后两次世界大战;科学技术的飞速发展,导致大规模机械化、电气化工业交通事业的发展,大企业组织制度的形成;发生了贫富悬殊、阶级斗争,以及企业事故、交通事故、缺陷产品损害、环境污染、医疗事故、核子损害等严重的社会问题。与之相应,要求打破概念法学的禁锢,要求弹性地解释法律,要求具体的社会妥当性,要求承认并补充成文法漏洞,要求发挥法官的能动性。一句话,要求民法解释学的变革和发展。

早在 1847 年,学者基尔希曼(Julius Von Kirchmann,1802—1884)

就率先发难,在柏林发表一篇有名的演讲"法学无学问价值论",对当时主流派的法学大加抨击,其中讲到,立法者只要把改正这个词说三遍,汗牛充栋的法学著作就会变为一堆废纸。基尔希曼是一位刚直孤高之士,历任检察官和裁判官,对当时的法学界和法律界予以激烈的、根本性的批判,恰似投下一颗炸弹,引起强烈反响。但是,由于当时概念法学已根深蒂固,基氏的讲演遭到法学界和法律界一致反对,并未动摇概念法学的地位,20年后基氏也因该"过激"言论受到免职处分。

真正使概念法学的地位发生动摇,所谓振臂一呼,学者群起而响应、形成自由法运动并导致概念法学没落的,是著名学者耶林(Rudolf von Jhering, 1818—1892)。基尔希曼的批判是法学界外部进行的批判,而耶林的批判则是法学界内部进行的批判。加之耶林作为历史法学派的嫡系,以其早期的著作博得很高的声望,其反戈一击,易于击中要害,因此产生了深刻的影响。自19世纪70年代以后,耶林对概念法学痛加批判,影响至巨,使一批年轻学者翕然从风,纷纷对概念法学展开批判,形成所谓自由法运动,最后导致概念法学的衰微。

耶林对概念法学的批判,首先在相邻的法国法学界造成大的冲击。法国学者撒莱和惹尼在耶林的影响之下,开始摸索新的法学,后被称为科学学派。惹尼于1899年出版了《实证私法学的解释方法与法源》,被认为是为自由法论奠定基础的经典著作。十余年后,惹尼又出版了四卷本的《实定私法学的科学与技术》(1913—1924)。至此,自由法论的中心转向耶林的故乡德意志文化圈。

奥地利学者埃利希(Eugen Ehrlich, 1862—1922)于1903年发表《法的自由发现与自由法学》,自由法学一语即由此而来。德意志学者康特洛维茨(Hermann Kantorowicz, 1877—1940)发表《为法学而斗争》(系有意仿效耶林的《为权利而斗争》),在法学界和实务界引起很大的震动和广泛的争论。

初期的自由法论,有时过分激进,甚至鼓吹从法律条文之下解放法学和法实务。因此,被拥护传统法学的阵营斥为"感情法学",是为法官和法学者个人的恣意开辟道路。继起的利益法学,在批判概念法学的逻辑崇拜的同时，强调不能脱离法律条文。利益法学的代表人物是德国学者赫克。利益法学在批判概念法学上采取了与自由法学一致的立场，但不赞成"自由地发现"法律，主张忠实于法律条文仍是裁判和法解释学的基本原则，对理论和实务产生了很大的影响。

由耶林的目的法学、法国的科学学派、德意志的自由法学和利益法学，形成了20世纪批判概念法学的自由法运动，或称自由法论。

三、目的法学

耶林本属于潘德克顿法学派之嫡系，早期在历史法学的影响之下，从事罗马法研究，其不朽名著《罗马法的精神》仍未脱离潘德克顿法学之色彩。在其后期的著作中，对概念法学痛加批判（"概念法学"一语即是其发明的），成为反对概念法学的旗手，在民法史上被称为耶林的转向。究竟什么样的动机促使耶林在中年发生转向，并且对自己在《罗马法的精神》一书中倍加赞赏的萨维尼的"概念法学"的倾向进行毫无顾忌地批判？这是直至今日还在讨论的问题。碧海纯一先生认为，从耶林的《罗马法的精神》一书中可以发现，作者并不是把法视为与该社会的、文化的背景脱离的东西，而是将法作为社会的一个不可分的侧面予以把握的态度。由此看来，耶林的所谓转向，是其法学思想的继续发展，而不能以"变节"视之。

耶林自1870年左右起，始渐扬弃从前的治学方法，开始独自研究"目的法学"，于1877年出版《法的目的》一书，强调法律乃是人类意志的产物，有一定目的，应受"目的律"支配，与自然法则系以"因果律"为基础，有其必然的因果关系，截然不同。故解释法律，必先了解法律究竟欲实现何种目的，以此为解释之出发点，始能得其要领。以目的作为解释法律之最高准则，此即所谓目的法学。

耶林又于1884年以游戏笔法发表了《法学戏论》，嘲讽当时的法学者盲信逻辑，热衷于抽象概念的游戏，而忘却法律对实际社会生活所负使命。这种情形恰似生活在"概念的天国"，不知社会生活为何物，于实际生活毫无实益。

耶林更进一步认为,法律是社会的产物,有其一定目的,故法律亦可谓为目的之产物。法之目的,犹如指导法学发展的"导引之星",其在法学中的地位,犹如北极星之于航海者。因此,解释法律必须结合实际的社会生活,不能偏离法的目的。经耶林的大力提倡,法的目的于是成为法学之基本指导原则,并成为一种目的解释方法。

四、自由法学

所谓自由法学,系因埃利希的著作《法的自由发现与自由法学》而得名。埃利希在该著作中,批判概念法学的成文法至上主义和法典完美无缺等观念,强调法律每因立法者的疏忽而未预见,或因情势变更而必然发生许多漏洞。此时,法官应自由地探求社会生活中活的法律,以资因应。康特洛维茨于1906年出版《为法学而斗争》,乃有意模仿耶林的《为权利而斗争》,其中批判概念法学的法典万能、成文法完美无缺的观念,极度轻视法典的权威,不仅主张法官于法律有漏洞时可自由发现生活中的活法予以补充,而且主张法官有法律变更之权。

埃利希于1912年出版《法社会学的基础》,其中将法律区别为三类:国家法、法官法及生活中的法。相对于国家法和法官法,其更强调生活中的法,即所谓活法。他认为,婚姻、买卖、赠与及其他许多制度,早在国家有成文法制度之前业已存在,此即所谓活法、生活中的法,并认为,法律发展的重心,并非立法、法学或司法,而在法社会本身。法学者的任务,在探求、发现生活中的法和社会团体的内部秩序,遇国家的成文法有不足时,即可以此活的法律或社会团体的内部秩序予以补充。

法学并非纯粹的理论认识活动,而是具有实践的性格,含有评价的因素。而概念法学无视法解释学的实践性,认为仅须以纯粹的逻辑分析方法加以认识,即为已足。对此,埃利希在《法社会学的基础》一书中加以批判。他将法解释学与医学、工程学进行比较,认为以往并无医师及工程师,仅有医生和工匠。工匠固不必谈,即彼时之医生,充其量不过是就生病的症候及其治疗法加以死背而已。但曾几何时,此种现象已随手工业时代的消逝而成为过去。今日之医师及工程师,皆已成为自然的探求者,均可于各自的领域,将理论研究的成果运用到实务上。而法学作为以科学为基础的学科,则起步过迟。埃利希为此将自己所建立的法社会学作为一门纯粹理论认识的理论科学,而将传统的法解释学视为一门实用法学,即包含高度价值判断的应用科学。法社会学的创立,埃利希功不可没,其被后继者誉为法社会学之父。

自由法学的基本观点可归结如下:其一,认为在国家法律之外有自由法之存在,此自由法类似于自然法,但自由法之内容因时事而变化,因此异于亘古不变的自然法。其二,承认法律必然存在漏洞,法官有发现自由法之权。其三,关于法律概念的构成,主张基于目的论方法,即依法律目的以构成概念。其四,认为裁判为价值判断,虽无法律规定,法官可自由发现法律,即依法律目的创造规范,甚至不妨依法感情为裁判。

自由法学的意义在于,承认法律有漏洞,承认法官有发现自由法之权,使裁判适应生活需要,确保其妥当性,可不经立法程序而使法律的进化发展成为可能。但是,法官也是常人而非神,也必有其缺点和能力限制,任其自由地主观发现法,势必害及法律的安定性。

五、科学学派

法国从 19 世纪后半期开始的资本主义的飞速发展,造成资本集中、工业生产的大规模化、庞大的无产者阶层及贫富两极分化等新的社会经济问题,使人们对作为法秩序和注释学派的思想基础的基本观念,如对个人的自由、平等,产生怀疑,严重动摇了注释学派仅靠探求 1804 年的立法者的意思和对法典条文作逻辑操作以解决问题的逻辑主义。因此,从 1880 年开始,在注释学派内部发生强调对制定法中心主义进行批判、强调在进行法的判断时必须加入法律外的诸种要素的考虑、强调尊重和研究判例的主张,其主张者成为后来的科学学派的先驱。

继承和发展了这些新的主张,并使学说的方向发生转换的,是学者撒莱和惹尼,二人对注释学派的法典万能主义进行了彻底的批判,认为制定法本身绝不是自足的、完美无缺的，必然存在法律漏洞。因此，法学应充分考虑法律外的要素，探求现实的社会生活中生成的法规范，通过对制定法的自由解释补充法律的漏洞。针对原来的学说否定判例为法源的倾向，认为判例具有发现社会生活中生成的法规范的法创造机能，主张承认判例作为法源的地位。这种关于法源和法学方法论的新的学说，得到一些比较法学者及公法学者的支持，导致法学的方法论的根本性变革。

撒莱认为，法律应与社会并行进化，同时亦不能忘却规范之本质需求安定。因此，法律解释必须调和法律进化与安定。安定性与适应性同等重要。惹尼在《实证私法学的解释方法与法源》一书中认为，人类创造的实证私法难期尽善尽美，必然有许多漏洞，绝不应如概念法学那样靠逻辑演绎方法补充，应从法律之外去探求活法予以补充。但所谓探求，并非毫无限制，而应以科学的自由探究，避免任意判断。惹尼所提倡的"科学的自由探究"一语，成为这一学派的象征，因此称为科学学派。

按照惹尼的主张，遇法律有漏洞或不充分的情形，法官应把自己当作立法者以解决该问题，必须依从与立法者同样的目的，作出法的决定。实际上，这是采用了《瑞士民法典》第1条第(2)项的规定。惹尼认为，立法者于立法时只是以抽象的方式作规定，这与法官针对具体的问题进行判决是不同的，为了避免法官恣意的危险，应当尽可能避免其受个人主观因素的影响，必须基于客观性质的要素作出法的决定。法官的这种活动，应称为科学的自由探究。所谓自由探究，是指应摆脱实在的权威，不受法典拘束的探究；所谓科学探究，是指应避免受个人主观因素的影响，以客观的要素作为基础的探究。作为科学的自由探究的基础的客观要素，包括两个：其一，从人类理性和良心吸取的要素，如正义、事物的本性、衡平；其二，实证的要素。

法国的科学学派的形成，在时间上与德国的自由法学对概念法学的批判大体同时，因此科学学派也被认为属于自由法运动，甚至也被称为自由法学派。科学学派与埃利希等人所提倡的自由法学有许多共同点,如都承认法律漏洞、主张自由的法发现、彻底批判概念法学的法典万能和逻辑崇拜等,但也有区别,即科学学派主张以"科学的自由探究"限制法官的任意判断。

科学学派对法学的贡献在于,强调基于社会性的法的发展和进化,认为法之中存在不断生长、发展的生命之素;法之中一方面要求普遍秩序的安定性,另一方面要求适应时代新的发展的进化性,此安定性和进化性要求相互对立,如何协调这二者,是法学的根本课题。成文法规本身具有固定化的自然倾向,在适用法规时,如何协调安定性和进化性这两种对立的价值,法院判例起着重要的作用。科学学派的这些新主张对以后的法学方法论产生了很大的影响,使法学研究脱离了原来的法典中心主义,逐渐出现了包括特别立法和判例的新体系的著作及专题研究著作。这类著作避免纯理论的论述,面向社会实际,不受民法典树立的体系的束缚。科学学派认为,个别立法规定相对于法典的规定具有优越的价值,在法律解释中引入了目的论解释、进化论解释、利益衡量的解释等新的解释方法,并进行判例评释,对实定法和判例予以批判,构想与法典体系不同的新体系。科学学派之后的发展,尤其是20世纪以后,表现在三个方面:其一,促成法国极活跃的立法活动;其二,法院判例适应时代的要求,创造了诸如权利滥用的禁止、无生物责任等新的法理和判例法制度;其三,与立法和判例的活跃相呼应,发起了全面改造法典的运动。

六、利益法学

利益法学的倡导者赫克,其主要学术活动在 1902—1937 年,时值旧法学向新法学的转换期,所提倡的利益法学对于法学现代化的完成起了重大作用。

赫克年轻时的兴趣在数学及自然科学,于是进入莱比锡大学学习数学,偶然的机会因法学部的朋友推荐阅读耶林的《罗马法的精神》,萌发了对法学的强烈兴趣,遂一改初衷,转入法学部学法律。毕业后先在法院任职,后当大学教授,主要研究民法,旁及商法、国际私法、法制史等。赫克所创立的利益法学,既批判概念法学,也批判自由法学,对理论和实务产生了很大影响。至20世纪30年代,利益法学在德国私法中取得优势,"二战"期间,受到纳粹的压制,"二战"后又复活。

赫克的学说,一方面承认成文法存在漏洞,须由法官充任立法者的助手,补充法律漏洞;另一方面又认为对于法律漏洞不能通过自由地发现活法的方式予以补充,而应就现存实证法详加研究,以把握立法者所重视的利益,加以衡量判断,因此称为利益法学。现将赫克利益法学的主要论点介绍如下。

1. 区分"法律上的法"与"法官宣告中实现的法"

赫克将法分为两种:法律上的法及法官宣告中实现的法,并强调法官宣告中实现的法。因为法律科学,无论从其历史的进步还是现在的存在看,都是一种规范的科学,就像医学一样,是一种实用科学。其终极目标,不在于认识欲的满足,而在于满足各种法需要。对生活有意义的法,只是在法官宣告中实现的法。法律上的法,经法官宣告,才第一次获得效力。此种效力,使法具有了价值。

2. 法的理想与产生漏洞的原因

赫克认为,法有两个理想:其一,完全的安定性理想;其二,完全的妥当性理想。但立法者不可能满足此两种理想,理由有二:其一,立法者的观察能力有限,不可能预见将来的一切问题;其二,立法者的表现手段有限,即使预见到将来的一切问题,也不可能在立法上完全体现。由此得出结论:即使最好的法律,也存在漏洞。

3. 补充法律漏洞的三种方式

其一,法官自由裁量的漏洞补充,但法官也是常人,限于自己的经验及人生观,进行自由裁量的漏洞补充,不能为生活所要求的法的安定性提供保障。

其二,保护的限定,即将法官的工作限定于论理的作业,遇法律无规定的事项,视为立法者不予保护的诸利益。这些利益因而落入法空虚的空间,不受法律保护。此种方式虽可维护法的安定性,但却导致公正性的丧失,使应受保护的得不到保护。

其三，从属的命令补充，即允许法官补充法律漏洞，但不允许法官依自己的价值判断，其作补充时必须受立法者各种意图的拘束。对于作为法律上各种命令的基础的诸生活利益、生活理想，必须依立法者的价值判断。依此种方式补充法律漏洞，法的安定性可不受威胁，而欠缺法律规定的各种情形又可能获得妥当的处理。但法官为从属的命令补充时，自己的生活理想也会对其裁判发生影响，因此在这一意义上，从属的命令补充亦可称为一种法创造活动。

赫克认为，现代法学保守分子主张保护的限定，自由法运动的鼓吹者主张优先采用自由裁量的补充，而利益法学则主张采从属的命令补充，即承认法官有从属的价值认定的命令补充的权能。

所谓保守分子，是指概念法学派。概念法学限定法官的职责为法规范之适用，否定法官有补充漏洞的权能。但实际上，概念法学采用法律概念构成，即从上位阶的概念推出下位阶概念的方式，实际上是进行从属的命令补充。对此，赫克称之为技术的概念法学或颠倒论法。赫克认为，概念法学对法科学的影响表现在于：其一，排斥对生活关系及生活上诸问题的探索；其二，对各种概念构成的过度评价，即概念崇拜。

4. 利益法学与其他学说的区别

赫克认为，他所倡导的利益法学与其他学说的区别在于：利益法学运用利益概念及与之相关的一系列概念作为方法论上的辅助概念，这些概念是：利益衡量；利益状况；利益内容；利益探究；利益界定；利益结合；利益作用；利益检查；利益政策；利益纷争；利益冲突；生活利益；叙述利益；法技术的利益；理想的利益；等等。

5. 利益基础

赫克认为，法律上各种命令，其本身是诸利益的产物，各种法律均存在此利益基础。在利益法学看来，所谓法律，即是法共同体内部互相对抗的物质的、民族的、宗族的、伦理的诸种利益之合力。此种认识，即利益法学之核心思想。

6. 裁判的论理

赫克指出，裁判之法宣告的终局目标，尤其是法官裁断案件的终局目标,在于对生活诸需要(物质的和理想的)的满足,在于对法共同体中存在的诸欲求及欲求倾向的满足。这些欲求及欲求倾向,赫克称之为"利益"。

法官裁断案件的方法论学说,应是展示尽可能接近此终局目标的诸条件。此方法论学说,可以称为法官案件裁断的伦理(Lojik)。赫克指出,法官活动的伦理,不属于认识思维的伦理,而属于"情动思维的伦理"(Emotionales Denken),其理想,不在于各种思维结果的真实性,而在于思维结果的生活价值或利益价值。

7. 法律漏洞与法官

利益法学认为,法律包括两种类型的规定:其一,硬直性的规定。立法者之所以设硬直性的规定,是为了确保法的安定性。其二,委托授权及白地委任性规定。法律规定,多数属于委托授权及白地委任性规定,广泛依赖法官的价值认定,必须经过解释,究明各规定的妥当界限。为此,原则上必须承认法官的独立地位。

按照这一观点,法官不仅为立法的白地补充,而且有权适应于诸利益状况,对现存规定予以订正。在赫克看来,法官绝不是一种自动机器,法官同样是所应适用的法律规范的创造者,即法官是立法者的助手。

须注意的是,利益法学所持的是一种折中的立场,它既支持概念法学,也反对自由法学。如果说,概念法学追求法的安定性价值,因而坚持严格解释,而自由法学追求妥当性价值,因而主张自由裁量的话,则利益法学企图兼顾安定性和妥当性两种价值,因而主张两者的折中和协调,亦即严格解释与自由裁量的结合。因此,由于反对概念法学,利益法学被归入自由法运动;由于反对自由法学,利益法学又被视为对自由法学的反动。

利益法学主张,对于法律漏洞,应就现行民法探求立法者所欲促成或协调的利益,并对待决案件所显现的利益冲突进行利益衡量,以补充漏洞,可能在不损及法的安定性的前提下谋求具体裁判的妥当性,因此对实务界发生了很大的影响。法院从此转而重视案件事实所涉及的利益冲突,进行利益衡量。

但利益法学亦有其缺点,即在法律概念层面进行的逻辑思维与在利益冲突层面所进行的法律思维不一致时,无法提出适当的结论,将损及判决的妥当性。于是,19世纪50年代兴起价值法学。价值法学认为,立法和法律适用的一切活动,均系评价性的过程,法官在价值导向原则之下,遇有法律漏洞时,应寻找与待决案件相类似的法定案型,并以该案型的法律规定为裁判依据,使类推适用方法获得了新的理论基础,得到广泛运用。因价值法学系在利益法学基础上进一步弥补其不足,因此被视为利益法学的发展。

七、对 20 世纪诸学说的小结

1. 诸学说的共同点

第一,诸学说均认为,国家的成文法并非唯一的法源,除成文法外,尚有活的法律存在,此为真正的法源。法学者的任务,即在运用科学的方法自由地探求活的法律。

第二,诸学说均认为,成文法绝非如概念法学所谓完美无缺,必然存在漏洞,其原因或为立法者因疏忽而未预见,或为嗣后情势变更,遇法律有漏洞时,自应由解释者予以补充。

第三,概念法学以"概念数学"的方法,将法律解释限于形式逻辑的演绎操作,甚至认为社会上可能发生的一切问题,只需将各种法律概念,如数学公式一般进行演算即可得出正确答案,无须作目的考量和利益衡量。诸学说均认为,概念法学的此种思考方法不符合现代法学的要求,于解释法律时,不应仅限于逻辑推演,必须对现实社会生活中各种各样互相冲突的利益,根据法律目的予以衡量。法律逻辑,不过是达到目的的手段,而非目的本身。

第四,概念法学禁止司法活动的造法功能,将法官视为适用法律的机器,将判决视同机械的复印过程。诸学说均主张发挥法官的能动性,于适用法律时应作利益衡量和价值判断,于法律有漏洞时应发现社会生活中活的法律并予以补充。

第五,在法律价值的认识上,诸学说均重视法的妥当性价值,反对概念法学为确保法的安定性价值而不惜牺牲其妥当性价值。

2. 诸学说的差异

基于上述共同点,20世纪的诸学说被统称为自由法运动或自由法论。诸学说之间也有差异:其一,在对待法官的能动性和解释态度上,自由法学几乎主张完全的自由,而其余各学说均主张对这种自由应予以一定的限制。其二,在为达到目的所采取的方法上,自由法学强调法官自由裁量,目的法学强调目的解释,科学学派强调科学的自由探究,利益法学强调利益衡量。其三,在法律价值的追求上,自由法学与概念法学正好是两个极端,概念法学为确保法的安定性价值,不惜牺牲妥当性价值;自由法学正相反,为了追求法的妥当性价值,宁可牺牲安定性价值;而其余诸学说均处于此两极端之间,带有一定的折中色彩,谋求调和两者,企图兼顾安定性与妥当性两种价值。

3. 诸学说的根源和意义

诸种新学说的产生及对概念法学的批判,归根结底,是20世纪社会、经济和政治状况在法律上层建筑中的反映。20世纪不同于19世纪,19世纪处在资本主义市场经济的稳定发展时期,要求法律秩序的稳定,要求确保法的安定性,使市场的参加者可以进行计划,可以预见自己的行为在法律上的后果,概念法学正是反映了这种要求。而20世纪是一个极度动荡的、剧烈变化的、各种矛盾冲突空前激化和各种社会问题层出不穷的、极不安定的世纪,要求法律不断地主动适应变化了的情势,协调各种矛盾冲突,解决种种新的社会问题,维持起码的社会正义和秩序。诸种新学说正是反映了这一要求,并基本满足了这一要求。诸学说均从不同的角度并在不同程度上丰富和发展了民法解释学的理论和方法,最终将民法解释学推向了一个全新的境界。

从近代民法到现代民法
——20世纪民法回顾*

一、引言

今天我们处在世纪之交,20世纪已经接近尾声,一个新的世纪即21世纪即将到来。当我们展望21世纪民法的时候,应当对我们所走过的20世纪作一个回顾,对20世纪民法作一个回顾。当我们回顾20世纪民法,就会发现在民法的各个重要领域,在学者的著作中随处可以看到所谓"危机""死亡"的惊呼,使我们很自然地想到,20世纪民法出了什么问题?让我们先看契约法。

(一)契约法

1970年4月美国著名教授格兰特·吉尔莫在俄亥俄州立大学法学院作了一个讲演,题目叫作"契约的死亡",然后将讲演稿整理出版,这就是使世界法学界震惊的《契约的死亡》一书。这本书的开头写道:"有人对我们说,契约和上帝一样,已经死亡。的确如此,这绝无任何可以怀疑的。"①1941年德国学者豪普特(Haupt)发表了一篇论文名为《论事实契约关系》,产生了很大的轰动。到了1956年德国最高法院在一个停车场收费案判决中,竟然采纳"事实契约关系"理论作为判决依据。对此,德国著名民法学者雷曼评论说,这个理论之被采纳所造成

---

* 本文原载《民商法论丛》(第7卷)(法律出版社1997年版),系根据作者讲演整理而成,所引用的许多资料无法一一注明,并省略了一些事例,特此说明。

① 〔美〕格兰特·吉尔莫:《契约的死亡》,曹士兵等译,载梁慧星主编:《民商法论丛》(第3卷),法律出版社1995年版,第199页。

的对传统契约观念的冲击,犹如爆炸了一颗原子弹。《契约的死亡》一书出版十几年后,日本东京大学一位青年学者内田贵到美国康乃尔大学留学,研究契约法的基本理论,回国后于1990年出版了一本书,名为《契约的再生》,引起法学界极大轰动。《契约的再生》的开头这样写道,"最近,人们经常论及契约的衰落、危机、死亡","尽管契约被宣告死亡却带来了契约法学的文艺复兴。有学者幽默地谈论关于契约法学复兴的原因说,这也许是契约虽死亡但契约法的教授还活着的缘故"。②

(二)侵权行为法

自21世纪以来,侵权行为法的危机的说法频繁地出现在民法学者的著作中。美国加州大学著名侵权法教授弗莱明指出:"侵权法正处在十字路口,其生存正遭受着威胁。"英国剑桥大学的比较法教授杰洛维兹(Jolowicz)说:"侵权法正面临着危机。"瑞典的侵权法教授乔根逊(Jongensen)也说:"侵权法已经没落。"

为什么学者们热衷于谈论侵权法的危机,这是因为自进入20世纪后,各发达国家和地区在侵权法领域,传统的过失责任原则逐渐被无过失责任或严格责任所取代,特别是在因缺陷产品造成人身损害的损害赔偿方面。美国在20世纪60年代初,由法院判例创立了严格产品责任。按照严格责任,只要产品存在对人身和财产的不合理危险,就构成缺陷,因缺陷产品造成消费者的人身或财产损害,就要由生产者承担损害赔偿责任。由于不考虑生产者对缺陷之发生是否有过失,因此有利于保护受害的消费者。1985年欧共体通过关于产品责任的85/374号指令,要求成员国按照指令规定的原则修改国内法,对缺陷产品致损实行无过失责任。1986年我国公布了《民法通则》,该法第122条参考了美国的严格责任和欧共体指令,对缺陷产品致损规定了无过失责任。1993年我国公布了《产品质量法》,其中第四章对于缺陷产品致损的无过失责任有详细的规定,例如,关于缺陷的定义,规定为对人身和财产

---

② 〔日〕内田贵:《契约的再生》,胡宝海译,载梁慧星主编:《民商法论丛》(第3卷),法律出版社1995年版,第294页。

安全的不合理危险,就是采纳了《美国侵权法第二次重述》第 402A 条关于缺陷产品的定义。值得注意的是,日本直到 1994 年才通过《制造物责任法》,对产品缺陷致损规定了无过失责任。日本早在 20 世纪 50 年代就发生了严重的产品缺陷致损案件,例如著名的森永奶粉事件,造成一万多人受害,其中一百多人死亡。但日本企业界的势力非常强大,对无过失责任采取了强硬的反对态度,而政府深受企业界的影响,以致学术界和律师界提出的无过失责任的产品责任法案长期被搁置。直到进入 90 年代,在几乎整个欧洲以及俄罗斯、中国、菲律宾及澳大利亚等都通过了无过失责任的产品责任法之后,日本企业界才转变了立场,日本《制造物责任法》才于 1994 年获得通过,该法被称为立法时间最长(从第一个草案提出到法律获得通过经过了整整 20 年)、法律内容最短(仅有 6 个条文)的法律。现在可以说世界上大部分国家的产品责任法都实行了无过失责任原则。更有甚者,1972 年新西兰颁布《意外事故补偿法》,被称为人类立法史上空前的创举。按照该法,在新西兰领域之内的任何人,无论是因交通事故、缺陷产品致损、医疗事故或者其他意外事故遭受损害,都可以从国家设立的意外事故补偿委员会获得一笔补偿金。无须向法院起诉,也无须适用侵权行为法,当然更谈不到过失责任原则。这难道不是一个重大的变革吗?该法颁布后不久,英国成立了一个以皮尔逊勋爵为首的皇家委员会,其任务是审查英国的侵权行为法制并提出立法建议。该委员会经过调查研究,提出了最终报告书,称为皮尔逊报告,建议采纳新西兰《意外事故补偿法》的经验,引起很大的轰动。后因欧共体关于产品责任的指令颁布,才使英国没有采纳皮尔逊报告的建议,否则,英国的侵权行为法将不会是现在的面貌。

值得谈到的是,日本名古屋大学民法教授加藤雅信在 20 世纪 80 年代发表了一篇题为《关于综合救济系统的建议》的论文,提出他关于侵权行为制度和社会保障制度改革的新构想。[③] 加藤雅信从新西兰的

---

③ 参考渠涛:《从损害赔偿走向社会保障性的救济——加藤雅信教授对侵权行为法的构想》,载梁慧星主编:《民商法论丛》(第 2 卷),法律出版社 1994 年版,第 288—320 页。

崭新立法受到启发,考虑到日本侵权行为法制和各种社会保险制度的现状,认为人类社会要解决因各种原因发生的损害赔偿问题,应当建立一种类似于新西兰的统一的综合救济制度。该文发表后,在日本产生了很大的轰动。据说不少官厅请加藤雅信教授去作报告,介绍这一制度的构造。加藤雅信访问中国时曾经谈到,他的这个构想要在日本实行恐怕不大可能,要求日本把现行制度全部推翻建立他所设想的新制度太难了。他认为中国正处在制度创立的初期,因此最有可能实行他所建议的新制度。要真采纳这一制度,侵权行为法制还存在吗？如果存在的话,还是原来的面貌吗？

(三) 小结

从上面对契约法和侵权行为法的介绍,我们可以看到,自进入 20 世纪以来,无论是契约法领域或者侵权行为法领域,都可以频繁地听到所谓"死亡""衰落""危机"的惊呼,这难道仅仅是学者们的神经过敏？或者故作惊人之语？正如日本著名民法学者星野英一教授在谈到契约法时所说的:"19 世纪确立的古典契约概念、契约法在现代正发生着重大变革。前面所说的衰落、死亡这些口号不过是这一重大变革潮流的表现。"④我们可以用这段话来概括整个民法,说 19 世纪确立的近代民法在进入 20 世纪后经历了重大变革,所谓"死亡""衰落""危机"等惊呼,不过是这一重大变革潮流的表现罢了。

二、近代民法

(一) 引言

什么是近代民法？所谓近代民法,是指经过 17、18 世纪的发展,于 19 世纪欧洲各主要国家和地区编纂民法典而获得定型化的一整套民法概念、原则、制度、理论和思想的体系,在范围上包括德国、法国、瑞士、奥地利、日本等大陆法系民法,并且包括英美法系民法。关于近代

---

④ 转引自〔日〕内田贵:《契约的再生》,胡宝海译,载梁慧星主编:《民商法论丛》(第 3 卷),法律出版社 1995 年版,第 296 页。

民法，下文详细加以描述和概括。

(二) 作为近代民法基础的两个基本判断

近代民法的这一整套概念、原则、制度、理论和思想的体系，是建立在对当时社会生活所作出的两个基本判断之上的。这两个基本判断是近代民法制度、理论的基石。第一个基本判断，叫作平等性。在当时不发达的市场经济条件下，民事法律关系的主体主要是农民、手工业者、小业主、小作坊主。由于受生产力发展水平的限制，从事生产和参与交换的主体，主要是以家庭为单位的农民、手工业者，再就是雇用少数工匠的小业主和小作坊主，像公司、企业集团乃至跨国公司等，这样的具有强大经济实力的经济组织，还不可能产生。在市场交易、社会生活中，主要是农民、手工业者、小业主和小作坊主相互之间进行商品交换，建立民事法律关系，而所有这些主体，在经济实力上谈不上有多大的区别。差别当然是有的，但从整个社会范围来看，差别不大，一般不具有显著的优越地位。尤其是在当时不发达的市场经济条件下，还没有发生像今天这样的生产与消费的分离和生产者与消费者的对立。因此，法学者和立法者对当时的社会生活作出一个基本判断，即一切民事主体都是平等的，叫作平等性。第二个基本判断，叫作互换性。所谓互换性，是指民事主体在市场交易、民事活动中频繁地互换其位置，在这个交易中作为出卖人与相对人发生交换关系，在另一个交易中则作为买受人与相对人建立交换关系。前面谈到的平等性判断，并不是说一切生产者在经济实力上绝对平等，一点差别都没有。当一个农民向手工业者购买急需的工具时，手工业者当然有可能利用对方的急需和自己的有利地位，使所订立的契约对自己更有利。问题是他并不是总有这种优势，当他在下一个交易关系中作为买受人向农民购买粮食或原料的时候，则农民作为出卖人也完全可能利用自己暂时获得的优势或手工业者的急需，使契约条件对自己更有利。于是，主体之间存在的并不显著的在经济实力上的差别或优势，因为主体不断地互换其地位而被抵销。在平等性上的不足，因互换性的存在而得到弥补。

我们可以说近代民法所有的基本原则和基本制度，都是奠基于这两个基本判断之上的。民事主体具有平等性和互换性,因此国家可以采取放任的态度,让他们根据自己的自由意思,通过相互平等的协商,决定他们之间的权利义务关系,他们所订立的契约被视为具有相当于法律的效力,不仅作为他们行使权利和履行义务的基准,而且作为法院裁判的基准。这就是所谓的私法自治和契约自由原则,这就是民事法律行为制度。当民事主体在民事活动中,在追求自己的利益的同时造成他人损害时,由造成这一损害的主体承担民事责任,并且只在他对于损害的发生有故意或过失时才承担责任,这就是自己责任原则或者过失责任原则。在加害人不具有故意或过失的情形,依法不承担责任,实际上由受害人自己承担了损害,这对于受害人来说似乎有失公正。但因为民事主体存在互换性,这一个事故的受害人,在另外的场合造成他人损害时,也适用同样的原则,如果他不具有故意或过失也同样不承担责任。可见,正是因为有互换性这一基本判断,使自己责任或过失责任原则获得了公正性和合理性。

(三)近代民法的理念——形式正义

民法本身当然蕴含着正义,当然贯穿着对社会正义的追求。这种追求,我们叫作民法的理念。民法之所以区别于技术规则和经济规则,关键正在于此。现在看来,社会正义有形式正义与实质正义之别,而作为近代民法理念的社会正义,只是形式正义。例如,按照契约自由原则,自由订立的契约就等于法律,当事人必须严格按照契约的约定履行义务,即所谓契约必须严守,正是体现了这种形式正义。法官裁判契约案件也必须按照契约的约定,必须严格依据契约条款裁判,至于当事人之间的利害关系,订立契约时是否一方利用了自己的优势或对方的急需或缺乏经验,或者履行契约时的社会经济条件已经发生根本的变更等,均不应考虑。例如,日本的"前借金契约",实际上是将贫穷人家的女孩卖到妓院做艺妓,却在契约形式上规定为借款,形式上是金钱借贷契约,而实质是人身买卖契约。这种契约在第二次世界大战前一概被视为金钱借贷,至于其人身买卖的实质则被视而不见。再如,过失责任原则,前面已经谈到是以平等性和互换性为基础,当发生企业事故,雇工遭受损害时必须证明雇主具有过失，才能获得赔偿；如果不能证明雇主有过失，便不能获得赔偿。可见，将过失责任原则适用于企业事故，其结果显然是不公正的。因为，过失责任原则所体现的社会正义，仅仅是形式上的正义。

(四)近代民法的价值取向——法的安定性

民法理论认为，法律蕴含多种价值，例如正义、公平、效率、秩序、妥当性、安定性等，而近代民法所追求的最高的价值，则是法的安定性。所谓法的安定性，不应等同于法律的稳定性。它的含义在于，要求对于同一法律事实类型适用同一法律规则，得出同样的判决结果。换言之，不同的时间、不同的地区、不同的法院、不同的法官裁判同一类型的案件，应适用同一法律规则，得出同样的判决结果，这就叫作法的安定性。而所谓妥当性则不同，妥当性所要求的是每个具体案件都应当得到合情合理的判决结果，要求考虑每个具体案件的特殊性。因为社会生活是复杂多变的，即使属于同一类型的案件，相互间也有种种差别，有各自的特殊性。用同一法律规则去裁判同一类型案件，所得出的判决结果不可能都合情合理，也就是说，法的安定性与具体案件判决的妥当性难免有冲突，不可能兼顾。以法律关于擅自转租的规定为例，各主要国家和地区民法均规定，擅自转租的，出租人有解除权。但现实生活中，擅自转租的案件，其具体情形各不相同。例如，承租人将承租的房屋擅自转租他人开商店收取高额租金牟利，或者擅自转租给因战争或灾害而流离失所的远亲，虽然都属于擅自转租，但两者有很大差别，至少后一种情形符合人类善良风俗和道德的要求，不具有实质上的可归责性。因此对于后者判决解除租赁契约，不具有妥当性。但是，因为近代民法以法的安定性为首要价值取向，当安定性与妥当性不能兼顾时，为了确保法的安定性，而不惜牺牲具体案件裁判的妥当性。因此，法官裁判擅自转租案件时，只考虑法律构成要件，凡未经出租人同意的转租，即属于擅自转租，应依法满足出租人解除契约的请求，而对于转租的具体情形则一概不予考虑。

近代民法取向于法的安定性价值，当然有其理由，这就是在市场经济条件下,整个社会生产是无计划的,迫使各个生产者自己安排自己的计划,而民法正是为一切市场参加者提供一个法律框架,以便于市场参加者可以作出预见和计划,可以同他人竞争,尤其是19世纪市场经济平稳发展,要求裁判结果的可预见性。确保法的安定性,有利于维持一个稳定的法律秩序,反映了市场经济的内在要求。

(五)近代民法模式

由欧洲大陆法所确立的近代民法模式,其集中表现为:其一,抽象的人格。近代民法对于民事主体,仅作极抽象的规定,即规定民事主体为"人",它是对于一切人,不分国籍、年龄、性别、职业的高度抽象的规定。当时,在资本主义体制下作为商品交换主体的劳动者、消费者、大企业、中小企业等具体类型,在民法典上,被抽象为"人"这一法人格。"人"包括"自然人"和"法人"。自然人,当然是指有血肉之躯、有理智和感情的人类,但它是一个抽象概念,把各人的具体情况,如男女老幼、富裕贫穷、文化程度、政治地位、经济实力的差别,以及是雇用人或者受雇人、生产者或者消费者等,全都抽象掉了,只剩下一个抽象符号"自然人"。规定自然人权利能力始于出生,终于死亡,权利能力完全平等。对于社会生活中的各种组织体也是如此,生产企业、商业企业、金融企业、大企业、小企业的差别,以及非从事生产经营的组织体如各种学会、协会、学校、医院、慈善机构等,抽象为一个法律资格"法人"。法人的权利能力,被认为与自然人相同,仅法人格的取得因公益法人、营利法人而有不同,这样,就把社会生活中千差万别的民事主体简单化了,高度地划一了。其二,财产权保护的绝对化。私的所有制,是近代社会的基础,民法典规定的以所有权为中心的物权制度,使私的所有制法律化,是近代法的辉煌成果。此物权,被视为绝对权,具有可以对抗一切人的绝对性,法律上给予绝对的保护。如果这块土地属于某人所有,则他不仅可以支配地表进行耕作或者建筑,而且向上直到高空和向下直达地心,都归他支配,任何人不得侵犯。其三,私法自治。在民事生活领域,要获得权利、承担义务,进行一切民事行为,完全取决于当事人自己的意思,不受国家和他人的干预,此即私法自治,为近代民法的根本原则。私法自治,是维持市场自由竞争的法律原则。作为私法自治原则的下位的原则,有契约自由、遗嘱自由、团体设立的自由诸原则。其中,以契约自由原则为最重要。私法自治的实质,在于民事生活领域的一切法律关系由独立、自由、平等的个人通过协商决定,国家不作干预,只在当事人发生纠纷不能解决时,国家才以法院的身份出面进行裁决,而法院进行裁决时仍然以当事人的约定为基准,不得对当事人的约定任意变更。其四,自己责任。按照私法自治原则,自由平等的个人可以根据自己的意思,通过民事法律行为去追求自己的最大利益。如果因此发生损害,亦应由个人对自己的行为所造成的损害承担责任,叫作自己责任,亦即个人对自己的行为负责,而不由他人负责,个人也仅对自己的行为负责,而不对他人的行为负责,并且,只对因自己具有故意或过失的行为造成的损害负责,虽然造成损害,如果不具有故意或过失,则依法不承担责任。因此,自己责任又称为过失责任。⑤

(六)近代民法的法学思潮——概念法学

1. 概念法学的两个来源

在整个 19 世纪占据支配地位的民法思想,被称为概念法学。概念法学有两个来源:其一,德国的潘德克顿法学。潘德克顿法学是由历史法学派演变而来。潘德克顿法学通过对罗马法的研究,将罗马法构筑成一个封闭的概念体系,认为无论遇到什么问题,只需纳入这一体系进行逻辑推演,即可获得正确解答。就像数学家以数字及抽象符号,依一定公式进行纯粹逻辑的演算一样。认为法官的职责,仅在根据法律所建立的概念体系作逻辑推演,遇有疑义时,只应探求立法者当时的意思予以解决。其二,法国的注释学派。1804 年《法国民法典》颁布后,通过对《法国民法典》的注释研究形成注释学派。法国注释学派奉行法典崇拜,民法典被视为人间的理性,认为法典之外无法源。按照 18 世纪启蒙思想家孟德斯鸠的三权分立学说,认为法官应严格受法律约束,

---

⑤ 参见〔日〕北川善太郎:《民法总则》,有斐阁 1993 年版,第 13—14 页。北川先生将近代民法模式概括为:自由平等的人格;私的所有;私法自治;自己责任。

不允许有任何裁量余地,以致法官成为立法者的奴隶,并形成法典万能和逻辑崇拜的观念。⑥

2. 概念法学的特征

概念法学的主要特征可概括如下:其一,在民法的法源问题上,独尊国家制定的成文法,特别是民法典,以成文法为唯一法源,排斥习惯法和判例。其二,关于法律是否存在漏洞,强调法律体系具有逻辑自足性,即认为社会生活中无论发生什么案件,均可依逻辑方法从成文法中获得解决,不承认法律有漏洞。其三,关于法律解释,概念法学注重形式逻辑的操作,即强调文义解释和体系解释,排斥解释者对具体案件的利益衡量。其四,关于法官的作用,概念法学否认法官的能动作用,将法官视为适用法律的机器,只能对立法者所制定的法律做三段论的逻辑操作,遇有疑义时强调应探求立法者的意思,并以立法者的意思为准,否定法官的司法活动有造法功能。⑦

概念法学虽源于德国的潘德克顿法学和法国的注释学派,但到19世纪后期,已经成为大陆法系国家和地区的共同现象,对于普通法系国家也有相当影响。到了20世纪初,概念法学占据支配地位,使民法思想陷于僵化保守,丧失了创造性,无法适应新的世纪的社会经济生活对法律的要求。

三、现代民法

(一) 引言

近代民法的物质基础是19世纪的社会经济生活,而现代民法的物质基础是20世纪的社会经济生活。总体来看,19世纪资本主义市场经济平稳发展,政治上的相对稳定和经济的平稳发展,要求法律秩序的稳定,要求确保法的安定性,使市场参加者可以进行计划,预见自己行为在法律上的后果。近代民法正是反映了这种要求。而与此形成鲜明

---

⑥ 参见梁慧星:《民法解释学》,中国政法大学出版社1995年版,第57—61页。

⑦ 参见梁慧星:《民法解释学》,中国政法大学出版社1995年版,第62页。

对照的是,20世纪恰好是一个极度动荡、急剧变化、各种矛盾冲突空前激化和各种严重社会问题层出不穷的极不稳定的世纪。首先是20世纪30年代席卷全球的空前的经济危机,使多少人陷于失业、饥饿、贫困,使主要国家和地区的生产力倒退几十年。其次是两次世界大战,使数千万人丧失生命,使许许多多城市变成废墟,致使物价飞涨、货币贬值、物质匮乏、住房恐慌,成为人类史上前所未有的惨剧。最后是人类社会在20世纪分裂为两大阵营,一个是资本主义阵营,另一个是社会主义阵营,到了世纪末社会主义阵营的大部分又改变了颜色即所谓东欧剧变,这在人类史上都是惊心动魄的场面。同时,20世纪又是科学技术突飞猛进发展的世纪,各种科学技术成果的应用,极大地提高了社会生产力,创造了丰富的物质财富,使人们能够享受到空前的物质文明。由于技术进步,促进了工业交通事业的发展,出现了两极分化、贫富悬殊、劳动者与企业主的对立、生产者与消费者的对立,以及企业事故、交通事故、环境污染、缺陷产品致损等各种严重社会问题。此外,20世纪还发生了规模浩大的民主运动、民权运动、女权运动、消费者运动、环境保护运动。在这种条件下,法院面临许多新的问题和新型案件,对于这些案件或者缺乏法律规定,或者像过去那样机械地适用法律无法解决问题,迫使法官、学者和立法者改变法学思想,探求解决问题的途径,最终促成了民法制度和民法思想的变迁,由近代民法发展演变为现代民法。

  从法律分类来说,中世纪民法与近代民法是两个不同历史时期的法律类型,但近代民法与现代民法之间则不存在这种区别。所谓现代民法,是指近代民法在20世纪的延续和发展,可以说是现代社会的近代民法。现代民法,是在近代民法的法律结构基础之上,对近代民法的原理、原则进行修正、发展的结果。⑧下文着重讲现代民法的基本特征。

---

  ⑧ 参见〔日〕北川善太郎:《关于最近之未来的法律模型》,李薇译,载梁慧星主编:《民商法论丛》(第6卷),法律出版社1997年版,第286—287页。

(二) 平等性与互换性的丧失

从 19 世纪末开始,人类经济生活发生了深刻的变化,首先是作为近代民法基础的两个基本判断即平等性和互换性已经丧失,出现了严重的两极分化和对立。一是企业主与劳动者的对立;二是生产者与消费者的对立,劳动者和消费者成为社会生活中的弱者。以生产者与消费者的分化与对立为例,由于生产组织形式的变革,生产者已经不再是手工业者和小作坊主,而是现代化的大企业、大公司,它们拥有强大的经济实力,在商品交换中处于显著优越的地位;由于科学技术的发展,使生产过程和生产技术高度复杂化,消费者根本无法判断商品的品质,不得不完全依赖生产者;由于流通革命,商品从生产者到达消费者须经过复杂的多层的流通环节,消费者与生产者之间一般不再发生直接的契约关系;由于各种推销、宣传、广告手段的采用,使消费者实际上处于完全盲目的状态,听任生产者摆布。因此,在现代发达的市场经济条件下,生产者与消费者之间已经不再是平等关系,实质上是一种支配与被支配的关系。⑨ 作为生产者的大公司、大企业,只是无穷无尽地生产和销售,它们并不和消费者互换位置,不可能真正体会和理解因假冒伪劣产品给消费者造成的不幸。至于企业主与劳动者在经济地位上的不平等,且不说资本主义国家,我国自改革开放以来的现实已经充分说明。许多私人企业、外资企业、乡镇企业、中外合资企业不具备规定的劳动条件、安全条件和卫生条件,在雇佣契约中订入各种苛刻的、违法的条款,例如,要劳动者交保证金、押金的条款,工伤概不负责的条款,甚至对劳动者施以打骂、罚跪和人格侮辱,等等。按照我国法律规定,企业主和劳动者应当是平等的,但实际上经济地位和实力对比悬殊,并无实质上的平等,迫使劳动者不得不接受苛刻的条件。

(三) 现代民法的理念——实质正义

社会正义有形式正义与实质正义之分,前面谈到近代民法满足于

---

⑨ 关于生产者与消费者的不平等及消费者的弱势地位,参考了日本经济法学者正田彬和今村成和的论述,参见〔日〕正田彬:《经济法的性格与展开》,日本评论社 1972 年版,第 45—46 页;〔日〕今村成和:《私的独占禁止法研究》,有斐阁 1976 年版,第 333 页。

形式正义，是由对19世纪社会经济生活所作出的两个基本判断，即平等性和互换性所决定的。而在20世纪的社会经济生活中，作为近代民法前提条件的平等性和互换性已不存在，导致民法理念由形式正义转向实质正义。换言之，发生了深刻变化的社会经济生活条件，迫使20世纪的法官、学者和立法者，正视当事人间经济地位不平等的现实，抛弃形式正义观念而追求实现实质正义。基于对实质正义的追求，学说和判例创立了各种新的理论和判例规则，例如，情事变更原则。近代民法思想坚持形式正义的理念，只需当事人达成合意，即可成立契约，法律的任务就是确保契约的实现，至于合意基于何种情事、何种前提，内容是否合于公平，均非所问。契约成立后无论出现何种客观情况的异常变动，均不影响契约的效力，法律应坚持要求当事人严格履行契约义务，此即契约必须严守的原则。而两次世界大战后各主要国家和地区法院都面临大量情事变更的案件，如战前订立的契约战后来履行，约定的金额在战前是一笔巨大的财产，而战后履行时因货币严重贬值实际上已经变得一文不值，如果严格按照契约履行将对一方当事人显失公平。于是，法院创立情事变更原则，强行干预、变更契约内容，以实现实质上的公平正义。再如各主要国家和地区法院在战后依据公序良俗原则干预契约内容，确认某些契约条款无效，以协调当事人之间利害冲突，保护消费者和劳动者利益，以实现实质上的公平正义。前面提到的日本的"前借金契约"，战前作为金钱借贷契约被认定为有效，战后法院改变见解，以违反公序良俗为由认定为无效，就是典型的例子。

（四）现代民法的价值取向——社会妥当性

前已述及，法的安定性与判决的妥当性两种价值有时是相互冲突的，近代民法在这种情形常牺牲妥当性而确保法的安定性。而20世纪由于发生了两极分化、贫富悬殊、社会动荡，以及各种各样的严重社会问题，迫使法院考虑当时的社会经济生活条件，考虑双方当事人的利害关系，试图作出在当时一般人看来是合情合理的判决，使判决具有社会妥当性，而这样一来势必要变更法律规定，或者对于同一类案件因时间、地点等条件的不同，而作出不同的判决，即为了确保判决的社会妥当性而损及法的安定性,这就使得现代民法在价值取向上,由取向安定性转变为取向具体案件判决的社会妥当性。例如,关于承租人擅自转租出租人请求解除契约的案件,当法院查明转租的实际情形确实是为了解决无家可归的可怜的家庭的困难时,考虑到出租人与承租人及转承租人的经济条件和利害关系,考虑到当时住房恐慌的社会环境和社会条件,认为认可出租人的解除权有违实质正义,于是作出了出租人败诉的判决,亦即以出租人行使契约解除权已构成权利滥用为由,判决驳回出租人的请求。再如日本《借家法》规定,房屋租赁契约期限届满,如果属于出租人"自用及其他正当理由",可以收回房屋,但日本战败后面临极度住房恐慌,出租人收回房屋之后承租人很难再租到住房,因此法院在对《借家法》上述规定进行解释时,认为在判断出租人要求收回房屋是否有"正当理由"时,不仅考虑出租人一方的必要,还应考虑承租人一方的情况,例如能否很快找到住房等。这样一来,战后相当长的时期,出租人要求收回住房的请求都不被法院认可。这类判决维护了承租人的利益,获得了社会妥当性,但实际上变更了法律规定。

(五)现代民法模式

所谓民法的现代模式,其集中表现为:第一,具体的人格。首先,鉴于20世纪社会经济生活所发生的根本变化,传统民法所规定的抽象的人格,对一切民事主体作抽象的对待,于是在企业主与劳动者、生产者与消费者的法律关系中,造成了经济地位上的强者对经济上的弱者在实质上的支配,反过来动摇了民法的基础。因此,现代民法在维持民法典关于抽象的人格的规定的同时,又从抽象的法人格中分化出若干具体的法人格,其代表性例子是在劳动法上形成劳动者的具体人格,使雇佣契约的主体成为服从团体法理的劳动法的主体。其次,为了阻止大企业独占的弊害,经济法、反垄断法成为着眼于企业的规模、业种的独立的法域。此外,消费者及公害的受害者,也作为一定的法人格类型出现在特别法上。在这方面,我国颁布了《劳动法》《消费者权益保护法》《妇女权益保障法》《老年人权益保障法》《反不正当竞争法》,正在起草的统一合同法草案中注意区分经营者之间的关系和经营者与消费者之间的关系。第二,财产所有权的限制。保护财产所有权不仅是近代法的基本任务,也是现代法的基本任务,只是现代法对财产所有权的保护不像近代法那样绝对化。按照现代民法思想,认为财产所有权应受一定的限制,认为财产所有权具有社会性。基于这样的思想,各主要国家和地区对土地所有权和使用权设有公法规制措施,对重要生活物资实行统制,在民法上要求权利的行使应遵循诚实信用原则,禁止权利滥用。第三,对私法自治或契约自由的限制。现代民法变化最大的莫过于私法自治原则,特别是契约自由原则。私法自治或契约自由,其实质是自由竞争,是市场经济的本质特征。近代民法对契约自由不加限制,反映经济政策上的放任主义,其结果在促进近代社会经济发展的同时,也造成许多严重的社会问题。在现代民法上,私法自治或契约自由虽仍然是民法的基本原则,但已不再是从前的状况,私法自治或契约自由受到多方面的限制,包括公法上对交易的规制,即所谓"私法的公法化",在民法上则通过诚实信用原则、公序良俗原则对私法自治或契约自由进行限制,以及由法律直接规定某些契约条款无效等。我国民法也是如此,例如,起草中的统一合同法草案,在涉及经营者与经营者的关系时,着重体现私法自治和契约自由,而一旦涉及经营者与消费者或劳动者的关系时,则着重考虑对消费者和劳动者的特殊保护。第四,社会责任。现代社会是高度的风险社会,企业事故、交通事故、缺陷产品致损、环境污染公害等,很难从个人行为的可归责性上获得伦理根据,使自己责任即过失责任的伦理基础发生动摇。现代民法虽在违约责任及一般侵权行为责任中仍然坚持自己责任即过失责任原则,但对于许多特殊侵权行为规定了无过失责任即严格责任,此外还导入了与民事责任无关的损害赔偿制度。例如,我国《民法通则》第 122 条和《产品质量法》第四章参考欧共体关于产品责任的指令和美国的严格产品责任法制,对于产品缺陷致损规定了无过失责任。[⑩]

[⑩] 参见〔日〕北川善太郎:《民法总则》,有斐阁 1993 年版,第 14—15 页。北川先生将现代民法模式概括为:具体的人格;私的所有的社会制约;受规制的竞争;社会责任。

(六)现代民法的法学思潮

1. 自由法运动

由于20世纪是一个急剧变化、剧烈动荡的世纪,为了解决各种严重的社会问题,要求打破概念法学的禁锢,要求弹性地解释法律,要求具体的社会妥当性,要求承认并补充成文法漏洞,要求发挥法官的能动性,导致了概念法学的衰落。使概念法学的地位发生动摇,所谓振臂一呼,学者群起而响应,形成自由法运动,并导致概念法学没落的,是著名学者耶林。自19世纪70年代以后,耶林对概念法学痛加批判,影响至巨,使一批年轻学者翕然从风,纷纷对概念法学展开批判,由耶林的目的法学、法国的科学学派、德意志的自由法学和利益法学形成了20世纪批判概念法学的自由法运动,最后导致概念法学的衰微。[11]

(1)目的法学

耶林本属于潘德克顿法学派之嫡系,早期在历史法学的影响之下,从事罗马法研究,其不朽名著《罗马法的精神》仍未脱潘德克顿法学之色彩。在其后期的著作中,对概念法学痛加批判,成为反对概念法学的旗手。耶林于1877年出版《法的目的》一书,强调法律乃是人类意志的产物,有一定的目的,应受"目的律"支配,与自然法则系以"因果律"为基础、有其必然的因果关系截然不同。故解释法律,必先了解法律究竟欲实现何种目的,以此为解释之出发点,始能得其要领。以目的作为解释法律之最高准则,此即所谓目的法学。耶林更进一步认为,法律是社会的产物,有其一定目的,故法律亦可谓为目的之产物。法之目的,犹如指导法学发展的"导引之星",其在法学中的地位,犹如北极星之于航海者。因此,解释法律必须结合实际的社会生活,不能偏离法的目的。经耶林的大力提倡,法的目的于是成为法学之基本指导原则,并成为一种目的解释方法。[12]

---

[11] 参见梁慧星:《民法解释学》,中国政法大学出版社1995年版,第62—63页。
[12] 参见梁慧星:《民法解释学》,中国政法大学出版社1995年版,第64—65页。

(2) 自由法学

所谓自由法学,是因埃利希的著作《法的自由发现与自由法学》而得名。埃利希在该著作中,批判概念法学的成文法至上主义和法典完美无缺等观念,强调法律每因立法者的疏忽而未预见,或因情势变更而必然发生许多漏洞。此时,法官应自由地去探求社会生活中活的法律,以资因应。再有康特洛维茨于1906年出版《为法学而斗争》,有意模仿耶林的《为权利而斗争》,其中批判概念法学的法典万能、成文法完美无缺的观念,极度轻视法典的权威,不仅主张法官于法律有漏洞时,可自由发现生活中的活法予以补充,并主张法官有法律变更之权。自由法学的基本观点可归结如下:其一,在国家法律之外任由自由法之存在,此自由法类似于自然法,但自由法之内容因时事而变化,因此异于亘古不变的自然法。其二,承认法律必然存在漏洞,法官有发现自由法之权。其三,关于法律概念的构成,主张基于目的论方法,即依法律目的以构成概念。其四,认裁判为价值判断,虽无法律规定,法官可自由发现法律,即依法律目的创造规范,甚至不妨依法感情为裁判。[13]

(3) 科学学派

法国从19世纪后半期开始的资本主义的飞速发展,造成资本集中、工业生产的大规模化、庞大的无产者阶层及贫富两极分化等新的社会经济问题,使人们对作为法秩序和注释学派的思想基础的基本观念,如个人的自由、平等,产生怀疑,严重动摇了注释学派仅靠探求1804年的立法者的意思和对法典条文作逻辑操作以解决问题的逻辑主义。因此,从1880年开始,在注释学派内部发生强调对制定法中心主义进行批判,强调于进行法的判断时必须加入法律外的诸种要素的考虑,强调尊重和研究判例的主张。继承和发展了这些新的主张,并使学说的方向发生转换的,是学者撒莱和惹尼,二人对注释学派的法典万能主义进行了彻底的批判,认为制定法本身绝不是自足的、完美无缺的,必然存在法律漏洞。因此法学应充分考虑法律外的要素,探求现实的社会生

---

[13] 参见梁慧星:《民法解释学》,中国政法大学出版社1995年版,第65—66页。

活中生成的法规范,通过对制定法的自由解释,补充法律的漏洞。针对原来的学说否定判例为法源的倾向,认为判例具有发现社会生活中生成的法规范的法创造的机能,主张承认判例作为法源的地位。惹尼在《实证私法学的解释方法与法源》一书中认为,人类创造的实证私法难期尽善尽美,必然有许多漏洞,绝不应如概念法学那样靠逻辑演绎方法补充,应从法律之外去探求活法予以补充。但所谓探求,并非毫无限制,而应以科学的自由探究,避免任意判断。惹尼所提倡的"科学的自由探究"一语,成为这一学派的象征,因此被称为科学学派。

按照惹尼的主张,遇法律有漏洞或不充分的情形,法官应把自己当作立法者以解决该问题,必须依从与立法者同样的目的,作出法的决定。实际上,这是采用了《瑞士民法典》第1条第(2)项的规定。惹尼认为,立法者于立法时只是以抽象的方式作规定,这与法官针对具体的问题进行判决是不同的,为了避免法官恣意的危险,应当尽可能避免其受个人主观因素的影响,必须基于客观性质的要素作出法的决定。法官的这种活动,应称为科学的自由探究。所谓自由探究,是指应摆脱实在的权威,不受法典拘束的探究;所谓科学探究,是指应避免受个人主观因素的影响,以客观的要素作为基础的探究。作为科学的自由探究的基础的客观要素,包括两个:其一,从人类理性和良心吸取的要素,如正义、事物的本性、衡平;其二,实证的要素。[14]

(4)利益法学

利益法学的倡导者赫克,其主要学术活动在1902—1937年,时值旧法学向新法学的转换期,其所提倡的利益法学对于法学现代化的完成起了重大的作用。他所创立的利益法学,既批判概念法学,也批判自由法学,对理论和实务产生了很大影响。至20世纪30年代,利益法学在德国私法中取得优势,在"二战"期间,受到纳粹的压制,"二战"后又复活。赫克的学说,一方面承认成文法存在漏洞,须由法官充任立法者的助手,补充法律漏洞;另一方面又认为对于法律漏洞不能通过自由地

---

[14] 参见梁慧星:《民法解释学》,中国政法大学出版社1995年版,第67—69页。

发现活法的方式予以补充,而应就现存实证法详加研究,以把握立法者所重视的利益,加以衡量判断,因此被称为利益法学。

须注意的是,利益法学所持的是一种折中的立场,它既反对概念法学,也反对自由法学。如果说,概念法学追求法的安定性价值,因而坚持严格解释,而自由法学追求妥当性价值,因而主张自由裁量,则利益法学企图兼顾安定性和妥当性两种价值,因而主张两者的折中和协调,亦即严格解释与自由裁量的结合。因此,由于反对概念法学,利益法学被归入自由法运动;由于反对自由法学,利益法学又被视为对自由法学的反动。利益法学主张,对于法律漏洞,应就现行法探求立法者所欲促成或协调的利益,并对待决案件所显现的利益冲突进行利益衡量,以补充漏洞,尽可能在不损及法的安定性的前提下谋求具体裁判的妥当性,因此对实务界发生了很大的影响。法院从此转而重视案件事实所涉及的利益冲突,进行利益衡量。20世纪50年代兴起的价值法学,是在利益法学基础上,进一步弥补其不足,因此被视为利益法学的发展。[15]

2. 诸学说的共同点

其一,诸学说均认为,国家的成文法并非唯一的法源,除成文法外,尚有活的法律存在,此为真正的法源。法学者的任务,即运用科学的方法,自由地去探求活的法律。

其二,诸学说均认为,成文法绝非如概念法学所谓的完美无缺,必然存在漏洞,其原因或为立法者因疏忽而未预见,或为嗣后情势变更,遇法律有漏洞时,自应由解释者予以补充。

其三,概念法学以"概念数学"的方法,将法律解释限于形式逻辑的演绎操作,甚至认为社会上可能发生的一切问题,只需将各种法律概念,如数学公式一般进行演算即可得出正确答案,不须作目的考量和利益衡量。诸学说均认为,概念法学的此种思考方法不符合现代法学的要求,于解释法律时,不应仅限于逻辑推演,必须对现实社会生活中各种各样互相冲突的利益,根据法律目的予以衡量。法律逻辑,不过是达

---

[15] 参见梁慧星:《民法解释学》,中国政法大学出版社1995年版,第70—74页。

到目的的手段,而非目的本身。

其四,概念法学禁止司法活动的造法功能,将法官视为适用法律的机器,将判决视同机械的复印过程。诸学说均主张发挥法官的能动性,于适用法律时应作利益衡量和价值判断,于法律有漏洞时应发现社会生活中活的法律并予以补充。

其五,在法律价值的认识上,诸学说均重视法的妥当性价值,反对概念法学为确保法的安定性而不惜牺牲其妥当性。[16]

四、现代民法面临的难题

最近北川善太郎教授在一篇讨论未来法的文章中谈到现代民法所面临的难题,现将北川先生所概括的问题介绍如下。[17]

1. 现代民法所内含的矛盾:对人性的尊重与对人性的威胁

一方面,现代民法从尊重人性出发,每个人一出生就被赋予人格和权利能力,对个人自由意思的尊重,形成私法自治原则和自己责任原则;另一方面,现代民法所规定的人格平等和私法自治,其结果造成经济上的强者对弱者的支配及自由竞争中的失败者被弃之不顾,日益严重的危险和加害行为的受害者不能获得法律上的救济,使人强烈地感到对人性的威胁。在现今社会,近代民法的基本原则在某些方面起到了轻视人性的作用,这一点不容否认。劳动法、经济法、社会保障法、环境保护法、消费者权益保护法及产品责任法的制定正是为了克服近代民法所造成的非人性。事实证明,这些法律的制定对于在法律制度上恢复对人性的尊重起到一定的作用,现代民法也因此而获得了新的生命力。但是,绝不能说人性已经得到完全的保护,因为现代民法面临多方面的、不断的挑战,背负着十分沉重的包袱。

2. 人的物化现象

随着计算机系统的广泛应用,人的意思决定被限定在计算机程序

---

[16] 参见梁慧星:《民法解释学》,中国政法大学出版社1995年版,第74页。

[17] 参见〔日〕北川善太郎:《关于最近之未来的法律模型》,李薇译,载梁慧星主编:《民商法论丛》(第6卷),法律出版社1997年版,第283—312页。

当中,其选择只能在软件的许可范围内。因此,作为人与人之间交流手段的意思,在计算机系统中只不过是程序化了的意思而已。所谓人的物化现象,是指人的意思形成和基于意思的活动,即法学上所谓"基于人的精神作用"的人的行为,被物质性过程所部分替代,或者指非行为者自身精神作用的、外部的原因使人的精神作用受到制约和限制。

3. 人与动植物的区别

《民法总则》规定了近代民法的基本概念和基本制度,权利主体人,权利客体物,法律行为(人的行为)等,作为民法的基本要素。现代民法继承了这个框架。北川先生认为,这些要素还可以进一步归纳为人与自然两个要素。法律关心的是人的精神、意思,赋予一切人权利能力和主体资格。人以外的不具有精神、意思的生物归属于物,是权利的客体。明确区别权利主体人与权利客体物(动物、植物),两者间存在不可逾越的鸿沟,这个近现代法上理所当然的前提正在动摇。因为分子生物学的研究证明,人的遗传基因与动植物的遗传基因没有任何差别,人的生命现象是物质现象的一种。人、动物、植物都是通过 DNA 的遗传信息才得以繁殖,其 DNA 本身无论是于人、于动物、于植物都是无差别的。新的发现必然对法律产生影响,例如,冷冻受精卵的发育出生。如果一对夫妇立下遗嘱委托特定的人或机关在他们死后使其冷冻受精卵发育出生,则在《继承法》上应如何处理。毫无疑问,现行法将冷冻受精卵作为物对待是不妥当的。今天,我们经常会遇到这类问题,如利用冷冻精子、冷冻卵子、冷冻受精卵问题,根据遗传基因诊断预见遗传疾病的婚姻障碍问题,生物体的移植、转让问题,DNA 相关知识产权问题,很难在只区别人和物的现代法框架内作出妥当规范。对此,北川先生提出了建立作为第三法域的生命体法的构想。

4. 计算机系统契约

由于计算机系统的利用,即将计算机的信息处理与通信系统结合起来的信息网络应用于交易,即可实现从商品生产到销售全过程的契约系统化。这种与计算机系统结合的契约是新的契约类型,可称系统契约。例如,信用卡交易、机票预约系统、银行间结算系统的电子资金划拨等。一方面，系统契约虽然可以综合处理大量的契约问题，但另一方面，人的意思却转化为"程序化的意思"。系统契约必然是多数当事人契约，必然发生以往契约理论框架所不能解决的新问题，例如，系统机能障碍、不当利用和受害救济及系统经营者的责任等。

5. 大量拷贝与权利集中处理系统

数字技术和多媒体技术必将对法律制度产生极大影响，例如，数字技术，使文字、语言、音乐、绘画、电影、电视、广播、通信之间的区别化为乌有。数字技术能够大量、方便、廉价、迅速地复制他人著作物，从而严重威胁著作权法律制度的存在。大量复制他人著作物的现象随着复印机的发展而日益严重，为此出现了权利集中处理系统。根据规定，使用者支付私人转录录音、录像补偿金，就可以复制录音、录像。至于复制谁的著作、复制多少，并不规定。补偿金的支付对象是权利集中处理机构，而非著作人，恰如没有债权人的请求权。另一种方法是采取课税的办法。瑞典、挪威于 20 世纪 80 年代初采取了对复制机器、磁盘课税的方式。这两种办法推广应用的结果，将导致以著作权为私权的著作权法的崩溃。为此，北川先生提出另一个思路，即建立复制市场，由权利人将其著作进行登记、录入并提示其许可条件，如果出现愿按其条件进行交易的利用人，则该利用人将著作权许可使用费汇入权利人的账户。这种系统将保障作为私权的著作权的实现，而利用人在复制市场能够检索到各种著作权信息，并通过复制市场的网络与权利人进行直接交涉。这显然是一个很理想的模式，但其是否具有现实性，恐有疑问。

6. 信息产品的责任

信息既有财产性又有流动性，由于数字技术的发展，其两面性正在发生变化。根据数字技术，文字、音乐、照片、影视片，均可以数字符号作为信息保存。从符号角度看，这些作品的形态已经没有任何区别。信息与有体物是不同的。现行法上的物主要是有体物，如产品责任法的适用范围限于动产。因信息缺陷产生的损害，无法纳入产品责任法，例如，按照烹调书介绍的材料和方法烹饪的食物使人中毒的情形、由于记载化学实验方法的教材有错误导致重伤的情形,如何追究著作人的责任?而实际上由信息缺陷造成的损害,其严重性并不亚于有体物造成的损害。值得注意的是,我国近年已经发生因教科书内容有错误向法院提起的诉讼。

7. 大规模受害的救济

自己责任原则对于解决现代社会的危险已不再妥当,我们所面临的是近代法所未曾预料的大规模受害和对这种受害的救济问题,如大量的公害、药害,切尔诺贝利核电站泄漏事件、计算机信息网络因停电事故所导致的大规模损害。现代社会被称为风险社会,现代技术所带来的风险,不可预料、无所不在且具有国际性,随时可能造成严重损害。信息化时代,计算机系统越普及,发生各种连锁性灾害的可能性也越高。大规模损害发生的连续性的给付,如受害人将来的医药费、学费、生活费、教养费等,不适宜采用判决方式,而通过加害人与受害人协议的方式可以较妥当解决。

五、结语

我国从清末改制引进欧洲大陆法系民法,至 1929—1930 年民国政府颁布了正式的民法典。中华人民共和国成立,废除了民国政府的法律,转而继受苏联的民法。因长期实行权力高度集中的计划经济体制,使民法失去物质基础,直到 20 世纪 70 年代末,谈不上有真正的民法。自改革开放以来,由于推行社会主义的市场经济体制,为民法的存在和发展奠定了物质基础。现在,民事立法正在逐步健全,民法学术研究、教学和实务均有很大的发展,可望在 10~15 年之内完成编纂一部现代化的中国民法典的任务。中国在这样一个历史时刻走上民主法治之路,推进民事立法和建立自己的民法理论,不得不同时担负回归和重建近代民法及超越近代民法和实现民法现代化的双重使命。因此,回顾20 世纪的民法,把握民法怎样从近代民法发展到现代民法,以及了解和研究现代民法所面临的难题,毫无疑问,对我国民法立法、实务、学术研究和教学,都有重大意义。

中国对外国民法的继受*

一、引言

中国历史上的中华法系,并无法律领域的划分,各种社会关系,均由同一法律调整,即学者所谓"诸法合一"。历代封建统治者虽重视法典编纂,但多为刑法之规定,其中涉及民事关系者,如户、婚、钱债等,也以采用刑罚制裁者为限,实质上仍属于刑法规范。[①] 因此,中国民法是从外国民法继受而来。

中国之继受外国民法,始于20世纪初的清代末期,迄今已有百余年。因继受外国民法,在中国创立了一个崭新的民法体系和一个民法学科,使中国的法律制度可能与国际接轨。[②] 自改革开放以来的民事立法,正是这一法律继受过程的延续。

---

* 本文写作于2003年6月10日。

① 关于中国历史上是否有"民法",学者间意见分歧。肯定中国历史上有"民法"的学者,以梅仲协、杨鸿烈等为代表;否定中国历史上有"民法"的学者,以梁启超、王伯琦等为代表。

② 在中国历史上,维新派人士最早提出通过继受外国法实现"法律现代化"。1898年1月29日康有为在《上清帝第六书》中指出,西方列强攫取我国领事裁判权,借口是"我国刑律太重而法规不同",建议设"法律局","采罗马及英、美、德、法、日本之律",制定民法、商法等"我夙无"的法律。在另一篇奏折《请开制度局议行新政折》中说:"若夫吾国法律,与万国异,故治外法权,不能收复。且吾旧律,民法与刑法不分,商律与海律未备,尤非所以与万国交通也。"转引自俞江:《清末民法学输入与传播》(未刊稿)。

二、从 20 世纪初期至 20 世纪 40 年代的立法

(一)第一次民法典编纂:《大清民律草案》

中国之制定民法典,目的在于废除领事裁判权及变法维新。③ 1900 年八国联军攻入北京,使朝野上下,达成共识:中国要富强,必须进行法制改革,学习西方法律制度。1902 年(光绪二十八年),光绪皇帝下诏:参酌外国法律,改订律例。1908 年民法典起草正式开始,至 1911 年,民法起草完成,名为《大清民律草案》④,包括总则、债权、物权、亲属、继承五编,共计 1569 条。其中,总则、债权、物权三编由日本东京控诉院判事松冈义正起草,亲属、继承两编由陈录、高种、朱献文起草。⑤ 其编制体例及前三编内容,是参考《德国民法典》和《日本民法典》。1911 年进入审议程序,因 10 月发生辛亥革命推翻帝制,这一民法典未正式颁行。通过这一民法草案,大陆法系特别是德国民法的编制体例和概念体系被引入中国,决定了中国近现代民法和民法学的走向。

(二)第二次民法典编纂:《民国民律草案》

中华民国成立后,继续进行民法典编纂⑥,以《大清民律草案》为基

---

③ 中国继受外国民法的目的,在于废除领事裁判权和变法维新,此与日本相同。但领事裁判权,一直到抗战末期才被废除,因此与民刑法典之制定和诉讼制度之改革,并无直接关联。而维新变法亦未成功,革命党人发动辛亥革命推翻绵延数千年之封建帝制,建立共和国,而最终由中华民国完成民法典之制定。参见王泽鉴:《"民法"五十年》,载王泽鉴:《民法学说与判例研究》(第五册),1991 年自版,第 4 页。

④ 在中国法律文献中,与罗马法 jus civile 对应的名词有两个:"民律"和"民法"。"民律"一词,是 1880 年同文馆翻译《法国律例》时自创;"民法"一词,系从日本引进,最早出现在黄遵宪著《日本国志》(1887 年)。从 19 世纪 90 年代至 20 世纪 20 年代的 30 年间,"民律""民法"两词并存,交替使用,第一次民法草案和第二次民法草案,均用"民律"而不用"民法",直到 1930 年《中华民国民法》颁布,"民法"一词才最终取代"民律"一词,使"民律"一词逐渐成为民法史上的用语。参见俞江:《中国近代民法与民法学》,北京大学博士论文(未刊稿)。

⑤ 陈录是法国巴黎大学法学学士,高种是日本中央大学法学学士,朱献文是京师大学堂速成科第一期保送日本留学生、法学学士。

⑥ 中国法制史学者杨鸿烈指出:"民国时代编纂法典,不过完成清代未竟之业而已。"杨鸿烈:《中国法律发达史》(下),上海书店 1990 年版,第 1032 页。

础,予以增删修改,于 1925 年完成《中华民国民律草案》,仍为总则、债权、物权、亲属、继承五编,共 1745 条。其中债权编改动较多,吸收了《瑞士债务法》一些原则和制度。这部法典草案,最终也未正式颁行。但当时的司法部曾经通令各级法院可以将这一法典草案作为条理引用,可见,这一从外国继受而来的民法已在裁判实务中发挥其效力。

(三) 第三次民法典编纂:《中华民国民法》

1927 年 4 月国民政府在南京成立,1928 年 12 月设立立法院,负责法典编纂工作。1929 年 1 月,立法院设立民法起草委员会[7],从同年 2 月 1 日开始编纂民法典。至 1930 年 12 月 26 日,民法典各编全部完成[8],是中国历史上第一部民法典,名为《中华民国民法》。该法典包括总则、债权、物权、亲属、继承五编,共 29 章,1225 条。《中华民国民法》之制定,是以《民国民律草案》为基础,采用了《德国民法典》的编制体例和概念体系,并参考了《日本民法典》《瑞士民法典》《苏俄民法典》和《泰国民法典》。

(四) 小结

第一,中国之继受外国民法,采大陆法系特别是德国民法,是受日本的影响。其所以不采英美法,纯粹是由于技术上的原因,并非基于法律品质上的考虑。大陆法系与英美法系,并无优劣之分,但英美法是判例法,不适于依立法方式继受。其所以不采法国民法而采德国民法,是因为《德国民法典》制定在后,其立法技术及法典内容被认为较 1804 年的《法国民法典》进步。[9]

第二,《大清民律草案》和《民国民律草案》本采民商分立,于民法

---

[7] 由傅秉常、焦易堂、史尚宽、林彬、郑毓秀五人组成,并聘司法院院长王宠惠、考试院长戴传贤及法国人宝道(Padoux)为顾问,以何崇善为秘书,胡长清为纂修。

[8] 1929 年 4 月完成总则编,经立法院 4 月 30 日审议通过,于 5 月 23 日正式公布;同年 11 月完成债编,经立法院 11 月 8 日审议通过,11 月 22 日正式公布;同年 11 月完成物权编,经立法院 11 月 19 日审议通过,11 月 30 日正式公布;1930 年 12 月完成亲属编和继承编,经立法院审议通过,于 12 月 26 日正式公布。

[9] 参见王泽鉴:《"民法"五十年》,载王泽鉴:《民法学说与判例研究》(第五册),1991 年自版,第 4—5 页。

典之外,将另行制定商法典。但因意大利学者摩坦尼利首倡民商合一主义,得到各主要国家和地区学者赞同,瑞士民法、泰国民法和苏俄民法均采民商合一主义。因此,国民党中央政治会议第 183 次会议通过立法院院长胡汉民等的提案,决定起草民商合一的民法典。⑩ 但《中华民国民法》之所谓民商合一,重点在于不另行制定商法典,而将属于商人通则之经理人、代办商,及属于商行为之交互计算、行纪、仓库、运送营业及承揽运送等契约,订入民法典。在民法典外,尚有公司法、票据法、海商法及保险法等民事特别法。⑪ 因此,与现今《意大利民法典》和新《荷兰民法典》之彻底的民商合一,有一定的差别。

第三,对中国继受外国法的效果,有不同的看法。一些学者认为,"继受的民法在总体上没有取得实际效果"⑫。这是因为《中华民国民法》颁布不久,即发生日本帝国主义侵略中国的事变,中国历经抗日战争和解放战争,长期处于战争状态,致使这一民法典不能发挥其作用,不是法律继受本身或者这一继受的民法典本身有什么问题。⑬ 1949 年中华人民共和国成立,这一民法典被中央人民政府明令废除。

三、20 世纪 50 年代和 60 年代的立法

(一)20 世纪 50 年代的民法草案

中华人民共和国成立后,从 1954 年开始起草民法典,至 1956 年 12

---

⑩ 立法院院长胡汉民等拟定的《民商法划一提案审查报告书》,详述采纳民商合一之理由,其主要理由:中国本无商人之特殊阶级存在,不宜单独立法;若制定商法典,当以商行为为标准,但何种行为属于商行为,难以界定;若采民商法分立,如一方为商人,一方非商人,在法律适用上亦感困难;制定民商合一法典,符合中国社会实际状况及现代立法之潮流。参见胡长清:《中国民法总论》,中国政法大学出版社 1997 年版,第 13—14 页。

⑪ 另行制定此等民事特别法的理由:(1)因公司、票据、海商、保险等事项,商界习惯日新月异,如订入民法典则修改不便;(2)海商法、保险法中大部分事项具有行政性质,不宜订入民法典;(3)此前已有公司、票据、海商、保险等法律草案,只需稍加修改,即可颁行;(4)如全部订入民法典,则卷帙浩繁,检阅不便。参见胡长清:《中国民法总论》,中国政法大学出版社 1997 年版,第 28—29 页。

⑫ 转引自范健等主编:《中德法律继受与法典编纂》,法律出版社 2000 年版,第 36 页。

⑬ 参见王泽鉴:《"民法"五十年》,载王泽鉴:《民法学说与判例研究》(第五册),1991 年自版,第 8 页。

月完成新中国的第一部《民法草案》,分为总则、所有权、债、继承四编,共 525 条。由于此后发生"整风"、反右等政治运动,致民法起草工作被迫中断。这一民法草案,其编制体例和基本制度均参考 1922 年的《苏俄民法典》,标志着中国对苏联民法的继受。⑭ 值得注意的是,虽然这一草案是以《苏俄民法典》为蓝本,但由于《苏俄民法典》本身是参考《德国民法典》制定的,这就决定了现今中国民法仍未脱离大陆法系中的德国法系。⑮

(二)20 世纪 60 年代的民法草案

1962 年,中国在经历严重自然灾害和"大跃进"所造成的严重困难之后,重新强调发展商品生产和商品交换,在此背景之下开始了第二次民法起草,至 1964 年 7 月完成《民法(草案)》(试拟稿)。该草案集中反映当时计划经济体制的特征和经济思想上的错误倾向,并受国际国内政治斗争的影响,企图既摆脱苏联民法模式又与资本主义国家民法彻底划清界限。起草者设计了一个全新的编制体例,仅分三编:第一编总则;第二编财产的所有;第三编财产的流转。一方面将亲属、继承、侵权行为排除在法典之外,另一方面又不适当地将预算、税收等关系纳入法典,且整部法典一概不使用"权利""义务""物权""债权""所有权""自然人""法人"等概念。这次民法起草工作因"四清运动"而中断。⑯这一民法草案所留下的深刻教训是,在民法立法上,拒绝对外国民法的继受,盲目追求所谓中国特色,是不可取的。

(三)小结

第一,这一时期的两次民法典起草均因政治原因而中断,但深层的

---

⑭ 例如,这一草案完全采纳《苏俄民法典》的编制体例,将亲属法排除在民法之外;不规定"物权"而仅规定"所有权";不使用"自然人"概念而用"公民"概念代替;仅规定诉讼时效而不规定取得时效;片面强调对社会主义公共财产的特殊保护等。

⑮ 北川善太郎指出,日本、韩国、中国民法,均属于大陆法系中的德国法系。参见〔日〕北川善太郎:《民法总则》,有斐阁 1993 年版,第 105 页。

⑯ 1963 年起在全国范围内开展的"社会主义教育运动",又称"四清运动",至 1966 年发展为"文化大革命"。"文化大革命"期间,各级人民法院、检察院和公安机关被撤销,称为"砸烂公、检、法"。

原因是当时中国实行单一的公有制和计划经济体制,整个社会经济生活的运行,依赖于行政手段和指令性计划,缺乏民法存在的社会条件。

第二,这一时期正式颁布的民事法律唯有《婚姻法》(1950年)。各级人民法院审理的民事案件,主要是离婚案件和人身伤害赔偿案件,裁判的依据是《婚姻法》和"民事政策"。所谓"民事政策",是指"党和国家颁布的有关民事方面的规范性文件"⑰。例如,政务院《新区农村债务纠纷处理办法》(1950年10月20日)、最高人民法院《关于贯彻执行民事政策几个问题的意见》(1963年8月28日)。

第三,因废除国民政府时期的全部法律(包括《中华民国民法》),国民政府时期的全部民法教材均被废弃,大学法律系直接采用苏联民法教材,请苏联专家授课。直到1958年才出版了第一部民法教材,也是改革开放之前中国唯一正式出版的民法教材。⑱ 这一民法教材,是在参考苏联民法理论的基础上编写的,表明中国对苏联民法理论的全面继受。

第四,中国对苏联民法的继受,因1959年中国共产党对苏联共产党修正主义路线的批判而告终结。于是,苏联的法律和理论与资本主义国家的法律和理论一样,成为革命批判的对象,导致1964年的《民法(草案)》(试拟稿)拒绝继受一切外国法律。

四、改革开放以来(1978年至今)的立法

(一)1982年的《民法(草案)》(第四稿)

中国在经历十年"文化大革命"之后实行"改革开放"政策,从计划经济转向市场经济,民法的地位和作用开始受到重视。1979年11月成立民法起草工作小组,至1982年5月起草了新中国第四部《民法

---

⑰ 唐德华主编:《民法教程》,法律出版社1987年版,第14页。
⑱ 参见中央政法干部学校民法教研室编著:《中华人民共和国民法基本问题》,法律出版社1958年版。

(草案)》(第四稿)。⑲《民法(草案)》(第四稿)包括八编:第一编民法的任务和基本原则;第二编民事主体;第三编财产所有权;第四编合同;第五编智力成果权;第六编财产继承权;第七编民事责任;第八编其他规定。其编制体例和主要内容,主要参考1962年《苏联民事立法纲要》、1964年《苏俄民法典》和1978年修订的《匈牙利民法典》。

(二)1981年的《经济合同法》

《经济合同法》包括七章:第一章总则;第二章经济合同的订立和履行;第三章经济合同的变更和解除;第四章违反经济合同的责任;第五章经济合同纠纷的调解和仲裁;第六章经济合同的管理;第七章附则。共57条。《经济合同法》虽说是在《民法(草案)》(第四稿)合同编的基础上制定的,但受到苏联经济法学派理论的强烈影响。⑳

(三)1985年的《涉外经济合同法》

为了适应对外开放和发展国际商事贸易的需要,1985年制定了《涉外经济合同法》,包括七章,共43条:第一章总则;第二章合同的订立;第三章合同的履行和违反合同的责任;第四章合同的转让;第五章合同的变更、解除和终止;第六争议的解决;第七附则。该法除法律名称保留了"经济合同"概念,留有一点苏联法律和理论的痕迹外,结构和内容主要是参考英美契约法和《联合国国际货物销售合同公约》,是中国民事立法继受英美法和国际公约的开始。

(四)1986年的《民法通则》

《民法通则》是在《民法(草案)》(第四稿)第一编总则的基础上制定的,包括九章,共156条:第一章基本原则;第二章公民(自然人);第三章法人;第四章民事法律行为和代理;第五章民事权利;第六章民事

---

⑲ 此后,立法机关考虑到经济体制改革刚刚开始,社会生活处在变动之中,一时难以制定一部完善的民法典,决定改采先分别制定民事单行法,待条件具备时再制定民法典的方针。

⑳ 1979年至1986年,中国发生了长达7年之久的民法学派与经济法学派的论战。经济法学派多数学者主张不制定民法典而制定经济法典,也有学者建议按照捷克斯洛伐克模式同时制定一部经济法典和一部民法典,甚至有人主张废弃"民法"这一称谓,改称"公民权利法",该论战因1986年《民法通则》的颁布而宣告结束。参见梁慧星:《佟柔先生与民法经济法论争》,载梁慧星:《中国民法经济法诸问题》,中国法制出版社1999年版,第329页。

责任;第七章诉讼时效;第八章涉外民事关系的法律适用;第九章附则。由于是以《民法(草案)》(第四稿)的总则编为基础,因此主要受1962年《苏联民事立法纲要》、1964年《苏俄民法典》和1978年修订的《匈牙利民法典》的影响。

(五)1999年的新《合同法》

为了适应发展现代化市场经济的要求,实现交易规则的统一和与国际接轨,1993年开始起草新《合同法》,于1999年3月15日通过。新《合同法》包括总则八章、分则十五章,共二十三章428条。该法采用了《德国民法典》的概念体系,许多原则、制度和条文,可以从《德国民法典》《日本民法典》中找到它们的原型。其中总则和买卖合同部分,参考了《国际商事合同通则》《联合国国际货物销售合同公约》《欧洲合同法原则》和英美契约法。

(六)小结

改革开放初期的民事立法,所参考的是苏联和东欧社会主义国家的立法。以《民法(草案)》(第四稿)合同编为基础颁布的《经济合同法》(1981年)和以《民法(草案)》(第四稿)总则编为基础制定的《民法通则》(1986年),均显现出1962年《苏联民事立法纲要》、1964年《苏俄民法典》、1978年《匈牙利民法典》和苏联民法理论、经济法理论的浓重色彩。1985年颁布的《涉外经济合同法》比较接近于英美契约法和《联合国国际货物销售合同公约》。1993年制定《合同法立法方案》时,起草人明确提出了"广泛参考借鉴市场经济发达国家和地区成功的立法经验和判例学说,并与国际公约和国际惯例协调一致"的指导思想。这一指导思想,在新《合同法》中得到了切实贯彻,我们看到这部法律采用了典型的德国民法的概念体系,许多原则和制度直接采自《德国民法典》《日本民法典》,一些重要的制度直接采自英美法和《国际商事合同通则》《联合国国际货物销售合同公约》和英美契约法。从这一时期的立法我们可以发现,中国在继受外国民法的进程中,发生了所继受目标的转换:从继受苏联和东欧社会主义国家民法,转向继受发达的资本主义国家和地区的民法;从继受目标比较"单一",转向继受目标的"多元"。

五、目前民法典编纂中的主要争论

1998年3月全国人大常委会委托9位学者专家成立民法起草工作小组,负责民法典草案的准备工作,原计划在2010年完成民法典编纂。由于中国加入WTO,全国人大常委会要求加快民法典编纂的进程,要求2002年完成民法典草案并进入审议程序。目前分别委托学者专家起草的各编草案[21]已经完成,2002年4月19日的专家讨论会着重讨论了民法典编纂的结构体例[22],法制工作委员会正在进行整个民法典草案的修改和编纂工作。民法起草工作小组内部及中国民法学界,围绕中国民法典的编制体例有激烈争论,现将主要争论点整理如下。

(一)是"编纂"还是"汇编"

多数学者强调民法典的"编纂",建议制定一部着重逻辑性和体系性的大陆法系的民法典。[23] 相反意见建议在现行《民法通则》和各单行法基础上,加以汇编、整理,保持各部分的相对独立,构成一部所谓"松散式、邦联式"的民法典。[24]

(二)以"重要性"为标准还是以"逻辑性"为标准

关于哪些制度规定在民法典上,哪些制度作为民事特别法保留在

---

[21] 梁慧星教授受托起草总则编、债法总则编和合同编;王利明教授受托起草人格权编、侵权行为编;唐德华法官受托起草民事责任编;郑成思教授受托起草知识产权编;巫昌桢教授受托起草亲属编、继承编;费宗祎退休法官受托起草涉外民事关系法律适用编。

[22] 2002年4月19日法制工作委员会召开的民法草案专家讨论会上,王家福教授建议民法典设十编:第一编总则;第二编人格权;第三编物权;第四编知识产权;第五编债法总则;第六编合同;第七编侵权行为;第八编亲属;第九编继承;第十编涉外民事关系的法律适用。得到与会学者专家一致同意的是:总则编、物权编、债法总则编、合同编、侵权行为编、亲属编、继承编、涉外民事关系的法律适用编。关于是否设人格权编和知识产权编,未达成一致意见。

[23] 参见梁慧星:《中华人民共和国民法典大纲(草案)》,载梁慧星主编:《民商法论丛》(第13卷),法律出版社2000年版,第800—832页。此外,中国政法大学民法教研室向民法起草工作小组提交的《民法典设计方案》,建议制定德国式五编制的民法典。

[24] 在1998年3月25日的民法起草工作小组第一次会议上,小组成员费宗祎主张编纂"松散式、邦联式"的民法典。

民法典之外,以及民法典编章顺序的安排究竟以什么作为标准? 一种意见认为,应当以"逻辑性"作为标准,将整个民事生活领域的共同规则、基本制度规定在民法典,而将特殊领域、特殊市场、特殊关系的特殊的规则和制度,制定为民事特别法,保留在民法典之外,民法典的编章顺序也以逻辑性为准。㉕ 相反的意见认为,应当以"重要性"作为标准,凡是重要的民法制度都应当纳入民法典,民法典的编章顺序安排也以重要性为标准,重要的制度在前,反之则在后。㉖

(三)"民商合一"还是"民商分立"

多数学者认为,中国在 20 世纪 30 年代即采纳民商合一,50 年代中国大陆转而继受苏联的法律和理论,而苏联也是民商合一,故民商合一始终未变,现行《民法通则》《合同法》《担保法》均为民商合一的立法,因此主张制定民商合一的民法典。㉗ 相反的意见认为,只要我们不能完全否认民事与商事的区分,就应采民商分立,建议改采民商分立主义。㉘

(四)"德国式五编制"还是"法国式三编制"

多数学者认为,德国式五编制体例的特点在于着重法律规则的逻辑性和体系性,便于法官适用,易于保障法制的统一和裁判的公正,加之中国自清末起即已继受德国式编制体例,因此建议仍以德国式五编制为基础,并吸收新《荷兰民法典》、新《蒙古国民法典》和新《俄罗斯联邦民法典》的经验,将债权编分解为债法总则、合同和侵权行为三编,

---

㉕ 参见梁慧星:《当前关于民法典编纂的三条思路》,载徐国栋编:《中国民法典起草思路论战》,中国政法大学出版社 2001 年版,第 5 页。

㉖ 参见徐国栋:《民法典草案的基本结构——以民法的调整对象理论为中心》,载徐国栋编:《中国民法典起草思路论战》,中国政法大学出版社 2001 年版,第 56—104 页。

㉗ 参见梁慧星:《民法总论》,法律出版社 2001 年版,第 13 页;王利明:《论中国民法典的体系》,载徐国栋编:《中国民法典起草思路论战》,中国政法大学出版社 2001 年版,第 111—115 页。

㉘ 参见米健:《现今中国民法典编纂借鉴德国民法典的若干思考》,载范健等主编:《中德法律继受与法典编纂》,法律出版社 2000 年版,第 22—25 页。

制定七编制的民法典。㉙ 相反的意见,批评德国式五编制体例的弊病在于使"人法"湮没于财产法之中,赞赏法国式三编制的优点在于符合罗马法的"人法优位主义",因此建议制定"三编制"的民法典或者"两编制"的民法典。㉚

(五)关于是否保留"物权"概念和"债权"概念

多数学者强调,"物权"概念和"债权"概念是大陆法系民法的基础性概念,建议以"物权"概念和"债权"概念为基础,划分为"物权编"和"债权编"。相反的意见不赞成采用"物权"概念和"债权"概念,建议以"财产权"概念取代"物权"概念,同时以"合同"概念和"侵权行为"概念取代"债权"概念,划分为"财产法编""合同编"和"侵权行为编"㉛。

(六)是否设"总则编"

多数学者主张按照《德国民法典》的编制体例,设立民法典的总则编,规定民法基本原则、主体、客体、法律行为、代理、诉讼时效及期间、

㉙ 参见梁慧星:《民法总论》,法律出版社2001年版,第17页;梁慧星:《中华人民共和国民法典大纲(草案)》,载梁慧星主编:《民商法论丛》(第13卷),法律出版社2000年版,第800—832页。2002年4月19日全国人大常委会法制工作委员会召开的民法典草案专家讨论会上,王家福教授建议编纂十编制的民法典,系在七编制基础上增加"人格权""知识产权""涉外民事关系的法律适用"三编,仍属于以德国式五编制为基础。

㉚ 中国社会科学院法学研究所的郑成思教授建议民法典分为人法、财产法、债权法三编,参见郑成思、薛虹:《再谈应当制定"财产法"而不是制定"物权法"》,载中国社会科学院《要报(信息专版)》(第62期),2001年9月7日;厦门大学法学院徐国栋教授建议制定两编制的民法典:第一编人身关系法(第一分编自然人法、第二分编法人法、第三分编亲属法、第四分编继承法);第二编财产关系法(第五分编物权法、第六分编知识产权法、第七分编债法总论、第八分编债法分论),参见徐国栋:《民法典草案的基本结构——以民法的调整对象理论为中心》,载徐国栋编:《中国民法典起草思路论战》,中国政法大学出版社2001年版,第61页。

㉛ 如郑成思教授认为"物权"概念不科学,建议用"财产权"概念取代"物权"概念。参见郑成思:《关于制定"财产法"而不是"物权法"的建议》,载中国社会科学院《要报(信息专版)》(第41期),2001年6月8日。另外,在1998年3月民法起草工作小组第一次会议上,江平教授认为"物权"概念和"债权"概念不通俗,建议以"财产权"概念取代"物权"概念,以合同和侵权行为概念代替"债权"概念。在2001年5月的物权法草案专家讨论会上,江平教授声明"不再坚持"这一意见,在2002年4月19日的民法典草案专家讨论会上,江平教授明确表示赞同设物权编和债法总则编。

期日等制度。㉜相反的意见认为，由于设立民法典总则编，破坏了罗马法"人法—物法"的基本结构，"人法"被湮没于总则的庞杂规定中，人文精神被湮没于各种技术性规定中，建议放弃"总则"这一过时的结构，制定划分为"人身关系法"和"财产关系法"两编制民法典。㉝

（七）人格权是否独立设编

一种意见认为，人格权单独设编符合保护人权的要求，并且突出民法以人为本的立法思想，建议民法典单独设立人格权编。㉞相反的意见认为，人格权为民事主体资格应有的内容，具有与民事主体不可分离的性质，不宜单独设编，建议在总则编自然人一章规定人格权。㉟

（八）关于知识产权法

多数意见强调知识产权在知识经济时代的重要性，建议在民法典设立知识产权编。㊱相反的意见，考虑到专利权和商标权难以与程序规则分离，及知识产权法必须随科学技术的发展而频繁修改，建议民法典不设知识产权编而在民法典之外保留现行《专利法》《商标法》《著作权法》，作为民事特别法。㊲

（九）关于国际私法

一种意见认为，考虑到自 20 世纪以来制定国际私法法典已成为共

㉜ 在 2002 年 4 月 19 日的民法典草案专家讨论会上，与会学者专家一致同意民法典设总则编。

㉝ 参见徐国栋：《民法典草案的基本结构——以民法的调整对象理论为中心》，载徐国栋编：《中国民法典起草思路论战》，中国政法大学出版社 2001 年版，第 71—72 页。

㉞ 参见王利明：《论中国民法典的体系》，载徐国栋编：《中国民法典起草思路论战》，中国政法大学出版社 2001 年版，第 118—122 页。

㉟ 参见梁慧星：《民法总论》，法律出版社 2001 年版，第 17—18 页；梁慧星教授受委托起草的《中国民法典：总则编草案》，在第二章自然人的第五节规定人格权，共 11 个条文。

㊱ 民法起草工作小组多数成员赞同在民法典设知识产权编。此外，厦门大学徐国栋教授建议，将知识产权法规定在民法典第二编（财产关系法）的第六分编。参见徐国栋：《民法典草案的基本结构——以民法的调整对象理论为中心》，载徐国栋编：《中国民法典起草思路论战》，中国政法大学出版社 2001 年版，第 61 页。

㊲ 2002 年 4 月 19 日全国人大常委会法制工作委员会召开的民法典草案专家讨论会上，郑成思教授和梁慧星教授公开表示不赞成设知识产权编。此外，王利明教授在《论中国民法典的体系》一文中，也主张民法典不规定知识产权，而将知识产权法作为特别法保留在民法典之外。参见王利明：《论中国民法典的体系》，载徐国栋编：《中国民法典起草思路论战》，中国政法大学出版社 2001 年版，第 131—132 页。

同趋势,及中国国际私法学界已经起草了国际私法示范法,因此建议在民法典上不规定冲突规范,而在民法典之外另行制定中国国际私法法典。㊳ 相反的意见,建议沿袭现行《民法通则》的做法,在民法典上设立"涉外民事关系的法律适用"编。㊴

六、结语

我国民法第一期的立法继受,继受目标是大陆法系的德国民法、日本民法和瑞士民法,其立法成就是《中华民国民法》;第二期的立法继受,因为政治经济体制和意识形态的原因,转向继受苏联民法;第三期的立法继受,可进一步区分为前期(20世纪80年代)和后期(20世纪90年代),前期仍主要继受苏联和东欧社会主义国家民法,其立法成就是《经济合同法》和《民法通则》,后期主动调整继受目标,转向主要继受市场经济发达国家和地区的民法,其立法成就是新《合同法》。此外,从20世纪90年代颁布的《合同法》等民事法律可以看到,中国对外国法的继受呈现出继受目标"多元化"的现象,在维持大陆法系德国民法的概念体系基础之上,广泛参考借鉴发达国家和地区成功的立法经验和判例学说,兼采英美法系的灵活制度,并着重与国际公约和国际惯例协调一致。中国民法典的制定,必将继续推进这一从新《合同法》开始的"多元化"立法继受。

中国对外国法的继受,从"单一继受"转向"多元继受"的结果,使中国的法律带有"多元复合"的色彩。新《合同法》的概念体系是德国式的,直接采自《德国民法典》《日本民法典》的制度不胜枚举,例如,缔约过失(第42条)、附随义务(第60条第2款)、后契约义务(第92条);同时履行抗辩权(第66条)、不安抗辩权(第68条、第69条)、债

㊳ 在1998年9月3日民法起草工作小组会议上,小组成员一致同意民法典不设涉外民事关系的法律适用编,而建议单独制定《国际私法法典》。

㊴ 2002年4月19日的民法典草案专家讨论会上,与会专家学者一致同意设涉外民事关系的法律适用编,理由是《国际私法法典》尚未列入国家立法计划,如民法典不设涉外民事关系的法律适用编,在民法典颁布(《民法通则》将同时废止)后,将出现规范涉外民事关系规则的法律空白。

权人代位权(第73条)、债权人撤销权(第74条)、承包人优先受偿权(第286条)等。但新《合同法》将违约责任原则从过错责任改为严格责任(第107条),及所规定的预期违约(第108条)、强制实际履行(第110条)、可预见规则(第113条)、间接代理(第402条、第403条)等制度,则是主动继受英美法和《联合国国际货物销售合同公约》《国际商事合同通则》的结果。⑩ 可以预见,这种"多元复合"的色彩在将来的中国民法典上必定会更加显著和突出,也许这就是所谓"中国特色"。

---

⑩ 《消费者权益保护法》第49条规定的惩罚性赔偿金制度、《产品质量法》第四章规定的严格产品责任制度,均系从美国法继受而来。

中国民法学的历史回顾与展望[*]

引 言

今天讲的题目是"中国民法学的历史回顾与展望"。讲中国民法学,当然离不开中国民法。无论是中国民法还是中国民法学,均非中国本土所产,而是20世纪初从西方继受而来。

在大陆法系民法学的话语系统中,所谓"继受"一语,特指一个民族、国家自主决定采用其他国家的法律制度,为其所有、为其所用。"继受"一语,与所谓"法律移植"的区别在于强调"继受"国的"自主性"。因此,我们常说德国继受罗马法、日本继受德国法,而不说美国继受英国法、新西兰继受英国法。中国民法学者习惯于使用"继受"一语的理由即在此。

100年前,中华民族在面临被外国列强肢解瓜分的危急时刻,为了废除领事裁判权、为了救亡图存、为了民族复兴而继受外国民法。因继受外国民法而在中国创立了一个崭新的民法体系和民法学科,使中国的民法和民法理论与国际接轨成为可能。当年从德国民法继受而来的这套概念、原则、制度和理论的体系,已经在中国这块土地上发芽、生根、开花、结果,已经融入中国社会,成为中国立法、司法、教学和理论研究的基础,成为中国的法律传统和法律文化的基础。

关于中国历史上继受外国法,著名民法学者王泽鉴先生说,"充分

---

[*] 本文根据作者于2007年5月15日在中国社会科学院学术报告厅为庆祝中国社会科学院成立30周年学术讲演稿整理修改而成。

显示一个古老民族如何在外来压力下,毅然决定抛弃固有传统法制,继受西洋法学思潮,以求生存的决心、挣扎及奋斗!"法制史学者杨鸿烈先生说,民国时期的立法,"不过完成清代未竟之业而已"①!今天中国民法学界所从事的民法立法和民法理论研究,何尝不是以清末继受外国法为开端的中国民法现代化的历史进程的继续?

我的报告分为五个部分:一是中国民法学的诞生与前期发展(1900—1949年);二是中国民法学的"转向""停滞"与"死亡"(1950—1977年);三是中国民法学的"重生"与发展(1978年至今);四是中国民法学的进步;五是关系中国民法学进一步发展的几个问题。

一、中国民法学的诞生与前期发展(1900—1949年)

(一)中国历史上有无民法

关于中国历史上是否有"民法",学者间意见分歧。肯定中国历史上有"民法"的学者,以梅仲协②、胡长清③、张晋藩④等先生为代表;否定中国历史上有"民法"的学者,以梁启超、王伯琦、谢怀栻等先生为代表。

我们今天所谓的民法,特指近现代民法,即以主体地位平等、意思自治、权利义务结构和民事责任为特征的法律。中国历代封建统治者虽重视法典编纂,产生过唐律、明律、清律等杰出的法典,均属于刑事法律,其中涉及民事生活关系的条文,如户、婚、钱债等,不符合近现代民法的主体平等、意思自治、权利义务结构和民事责任等特征,实质上仍属于刑法规范。至于一般民事生活关系,则由类似习惯法的"礼"调整,因此应当肯定中国历史上不存在民法。⑤

---

① 杨鸿烈:《中国法律发达史》(下),上海书店1990年版,第1312页。
② 参见梅仲协:《民法要义》,中国政法大学出版社1998年版,第14—16页。
③ 参见胡长清:《中国民法总论》,中国政法大学出版社1997年版,第16页。
④ 参见张晋藩总主编:《中国法制通史》,法律出版社1999年版,第214页。
⑤ 谢怀栻先生指出:"中国几千年不存在什么私法或民法。像婚姻、买卖等属于私法范围的事,也是一部分归之于刑律,一部分归之于礼。"参见谢怀栻:《谢怀栻法学文选》,中国法制出版社2002年版,第369页。

中国历史上不存在民法,其根本原因在于在漫长的封建社会中,统治者推行"重农抑商"的经济政策,自给自足的自然经济始终占据主体地位,商品生产和商品交换被限制在狭小的范围内,且在政治上实行专制主义统治,个人自由、平等、权利、义务等观念无由发生,不具备近现代民法产生和发展的基本条件。因此,现今中国民法,非中国所固有,而是清末从外国民法继受而来。

(二)为什么继受外国民法

中国自甲午战败,日渐陷于被帝国主义列强肢解瓜分之绝境,有识之士提出各种救国方策,均未奏效。因此维新派人士最早建议继受外国法律、变法图强。但统治集团内部帝党与后党之间,关于应否变法,意见相左。至1900年,因八国联军攻占北京,促使朝野上下达成共识:中国要富强,非学习西方法律制度不可。

1901年慈禧太后颁布上谕,实行"新政改革"。1902年,光绪帝下诏:"参酌外国法律,改订律例。"1907年委派沈家本、俞廉三、英瑞为修律大臣,设立修订法律馆,主持起草民刑法典。沈家本通过到日本考察的侍郎董康,邀请日本东京控诉院判事松冈义正、帝国大学刑法教授冈田朝太郎、司法省事务官小河滋次郎、帝国大学商法教授志田钾太郎来华,协助起草法典,并在京师法律学堂担任教习。中国之继受外国法,于兹揭幕。

1908年民法典起草正式开始,至1911年,民法典起草完成,名为《大清民律草案》。⑥ 其概念体系、编制体例及前三编内容,系参考《德国民法典》和《日本民法典》。于1911年进入审议程序,未及正式颁行,清王朝即被辛亥革命所推翻。这一次民法起草的重要意义在于,将大陆法系德国民法的概念体系引入中国,由此决定了中国民法学的基本走向。⑦

---

⑥ 《大清民律草案》包括总则、债权、物权、亲属、继承五编,共计1569条。

⑦ 1925年《中华民国民律草案》及1929—1930年制定的《中华民国民法》,均是在《大清民律草案》的基础上经适当增删修改完成的。

(三) 继受外国法的直接动因:废除领事裁判权

清道光二十三年(1843年)签订的《中英五口通商附粘善后条款》和《中英五口通商章程》,开英国人在华享有领事裁判权之恶例,此后法、美、挪、俄、德、荷等17国,通过签订不平等条约取得在华领事裁判权。⑧ 领事裁判权的存在,当然意味着中国国家主权的不完整。因此,自清末以来,一直致力于收回领事裁判权。清政府与英、美、日、葡续订商约,四国先后承诺,以中国律例及审断办法等皆臻完善为条件,放弃领事裁判权。因此,清末法律家认为,"收回领事裁判权"为变法自强之关键。

进入民国时期,北洋政府设立法典编纂会、修订法律馆,专事编纂各项法典,皆以收回领事裁判权为目的。可以说,收回领事裁判权,成为中国民法近代化的形式动因。⑨ 南京国民政府成立后,民法典编纂工作提上日程,仍是围绕收回领事裁判权这一目的。立法院在第三次全国代表大会上的工作报告中关于"立法计划"谈道:"现在所缔结中比、中丹、中西、中意各商约,以十九年(1930年)一月一日或是日以前颁布民商法为撤销领事裁判权之条件。即为安全社会生活计,为撤销不平等条约计,民法之起草尤不容缓也。"⑩

著名学者王泽鉴指出,近代各主要国家和地区制定民法典,都具有一定的政治目的。中国制定民法典的目的,与日本相同,皆在于废除领事裁判权及变法维新。但领事裁判权一直到抗战末期才被废除,与民法典的制定并无直接关联。唯西洋法律之继受,对中国法制之现代化具有深远重大的影响。⑪

(四) 为什么继受大陆法系的德国民法

中国之继受大陆法系的德国民法,是受日本的影响。⑫ 其所以不

---

⑧ 参见张生:《民国初期民法的近代化》,中国政法大学出版社2002年版,第19—20页。

⑨ 参见张生:《民国初期民法的近代化》,中国政法大学出版社2002年版,第20—21页。

⑩ 俞江:《近代中国民法学中的私权理论》,北京大学出版社2003年版,第3页。

⑪ 参见王泽鉴:《民法学说与判例研究》(第五册),1991年自版,第3—4页。

⑫ 参见王泽鉴:《民法学说与判例研究》(第五册),1991年自版,第4页。

采英美法系,纯粹是由于技术上的原因。大陆法系与英美法系,虽无优劣高下之分,但英美法是判例法,不适于依立法方式予以继受。其所以不采法国民法而采德国民法之主要理由,系《德国民法典》公布在后,其立法技术及内容均较《法国民法典》进步。[13] 王泽鉴先生指出,中国法制因继受德国法而科学化。制度可以修正、变更,甚至废弃,但方法将永远存在。此为中国继受德国法之真正意义。[14]

(五) 中国民法学的诞生

中国继受西方民法的结果,形成一个与中国传统律例全然不同的民法规则体系,及一个与中国传统律学全然不同的民法学知识体系。这套规则体系和知识体系与其他具有近代意义的部门法和部门法学及法理学一起,构成一个更大的规则和知识体系,即中国近代法和近代法学,从而替代了中国古代律例和律学。[15]

法制史学者俞江指出,对中国民法学来说,古罗马法和近代西方民法学就像两座巨大的雪山,丰富的水源从那里源源不断地输送过来。1880年同文馆法语教习毕利干翻译的《法国律例:民律》(即《法国民法典》),为20世纪前的中国知识界提供了一个接近民法学的机会。20世纪初,为收回领事裁判权和立宪运动的发生促成了一场大规模的移植西方法学的活动。日本民法学在这一背景下也进入中国,从留日学生的民法学笔记到松冈义正的民法讲义;从对日本民法的简单而全面的介绍到翻译富井政章、梅谦次郎等日本民法学家的专著。如果说20世纪以前的源头处还是一条清澈细小的溪流,则20世纪初日本民法学的汇入使其陡然呈现大河气象。[16]

---

[13] 王宠惠先生在其于1907年出版的《德国民法典》(英译本)中说:"与拿破仑法典不同,德国民法是用字最审慎,体裁编例最科学之法典,系最卓越德国法学者二十二年细心研究之成果。"王宠惠先生并引述英国法制史学者Mailand氏之意见,强调:"德国民法系举世最缜密的国内法。"转引自王泽鉴:《民法学说与判例研究》(第五册),1991年自版,第9页。

[14] 参见王泽鉴:《民法学说与判例研究》(第五册),1991年自版,第9页。

[15] 参见俞江:《近代中国民法学中的私权理论》,北京大学出版社2003年版,第11页。

[16] 参见俞江:《近代中国民法学中的私权理论》,北京大学出版社2003年版,第13页。

李达在《法理学大纲》一书中指出,中国法学的研究,肇始于满清末年的日本留学生,与日本人冈田朝太郎、松冈义正所主讲的京师法律学堂。[17] 1904年清政府设立第一所法学教育专门机构——直隶法政学堂。此后5年间,各种公立、私立法政学堂遍布全国。各校课程,除"大清律例要义"等外,都是有关外国法的介绍和比较的课程,并聘请外国法学专家讲课。[18] 学者俞江指出,并非只有留日学生对近代民法学移植作出了贡献,留学其他国家的法政学生无不投身于这场民法学移植活动中。例如,留学法国的陈箓翻译了《法国民法典》,留学德国的马德润翻译了《德国民法典》,是留学生的共同努力才把那么多民法学研究素材,在短短的十年里带进了中国。[19]

20世纪前十年是中国民法学的"孕育"期,它的结晶就是《大清民律草案》。《大清民律草案》是中国第一代民法学者共同努力的成果。正是这批学者完成了一批外国民法典的翻译工作,完成了民法学汉语词汇的定型工作,完成了一批罗马法、西方民法学著作和教科书的编译或翻译工作,从而为近代中国民法学奠定了学科基础。[20] 换言之,因此诞生了区别于中国传统律学的中国民法学。

(六)中国民法学的前期发展

按照法制史学者俞江的研究,中国民法学诞生于1949年,产生了三代学者。第一代学者,是中国民法学的开创者,大致出生于1885年以前,有国学根底,有留洋背景,逢清末修律之盛,曾投身其中,为近代法的移植作出了巨大贡献。他们的活跃期是1900年至1927年。这一代学者虽在专业上也有分工,但并不重视个人学术成果,而是重在实政,多投身于立法、司法或法学教育。以董康、江庸、余启昌、王宠惠、陈

---

[17] 转引自陈根发:《论日本法的精神》,北京大学出版社2005年版,第7页。

[18] 据不完全统计,1897—1909年间,13所法政学堂共聘请58名日本教习。参见何勤华、李秀清:《外国法与中国法》,中国政法大学出版社2003年版,第208—209页。

[19] 参见俞江:《近代中国民法学中的私权理论》,北京大学出版社2003年版,第13—14页。

[20] 参见俞江:《近代中国民法学中的私权理论》,北京大学出版社2003年版,第14页。

菉、郁华、张知本、张一鹏、陈时夏等为代表。[21]

第二代学者,大约出生于1885年以后。其中一些仍有国学根底,但总体上不如第一代。清末修律时,他们正在国外留学。这一代学者将实务、教学和研究较好地结合,20世纪20年代中期以后进入创作高峰期。抗战爆发前,有一段法学研究繁荣期,就是这一代学者唱主角。这一代学者的治学风格以"通"为特征,其中,陈瑾昆、戴修瓒、朱学曾、刘志敫、应时、欧宗祐、欧阳溪、钟洪声等先生,在民法学上都有精深的造诣。[22]

从1912年到1927年,是第一、第二代人同台的时期,这一时期也是近代中国民法学的"黄金年代"。当时存在一个横跨立法、司法、学术三界的大的法学共同体。这一共同体,使法律界在政治面前保持住一种独立的声音,并在维护法律人的共同信念、提供知识和经验积累等方面发挥了重大作用。第二代学者能以"通"治学,与这一共同体的存在是分不开的。

参与民国时期民法典纂修的史尚宽、胡长清等,以及在20世纪三四十年代成名的民法学者李祖荫、楼桐荪、阮毅成、吴学义、周新民、郁㠯、李宜琛等先生,是中国近代民法学的第三代学者。他们大多在国内接受新学教育,然后出国深造。第三代学者少有跨两个学科的,除非是法学通论和一个部门法。最多是民法总则,兼修一门债法或物权法。[23]

大约在20世纪30年代中期,第三代学者开始在某一领域表现出扎实的基本功和独到的见解,如史尚宽、胡长清等在民法总则方面,王去非在物权法方面,李谟在债法方面,郁㠯在亲属法方面,曹杰、郑国楠在继承法方面,等等。那种跨学科的、同时在其他部门法方面有造诣的学者已不多见。这种趋势到20世纪40年代更加明显。首先是李祖荫的《民法概要》(1941年),接着是李宜琛的《民法总则》(1943年),风

---

[21] 参见俞江:《近代中国民法学中的私权理论》,北京大学出版社2003年版,第23页。
[22] 参见俞江:《近代中国民法学中的私权理论》,北京大学出版社2003年版,第23页。
[23] 参见俞江:《近代中国民法学中的私权理论》,北京大学出版社2003年版,第20页。

格上都有思维绵密、全面系统以及学术气味浓烈的特点。另外,还有龙显铭的《现行法上租赁之研究》(1944年)和《私法上人格权之保护》(1949年)等。这种从小处着眼的专题研究,在上一代学者那里是看不到的。这些作品的出现,虽然已是40年代中后期,却反映了第三代民法学者真正的研究风格和方向。这种风格,就是向专深方向发展,其中,"专"的特点,已表现得很明显。[24]

二、中国民法学的"转向""停滞"与"死亡"(1950—1977年)

1949年2月中共中央明令废除"国民党六法全书"(即"民国六法")。[25] 1949年10月1日中华人民共和国中央人民政府成立。1950年颁布第一部《婚姻法》[26],使婚姻家庭关系脱离民法的调整范围。1954年开始起草民法典,至1956年12月完成第一部《民法草案》。因此后发生"整风"、反右等政治运动,致民法起草工作中断。

1956年《民法草案》,分为总则、所有权、债、继承四编,共525条,是以1922年《苏俄民法典》为蓝本,例如,四编制体例的采用,将亲属法排除在民法之外;抛弃"物权"概念而仅规定"所有权";不使用"自然人"概念而用"公民"概念代替;仅规定诉讼时效而不规定取得时效;强调对社会主义公共财产的特殊保护;等等。表明民法学的"转向",即由此前继受德国民法,转而继受苏联民法。

新中国成立后,在整个法律界开展了对"旧法"观点的批判,随之而来的"整风"、反右运动,几乎将民国时期的民法学者一网打尽。1949年前的民法教材均遭废弃,法学教育直接采用苏联民法教材,请

---

[24] 参见俞江:《近代中国民法学中的私权理论》,北京大学出版社2003年版,第22—23页。

[25] 中共中央于1949年2月发布《关于废除国民党的六法全书与确定解放区的司法原则的指示》,致《中华民国民法》在大陆被废除。

[26] 该法参考了《苏俄婚姻、家庭及监护法典》和中国革命根据地时期的《婚姻法(条例)》。

苏联专家授课。㉗ 直到1958年才出版第一部民法教材,即由中央政法干部学校编著的《中华人民共和国民法基本问题》㉘,这一民法教材,是在参考苏联民法理论的基础上编写的,表明中国民法学对苏联民法学的全面继受。㉙

20世纪50年代中国继受苏联民法和苏联民法学,主要是因为当时新中国面对资本主义国家的"封锁",不得不采取"一边倒"的外交政策㉚,以及大规模翻译苏联民事法律和民法学著作,邀请苏联专家来华介绍苏联民事立法经验并在各法律院系任教和派遣留学生到苏联学习法律等因素。但最根本的原因是,中国移植了苏联以单一公有制为基础的计划经济体制。㉛

继受苏联民法和民法学,取决于中苏两党的关系,最终取决于毛泽东同志对苏联的看法,而毛泽东同志对于学习苏联经验,始终是有所保留的。㉜ 因此,一旦中苏两党关系恶化,这种立法和理论的继受就会立即中断。此与中国在1949年之前继受大陆法不同,大陆法系是一个超越国界的抽象的规则体系和理论体系,其意识形态淡薄,不同政治体制的国家均可采用,即使中国与大陆法系的某个国家交恶,也不影响中国对这一体系的继受。㉝

㉗ 在院系调整后的中国人民大学法律系、中央政法干部学校和北京政法学院、西南政法学院、西北政法学院、华东政法学院等,主干课程教师由苏联专家担任,采用苏联教材。参见何勤华、李秀清:《外国法与中国法》,中国政法大学出版社2003年版,第25—26页。

㉘ 这部民法教材在进入60年代后已停止使用,我于1962年考入西南政法学院法律系,民法学课程改称"民事政策学",采用本校自编的《民事政策学教材》。

㉙ 但苏联民法也是从德国民法继受而来,由此决定了中国民法始终未脱离大陆法系中的德国法系。现今的中国民法和日本民法、韩国民法,均继受德国民法的概念体系和编制体例,被称为"东北亚的德国法系"。参见〔日〕北川善太郎:《民法总则》,有斐阁1993年版,第105页。

㉚ 毛泽东宣布,新中国不是倒向帝国主义一边,只能倒向社会主义一边。参见何勤华、李秀清:《外国法与中国法》,中国政法大学出版社2003年版,第21页。

㉛ 参见何勤华、李秀清:《外国法与中国法》,中国政法大学出版社2003年版,第323页。

㉜ 参见何勤华、李秀清:《外国法与中国法》,中国政法大学出版社2003年版,第24页。

㉝ 参见何勤华、李秀清:《外国法与中国法》,中国政法大学出版社2003年版,第25页。

中国传统的法律虚无主义,也决定了中国对苏联法和法学的继受不可能是全面的、持久的。法律在中国的地位始终是低下的。新中国的许多领导人认为,法律是约束手脚、可有可无的,我们有党的领导,有党的方针政策,没有法律照样搞社会主义。在一段时期内,法律被简单化为专政工具,对群众运动的迷信和对法律功能的蔑视,导致继受苏联法的停滞。[34]

中国在经历"三年自然灾害"和"大跃进""共产风"造成的严重经济困难后,曾调整经济政策,强调发展商品生产和商品交换,于 1962 年开始第二次民法起草,至 1964 年 7 月,完成《民法(草案)》(试拟稿)。[35] 起草人设计了既不同于德国民法也不同于苏俄民法的三编制:第一编"总则";第二编"财产的所有";第三编"财产的流转"。一方面将亲属、继承、侵权行为等排除在法典之外;另一方面将预算关系、税收关系等纳入法典,且一概不使用"权利""义务""物权""债权""所有权""自然人""法人"等法律概念,企图摆脱苏联民法的影响,并与资产阶级民法彻底划清界限。显而易见,是受到国际国内政治斗争特别是中苏两党论战的影响。

1963 年起在全国范围内开展的"社会主义教育运动"(以下简称"四清运动"),导致第二次民法起草中断。而"四清运动"的发展,于 1966 年升级为"文化大革命"。"文化大革命"期间,各级人民法院、检察院和公安机关被撤销,称为"砸烂公、检、法",整个国家陷入无政府状态,包括政法学院在内的全部大学停办,包括民法学者在内的法律教师和研究人员被驱赶到"五七干校"接受思想改造,使中国民法立法、司法和教学出现了长达十年之久的"停滞期"。

把法律简单化为镇压阶级敌人的工具,无视法律在维护人民民事权利、处理民事纠纷和促进经济发展中的作用,导致封建社会的重刑轻民思想借尸还魂。封建法律观的残余与对法律的片面认识结合,导致

---

[34] 参见何勤华、李秀清:《外国法与中国法》,中国政法大学出版社 2003 年版,第 26—27 页。

[35] 这次民法典起草,因全国城乡开展"社会主义教育运动"而中断。

在中国不重视民法的思想牢不可破[36]，导致中国民法立法的停滞和中国民法学的"死亡"。

虽然各级人民法院有民事审判庭的设置和民事案件的分类，但民事审判庭审理民事案件以所谓"民事审判政策"[37]为依据。从 1959 年起，作为法学教育专业基础课的"民法学"，改称"民事政策学"，采用各校自编的"民事政策学教材"[38]。如果说在 1957 年"整风"、反右运动之时，法学教育中还存在"民法学"专业和"民法学"课程，我们可以说中国民法学已经"名存而实亡"，则在以"民事政策学"取代"民法学"之后的 20 世纪 60 年代，中国民法学已经"名实俱亡"。

三、中国民法学的"重生"和发展（1978 年至今）

（一）民法经济法论争

中国在经历"文化大革命"十年动乱之后，于 1977 年决定将工作重点转移到经济建设上来。1978 年的中共中央十一届三中全会，决定实行改革开放，大力发展社会主义商品生产和商品交换，使中国民法学界看到了希望之光。尤其邓小平同志关于"无论是革命还是建设，都要注意学习和借鉴外国经验"的讲话，为继受外国民法敞开了大门。但是，中国民法学要抓住这一历史机遇，迎来民法学的春天，还须先为民法学的生存而战，这就是从 1979 年开始的民法学与经济法学的论争。

1979 年 8 月 7—8 日，中国社会科学院法学研究所邀请在京法律院系的学者召开了著名的"民法与经济法问题学术座谈会"，会上形成

---

[36] 参见谢怀栻：《谢怀栻法学文选》，中国法制出版社 2002 年版，第 76 页。

[37] 例如，最高人民法院《关于贯彻执行民事政策几个问题的意见》（1963 年 8 月 28 日）。

[38] 据西南政法大学谭启平教授查阅该校教务处历年课程表，西南政法学院是从 1959 年起将"民法学"课程改为"民事政策学"。鉴于大学课程设置须服从教育行政部门的规定，故推断各政法院系均从 1959 年起将"民法学"课程改为"民事政策学"。

所谓"大经济法观点"[39]与所谓"大民法观点"[40]的对立,由此揭开长达7年之久的民法学与经济法学大论战的序幕。虽然党中央已经决定改革开放,但改革的方向并未确定,不少人认为改革的方向是强化国家计划和行政管理,继续走苏联的老路。国家领导人提出加快经济立法的口号[41],也很容易使人往经济法方面去想,而恰巧苏联以拉普捷夫、马穆托夫为代表的经济法理论被介绍进来,助长了经济法的势头。

民法经济法论争的关键问题是,企业之间的经济关系究竟归民法调整还是归经济法调整,亦即经济合同法究竟属于民法还是属于经济法。谢怀栻先生指出,经济法理论确实影响到民法学的发展。所谓大经济法观点,主张取消民法而由经济法代替。这种观点影响到人们对民法的正确认识,甚至影响到民法研究者对民法的信心。另有一种理论主张把民法的一部分划入经济法,使传统的民法体系陷于混乱或范围缩小。后一理论在整个法学界占了很重要的地位,对民法形成冲击,使民法学界陷入近乎消沉的境地。[42]

由于民法学者的努力,使民法恢复了它应有的地位,更重要的是经济体制改革对民法提出了重大任务。至1985年年初经济法与民法论争进入一个新阶段,经济法对民法的冲击不再那么强烈了。[43]《民法通则》的制定和颁布,标志民法经济法论争以大民法观点的胜利而在形

---

[39] 所谓"大经济法观点",是认为经济法是独立的法律部门,调整社会主义组织之间的经济关系,民法仅调整个人之间的经济关系。其主张者是北京大学的魏振瀛教授、北京政法学院的江平教授和中国社会科学院法学研究所的余鑫如研究员。这几位学者至80年代初均改变了观点。

[40] 所谓"大民法观点",主张凡是横向的经济关系包括社会主义组织之间、社会主义组织与个人之间以及个人与个人之间的财产关系,均由民法调整,经济法仅调整纵向的经济关系。其主张者是中国社会科学院法学研究所的王家福研究员和中国人民大学的佟柔教授。

[41] 胡乔木在《按照经济规律办事,加快实现四个现代化》(载《人民日报》1978年10月6日)一文中使用"经济立法"一语;1979年五届全国人大二次会议叶剑英委员长的闭幕词(载《人民日报》1979年7月2日)中使用"经济法"一语,指称与经济有关的各种法律。

[42] 参见谢怀栻:《谢怀栻法学文选》,中国法制出版社2002年版,第79页。

[43] 参见谢怀栻:《谢怀栻法学文选》,中国法制出版社2002年版,第79页。

式上暂告结束。《民法通则》第 2 条关于民法调整对象的规定,完全采纳大民法的主张㊹,确定了民法在中国社会主义法律体系中的基本法地位,使中国民法学进入新的发展阶段。

民法经济法论争的实质,是对社会主义经济性质的不同认识。大经济法观点倾向于传统的社会主义经济,即计划经济体制;大民法观点重视社会主义经济的商品经济性质,认为在社会主义商品经济条件下,民法能够继续承担基本财产法的任务。改革开放和商品经济的发展,及对非公有制经济的承认,这些经济环境的变化,增强了大民法观点的说服力,从而被立法机关采用。

(二)改革开放初期的民事立法

中国在经历十年"文化大革命"之后实行"改革开放",从计划经济体制向市场经济体制转轨,民法的地位和作用开始受到重视。立法机关采纳中国社会科学院法学研究所关于制定中国民法典的建议㊺,于 1979 年 11 月在法制委员会下成立主要由民法学者组成的"民法起草小组",开始新中国第三次民法起草工作,至 1982 年 5 月起草了民法草案一至四稿㊻,其编制体例和内容,主要参考 1962 年的《苏联民事立法纲要》、1964 年的《苏俄民法典》和 1978 年修订的《匈牙利民法典》。此后立法机关考虑到经济体制改革刚刚开始,社会生活处在变动之中,一时难以制定一部完善的民法典,决定解散民法起草工作小组,暂停民法典起草工作,改采先分别制定单行法,待条件具备时再制定民法典的方针。㊼

㊹ 《民法通则》第 2 条规定:"中华人民共和国民法调整平等主体的公民之间、法人之间、公民和法人之间的财产关系和人身关系。"

㊺ 该建议由时任中国社会科学院法学研究所民法经济法研究室主任的王家福研究员组织起草。

㊻ 《民法(草案)》(第四稿)包括八编:第一编民法的任务和基本原则;第二编民事主体;第三编财产所有权;第四编合同;第五编智力成果权;第六编财产继承权;第七编民事责任;第八编其他规定。

㊼ 当时许多民法学者对立法机关暂停民法起草和解散民法起草工作小组的决定持不赞成的态度。现在看来,当时如果真的制定了一部民法典,则该民法典必定主要参考苏联和东欧社会主义国家民法,不可能符合改革开放和发展社会主义市场经济的要求。

1981年颁布的《经济合同法》[48],是由与"民法起草工作小组"同时成立的、主要由经济法学者组成的"经济合同法起草小组"起草的。从"经济合同"名称的采用,到关于强调按照国家计划订立、履行合同,赋予经济合同管理机关确认合同无效的权力,及行政性经济合同仲裁的规定,可以看出经济合同法深受苏联经济法学理论的影响。

为了适应对外开放和发展国际商事贸易的需要,于1985年制定了《涉外经济合同法》。[49] 该法是由外经贸部牵头组织起草的,更由于对外经济贸易关系的特殊性质,决定了该法不可能以苏联经济法学理论为根据。除法律名称保留了"经济合同"概念,留有一点苏联经济法理论的痕迹外,整部法律的结构、基本原则和内容,主要是参考英美契约法和《联合国国际货物销售合同公约》,这是中国民法立法继受英美法和国际公约的滥觞。

1986年的《民法通则》[50],是在《民法(草案)》(第四稿)第一编总则的基础上制定的,参与起草《民法通则》的主要是民法学者。由于是以《民法(草案)》(第四稿)总则编为基础,因此主要受1962年的《苏联民事立法纲要》、1964年的《苏俄民法典》和1978年修订的《匈牙利民法典》的影响。[51]

这一时期的民事立法,尤其以《经济合同法》和《民法通则》为代

---

[48] 《经济合同法》包括七章:第一章总则;第二章经济合同的订立和履行;第三章经济合同的变更和解除;第四章违反经济合同的责任;第五章经济合同纠纷的调解和仲裁;第六章经济合同的管理;第七章附则。共57条。

[49] 《涉外经济合同法》包括七章:第一章总则;第二章合同的订立;第三章合同的履行和违反合同的责任;第四章合同的转让;第五章合同的变更、解除和终止;第六争议的解决;第七附则。共43条。

[50] 《民法通则》包括九章:第一章基本原则;第二章公民(自然人);第三章法人;第四章民事法律行为和代理;第五章民事权利;第六章民事责任;第七章诉讼时效;第八章涉外民事关系的法律适用;第九章附则。共156条。

[51] 因为《民法通则(草案)》采纳了大民法观点,因而受到持大经济法观点的学者和官员的抵制。一些学者向党中央上书,要求停止《民法通则》的起草,而代之以起草经济法典或者经济法大纲。1986年1月,立法机关在北京召开《民法通则(草案)》专家讨论会,而国务院经济法规研究中心在广州召开所谓经济法大纲专家讨论会,指名批判《民法通则》是"资产阶级民法观点"。

表,仍然以苏联和东欧社会主义国家立法和理论为继受对象,这与国门刚打开,政治禁忌依然存在,民法学者对于继受西方法律和理论心有余悸有关。

(三)20世纪90年代以来的民事立法

随着时间的推移,苏联和东欧社会主义国家的经验不能满足中国改革开放和发展社会主义商品经济实践的要求,尤其是进入20世纪90年代,社会主义市场经济体制被确定为经济体制改革的目标,民法学者开始参考民国时期的民法著作及西方资本主义发达国家的民法和判例学说,导致这一时期的民事立法从继受苏联东欧民法转向继受市场经济发达国家和地区的民法。

为了适应发展现代化市场经济的要求,实现交易规则的统一和与国际接轨,1993年开始起草合同法,于1999年3月15日通过。《合同法》包括总则八章、分则十五章,共二十三章428条。这部法律采用了典型的德国民法的概念体系,许多原则、制度和条文,直接采自德国民法、日本民法,一些重要的制度直接采自《国际商事合同通则》《联合国国际货物销售合同公约》《欧洲合同法原则》和英美契约法。

为了实现有形财产归属和利用关系的基本规则的现代化,完善市场经济体制的法制基础,1998年开始起草《物权法》,经过全国人大常委会先后七次审议,于2007年3月16日经第十届全国人大第五次会议通过。[52]《物权法》采用了典型的德国民法的概念体系,其物权变动模式采法国民法"债权合意主义"与德国民法"登记生效主义"相结合的折中主义,主要内容参考借鉴德国民法、法国民法、日本民法等,也有继受英美财产法的制度,如建筑物区分所有权等。

自20世纪90年代以来的立法表明,中国民法学对外国民法的继受,已呈现出继受目标"多元化"的现象,即在维持大陆法系的德国民法概念体系的基础上,广泛参考借鉴发达国家和地区成功的立法经验

---

[52] 《物权法》包括总则、所有权、用益物权、担保物权和占有五编,共十九章247条。

和判例学说,兼采英美法系的灵活制度,并着重与国际公约和国际惯例协调一致。从"单一继受"转向"多元继受",表明中国民法学进入了一个新的发展阶段。

(四)从《合同法立法方案》所确定的指导思想看中国民法学的发展动向

统一合同法起草时,预先委托 6 位民法学者[53]和 2 位民事法官[54]讨论拟定中国《合同法立法方案》,然后由 12 个单位[55]的民法学者分头起草。该立法方案首先拟定了制定合同法的指导思想。[56] 其中,第一项是:"从中国改革开放和发展社会主义市场经济,建立全国统一的大市场及与国际市场接轨的实际出发,总结中国合同立法、司法实践经验和理论研究成果,广泛参考借鉴市场经济发达国家和地区立法的成功经验和判例学说,尽量采用反映现代市场经济客观规律的共同规则,并与国际公约和国际惯例协调一致。"此项立法指导思想,将继受目标"锁定"在"市场经济发达国家和地区",而将苏联东欧前社会主义国家排

---

[53] 即中国政法大学江平教授、中国社会科学院法学研究所梁慧星研究员、中国人民大学王利明教授、烟台大学郭明瑞教授、吉林大学崔建远教授和中国社会科学院法学研究所张广兴研究员。

[54] 即最高人民法院李凡法官、北京市高级人民法院何忻法官。

[55] 即北京大学、中国人民大学、吉林大学、中国政法大学、武汉大学、烟台大学、中南财经政法大学、西南政法大学、华东政法学院、西北政法学院、对外经济贸易大学和中国社会科学院法学研究所。

[56] 即:(1)从中国改革开放和发展社会主义市场经济,建立全国统一的大市场及与国际市场接轨的实际出发,总结中国合同立法、司法实践经验和理论研究成果,广泛参考借鉴市场经济发达国家和地区立法的成功经验和判例学说,尽量采用反映现代市场经济客观规律的共同规则,并与国际公约和国际惯例协调一致。(2)充分体现当事人意思自治,在不违反法律和公序良俗的前提下,保障当事人享有充分的合同自由,不受行政机关及其他组织的干预;非基于重大的正当事由,不得对当事人的合同自由予以限制。(3)考虑到本法制定和实施的时代特点,本法应能适应中国建成社会主义市场经济后对法律特征的要求,同时应兼顾目前由计划经济体制向市场经济体制过渡时期的特点,但对落后的现实不应迁就。(4)本法在价值取向上应兼顾经济效率与社会公正、交易便捷与交易安全,即在拟定法律规则时,既要注重有利于提高效率,促进生产力发展,又要注重维护社会公益,保护消费者和劳动者权益,维护市场经济的道德秩序,不允许靠损害国家、社会利益,损害消费者和劳动者而发财致富;既要体现现代化市场经济对交易便捷的要求,力求简便和迅速,又不可因此损及交易安全,应规定必要的形式和手续。(5)应注重法律的规范性和可操作性,条文繁简适当,概念尽量准确,有明确的适用范围、构成要件和法律效果,以便于正确适用。

除在外,足以表明中国民法学决心挣脱苏联民法理论和苏联经济法理论的羁绊,回归于以大陆法系德国民法学的概念体系为基础的中国民法学。

(五)从物权法的立法指导思想看中国民法学

《物权法》的制定,未采取事先委托部分学者拟定立法方案、由若干单位民法学者分头起草的办法,而是直接委托学者起草《物权法(草案)》。从学者受立法机关委托起草的《物权法(草案)》可以看到以下立法指导思想:(1)贯彻个人利益与社会公益协调发展的所有权思想[57];(2)坚持对合法财产的一体保护原则[58];(3)严格限定公益目的,重构国家征收制度[59];(4)建立统一的、与行政管理脱钩的不动产登记制度[60];(5)总结农村改革的经验,实现农地使用关系的物权化。[61] 起草《物权法》的指导思想足以表明,中国民法学在挣脱苏联民法学和苏联经济

---

[57] 鉴于中国历史上上述权利观念不发达,新中国成立后又长期实行计划经济体制,忽视对个人和企业所有权的保护,因此对民法学史上所谓个人的所有权观念和所谓社会的所有权观念应有正确分析,不可走极端,制定《物权法》应强调对公民、法人所有权的保障,同时对所有权行使作适当限制,以谋求个人利益与社会公益之协调发展。参见梁慧星:《制定中国物权法的基本思路》,载梁慧星:《为中国民法典而斗争》,法律出版社2002年版,第132页。

[58] 鉴于苏联民法学所谓"社会主义公共财产神圣不可侵犯"原则和《民法通则》所规定的"国家财产神圣不可侵犯"原则,不过是单一公有制和计划经济体制的本质特征的法律反映,已不适应社会主义市场经济的要求。因此,制定物权法应坚持的基本原则只能是:凡合法取得的财产,无分公有私有,均予平等对待,一体保护。参见梁慧星:《为中国民法典而斗争》,法律出版社2002年版,第153页。

[59] 鉴于中国自改革开放以来,各地各级政府滥用征收制度,为企业取得商业用地而征收集体土地所有权、承包农户土地使用权和城镇居民土地使用权,且往往不能给予公正补偿,引发严重社会问题。因此,《物权法》应重构国家征收制度,采用征收手段强行取得自然人和法人财产,应仅限于真正的社会公益目的,并依照法定程序给予公正补偿;商业目的用地,不得采用征收方式,建议改为由国家批给用地指标,再由用地人与土地所有权人、土地使用权人依照合同法谈判签约。参见梁慧星:《为中国民法典而斗争》,法律出版社2002年版,第155页。

[60] 鉴于中国现实不动产登记存在多个登记机构、多头登记,甚至借不动产登记牟取不当利益,背离不动产登记的本质和目的,因此物权法应设立统一的、与行政管理脱钩的不动产登记制度。参见梁慧星:《为中国民法典而斗争》,法律出版社2002年版,第163页。

[61] 鉴于以合同形式实现的土地所有权与使用权的分离,使承包农户取得的土地使用权属于债权性质,不能对抗来自发包人的侵害,及债权有期限性导致短期行为,不利于农村经济的长期稳定发展,因此应通过物权法明确规定农户对土地的承包经营权属于用益物权,具有对抗一切人的法律效力,由家庭联产承包责任制平稳过渡到用益物权制度,保障农户的合法权益不受侵害,确保农村经济长期稳定发展。参见梁慧星:《为中国民法典而斗争》,法律出版社2002年版,第167页。

法学羁绊之后,力求将继受而来的民法理论与中国改革开放和发展社会主义市场经济的伟大实践相结合,勇于除旧布新、推动社会进步、维护公平正义和创建新的民法制度和民法理论。

四、中国民法学的进步

正如谢怀栻先生所指出的,历史上有不少先例表明,立法是在法学研究基础上完成的,例如,《德国民法典》就是体大思精的德国潘德克顿民法学的产物。但更多的例子说明,立法和法学研究是相互促进的。[62] 自改革开放以来的 30 年,正是民法立法和民法研究的相互促进,导致中国民法学的长足进步。表现在以下五个方面。

(一)继受目标的多元化

以《合同法》为例,该法直接采自德国民法、日本民法的制度不胜枚举,例如,缔约过失(第 42 条)、附随义务(第 60 条第 2 款)、后契约义务(第 92 条)、同时履行抗辩权(第 66 条)、不安抗辩权(第 68 条、第 69 条)、债权人代位权(第 73 条)、债权人撤销权(第 74 条)、承包人优先受偿权(第 286 条),等等。但统一合同法将违约责任原则从过错责任改为严格责任(第 107 条),及所规定的预期违约[第 94 条第(二)项、第 108 条]、强制实际履行(第 110 条)、可预见规则(第 113 条末句)、间接代理(第 402 条、第 403 条)等制度,则是主动继受《联合国国际货物销售合同公约》《国际商事合同通则》《欧洲合同法原则》和英美契约法的结果。

(二)对外国民法的态度的转变

现今的中国民法学,对于外国民法制度和理论,不是盲信盲从,而是敢于怀疑,敢于自己决定取舍。例如,物权行为无因性理论被认为是德国民法最具特色之典型。在制定民国民法时,将德国民法这一制度移植过来,可以说主要是认为,德国民法上的多半是好的,不加怀疑、不敢怀疑。但现在不同了,中国民法学者在研究起草《物权法》的过程

---

[62] 参见谢怀栻:《谢怀栻法学文选》,中国法制出版社 2002 年版,第 80 页。

中,对德国民法的制度和理论敢于怀疑,就是否采用物权行为无因性理论进行了激烈的讨论。通过讨论,既加深了对德国民法的认识,也加深了对中国国情的认识,最终决定《物权法》不采物权行为无因性理论,完全自主地建立了自己的物权变动理论,这就是"债权合意 + 登记生效"的折中主义模式。由此可见,中国民法学已经不再幼稚,"比我们的先人们前进了一大步"[63]。

(三)敢于针对中国现实问题设计法律对策

现今的中国民法学,能够准确把握现实生活中的问题,并设计切实可行的法律对策。例如,《合同法》针对三角债问题规定债权人代位权制度;针对债务人赖账问题规定债权人撤销权制度;针对拖欠工程款问题规定承包人优先受偿权制度;等等。再如,《物权法》针对公权力的滥用问题规定物权具有排他性效力,规定国家征收限于社会公益目的,规定统一的不动产登记制度,规定不动产登记机构不得对抵押物评估和重复登记;针对"一房多卖"损害买房人利益的问题规定预告登记制度;针对登记名义人抢先下手转让房屋产权问题规定异议登记制度;针对司法实践中混淆买卖合同的生效和产权过户的生效、混淆抵押合同的生效和抵押权设立问题,创设物权变动与原因行为的区分原则;等等。

(四)中国民法学产生了一大批高水平的学术研究成果

著名学者王泽鉴指出,民法学的进步体现在教科书、法学论文和专题研究。教科书为法学入门之阶,不可或缺。但民法学之进步依赖于法学论文及专题研究。[64] 1949 年以前的民法学著作,主要是民法教科书,学者撰写民法论文尤其民法专题研究论文极少。20 世纪 50 年代前半期及 60 年代初,曾经提倡学术研究,从各政法学院的刊物所发表的论文看,大多篇幅较短,学术性不强。不讲究学术论证和研究方法,普遍采用所谓"引证法",即摘引马克思主义经典著作中的只言片语,

---

[63] 谢怀栻:《谢怀栻法学文选》,中国法制出版社 2002 年版,第 374 页。
[64] 参见王泽鉴:《民法学说与判例研究》(第五册),2001 年自版,第 16 页。

以证明文章的观点。可以说,除1956年"百花齐放、百家争鸣"期间发表的一些被后来作为"右派"罪证的论文外,直至改革开放之前,不存在真正的民法学术研究和学术著作。自改革开放以来,民法学术研究蔚然成风,学术研究成果数量多而且质量高,并且采用了各种传统的和新的研究方法。自90年代以来,产生了一大批长篇专题研究论文和专题研究著作,确有一部分研究成果达到发达国家和地区的学术水准。尤其是一批研究发达国家和地区民法制度和民法理论的专题研究著作,引人注目。[65]这表明中国民法学已经超越20世纪前半个世纪的学术水准,正在接近当今发达国家和地区的水准。

(五)中国民法学勇于面对挑战

改革开放以来的重要民事法律的起草,如《民法通则》和《合同法》,均受到来自计划经济体制和传统理论的挑战,而以这次《物权法》遭遇的挑战为最严峻。2005年秋,因北京大学法理学教授的一封公开信[66],指责《物权法(草案)》及其起草人背离社会主义和违反宪法而挑起论战。现在,这场争论已经因《物权法》最终获得高票通过而宣告结束。中国民法学界应对这场论战,没有动摇,没有分裂,表现出"从未如此坚定"[67],足以说明因改革开放而获"重生"的中国民法学,已经步入"而立"之年,已经能够担当起国家、民族和人民托付的历史重任!

---

[65] 其中一些著作,如孙宪忠教授的《德国物权法》和尹田教授的《法国现代契约法》等,经我国台湾地区著名民法学者杨与龄先生推荐,由五南图书出版公司纳入"各国法学论著系列"在我国台湾地区出版。

[66] 北京大学法理学教授在一封给党中央的《公开信》中,给《物权法(草案)》及其起草人横加四项罪名:(1)背离苏俄民法典的社会主义传统,迎合资本主义民法原则,奴隶般地抄袭资产阶级民法;(2)背离中国革命根据地和新中国成立后的人民民主法治的优良传统,迎合资产阶级的旧法传统,与国民党的"六法全书"没有根本区别;(3)背离《民法通则》的社会主义原则,迎合资本主义全球化和新自由主义经济学;(4)背离马克思主义的立法原则,迎合资产阶级的立法原则,是一部开历史倒车的物权法。

[67] 参见苏永通:《中国物权立法历程:从未如此曲折 从未如此坚定》,载《南方周末》2007年3月22日。

五、关系中国民法学进一步发展的几个问题

(一)关于对民法自身的认识

如前所述,清末继受外国民法和国民政府制定的民法典,其直接动因是为了废除领事裁判权,新中国成立后因意识形态和经济政治的原因而继受苏联民法,直到1978年后民法经济法论争中将民法理解为"商品经济法"(68),及为了适应改革开放和发展社会主义市场经济的需要而制定《合同法》和《物权法》,充分体现了中国民法学一直为某种政治功利目的所左右,是否因而长期遮蔽了中国民法学对自身的认识和理解?例如,什么是民法的理念、民法的精神、民法的目标或者民法的本位?民法究竟是私法还是公法?为什么中国民法学已经存在了100年,而中国社会仍然处于公法观念支配之下?为什么很少涉及私法、私权、私法观念、私权观念,而一旦涉及这些个概念时总是显得理不直、气不壮?

中国继受外国民法学,时值西方社会法学和社会连带主义法学思潮高涨之时,所谓"社会本位""民法公法化""民法社会化"被视为民法学发展之必然趋势。中国民法学自诞生之始即深受影响,甚至一些民法学者将所谓"社会本位"误解为历史上"义务本位"之回归。此种所谓民法发展趋势和发展潮流,恰好与中国在1949年后的计划经济体制和意识形态暗合,更促成民法和民法学的"异化",因片面强调社会公益,否定私权、私益,而否定了民法自身,最终"社会公益"也异化了。如何正确认识和处理公法与私法、公权与私权、公益与私益的关系,恐怕是中国民法学必须面对的最大课题。

(二)关于民法的"本土化"

中国民法和民法学,是从外国民法继受而来,因此决定了中国民法学始终面对"本土化"的命题。如果说,"法律移植(继受)是法律进步、

---

(68) 因主张和宣传民法是商品经济基本法,增强了大民法观点的说服力,对于立法机关采纳大民法观点起了一定作用。但这一理论没有正确体现民法的本质和功能。参见谢怀栻:《谢怀栻法学文选》,中国法制出版社2002年版,第96页。

发展的永恒的主题”(69),则同样可以说,如何实现继受而来的法律的本土化,是中国民法学进步、发展的永恒主题,也是中国民法学者最终的目标。

在继受外国法的过程中,继受的外国法与本国国情不合甚至冲突的可能性是始终存在的,因而在学界引发争论,是一种必然的现象。日本的法典论争是一个典型的例子。中国自清末继受外国民法之始即发生过类似的争论。改革开放以来的民法立法也始终伴随着这样的争论,关键问题是如何判断所谓“国情”,及对“国情”应持何种态度。究竟什么是“淳风美俗”?中国历史上的“一夫多妻”及“君要臣死,臣不得不死;父要子亡,子不得不亡”是否“淳风美俗”?女人缠足、男人蓄长辫、三跪九叩首,是不是“淳风美俗”?改革开放前在单一公有制和计划经济体制基础上形成的习惯做法是否“淳风美俗”?中国有几千年的封建专制和轻视个人自由及个人利益的传统,加之新中国成立后曾长期实行单一公有制和计划经济体制,究竟有多少值得保存的“遗产”“习惯”和“本土资源”?这些问题都必须首先澄清。

谢怀栻先生指出,不论哪个国家都有自己的特点,没有特点的国家和民族是没有的。因而在继受外国法时,辨别自己的特点也是一个重要问题。机械地、盲目地照搬外国的法律,当然不一定好;强调甚至借口自己的特点,而拒绝接受先进的外国法律,也是不对的。要敢于接受,善于研究,不断修改,这是继受外国法律很重要的原则。(70)

我们不仅继受外国法的制度、条文,还要继受制度和条文背后的民法理论,这就是日本学者北川善太郎所谓的“立法继受”与“学说继受”。鉴于德国民法(包括法律和理论两方面)在成文法国家的重要地位,加上中国民法和民法学主要是继受德国民法,使得德国民法的影响在近期会更加扩大,在将来也会长期存在,这是不可否认的。因此,研究、探讨《德国民法典》,从其中取得经验教训,以促进我国的民法立法

(69) 何勤华、李秀清:《外国法与中国法》,中国政法大学出版社 2003 年版,第 648 页。

(70) 参见谢怀栻:《谢怀栻法学文选》,中国法制出版社 2002 年版,第 451 页。

工作和研究工作,仍不失为中国民法学者的重要任务。(71) 当然不限于德国民法,我们一定要密切结合中国改革开放、发展社会主义市场经济、建立民主法治、公平正义的和谐社会的实际,广泛参考借鉴包括大陆法系和英美法系在内的发达国家和地区的民法立法经验和理论研究成果,才能最终使中国民法和民法学不断发展、与时俱进!

(三)关于中国民法典编纂

中国民法学的第一项使命,当然是制定中国民法典。在中国历史上,一个王朝开始后,常常要做两件大事,一是为前朝修史,二是为本朝修律。这两件事的意义都很重大,皇帝都派重臣主持,并亲自过问。(72) 自中华人民共和国成立以来,三次起草民法典均未成功。1998 年第八届全国人大常委会王汉斌副委员长决定恢复民法典起草,并委托九位学者专家成立民法起草工作小组(73),负责民法典和物权法的起草。民法起草工作小组决定:第一步,制定合同法;第二步,制定物权法;第三步,编纂中国民法典。2002 年 1 月,第九届全国人大常委会李鹏委员长指示加快民法典起草,同月即委托学者起草(74),当年即完成一部《民法(草案)》,并于同年 12 月经人大常委会审议一次。因此,鼓动了中国民法学界的激情和关于民法典编纂思路的论争。(75) 2004 年 6 月,第十届全国人大常委会再次变更立法计划,搁置《民法(草案)》的审议修改工作,恢复《物权法(草案)》的修改、审议。现今《物权法》已经颁

(71) 参见谢怀栻:《谢怀栻法学文选》,中国法制出版社 2002 年版,第 425 页。

(72) 参见谢怀栻:《谢怀栻法学文选》,中国法制出版社 2002 年版,第 380 页。

(73) 他们是中国政法大学江平教授、中国社会科学院法学研究所王家福研究员、北京大学魏振瀛教授、中国社会科学院法学研究所梁慧星教授、清华大学王保树教授、中国人民大学王利明教授、最高人民法院费宗祎退休法官、全国人大常委会法制工作委员会退休干部魏耀荣先生和肖峋先生。

(74) 委托中国社会科学院法学研究所梁慧星研究员负责起草总则编、债权总则编和合同编;中国人民大学法学院王利明教授负责起草人格权编和侵权行为编;中国社会科学院法学研究所郑成思研究员负责起草知识产权编;最高人民法院唐德华副院长负责起草民事责任编;中国政法大学巫昌桢教授负责起草亲属编和继承编;最高人民法院退休法官费宗祎负责起草涉外民事关系的法律适用编。

(75) 参见徐国栋编:《中国民法典起草思路论战》,中国政法大学出版社 2001 年版;王卫国主编:《中国民法典论坛》,中国政法大学出版社 2006 年版。

布，按照全国人大常委会法制工作委员会透露的信息，还将依次制定侵权行为法、涉外民事关系法律适用法和民法总则，待民法总则颁布之后，再编纂民法典。

对于法典编纂而言，政治因素必定是重要的，当法典问世之时，也必定有适当的政治环境。[76] 中华民族这位老人，背着沉重的包袱，虽然有点步履蹒跚，却在向前奋进。周虽旧邦，其命惟新，说的正是如今。[77] 中国推行改革开放政策，取得伟大成就并实现从计划经济体制向社会主义市场经济体制转轨，已经具备编纂民法典的政治经济条件，应当是没有异议的。问题在于，中国民法学为完成这一伟大历史使命而做的理论准备是否充分？

为什么一定要编纂民法典？不仅因为相对于刑法典、诉讼法典甚至宪法法典而言，民法典更足以代表一个民族的文明高度，而且唯有一部科学、进步、完善的中国民法典，才能表明中华民族已经攀上历史的高峰。[78]

（四）造就一批研究外国民法的中国学者

中国民法学的百年史，是一部民法继受史。无论历史上继受大陆法系的德国民法，1949年后继受苏联、东欧社会主义民法，还是改革开放以来的"多元继受"，即广泛参考借鉴发达国家和地区民法，都是围绕一个目的，就是学习外国经验。质言之，中国民法学和民法学者始终扮演"学生"的角色。当然，将来即使制定了一部进步、科学、完善的民法典，中国民法学和民法学者也还要继续研究外国民法，继续汲取外国立法经验和理论研究成果，亦即还要继续扮演"学生"的角色。

问题在于，中国民法学何时才能够自立于世界民法学术之林，与一切国家的民法学比肩而立？何时才有不以参考借鉴外国经验为目的的对外国民法的学术研究？何时才有一批研究外国民法的中国学者？他

---

[76] 参见〔美〕艾伦·沃森：《民法法系的演变及形成》，李静冰、姚新华译，中国政法大学出版社1992年版，转引自谢怀栻：《谢怀栻法学文选》，中国法制出版社2002年版，第381页。

[77] 参见谢怀栻：《谢怀栻法学文选》，中国法制出版社2002年版，第381页。

[78] 参见谢怀栻：《谢怀栻法学文选》，中国法制出版社2002年版，第382页。

们将经常出席国际的和外国的学术会议,与外国民法学者平起平坐,共同研讨外国民法面临的重大课题,报告其研究外国民法的学术成果。这样的民法学者,将不同于现今及此前所有的中国民法学者。中国民法学,只有造就这样一批专门研究外国民法的学者,才能终结中国民法学单纯扮演"学生"角色的历史,届时中国民法学既当"学生"也当"先生",也就在世界民法学术之林为中国民法学争得了"一席之地"。

(五)"全方位"的外国民法研究

现今中国民法学界已经有了一些研究外国法的学者,虽不是专门研究外国法,虽其研究的目的仍然是为了学习外国经验,产生了一批研究外国法的学术著作。但其研究的对象,仍局限于"发达国家和地区"的范围,这是由前面提到的"指导思想"决定的。现在看来,中国民法学不应继续将研究对象局限于"发达国家和地区"。随着改革开放和国民经济的发展,我们的国家已经旧貌换新颜,正在成为一个真正的大国。要求中国民法学放眼世界,不仅密切关注和研究市场经济发达国家的民法,而且密切关注和研究发展中国家和不发达国家的民法。凡有中国商品、中国旅游者、中国投资者和中国企业到达之地,就有必要密切关注和认真研究其民法。遗憾的是,中国民法学在这方面做得还很不够,且不说研究非洲、拉丁美洲、东南亚、中亚国家民法,就是对周边邻国包括对俄罗斯的民法,也缺乏关注和研究。中国民法学和民法学者,要本着对国家、民族、人民负责的精神,跟上国家、民族复兴的步伐,勇于承担国家、民族、人民和历史赋予的使命,敞开胸怀,放开眼界,面向未来,面向世界,实施"全方位"的外国民法研究!

结 语

中国民法学,这条在中华民族的土地上已经流淌了 100 年的河流,虽然历经曲折、艰险、转向、停滞,终究没有改变前进的方向。因改革开放和发展社会主义市场经济的历史机遇,中国民法学以其长足的进步、优异的成就和卓越的贡献,受到社会的关注和尊重,已成为一门"显学"。一位研究中国民法学史的学者说过,当"民法学这条大河沸腾起来的同时,也是从容思考的空间突然失去的时候"[79]。愿中国民法学能够从容面对各种诱惑,排除各种干扰,朝着既定方向,奋勇前进!

---

[79] 俞江:《近代中国民法典中的私权理论》,北京大学出版社2003年版,第22页。

中国民法学的现状与未来[*]

严格来说,从新中国成立至"文化大革命"结束,并没有真正意义上的中国民法学。自从中国实行改革开放,恢复民法教学和理论研究,进行民事立法,重建民事裁判机构,才有了真正意义上的中国民法学。

改革开放初期,民法学与经济法学论战,批判苏联拉普捷夫的经济法学学说和贬低、否定民法的错误理论,促成《民法通则》的颁布,确定了民法在社会主义法律体系中的基本法地位。以《民法通则》颁布为契机,民法学研究的重心迅速转向民法学科自身理论的重建。20世纪90年代中期,国家"九五"规划民法学系列教材的出版,表明中国民法学扬弃了反映单一公有制和计划经济体制的民法理论,创建了反映社会主义市场经济本质特征的民法理论,初步实现了中国民法学的体系化和现代化,并为中国民法典编纂,特别是统一合同法和物权法的制定做了法理准备。

中国民法学界准确理解和掌握中共十一届三中全会确定的思想路线,坚持中国特色社会主义伟大道路,从中国改革开放和发展社会主义市场经济的实际出发,总结自改革开放以来的民事立法经验和裁判实践,广泛参考发达国家和地区成功的民事立法经验和理论研究成果,针对社会生活中的重大法律问题,积极主动参与国家民事立法,提出立法思路、起草法律草案,参与民事法律创制全过程,为中国特色社会主义

---

[*] 本文为作者于2008年在纪念中国社会科学院法学研究所建所50周年法学学科新发展论坛上的发言。

民事法律体系的创立作出了重大贡献,得到国内外一致好评。

1986年的《民法通则》,被誉为"中国的权利宣言"! 1999年的《合同法》,被誉为"最先进的法律"! 2007年的《物权法》,被誉为中国社会主义法治和人权的"里程碑"! 特别值得一提的是,中国民法学界沉着应对所谓物权法违宪的思想论战,毫不动摇,毫不妥协,团结一致,为确保关系改革开放和国家、民族前途命运的《物权法》的最终顺利通过,提供了强大的法理支撑! 充分表明中国民法学已经能够担当起国家、民族和人民托付的历史重任!

民法学的进步体现为教科书、法学论文和专题研究水平的提高,教科书为法学入门之阶,但民法学的进步有赖于法学论文及专题研究。自改革开放以来,随着政治禁区的打破,民法学术研究蔚然成风,产生了一大批长篇专题研究论文和专题研究著作,其中,确有一部分达到发达国家和地区的学术水准,造就了一大批具有较高学术水准的中青年民法学者。

现今,中国特色社会主义法律体系已基本建成,编纂中国民法典的政治经济条件已经具备。按照人类文明进步和法治发展的经验,相对于其他法典而言,民法典更足以代表一个民族文明发展的高度,这是中国民法学尚未完成的伟大任务。制定一部反映社会主义市场经济本质特征、科学、进步、完善的中国民法典,为建设一个民主、法治、人权、正义、和谐的中国,奠定牢不可破的法制根基,并向世界表明中华民族攀上了历史的高峰!

我们的国家正在成为一个真正的世界大国,要求中国民法学与世界大国的地位相符,这不仅要关注和研究市场经济发达国家和地区的民法,而且要关注和研究发展中国家和不发达国家的民法,关注和研究我国周边国家的民法。凡有中国商品、中国旅游者、中国投资者和中国企业到达之地,就要研究其民法。我们做得还很不够,中国民法学人,要本着对国家、民族、人民负责的精神,跟上国家、民族复兴的步伐,勇于承担国家、民族、人民和历史赋予的使命,敞开胸怀,放开眼界,面向未来,面向世界,实施"全方位"的外国民法研究。

我们置身其中的，是一个伟大的时代，是一个浮躁的时代，是一个物质丰富而精神匮乏的时代。党和国家提出了全面建设小康社会和建设社会主义和谐社会的伟大目标。民法科学所蕴含的，诸如自由、平等、博爱、公平、正义、法治、协商、自尊、自爱、自强、廉洁自律、人格尊严、意思自治、契约自由、自己责任、平等保护、诚实信用、公序良俗、利益衡量，及禁止权利滥用等民法理念和民法原则，当然是社会主义和谐社会的应有之义，应当吸收并融入正在建构的中国特色社会主义价值体系中，中国民法学界对此负有不可推卸的历史责任。

第三部分

法学方法

法解释方法论的基本问题[*]

引　言

一般将法解释学定义为确定现行法规范的意义内容、构筑规范体系的学问。[①] 我国学者史尚宽先生认为,法解释学乃是运用解释方法阐明成文法规范意义,理论上使其调和,组成体系的科学。[②] 上述解释并未摆脱概念法学的影响。

法学以现行法为研究对象,同时以构成对人类社会生活有效的规范体系为其任务。为了使现行法适合于法的目的,对现行法进行解释的法学,称为法解释学。日本学者尾高潮雄指出,法解释学的作用不仅在于理解法,常常起着造法的作用。在这个意义上说,法解释学与作为理论科学的一般社会科学有很大的差异,属于一种独特的实践科学。[③] 作为科学的实用法学,它并不以法律解释本身作为目的,而是以裁判的先例为素材,以预见将来的裁判为目的。[④] 日本学者川岛武宜指出,法解释学的任务在于,究明规定法官裁判活动的诸要因,即裁判活动的经验法则。[⑤] 石田穰进一步指出,法解释学以构成裁判的具体判断规准,

---

[*] 本文原载《中外法学》1993年第1期。由于写作年代久远,部分文献无法一一核实出处。

① 参见〔日〕矶村哲:《现代法学讲义》,有斐阁1978年版,第44、81—82、89、90、91—92、95、275页。

② 参见史尚宽:《民法总论》,第36页。

③ 参见〔日〕尾高潮雄:《法》,劲草书房1983年版,第81—82、95页。

④ 参见〔日〕加藤一郎:《民法学的历史与课题》,东京大学出版会1982年版,第4、5、32、106、107页。

⑤ 转引自〔日〕加藤一郎:《民法学的历史与课题》,东京大学出版会1982年版。

并将其向法官传达,以制御法官的价值判断为主要目的。⑥

关于法解释学与法解释方法论的关系,德国学者和日本学者的解释有差异。德国学者将法解释学归结为一种方法论,即对法律解释适用的方法论,与法解释学为同义语。但在日本,法解释学的内容比较广泛。⑦ 按照石田穰的见解,法解释学的内容,包含下述三种作业:第一,明确成为裁判的大前提的法命题的作业,即法源论;第二,明确从作为裁判大前提的法命题,构成具体判断规准的方法的作业,即法解释方法论;第三,依法解释方法的规则,从裁判的大前提构成具体判断规准的作业,即法的构成。⑧ 无论依何种解释,强调法解释方法论为法解释学之基本内容,应都不为过。

所谓法解释方法论,可以理解为以什么样的方法构成裁判的具体判断规准更好的议论,简而言之,即关于法解释方法的理论。⑨ 法解释方法论,不具有发现认识客观存在的经验科学的性质。因为,用什么样的方法构成裁判的具体判断规准最为妥当,属于政策问题,属于价值判断问题。因此,法解释方法论,具有实践性和政策性。

一、法适用与法解释

关于法律之适用,法解释学上所使用的基本概念为"subsumtion",通常译为归摄或涵摄,指将待决案件事实置诸法律规范构成要件之下,以获得特定结论的一种逻辑思维过程。若以法律规范(T)为大前提,以待决案件事实(S)为小前提,以特定法律效果(R)之发生为其结论,则此法律适用的逻辑结构可表示如下:

T→R(具备 T 构成要件者应适用 R 法律效果)

S = T(待决案件事实符合 T 构成要件)

---

⑥ 参见〔日〕石田穰:《法解释学的方法》,青林书院新社 1980 年版,第 75—76、81 页。
⑦ 参见〔日〕加藤一郎:《民法学的历史与课题》,东京大学出版会 1982 年版,第 4、5、32、106、107 页。
⑧ 参见〔日〕石田穰:《法解释学的方法》,青林书院新社 1980 年版,第 75—76、81 页。
⑨ 参见〔日〕石田穰:《法解释学的方法》,青林书院新社 1980 年版,第 75—76、81 页。

S→R（该待决案件事实应适用 R 法律效果）⑩

概言之，法律的适用，即将法律规范适用于具体案件以获得判决的全过程。按照概念法学的理解，法适用过程为通过三段论法的逻辑推演获得判决的过程。法官须严格按照三段论法作逻辑推演，遇有法律条文意义不明，只能探求立法者明示的或可推知的意思。法律以外的因素如经济、政治、伦理等的考虑，均属于"邪念"，应一概予以排除。将法官视为适用法律的机器，判决之获得犹如文件复印。⑪

实际上，法律的适用并非简单的三段论推理。在能够作三段论逻辑推理之前，首先须探寻可得适用之法律规范，即所谓"找法"。找法的结果，有三种可能：其一，有可适用的法律规范；其二，没有可适用的法律规范，这种情形即存在法律漏洞；其三，虽有规定，却因过于抽象，须加以具体化。若出现第一种可能，即存在可适用的法律规范，则应进行下述作业：（1）通过各种解释方法，确定该法律规范的意义；（2）将该法律规范区分为构成要件及法律效果；（3）再将构成要件区分为若干具体要素；（4）审查待决案件事实是否符合该法律规范构成要件之全部要素，若符合，方可依 subsumtion 得出判决。若出现第二种可能，即存在法律漏洞的情形，则应进行漏洞补充。若出现第三种可能，即属于不确定法律概念或一般条款，则应进行价值补充。待通过漏洞补充或价值补充得到可适用法律规范之后，方能继续进行区分构成要件及法律效果等作业。⑫

从法律规范的探寻即找法开始，直到可依 subsumtion 进行三段论推演之前的整个活动过程，属于广义法律解释。而确定法律规范意义的作业，则属于狭义法律解释。广义法律解释包括狭义法律解释、漏洞补充和价值补充。为了解决具体的案件，必须获得作为大前提的法律

---

⑩ 参见王泽鉴：《民法实例研习·基础理论》，1981 年版，第 116—117、119—121、125、129 页。

⑪ 参见〔日〕加藤一郎：《民法学的历史与课题》，东京大学出版会 1982 年版，第 4、5、32、106、107 页。

⑫ 参见王泽鉴：《民法实例研习·基础理论》，1981 年版，第 116—117、119—121、125、129 页。

规范,这种获得作为判决大前提的法律规范的作业,亦即广义的法律解释。

由上可知,法律解释乃是法适用之不可欠缺的前提,要得到妥当的法适用,必须要有妥当的法律解释。⑬ 关于法律解释的必要性,我国著名学者王泽鉴先生指出,凡法律均须解释,盖法律用语多取诸日常生活,须加阐明;不确定之法律概念,须加具体化;法规之冲突,更须加以调和。因此,法律之解释乃成为法律适用之基本问题。法律必须经由解释,始能适用。⑭

法律解释以解释者身份的不同,分为三种:其一,裁判解释,指法官于裁判案件时所作解释;其二,学说解释,指学者在学术著作、论文及教科书中所作解释;其三,当事人解释,指具体诉讼案件当事人及其代理人所作解释。其中,裁判解释和学说解释为法解释学上所说的典型的法律解释。需说明的是,裁判解释对于所裁判的案件当事人来说,具有法律效力;而学说解释,即使是通说或多数说,亦不具有法律效力。⑮

裁判解释有下述特点:(1)法律的拘束性较强。法官于裁判时,负有严格遵守法律的义务,非如学者解释法律那样自由。(2)紧迫感。法官面对的是具体待决案件,无论其性质及难易,均不容回避,且有时限的限制,非如学者解释针对想象的事实关系,有充分的自由。(3)便宜性。法官所作解释,不必列举详细理由,重要的是结论之妥当性。而学说解释,毫无疑问须有详细的理由。相比之下,裁判解释具有便宜性。⑯

学说解释有如下特点:

1. 抽象性

学术著作、论文和教科书中所展开的解释论,针对具体事例的较

---

⑬ 参见〔日〕矶村哲:《现代法学讲义》,有斐阁1978年版,第44、81—82、89—92、95、275页。

⑭ 参见王泽鉴:《民法实例研习·基础理论》,1981年版,第116—117、119—121、125、129页。

⑮ 参见〔日〕山田卓生:《法解释的主观性》,第100—104、108、125页。

⑯ 参见〔日〕山田卓生:《法解释的主观性》,第100—104、108、125页。

少，大都属于抽象的一般性的议论。

2. 理论性

学说解释，往往展开充分的论述，更着重于解释的理由即理论构成。

3. 相对自由性

学说解释当然不能无视法规、背离条文，但与法官的解释相比，有相对的自由。

学者往往借解释批评现行法的缺失，批评判例的失当，并为法律修改提供建议。正因为如此，学说解释担负着对现行法令、判例进行整理，对现行法状态作批判检讨，提出应有法的建议及指导判例的任务。⑰ 实际上，法官解释往往直接采纳学者的解释。

德国法学家萨维尼曾对法律解释予以高度评价。他说："解释法律，系法律学之开端，并为其基础，系一项科学性之工作，但又为一种艺术。"⑱

二、法解释的创造性

所谓法解释的创造性，是指法律解释具有造法的作用。法律解释并非单纯地对法的理解活动，也有造法的作用，具有立法的延长的性质。⑲

在罗马法时代，若干权威学者被授予解答法律问题的资格，称为解答权。拥有解答权的学者对法律的解释具有法律效力。这一时期，学说解释成为法源之一，被称为学说法。⑳ 通过解释造法的例子极多。因此，罗马法被称为法学者创造的法。

19 世纪，随着欧洲各国的法典编纂，法律实证主义发展到极端，沦为概念法学，在法国、德国、日本等大陆法系国家占据支配地位，对英美

---

⑰ 参见〔日〕山田卓生：《法解释的主观性》，第 100—104、108、125 页。
⑱ 〔日〕山田卓生：《法解释的主观性》，第 100—104、108、125 页。
⑲ 参见〔日〕尾高潮雄：《法》，劲草书房 1983 年版，第 81—82、95 页。
⑳ 参见〔日〕柴田光藏：《罗马法学》，载〔日〕碧海纯一等主编：《法学史》，东京大学出版会 1976 年版，第 30—32、38—39 页。

普通法系国家亦有影响。概念法学竭力否认法律解释的创造性。按照概念法学,法官适用法律须严格依三段论法,仅能作机械的逻辑推演;遇有疑义时,则探求立法者主观意思,一切解释均应以立法者意思为依归;法律之外的一切因素,包括政治、经济、社会、道德及当事人利害关系,均属"邪念",应一概予以排除,不允许有任何利益衡量和价值判断。[21]

概念法学否认法解释的创造性,至要原因在于:(1)整个19世纪是欧洲主要国家资本主义稳定发展时期,资本主义市场经济要求可预见性和可计划性,要求具有尽可能高的确定性和安全性的法律秩序。概念法学以法律的安定性为最高价值,为了确保这一安定性价值,不惜牺牲妥当性价值,不容许法官借法律解释以变更或增减法律规定。(2)受孟德斯鸠等启蒙思想家的影响,"三权分立"被奉为绝对准则,立法属于立法者的专职,严格禁止法官创造法律。法律解释的功能仅限于探求立法者明示的或可推知的意思。借法律解释之名增减或变更法律规定,即属"逾分",应严加禁止。(3)由于欧陆各国相继制定法典,使法律实证主义发展到极端,形成"成文法至上""法典之外无法源""法律体系逻辑自足性"等观念,使法解释学陷入僵化,风行法典崇拜和法律逻辑崇拜,迷信成文法完美无缺,仅靠对法律概念作逻辑推演,即可能解决一切案型。[22]

20世纪是一个剧烈动荡和变革的世纪,人类社会经历了世界性的严重经济危机、两次世界大战及科学技术的飞速发展,机械化、电气化工业交通事业的勃兴,大型企业及跨国企业的出现,伴随而来的是严重的交通事故、产品缺陷致损、医疗事故、环境污染公害及核损害等层出不穷的新问题,这就要求承认成文法的局限性,要求赋予法官较大的裁量权,要求弹性解释法律,要求承认法解释的创造性,要求法解释学自

---

[21] 参见山口俊夫的《法兰西法学》《法学史》。
[22] 参见〔日〕碧海纯一等主编:《法学史》,东京大学出版会1976年版;〔日〕加藤一郎:《民法的理论与实践》;杨仁寿:《法学方法论》,中国政法大学出版社1999年版;徐国栋:《民法基本原则解释》,中国政法大学出版社2004年版。

身的变革。因此,20世纪出现了对概念法学展开猛烈批判的所谓"自由法运动",如德国学者耶林将概念法学讥为"法学游戏",并提倡目的论法学。在耶林的影响下,埃利希和康特洛维茨倡导自由法学,认为法律每因立法者之疏忽而未预见,或情势变更而发生许多漏洞,此时法官应自由探求活的法律,以资因应;主张法官有法律变更权能,应进行法的自由发现。法国科学学派的首倡者惹尼和撒莱认为,人类创造的实证私法,难期尽善尽美,必然有许多漏洞,绝不应像概念法学那样仅作逻辑推演,应从法律之外去发现"活生生的法律"加以补充。认为法律应与社会并行进化,法律的安全性价值和适应性价值同等重要,法律解释必须调和二者。[23]

自由法运动的贡献在于,承认法律有漏洞,承认法律解释的创造性,将法解释学从陷于极端僵化、保守的概念法学的禁锢中解放出来,推进到一个新的境界。但自由法学因矫枉过正,从一个极端走向另一个极端,因主张法官自由发现法律及极度轻视法典的权威,必然损及法律的安定性,且法官亦为常人而非神,亦有其缺点和能力的局限,若任其自由发现所谓活法,亦恐难确保判决的妥当性。

值得特别重视的是德国学者赫克所首倡的利益法学。利益法学同自由法学一样,承认即使最好的法律也存在漏洞。赫克将概念法学派斥为保守分子;同时,赫克亦不赞成自由法学所主张的任由法官自由发现法律,即由法官自由裁量补充法律漏洞。按照利益法学,法官有补充法律漏洞的权限,但不能仅凭法官自己的价值判断,应受立法者各种意图的拘束。依利益法学,法官绝非一种自动机器,应是所适用的法律规范的一个创造者,是立法者的"助手"。法官通过"从属的命令补充"方式补充法律漏洞,通过解释确定其妥当界限,而且在一定条件下可对现存法律规定予以订正。[24] 利益法学企图兼顾法律的安定性价值和妥当

---

[23] 参见〔日〕碧海纯一等主编:《法学史》,东京大学出版会1976年版;〔日〕加藤一郎:《民法的理论与实践》;杨仁寿:《法学方法论》,中国政法大学出版社1999年版;徐国栋:《民法基本原则解释》,中国政法大学出版社2004年版。

[24] 参见〔日〕津田利治译:《利益法学》,庆应大学法学研究会1985年版,第13—15页。

性价值,属于一种折中的立场,其充分肯定法律解释的创造性,同时以立法者价值判断拘束法官的自由裁量,指明了法解释学的发展方向。因此,在第二次世界大战以后,利益法学及其发展形态的价值法学对实务和理论产生了很大影响,几乎成为当代法解释学的主流。

依现今通说,立法机关之立法权性质,已由过去的专属立法权转变为优先立法权,而司法因而取得对立法机关所制定法律之补充权,亦即在法律补充意义上的候补立法权,这种司法机关的候补立法权,具有两个特征,即候补性和针对个案性。[25] 按照日本学者末弘严太郎的解释,立法机关制定法的"外围",而由法院决定其"内容"[26]。美国的卡多佐法官在比较法官与立法者在法形成上的作用之后说,实际上,法官与立法者一样,同样在被许可的范围内进行立法活动。当然,与许可立法者立法的范围相比,法官被许可立法的范围较小。法官只在填补法的间隙的程度内进行立法,另外在全无法律规定的场合进行补充。[27] 日本学者山田卓生将法解释的创造性概括为三种情形:其一,法律漏洞的补充;其二,恶法的回避;其三,不明确法律规定及一般条款的价值补充。

美国学者弗兰克崇尚一句名言:谁对于法律的解释具有绝对的权威,则不论从何种意义上说,他都是真正的立法者,而写下或口述该法律的人则非是。[28]

三、法解释的特征

法解释的特性或特征,学者黄茂荣论述为以下六项:(1)法律解释对具体案件之关联性;(2)法律解释的价值取向性;(3)法律解释之文义范围性;(4)法律解释之解释循环性;(5)法律解释之历史性;(6)法

---

[25] 参见黄茂荣:《法学方法与现代民法》,1982年版,第257—273、275、380页。
[26] 参见〔日〕加藤一郎:《民法学的历史与课题》,东京大学出版会1982年版,第4、5、32、106、107页。
[27] 参见〔日〕加藤一郎:《民法学的历史与课题》,东京大学出版会1982年版,第4、5、32、106、107页。
[28] 参见〔日〕山田卓生:《法解释的主观性》,第100—104、108、125页。

律解释之合宪法。㉙ 而其中所谓法律解释之文义范围性、法律解释的历史性及法律解释之合宪性，与法律解释的解释因素之相关内容重复，似不属于法律解释的特性问题。

法解释学本来是由哲学的解释学和科学的解释学衍生而来。解释学的渊源之一是古希腊的文献学研究，解释学的另一渊源是神学解释学，是神学家为研究《圣经》而发展起来的。

古代罗马人法与神法不分，由神官掌管诉讼及有关知识。其后人法与神法分离，但法律知识仍由神官垄断，故有神官团非公开讲授法律知识。公元前254年，平民出身的大神官康勒卡力瓦士在公开场合讲解法规、法文的解释及法发现的方法㉚，被认为法解释学之开端。法解释学一开始就从神学解释学及文献学借用研究方法和解释方法。曾经植根于古代文献学和神学解释学的法解释学，经过19世纪和20世纪的发展，已经形成自己的方法和理论，成为现代解释学的一个重要分支。

现代解释学，实际上是一种关于理解（verstchen）的学问㉛，即对文本（text）加以明确理解的技术。㉜ 但是，作为解释学一个重要分支的法解释学，其最终目的却不限于对法律（文本）的理解，而是为了解决具体案件即正确适用法律而理解。因此，法律解释除具有解释活动的一般性之外，还具有区别于其他解释活动如对文学艺术作品的解释活动的特殊性。

（一）法律解释对具体案件的关联性

法律解释必须针对具体的案例事实，在判例解释的场合，是针对法官面临的待决案件；在学说解释的场合，则是针对学者所想象的或虚拟的案件。无论如何，只在将法律规定与某个具体案例事实相联系，即须

㉙ 参见黄茂荣：《法学方法与现代民法》，1982年版，第257—273、275、380页。
㉚ 参见〔日〕柴田光藏：《罗马法学》，载〔日〕碧海纯一等主编：《法学史》，东京大学出版会1976年版，第30—32、38—39页。
㉛ 参见〔日〕浅田和茂等译：《法理论的现在》，第226—227、237页。
㉜ 参见张汝伦：《意义的探究——当代西方释义学》，辽宁人民出版社1986年版，第6页。

用法律解决案件时,才发生法律解释问题。因此,对法律条文而言,只有与具体案件有关的部分才是重要的;反之,对具体案件而言,只有与法律条文有关的部分才是重要的。在法律适用的过程中,务必使法律规范与事实相符、法律事实与规范相符,此即法律解释对于具体案件的关联性。德国著名学者拉伦茨解释说:"法律条文对解释者构成疑难时,他借着解释这一媒介活动来了解该条文的意旨;而一个法律条文疑难则在被考虑到它对某一特定法律事实的适用性时发生。"㉝从而,法律解释对于具体案件的关联性,包含下述意思:其一,法律解释往往由待处理的案件所引起;其二,法律解释的任务,在于确定该法律规定对某特定法律事实是否有意义;其三,法律条文应相对于一个待处理事实加以阐释并具体化。这在不确定法律概念的具体化和适用上表现得特别清楚。例如,最高人民法院法函〔1992〕第27号指出:"就本案购销煤气表散件合同而言,在合同履行过程中,由于发生了当事人无法预见和防止的情事变更……"如要求仍按原合同约定履行"显失公平"。㉞在此例中,法律解释问题与对生活事实的评价问题,相互渗入对方,不可截然划分,充分体现了法律解释对于具体案件的关联性特征。

(二)法律解释的价值取向性

学者通说认为,法律解释具有价值取向性。所谓价值取向性,是指法律解释并非形式逻辑的操作,而是一种价值判断;但此种价值判断并非脱离法律的独立的价值判断,而是以已经成为法律之基础的内在价值判断为依据。盖法律本质上为行为规范,但人类并不是为规范而规范,而是利用法律规范去追求某些目的。这些目的是基于某些基本的价值判断所决定的,此即法律解释所应探求和阐释的法律意旨所在。正如德国学者达姆所指出的,"法律绝不仅是徒具语言形式的东西。它有所志,有所意味;它追求着实务的目的,它的眼中有

㉝ 黄茂荣:《法学方法与现代民法》,1982年版,第257—273、275、380页。
㉞ 转引自耀振华:《情事变更原则的适用》,载《法学研究》1992年第4期。

它在生活中要贯彻的价值"㉟。在实务上,解释主要利用宪法上的基本价值决定如公民权利之保障及其他法律之立法目的和基本原则。后者如《民法通则》所规定的公平原则和诚实信用原则等。例如,最高人民法院〔1988〕年民他字第1号批复,即依据《宪法》关于对劳动者实行劳动保护的价值规定,认定雇工合同中"工伤概不负责"的免责约款无效。

(三) 法律解释之解释学循环

解释学上有所谓解释学循环(the hermeneutic circle)问题。根据解释学者的考证,是康德首先使用了解释学循环一词,而笛尔塔最为明确完整地表述为:"整体只有通过理解它的部分才能得到理解,而对部分的理解又只能通过对整体的理解。"㊱解释学循环问题,其依据在于精神作品的整体与部分之间的相互关系,即对部分的理解须以对整体的理解为前提,而对整体的理解亦须以对部分的理解为前提。从逻辑上讲,在理解文本整体意义之前,不可能正确理解其部分的意义;而在理解各部分意义之前,亦不可能正确理解其整体意义。这样,理解过程表现为一个从整体到部分、从部分到整体的循环。有的学者指出,所谓解释学循环并不是本来意义上的循环,实际上是一种螺旋形,因为每循环一周均获得对文本更新的认识和更深的理解。㊲一般解释学上又提出所谓先行理解概念或前理解概念(pre-understanding)。先行理解是理解的开端,理解之前的理解状态,即先行理解。㊳由于先行理解概念的提出,使解释学循环理论受到非难。因为,既有其开端,即不再有循环。但是,所谓先行理解只不过表明人们为了理解,须运用先前已有的知识。如果将先行理解看作一种已被纳入文本的东西,则解释学循环将不受其影响。㊴因此,解释学者加德默尔将解释学循环表述为:理解永

㉟ 黄茂荣:《法学方法与现代民法》,1982年版,第257—273、275、380页。
㊱ 殷鼎:《理解的命运》,生活·读书·新知三联书店1988年版,第23、145、147页。
㊲ 参见〔日〕浅田和茂等译:《法理论的现在》第226—227、237页。
㊳ 参见殷鼎:《理解的命运》,生活·读书·新知三联书店1988年版,第23、145、147页。
㊴ 参见〔日〕浅田和茂等译:《法理论的现在》,第226—227、237页。

远是由整体理解(解释者的前理解)运动到部分又回到整体的理解(解释者所达到的新的理解)。[40] 在这一循环的理解过程中,所有部分与整体的和谐状态便是正确理解的标准。反之,部分和整体没有达到这一和谐状态,便不是正确理解。

法解释学作为一般解释学的一个分支,理所当然地存在解释学循环。解释者要理解法律的每个用语、条文或制度,须以对整个法律体系的理解为前提;而离开对法律用语、条文和制度的理解,则不可能理解整个法律体系。[41] 强调法律解释存在解释学循环,对于防止孤立地、断章取义地曲解法律,无疑是有益的。

四、法解释的目标

法解释的目标和法解释的标的,是两个不同的概念。法解释的标的,是指解释的对象,为法律意旨之表示方式。标的,亦即解释学上所谓文本。法解释的标的,是法律规范之条文、立法文献,如立法理由书、草案、审议记录等,以及立法当时的社会、经济、政治、技术等附随情况。[42] 法解释的目标,是指解释者通过对法律条文、立法文献及其附随情况进行解释,所欲探究和阐明的法律规范之法律意旨。

作为法解释目标的法律意旨,究竟是立法者制定法律规范时的主观意思,抑或存在于法律规范的客观意思,法解释学者从来聚讼纷纭,并形成主观解释论与客观解释论的对立。整个 19 世纪,主观说占据支配地位。19 世纪末,客观说抬头。之后客观说占据优势地位。但此后,利益法学及埃利希的后期自由法学提倡新主观说,成为有力的主张;同时又出现对主观解释论和客观解释论加以折中的见解,即中间说,也是有力的主张。但总的来说,当今客观说仍占据通

---

[40] 参见殷鼎:《理解的命运》,生活·读书·新知三联书店 1988 年版,第 23、145、147 页。
[41] 参见黄茂荣:《法学方法与现代民法》,1982 年版,第 257—273、275、380 页。
[42] 参见黄茂荣:《法学方法与现代民法》,1982 年版,第 257—273、275、380 页。

说地位。㊸

(一) 主观说

19世纪主观解释论占据统治地位。按照主观解释论,法律解释的目标,在于探求立法者制定法律当时事实上的意思。这种意思是心理学意义上的东西。因此,旧主观说又称为立法者意思说。同时,立法者打算规范可能发生的一切事态,因此认为通过解释确定的制定法不存在任何漏洞。㊹

主观说的立论根据有:其一,只有立法者知道自己所要的是什么。立法行为是立法者的意思行为,立法者通过立法以表达他们的看法和企图,借助法律以实现他们所追求的社会目的。因此,只有立法者知道得最清楚。其二,为了确保法律的安全性价值。立法者意思是一种可以借助立法文献加以探知的历史事实。只要法律解释取向于这种可被探知的立法者意思,法院的判决和决定便不会捉摸不定。因此,贯彻主观说的见解可以确保法律秩序的安定性。其三,基于三权分立原则。按照三权分立原则,法律只能由立法机关制定,法院的职能只是依法裁判。立法者意思是法律适用上的决定性因素,从而法律解释即应以探求立法者意思为目标。㊺

(二) 客观说

随着社会生活的发展变化,发生了立法者未能预见的各种事态,如仍依立法者意思进行解释,将无法适应新的情况。因此,产生了客观说。按照客观说,法律一经制定,即与立法者分离,成为一种客观存在。立法者于立法时赋予法律的意义、观念及其期待,并不具有拘束力;具有拘束力的,是作为独立存在的法律内部的合理意义。因此,法解释的目标,在于探究和阐明这种法律内部合理性所要求的诸目的。这种合理目的,亦常因社会发展变化而变迁。法解释的课题,是在法律文本语

㊸ 参见〔日〕矶村哲:《现代法学讲义》,有斐阁1978年版,第44、81—82、89—92、95、275页。

㊹ 参见〔日〕矶村哲:《现代法学讲义》,有斐阁1978年版,第44、81—82、89—92、95、275页。

㊺ 参见〔日〕矶村哲:《现代法学讲义》,有斐阁1978年版,第44、81—82、89—92、95、275页。

义上可能的若干种解释中,选择现在最合目的之解释。客观说强调,法律解释总是关于现在的解释,而且与目的论解释相结合。同时,客观说承认法律漏洞的存在,承认法官有规范创造功能。[46]

客观说的立论依据如下:其一,一个具有意思能力的立法者并不存在。法律之草拟、制定,历经各种机关,何人为立法者殊难确定。意思不一致时,应以何人为准,实有疑问。其二,法律与立法者意思并非一体。具有法律效力的,系依法律形式表达于外部之表示意思,而非所谓立法者的内心意思。其三,受法律规范之一般人所信赖的,是存在于法律规范的合理意思,而非立法者主观的意思。其四,客观说最能达成补充或创造法律的功能。倘若采主观说,则法律之发展将受制于"古老的意思",不能适应社会发展的需要。[47]

(三)现代主观说

客观说受到利益法学的严厉批判,因为客观说将损害法律的安定性。利益法学在批判客观说的同时,提出了自己的解释论,即对旧主观说加以修正之后形成的新主观说,亦可称为现代主观说。现代主观说与旧主观说的区别在于,不再如旧主观说那样探求立法者于立法时的心理学意义上的意思,而是探求法律规范命令背后与之有因果关系的各种利益状态及其衡量,以尽量扩展法律规范的意义内容。同时,现代主观说不再如旧主观说那样迷信法典完美无缺,而是假定广泛的法律漏洞领域的存在。但对于法律漏洞,原则上应推测立法者的评价,以进行补充;在无法推测这种评价时,则以社会上占据支配地位的评价及自己的评价进行补充。此说将制定法的历史的解释与法官的规范创造功能加以调和,以兼顾法律的安全性和对社会变化的适应性,对法学界及实务界产生了很大影响。[48]

---

[46] 参见〔日〕矶村哲:《现代法学讲义》,有斐阁1978年版,第44、81—82、89—92、95、275页。

[47] 参见王泽鉴:《民法实例研习·基础理论》,1981年版,第116—117、119—121、125、129页。

[48] 参见〔日〕矶村哲:《现代法学讲义》,有斐阁1978年版,第44、81—82、89—92、95、275页。

（四）折中说

现代解释论,客观说仍占通说地位。但试图将主客观两说加以折中的中间说,亦为有力主张,值得注意。折中说认为,法律解释的目的,归根到底,在于获得解决现在问题的基准。主观解释论关注立法者的规范意图、目的和评价,不足以解决因社会发展变化所发生的法律适用问题。客观解释论则为解决这类问题提供了可能性。但由于客观说全然无视制定法的历史的意义,突如其来地从中取出解释者认为合乎现在目的的意思,如果彻底贯彻这种理论,则易导致先获得解释者所希望的所谓合理结论,然后再给这一结论附加上制定法的基础。这种倾向,被利益法学指责为非解释,而是"插入"。按照折中说,解释者首先应依历史的解释,确定立法者的规范意图、目的和评价,然后,在立法者的"意思"无法认知,或对现代情势所生问题未提供解决基准的场合,考虑在法律文本可能的语义范围内,检讨可能的理由和基准(如"自然的本性"及法秩序内在的"法的诸原理"),认为对现在的法律适用合乎目的的意义。依这种历史的解释,明确了立法当时的利益情况、利益衡量、立法意图和立法目的,并通过确定在什么样的范围内发生了变动,为超过立法者"意思"的解释提供了实质根据,亦即将立法者本来的评价作为法律规范创造的依据。于是,将主观解释论的优点与客观解释论的优点结合起来了。⑭

关于法解释目标的争论由来已久。就整个法律解释论之发展趋势而言,19世纪初至20世纪初多偏重主观说,而今日则以客观说占据优势地位。中间说企图折中二论,甚受重视,但迄未被普遍接受。我国台湾地区学说及实务,均采客观说。⑮ 我国大陆对此问题迄今尚未论及,最高人民法院的批复、解答及所公布判例,给人以客观说的印象。笔者个人亦倾向于客观说,正如倡导客观说最力之学者拉德布鲁赫所言:法

---

⑭ 参见〔日〕矶村哲:《现代法学讲义》,有斐阁1978年版,第44、81—82、89—92、95、275页。

⑮ 参见王泽鉴:《民法实例研习·基础理论》,1981年版,第116—117、119—121、125、129页。

律犹如航船,虽由领港者引导出港,但在海上则由船长指挥,循其航线而行驶,应不受领港者之支配,否则将无以应付惊涛骇浪、风云变幻也。[51]

结　语

法解释学方法,是一种传统的、基本的研究方法。我国法学理论研究,要在现有基础上进一步提高,尤其要对现行立法及判例进行整理,消除其内部矛盾,构筑理论体系,并担负起指导实践及立法的重任,非重视法学方法论不可。

---

[51]　参见王泽鉴:《民法实例研习·基础理论》,1981年版,第116—117、119—121、125、129页。

论法律解释方法[*]

引　言

为了解决具体案件,必须获得作为裁判大前提的法律规范。这种获得作为裁判大前提的法律规范的作业,法解释学上称为广义法律解释,包括确定法律规范意义内容的作业,即狭义法律解释;法律漏洞的补充;不确定法律概念及一般条款的价值补充。此所谓法律解释方法,系指狭义法律解释的诸种方法。

德国学者考夫曼(Arthur Kaufmann)指出,自萨维尼以来,有四种法律解释方法:文理的或语言学的解释;论理的或体系的解释;主观的或历史的解释;客观的或目的论解释。① 这是从解释手段上所作的划分,如果从解释结果上看,还可分为扩张解释和限制解释。日本学者伊藤正己认为,法律解释的方法包括:文学解释;文理解释;扩张解释与缩小解释;类推解释与反对解释;当然解释。② 我国学者郑玉波先生将法律解释方法分为两类,即文理解释和论理解释。其中,论理解释又分为:扩张解释;限缩解释;反对解释;类推解释。③ 学者杨仁寿先生进一步将法律解释方法区分为三类:文义解释;论理解释;社会学解释。其中论理解释包括:体系解释;法意解释;比较法解释;目的解释;合宪

---

* 本文原载《比较法研究》1993年第1期,由于写作年代久远,部分文献已无法一一核实。
① 参见〔日〕浅田和茂等译:《法理论的现在》,1979年版,第232页。
② 参见〔日〕伊藤正己:《法学》(第二版),有信堂1992年版,第20—21页。
③ 参见郑玉波:《民法总则》,三民书局1979年版,第20—21页。

解释。④

笔者倾向于杨仁寿先生的分类法,但鉴于比较法解释日显其重要性,应单独作为一类。扩张、限制及当然解释,为狭义法律解释之传统方法,应归入论理解释一类,而类推解释与反对解释,属于漏洞补充方法,非此所谓狭义法律解释方法。因利益法学派之提倡而日益为当代法学方法论所推崇的利益衡量,是否应作为一种独立的解释方法,有待进一步研究。因此,法律解释方法分类如下:(1)文义解释。(2)论理解释,包括:①体系解释;②法意解释;③扩张解释;④限缩解释;⑤当然解释;⑥目的解释;⑦合宪性解释。(3)比较法解释。(4)社会学解释。

本论:法律解释诸方法

一、文义解释方法

文义解释,又称语义解释,是指按照法律条文用语之文义及通常使用方式,以阐释法律之意义。法律条文系由文字词句构成,欲确定法律的意义,须先了解其所用词句,确定其词句之意义。因此,法律解释,必先由文义解释入手,且所作解释不能超过可能的文义。否则,即超越法律解释之范围,而进入另一阶段之造法活动。解释法律,应尊重法条文义,始能维护法律的尊严及其安定性价值。

为文义解释时,一般须按照词句之通常意义解释。因为法律乃社会生活规范,系为全体社会成员而设,且法律概念多取之于日常生活用语,如人、动物、胎儿等。但如日常生活用语在成为法律专用名词术语后,有其特殊意义而与一般日常用语不同,则应按照法律上的特殊意义解释。如"善意",非指慈善心肠,而是指"不知情";再如"危险负担",非指自然意义上的危险,而是指"价金损失"。同一法律或不同法律使用同一概念时,原则上应作同一解释;作不同解释时,须有特别理由。

仅以文义解释,往往难以确定法律条文之真正意义,且文义解释容

---

④ 参见杨仁寿:《法学方法论》,三民书局1987年版,第123—166页。

易拘泥于法条所用文字,导致误解或曲解法律真意。因此,须继之以论理解释。

传统法解释学,如概念法学,迷信所有语言均有其独自的固有意义,因而认为文义具有决定性意义,片面强调文义解释方法,而忽视其他方法。学者威利姆斯在其名著《语言与法律》一书中,批评了传统法解释学的谬误。他指出,构成法律条文的语言,或多或少总有不明确之处。语言的核心部分,其意义固甚明确,但愈趋边缘则愈益模糊。语言边缘之处的边缘意义(fringe meaning),一片朦胧,极易引起争执,而其究属该语言外延之内或之外,亦难确定。法律条文亦如此,总有所谓borderline case,濒临法律边缘,究竟是否属于该法律条文规范的范畴,亦费斟酌。此非立法者之疏忽,而系任何语言所难避免。无论立法者作何等慎重选择"构成法文的语言",都无从避免此种界限上案型的发生。在此模糊领域内,解释者须作划界及判断其属于界内或界外的工作,非仅依字典上之字义所能决定,不能不作利益衡量及目的解释。⑤

日本著名民法学者加藤一郎亦有所谓"框"的理论。加藤先生认为,法律规定犹如一个"框",但不是一般的框,而是一个中心浓厚而愈向边缘愈稀薄的框。规范事项如在框之中心,则甚为明确;愈趋四周愈为模糊,几至分不出框内框外。其文义在框之朦胧之地,将有复数解释之可能性,因而应依其他解释方法始能解决。⑥

杨仁寿先生在《法学方法论》一书中,曾以日本大审院"狸狢异同"事件为例,说明文义解释方法。据《日本狩猎法施行规则》的规定,狸之猎期始于每年12月1日,终于次年2月底。某猎户于1924年2月29日(闰年)于山林间见二狸,急射之,狸惊避岩穴,猎户大喜,取石塞洞口,以防逃脱,然后扬长而归。3月3日重归前址,除其石,枪击穴内,复驱犬咬逃出之狸。事为警所悉,乃移送法办,旋由检察官提起公诉。于法院审判时,被告力辩:(1)其捕狸之日为2月29日,而非3月

---

⑤ 参见杨仁寿:《法学方法论》,三民书局1987年版,第93—94页。
⑥ 参见〔日〕加藤一郎:《民法的论理与利益衡量》,有斐阁1974年版,第36页。

3日;(2)所捕之兽为狢而非狸。一、二审法院依据动物学家川濑博士鉴定结果,认为狢与狸同属一物,乃据以论罪科刑。被告上诉至大审院,大审院撤销原判,改判无罪,其判决理由如下。

被告利用自然之岩穴,对狸加以围封,事实上对之已有支配之力,已遂所谓"先占"无主物之行为,与狩猎法所谓"捕获",自属相当;原审拘泥文义,谓必实际控管,尚有未合。该捕获行为既已于1924年2月29日完成,与《日本狩猎法施行规则》第2条所定之狩猎期间不相违背。至3月3日驱犬杀狸一节,应为处分已获之狸。控被告于狩猎禁止期间捕狸之事实,难谓有据。

次查被告所捕之兽,有十字形斑纹,被告所在地方宇都宫,向称之为"十字纹狢",鲜有人名之曰狸。虽学理上狸与狢同属一物,然此系具有动物学知识之人始可得知。而按之习俗,狸狢同称,自古并存,衡诸常理,两者当有所别。若以此"狢"亦在不准捕获之列,则狩猎法中,于狸字之下,应将"狢"亦附带提及。兹仅书"狸"字,罚及信"狸"与"狢"有别之人,即欠公允。本件被告因确信其非狸而捕获之,难谓有何不法可言,应予依法谕如无罪,以免冤抑。⑦

上例"捕获"一词,乍看起来,似有二解,实则非是。所谓有复数解释之可能性,须依"框"的理论而为界定,在框内有复数解释之可能性者,始足当之。所谓"框"者,即法律也。"捕获"一词之内涵,以事实上有支配力为已足。宇都宫地方法院及东京高等法院将之解为"实际控管",显已逸出框外,不能算框内合法之解释,故无复数解释之可能性可言。⑧

二、体系解释方法

以法律条文在法律体系上的地位,即依其编、章、节、条、款、项之前后关联位置,或相关法条之法意,阐明其规范意旨之解释方法,称为体

---

⑦ 参见杨仁寿:《法学方法论》,三民书局1987年版,第125—126页。
⑧ 参见杨仁寿:《法学方法论》,三民书局1987年版,第127—128页。

系解释方法。体系解释方法为传统法解释学所常用的方法,其主要功能有二。

其一,以法律条文在法律体系上之关联,探求其规范意义。具有疑义之法律条文,在法律体系上的地位及前后条文之关联位置,可资阐明法律之规范意旨。例如,我国台湾地区"民法"第760条规定,不动产物权之移转或设定,应以书面为之。究竟是指债权行为之不动产买卖契约,或是指物权行为,抑或兼指债权行为及物权行为？若仅以文义解释则无法确定,故应采体系解释方法。第760条规定在"民法"物权编,依其体系地位,则应认为系指物权行为应以书面为之。⑨ 再如《民法通则》第122条关于产品责任的规定,其责任性质如何,有人解为过错责任,有人解为视为过错责任,而多数学者认为系无过错责任。依体系解释,该条应属于无过错责任亦即严格责任。⑩

其二,采体系解释方法,以维护法律体系及概念用语之统一性。可以运用体系解释,使法条与法条之间,以及法条各款之间,相互补充其意义,组成完整的法律规定。换言之,单就各个法条观之,其规定或不完整,或彼此矛盾,而存在所谓"不完全性"或"体系违反",而通过体系解释方法,均不难消除矛盾,使之完整顺畅而无冲突,以维护法律体系之统一性。例如,我国台湾地区"民法"第535条规定：受任人处理委任事务,应依委任人之指示,并与处理自己事务为同一之注意。其受有报酬者,应以善良管理人之注意为之。依前句可知,未受报酬的受任人,应与处理自己事务为同一之注意,欠缺此项注意,即有具体过失。但同法第544条又规定：委任无偿者,受任人仅就重大过失负过失责任。此两条规定显然矛盾,即无报酬之受任人有具体过失时,应否负责？对此,我国台湾地区"最高法院"1962年台上字第1326号判例,采体系解释方法：委任关系中之受任人,依"民法"第535条前段之规定,虽未受有报酬,其处理委任事务,仍应与处理自己事务为同一之注意,

---

⑨ 参见王泽鉴：《民法实例研习·基础理论》,第132—133页。
⑩ 参见梁慧星：《论产品制造者销售者的严格责任》,载《法学研究》1990年第5期。

亦即对于具体之轻过失仍须负责;同法第544条之规定,如解为此种受任人仅以重大过失为限始负责任,则与同法第535条之规定未免抵触,故应参照同法第223条,认为此种人除与处理自己事务为同一之注意,欠缺此种注意,即应就具体过失负责外,如显然欠缺一般人之注意而有重大过失,仍应负责。⑪

体系解释方法亦有其局限性。因为法律体系,仅属于法律之外在形式,运用体系解释方法,不可过分拘泥于形式而忽视法律之实质目的。因此,体系解释仅为方法之一,不可过分强调,应同时参酌其他解释因素以决定解释结论。例如,我国台湾地区"民法"上典权之法律性质,学者间争论不休。关于典权的规定,其位置在质权与留置权之间,若仅依体系解释,则应认为典权为一种担保物权。但通说依据台湾地区"民法"第911条规定:称典权者,谓支付典价,占有他人之不动产,而为使用及收益之权。认为典权性质上属于用益物权。⑫ 再如"民法"上关于悬赏广告之性质,若单采体系解释,则法典于契约条文之后规定悬赏广告,其性质应解为契约,但通说认为悬赏广告之法律性质应为单独行为。⑬ 因此,在解释法律时,不应以体系解释为解释法律之唯一或主要依据。

三、法意解释方法

法意解释,又称立法解释,或沿革解释,或历史解释,系指探求立法者或准立法者于制定法律时所作价值判断,及其所欲实现的目的,以推知立法者的意思。立法史及立法过程中之有关资料,如一切草案、审议记录、立法理由书等,均为法意解释之主要依据。

法意解释与解释目标相关。法解释学上关于解释目标存在主观解释论与客观解释论的对立。依主观说,法律解释之目标在于探求立法者于立法当时的主观意思;而依客观说,则在探求法律所具有的合理意

---

⑪ 参见杨仁寿:《法学方法论》,三民书局1987年版,第120—131页。
⑫ 参见王泽鉴:《民法实例研习·基础理论》,第133页。
⑬ 参见王泽鉴:《民法实例研习·基础理论》,第134—135页。

思。19 世纪主观说占支配地位,20 世纪则以客观说为通说。虽有学者力图将二者加以折中,是为折中说,亦为当今之有力主张,但终未成为通说。因此,今所谓法意解释,非为探求历史上的立法者于立法当时的主观意思,而是探求法律于今日所应有之合理意思,亦即客观的意思。所以,在作法意解释时,一切立法资料,只是解释法律之参考资料,必须依社会现有观念,对立法资料予以评估,进行价值判断,以发现法律客观的规范意旨。

法意解释的功能,有助于文义解释之理解,并划定文义解释之活动范围。例如,台湾地区"民法"关于悬赏广告之法律性质,依该法第 164 条之规定,对于不知广告而完成行为之人,广告人仍应负给付报酬义务,可知义务之发生非因双方之合意,因而应解释为单独行为。采法意解释,则台湾地区"民法"第 164 条仿自《大清民律草案》第 879 条,该条立法理由书谓:按广告者,广告人对于完结其所指定行为之人,负予以报酬之义务。然其性质学说不一,有以广告为申请订约,而以完结其指定行为为默示承诺者,亦有以广告为广告人之单务约束者。本案采后说,认为广告为广告人之单务约束,故规定广告人于行为人不知广告时,亦负报酬之义务。⑭ 由此可见,解释为单独行为,为正确的解释。

再如台湾地区"民法"第 264 条规定,以不能之给付为契约之标的者,其契约无效。此所谓不能,究竟指客观不能,或亦包括主观不能,仅依文义解释,难以确定。于是采法意解释,该条仿自《大清民律草案》第 514 条:以不能给付为标的之契约无效。其理由书谓:当事人得自由以契约订定债务关系之内容,而其契约则以可能为必要,故以客观不能给付为标的之契约,终归无效,所以防无益之争议也。但其不能系指主观之不能而言,则其契约仍应认为有效,使债务人负损害赔偿之责,然此无待明文规定,故本条仅明示其旨。由此可见,台湾地区"民法"第 264 条应解释为仅指客观不能。⑮

---

⑭ 参见王泽鉴:《民法实例研习·基础理论》,第 134—135 页。
⑮ 参见王泽鉴:《民法实例研习·基础理论》,第 135 页。

唯应注意的是，大陆立法无附具立法理由书之制度，其他立法资料如审议记录等亦不公开，立法机关通过法律时由起草人所作立法说明往往非常简单，这就给法意解释方法之采用增加了困难。但这并不是说，不可以采用法意解释方法。例如，《民法通则》第 122 条关于产品责任的规定，究竟为无过错责任，抑或过错责任，采法意解释方法，可分析立法当时社会经济生活中出现的缺陷产品致损的严重社会问题，并引用主持《民法通则》起草的负责人于该法颁布后所作解释，于是可得出解释结论，本条为无过错责任。⑯

另外，采法意解释，可以通过立法文件了解立法者、准立法者的消极意思，以有助于正确解释法条意义。例如，《民法通则》第 123 条关于高度危险作业责任，其免责理由究有几种？学说上有不同意见。一种意见认为有不可抗力及受害人故意两种，另一种意见认为仅有受害人故意一种。采法意解释，《民法通则》第 123 条仿自《民法（草案）》（第四稿）（1982 年）第 423 条：从事高空、高压、易燃、易爆、剧毒、放射性等对周围环境有高度危险的作业而造成损害的，应当承担民事责任；如果能够证明是不可抗力或者是受害人故意造成的，可以不承担民事责任。《民法通则》第 123 条的规定，只是在高度危险作业种类中增添"高速运输工具"，并从免责事由中删去"不可抗力"一种。由此可知，《民法通则》第 123 条有立法者、准立法者的消极意思：将不可抗力排除于免责事由之外，亦即该条之立法本意为仅以受害人故意为唯一免责事由。⑰

王泽鉴先生指出，关于立法资料之价值，应依社会变迁予以评价。一般言之，法律愈新，立法资料愈有参考价值，法律愈老，参考价值愈少，但仍不能因此而认其毫无参考价值。⑱ 这是在作法意解释时应当注意的。

---

⑯ 参见梁慧星：《论产品制造者销售者的严格责任》，载《法学研究》1990 年第 5 期。
⑰ 参见梁慧星：《论制定道路交通事故赔偿法》，载《法学研究》1991 年第 2 期。
⑱ 参见王泽鉴：《民法实例研习·基础理论》，第 136 页。

四、扩张解释方法

扩张解释,是指法律条文之文义过于狭窄,不足以表示立法真意,乃扩张法律条文之文义,以求正确阐释法律意义之一种解释方法。

例如,《民法通则》第93条关于无因管理的规定,没有法定的或者约定的义务,为避免他人利益受损失进行管理或者服务的,有权要求受益人偿付由此而支付的必要费用。条文中仅言"由此而支付的必要费用",而管理人因无因管理活动受有损失时,此项损失可否要求受益人赔偿? 若谓此项损失不应赔偿,则显然不符合立法本意。对此,最高人民法院《关于贯彻执行〈中华人民共和国民法通则〉若干问题的意见(试行)》解释如下:《民法通则》第93条规定的管理人或者服务人可以要求受益人偿付的必要费用,包括在管理或者服务活动中直接支出的费用,以及在该活动中受到的实际损失。此即采用了扩张解释方法。

扩张解释与目的性扩张不同,二者的区别在于:(1)扩张解释,为狭义法律解释方法之一;目的性扩张,为法律漏洞补充方法之一。(2)扩张解释,虽亦有目的上的衡量,但着重在将法条文义与立法真意相比较,而文义失之过狭,无法表示立法真意;目的性扩张,乃从法律目的出发,符合规范意旨之某种事实类型,未为法条文义所涵盖。(3)扩张解释,虽扩张文义范围,但仍在法条可能文义之范围内,亦即日本学者碧海纯一所谓法律文义"射程"之内;而目的性扩张,则已完全超出法条文义之可能范围。如上例《民法通则》第93条所谓"必要费用",通常应为进行管理活动所不可不支出的费用,但管理人于从事管理活动时所受损失,亦可说是一种费用支出,并未超出原文可能文义的范围。与此相对照,如《民法通则》第62条仅规定民事行为可以附条件,而未言及可否附期限。最高人民法院意见采目的性扩张,解释为民事行为亦可附期限,显已超出《民法通则》第62条原文可能文义的范围。(4)在民事法上,扩张解释和目的性扩张均为法律所许,但两者理由不同。扩张解释,必析其文义之内涵;而目的性扩张,则应述其扩张之目的。

杨仁寿先生指出,扩张解释与目的性扩张区别之所在,端视是否在文义"预测可能性"之内,如依照碧海纯一之"射程"理论言,在文义射程之内者,为扩张解释。如所扩张之文义,非原有文义所能预测,已超出射程之外,则不能为扩张解释,仅能为目的性扩张。换言之,扩张前后文义内涵相同者,应为扩张解释;文义内涵不同者,不能为扩张解释,如有贯彻规范意旨之必要,则应为目的性扩张。[19]

五、限缩解释方法

限缩解释,又称缩小解释,是指法律条文之文义过于广泛,不符合立法真意,乃限缩法律条文之文义,使局限于其核心,以正确阐释法律意义内容的解释方法。

例如,《民法通则》第五章第一节财产所有权和与财产所有权有关的财产权,所谓"与财产所有权有关的财产权"一语,文义过于广泛,若依其文义,债权亦应包括在内,但本章另设一节专门规定债权,依立法本意应不包括债权。因此应采限缩解释,解释为不包括债权。又如《民法通则》第 85 条规定:合同是当事人之间设立、变更、终止民事关系的协议。其中"民事关系"一语文义广泛,若采文义解释,应包括债权债务关系、物权关系、身份关系如结婚、离婚、收养等,显然不符合立法本意。为贯彻规范意旨,自应采限缩解释,解释为仅指债权债务关系。[20] 再如《民法通则》第 58 条规定,"违反法律或者社会公共利益的"民事行为无效。鉴于法律有强行法与任意法之分,其中任意法仅为补充当事人意思之规定,允许当事人以约定排除其适用,而强行法为强制性和禁止性规定,不允许当事人以约定排除其适用,依立法本意,此所谓违反法律当指违反强行法,非指任意法。因此应采限缩解释,解为民事行为违反法律强制性和禁止性规定者无效。[21]

此所谓限缩解释,应与目的性限缩相区别:(1)两者性质不同,限

---

[19] 参见杨仁寿:《法学方法论》,三民书局 1987 年版,第 136 页。

[20] 参见王家福主编:《中国民法学·民法债权》,法律出版社 1991 年版,第 361—362 页。

[21] 参见王家福主编:《中国民法学·民法债权》,法律出版社 1991 年版,第 355—356 页。

缩解释为狭义法律解释方法；而目的性限缩为法律漏洞补充方法。（2）限缩解释，是指法律文义过于广泛，乃限缩其文义，使局限于其核心，以求正确阐释法律；目的性限缩，是指依法条之文义已涵盖某一事实类型，但依立法目的，该类型本不应包括在内，于是将该类型排除在法律适用范围之外。（3）限缩解释，仅在消极地限缩法条文义；目的性限缩则在积极地将不合规范意旨部分予以剔除。举例来说，《经济合同法》规定了财产租赁合同，国务院依《经济合同法》制定有财产租赁合同条例。近年来实践中发生应否将《经济合同法》关于财产租赁合同的规定适用于融资租赁合同案件的问题。若依文义解释，"财产租赁"之文义本应涵盖融资租赁，但依立法本意，财产租赁乃专指传统民法上的使用租赁（日本称赁贷借），而不包括新近流行之融资租赁。因此，应采目的性限缩，将融资租赁排除在关于财产租赁的法律规定适用范围之外。[22]

六、当然解释方法

当然解释，是指法律虽无明文规定，但依规范目的衡量，其事实较之法律所规定者更有适用理由，而径行适用该法律规定之一种法律解释方法。当然解释之法理依据，即所谓举重以明轻，举轻以明重。如公园禁止攀折花木，则摘果伐干更在禁止之列。有过失尚且应负责任，具有故意则更应负责。

例如，民国时期的《中华民国民法》第697条规定：合伙财产应清偿合伙之债务或划出必须之数额后，各合伙人始有返还出资请求权。此系指进行清算之后，若在清算之前，当然不能请求返还出资。当时最高法院1943年上字第5252号判例谓：合伙人中之一人，若在清算人未将合伙财产清偿合伙债务，或划出清偿所必须之数额以前，即向清算人请求返还出资及分配利益，并非法之所许，其未经清算者，更不待论。

---

[22] 关于财产租赁与融资租赁的区别，详见梁慧星：《融资性租赁契约法性质论》，载《法学研究》1992年第4期。

即采当然解释方法以为阐释。㉓

再如,《民法通则》第 55 条关于民事行为生效要件,仅规定:(1)行为人具有相应民事行为能力;(2)意思表示真实;(3)不违反法律或者社会公共利益。其中未对民事行为的内容是否应确定和可能作出规定。依民事行为之本质,其内容不确定,不能据以划定双方当事人的权利义务范围;以不可能事项为民事行为内容,违反民事行为制度之本旨。因此,民事行为的内容必须确定和可能,为题中应有之义。故对《民法通则》第 55 条应采当然解释,解为有第四项生效要件,即民事行为的内容必须确定和可能。㉔

学者中有人认为当然解释与类推适用难以分辨,甚至有人认为当然解释属于类推适用之一种。但两者的区别是明显的:(1)当然解释为狭义法律解释方法之一,而类推适用为法律漏洞补充方法之一。(2)当然解释为直接推论,无须借助其他命题;而类推适用为间接推论,须借助"类似案型应作同样处理"的法理规则。(3)当然解释乃以"立法趣旨"之预测可能性以为衡量,其射程较远(与此相对照,扩张解释以文义之预测可能性衡量,其射程较近),如桥梁禁止轿车通行,则大卡车更不待言,将来可能发明之各种机动车辆均在禁止之列,属于立法趣旨之预测可能性范围;而在类推适用,法律所未定事项,乃出于立法者疏忽未预见,或情事发生变更,属于一种法律漏洞。(4)当然解释,无分公法、私法,均可采用;而类推解释,仅可用于私法,公法禁止类推适用。㉕

七、目的解释方法

目的解释,是指以法律规范目的为根据,阐释法律疑义的一种解释方法。

德国学者耶林于 1877 年出版《法的目的》一书,提倡目的解释。

㉓ 参见杨仁寿:《法学方法论》,三民书局 1987 年版,第 146 页。
㉔ 参见梁慧星:《民法》,四川人民出版社 1988 年版,第 129—131 页。
㉕ 参见杨仁寿:《法学方法论》,三民书局 1987 年版,第 146—148 页。

他认为,法律乃人类意志的产物,有一定目的,受目的律支配,与以因果律为基础因而有必然因果关系的自然法则截然不同。故解释法律,必先了解法律所欲实现何种目的,以此为出发点加以解释,始能得其要领。目的为解释法律之最高准则。自此以后,目的解释遂成为法律解释的重要方法。

王泽鉴先生指出,任何法律,均有其立法目的,解释法律应以贯彻、实践立法趣旨为其基本任务。因此,任何人于解释法律时,须想到的基本问题是:为何设此规定,立法目的何在?立法趣旨之探求,是阐释法律疑义之钥匙。㉖

关于什么是立法目的,学者间有不同见解。杨仁寿先生认为,目的解释之"目的"系指某法之整个目的,非如法意解释之法意,系指某法条之立法趣旨或立法本旨。他进一步指出,法律目的之探求有三种情形:(1)法律明定其目的;(2)虽未明定,可从法律名称觅得其目的;(3)法律既未明定目的,亦不能于法律名称觅得其目的时,必须以"逆推法",先发现个别规定或多数规定所欲实现的"基本价值判断",进而加以分析、整合,得出多数规定所欲实现之目的(即规范目的),然后再予以综合,探求所形成的目的,即系法律目的。㉗

但依王泽鉴先生之见解,目的解释之所谓目的,除法律之整个目的外,似应包括个别法条、个别制度之规范目的。如他探讨台湾地区"民法"第798条的规范目的在于,"鉴于果实落于邻地,已不法侵害他人所有权,故将落地之果实视为属于邻地,以资平衡,并藉此增进睦邻及社会平和关系,勿为细物争吵",并据以解释该条所谓"自落",认为凡非基于邻地所有人之行为所致果实掉落者,均属之。㉘

笔者以为,王泽鉴先生的解释更为合理。为目的解释时,不可局限于法律之整体目的,应包括个别规定、个别制度之规范目的。而个别规定之规范目的,与该规范之意义内容并不相同。前者为立法者制定该

㉖ 参见王泽鉴:《民法实例研习·基础理论》,第142页。
㉗ 参见杨仁寿:《法学方法论》,三民书局1987年版,第154页。
㉘ 参见王泽鉴:《民法实例研习·基础理论》,第144页。

规范时之所欲,而后者依主观说为立法者事实上赋予规范的意思,依客观说为法条现时所具有的合理意思。因此,与法意解释并不发生混淆。

例如,台湾地区"民法"第244条中规定:债务人所为之无偿行为,有害及债权者,债权人得申请法院撤销之。关于债务人所为抛弃继承,债权人可否申请撤销?台湾地区"最高法院"1969年台上字第847号判决采肯定说:按台湾地区"民法"业已废止宗祧继承,改为财产继承制度,此就"民法"第1184条规定继承人自继承开始时,承受被继承人财产上一切权利义务,观之自明。故如继承开始后抛弃继承而受不利益时,即属于处分原已取得之财产上之权利,倘若因而害及债权者,债权人自得依照"民法"第244条行使其撤销权。但台湾地区"最高法院"1969年台上字第1271号判决却采否定说:债权人得依"民法"第244条规定行使撤销权者,以债务人所为非以其人格上之法益为基础之财产上行为为限,若单纯系财产利益之拒绝,如赠与要约之拒绝,第三人承担债务之拒绝,继承或遗赠之抛弃,自不许债权人撤销之。

对此两种相反见解,王泽鉴先生评论如下:"最高法院"所采正反两种不同见解,各有所据,自不待言。究以何说"较为"可采,应衡量债权人撤销权及抛弃继承制度之规范目的与当事人利益而定之。前者在保全债权,后者在维护人格自由,衡诸现行"民法"基本原则,应以后者较值优先保护。因继承之抛弃,系法定权利,以人格为基础,旨在拒绝单方面赋予财产利益,溯及地不取得遗产,债权人虽因此"得而复失",亦属间接、反射之结果,故应依多数学者之见解,认为抛弃继承系属拒绝受领利益,非债权人所得撤销。㉙

又如债权让与,债务人未经让与人或受让人之通知,而知悉债权让与之事实者,如对新债权人为给付,其给付是否得发生清偿效力?按照台湾地区"民法"第297条第1款的规定:债权之让与,非经让与人或受让人通知债务人,对于债务人不生效力。乍看之下,似不应发生清偿效力,但从该条之规范目的观之,则应生清偿效力。因该条规定,其目

㉙ 参见王泽鉴:《民法实例研习・基础理论》,第144—145页。

的在于保护债务人,使之在未受通知前,不但可向原债权人清偿,而且如有可抵销之债权,或有对抗原债权人之事由,在受通知后皆得对受让人主张抵销,或对抗受让人。因此,如债权确已移转,则债务人自动对受让人为给付,此种清偿仍应有效,不得认为属"非债清偿",否则即与本条保护债务人之目的不符。㉚ 此即依规范目的以为解释又一例。

再如《民法通则》第 23 条关于利害关系人向人民法院申请宣告死亡的规定,是否应有一定顺序。最高人民法院《关于贯彻执行〈中华人民共和国民法通则〉若干问题的意见(试行)》第 25 条规定,申请宣告死亡的利害关系人的顺序是:(1)配偶;(2)父母、子女;(3)兄弟姐妹、祖父母、外祖父母、孙子女、外孙子女;(4)其他有民事权利义务关系的人。申请撤销死亡宣告不受上列顺序限制。实务中遇到的问题是,某人失踪已达到《民法通则》第 23 条所规定的年限,其配偶不申请宣告他死亡,而其他利害关系人可否向法院申请宣告他死亡? 按照最高人民法院上述解释,其他利害关系人无权申请。

最高人民法院的意见是否正确,应依《民法通则》第 23 条宣告死亡制度之规范目的予以衡量。宣告死亡制度,虽与失踪宣告制度颇为类似,但二者立法目的截然不同。失踪宣告制度之规范目的,在于保护失踪人利益免受损害,于失踪达到法定年限时依法宣告其为失踪人,并为其指定财产管理人,由财产管理人保护失踪人利益。死亡宣告制度之立法目的,不是要保护被宣告死亡人之利益,而在于保护其利害关系人的利益,其利害关系人不分是其配偶、子女、父母抑或其债权人、债务人,在地位上一律平等,不应有先后之分。在法院宣告死亡后,被宣告死亡人遗产之继承、债务之清偿,均有法律规定,而与由何人提出宣告死亡之申请无关。最高人民法院的意见将利害关系人分为一定顺序,第一顺序利害关系人不提出申请,其他顺序利害关系人无权提出申请。实际案件中,有的配偶基于感情或有其他不正当目的,不提出申请,致不能宣告失踪人为死亡人,使其他利害关系人合法利益遭受损害,显然

㉚ 参见黄茂荣:《法学方法与现代民法》,第 66 页。

违背民法设立宣告死亡制度之立法目的,故最高人民法院的意见不得谓正确之解释。

目的解释之功能,在于维持法律秩序之体系性和安定性,并贯彻立法目的。尤其是在社会稳定时期,目的解释有重大作用。但在社会急剧变动时期,则可能发生旧有法律之目的与社会目的不一致,不能切合社会发展的需要。此种情形,应采社会学解释,以贯彻法律公平正义,确保实质妥当性。

例如,《经济合同法》制定于 20 世纪 80 年代初,当时经济体制改革仅在农村开始,城市经济体制改革刚进行个别试点,因此反映了原有经济性质和经济体制的要求,《经济合同法》第 1 条规定本法之目的为"保证国家计划的执行"。在改革开放十多年之后的今天,社会经济生活已经发生重大变化,国家指令性计划的范围已极度缩小,且新制定的转换企业经营机制条例规定企业对于指令性计划亦可拒绝执行。显然原立法目的已与社会生活不符,若拘泥于原立法目的,而将违反指令性计划的经济合同一律解为无效,将与经济体制改革及社会发展相悖。因此,应采社会学解释,而不可拘泥于原立法目的。

八、合宪性解释方法

合宪性解释,即依宪法及位阶较高的法律规范,以解释位阶较低的法律规范的一种法律解释方法。

法律秩序是一个阶层结构,犹如一座金字塔,最上层为宪法,其次为法律,最后为法规。法规范之效力,依其位阶而定,即法律和法规不得抵触宪法,法规不得抵触法律。因此产生了一项基本原则,即对于位阶较低的法律规范,应依位阶较高之法律规范解释之,以贯彻上层法律规范之价值判断,维护法秩序的统一性。此即合宪性解释。

例如,雇主承包厂房拆除工程违章施工致雇工受伤感染死亡案,关于招工登记表中注明"工伤概不负责"在法律上的效力,最高人民法院 1988 年 10 月 14 日批复:经研究认为,对劳动者实行劳动保护,在我国《宪法》中已有明文规定,这是劳动者所享有的权利,受国家法律保护,任何个人和组织都不得任意侵犯。张学珍、徐广秋身为雇主,对雇员理应依法给予劳动保护,但他们却在招工登记表中注明"工伤概不负责"。这是违反宪法和有关劳动保护法规的,也严重违反了社会主义公德,对这种行为应认定为无效。㉛ 这里所采用的解释方法,亦属于合宪性解释方法。

合宪性解释具有两项功能:其一,参与法律解释内容之决定。合宪性因素亦有所谓内容性功能。其二,控制法律解释之结果,使其不溢出宪法所宣示的基本价值判断范围。此即合宪性因素所具有的控制性功能。㉜

合宪性解释与目的解释、法意解释的区别在于:合宪性解释,乃以高位阶之规范,阐释低位阶规范之含义;目的解释,乃以某一规范之目的或整个法律之目的,阐释各个规范的含义;法意解释,则从立法资料及立法史探求各法律规定的立法意旨,以阐释个别条文法律规范的含义。三者层次不同,方法各异,其运用时,应先为法意解释,其次为目的解释,最后方可用合宪性解释。

九、比较法解释方法

比较法解释,是指引用他国或地区立法例及判例学说作为一项解释因素,用以阐释本国或地区法律意义内容之一种法律解释方法。

例如,英国法院最称保守,但早在 1833 年,即曾引用法国民法学者波蒂埃(Pothier)所著《债法论》(*Traite des Obligations*)作为判决资料。德国法学昌盛,世所公认,但其最高法院亦曾引述外国立法例作为判决依据。瑞士判例学说更明确承认外国立法例(比较法),得作为补充法律不备之辅助手段。瑞士民法起草人、权威民法学者胡贝尔(Eugen Huber)曾谓:"对个人而言,彼此来往,实为生活上所不可或缺。国家民族亦然,不能使立法成为中国之万里长城。"意谓瑞士民法制定后,

---

㉛ 参见梁慧星:《雇主承包厂房拆除工程违章施工致雇工受伤感染死亡案评释》,载《法学研究》1989 年第 6 期。
㉜ 参见黄茂荣:《法学方法与现代民法》,第 299 页。

绝不可闭关自守,尚须吸收外国立法例及判例学说,始能与时俱进,实践其规范目的。㉝

例如,关于台湾地区"民法"上悬赏广告的法律性质,依文义解释及法意解释,应为单独行为。此解释结论亦可由比较法解释予以证实。民法学者梅仲协先生有详细说明:民法学者戴修瓒、陈瑾智、周新民诸氏,均采契约说,认悬赏广告系对不特定人之要约,以中国台湾地区"民法"第164条及第165条关于悬赏广告之规定,列诸契约款故也。殊不知第164条所定广告之意义及性质,与德国同而与瑞士、日本异。《瑞士债务法》第8条及《日本民法典》第529条,均无相当于中国台湾地区"民法"第164条对于不知有广告而完成该行为之人亦同之文句,其采契约说,固甚明显。而中国台湾地区"民法"上述条文内容,系自《德国民法典》第65条后段"auch wenn dieser nicht mit Rücksicht auf die Auslobung gehandelt hat"翻译而成,亦无疑义。至德国学者认为广告为单方行为,则系一般之定说。中国台湾地区"民法"于悬赏广告之意义及性质既从德例,而条文编列之次序,又仿日本,显系舛错,自易引起学者之误解也。㉞

又如,《民法通则》第122条关于产品责任的规定,系参考美国严格产品责任判例法及欧共体关于产品责任的指令(85/374号),因此不仅在解释该条之责任性质时,应采比较法解释,解为严格责任亦即无过错责任,而且对于该条所使用的名词概念亦应参考美国法及欧共体指令进行解释。如该条所谓"质量不合格"一语,易混淆于契约法上之"瑕疵"概念,属于措辞欠当,不合立法本意。在解释上应按产品责任法之"缺陷"概念解释,解为产品具有对消费者人身财产的危险性,不符合消费者在合理使用产品时有权期待的安全标准。㉟

这里有必要谈到比较法解释与比较法的关系。所谓比较法,即法

㉝ 参见王泽鉴:《民法学说与判例研究》(第二册),中国政法大学出版社2005年版,第8页。

㉞ 转引自王泽鉴:《民法实例研习·基础理论》,第141页。

㉟ 参见梁慧星:《论产品制造者销售者的严格责任》,载《法学研究》1990年第5期。

律之比较研究,为研究法律、认识法律的一种方法。法律之比较研究自古有之,唯至20世纪初始受广泛重视。第二次世界大战后,国际交往日趋频繁,比较法学发展更为迅速,蔚然成为一门独立之学科,但终因为时尚短,远未能建立严密之方法论。[36]

　　法律比较研究,可分为总体比较与个体比较。总体比较系以法系作为研究对象,其目的在于发现各主要国家和地区法律之基本精神、特色及风格,并建立法系理论;个体比较是以不同国别或地区的个别法律规定或制度作为研究对象,其目的在于发现解决特定问题的法律对策。[37] 作为法律解释方法之一的比较法解释,颇类似于比较法中的个体比较。但需注意的是,比较法解释之目的,不在于对各主要国家和地区法律作客观评价,发现其基本精神、特色及风格,也不在于评价其优劣或为本国或地区立法提供参考,而在于将其他立法例及判例学说作为一种解释因素,以求正确阐释本国或地区现有法律规范之意义。因此,不应将比较法解释混同于一般比较法研究。

　　在进行比较法解释时,应当注意:(1)不得局限于法律条文之比较,应扩及判例学说及交易惯例,尽可能对于各国或地区法之真意及现实作用有充分了解,并将所引资料及参考理由予以说明。(2)比较法解释系将他国或地区立法例及判例学说引为解释资料,因此不可因他国或地区立法例较佳,即径为援引采用以取代本国或地区法律规定;他国或地区法律之斟酌,常可导致对本国或地区法律规定之扩张或限缩解释,但不得超过法律文义之可能范围。(3)他国或地区立法例虽有重大参考价值,但是否可援引以解释本国或地区法律规定或补充法律漏洞,应不违反本国或地区法律之整体精神及社会情况。(4)应经由解释途径,将立法所继受之他国或地区立法例,纳入本国或地区立法体系,使之融为一体。

　　关于上述应注意之第(4)点,于引述英美法制度时,尤应注意。例

---

[36] 参见王泽鉴:《民法学说与判例研究》(第二册),中国政法大学出版社2005年版,第9页。

[37] 参见王泽鉴:《民法学说与判例研究》(第二册),中国政法大学出版社2005年版,第10页。

如,我国台湾地区于 1963 年公布的"动产担保交易法",系继受美国动产抵押法、统一附条件买卖法及统一信托收据法而制定。因此,我国台湾地区学者常直接引述美国法上的概念,如法定所有权或衡平所有权,以解释现行制度。对此,王泽鉴先生曾提出不同意见。[38]

王泽鉴先生上述批评意见,虽针对我国台湾地区而发,但对于我国大陆亦有意义。我国大陆自改革开放以来,立法立足于改革开放及发展社会主义市场经济的实际,广泛借鉴参考发达国家和地区立法经验和判例学说,因此学者在进行解释时,应注意使之与整个法体系相调和,融为一体。例如,《涉外经济合同法》第 17 条,显系参考英美法上的预期违约制度,有学者解释此条时,认为英美法预期违约制度比大陆法上的同时履行抗辩和不安抗辩制度更为优越,因而主张严格按预期违约制度解释,并排斥大陆法系旧有制度。但我国现有债法及理论,系继受大陆法系,对于债之履行有同时履行抗辩和不安抗辩两项制度,若将《涉外经济合同法》第 17 条严格按照英美法预期违约解释,则势必与整个债法理论不相调和。有鉴于此,笔者主张在解释《涉外经济合同法》第 17 条时,不可拘泥于英美法之概念用语,应结合大陆法系同时履行抗辩和不安抗辩制度以为解释。[39]

十、社会学解释方法

社会学解释,是指将社会学方法运用于法律解释,着重于社会效果预测的目的衡量,在法律条文可能的文义范围内阐释法律规范意义内容的一种法律解释方法。

社会学解释方法之引入法解释学,乃自由法学派之贡献。自由法学之前的概念法学,在解释方法上着重文义解释及论理解释,法律以外的社会、经济、政治、道德等因素的考虑被斥为"邪念"。埃利希于 1903 年出版《法的自由发现和自由法学》、1912 年出版《法社会学的基础》,

---

[38] 参见王泽鉴:《附条件买卖买受人期待权之研究》,载《民法学说与判例研究》(第一册),中国政法大学出版社 2005 年版,第 170 页。

[39] 参见梁慧星:《民法》,四川人民出版社 1988 年版,第 337—339 页。

强调法律发展的动力,源于社会之中,法官应自由地探求生活中的法。此后,社会学方法被运用于法律解释,几乎成为一种风尚。

社会学解释方法之运用,须以文义解释为基础,在文义解释有复数解释结果存在之可能时,方得进行社会学解释。在有复数解释结果存在时,严格言之,不超出法条文义,每一种解释结果均可称为合法之解释。究以其中何种解释为正确、妥当,非属于理性认识问题,而属于政策性判断问题。如果涉及社会效果之预测或目的衡量,即应进行社会学解释。

例如,1908年美国俄勒冈州制定一项限制女性劳动时间的法律,被一厂主缪勒(Muller)提起诉讼,指为违宪。由著名律师(后任最高法院法官)布兰代斯(Brandeis)担任俄勒冈州辩护律师。此案争点为,限制女性劳动时间的法律,是否侵害联邦宪法所保障的契约自由?过去先例于俄勒冈州不利。布兰代斯在向最高法院提出的"Brief"(辩论概要)中,仅以两页篇幅援引先例,其余一百多页的篇幅乃基于生活事实(living facts)展开议论,论证保护女性立法之必要性,以维护州法之合法性。最高法院最后按照布氏"辩论概要"判决俄勒冈州法合宪。就确认限制女性劳动时间的立法合宪而言,该判决具有重大意义,极为引人注目。不仅如此,该案判决之划时代意义,不在于判决内容,而在于最高法院公开认可布氏所采用的社会学解释方法。

布兰代斯的辩论概要的大致内容如下:

(1)因妇女特殊身体构造,长时间劳动对女性有危害。体格和机能,男女不同,除表现于解剖学、生理学上的不同外,医生一致认为,女性的耐久力即筋力、神经力、注意力集中与适应能力,均比男性弱。因此,过度劳动对女性的健康更为有害。

(2)因女性肉体体格之故,由于近代产业所产生的越来越大的紧张感,女性比男性受到更大的影响。如机械运转速度越来越快,每个劳动者操作机械的台数越来越多,多数操作同时进行,工艺越来越复杂,这些变化对劳动者造成极大的紧张感。

(3)长时间劳动造成的疲劳,慢性地使健康完全恶化。由于并不是立即发病,劳动者往往无视疲劳,逐渐造成身体贫血和衰弱,并发生其他疾病。多数产业要求劳动者长时间站立操作,据医生的意见,这将造成女性骨盆机能不全。

（4）无论是在结婚之前还是之后,因从事过度劳动,都将给生育造成严重影响,其后果尤为悲惨。

（5）劳动妇女的事故,因一日劳动时间的延长而更为频繁。显然,灾难与长时间的疲劳相关。

（6）与对健康的损害密切相联系的,是过度劳动对道德的影响。由于劳动时间过长,剥夺了最低限度的余暇和家庭生活时间。为了求得从劳动造成的紧张中放松,往往造成滥用酒精饮料等。

（7）根据以制造业为主的其他国家的经验,过度劳动将对全民福利产生恶劣影响。国民绝大多数疲惫不堪,造成全社会健康、精神、道德低下。女性健康因长时间劳动而受损害,不仅损及劳动生产率,而且导致幼儿死亡率上升,及婚后劳动妇女的子女残疾。未来母亲的过度劳动,将直接损害国民的福利。

（8）短时间的劳动,对社会、个人均有好处。劳动妇女,无论已婚未婚,在劳动时间之外,都能享受优雅的生活。家庭生活的改善,可以改善社会风气。规定相对短的劳动时间,经过相当时间之后,后代的体格、道德均将得到显著改善。㊽

另一个成功运用社会学解释方法的例子,是王泽鉴先生就台湾地区"矿场法"第 15 条所作解释。

振山实业股份有限公司所属煤矿数年积欠矿工工资新台币 90 余万元,煤矿停工歇业,矿工依"矿场法"第 15 条"矿业权者于歇业或破产时,应尽先清偿所欠矿工工资"之规定,主张优先受偿。但台湾地区"最高法院"解释该条,认为矿工工资虽优先于一般债权,但其效力仍在抵押权等担保物权之后。其理由如下:担保债务之成立,并不一定损害劳工。反之,担保债务之成立,使濒于困境矿场之财产有所增加,因

㊽ 转引自〔日〕山田卓生:《法社会学与法解释学》,载〔日〕碧海纯一:《法学的理论与实践》,第 48—49 页。

而有利于该矿场之劳工。若认工资优先于担保物权,谁复愿意扶持濒于困境之矿场而提供资金?而操调节金融任务之银行因不能预知矿业者何时可能破产或歇业,势将不敢从事对于矿业者之贷放业务,于是矿业者将多因资金周转不灵而倒闭,其影响之巨,可想而知。

对此,王泽鉴先生指出,台湾地区"最高法院"除形式概念推论外,尚以法律之社会经济作用作为解释法律之标准,在方法论上,确为一项重大进步,值得赞佩。此种解释可称为法社会学之法律解释方法。但此种方法本身亦有若干困难,所谓法律之社会作用,在从事法社会学之实际调查前,容易流于个人主观之揣测,上述台湾地区"最高法院"之见解,似亦有此缺点。银行是否会因矿工工资享有优先受偿权,致不愿对矿业者贷款,"最高法院"并未提出事实上之证明。

然后,针对台湾地区"最高法院"之不当解释结果,王泽鉴先生从下述几方面展开自己对"矿场法"第15条的解释,以坚持矿工工资有绝对优先性。

(1)以吾人之常识判断,银行放款最为重视者,为借款人之资本、生产营运能力及信用,矿工工资优先受偿权之有无,似非为绝对必要考虑之点。诚然,法定优先权不以登记为成立要件,欠缺公示性,不免有害抵押权之虞。但银行可以预估工资之数额,酌定放款数额,似无遭受损害之虞。依"实施都市平均地权条例"第32条新设规定,土地增值税应优先于一切债权及抵押权扣缴,未尝闻银行曾以此为理由而拒绝土地抵押放款,盖土地增值税亦可预为扣除计算也。又如"海商法"虽明定法定优先受偿权之效力优先于抵押权,对于银行设定船舶抵押权似亦不生影响。尚无积极证明,殊不宜采为否认矿工工资优先受偿之理由。又类推适用"最高法院"之逻辑而推论,矿工因工资不受保障,势将不愿意从事采矿工作,于是矿业者将因无工人而关闭,能源断绝,其影响之巨,亦可想而知也。

(2)然而最值商榷者,系台湾地区"最高法院"之判决完全否定保护劳工之基本法律原则。保护劳工系现代社会法治之基本任务。工资为劳工之报酬,为劳工生活之所依赖。为此,法律设有特别保护之规定

（如"工厂法"第 21、22、25 条）。"矿场法"第 15 条规定："矿业权者于歇业或破产时，应尽先清偿所欠矿工工资。"这更在于保障劳工之生存权。

（3）"矿场法"第 15 条所谓应尽先清偿工资，依其文义，应该解释为优先于一切债权及抵押权。依本条规定，矿工工资优先权仅限于矿场歇业或破产场合，乃是因为在此种情形下，矿工有特为保护之必要，从而矿业权者尚未歇业或破产时，概无主张矿工工资优先之余地。由是可知，立法者对于矿工工资优先权设有严格之限制，对于抵押权人之利益并有适当权衡。台湾地区"最高法院"似未注意到此项隐藏在行使优先权要件之后的价值判断。

（4）依"矿场法"第 15 条规定之文义，矿工工资之绝对优先性，纵有疑义，为保障劳工之生存权，亦应采肯定说。此为解释劳工法之基本原则。工资为矿工出卖劳力之报酬，在未受清偿前，虽构成矿场资金之一部，但本属于矿工所有，不容任意剥夺。工资具有绝对神圣性，必须特予保护，始足实现社会正义。

（5）上述对于台湾地区"最高法院"之批评，不仅是基于客观的法学理论，同时也是基于个人主观的社会正义感情。王泽鉴先生系在松山五指山麓矿区出生长大，曾经多次跟随家父，爬进爬出黑暗、潮湿、险恶之坑道。1945 年前后，矿场安全尚不受重视，经常发生瓦斯爆炸，肇致灾害。王泽鉴先生曾经多次亲眼看到，傍晚黄昏之际（瓦斯爆炸多在下午发生），从坑道口抬出一具具焦黑之矿工尸体，整齐排放在正对着他家不远之坑石堆上，苦主举家（父子、兄弟同时遇难，时常有之）终夜号哭，凄风吹播着野犬叫声。矿工以易老之岁月，冒灾祸之危险，出卖劳力换取微少之工资，图谋生存。法律对矿工工资原设有保障，不料台湾地区"最高法院"竟辗转解释，认为银行之资金，应优先于矿工之血汗。台湾地区"最高法院"之判决，令其忆起孩童之际悲伤难忘之经历，在其眼前又浮现着一具一具焦黑之尸体……[41]

---

[41] 参见王泽鉴：《劳工法之社会功能及劳工法学之基本任务》，载王泽鉴：《民法学说与判例研究》（第二册），三民书局 1979 年版，第 349—352 页。

王泽鉴先生上述解释,以社会学解释方法为主,辅之以文义解释、法意解释及合宪性解释,最后直接诉诸社会正义感情,尤其是先生童年时代的亲身经历,读来摧肝裂胆,动人心魄,足见先生高尚人格和对社会公平正义的追求,令人感佩。这大概就是日本学者来栖三郎所谓"解释者应负的政治责任"吧!

　　运用社会学解释方法,重点在于对每一种解释可能产生的社会效果加以预测,然后以社会目的衡量,何种解释所生社会效果更符合社会目的。例如,1991年间在台湾地区有关于人民币是否属于有价证券、伪造人民币是否构成变造有价证券罪之争论。起因是高雄地方法院审理伪造人民币案,认为人民币非有价证券,自不得论以变造有价证券罪,于是对7名被告宣告无罪。此一判决之是否适当,有肯定与否定两种意见。持否定见解的法界人士认为,法律对社会实际层面的问题,不能无视,否则将使法院置身于社会之外。高雄地方法院对伪造人民币的7名被告宣判无罪,将造成民众认知上的混淆,值得注意。尤以现今海峡两岸互动日益频繁,如果民众认为伪造人民币无罪,而加以伪造并在大陆使用,将触犯《刑法》(1997年)第170条构成伪造货币罪。此外,如果台湾地区和大陆民众都恣意伪造对方的货币,在海峡两岸大量流通,必然严重破坏双方现有金融秩序,造成严重社会问题,其后果不堪设想。与高雄地方法院的解释相反,台湾地区相关部门发布一项解释令,认为人民币在台湾地区虽然不是挂牌流通的货币,但因人民币在中国香港地区、美国均可兑换,因此尽管在台湾地区无法直接兑换,却可间接兑换。因此,人民币应视为有价证券,伪造人民币应属违法行为。台湾地区有关部门于1991年12月13日举行专案协调会,认定人民币为有价证券,伪造人民币违反公序良俗,属违法行为。㊷

　　社会学解释与目的解释的区别在于:(1)目的解释所谓目的,是指法律目的,而社会学解释所谓目的,则是指社会目的。就多数法律而言,其所欲实现之目的,往往与社会目的相符合;但若法律年代久远,而

㊷　参见《"陆委会"昨协商认定人民币是有价证券》,载"经济日报"1991年12月13日。

社会目的已经改变,则二者即不相符。(2)目的解释,仅限于法律目的之衡量;而社会学解释不仅进行社会目的之衡量,并且进行社会效果之预测。因此,即使在法律目的与社会目的相符合的情形,社会学解释亦比目的解释更为广泛。

关于社会学解释的意义,杨仁寿先生指出,法律之研究须借助社会学解释者,为数甚多,尤其法律词句难免有边缘意义出现,更有所谓 borderline case 存在,仅以文义解释或论理解释,仍不足以济事,尚须借重社会学解释,始可解决。故社会学解释,在法解释学上不仅有其必要,且亦使法解释学呈现新的契机,使法解释之途,不致因之而穷。[43]

附论:是否有某种规则?

法律解释方法有如上十种,判例或学说通常选用其中一种或数种方法,以支持某项解释结论,因而造成见解不一、众说纷纭的现象,影响法律适用之安定性。为此,法学方法论者提出一个重要问题:各种解释方法相互间是否有某种位阶关系,可据以决定各种解释方法之顺序?

王泽鉴先生对此问题采取了一种折中的立场,即不认为各种解释方法具有一种固定不变的位阶关系,亦不认为解释者可任意选择一种解释方法以支持其论点。法律解释是一个以法律目的为主导的思维过程;每一种解释方法,各具功能,但亦有限制,不可绝对化;每一种解释方法之分量有不同,但须相互补充,共同协力,始能获致合理之解释结果,于个案中妥当调和当事人利益,贯彻正义之理念。现将王泽鉴先生对此所作的进一步说明,摘要转述如下。

(1)文义是解释之基石,唯法律所使用之语言多具疑义,例如,台湾地区"民法"第190条所谓动物"占有人"究指何而言,第194条所谓"子女"是否包括非婚生子女在内等,均难断言,须再进一步使用其他解释方法阐明之。

---

[43] 参见杨仁寿:《法学方法论》,三民书局1987年版,第165页。

（2）体系解释之主要功能：其一，以法律条文在法律体系上之关联探求其规范意义；其二，维护法律体系及概念用语之统一性。所应注意者，法律体系在法解释学上之价值，不宜过分高估，亦即不应以法律体系作为解释之唯一或主要依据。

（3）法制发展史及立法资料，有助于探讨法律规范意旨，具有重要地位，解释者原则上应受立法者所作价值判断之拘束。唯"民法"历次草案及现行"民法"之理由书未臻完备，历史解释方法甚受限制。例如，关于第190条所称动物"占有人"、第194条所称"子女"，究何所指，于理由书均未作说明，无法采为解释之参考。

（4）比较法解释对于现行"民法"之解释实具有特殊意义，若干重要争议问题均可借比较法研究澄清。唯应注意的是，各立法例既经继受，其规范意义应就整个法律秩序及社会经济需要认定之，自不待言。

（5）法律文义之疑义，倘不能依法律体系、立法理由或比较法之解释予以完全澄清时，须再进一步探求立法目的，以资阐明。法律文义之疑义，已经法律体系、立法理由或比较法解释初告澄清者，仍须依法律规范目的检查之，确定之。由是可知，目的解释在法律解释方法中居于决定性地位。德国学者欧特曼（Oertmann）谓"立法目的之探求，是启开疑义之钥匙"，实属至理名言。

（6）合宪性解释，应居于优先地位。但就民法而言，此种解释之机会，尚属不多。其最值注意者，系经由概括条款之适用，对基本价值判断之具体化，唯此应审慎为之，法院应守其分际也。㊹

以上为王泽鉴先生所提示的运用各种解释方法之"注意事项"，非笔者所谓大致规则。笔者认为，虽然不能说各种解释方法之间有一种"固定不变的位阶关系"，但也不应认为各种解释方法杂乱无序，可由解释者随意选择使用，其间应有某种大致的规律可循。例如，日本学者矶村哲指出：关于解释基准间是否有一定的顺位，对此虽有否定的见解，但多数说认为，目的论解释有终局的优越性，即法规语义—其论理

㊹ 参见王泽鉴：《民法实例研习·基础理论》，第154—157页。

的关联性—其趣旨目的。㊺ 学者黄茂荣在谈到各种因素的关系时,亦认为有大致的顺序,即首先以文义因素确定法律解释的活动范围;其次以历史因素对范围进一步确定,并对法律内容作一些提示;再次依体系因素、目的因素发现、确定法规意旨,获得解释结果;最后以合宪性因素予以复核。㊻ 笔者将这种运用各种解释方法时应遵循的大致规律,称为解释规则,试述如下。

(1) 任何法律条文之解释,均必须从文义解释入手,亦即在顺序上应首先运用文义解释方法。

(2) 经文义解释,若无复数解释结果存在之可能性时,不得再运用其他解释方法;只在有复数解释结果存在之可能性时,方能继之以论理解释。

(3) 在作论理解释时,第一,应先运用体系解释方法和法意解释方法,以探求法律规范意旨;第二,在确定法律意旨的前提下,可继之以扩张解释或限缩解释或当然解释,以判明法律之意义内容;第三,若仍不能完全澄清法律文义之疑时,应进一步作目的解释,以探求立法目的,或在依上述方法已初步确定法律意义后,再作目的解释,以立法目的检查、确定之;第四,法律规范意义确定后,可再以合宪性解释,审核其是否符合宪法之基本价值判断。

(4) 倘若依论理解释各种方法,仍不能确定解释结论,可进一步作比较法解释或社会学解释。

(5) 所作解释,不得完全无视法条之文义。如论理解释、比较法解释或社会学解释之结果,与文义解释结果相抵触时,在不超过法条文义可能的范围时,应以其他解释方法(如论理解释、比较法解释或社会学解释)所得之解释结果为准。

(6) 经解释存在相互抵触之解释结果,且各种解释结果均言之有理、持之有据时,则应进行利益衡量或价值判断,从中选出具有社会妥

㊺ 参见〔日〕矶村哲:《现代法学讲义》,有斐阁1978年版,第95—96页。
㊻ 参见黄茂荣:《法学方法与现代民法》,第301页。

当性的解释结果,作为解释结论。

（7）无论依何种解释方法,原则上不允许作出反于法条文义的解释结论。但有下述情形之一时,应为例外:第一,法条文义与法律之真意及立法目的相冲突。第二,法条文义反于法学、经济学及社会学之基本原理。第三,法条文义反于法治国及民主思想。第四,依法条文义将使社会经济地位之弱者较之强者遭受更为不利之结果。在有上述四种情形之一时,允许例外地作出反于法律文义的解释,但此解释结论仍须符合法律目的并与整个法律秩序精神一致。

从法律的性质看裁判的方法[*]

一、从法律的规范性看裁判

（1）法律是社会生活中的行为规范,规范性是法律的属性,这是显而易见的。因此,以法律为研究对象的法学,也具有规范性。法学一般不直接研究社会现象、社会生活和社会关系,而是直接研究"法律"。因研究对象具有规范性,法学也就具有了规范性。法学者讨论问题、思考问题,必定先问"是否合法",与经济学家讨论问题、思考问题,必定先问"是否有效率",是全然不同的。这就是法律和法学的规范性所使然。

（2）规范性与法律思维。每一个法律规则,都可以分解为构成要件、适用范围、法律效果等要素。例如,人们熟知的《消费者权益保护法》第49条规定,经营者有欺诈行为的,可以判双倍赔偿。这是一个法律规则,从规范性分析:其适用范围——消费者合同,即消费者与经营者之间的合同;其构成要件——欺诈行为;其法律效果——双倍赔偿。因此,学习法律一定要从规范性入手。法律思维与别的思维如经济学思维的区别,正在于规范性。

有时电视台邀请经济学家和法学家讨论社会问题,我们可以发现两种思维的差异。经济学家总是问:有没有经济效率?能否提高生产力?能否做到价值最大化?这就是经济学家的思维、经济人的思维。法学家总是问:是否合法?有没有法律规定?法律是怎样规定的?其

---

[*] 本文原载《金陵法律评论》2005年春季卷。

构成要件是什么？适用范围如何？法律效果是什么？这就是法学家的思维、法律人的思维。

（3）规范性与裁判。法律的规范性，是成文法的根本特征，成文法靠的是"规范约束"。与此不同，不成文法、判例法，不具有"规范性"，判例法靠的是"先例约束"。先例约束：案件事实—先例—判决。规范约束：案件事实—法律规范—判决。英美法裁判与大陆法裁判同样分为两个环节，其中一个环节是事实认定，这是相同的；另一个环节不同，英美法裁判是先例适用，大陆法裁判是法律适用。

规范性与裁判的逻辑公式：第一段：T—R，叫大前提；第二段：S＝T，叫小前提；第三段：S—R，是得出的结论。裁判的实质是将案件事实与构成要件进行对照。

例如，原告另一作家诉被告某作家侵犯名誉权案的事实是：某作家撰写文章指出，另一作家接受南方某城市奖励的住房一套，而实际上并无此事。最高人民法院《关于审理名誉权案件若干问题的解答》（1993年8月7日）中提出："八、问：因撰写、发表批评文章引起的名誉权纠纷，应如何认定是否构成侵权？答：因撰写、发表批评文章引起的名誉权纠纷，人民法院应根据不同情况处理：文章反映的问题基本真实，没有侮辱他人人格的内容的，不应认定为侵害他人名誉权。文章的基本内容失实，使他人名誉受到损害的，应认定为侵害他人名誉权。"因此，因为撰写批评文章而侵犯他人名誉的要件有两项：一是文章内容失实；二是致使他人社会评价降低。法院认为，由于原告未接受住房，所以属内容失实，满足了第一个要件；但是，由于原告是作家，即使接受所奖励的住房，也无可厚非，所以不能满足第二个要件。因此，驳回原告的诉讼请求。

二、从法律的社会性看裁判

（1）法律以人类社会生活、社会现象、社会关系为规范对象，如刑法规范对犯罪行为的制裁；民法规范人与人之间的财产关系、身份关系；经济法规范对社会经济生活的调控和管理；行政法规范国家行政权的运行、控制。简而言之,法律是社会生活规范,使法律具有社会性。

(2)社会性与事实认定:法院裁判案件,须先认定案件事实,然后适用法律规则。法官于事实认定时,常常直接依据"经验法则"而不待当事人举证。所谓"经验法则",即"社会生活经验"。最高人民法院对此作有解释,《关于行政诉讼证据若干问题的规定》第68条规定,法庭可以直接认定根据日常生活经验法则推定的事实。

例如,北京某法院审理的300支派克笔索赔案。一审法院判决退货,原告不服,上诉至北京市第二中级人民法院。二审法院审理认为,根据已查明事实,原告未能提供证据证明300支派克笔是为生活消费的需要购买的,因此本案不属于《消费者权益保护法》调整的范围,不适用《消费者权益保护法》第49条关于双倍赔偿的规定。原告主张购买300支派克笔是"为生活消费的需要",不符合一般人的生活经验。法院实际上是依据一般人的"社会生活经验"作出判断。

特别应注意的是,在请求精神损害赔偿的案件中,要求原告就精神损害之是否存在及其程度举证,往往是不可能的,应由法院直接依据社会生活经验认定。这里介绍我国台湾地区台北地方法院1999年诉字第2039号判决。案情是:被告餐厅服务员意外打破一只玻璃碗,玻璃碎片正巧飞溅至冰激凌中,造成原告于饭后吃冰激凌时,咬到一片2厘米×1厘米之玻璃碎片,致口内颊侧口腔黏膜流血。原告除请求人身伤害的赔偿外,并请求判决精神损害赔偿。判决书中写道:"查甲受友人邀请,至五星级餐厅用餐,原本心情愉悦,竟于冰激凌中咬到玻璃碎片,致口内颊侧口腔黏膜流血,并受有2厘米×1厘米大小之外伤性口腔溃疡,约1～2周才可痊愈,业经证人之结证在卷,且经本院函询财团法人新光吴火狮纪念医院属实,甲主张因此事件,连续数日惶惶不安,担心是否已吞入玻璃碎片,是否造成穿肠破肚、内脏损坏,是否须开刀取出,亦符合一般经验法则。"于是在实际损害赔偿之外,判决10万元精神损害赔偿金。

(3)社会性与法律解释。法律的社会性,不仅与事实认定有关,还与法律解释有关。所谓"社会学解释方法",就是由法律的社会性所决定的。法律既然是社会规范，其解释、适用就不能仅依"文义"和"逻辑"，而不顾及所产生的"社会效果"。当存在两种不同的解释意见而一时难以判断何者正确时，应以其中产生"好"的"社会的效果"的解释意见为准，就是"社会学解释方法"。

以商品房买卖是否适用《消费者权益保护法》第 49 条关于双倍赔偿为例。可以肯定，当年规定《消费者权益保护法》第 49 条双倍赔偿的立法目的是要鼓励受损害的广大消费者同有违法行为的经营者作斗争，绝不是要鼓励个别人、少数人利用《消费者权益保护法》第 49 条来牟利，甚至建立所谓"打假公司"，由他们代替广大消费者的维权斗争，取代市场管理机关的职责和职能。如果对商品房买卖适用《消费者权益保护法》第 49 条，可以预见，就不会仅仅有几个"打假专业户""打假公司"。商品房买卖中或多或少都会有一些争议、问题、矛盾，绝大多数都可以通过协商、调解解决，起诉到法院，也可以通过适用合同法的违约责任、瑕疵担保责任甚至缔约过失责任等制度妥善解决。如果适用《消费者权益保护法》第 49 条，30 万元的房屋双倍赔偿就是 60 万元，60 万元的房屋双倍赔偿就是 120 万元，120 万元的房屋双倍赔偿就是 240 万元，如此巨大的经济利益，将是多么强烈的诱惑、刺激、鼓动。只要抓着哪怕是一点点理由，谁还会同意协商、接受调解、同意修理？不知会有多少人将要走上"购房索赔"的专业"打假"之路。问题是，这对整个社会的发展、稳定，究竟有利还是有害？因此，我之所以不赞成适用《消费者权益保护法》第 49 条，所持的一个重要理由是：商品房交易中总会发生各种各样的争议，而这些争议按照现行《合同法》的规定能够妥善处理，如果适用双倍赔偿，将会激化矛盾，并鼓动一些人以获取双倍赔偿为目的从事"购房索赔"，不利于建立房地产市场的正常秩序，不利于社会稳定。这种解释所采用的是"社会学解释方法"。

再以商品房买卖合同逾期办证的违约责任为例。最高人民法院《关于审理商品房买卖合同纠纷案件适用法律若干问题的解释》第 18 条规定："由于出卖人的原因，买受人在下列期限届满未能取得房屋权属证书的，除当事人有特殊约定外，出卖人应当承担违约责任：（一）商品房买卖合同约定的办理房屋所有权登记的期限;(二)商品房买卖合同的标的物为尚未建成房屋的,自房屋交付使用之日起 90 日;(三)商品房买卖合同的标的物为已竣工房屋的,自合同订立之日起 90 日。合同没有约定违约金或者损失数额难以确定的,可以按照已付购房款总额,参照中国人民银行规定的金融机构计收逾期贷款利息的标准计算。"

在现实生活中,不能按期保证的现象大量存在,有的甚至 10 年未能办证。如果买受人依最高人民法院的司法解释要求支付违约金或赔偿金,开发商将面临大量的诉讼。如果承担违约责任,将倾家荡产,肯定会有很多开发商不再敢开发房屋。因此,应该通过《合同法》和《民法通则》的有关规定加以纠正。应该注意的是,该解释只是解释了办证期限的计算,而违约责任的承担当然应遵循《合同法》的有关规定。①如合同就逾期办证约定有违约金,则逾期未办证的,买受人有权请求违约金。按照《合同法》第 114 条第 2 款的规定,约定的违约金过高的,出卖人有权请求降低;按照《民法通则》关于诉讼时效的规定,此违约金请求权应当适用诉讼时效的规则,超过诉讼时效期间的,违约方(出卖人)有权主张诉讼时效抗辩。②如合同未就逾期办证约定违约金,则期满未办证的,买受人有权请求违约损害赔偿金,而请求损害赔偿金应当适用《合同法》有关规定,以实际经济损失为要件,并且应当由买受人就因逾期办证造成的实际损失的存在和数额举证。商品房买卖的实际情形,多数买受人购房自己使用的,房屋交付使用后未按期办证,对其使用房屋并无影响,不可能造成实际损失,因此不发生损害赔偿责任。如果买受人出租、出卖该房屋因未办证而影响出租、出卖的,出卖人应当承担损害赔偿责任,这种情形应当由买受人举证证明确因未按期办证而影响其出租、出卖,并证明实际损失数额。仅在确实造成损失,而损失数额难以计算的情形,才适用最高人民法院《关于审理商品房买卖合同纠纷案件适用法律若干问题的解释》第 18 条第 2 款,按照金融机构计收逾期贷款利息的标准计算赔偿金。同样,逾期办证的损害赔偿金的请求权,亦应适用诉讼时效规则,自不待言。

三、从法律的逻辑性看裁判

(1) 规范性决定逻辑性。制定一部民法典,法律条文上千条,总要有个编排顺序。这个编排顺序,以什么为标准? 不是也不应该以所谓"重要性"为标准,只能以"逻辑性"为标准。因为,所谓"重要性",是主观的价值判断问题,一项制度之是否重要及其重要程度,将因人、因时、因地而有不同认识。例如,《合同法》按照合同的"成立""生效""履行""变动""责任"的顺序,究竟"合同成立"重要,还是"合同生效"重要,还是"违约责任"重要? 是很难判断,很难有统一意见的。

(2) 法律具有逻辑性是法律适用的前提条件。现在学术界关于民法典制定过程中最重大的争论,就是要不要强调民法典的逻辑性。如果我们仅仅满足于规定人民的权利,仅仅满足于承认人们有什么权利,不要求什么逻辑性,搞所谓的松散式、邦联式、汇编式都是可以的,甚至不制定民法典都可以,通过法院判例规则就可以保护人民的权利、确认人民的权利。英美法系不制定民法典,人民的权利照样得到保护,人民凭借法院判决来了解自己有什么权利。可见,单从规定人们有什么权利的角度看,完全可以采取松散式、邦联式、汇编式,甚至不制定民法典都是可以的。但是,为什么大陆法系国家和地区要制定民法典呢? 其关键理由,不是规定人们的权利,不是规定人们的行为规则,而是规定法官的裁判规则,为法院裁判案件提供裁判标准。这是问题的关键所在。当法官裁判案件查清案件事实后,他发现民法典上的许多条文都与本案有关,他只应从中选用一个法律规则。他应该选择适用哪一个法律规则呢? 因此,需要一个基本原则来指引法官,这个指引法官选用法律规则的基本原则,就是教科书上说的"特别法优先适用"。

(3) 什么叫"特别法优先适用"呢? 如果有两个、三个甚至更多的法律规则都与本案有关,法官不可能同时适用几个规则,因为这些法律规则的内容是不同的。例如,按照这个规则合同应当无效,按照那个规则合同应当有效,如果同时适用就无法下判,法官只能选用其中一个规则。选哪一个呢? 就是看各个规则相互之间的逻辑关系,哪个是"特别法",哪个是"一般法"?这个"特别法"与"一般法"的关系,就是一个哲学上的"一般"和"特殊"、"共性"和"个性"的逻辑关系。如果两个法律规则,一个是一般的、共性的、抽象的规则,另一个是特殊的、个性的、具体的规则,按照"特别法优先适用"的原则,法官应当优先适用特别法规则裁判本案。如果法官不适用特别法而适用一般法,就叫法律适用错误,就是错判。只在特别法规则解决不了本案的情形,才能沿着特别法与一般法的逻辑关系往后倒退,倒退到适用那个一般法的规则。可见,这个法律上的逻辑关系非常重要。如果没有这个逻辑关系,逻辑混乱、支离破碎,法官就没有办法正确适用法律,他不知道应该适用哪一个规则才是正确的,他会无所适从,无法下判,这当然是公正的法官。反之,一个不公正的法官、受法律外因素影响的法官,却可以想怎么判就怎么判,既然好几个条文都与本案有关,他适用任何一个条文,你都没法指责他,没法批评他,就会使一些枉法裁判合法化。

(4)"总则"与"分则"中"一般"的、"共性"的制度在前,"特殊"的、"个性"的制度在后,这就使民法典形成总则(共同的规则)、分则(特殊规则)的结构。首先,民法典分为"总则"和"分则"(物权、债权、亲属、继承是分则);其次,债权法分为"债权总则"和"债权分则"(合同、侵权行为、不当得利、无因管理是分则);再次,合同法也分为"合同总则"和"合同分则"(买卖合同、租赁合同等是分则);最后,买卖合同也分为"买卖总则"和"买卖分则"(特种买卖是分则)。构成一个严格的从一般到特殊的逻辑关系:愈是一般的愈靠前,愈是特殊的愈靠后。这样的民法典就为法官正确适用法律奠定了逻辑基础,特别法优先适用的原则才能发挥作用。

举个例子说明。法官受理了一个拍卖案件。拍卖是订立买卖合同的特殊方式,对此《拍卖法》有规定;而《合同法》分则的买卖合同一章专门规定买卖合同;买卖合同属于合同的一种,《合同法》总则的规定如合同成立、生效、履行、违约责任的规定与之有关;买卖合同产生的权利属于债权的一种,债权总则的规定与之有关;买卖合同属于法律行为,《民法总则》关于法律行为的规定也与之有关。法官面对与本案有关的如此多的法律规则,他应当适用哪一个法律规则进行裁判呢?他应该按照特别法优先适用的原则,优先适用《拍卖法》的规定;如果《拍卖法》的规定解决不了,他就应该适用《合同法》分则关于买卖合同那一章的规定;如果《合同法》分则关于买卖合同那一章的规定也解决不了,他就应该适用《合同法》关于合同总则的规定;如果适用《合同法》关于合同总则的规定也解决不了,他就要适用关于债权总则的规定;如果适用债权总则的规定也解决不了,他就应该适用《民法总则》中关于法律行为的规定。可见,强调民法典的逻辑性,关键在于保障法官正确适用法律,保障裁判的统一性和公正性。

(5)逻辑性是否导致僵化?有的学者认为,强调法典的逻辑性,会导致法律僵化,不能适应社会生活的发展变化。实际情形恰好相反。坚持法典的逻辑性不仅不会使法律僵化,反而会增强法典的适应性和灵活性。下面举一个婚姻法关系上的违约金案件。原告和被告结婚时订立书面的婚姻合同,上面约定了违约金条款:任何一方有第三者构成违约,应当支付违约金 25 万元给对方。现在被告违约,原告起诉请求被告支付违约金。法院审理本案,遇到的难题是:本案是婚姻案件,应当适用婚姻法,但婚姻法上没有违约金制度。违约金是合同法上的制度,而《合同法》第 2 条第 2 款明文规定:婚姻关系不适用合同法。

我们看到,审理本案的法官正是根据法律的逻辑性解决了这一难题:合同和婚姻,一个是财产法上的行为,另一个是身份法上的行为,是"特殊性"。但两者均属于法律行为,法律行为是其"共性"。法律行为,与合同、婚姻,构成"一般"与"特殊"的关系。法律行为的规则是"一般法",合同的规则和婚姻的规则,均属于"特别法"。按照"特别法优先适用"的原则,特别法有规定的,优先适用特别法的规定,特别法没有规定的,则应当适用一般法的规定。因此,法官适用关于法律行为生效的规则,具体说就是:其一,意思表示真实;其二,内容不违反法律强制性规定;其三,内容不违反公序良俗。审理本案的法官认为,本案婚姻关系上的违约金条款,是双方的真实意思表示,现行法对此并无强制性规定,并不违反"公序良俗",因此认定该违约金条款有效,并据以作出判决:责令被告向原告支付 25 万元违约金。

如果我们的法律不讲逻辑关系,共性、个性、一般性、特殊性通通不讲,甚至像有的学者建议的那样把法律行为取消,即使合同法再完善,也解决不了本案。说不定哪一天兄弟姐妹又订立一个什么合同,父母子女又订立一个什么合同,法律上都没有规定,怎么裁判呢?

可见,民法典一定要有逻辑性,这是由民法的裁判规则的本质决定的,民法典有逻辑性,法官才能按照特别法优先适用的原则正确适用法律,才能保障裁判的统一性和公正性;民法典愈是有逻辑性,愈是能够保障裁判的统一性和公正性。不仅如此,民法典要有逻辑性。遇到社会生活发展变化产生的新型的、千奇百怪的案件,民法典没有具体规定的案件,可以适用一般的、抽象的规则予以裁判,这就使民法典具有适应性、灵活性。

四、从法律的概念性看裁判

(1)概念性与法律解释。概念是人的发明,是用文字表述的,是科学思维的工具。因此,概念性是文义解释的根据。解释法律,必须先从文义解释入手。概念有其内涵、外延,概念有其模糊边界,即概念具有模糊性,这就决定了文义解释可能得出多个解释结果。当采用文义解释得出两种或两种以上的解释结果时,就需要进一步采用其他解释方法。

例如,"产品"这一概念,看起来很明确,不觉得有什么歧义,但《产品质量法》第 2 条规定,本法所称产品,指经过加工、制作,用于销售的产品。天津有 70 个中专学生向法院起诉高等教育出版社,说该社出版的一本经济法教材错误百出,要求赔偿损害。法院对这个案件,适不适用《产品质量法》? 是适用《产品质量法》第 41 条,或者《民法通则》第 122 条,或者适用《民法通则》第 106 条第 2 款关于侵权行为的一般规定? 书籍当然是产品,但这个案件指的不是书籍本身有什么缺陷,而是书籍上所记载的信息有错误。国外有这样的案件,一本关于化学实验的教材,上面记载的某个化学实验公式有错误,当按照它进行化学实验时,一下子发生剧烈爆炸,造成人身财产严重损害。因为书籍上记载的信息有错误造成损害,应由谁承担责任?承担什么样的责任?是否适用产品责任法?关键在于信息是不是产品,这就产生疑问。再如输血致感染案件,是适用《产品质量法》追究无过错责任,还是适用《民法通则》第106条第2款追究过错责任?关键在于输血用的血液,是不是"产品"。

(2)概念性与专业化。正是因为法律有概念性,才使民法解释学成为可能,使法官、律师、法学者无用武之地。也正是因为法律有概念性,决定了法学是一门高度专业化的学问,不可能做到"通俗化"。假设每一个法律概念都是含义明确无误,没有歧义,只有一种解释、一种理解,其含义与日常生活中的含义完全一样,能够做到所谓的"通俗化",法官、律师和法学者也就成了"普工",还需要开办法学院培养法律专业人才吗?还需要专门举行一年一度的司法考试吗?只有掌握这套法律的概念体系,才能谈得上正确解释适用法律。

(3)概念性与法律思维。法律概念,是法律思维的工具。法官、律师正是运用物权、债权、法律行为、权利、义务等法律概念,进行思维,分析案件,裁判案件。前面举的婚姻关系上的违约金条款案,法官运用"合同""婚姻""法律行为"等法律概念,正确分析了这几个法律概念之间的逻辑关系,法律行为是上位概念,合同和婚姻是下位概念,当属于下位概念的法律规则不能适用时,应运用上位概念的"法律行为"的法律规则,从而正确地裁判了本案。

例如,美容手术是否属于"医疗行为"?一审判决认为,隆鼻手术等美容手术,在多数情况下与以预防及治疗疾病为目的的医疗行为相似。了解人体的生理结构的人施行美容手术时,才能尽可能减少发生并发症以及副作用。但是,即便考虑以上因素,也不能把美容手术认定为医学上的医疗行为,因为它与预防以及治疗疾病毫无关系,而仅仅是以美容为目的的行为。因此一审判决认为被告无罪。

二审判决认为,如果将医疗行为视为预防以及治疗疾病的行为,那么它就是指:运用以医学专业知识为基础的经验和技术,进行检查、检验、处方、投药以及实施外科手术等行为。医疗行为不仅需要高级的专业知识和经验，同时也与人的生命、身体以及公共卫生密切相关，因此，韩国《医疗法》严格地限制医生的资格。韩国旧《医疗法》第 25 条规定：禁止不具有医生资格的一般人施行医疗行为。目的是避免医生以外的一般人进行医疗行为可能会导致对人的生命、身体以及公共卫生的危险。由于医疗行为的概念，随着医疗科学及社会的发展而变化，所以并没有任何法条对医疗行为的具体内容作出界定。因此，法院在判断医疗行为的内容时，须考虑两个问题：第一，医疗法的目的；第二，它是否符合当时社会的观念。

鉴于当时的医生已经开始施行美容手术，而且在医学界已经出现了整容外科协会；被告做隆鼻手术时，利用了注射麻醉药、切开鼻下部位、插入软骨以及缝合等医疗技术；在切开鼻下部位、插入软骨以及缝合的过程中存在被细菌感染的危险。考虑到隆鼻手术的方法、行为以及样态，解释外科方面的医疗行为时，不应当仅限于处置已发生的伤口等行为，而应当把被告所做的隆鼻手术的整容手术行为也包含在此治疗行为范围内。这样解释比较妥当。因此，法院接受公诉方的上诉理由，参与本案的全体法官一致同意废除一审判决。

五、从法律的目的性看裁判

（1）法律作为一种行为规则，是立法机关制定的，立法机关代表人民行使立法权，制定各种法律，每一个法律规则都有其目的。因此，学习法律、理解法律，需要了解各个法律规则所要实现的目的。德国学者耶林发表《目的法学》批评概念法学玩概念游戏，忘记了法律的目的。耶林将法律目的比喻为在茫茫大海上指引航船方向的"导引之星"（北极星）。我们学习法律和解释、适用法律，犹如在茫茫大海上驾驶船舶，只要掌握法律的目的，即不致迷失航向。

（2）目的性与学习方法。法律的目的性，即在学习方法上的意义在于，我们学习每一个法律制度、法律规则，不仅要理解和掌握每一个法律规范的构成要件、适用范围和法律效果，不仅要正确理解和正确解释所使用的概念,还要准确把握这一法律规则、法律制度的目的。一定要弄清楚立法者设立这一法律规范的目的何在。在解释、研究每一个规范和制度时,一定不要忘记它的目的。王泽鉴先生说,任何法律均有其规范意义和目的,解释法律时必须想到立法者为何设此规定,其目的何在?可见,掌握每一个规范和制度的目的,是学习、研究、解释、运用这一规范和制度的关键。

(3)目的性与法律解释。因法律的目的性,而有目的解释方法。所谓目的解释方法,是指法官在解释法律条文时可以用法律条文的立法目的作为解释的根据,当采用文义解释及其他解释方法,得出两个不同的解释意见而难以判断哪一个解释意见正确时,应当采纳其中最符合立法目的的解释意见,即当存在不同的理解、解释时,以该规范和制度的目的作为判断标准。

还可以以最高人民法院关于《合同法》第286条的解释即《关于建设工程价款优先受偿权问题的批复》为例。《合同法》第286条规定:发包人未按照约定支付价款的,除按照建设工程的性质不宜折价、拍卖的以外,承包人可以申请人民法院将该工程依法拍卖并优先受偿。此承包人的优先受偿权,能否优先于银行的抵押权?学者间有不同意见。因此,应当探求本条的立法目的。建设工程合同的特殊性在于,所完成建设工程的所有权归发包人,承包人不能享受双务合同的同时履行抗辩权,致承包人与发包人之间失去平衡,承包人处于极不利地位,因而发生拖欠工程款的严重社会问题。《合同法》设立第286条的目的,在于补救承包人的不利地位,谋求发包人与承包人之间的利益平衡。同时考虑到,工程价款一般不超过整个建设工程价值的20%,银行在发放抵押贷款时,可通过预估工程价款以保护自己的利益,设立承包人法定抵押权,并不会对银行合法利益造成损害。最高人民法院《关于建设工程价款优先受偿权问题的批复》解释规定,《合同法》第286条所规定的承包人的优先受偿权,应当优先于该建设工程上的银行抵押权。显然是以该条立法目的作为判断标准,系采用目的解释方法。

再如《合同法》第73条规定的债权人代位权,关于代位权行使结果之归属,有不同解释意见:第一种意见认为,应当判归原告即行使代位权的债权人,由其优先受偿;第二种意见认为,应判归债务人,再由债务人的全体债权人按债权额比例分配。两种解释意见均有其理由。考虑到《合同法》制定当时的背景,是存在的所谓"三角债",已经严重影响市场经济的正常发展,《合同法》设立第 73 条的目的,是要刺激债权人的积极性,促使债权人主动行使代位权,以解开"三角债"的死结。假如行使代位权的结果,先归属于债务人,再由其全体债权人按债权额比例分配,则债权人无须行使代位权亦可坐享其利益,而积极行使代位权的债权人必将得不偿失,必然挫伤债权人行使代位权的积极性,而导致该条立法目的落空。有鉴于此,最高人民法院《关于适用〈中华人民共和国合同法〉若干问题的解释(一)》采第一种解释意见,行使代位权的结果,直接由行使代位权的债权人优先受偿,系目的解释方法之成功运用。

再如关于《消费者权益保护法》第 49 条的适用,有不同的解释意见,而只要把握该条的立法目的,即不难获得正确解释意见。《消费者权益保护法》第 49 条的立法目的,在于制裁假冒伪劣、缺斤短两行为,不是针对一般质量问题。偏离这个目的,就会导致混乱,使与合同法上的瑕疵担保制度、侵权法上的产品责任制度等发生混淆。瑕疵担保制度的目的,在于解决一般产品质量问题。产品责任制度的目的,在于解决缺陷产品致人损害问题。对有欺诈行为的经营者的制裁,也要"罚当其过",消费者的合法利益要保护,经营者的合法利益也要保护,因为保护包括经营者在内的一切自然人和法人的合法利益是整个法律制度的目的,不能片面强调保护消费者利益,损害经营者的合法权益。

(4)目的性与判断标准。近年有两起请求精神损害赔偿的案件,因为一审法院的判决与二审法院的判决截然不同,在新闻媒体上引发激烈的争论。对于上海的一起超市对一位女大学生顾客进行搜身的案件,一审判决被告超市向受害人支付精神损害赔偿金 25 万元。上诉到二审法院,被二审法院改判为 2 万元。发生在深圳的一起案件是:遭受性侵犯的受害人,在加害人被追究刑事责任之后,另行提起民事诉讼,请求精神损害赔偿,一审判决精神损害赔偿金 5 万元。上诉到二审法院,二审法院判决撤销原判,驳回受害人的诉讼请求。如何看待、如何评价这两起案件的一、二审判决,究竟哪一审判决具有妥当性?

我们只要从法律的目的性出发,把握精神损害赔偿制度的目的,就不难得出正确的判断。因为人格是无价的,精神是无价的,痛苦也是无价的,难以用金钱予以计算。现代民法之所以承认并规定精神损害赔偿制度,并不是要(也不可能)填补受害人的损害,其立法目的,只在于对受害人给予某种抚慰。判决加害人向受害人支付一笔精神损害赔偿金,可以对受害人起到某种抚慰、安慰的作用。上海的案件,一审法院只注意到人格、精神是无价的,未注意到精神损害赔偿制度的目的。二审法院认为一审判决 25 万元赔偿金,超出了设立这一制度的目的,二审法院撤销原判,改判 2 万元赔偿金,大致符合精神损害赔偿制度的目的。

对于深圳的案件,关键在于被告已经被判处刑罚,受害人可否另行请求精神损害赔偿?一审法院的回答是肯定的,二审法院的回答是否定的。二审法院认为,既然精神损害赔偿制度的目的是对受害人的抚慰,本案被告已经被依法判处有期徒刑,此刑罚制裁已经达到了对受害人抚慰的目的,因此撤销了一审判决。可见,法律的目的,不仅是法院解释法律的标准,也是评价和判断法院判决是否妥当的标准。需注意,某一赔偿金额是否足以达到抚慰受害人的目的,或者对加害人的刑事制裁是否已经达到抚慰受害人的目的,不能以受害人的主观感受为准,而应以社会一般人的生活经验判断。

六、从法律的正义性看裁判

(1)所谓法律的正义性,是指法律本身须符合社会正义,是法律与其他行为规则如技术规则的根本区别所在。正如人有"善、恶",法律也有"善、恶",这就是所谓的"良法"与"恶法"。符合"社会正义"的法律是"良法",违背"社会正义"的法律就是"恶法"。历史上曾经存在过许多"恶法"。诸如规定对小偷砍手的法律,规定当众将"私通"者乱石砸死的法律，规定对流浪者加以鞭打、监禁甚至处死的法律，规定对同性恋者予以惩罚的法律，随着社会的进步而相继被废止。我国去年废止的"收容遣送"制度、规定"撞了白撞"的地方性法规，就属于"恶法"。

（2）正义性与法律评价。正因为法律有正义性，才使具体的法律法规成为被批评、评价的对象。法律绝不仅是主权者的"命令"，绝不仅是立法机关制定的"行为规则"，"主权者""立法机关"也不能随意制定"法律"，其所制定的法律必须符合"社会正义"的要求。只有符合"社会正义"的法律法规，人民才有服从和遵守的义务。对于违背"社会正义"的法律，即所谓"恶法"，应当通过"违宪审查程序"予以废止，或者通过"统一解释法律法规程序"回避其适用。

（3）正义性与法律职业。一个人选择了法学，选择以法律为业，就选择了"公平正义"。如果担任法官，就应当断然拒绝法律外因素的干扰，作出的每一个判决都合情、合理、合法，在当事人之间实现公平正义。

法官以适用法律为职业，但这绝不是一般的职业，不是仅仅为了赚钱谋生。法官不是商人。法律职业的神圣性在于：维护法律，维护正义。西方的法官，被人民当成正义的化身，就像神职人员之被视为上帝的代表。法律人不可能是革命者，但法律人是社会正义的维护者。

（4）正义性与诚信解释。当对于如何裁判案件存在两种不同方案，而两种方案均有其理由，一时难以判断哪一个方案更为妥当时，应采用诚信解释方法。先假定采用第一种方案裁判本案，并对所作出的判决结果进行评价；再假定采用第二种方案裁判本案，并对所作出判决结果进行评价。如果采用某一方案所作出的判决结果使当事人之间的利益关系丧失平衡，亦即使无辜的受害人没有得到救济，诚实守信的履约方的合法利益未受到保护，违反法律、违反合同的加害人、违约方非但没有受到惩罚，反而获得不正当利益，则应当判定这一裁判方案是错误的，当然不能采用。如果采用某一方案所作出的判决结果使当事人之间的利益关系大体平衡，亦即使无辜的受害人得到救济，诚实守信的履约方的合法利益受到保护,违反法律、违反合同的加害人、违约方受到惩罚,则应当判定这一裁判方案是正确的,应当采用这一方案裁判本案。

(5)实质正义与形式正义。社会正义,有形式正义与实质正义之分。形式正义,着重于程序公正。只要所适用的程序规则是公正的,具体案件的当事人之间是否实现了正义,则非所问。实质正义,则不满足于程序的公正,而是着重于在具体的案件当事人之间实现正义。按照现代法律思想,强调形式正义与实质正义的统一,形式正义只是手段,而实质正义才是目的,形式正义须服从于实质正义,并最终保障实质正义的实现。

程序规则、证据规则和举证责任分配原则,属于形式正义。具体案件裁判的妥当性,即最终在具体案件的当事人之间实现的正义,属于实质正义。值得注意的是,近几年来,在法院裁判工作中,出现了过分强调程序正义,以程序正义代替实质正义,甚至否定实质正义的倾向。必须指出,程序规则、证据规则和举证责任分配规则,都只是手段而绝非目的,裁判的目的只能是在具体案件的当事人之间实现实质正义。

让我们分析一下某地导致一对老人双双自杀的"欠条案"。原告以一张欠条证明自己对被告的债权,被告承认该欠条是自己亲笔所写,但主张不是自己的真实意思表示,因为是在原告拿着凶器威逼之下所写。可以肯定,要求被告就自己的"异议"承担举证责任,即证明自己是在原告手持凶器威逼之下写的欠条,实无可能;同样,要求原告证明被告写欠条之时自己没有手持凶器予以威逼,也是不可能的。可见,法官把举证责任加在谁身上,谁就败诉,而法官把举证责任加给哪一方,关键看法官的"内心确信"。

(6)特别要纠正死抠证据、死抠举证责任分配的倾向。按照自由心证主义的现代证据法理论,关于证据的取舍、各种证据证明力的大小及事实认定规则,均不取决于法律的预先规定,而是由法官依据自己的"良心"和"理性"自由判断,并最终形成"内心确信"。法官"内心确信"的形成,绝不是仅仅依赖"举证责任分配规则",还要依赖法官的

"社会生活经验"、依赖法官对双方当事人身份、地位、相互关系及案件发生的环境、条件的了解，以及法官在庭审中对当事人、证人等的言行、举止、神态等的"察言观色"。"举证责任分配规则"既不是绝对的，也不是形成"内心确信"的唯一手段。

以判决借钱人归还借款为例。原告张某诉称，1993年8月31日，某信用社内勤主任刘某找其借1万元，张某同意后，刘某派外勤信贷员丁某去取。丁某拿走1万元时，出具收据："收条：今收现金10000元（壹万元），丁某代刘某收，8月31日。"丁某拿走款后，张某曾打电话询问刘某，刘某称已收到该款。此后张某多次找刘某催款，刘某一直承认该欠款。张某还拿出自己的记账凭证、明细账复印件证明。丁某承认张某所述事实，并称回单位后就把1万元交给了刘某。刘某在法庭上否认借钱事实。武城县人民法院审理认为，丁某称从张某处拿回款就交给了刘某，未提供相应的证据，对其主张不予支持，应认定该款仍在丁某处。没有刘某收到借款的书面证据，因此刘某没有还款义务，于是2003年5月23日作出判决：丁某偿还原告张某1万元；被告刘某不承担民事责任。丁某觉得自己太冤枉，钱是刘某借的，自己当时就把钱给了刘某，自己仅是个中间人，却判决自己还钱，实在不能接受。于是上诉至德州市中级人民法院。德州市中级人民法院审理认为，丁某承认从张某处取走现金1万元，并打有收条，但辩称是替刘某取款，并在收条上注明"代刘某收"，丁某已将该款交与刘某这一主张只有张某的认可，而刘某并不承认，因此丁某有责任提供证据证明其从张某处所取走的1万元现金已交给刘某，提供不出有效证据应承担举证不能的不利后果，原审法院判令丁某承担还款责任并无不当。判决驳回上诉，维持原判。

法院裁判当然要讲程序规则、证据规则和举证责任分配规则，但切不可走向极端。片面强调程序规则、举证规则和举证责任分配规则，而忽视"法官"的作用，不仅违背法律的正义性，也违背裁判的本质。法院裁判的本质，是行使裁判权的"人"，对案件"事实"进行裁判。之所以需要程序规则、证据规则和举证责任分配规则，是为了帮助行使裁判权的"人"尽可能地"发现"案件的"事实真相"以形成"内心确信",绝不是要"代替"案件的"事实真相",代替法官的"内心确信",更不是要取代"法官"。

七、结语:裁判的目的

(一)什么是裁判

裁判是裁判权的行使行为(不能混同于行政工作、学术研究、思想工作);裁判是法官行使裁判权的行为(法官是主体;法官素质:公正、知识、理论、方法、观念;学习型职业);裁判的对象是具体的民事(刑事)案件(具体案件具体分析、判决的妥当性、社会的复杂性和不断产生新型案件;如何对待理论? 以结果检验理论)。

(二)哪些要素在裁判中起作用

社会性决定事实认定;规范性、逻辑性、概念性决定法律适用;社会性、目的性、正义性决定裁判目的。怎样讨论案件? 通过事实认定:程序(不死抠程序);证据(不遗漏证据);举证责任分配;法律适用;构成要件;选法适当;解释方法;法律目的;实质正义;社会效果。

(三)裁判的目的何在

针对具体的案件,作出社会效果良好、符合实质正义、于法有据的妥当的裁判。什么是妥当性? 妥当性就是合法性(于法有据)、实质正义、社会效果的统一。法律的社会性和正义性决定,法院裁判一定要考虑社会效果。什么是社会效果? 社会效果就是综合考虑人情事理、公平正义、分辨善恶、保护弱者、国家政策、市场秩序、社会稳定、法律(法院)权威。

(四)法官的职责与裁判的妥当性

法律的正义性最终要通过法院的裁判予以体现。法律、法规所体现的社会正义,是理性的正义;通过法院裁判所实现的正义,才是实践的正义、现实的正义。因此,法官对于实践法律的正义负有神圣职责。裁判案件,不仅要考虑裁判是否于法有据,而且一定要考虑所作出的判决是否具有妥当性。当我们作出的判决真正做到了合法性(于法有据)、实质正义、社会效果的统一,才是正确的判决。反之,判决结果违背社会正义,不符合人情事理,产生不好的、消极的、恶劣的社会效果,无论在程序上和实体上如何"合法",如何"于法有据",都是错误的判决。

例如,银行将不良贷款剥离给资产管理公司,资产管理公司再以低价出卖给受让人(通常是律师或者律师事务所),受让人起诉债务人,法院在审理中以种种理由将银行列为被告,并判决银行对受让人承担责任。例如,甲公司于1997年4月17日向新野农行借款170万元,逾期后仅还30万元;于1999年9月7日签订新借款150万元的借款合同,借新还旧,甲公司出具150万元借据,农行出具已归还140万元本金和10万元利息的两份"还款凭证"。2000年5月,农行向长城资产管理公司剥离不良贷款,因1999年借款合同未到期,与甲公司商定恢复1997年借款合同,废除1999年借款合同,重新签订140万元借款借据,以此作为剥离不良贷款的债权凭证。然后农行、长城公司和债务人甲公司三方分别在《债权转让确认通知书》和《债权转让确认通知书回执》上签章,共同确认转让1997年借款合同借款140万元,农行将2000年甲公司重新出具的1997年借款合同的140万元借款借据移交长城公司。此后长城公司将该债权以26万元代价转让给万年青律师事务所(以下简称"万年青")。万年青诉甲公司时,甲公司出示1999年以新还旧时农行出具的两份"还款凭证",声称该笔贷款已经归还。万年青即以农行的行为导致其受让的140万元债权不能实现为由起诉农行,一审法院判决农行向万年青支付140万元及利息。

第一次债权转让:按照《合同法》关于债权转让的规定,农行将该债权转让给长城公司,即从债权债务关系中脱离,由长城公司取得债权人地位。

第二次债权转让:长城公司将该债权再转让给万年青,则长城公司亦脱离债权债务关系,而由万年青成为债权人。

按照《合同法》关于债权转让的规定,及合同相对性原则,无论万年青能否实现对甲公司的债权,农行和长城公司均不承担任何责任。

万年青无权起诉农行和长城公司,法院应当驳回万年青对农行的起诉。

即使在不良贷款剥离中存在不合法行为,也仅发生债权转让无效的效果,即农行与长城公司之间的债权转让无效,长城公司与万年青之间的债权转让无效,依《合同法》关于合同无效的规定恢复原状,恢复农行对甲公司的140万元债权,由长城公司退还万年青26万元价款。受让人万年青没有任何理由起诉农行。质言之,裁判活动的"主体"是"法官",而不是"程序",无论如何科学、精密的程序也取代不了"法官"。程序规则只是形成法官"内心确信"的工具,正如"程序正义"只是实现"实质正义"的手段。司法改革也好,庭审改革也罢,法官人格的塑造才是关键。正如自由法学和法社会学的倡导者埃利希所言:"唯有法官的人格,才是法律正义的保障。"

法律思维与学习方法[*]

一、法官的法律思维

关于什么是法律思维，这里不再详述。法律人的特殊思维方式，叫作法律思维。法律思维的本质特征是，严格按照法律条文进行判断。很多人可以纳入法律人的范畴，如法官、检察官、律师、法学教授、仲裁员、企业法务人员，等等。其中，法官、律师是法律人的典型。需要注意，法官进行法律思维，与律师进行法律思维肯定有所不同，法官的法律思维与法学教授的法律思维也有差别。根本原因在于，法官执掌裁判权，其法律思维的特殊性是由法官的特殊身份决定的。

法官法律思维的目的是公正裁判。与律师和法学教授的法律思维比较，法官的法律思维首先是目的不同。律师进行法律思维的目的，是为了依法保护委托人的合法权益。法学教授的法律思维，目的是探求法理，其在课堂上分析案例或者撰写论文研究案例，主要目的在于探求法律上的理论，研讨判决是否正确及其理由。法官不是站在当事人一方，也不是要探讨法律理论，法官法律思维的目的是公正裁决案件。

法官进行法律思维，其目的在于公正裁决案件，这是由法官的特殊身份决定的。党的十八届四中全会要求公正司法，提出每一个案件都要体现公正。我认为这一提法非常正确，触及法官法律思维的本质。这一提法是科学的，有其重要的历史意义和实践意义。法官裁判案件

---

[*] 本文根据2014年12月26日作者在最高人民法院青年法官论坛上的讲演录音整理，并经作者修改补充定稿。

会有各种解释意见和裁判方案,这些解释意见和裁判方案可能都有其理由,法官最终采纳哪一种解释意见、哪一个裁判方案,必须以达成公正裁决为唯一判断标准。所有的解释意见、裁判方案,都必须接受公正性检验,只有符合公正性、能够达成公正裁决的意见和方案,才是正确的和应当采取的。

法律生活与社会生活很难有绝对的真理。法学界讨论法律问题,往往有不同观点,各种观点都可能有其道理,但无论有什么样的道理,最后都必须服从公正这一判断标准。如果不能达成公正的裁决,那些道理都是假的,都是错的。法官进行法律思维,必须坚持以公正性为最终的判断标准,简称公正性标准。反过来,我们衡量一个已经作出的判决,或者评价法官,也必须坚持以公正为判断标准。这一点在我们多年的实践中没有得到始终一贯的强调,有时偏离了这个标准。

这里特别要谈谈关于判决书的说理问题。现在不少观点强调判决一定要加强说理,甚至以说理作为评判判决的标准。这个问题在20世纪90年代末期学界就曾提出。法官在判决中当然要说理,但是否应以说理及说理是否充分作为评判案件判决甚至作为评价法官的标准,对此存在争议。我当时就认为,裁判的目的是公正,即使说理不够充分,仍然是公正的判决。宪法要求法官进行公正裁判,并没有要求法官一定要说理,不要将法官混同于理论工作者和政治思想工作者。应当认识到,要通过判决书说服当事人、说服社会,有时是很困难的。法官不是理论工作者和政治思想工作者,法官的职责就是公正裁决案件,强调判决说理,往往忽视判决公正,偏离了法官的职责。

应当看到,在我们的法官队伍中,很多法官很正直,非常公正,却不擅长说理,撰写一份说理充分的判决有困难。这样的法官是大多数。反之,不可否认有个别法官特别擅长说理,但其公正性有疑问。我到各地法院讲座,都明确表示不赞成强调裁判说理。因为,对绝大多数案件来说,立法者已经将道理说清楚了,我们法官依法判决就可以了。需要法官说理的案件通常是特殊的案件,主要有两种情形:一是事实认定。一些复杂案件事实查明中证据较多,法官采纳什么证据、不采纳什么证据,应当说明理由。法官进行案件事实认定,在证据采信方面要适当说理。二是法律适用。在遇到法律规定不明确、不清晰的时候,需要通过解释予以明晰,进行扩张或者限缩解释,对于法律未有具体规定的案件,需要适用诚信原则或者根据立法目的填补法律漏洞,这种情形就应当适当说理。

对于裁判说理,要冷静看待。只能要求适当说理,不应当要求充分说理。说理说得越多,往往出现瑕疵,容易被人抓住把柄。"言多必失"这是社会生活经验。一段时间强调说理,一些法官的判决书写得很长,就像写法学论文,甚至还嫌不够,还要在判决书之后再附上所谓"法官寄语"。有的判决本来是公正的,就因为说理太多出现瑕疵,被当事人抓住把柄到处上访,这是有教训的。

如何评价判决,进而如何评价法官,应当始终坚持公正性标准,说理只是附带的。认定事实清楚,引用法条准确,就是一个好的判决。实际上,好些情形是无须说理的,例如"欠债还钱",有什么道理好讲?引导法官提高理论水平包括中文写作水平、判决书写作水平,我是赞成的,但首先是裁判公正,其次才是判决书写得好不好。

法官的人格和理性是公正的最终保障,因此最高人民法院特别强调法官队伍的建设。我今天不谈法官的人格方面,主要谈法官的理性。法官的理性,包括法律专业基础,熟练进行法律思维,掌握各种解释方法,丰富的社会生活经验、裁判经验。判决书的撰写和是否擅长说理,当然也属于法官的理性方面。

二、法官法律思维中的被动性与主动性

法官法律思维的特征在于,在某个范围内法官是被动的,在另外的范围内法官是主动的。这可以简单表述为法官的被动性和主动性。这是由法官的特殊身份决定的,因为法官是裁判权的执掌者,这一特殊身份决定了法官法律思维的特殊性,即法官在进行法律思维时,既有被动性的一面,也有主动性的一面。这与律师的法律思维、法学教授的法律思维是不同的。对于哪些事项法官应当被动,对于哪些事项法官应当

主动,界限在什么地方,我们对此要有清楚的认识,做到该主动的要主动,该被动的要被动。下面先谈被动性。

(一)法官的被动性

第一,法官受"诉"的限制。原告之"诉"限制了法官,简单说就是原告诉什么,法官就审什么。人家不告,法院无从受理案件,这是法官和法院工作的被动性一面。

有一个问题需要讨论,在涉及共同被告的时候,存在原告告谁、不告谁的问题。过去法院常依职权增列共同被告,近年来慢慢在改变。共同侵权是连带责任,但受害人只起诉共同侵权人中的一人,现在法院已经很少依职权增列共同被告,大多是进行释明。在法官释明提示原告之后,如果原告仍然坚持只告其中一个而不告其他共同被告,则应尊重原告的意愿,视为原告放弃对其他共同侵权人的请求权。如果没有其他共同被告,案件也可以查清楚,法庭应当只判本案被告承担其在共同责任中应分担的责任份额。如果因为没有增列某一个共同侵权人,导致案件事实查不清楚,法官就要判决当事人败诉。因此法官在释明时,应提示原告万一因缺乏共同被告查不清案件事实可能产生的法律后果。

第二,法官释明的界限。什么事项可以释明,什么事项不可以释明?究竟是释明权,还是释明义务?关于释明权和释明义务问题,是学理问题,今天我们不讨论。所谓释明,是指法官在法庭审理中,认为当事人的诉讼请求、事实陈述、证据资料和法律观点存在模糊、瑕疵和疏漏时,通过发问或者告知,以提示当事人予以澄清或者补充的诉讼行为。释明的范围,限于诉讼关系的事实方面和法律方面。特别是在法律规定请求权竞合的情形,常见的侵权责任与违约责任竞合,应当提示当事人明确其请求权基础,是依据合同法追究违约责任,或者是依据侵权法追究侵权责任。至于当事人依法主张免责、主张减轻责任,是其权利行使,不在释明的范围内。

第三,由谁"找法"?适用哪个法律条文裁判本案,应当由原告决定。过去的教科书中讲"法官找法",即法官在初步查清案情之后,要寻找本案应适用的法律条文。但在审判实践中,原告起诉状中已经提出了本案应当适用的法律条文,是原告和原告的代理人"找法"。这一点,我也是经过好多年才悟出的。法官的职责只是判断原告找的法条是否适当。

原告诉状中所建议法庭适用的法律条文,现今法律理论上称为"请求权基础",就是支撑其请求权的法律根据。法官的职责是判断原告的请求权基础亦即所建议的法律条文是否适当。怎样判断?不是法官自己进行研究,而是看被告对此是否抗辩以及如何抗辩。原告提出根据《合同法》第几条追究违约责任,被告对此不抗辩或者不否认违约,法官就据此认为原告提出的法律条文是适当的,进而适用该条文裁判本案。如果被告对此进行抗辩,法官就应当审查被告的抗辩理由是否成立。如果经审查认为被告的抗辩理由成立,当然不应适用原告建议的条文;如果经审查认为被告的抗辩理由不成立,当然就要适用原告建议的法律条文。

被告的抗辩,通常可以分为适用范围抗辩、构成要件抗辩、免除责任抗辩和减轻责任抗辩。适用范围抗辩和构成要件抗辩,属于事实的抗辩。这两种抗辩都在讲案件事实,而查清案件事实是法庭的职责,对于适用范围抗辩和构成要件抗辩,即使被告不主张抗辩,法庭也要进行审查,因此法官对于被告是否主张抗辩可以进行释明。

免除责任抗辩、减轻责任抗辩,是被告用另一个法律规范对抗原告的请求,该法律规范的实质是赋予被告主张免除责任、减轻责任的权利。因此,免除责任抗辩和减轻责任抗辩属于权利的抗辩,被告有处分权。如果被告不抗辩,法官不应释明。例如,已过诉讼时效被告可以要求免除责任。对于这两种抗辩,法官不能进行释明,也不应主动审查,这是请求权基础问题。

(二)法官的主动性

法官在审判中并不是无所作为的。法官主动性的范围在哪里?下面介绍哪些问题或者事项法官应当主动审查。

第一,关于事实认定。案件事实的认定是法院的职责,法官在认定案件事实时要注意以下几个要点：

一是分配举证责任。事实认定要根据证据，法官要认定案件事实，对本案当事人承担举证责任有分配的权限，应当根据双方当事人掌握信息资料的具体情况，分配举证责任。例如，关于是否付款事实的认定，应当让付款方（债务人）承担举证责任，不能让接受付款方（债权人）承担举证责任。因为，按照社会生活经验，如果是现金付款，付款方手里有对方出具的收据；如果是通过银行支付，付款方手里必定有银行的付款凭条。关于对是否交货事实的认定，要让交货方承担举证责任，按照社会生活经验，如果已经交货，他手里必定有买受人，或者买受人的代理人，或者买方指定的承运人出具的收货凭据。应当注意，法官应当根据案件当事人掌握信息资料的具体情况，在当事人间分配举证责任。举证责任是多年来困扰法官的问题，举证责任的承担不是固定不变的，举证责任的承担不能排除法官的活动，法官有分配举证责任的主动权。

二是举证责任转换。法官不仅有权决定举证责任的负担，而且在案件审理的过程中，有权决定举证责任的转换。"谁主张、谁举证"的举证责任原则，不是僵化的、绝对的，不是所有的事实都要求原告举证，也不是都要求达到充分证明的程度。例如，当事人主张已经付款，拿出银行划款的凭条就可以了，虽然仅根据该划款凭条达不到充分证明的程度。此时，对方如果争执说没有收到款项，则法官应当责令对方承担否定付款事实的举证责任。这涉及事实抗辩，法官应当要求抗辩方就抗辩所依据的事实举证。原告提出证据证明某项事实存在，虽然达不到充分证明的程度，法官应当转而要求被告就该项事实的不存在承担举证责任。举证责任转换，是法官认定事实的灵活手段。

三是法官直接认定案件事实。对于某些案件事实，法官不应当要求当事人举证，而是自己依据社会生活经验予以认定，这叫"经验法则"，或者"日常生活经验的推定"。另外，有的案件事实，法律明文规定了判断标准，法官应当根据法律规定的标准予以认定。例如，根据《侵权责任法》第55条关于说明义务和取得书面同意的规定，如果没有说明、没有取得患者方面的书面同意,法官即应认定医疗机构有过错。根据《侵权责任法》第 57 条的规定,医疗机构如果未尽到与当时医疗水平相应的诊疗义务,法庭即应认定其具有过错。如果不知道本案具体情形"当时的医疗水平",可以委托权威专家鉴定,实际是由权威专家告诉法庭"与当时的医疗水平相应的诊疗义务"是什么,再由法庭认定医疗机构是否有过错。还有,按照《侵权责任法》第 58 条关于不可推翻的过错推定的规定,如果具有该条规定的三种情形之一的,法庭就应当直接认定医疗机构存在过错。

第二,法官对合同有效性的审查。20 世纪八九十年代,在法院合同纠纷案件的判决书中,几乎都有一段关于合同是否有效的判断,例如,"本合同是双方当事人真实意思表示,不违反法律规定,应当认定有效"这样一段话。我当时就提出意见,双方当事人对合同的成立、生效没有争议,为什么要审查合同的成立、生效呢?并不是所有的合同纠纷案件都要审查合同的成立、生效。原告起诉追究被告违约责任,如果被告抗辩说自己不违约,表明双方对合同的成立和生效没有争议,争议在于被告是否违约,法庭应当审查被告是否违约,不应当审查合同的成立、生效;如果被告抗辩说没有合同、合同未成立或者合同无效,法庭须判断原、被告之间是否存在有效的合同关系,这种情形才需要审查合同是否成立、是否生效。

是否所有的案件法官都不主动审查合同效力呢?当然不是。合同是否属于法律规定的无效合同,法官应当主动进行审查。例如,《合同法》第 51 规定的无权处分他人财产合同、第 52 条规定的无效合同、第 53 条规定的免责条款无效,无论当事人是否主张,法官都应主动审查。法律上规定合同无效,限于损害国家利益、公共利益和第三人利益的情形,法官应当主动审查。因为维护国家利益、社会公共利益和第三人利益,属于法院的职责。在法律理论上,上述条文属于法律强制性规定,法庭须依职权予以适用。此外,《合同法》第 39 条、第 40 条和第 41 条格式合同条款的规制规则,也属于强制性规定。规制格式合同条款,属于国家保护消费者的特别制度,即使当事人不主张,法官也要主动审查。

第三,对合同内容公正性的审查。法庭对于任何合同、合同条款和约定,都有进行公正性审查的职权。《合同法》规定的合同自由,是有限制的、在法律规定范围内的自由,不允许滥用合同自由损害国家利益、公共利益、对方当事人利益和第三人利益。因此,法庭对合同内容是否公正有主动进行审查的职权,任何合同、合同条款和约定都必须接受公正性审查。

例如,合同约定了巨额违约金,约定违约金超过合同总金额甚至超过若干倍时,依《合同法》第 114 条第 2 款的规定,违约方可以请求法院予以调整。如果属于被告缺席审判,或者被告未以抗辩方式请求法院调整,这种情形,法庭应当对违约金约定进行公正性审查,并依据《合同法》第 40 条或者第 6 条否定其效力。

再如,合同约定"无论出现什么情形的违约,哪怕是轻微违约,都有权解除合同"。法官如何看待这种条款?《合同法》第 94 条将法定解除限定为根本违约及一般违约导致合同落空的情形。《合同法》不允许一方随意解除合同,损害对方的合法利益。轻微违约不能解除合同,是诚实信用原则的要求。因此,法官应主动适用《合同法》第 6 条诚信原则,否定该项约款的效力。

还有一种情形,合同约定以债务人一方的第三人的行为作为债务人履行义务的条件,或者作为合同解除的条件。如购房合同约定,如果购房人自己的债务人向购房人支付款项,购房人才向出售方支付房款;商品房预售合同约定,如施工单位不能按时竣工则预售方有权解除合同。这种约定的实质是,由当事人自己决定是否履行义务,将自己一方的风险转嫁给对方,剥夺对方的合同权利,显然违背公平原则和诚信原则。对于这样的合同约定和约款,法官应当主动审查其是否公正,经审查认为不公正的,如果属于格式合同,应适用《合同法》第 40 条否定其效力;如果不是格式合同,则应适用《合同法》第 6 条诚实信用原则否定其效力。

第四,关于规避行为和虚假行为。法官应当主动审查本案合同是否属于规避行为和虚假行为。规避行为和虚假行为,都是双方串通的,当事人自己不会主张其无效,法官应当主动进行审查。这类合同往往违反社会生活经验,违背常情、常理。凡是反常的案件和奇怪的案件,大抵属于规避行为和虚假行为。例如,标的额 1 亿多元的股权转让合同,以"合同签署之日起一年之内目标公司在港交所挂牌上市"为合同解除条件。别说在港交所,即使在上交所、深交所上市,一年之内也绝难做到。双方当事人同时签订一份股权转让合同和一份回购协议,也是反常的,属于规避金融管制的行为。

20 世纪 90 年代末出现不少反常案件、奇怪案件。例如,借款合同纠纷案件,出借人是典当行,借款人是银行,典当行要求法院判决银行归还借款。实际是典当行违法收当承兑汇票,将所收当的承兑汇票交给被告某银行营业部,由该银行营业部出具借款凭据(约定借款金额、还款期限、违约金等),然后将汇票交给地下钱庄,由地下钱庄向该银行营业部付款,地下钱庄再持汇票到承兑银行承兑。原告典当行和被告银行营业部提交给法庭的借款合同是虚伪表示,被掩盖的典当行、银行营业部、地下钱庄之间"串汇票"的违法行为属于隐藏行为。现实中存在规避行为、虚假行为甚至虚假诉讼,法官不要轻信当事人提供的材料和陈述,凡是可疑、反常、奇怪的案件,当事人提供的材料往往是假的。为稳妥起见,法官至少不要匆忙判决。

第五,关于法律漏洞填补。法律不可能完美无缺,总会遇到现行法没有具体规定的案件,这种情形称为法律漏洞。这种情形,法官应当运用各种漏洞补充方法,填补法律漏洞,裁判法律未有规定的案件。常用的补充方法有:适用习惯法、类推适用、目的性扩张或者限缩、反对解释以及直接适用诚信原则。运用各种方法填补法律漏洞、裁判法律没有具体规定的案件,体现了法官的主动性。裁判实践中已经有好多成功的经验。

例如,(2010)青民二商终字第 562 号民事判决:解除权人未行使解除权,经过 5 年时间,致相对人有正当理由信赖其将不再行使解除权时,依据诚信原则,不允许其再行使解除权。再如,最高人民法院

(2008)民二终字第135号民事判决:债务人有多个普通债权人,在债务人已陷入支付危机、濒临破产、其财产已经不足以清偿全部债务的情况下,债务人与其中一个债权人恶意串通,将其全部或者部分财产抵押给该债权人,导致其降低或者丧失履行其他债务的能力,侵害其他债权人的合法利益,应依据诚实信用原则,认定这种事后抵押无效。前一判决创设"权利失效"规则,后一判决创设"事后抵押无效"规则,体现了法官的主动性和创造性,具有重大意义。

第六,行使自由裁量权。民法中有很多法律条文授予法官自由裁量权。例如,《侵权责任法》第9条第2款规定,教唆、帮助无民事行为能力人、限制民事行为能力人实施侵权行为的,应该承担相应的侵权责任。是什么性质的侵权责任?全部责任还是部分责任?连带责任还是按份责任?均未明确规定,实际是委托法官根据具体案件自由裁量:如果教唆人、帮助人有赔偿能力,可判决其承担全部责任或者主要责任;如果没有赔偿能力,则可判决其承担连带责任。再如《侵权责任法》第34条关于使用人责任的规定,未明确使用人在承担赔偿责任之后,可不可以对具有故意、重大过失的被使用人行使追偿权,实际是包含了一项委托授权:由法官结合案件事实决定是否许可使用人行使追偿权。此外,《侵权责任法》有关"相应的责任""相应的补充责任"的规定,同样是委托法官行使自由裁量权。凡是条文有"相应的"一语,均包含对法官的委托授权。单独责任不能判全额赔偿,补充责任不能补充全额,究竟判决全额的百分之几,由法官结合具体案件自由裁量。

第七,法官的衡平权。如果造成的损失金额过大,应不应该判决被告全额赔偿?例如出租车与豪车相撞,出租车不过几万块钱,造成对方几百万元的损失,即使出租车一方负全责,那么判其赔偿对方几百万元行不行?违约责任案件,合同总金额才几十万元,判决违约方赔偿几百万元行不行?法官要考虑原、被告双方当事人之间利害关系的平衡问题,法官有协调双方利害关系的职权,我们可以称之为衡平权。法官行使衡平权,协调当事人之间的利害关系,当然要有法律依据,合同法、侵权责任法都有这样的制度。在审理违约责任案件中,法庭据以协调双方利害关系的法律规则,是《合同法》第 119 条减损规则和第 113 条第 1 款末句规定的不可预见规则,以及情事变更解释规则。审理侵权责任案件,供法庭最后权衡双方利害关系的法律规则,是《侵权责任法》第 26 条过失相抵规则。法庭审理侵权责任案件,计算出来的损失金额过大,法庭觉得都让被告赔偿,一是被告赔不起,二是即使赔得起也不公正,就要适用《侵权责任法》第 26 条过失相抵规则,减少被告的赔偿责任,将赔偿金减少到法庭认为比较公平合理的数额。适用过失相抵规则,当然要认定受害人对于损害的发生有过错,至于怎么认定他有过错,是法官的智慧。开豪车就要比开普通汽车更加仔细小心,你没有及时采取措施避免损害的发生,这就是过错。祖传几代的古董花瓶,你没有采取特别措施保护,随便摆放在客厅,以致被客人损坏,这就是过错。裁判的目的是,作出一个法庭认为比较公正合理的判决,法律规则是供法庭达成目的的手段。

三、当前法官法律思维中存在的问题

第一,混淆解释论与立法论。审判实践中的一种倾向是,法官在讨论案件时,往往无视法律规定、脱离法律条文,引用学术观点甚至外国理论,谈论案件应该怎么样处理、不应该怎么样处理。问题是混淆了立法论与解释论。讨论某项法律(法律制度、法律条文)的制定或者修改,探讨其理论根据、立法理由和具体方案,当然可以引用学术观点和外国理论,这叫立法论。法官讨论具体案件如何裁判,应当紧扣案件应适用的具体法律规定(法律条文),分析该法律条文的适用范围、构成要件和法律效果,及为什么应当适用该条而不适用其他条文,分析该法律条文的立法目的、政策判断及司法解释,这叫解释论。法谚云:任何法律条文不经解释不能适用。法官的职责是解释适用具体的法律条文裁判待决案件,绝不是为待决案件创制法律规则、提出立法方案。法官在讨论待决案件时,必须从法律条文出发,紧扣法律条文,讨论何以必须适用该法律条文裁判案件。解释论是法官的本职工作,仅在本职工作之外,讨论某项法律的制定、修改,为立法机关提供立法建议或者撰

写学术论文,才有从事立法论的可能。解释论和立法论,一定要严格区分,不允许混为一谈。

第二,死抠法律概念。由于我国的民事立法逐步完善,法律条文越来越多,加之法官大多经过法学院专业学习,因此容易套用法律概念来解决问题。例如,有法官问"原告只要求退货,没要求退款,怎么办?"须知法律概念与生活用语不一致,法律上叫"解除合同",但生活中通常说"退货"。买方"退货",卖方当然要"退款"。法律概念不能叫"退货退款",因为解除合同的结果还可能有损害赔偿。再如,被告(一楼住户)在露台上擅自搭建,对原告(二楼住户)造成妨害,法官认为是"共享空间"问题。实际是物权法上的"违章搭建",无须使用所谓"共享空间"概念,应适用《物权法》第83条关于"违章搭建"的规定,判决责令拆除即可。又如,被告名义上是公司,但既没有公司机构(董事会)也没有公司账簿,经营财产与个人财产混而不分,有法官认为应"揭开公司面纱"。实际是名为公司、实为个体经营,按照清产还债程序,公司财产不足清偿债务,再由被告个人赔偿即可,没有必要套用所谓"揭开公司面纱"概念。

另外,合同法司法解释将《合同法》第52条第(五)项"强制性规定"区分为效力性强制规定和管理性强制规定,这当然是对的,但这两个概念不能到处套用。有法官问,《公司法》第16条第2款关于公司为公司股东或者实际控制人提供担保应经股东会或者股东大会决议的规定是否属于效力性强制规定?实际上《公司法》第16条既不是效力性强制规定,也不是管理性强制规定,而是一种程序性的规定,公司未经股东会或者股东大会决议为股东或者实际控制人提供担保,这样的担保合同是否有效,须适用《合同法》第50条表见代表规则。

第三,忽视法律逻辑性。例如,法院审理无效合同纠纷案件,有的依据《合同法》第52条判决合同无效就完了,不处理当事人已经支付的货款、交付的货物的返还问题。当事人提出返还请求,法庭告诉当事人依据《合同法》第58条另案起诉。还有的法院,在审理违约责任案件中认为合同无效,就利用所谓释明权告知原告变更诉讼请求,变更为根据《合同法》第58条要求返还财产之诉。原告按照告知变更为依据《合同法》第58条要求返还财产之诉后,法庭作出返还财产的判决。上诉到二审,二审法院审查认为合同并不违法,属于合法有效的合同,本应判决被告承担违约责任,但二审法院遇到了难题:一审诉求已经变更为请求返还财产之诉,二审法院没有办法改判被告承担违约责任。当然二审法院可以撤销原判发回重审,但新修改的《民事诉讼法》规定,只能发回重审一次,第一次裁定撤销原判决发回重审,如果一审法院重审后仍然维持原判,第二次上诉二审法院不能再发回重审,必须改判,但二审法院没法改判为承担违约责任。问题出在什么地方?按照民法原理,法律行为的无效,是指不发生当事人所希望的法律效果,但一定要发生法律规定的法律效果。《合同法》第52条规定合同无效的要件(原因),第58条规定合同无效的法律效果,第52条加上第58条才构成一个完整的法律规范。法庭在依据第52条认定合同无效之后,应当依职权适用第58条关于合同无效法律效果的规定。

例如,法庭审理无权处分他人财产合同案件,也不能仅依据《合同法》第51条认定合同无效就完了。应当注意《合同法》第51条关于无权处分他人财产合同的规定,与《物权法》第106条关于善意取得的规定,两个条文之间的逻辑关系。在依据《合同法》第51条认定合同无效的情形,如果买受人属于善意,并且想要得到标的物,他会根据《物权法》第106条主张善意取得。只要买受人主张善意取得,法庭就必须再适用《物权法》第106条,如果经审查符合善意取得的条件,法庭就应当判决买受人已经善意取得标的物所有权。如果买受人不主张善意取得,或者买受人虽然主张善意取得,但是法院经过审查认为不符合《物权法》第106条规定的善意取得要件,这两种情形,法庭在根据《合同法》第51条认定合同无效之后,还要依职权适用《合同法》第58条,判决恢复原状,双方退货退款。因此,我们必须注意《合同法》第51条、第58条和《物权法》第106条之间的逻辑关系。《物权法》第106条的适用,必须买受人主张,法庭不能依职权适用,而《合同法》第58条是法律强制性规定,无须任何人主张,法庭应当依职权适用。忽视法律条文之间的逻辑性这个问题,民法学界也有责任,我自己也是近年才认识到。

四、转换法官法律知识结构的建议

上述倾向的存在,与法官的知识结构有关。现今法官队伍中,绝大多数法官都经过法学院的系统学习训练,法官从法学院课堂上学习掌握的一整套法律概念、原则、制度和理论体系(简称法律概念体系),构成法官的专业知识结构。进入法院、担任法官之后,还没有将这套法律概念体系转换为现行法律条文体系,而如果不掌握现行法律条文体系、不用现行法律条文体系代替法律概念体系,就难以正确进行法律思维,难以提高法官法律思维的水准,难以公正裁判案件。道理很简单,法律思维是规范性思维、紧扣法律条文思维,法官裁判案件,只能(必须)依据现行法律规范(条文),而不能依据法律概念或者法律理论。所谓"以事实为根据、以法律为准绳",就是这个意思。(补充一点,法官具有广博的法律理论包括外国法理论,将有助于对我国现行法律条文的正确理解、解释和适用)现在的问题是,法官如何转换法律知识结构,如何将原有的法律概念体系转换为现行法律条文体系?我建议采用学习民法的第三种方法。

学习民法的第一种学习方法,即在法学院学习法律的方法。通过老师的课堂讲授和对教科书的学习,目的是掌握一整套法律概念、原则、制度和理论的体系。这样的学习方法(教学方法)称为教义学的方法,这是大陆法系传统的方法。第二种学习方法,即所谓案例教学(学习)方法。通过对具体案例的分析,归结到某个法律概念,最后归结到某个现行法律条文。第三种学习方法,即以法律条文为中心的学习方法。这有三个要点:一是直接阅读、记忆现行法律条文;二是在阅读、记忆现行法律条文的同时,要求掌握每个法律条文在法律条文体系中的逻辑位置,及与其他有关条文之间的逻辑关系;三是通过法律条文贯穿立法、理论和实务。下面稍加说明。

第一个要点是直接阅读、记忆现行法律条文。但现行法律条文非常多,例如,《合同法》有 428 个条文,难道要记住每个条文？当然不是。我们直接阅读、学习、记忆的是现行法律的基本条文、重要条文和常用条文。这样的法律条文,往往规定在"总则"部分,例如,《合同法》前七章、《物权法》前三章、《侵权责任法》前四章(第四章非总则)。在记忆、掌握总则部分条文的基础上,再根据法官自己工作的需要,学习、记忆有关分则中重要的、常用的条文。例如,主要审判买卖合同纠纷案件的法官,除记忆、掌握《合同法》总则部分外,还需要记忆、掌握分则第九章买卖合同的重要条文；主要审判医疗损害侵权案件的法官,除记忆、掌握《侵权责任法》前四章外,还要记忆、掌握分则第七章医疗损害责任部分。

第二个要点是理解、掌握法律条文的逻辑位置及与其他条文的逻辑关系。这在前面已经谈到,学习《合同法》第 52 条,一定要掌握第 52 条与第 58 条之间的逻辑关系,第 52 条规定无效原因,第 58 条规定无效的法律后果,两条结合在一起构成一个完整的法律规范。《合同法》第 51 条不仅与第 58 条有逻辑关系而且与《物权法》第 106 条有逻辑关系,在依据《合同法》第 51 条认定合同无效情形时,如果买受人主张善意取得还需要适用《物权法》第 106 条；在买受人不主张善意取得或者经审查不符合《物权法》第 106 条规定时,还应依职权适用《合同法》第 58 条。

第三个要点是通过阅读、学习、记忆法律条文,将立法、理论和实务贯串起来。这个条文是什么概念,叫什么制度？要解决社会生活中的什么问题？为什么要制定这个条文？立法者参考的是哪一个立法例、哪一项司法解释规则、哪一个判例规则？它的立法目的是什么,是要保护谁、制裁谁？它的构成要件、适用范围、法律效果如何分析？对于这个条文的理解和适用,最高人民法院作过什么样的解释,《最高人民法院公报》刊登过什么样的典型案例？都要通过条文联系起来一体把握,这里就不举例了。

现行法律条文已经相当完善,我相信法官队伍当中有不少法官已经通过对现行法律的学习,将自己的专业知识结构转换为现行法律条文体系,因此这些法官的法律思维能力很强。特别建议进入法官队伍时间不久的年轻法官,要重构法官的法律专业基础,从原来的概念体系转换为现行法律的条文体系,在此基础上提高法律思维水准。

最后谈一下法律条文的记忆。应当说,记忆法律条文比记忆其他文本更容易。例如,我们中学时期背过好多古诗古文,过后很快就忘记了,因为记忆诗文一定要有提示性的文字(关键词)。背诵诸葛亮的《前出师表》,如果记得开头四个字"先帝创业",你就能背下去,"先帝创业"就是提示记忆的关键词。背诵白居易的《长恨歌》,开头四个字"汉皇重色"就是关键词。我们记忆法律条文要容易得多,首先是有条文序号提示我们,《合同法》第93条之后必定是第94条,第94条之后必定是第95条;其次每一个条文都有一个法律概念,这个法律概念就是关键词,《合同法》第93条第1款是协议解除、第2款是约定解除权条件,第94条是法定解除,第95条是解除权的期限,第96条是解除权的行使。再如《合同法》第94法定解除权的原因,不可抗力、预期违约、根本违约、目的落空,都是提示记忆的关键词。还有,法律条文之间的逻辑关系,也可起到提示记忆的作用。我的经验是记忆法律条文比较容易。总之,建议采用第三种学习方法,即直接阅读、记忆法律条文的方法,将自己的专业知识结构转换为现行法律的条文体系,提高法律思维能力和水准。

法官的法律思维[*]

一、法官法律思维的目的

法官法律思维的目的不同于律师、法学教授。律师是为当事人、委托人服务,其法律思维的目的是依法维护当事人、委托人的权益。法学教授从事的是学术活动,其法律思维的目的是寻求裁判中的理论分析与研究,讨论案件正确与否及其理由。法官行使裁判权,其法律思维的目的是公正裁判,十八届四中全会强调公正司法,要求每一个案件都体现公正。

公正裁判的作用在于:①评价裁判方案的标准。当有两种裁判方案、两种法律解释都各有道理时,则须依据公正性来选择最佳的裁判方案。②评价法官的标准。公正的法官就是优秀法官。一名法官的法学修养、判决说理、文字表述差一点,都不要紧,都可以得到改进,比如选文字水平高的法官在判决文书签发之前严格把关,避免标点格式、语言表述错误等问题。

公正裁判这一点非常重要,法院的管理措施、考核措施都应当围绕该目的制定。法院应当认真学习贯彻十八届四中全会决定精神,让每一个案件都体现公正,把公正裁判作为法院工作与队伍建设的最终目标。

为保障公正裁判案件,必须注重对法官两个方面的培养:一是法官的人格,包括法官的道德、修养;二是法官的理性,包括对法律知识、各

---

* 本文写作于 2018 年 1 月。

种解释适用法律的方法、法律思维的规律性的掌握及其理论能力、社会生活经验、裁判经验。这两者不可偏废其一。

补充说明关于判决书说理。在一段时间内,过分强调对判决书的说理,这会损害法官思维公正性的目的。因为在裁判书中说理是有限度的。裁判书不是论文,不允许长篇大论,有些道理不必要讲,欠债还钱能讲出什么道理? 有些基本的道理,立法或司法解释已经讲到了,因此只要正确适用法律裁判案件就行了。需要说理的是一些特殊、疑难、复杂案件,比如证据复杂的案件,要说明采用或不采用哪些证据的理由;新类型案件,如法律没有明确的规定,要说明怎样适用法律。说理是适当说理而非充分说理。

关于管理的问题。现在法院的案件流程管理,并非法官管理。各种考核需要有科学性,不能损害或限制法官的主动性。

二、法官法律思维的被动性

法官法律思维的被动性是指法官法律思维受到一定的限制,主要体现在:

1. 受诉的限制

(1)"谁诉"? 实践中有的法官容易混淆谁起诉的问题。例如,《侵权责任法》第 18 条规定,被侵权人死亡的,其近亲属有权请求侵权人承担侵权责任。该条明确被侵权人死亡的,其近亲属有诉权。但有的法官在审理案件时把《继承法》问题纳入其中,认为近亲属起诉是第二顺位继承人起诉,不能受理。侵权案件不属于继承案件,并非遗产继承问题。死亡赔偿金判给近亲属,不等于其获得所有权,而是代表其他继承人得到死亡赔偿金,其分配要按照《继承法》予以处理。若对遗产分割有争议,其他继承人可依《继承法》向法院起诉。

(2)"诉谁"? 在共同侵权、连带责任案件中容易引发问题。例如,3 个人导致原告损害,按照《侵权责任法》第 8 条、第 11 条的规定,3 个人应承担连带责任,受害人可以起诉 3 个被告,或只起诉其中有赔偿能力的人,或免除有特殊关系的侵权人的责任,由原告决定。过去法官通常依职权增列其他未被起诉的侵权人为共同被告,现在最高人民法院逐渐纠正这样的做法。《侵权责任法》第 13 条明确由受害人(原告)选择诉谁。原告只选择其中某个人为被告,则尊重其选择,法官受理后予以适当释明其他侵权人应当承担连带责任,原告可主动增加被告或仍选择某人为被告,法官不能依职权增列被告。虽然少了部分侵权人,但案件事实能够查清或者比较清楚,法官就需继续审理,判决出庭被告承担连带责任中其应承担的相应份额,其他侵权人则因原告自主选择而免除了其应承担的责任。对于责任的划分,《侵权责任法》已给出判断方法,或按责任大小,或平均分配。若案件事实查不清楚,法官应当释明其法律后果,即驳回原告诉讼请求。

(3)诉由。根据什么起诉,由原告决定。例如,是违约责任之诉还是侵权责任之诉,通常在责任竞合中存在。根据《合同法》第 122 条的规定,合同关系之中发生人身或财产损害,若符合侵权的构成要件,原告可选择依《合同法》追究违约责任,或依《侵权责任法》追究侵权责任,这属于典型的责任竞合。原告可以从两种诉由中选择,一是违约之诉,二是侵权之诉。当原告没有明确其诉由,只要求损害赔偿时,怎么办?法官应当予以释明,即由受害人明确诉由。有的法官考虑两种诉由都对受害人不利,属于考虑过多,超越了法官在诉由上的被动性。违约责任与侵权责任存有差异,违约责任可要求可得利益赔偿,但不能要求获得精神损害赔偿,若是财产损害,可优先考虑违约责任;侵权责任可要求精神损害赔偿,但不能要求可得利益赔偿,若是人身损害,可优先考虑侵权责任。民法正是基于两者各有优劣,而把选择权交给了受害人,法官不能超越立法考虑。若原告坚持不明确诉由,只主张损害赔偿,法官则驳回其起诉,因其诉的构成要件缺失,即法律关系不明确。

2. 受释明的限制

释明是权利还是义务?学界有分歧。若是权利,法官可以不释明;若是义务,法官应该释明,不释明就违反了程序,当事人就可以上诉。什么是释明?释明是法官在审理案件中对当事人的告知、提示。什么样的事项可以释明?释明的事项包括诉讼请求、事实陈述、证据、法律观点。释明不涉及当事人的处分权,告谁不告谁是当事人的处分权。例如,《侵权责任法》第 43 条第 1 款规定,因产品存在缺陷造成损害的,被侵权人可以向产品的生产者请求赔偿,也可以向产品的销售者请求赔偿。若受害人起诉生产者,可直接受理,不提示其可以起诉销售者,这是受害人的处分权。《侵权责任法》第 59 条规定,因药品、消毒药剂、医疗器械的缺陷,或者输入不合格的血液造成患者损害的,患者可以向生产者或者血液提供机构请求赔偿,也可以向医疗机构请求赔偿。受害人有权选择起诉医院、生产者或血液提供机构,其起诉谁就列谁为被告。《侵权责任法》第 68 条规定,因第三人的过错污染环境造成损害的,被侵权人可以向污染者请求赔偿,也可以向第三人请求赔偿。起诉谁不起诉谁由当事人选择。

3. 受诉的根据的限制

法律条文是裁判的依据,我在《裁判的方法》一书中指出,法官在大致查清受理案件案情后,要在现有的法律文件中寻找适用案件的法律条文。过去的教科书把这称为"找法",现在看来这个理论是不正确、不符合实际的。实际上,原告起诉的时候,在起诉状中提出了:告谁、事实及建议适用的法律条文。过去"找法"是法官的工作,现在看来不是,而是原告已经寻找到了法律条文,并以此作为请求向法院起诉。原告在起诉状中所建议法官采用的法律条文在理论上叫作请求权基础。案件审理中,法官的职责不是找法,而是审查原告在起诉状中找到的法律条文适当不适当,是否应当据此裁判本案。同时,法官不是通过翻阅法条、教材、学术著作来审查原告主张的法律条文是否适当,正确的审查方法是看被告是否抗辩、怎么抗辩。例如,原告根据《合同法》第 107 条的规定追究被告的违约责任,被告对此不提出异议,只是对赔多少提出抗辩,则说明被告不予抗辩,其认为该案应该适用此条文,那么原告提出的法律条文是适当的。若被告提出了抗辩,如不构成违约、合同不成立、无效等,则审查被告的抗辩理由是否成立,审查被告的抗辩围绕抗辩举证的证据,若无证据或证据不具有证明力,则不采纳被告的抗辩,最后按照原告建议的法律条文追究被告的责任。因此,审查原告的请求权基础正当不正当,不是法官自己去研究,而是看被告是否抗辩,如果被告不抗辩,则原告提出的法律条文是正当的,可据此判决;若被告抗辩,其应当举出证据予以证明。

被告的抗辩大致分为四种类型:

一是适用范围的抗辩,即被告主张案件事实不在原告建议的法律条文适用范围之内。例如,根据《合同法》第107条的规定,原告追究违约责任,被告抗辩不存在合同关系;根据《消费者权益保护法》第55条的规定,消费者主张三倍赔偿,被告抗辩原告购买商品不是为生活消费的需要;根据《公司法》第20条的规定,股东滥用法人资格、公司有限责任,损害债权人利益,债权人有权起诉该股东。被告主张其多次转让股权,已不是公司的股东,该条文适用现在的股东而非历史上的股东。

二是构成要件抗辩,这是最常见的抗辩。例如,过失侵权责任案件,被告抗辩其没有过错;违约责任案件,被告抗辩其没有违约。

三是免除责任抗辩。虽然有违约、加害行为,但依照法律规定或合同约定,被告可以免责。被告承认有违约或侵权,但主张免责。被告因举出不可抗力或合同约定的免责条款。

四是减轻责任的抗辩。例如,违约责任诉讼中,被告承认有违约行为,造成了损失,但根据《合同法》第113条不可预见规则,主张减少赔偿,法官则应适当减少赔偿,予以平衡。根据《侵权责任法》第26条过失相抵规则,被告主张受害人有过失的,法院则可适当减轻其责任。

前两类抗辩是事实抗辩,法官要查清事实予以判别,即使被告不抗辩,法官也要审查,给予释明,如要求原、被告双方再次讨论该案是否属于法律条文的适用范围、是否违约、是否有过错、是否存在因果关系等。后两类抗辩是法律抗辩,法律规定了免除责任与减轻责任的理由,比如不可抗力免责、受害人有过失可减轻责任、预见不到会造成较大损失的被告可要求减轻责任。免除责任抗辩与减轻责任抗辩都是用法律例外规定来对抗原告,实质上,其是法律赋予被告要求免除或减轻责任的权利,是否抗辩是被告的自主选择,其不属于法官主动审查与释明的范围。例如,诉讼时效的经过,20世纪八九十年代,法官审理案件会主动审查诉讼时效是否经过。2008年,最高人民法院《关于审理民事案件适用诉讼时效制度若干问题的规定》明确规定,诉讼时效是否经过,法官不得审查,也不得释明,否则就是违反程序。

三、法官法律思维的主动性

法官不是机械地适用法律,而是要发挥主动性。法官的主动性表现在以下几个方面。

1. 事实的认定

(1)分配举证责任。"谁主张,谁举证"是一般的举证责任分配原则,但举证责任分配不是死的,而是灵活的。在案件审理中,根据双方当事人掌握的信息资料等具体情况来分配举证责任。"谁主张,谁举证"不是要求原告把事实举证到完全充分,这不符合法律适用理论。例如,买卖合同案件中是否交货的事实认定。是否交货的举证责任应分配给主张交货的一方,按照社会经验,交货方有收货方出具的收货凭证。代办托运时,交货方有第一承运人出具的收货凭证;相反,若要求收货方证明其没有收到货物,则很难证明。例如,是否付款的事实认定。是否付款的举证责任应分配给付款方,付款方应有收款方出具的收款凭证,否则收款方难以证明其没有收到款。

(2)转换举证责任。案件审理中,法官可以根据具体情况转换举证责任。"谁主张,谁举证"并未要求举证完全充分。例如,交货方交货未收到收货方付款,交货方只需提出其已经交货的证据即可。至于收货方是否付款,法官可将此举证责任转换给收货方,收货方应提供已付款的证据。有人固执地认为交货方只提交交货证据,并未证明对方没有付款,这就是死抠法律条文。

在请求权基础与抗辩中,也适用举证责任转换原理。例如,原告起诉追究被告的违约责任,其应当提出证据,如合同成立且生效;被告抗辩不承担违约责任,其也应当提出证据,如没有签订合同或合同已经履行完毕等。

（3）直接认定。显而易见的事实或难以举证的事实（如精神损害事实），则无须举证。最高人民法院按照推定的规则来认定，国外称为经验法则，即法官按照日常生活经验来认定。

（4）过错客观化。法官按照过错推定，即法律为法官认定事实规定了明确标准。例如，《侵权责任法》第54条规定，患者在诊疗活动中受到损害，医疗机构及其医务人员有过错的，由医疗机构承担赔偿责任。医疗损害责任实行过错责任原则，但《侵权责任法》并没有采用最高人民法院司法解释所规定的一律过错推定或受害人举证证明医疗机构存有过错，而是在《侵权责任法》第55、57条确立了过错的客观化，即法律对过错的认定规定了客观标准。第55条规定，要求医疗机构及其医务人员对近亲属说明手术风险、注意事项，得到患者方面的书面同意，否则就认定其存有过错。第57条规定，要求医疗机构及其医务人员应尽到与当时的医疗水平相应的诊疗义务，否则就认定其存有过错。何为与当时医疗水平相应的诊疗义务？

例1：青霉素注射，要先做皮试；过敏性药物，要询问是否有过敏病史。

例2：交通事故中，受害人胸腔内大出血，医院要求住院做手术，但因无手术台，停放半小时，患者死亡。那么此案中医院当时的诊疗义务是什么呢？权威胸外科医生的咨询意见为使用微创手术阻止出血。

2. 对合同有效性的审查

20世纪八九十年代，法院审理合同案件通常都会写明"本案签订的合同意思表示真实、不违反法律规定，因此依法认定为有效"。在每一个违约责任案件中，都对合同的有效性进行认定。有必要吗？没有必要。当事人对合同的效力没有异议，则不用审查。如在违约之诉中，被告抗辩其不违约或交货质量合格，表明其认可合同的效力。

但在某些案件中应当审查合同的有效性。一是对合同有效性存在争议。合同是否成立、是否生效，原、被告双方意见不一致。二是合同违反强制性规定。无论当事人是否提出，法官都应依职权主动审查。强制性规定主要体现在《合同法》第51、52、53、39、40条。第51条规定,处分他人财产合同,审查处分人是否有权处分,权利人是否追认。第52、53条直接规定了合同违法无效及免责条款无效情形,即使当事人不主张,法院亦应主动审查。第39条、第40条规定格式合同的管制规则,格式合同是提供方事先单方面制定的,因其未征得对方的同意,很可能损害相对方的利益,而第39、40条旨在保护消费者、弱者的利益,即使当事人未提异议,法院也应当审查,维护社会公共利益、市场交易安全。三是合同内容公正性的审查。法官对一切合同的条款及其效力均有审查权。不公正的规定,法官可以依职权确认其无效。

例1:《合同法》第114条第2款规定,违约方有权要求违约金的调整,其有权决定是否提出抗辩或反诉[参见最高人民法院《关于适用〈中华人民共和国合同法〉若干问题的解释(二)》第27条],法官不得主动审查。有的案件中约定了巨额的违约金,或因格式合同提供者滥用优势地位,或当事人疏忽,若判决支持,则违背了《合同法》、民法的公平原则。若违约金金额巨大,但当事人没有抗辩(如被告缺席),法官也应当主动审查,其法律意见是根据《合同法》第54条的规定,因重大误解订立的,或在订立合同时显失公平的情况下,可撤销合同。但该条文的援引需要违约方主张。在缺席审判的时候怎么处理?若是格式合同,则按照《合同法》第39、40条的规定,巨额违约金违反公平原则,认定为无效。若非格式合同,则依据诚实信用原则,认定无效。

例2:轻微违约解除合同。《合同法》第93条第2款规定,当事人可以约定解除权的条件。但有的合同书上写明"(任何)微不足道的违约都有权解除合同",那么是否应当支持其解除合同?不能。因为民法有个基本的原则,即轻微违约不视为违约,不得解除,其符合诚实信用原则的基本要求。比如晚交货一两天,或晚交钱一两天,这属于轻微违约,未造成实质性的损害,不构成根本违约,不能要求解除合同。

例3:合同中,把第三人的行为作为自己履行合同义务或解除合同的条件。比如,在商品房预售合同中,开发商约定如果建筑公司按期竣工,那么就按合同约定交款;若不能按期竣工,则可解除合同。开发商把第三人建筑公司的行为作为自己履行合同的条件是不公正的。如果开发商想解除合同,其可不按期给建筑公司拨款,就可实现其目的。这是免除自己的责任,剥夺相对方利益的条款,可根据《合同法》第 40 条认定其无效。类似合同条款,若不是出自格式合同,可依据诚实信用原则认定其无效。

从理论上讲,合同义务的履行,当事人可否为其约定条件?《合同法》第 12 条没有规定合同的履行条件。《合同法》第 61、62 条没有规定合同履行的条件。为什么没有规定合同履行的条件?合同义务的履行不允许约定条件。如果约定了合同义务履行的条件,就等于剥夺了对方的权利,条件是不确定的,相对方的合同目的也就处于不确定状态。合同的本质决定了不能约定合同履行的条件。但为什么《合同法》不明确规定当事人不得为合同义务履行约定条件呢?因为在合同中有一类合同有履行条件,即保险合同,保险公司的赔付义务有条件要求。除保险合同外,约定合同履行条件为无效,因其违反合同目的、合同本质、诚实信用原则。

3. 反常案件

例 1:借款合同的借款人是银行。

例 2:股权转让合同约定解除权的条件为:自合同签订起 1 年内,如目标公司不能到香港证交所挂牌上市,则合同可解除。目标公司是有限责任公司,其上市条件是反常的。

例 3:有的案件争议较大,到法院后很容易达成和解,按照生活经验比较反常,因为其不必到法院起诉,到法院起诉的一般应该是比较难以解决的案件,而案件争议较大且很容易达成和解,有可能是虚假诉讼,会损害他人的利益。

关于例 3,法官应当中止审理,不能匆忙下判,须弄清楚其隐藏的真实行为。关于例 1,查清的事实是,两个企业之间借款,银行作担保,但银行作担保是违反法律规定的,查清事实后,可认定非法拆借无效,对损害进行分担,三方按过错分担。若直接判银行还款,则漏掉了用款企业,于银行不公平。对虚假行为,应当查清真实行为,有效则判有效,无效则判无效。根据《合同法》第52条的规定,双方以合法形式掩盖非法目的,确认其无效。但其真实行为不违法的,可认定为有效。关于例2,查清的事实是,实际上是一个借款合同,是为了规避当时的金融管制,因此可认定该合同无效。

4. 法律有漏洞

法律没有明确规定,需要法官发挥主动性,根据诚实信用原则、公序良俗原则来裁判案件,填补法律漏洞。例如,(2010)青民二商终字第562号民事判决,该案讲的是权利失效。《合同法》第95条规定,当事人有解除权,或约定解除权或法定解除权,若法律没有规定或当事人没有约定行使期限,对方应当发一个催告通知,解除权人收到催告通知后,在一定期限内不行使解除权,则解除权消灭。该条源自国外,但其实是违背现实生活的。生活中,一方是否有解除权,对方根本不考虑。对方即使知道有解除权,也不会主动过问。生活中显然没有出现主动过问的情况。本案中,甲方享有解除权,乙方不发催告通知,甲方也不行使。5年后,甲方发出解除通知,因房地产市场发生变化,解除合同对其有利,其收回房屋再出售获利可翻倍,这对乙方不利,乙不同意甲方解除合同。一、二审法院都判决不解除的理由为,在一方有解除权长期不行使,对方有理由相信其不再行使解除权,5年后再行使违背了诚实信用原则。该判决填补了法律漏洞,创设了规则。又如最高人民法院(2008)民二终字第135号案例中,一个债务人有多个债权人,债权都未设定抵押,到其资不抵债的时候,他与其中一个债权人达成了抵押协议,把大部分财产抵押给该债权人,其他债权人就此提出异议,起诉到法院。法律没有规定什么时候订立抵押合同有效。法律没有规定签订借款合同时订立抵押合同是否有效,没有规定签订借款合同隔段时间再订立抵押合同是否有效,但法律也没有规定不可以。但在本案中,事后抵押损害其他债权人利益,法院根据诚实信用原则判决抵押无效。

5. 法官自由裁量权

法官自由裁量权是在法律有明示或默示授权的范围内自由裁量。例如,《侵权责任法》第9条规定,教唆、帮助他人实施侵权行为的,应当与行为人承担连带责任。教唆、帮助无民事行为能力人、限制民事行为能力人实施侵权行为的,应当承担侵权责任;该无民事行为能力人、限制民事行为能力人的监护人未尽到监护责任的,应当承担相应的责任。第1款明确规定了教唆、帮助他人实施侵权的人承担连带责任,但第2款没有明确其承担什么责任,是连带责任还是主要责任?实质上,第2款是对法官自由裁量的授权。教唆、帮助侵权的行为是非常恶劣的,应当惩罚教唆人、帮助人,应由其承担全部或主要责任,但考虑到生活中教唆人、帮助人很可能没有钱,没有赔偿能力,若规定连带责任,对受害人有利,但达不到惩罚的目的,因此第2款将权利委托给法官行使。法官在审理此类案件时,发现教唆人、帮助人有钱则判定教唆人、帮助人承担全部责任或主要责任;无钱,则判定教唆人、帮助人承担连带责任。自由裁量权有的是明确的,有的是没有明文规定的,需要通过对法律的理解来发现。例如,《侵权责任法》第34条规定,用人单位的工作人员因执行工作任务造成他人损害的,由用人单位承担侵权责任。该条适用无过错责任,由用人单位承担责任。那么用人单位承担责任后是否有权向有重大过错或故意造成他人损害的工作人员行使追偿权?法律没有明确规定。若工作人员是普通的劳动者,属低工资低报酬工作种类,法官则应驳回用人单位的追偿请求。若工作人员是高收益人群,比如企业高管,法官则可以支持用人单位的追偿请求。法律中规定"相应的责任""相应的补充责任",则是明确的法律授权。

6. 法官衡平权

法官要在案件当事人之间的利害关系上作出平衡。我国现行法律没有对衡平权的规定。《葡萄牙民法典》规定,法官在审理案件时,有权在不与法律抵触的情况下,衡平当事人之间的利害关系,作出公平合理的判决。我们将来是否会作出衡平权的规定呢?有待于民法典的编纂,但是我们有公平原则、诚实信用原则。

例1:豪车与出租车相撞,出租车全责,法官怎么判?建议不要判。平衡依据:交管部门的认定不能作为判决的依据;豪车驾驶人有过错,其应更加谨慎小心驾驶。

例2:祖传花瓶被普通人损害,花瓶价值几十万元,法官怎么判?建议不要判。平衡依据:真实交易才算价值。受害人有过错,宝物应小心保管。

民法学习的若干问题[*]

一、学习法律的几个问题

学习法律，最关键的一点是要知道学习目标，也就是说作为一名法学专业的学生，你究竟要获得什么，这一点是我们的目标。如果不了解这一点，一进入法学院，把高中学物理、化学的方法搬过来是不行的。所以，首先要有学习目标。归纳起来说，学习目标大致有三个方面的内容：第一个是法学基础知识；第二个是学习方法；第三个是法学能力。下面稍作解释。

第一，有关法学基础知识问题。我们常说某一个同学基础很扎实，那么什么叫基础扎实呢？这个问题，我们得费一番脑筋。所以我特别指出，法学学习形成的基础实际上可以归结为一个法律概念体系，就每一个法学学科，比如说民法、刑法、刑诉法、行政法、宪法，不管是哪一个部门法，都是由一套法律概念体系所构成的。这个概念体系通通都在我们的教科书上。学习法学，我们就是要掌握一套法学的、法律的概念体系。关于这个问题，我在网上有一个讲座，讲到我们学习法律，要注意法律的概念性。法律的概念性，来源于法律的规范性。我们说法律是行为规范，每一个制度、每一个规则都是由规范构成的，而每一个规范又是由构成要件、适用范围、法律效果三部分组成的，这就是法律的规范性。我们所学的法理教科书上讲，每一个法律规范都由构成要件和法律效果所组成。我们的刑法学教材上讲，每一个刑法规范都由假

---

[*] 本文根据作者于 2004 年 5 月 16 日在东北大学文法学院的讲演稿修改整理而成。

定和制裁所构成。这个假定就是我们说的构成要件,制裁就是我们说的法律效果,同时这个构成要件又决定这个规则的适用范围。所以我们总说,每一个法律规范都是由构成要件、适用范围和法律效果三部分组成的,这就是法律的规范性。因此,学习法律要从规范性入手,掌握每一个规范的构成要件、适用范围、法律效果。

但每一个法律规范都是由法律概念表述的。例如,《消费者权益保护法》(1993年)第49条规定:"经营者提供商品或者服务有欺诈行为的,应当按照消费者的要求增加赔偿其受到的损失,增加赔偿的金额为消费者购买商品或者接受服务的费用的一倍。"我们通常称之为双倍赔偿条款。根据这个条款规定,经营者实施欺诈行为的,可以判双倍赔偿。这个条款就是一个规范,它的构成要件是欺诈行为,它的适用范围是消费者合同,它的法律效果是双倍赔偿。欺诈行为由欺诈和行为两个概念构成,欺诈行为本身又是一个概念,消费者合同由消费者、经营者、合同这些概念构成,双倍赔偿的赔偿也是一个概念,叫损害赔偿。损害赔偿,有实际损害赔偿,还有精神损害赔偿,还有惩罚性损害赔偿。我们掌握《消费者权益保护法》第49条这个规范,就要先弄清楚它所涉及的这些法律概念。由此可见,每一个法律部门都有一套法律概念体系。我们看民法,《民法总论》中有很多概念,如主体、客体、行为、法律行为、意思表示、代理、时效、侵权、侵权行为,等等。因此,既然每一个部门法、每一个法律学科都是一套概念体系,这就提示我们,学习任何部门法、任何法学学科,基本目标就是要掌握这一套概念体系,如果掌握了这套概念体系,掌握得准确、完整,你就能具有扎实的民法基础,具有扎实的法律基础。完整、准确地掌握这套概念体系,就叫基础扎实;反之,没有掌握这套概念体系,或者概念体系不完整、不准确,就叫基础不扎实。

第二,有关学习方法的问题。学习方法上是否有什么窍门呢?有。学习方法上的窍门就是你学习哪一个学科,应先挑一本最好的教材,然后反复精读,掌握该教材中的那一套概念体系。虽然不要求能够倒背如流,但是,一说到某一个概念,马上能够知道它的含义、它在这个体系当中的位置,并且可以用自己的语言把它大致地表述出来。不能光靠记忆,也就是我们说的死记硬背。由于法律概念都有它的特殊含义,你不理解它,你的记忆也不会牢固。国外有的著名学者讲到学习方法的时候提出"记忆—理解,理解—记忆"这样的循环。我认为,在此基础之上还应加上一个运用。因为法律是实用科学,某一个概念需要记忆、理解,理解以后又会加深记忆。但是这个时候你还可以运用,同学们在讨论问题、案件及新闻媒体上的热点问题时,就可以结合法律的某个概念,试着分析问题。所以说,基本的学习方法就是:记忆—理解—运用,三个环节的循环。

话说回来,学习窍门在于,在每一个学科入门时首先精读一本好的教材。概念体系完整、准确,就是好教材,概念体系不完整、不准确,就不是好的教材。如果通过精读把这套好教材的概念体系掌握了,其他的教材就不一定要精读。如果某一本新教材上有我读的那本教材中所没有的概念,或者有新的资料,就翻看新的概念、新的资料部分,把过去没有了解的新的概念补充到自己大脑当中已有的那个概念体系中去。这就是掌握基础的窍门。这样的读书,就是精读,精读什么,精读好的教材,目的是掌握概念体系,打下扎实的基础。

当然,我们不能停留在这里,还要读别的书,包括专题研究著作、专题研究论文。我们学民法的同学可能知道,王泽鉴先生有8本学术研究论文集,我自己也有4本,像这样的书我们究竟怎么读?我不主张从头到尾地精读,我也不赞成一本一本地读下去。我的主张是应当选其中的一部分来读,从这些书中挑出几本,然后从每本书中挑出几篇文章来读。这样读的目的在于摸索研究方法、写作方法,看著者、怎么选题、怎样写、怎样论述?他为什么要写这个论文?他的论文分成哪些部分、是怎样分的?每个部分之间是什么关系?各个部分之间是并列关系、递进关系还是别的逻辑关系?还有,他是怎么运用论据、怎么运用材料的?怎么反驳别人?这就是读别人的著作,主要是摸索学习方法。会读书与不会读书差别非常大。日常生活中,可以说一般人都读书、看报、看小说,读金庸的武侠小说的人非常普遍。但是,金庸的小说全部都读得滚瓜烂熟的人,可能连写一封信都写不清楚。这就说明读书有区别。另外有一些人,比如说鲁迅、郭沫若,他们一生没上过大学中文系,没学过什么小说写作方法,他们却成了大作家、大诗人,享有很高的声誉,他们写小说的方法是从哪里来的?他们是读小说学来的。读小说有两种方法:一种是读故事情节,这个故事很生动,读到高兴的时候就哈哈大笑,读到伤心的时候便泪流满面、受到感动,这是读小说的一种方法。鲁迅和郭沫若读小说不是这样,他们是第二种方法,即读写作方法。鲁迅的第一篇白话小说《狂人日记》,就是模仿俄国果戈理的《狂人日记》。

读法学著作、法学论文也有两种方法:一种是读别人论文的时候要看有没有新观点、新材料(刚才已经讲到有没有新的概念需要掌握),这是一般的读,就是读新观点、新材料,并把它摘抄下来。我读研究生的时候没有电脑,就抄卡片,抄卡片就抄新的概念、新的观点、新的资料,这是一般读书方法。另一种是通过所读内容来学习写作方法和研究方法。我们平时读法学著作、法学论文,要有意识地学习其写作方法和研究方法。

我们一进图书馆会发现许多"大部头"的书,我们把它叫作体系书。学民法的同学知道,史尚宽先生的《民法总论》大概有80万字。《债法总论》大概有90万字,《物权法论》大概有50万字,我发现一些本科生、一些研究生,一进法学院就下定决心要苦读,怎么读呢?他专挑权威学者的"大部头"书,比如史尚宽先生的著作。史尚宽1929年参加了《中华民国民法》的起草,是起草委员之一,他的学术地位非常高,著的书很厚,内容非常多,资料很丰富。一个本科生、一个研究生,抱着一本《民法总论》、一本《债法总论》从头读到尾,读到中间,前面的就忘掉了;读到最后,中间的就忘掉了;全都读完,整部书就全部忘掉了。这样的读书就是不得要领,会事倍功半。

有一种读书方法叫"精读",就是从头读到尾,边阅读、边记忆、边理解,而且反复阅读。我们只精读一本教材,当然不是一般的教材,而是好的教材。我刚才讲到了好的教材概念体系完整、准确,此外还有一个条件:简明、扼要。有些学者不赞成教材简明、扼要,他们为学生写的教材50万字、60万字,学生要精读、要记忆,那么厚的书怎么读啊!他们没有考虑到教材是供同学们精读的,是供同学们掌握这个概念体系的。所以说,一本好的教材一定要简明、扼要,大概一个部门法的教材就20万字,这是最好的,不要超过30万字,这样才能够精读,才能够记忆。像史尚宽先生这样"大部头"的书,我们什么时候读它呢?当我们要讨论一个问题、写一个学年论文、讨论某一个案件、讨论某一个法律规范的运用,这时候我们要查阅一些权威学者的著作,像我国台湾地区的史尚宽、王泽鉴、郑玉波的著作,大陆的王利明、张新宝、尹田等人的著作,凡是他们的著作中涉及我们所研究、讨论的问题,就读那一部分,也可能是你所要读的那本书上的某一章、某一节,甚至可能是某一自然段。因为我是研究某一个问题,哪一本书讲到这个问题,我都要去查阅。这样的读书,一下就可能读了很多本,但是每一本只读了某一小部分。这样读书的目的是培养自己的研究能力,我把这种读书方法叫作"研读",就是结合研究的问题来读。

归纳起来,大体上分为三种读书方法:第一种叫"精读",读好的教材,目的是掌握概念体系,即打下扎实的专业基础;第二种叫"泛读",没有限制,教材、专著、论文都读,但不是通读,不是精读,只选读其中的新概念、新观点、新资料,目的是补充、完善自己已经掌握的概念体系,加深自己的专业基础,扩大知识面;第三种叫"研读",结合研究课题读书,目的是学习、训练研究方法,培养研究能力。以上我简单地介绍了一下读书的三种方法。

本科学习是基础,是培养法学的基础型人才。法律本科毕业生,将来可以做法官、律师、教授,可以考研、考博,分配到企业当法律顾问,可以到政界当官员。因此,他们的知识是基础知识,也就是说,我们需要通过大学的本科学习掌握法律的概念体系,主要是民法、刑法、行政法、诉讼法的概念体系,这都是为我们打基础。

第三,有关本科生的能力问题。本科生不光要打基础,还要培养能力。我认为,能力包括中文能力和外文能力。中文能力之所以重要,是因为我们的概念体系是用中文表述的，还有一个原因是我们在讨论法律问题时、法官承办案件的时候，都是用中文进行思考。一些大学生，中文能力不够，写文章不通顺。有些人提倡增加大学语文课，我过去读大学，本科时就有两门语文课，一个是现代汉语，另一个是古代汉语。有人问我大学都学了些什么，我回答说大学什么也没学，只是大学语文对我有用，它提高了我的中文能力。中文能力对我们来说非常重要，写文章需要汉语表达流畅，文字简洁，起诉状、判决书、代理词都要达到这样的标准。这对于我们来说要求不是特别高，是要简洁、准确、流畅地表达你的思想。二是要提高外语能力，这里不再赘述。

刚才讲方法，主要是指研究方法，由于时间关系我就不讲了。在这里归纳一下，我们进入法学院学什么，第一要基础扎实，概念系统完整；第二就是培养能力，包括中文能力、外文能力。外文至少说的能力和准确笔译要做到，看书比较快，这是最起码的。再就是方法，包括研究方法、写作方法。前面讲到别人写论文，我们就模仿他的研究方法、写作方法。

最后我还要强调的一点，就是勤奋，如果不勤奋，也成不了优秀人才。我是山东大学法学院的院长，今年我在山东大学法学院开了个研究生座谈会和本科生座谈会，会上我提出了一个口号、一个思想，就是"怎样把自己造就成一个优秀的法学人才？"我提出的这一问题每个同学都要认真思考。优秀的法学人才就是专业基础扎实（概念体系完整、准确）、有较强的中文外文能力、掌握研究方法，再加上勤奋。我之所以特别提出这个问题，主要是考虑到在我国许多重点大学，本科生都是过五关斩六将考进来的，高考考分非常高，进来时都是优秀人才。但到了毕业的时候，由于现在法学院招生很多，老师任务很重，学校办学有很多事务，对同学都是一样的教育，一样的讲课，讲完课就算了，结果毕业生出去时大家都差不多。为此，我提出这样一个尖锐的问题：是不是很多优秀人才在4年本科阶段被造就成了中等人才？我在山东大学提出，同学们一定要自己造就自己。当然法学院也有责任，要把培养造就优秀人才放在首位。人才不单是考试成绩好，还要用刚才提到的条件衡量。总体来说,学好法律,或者说在法学院应该学到的东西,第一,就是基础扎实,也就是说概念体系完整、准确;第二,有一定的语言能力,包括中文能力和外文能力;第三,培养良好的研究方法;第四,勤奋。

二、关于法律解释学

法律解释问题是每一个法学院学生所要掌握的,解释就是运用法律规范裁判案件时对法律规范所作的说明和阐释。我刚才已经讲过,法律规范由构成要件、适用范围、法律效果三部分构成,需要我们分析它。我们要弄清楚使用的文字、使用的概念是什么含义,然后分析其构成要件、适用范围、法律效果,这样的工作就叫作法律解释。

法律解释学上有个绝对的原则,即法律条文不经解释不得适用。这个原则说得很明确,任何条文都要经过解释。为什么要解释?如果法律规则能够规定得非常具体,就像技术规则一样,不用解释,那当然好。但是,法律不可能做到这一点,因为法律具有社会性,是规范社会生活的,与技术性规则截然不同,不可能做到具体明确,法律只能由规范的构成要件来表述它,我们把它叫作规范约束。立法机关制定的规范是行为规范、裁判规范。所谓行为规范,即规范个人行为,一个人要结婚,必须遵守《婚姻法》的规定;如果要订立合同,必须按照《合同法》的规定做,就是规范每个人的行为。民法是规范法官的裁判行为,刑法也是规范法官的裁判行为,也就是说,立法机关用法律规范限制法官的自由裁量,约束法官使其不能乱判,要按法律规范来判。就像我们平时所说的,法官裁判案件时,在案件事实查清以后,就要找到一个法律规则、法律规范,然后把这个事实和法律规范的构成要件相比较,如果案件事实符合法律规范的构成要件,就依据这个法律规范裁判,作出判决。如果当事人不服一审判决上诉到二审法院,二审法院审查一审法院的判决,也就是审查原审判决适用法律是否正确,即审查案件事实是否符合法律条文的构成要件。如果符合,就会认定原审判决适用法律正确,作出"驳回上诉,维持原判"的终审判决;如果认为案件事实与法律规范的构成要件不一致,就会认定原审判决适用法律错误,作出"撤销原判,发回重审"的判决或者撤销原判、直接改判的终审判决。由此可见法律规则的重要意义。

我刚才已经讲到法律规范的构成要件,讲到法律概念的构成要件,法律概念又是用语言文字表述的,中国的法律条文是用中文表述的,因为语言文字是人发明的,具有多义性和模糊性,所以常常会出现问题。日常生活中我们会经常发现,同一个词,你理解的是这个意思,我理解的是那个意思,在这个地方指的是一种事物,到了另一个地方指的是另一种事物,这是语言文字多义性的体现。语言文字的模糊性则体现为有的时候它的含义清楚,有的时候它的含义不清楚。因此,法律需要解释,否则,人们没弄清楚法律条文中的某一概念,怎么能正确适用这个法律条文呢?比如说"产品"一词,我们平时说的"产品"是指劳动创造的成果。《产品质量法》提到"产品",《民法通则》第 122 条也提到"产品",产品有缺陷,造成他人人身、财产损害,应由产品的生产者、销售者承担责任。《产品质量法》第 2 条第 2 款规定,该法所称"产品",是指经过加工、制作,用于销售的产品。书籍是不是产品?天津有 70 个中专生向法院起诉高等教育出版社,称该出版社出版的一本经济法教材错误百出,要求赔偿。法院审理该案是否适用《产品质量法》?书籍当然是"产品",但该案中的书籍本身没有什么缺陷,书是完好无损的,而是书籍上记载的信息有错误,按照该教材学习,考试就会失败。那么信息是不是"产品"?书籍上记载的信息有错误造成损害,能否适用《产品质量法》追究无过错责任?输血感染艾滋病向法院起诉,是否适用《产品质量法》?血液是不是"产品"?平时看起来"产品"的概念很明确,在此却很模糊。再如《消费者权益保护法》第 49 条规定,经营者实施欺诈行为的,消费者可获得双倍赔偿。这里需要弄清楚"欺诈行为"一词的含义。有人说故意和过失都是欺诈。过失是欺诈吗?这明显是错误的。所以,法官在裁定这类案件时,一定要弄清什么是"欺诈行为"。"什么是"不就是解释吗?解释的根源来源于成文法。在此顺便提一句,英美法是判例,不需要解释,因为英美法靠先例来约束法官,这些先例存在于历史上的各种判例中。英美法系国家法官判案的做法是，在查清案件事实后不去查成文法典，而是去查阅历史上是否曾经有过这样的先例，有过这样的案件的判决。如果先前判决的案件事实与本案事实是相同的，该法官作出同样的判决即可。先前案件的判决就构成了一个先例，所以说，英美法系国家的法官裁判案件是靠先例约束。

我们的教科书上讲，法律是由全国人大及其常委会制定的，国务院制定的行政法规，是依《宪法》授权，把行政管理等问题的立法权分给国务院，让国务院去行使，这毫无疑问。有争议的是，对于国务院下属的各部门和地方政府、地方人大制定的行政规章和地方性法规，法官在裁判时可不可以直接引用？最高人民法院在 20 世纪 90 年代初就确定了一个原则，在裁判中不引用，判决书中不能写依据哪个部委的规章判决如下、根据哪个地方性法规判决如下。国务院的行政法规可以引用，如在《道路交通安全法》生效前，《道路交通事故处理办法》可以引用，判决书中可以写根据《道路交通事故处理办法》第几条判决如下。

学者的解释究竟有无法律效力？在宪法、法理学上当然不承认，认为学者的解释不具有法律效力。这说明解释有两种。国外民法学者所讲的法律解释，是指受理案件的法官所作出的解释，不是指最高法院作出的解释。中国法理学界所讨论的法律解释着重是指最高人民法院的解释，被称为司法解释，民法学者所讲受理案件的法官作出的解释，被称为裁判解释。各主要国家和地区都不承认学理解释是法源，但是法官在裁判具体案件遇到没有法律规定或者法律规定不清楚的时候，往往参考学者的解释意见来判案。我国的做法是：遇到疑难案件，法院内部拿不定主意的时候，就向国内有名的学者发函，把案件事实告诉学者，请学者提供法律意见，所谓的法律意见也就是解释意见、裁判方案。如果哪一个学者的法律意见被法院采纳了，也就具有了法律效力。因此，解释学上认为，学者的解释在某种条件下具有效力，它是在被法院采纳之后具有效力，是间接的效力。最高人民法院作出的司法解释，与基层法院受理案件的法官所作出的解释不同，它具有制定规则的性质。最近最高人民法院制定了许多解释文件，带有制定规则的性质，根据我们的理解,过去最高人民法院的解释在判决书中不可以引用,不能明文写出来根据哪个解释文件判决如下,但是在实践中可以按解释文件来判决,只是近年来才有所改变。比如说前几年冒名上学的案件,最后省高级人民法院的判决直接引用了最高人民法院的解释文件。不管它引不引用,最高人民法院的解释本身就具有制定规则的性质。应该说它是一种法源,或者可以说作为一种准法源,这是可以肯定的。

说到解释,我们现在的教科书对有些问题表述不清楚。从各主要国家及地区的实际情况来看,无论是中国的法官,还是外国的法官,审理案件的时候首先需要把所适用法律的构成要件、适用范围、法律效果弄清楚。要把法律条文、法律概念弄清楚,要把它所涉及的文字是什么含义弄清楚,所以法律解释是不可避免的。民法解释学认为,任何一个法官裁判案件,适用任何一个条文都要进行解释。但是这一点在我国存在一定的问题,因为我们的教科书是从苏联的理论中延续下来的。1982年的统编教材完全是苏联的理论,20世纪90年代的统编教材,就是九五规划教材,参考了西方发达国家的共同规则,比较灵活,跟国际接轨了。但是,关于法律解释权的理解,没有和国际接轨。我们过去把这个解释权看成《宪法》所授予的解释权,解释权当然应该由有解释权的机关去行使。比如关于《香港特别行政区基本法》条文的解释需要由全国人大常委会行使,这是一种解释,但是这种解释不能代替全部,不能代替法官裁判案件时的裁判解释。法官进行裁判解释的根据是《宪法》授予他裁判权,他要裁判案件非作出解释不可。就是因为这一点,他只能根据裁判权去解释。法官的裁判解释与最高人民法院的司法解释是不同的。最高人民法院的司法解释是针对某一类社会关系,对法律法规所作出的解释,各级法院在审理属于该类型社会关系的案件时必须遵循,具有普遍的效力。而法官的裁判解释只针对一个具体的案件,而不是某一类案件或者某一种社会关系,法官要裁判这个案件,需要弄清楚所适用的法律条文的构成要件、适用范围、法律效果等,不得已要进行解释,法官的解释只结合他所审理的案件事实,只针对本案。根据这个解释作出的判决,只对原、被告双方有效,对本案当事人以外的其他人无效。举例来说,婚姻双方签订的违约金条款案,婚姻关系中约定违约金作为一个法律行为,不得违反社会公德。《民法通则》第55条规定,法律行为违反社会公共利益无效,那么结婚时签订违约金条款是否违反社会公德？承办该案件的法官按照他自己的理解认为,婚姻关系中,当事人双方结婚的时候订立合同约定一个违约金条款,这样的行为不违反公序良俗,不违反社会公德,因此判决有效。这就是法官的裁判解释。如果这个案件的判决被公布了,在《最高人民法院公报》上刊登了,它就形成了一个判例规则,别的法院审理同样案件的时候要查一查,作为参考。如果作出相反的判决,法官就要提出理由,如果不作出相反的判决,可以不过多阐述理由,按照先前那个判决的解释,概要地阐述即可。将来再审理婚姻关系中的违约金案件,法官都可以认定不违反社会公德,因此判决有效。改革开放之前,我国的法律解释学不发达,改革开放之初是向苏联学习,法律解释学没有成为一门课程,结果我们所讲的法律解释就是全国人大常委会的立法解释、最高人民法院的司法解释。实际上,上述解释代替不了法官的裁判解释。法官在裁判案件时解释法律不构成违法,这是法官行使裁判权的必然要求。如果法官作的裁判解释不对,上级法院可以撤销它。应当肯定,法官的裁判解释不构成对法律的违反。

三、关于法学研究方法

不仅在大学当教授写文章需要用研究方法,当律师、当法官涉及怎么解释条文、怎么裁判案件,也要用研究方法,所以研究方法很重要。研究方法有很多种,先说历史研究方法,比如法史学的同学写论文就要用历史研究方法,这是最典型的。比较研究方法也是最常用的。首先要比较,比如大陆法和英美法,然后进一步研究德国法和日本法、德国法和法国法,这样比较。比较研究方法是客观地对两种不同制度进行比较评价,区分它们的相同点、不同点、特点、发展等,然后拿这个比较研究的结果供作参考。还有特别重要的是解释学的方法,即民法解释学的方法。写论文涉及的每一个条文、每一个制度,无论是讲外国的还是中国的,都要把它弄清楚,都要分析它的构成要件、适用范围、法律效果,都要分析它使用的概念是什么含义。所以说,民法解释学方法或者说法解释学方法是非常重要的。此外还有经济分析方法、法哲学分析方法等。对部门法学者来说,最常见的是历史研究方法,讲这个制度的渊源就是历史研究方法。比较方法也要用,讲到现在这个制度在其他国家和地区是怎么规定的,有什么特点,差异是什么。法解释学的方法就更常用了,这涉及哪个条文、哪个制度,甚至你提出个建议、建议制定哪个法律,建议要完善法律的某个条款,你就要解释它的构成要件、适用范围等。经济分析方法现在比较热门,有很多同学都在运用。法学研究方法多种多样,在这儿就不展开说了。

在进行比较研究的时候,有一个简单化倾向,这是个普遍的现象。其实不光是你们写论文,学者发表的论文,甚至一些权威学者发表的论文,有时候也让人感觉是"人家怎么样,你也怎么样",这就是我们所说的生搬硬套。我们在广泛参考发达国家和地区的成功经验时,要注意分析。发达国家和地区的经验不是一个,有很多个,德国有德国的经验,日本有日本的经验,我们要看哪个更符合我们的要求。符合我们的什么要求呢?是指符合我国的实际情况,我们社会中刚好有这个问题,就可以用那个国家或地区的经验来解决。我来举例说明。例如,我国《合同法》规定了债权人的代位权,这个制度大陆法系有的国家没有规定,有的国家有规定。我们比较研究时就要研究为什么有的国家有这个规定,有的国家没有这个规定。日本有债权人代位权的规定,被日本的民诉法学者猛烈抨击和嘲笑,说那些实体法学者根本不懂程序,因为在日本,这个问题用执行程序就能解决。那是不是说在我国就不适用呢?不是的。因为我国的"三角债"问题非常严重,为了解决"三角债"问题,我国规定了债权人代位权,这样就能很好地解决"三角债"问题。再如我国《合同法》上规定的预期违约、先期违约制度,我国很多学者赞成,主张《合同法》一定要规定这个制度。这个制度很灵活,订了合同,履行期未满,只要对方可能违约,我们就可以解除合同,可以追究违约责任等。但是在《合同法》制定的时候也考虑了美国法上的预期违约制度确有很多优点,比我们传统的不安抗辩制度要灵活很多,但我们没有按照很多学者的主张,全部拿过来规定在《合同法》上。《合同法》把预期违约分解为三部分,第一部分规定在第 94 条第(二)项,发生法定解除权;第二部分规定在第 68 条、第 69 条,纳入不安抗辩权;第三部分规定在第 108 条,对方如果表示不能履行或实际不能履行,就可以马上追究他的违约责任。这就是在吸收外国经验时,首先要弄清楚外国的经验是多种多样的,哪个经验好、能够用,还要看我们的国情、我们的问题能否适用。同学们写论文,一定要注意不要"别人怎么样,我们就怎么样"。

我举个例子,现在官方民法草案第二编物权法草案中规定了居住权制度,这是个新制度,以前没有。你们如果上网的话就能看到我对这个制度的反对和抨击。为什么要规定居住权呢,这是江平教授在物权法专家讨论会上提出的。江平教授说他家有个保姆,自己过世后想让她在房子里住,但又不想把自己的房子赠与她,让她取得房子的所有权,因此建议规定居住权。王利明教授说居住权的确很重要,德国、法国都有居住权制度,用来解决父母居住的问题,这就是用比较研究的方法。如果同学看过我的讲演,就知道我对此给予了反对和抨击。首先,父母居住权来源于法国、德国过去的男女不平等制度,这种现象在 20 世纪六七十年代已经改变了。资产阶级提出三个口号,即"自由""平等""博爱"。他们在制定法律时,只规定了自由,没有规定平等和博爱。丈夫去世后,妻子无继承权,丈夫的遗产由子女继承,子女去世的由孙子女继承,没有子女的由丈夫的兄弟姐妹继承。这就有个问题,父亲去世后,财产全部由子女继承,母亲住在什么地方?因此法律上就设计了居住权,规定继承财产的子女必须让母亲居住。这是西方国家规定居住权的社会背景和理由,并且在 20 世纪六七十年代已经修改了。而我国实行男女平等原则,夫妻地位平等,夫妻互为继承人,相互有继承权。妻子死亡,丈夫为继承人,丈夫死亡,妻子为继承人。丈夫死亡,还有个共同财产制度,妻子先分得一半财产,剩下的一半财产才属于丈夫的遗产,由妻子和子女平等继承。一般来说,一套房子妻子至少可以得到3/4,子女只能得到1/4。所以,在我国,根本就不会发生母亲向法院起诉,说子女侵犯其居住的权利的案子。这是因为贯彻男女平等原则,规定夫妻互为继承人,就解决了这个问题。更何况,我国法律明文规定,子女有赡养父母的义务。赡养父母首先要为其提供住处,因为所谓赡养就是要供给父母衣食住行。有些同志看到德国有这个制度,法国也有,就建议照搬这个制度。殊不知这是一个落后的制度,即使在法国、德国也已经丧失其存在的理由,我国根本没有照搬这个制度的必要性,用学术语言叫"没有实践性"。所以,借鉴国外的法律制度时,首先要分析是否先进、有什么特色,此外还要和我们的社会情况结合起来。因此,大家写毕业论文、硕士论文时一定要注意,要避免外国有何制度,就建议我国也要有这个制度。我们要注意,外国有何制度,要弄清楚这个制度有什么特征、构成要件是什么、有什么作用、能够解决什么问题,这个制度有什么发展、与其他国家的规定又有什么特殊之处,然后要讨论我国为什么需要这个制度,这个制度拿到我国来能解决什么问题,至少应当做到这一点。这是关于研究方法的问题。

四、关于法律人的思维方法

应该说,法律人的思维是不同的。法律人的思维和经济学家的思维截然不同。经济学家讨论问题,考虑有没有效率、考虑价值最大化等,这都是些经济学上的概念,它的基本概念就是"价值",他们是经济学思维。你看中央电视台讨论什么社会问题,请两个嘉宾,一个是经济学教授,一个是法学教授。经济学教授口口声声讲有没有效率、怎么样价值最大化、成本如何、有没有提高生产力、有没有资源合理配置,等等。法学教授讨论同样的问题,首先考虑合法性,问合法不合法,法律有没有规定,法律是怎么规定的,其构成要件、适用范围、法律效果,等等,他的讨论紧扣法律的规范构成。这就是法律思维,其特征在于规范性,因此法律思维属于规范性思维。与经济学思维截然不同,其一定是从合法不合法入手。那么作为一名本科生,我们进入法学院后要了解法律的规范性、概念性,我们要有意识地训练自己的法律思维。讨论任何一个问题,我们要习惯于首先问合法不合法?再问法律有没有规定?最后问法律怎么规定的?分析它的构成要件、适用范围、法律效果。然后,还要问立法者这样规定的目的何在?要解决什么样的社会问题?当然,还要考虑这样规定公正不公正。这样训练自己的法律思维。

  法律思维就是运用一套法律概念进行思维,因此我们首先要通过精读好的教材,把概念体系掌握得比较完善、准确,才能进行法律思维。还有,我们在讨论问题、写文章、写学位论文的时候,一定要运用这个概念体系中既有的概念,不能自己去发明、创造概念。要用法律专业领域的概念进行思维。"客体"就是"客体","标的"就是"标的"。有的人不懂,把"标的"念成"标的(发音dè)"。说到法学思维,你还要特别注意部门法的特征。换言之,不同的法律部门、法律学科,所使用的概念是不同的。比如,"许可""批准",是行政法上的概念,民法上不讲"许可""批准",民法上讲"认可"。民事判决书上写原告什么主张,什么请求,本院给予"支持"。这是什么意思呢?本来他有这个权利,现在法院给予"支持"。那么将"本院给予认可""本院给予支持",换成"给予批准"行不行?不行。"批准"是行政法上的概念。"批准"是什么含义?对方提出申请,如果符合条件,行政机关经过审查,予以批准。我举这个例子,是要说明一定要使用我们的概念体系中的概念,不要去生搬别的体系的概念,不要去发明创造。有的人写文章善于把一些外语的新词拿进来,结果我们看到很多新概念、新语言不是我们概念体系当中的,很难懂。相反,有的人认为这样的文章很高深,认为这个人写得真有水平。其实他就是把一些非本学科的概念搬进来用。所以说,这是要注意的。当然,中文能力就要看自己的训练了,这是一个很重要、很艰巨的任务,但是是完全能够做到的。

独立思考、独立判断*

"独立",是指不迷信书本、老师、权威;要经过自己的思考,才能转化为自己的知识,不能靠死记硬背。"思考",是指不盲目相信,自己进行一番分析、考察。对于张三的某种观点,首先要"思考",他所持观点的理由是否充分,是否有说服力,是否能够自圆其说;其次要"思考",张三持这种观点有没有深层次的理由,与历史条件、时代背景以及张三个人的社会地位、学历、师承有什么联系?最后要"思考",张三发表这一观点,是在何种场合?是针对现行法所作的解释(解释论),还是对法律将来的修改所提的建议(立法论),等等。

判断的标准是什么?在进行独立思考的基础上,还要进一步作出自己的判断,赞成或者不赞成某一种观点。这就是在"独立思考"基础上的"独立判断"。"独立思考、独立判断",关键在于"独立判断"。而"独立判断"的关键又在于以什么作为判断标准。概而言之,可以作为判断标准的,有两类"知识",一类是"基本原理",包括并不限于法律基本原理;另一类是"社会生活经验",亦即平常所谓"常理、常情、常识"。

例如,若干年前关于开设醉酒开车交通事故保险,曾发生激烈争论,有"赞成"与"反对"两派截然相反的观点。先看"赞成派"的主要理由:第一,认为符合合同自由原则;第二,认为法律并无禁止性规定,法律未予禁止的行为,即为合法;第三,认为开设此项保险,对受害人有利。其中第一项理由和第二项理由,均属于以法律"基本原理"作为判

---

* 本文选自作者所著的《法学学位论文写作方法》(法律出版社2006年版)一书。

断标准;第三项理由,即认为对受害人有利,系以"社会生活经验"作为判断标准。

再看"反对派"的主要理由:第一,认为醉酒开车是违法的,违法行为不能投保。这是以保险法"基本原理"作为判断标准。第二,如果醉酒开车可以投保,则杀人、放火也可以投保。这是采用"类似问题同样处理"的"类推法理",亦属于以"基本原理"作为判断标准。第三,认为开设此项保险,将造成交通事故增多。刚开设这种保险,对于所产生后果并未做调查统计,何以见得会导致交通事故增多?显而易见,论者是以"社会生活经验"作为判断标准。

这里举我国台湾地区著名学者王泽鉴先生以"社会生活经验"作为判断标准的实例。一是对物权行为无因性理论的批判。王泽鉴先生指出:"此项制度违背生活常情,例如现实买卖,一手交钱,一手交货,当事人多认为仅有一个交易行为,但物权行为无因性之制度将此种交易割裂为一个债权行为,两个物权行为,与一般观念显有未符。"①二是对我国台湾地区"最高法院"1972年台上字第200号判决的批判。该判决认为当事人间存在法律关系,如契约关系,即无成立侵权行为之余地,从而否认被害人基于侵权行为而生之损害赔偿请求权。王泽鉴先生批驳说:"在医生手术疏忽致人于死之情形,判决认为死者父母不能依侵权行为之规定,主张第194条(侵权行为)之请求权,医生仅应负债务不履行责任。病人既死,人格已灭,自无从主张契约责任;死者之父母非契约当事人,当无请求权,似无人可向医生追究民事责任矣!如此,当事人间若有法律关系存在时,在履行义务之际,尽可致人于死,而不负民事责任,违背常理,甚为显然,质诸最高法院,其以为然否?"②王泽鉴先生引为判断标准的"生活常情""一般观念""常理",即是"社会生活经验"。

---

① 王泽鉴:《民法学说与判例研究》(第一册),中国政法大学出版社2005年版,第267页。
② 王泽鉴:《民法学说与判例研究》(第一册),中国政法大学出版社2005年版,第388—389页。

以"基本原理"作为判断标准,学术上的论辩大多如此,无需特别说明。而以"社会生活经验"作为判断标准,系法律的社会性使然。因为,法律既然是社会规范,就应当与社会一般人的生活经验相符。法律上和法学上的争论和是非,可以"社会生活经验"作为判断标准,是笔者根据自己和前人的学术经验总结出来的。此前似未受到足够的重视。

怎样学习法律[*]

——法学院新生的第一课

同学们进入法学院，首先需要考虑的问题是，进法学院的目的是什么？可能有的同学事先已经考虑过，或者我们的家长、亲友已经告诉我们，进入法学院就大致决定了我们将来选择职业的范围。我今晚讲怎样学习法律，首先要谈谈我们为什么进法学院？我们进法学院的目的何在？这也就是第一个问题，谈学习法律的目的。第二个问题，谈怎样学习法律，谈学习法律的方法。

第一个问题，是学习法律的目的。我们进入法学院究竟要干什么，我们将来要做什么样的人？简单说，我们进入法学院的目的，是要把自己造就成一个优秀的法律人。"法律人"这个概念，可能我们在中学很少听到。"法律人"是一个简称。可能有同学听说过"法律共同体"这个概念，什么叫"法律共同体"？就是现代社会，有这样一部分人，他们组成一个特殊职业群体，叫"法律共同体"，或者叫"法律人共同体"。"法律共同体"这个概念，涵盖了哪些职业呢？包括法官、检察官、律师、法学教授、企业法务人员，还有某些政府部门例如司法部门、公安部门的公务员、机关干部，还有国家立法机关工作人员，以及公证机构、登记机构和海关、边检的工作人员，等等。这样的不同职业的人群，在现代社会承担着一项非常重要的职责、职能，这就是执行法律、维护法律。

---

[*] 本文源自作者于 2014 年 10 月 14 日在北京理工大学珠海学院文法学院的讲座讲稿，作者于 2015 年 8 月 6 日在讲稿的基础上补充修改。

这些不同职业的人群，组成一个职业共同体，即"法律人共同体"，简称"法律人"。

听了这样一个简单介绍，同学们会注意到，法官、检察官是公务员；律师是自由职业者；法学教授，既不是公务员，也不是自由职业者；企业法律顾问，是企业的雇员，而企业是营利性组织体。为什么从事如此不同职业的人，我们把他们叫作一个共同体？

法律人有两个相同点，其中一个是他们的职责相同。他们的职责是共同的，即执行法律，维护法律，实践法治。法官审判案件，但案件审理不能单靠法官，需要有律师作为当事人的代理人。如果是民事案件，原告方面有律师作为他的代理人，被告方面也有律师作为他的代理人。也就是说，在民事案件审理过程中，原被告都有律师作为自己的代理人。他们通过起诉状、答辩状进行书面辩论，在庭审中进行口头辩论。法官稳坐审判台，看双方谁有道理。谁讲的道理充分、符合法律，他就支持谁，判决书上说，谁的什么请求本院给予支持。如果是刑事案件，一定要有律师担任被告的辩护人，有的刑事案件被告自己没有委托律师，法庭就要指定一位律师担任他的辩护人。按照法律规定，被告有获得辩护的权利，因此法庭要为这样的被告指定辩护人。

刑事审判当中，在行使审判权的法官、担任辩护人的律师之外，还有作为公诉人的检察官。检察官代表国家提起公诉，是作为国家的代理人，称为公诉人。在刑事案件审理过程中，我们看到，担任国家公诉人的检察官，与担任被告辩护人的律师双方进行辩论。刑事审判的法官同样稳坐审判台，他不能够偏向任何一方，而是看谁讲的道理充分、谁有道理。如果检察官讲的道理充分，即认定事实准确、适用法律正确，法官就可能判决被告有罪；如果检察官辩论不过被告人的辩护人，他难以证明被告人被指控的犯罪事实，法庭就可能宣判被告无罪。所以说，无论民事案件的审理，还是刑事案件的审理，出席审判的法官、律师、检察官，他们履行的职责是相同的，即针对待决案件正确适用法律、执行法律。因此，他们都是法律共同体的重要成员。

现代社会，除了法院以诉讼方式裁判案件，还有别的解决纠纷的方式、别的解决纠纷的机构,例如仲裁委员会。需要注意的是,仲裁委员会只能仲裁民事案件,不能仲裁刑事案件。因为,刑事案件必须由法院裁判,这是法律强制性规定。刑事案件不能仲裁,原则上也不能调解。而民事案件可以由双方当事人协商同意进行仲裁,或者进行调解。补充一下,也不是全部民事案件都可以仲裁,各地仲裁委员会只是受理民事案件当中的商事案件,即企业之间的合同纠纷案件。企业与企业之间订立合同的时候,他们可能在合同书上专门订立一个条款,约定"双方一致同意,如果本合同发生纠纷,应当提交某个地方的某个仲裁委员会仲裁解决"。这样的合同条款,称为"仲裁条款"。

按照《合同法》的规定,即使合同无效、合同被撤销、合同关系消灭(终止),合同中其他条款都丧失了效力,唯独仲裁条款的效力不受影响,仲裁条款将仍然有效。一旦合同双方当事人发生纠纷,例如,因产品质量不合格、迟延交货或者迟延付款构成违约,要求追究违约方的违约责任,或者一方解除合同而对方对此有异议,这个时候怎么办?当事人一方或者双方就应该向仲裁条款中指定的仲裁委员会申请仲裁。仲裁条款是仲裁机构受理案件的法律根据。可能会有这样的情况,当事人一方不愿提交仲裁,他到人民法院去起诉。法院接到起诉书之后,经审查发现合同书上有仲裁条款,就不予受理或者裁定驳回起诉。可见,在商事合同当中,如果约定有仲裁条款,一旦发生纠纷,就只能按照仲裁条款的约定采用仲裁方式解决纠纷,不能采用诉讼方式解决纠纷。合同中的仲裁条款,把法院对该纠纷案件的管辖权排除了,法院就不能受理,只能由双方预先指定的仲裁委员会采用仲裁方式解决纠纷。当然,仲裁条款的此项效力,来源于仲裁法和民事诉讼法的规定,自不待言。

仲裁是一种解决争议的特殊形式。它特殊在什么地方?首先是仲裁庭的组成,由争议双方各自指定一位仲裁员,再由双方共同指定或者由仲裁委员会指定一位首席仲裁员,由三位仲裁员组成仲裁庭。假设我们要在珠海仲裁委员会申请仲裁,申请人在提出申请的时候,仲裁委员会就告诉他,你可以指定一位仲裁员。仲裁委员会准备了一个仲裁员名册,仲裁员名册上记载有几百个仲裁员,每个仲裁员的名字、专业、有没有博士学位,是律师或者法学教授,他的专长是什么,例如擅长合同法、金融法、房地产法或者证券法。假设申请人指定了仲裁员张三。仲裁委员会将通知被申请人,被申请人也指定一个仲裁员李四。因为双方没有共同指定首席仲裁员,于是仲裁委员会指定仲裁员王五担任首席仲裁员。这样,由首席仲裁员王五和双方当事人指定的仲裁员张三、李四,组成仲裁庭审理本案。

仲裁庭与法院审判庭的区别在于,仲裁庭由仲裁员组成,仲裁庭成员不是法官,是仲裁员,通常是法学教授、律师、退休法官、退休公务员或者企业法务部负责人。当然他应有相当的法律素养、经验。仲裁庭对本案进行审理并作出裁决,就相当于法院判决。我们注意到,一审法院作出判决,当事人不服还可以到二审法院去上诉,二审法院的判决是终审判决,当事人如果对终审判决不服,还可以依法向上级法院申诉请求再审。但是,如果当事人选择了仲裁,仲裁庭一旦作出裁决即具有执行力,双方当事人必须执行,即使你不满意,也不能要求第二次仲裁。这叫一裁终局。

刚才讲到了法官、律师、检察官、仲裁员,还有企业法务。现在的大型企业,需要订立很多合同,例如买卖合同、建设工程合同、合资合同、技术转让合同、借款合同、股权转让合同等,这些合同书怎么拟定?如果不重视合同书的拟定,合同书不完善、有漏洞,当合同履行中发生争议,就很难得到公正的解决。有的当事人可能是无辜的,但他遭受的损失得不到保护,原因是合同书拟得不好。现在是市场经济,市场就是各种交易关系的体系,各种各样的市场交易关系都必须通过签订合同、履行合同来实现。因此,有的学者说市场经济社会就是合同社会。对于企业来说合同如此重要,一旦合同书拟得不好,将来遭受损失就可能得不到补救,得不到赔偿。所以现在中国的企业,尤其是一些大型企业,非常重视法律部的建设,企业大都有法律部,法律部的一个职责,就是负责各种合同书的拟定和审查。

我们珠海特大的企业,一个是华发集团,一个是格力集团,他们都有法律部。华发集团的总部设有法律部,下边的各个分公司也设有法律部。一次我和我们的院长到华发集团法律部与法律部的干部座谈。法律部的干部都是法学院毕业的,起码是法学院本科毕业,多数是硕士,还有少数博士。华发集团法律部的负责人还是我们文法学院的兼职教授,经常在我们学院讲课。我和王院长还一道去拜访过格力集团法律部。企业法律部的干部,叫作企业法务,现在是越来越重要了。所以在我们的法律人共同体当中,还有企业法务。

现在中央政府和地方政府,都有主管法律工作的部门。中央政府主管法律工作的部门叫国务院法制办,地方政府也有法制办。举例来说,老百姓告政府,所谓民告官,谁去处理?在法院开庭审理的时候,谁代表地方政府出庭、应诉,谁准备诉讼材料、起草答辩状?如果告地方政府,就由地方政府法制办负责,由法制办派员出庭应诉。如果是小的纠纷,法制办派员进行协调,如果发现地方政府有错,该赔偿就赔偿,通过协商就解决了。如果解决不了,起诉到法院,属于老百姓告政府,就由政府法制办的干部去处理、去应诉。地方政府有法制办,中央政府有法制办,法制办的公务员也是法律共同体的成员。前面还谈到,中央政府还有司法部,地方政府有司法厅、司法处,司法部门的公务员当然也是法律共同体的成员。

全国人大及其常委会是国家立法机关,地方人大是地方立法机关。全国人大常委会设有法制工作委员会,负责国家法律的起草、修改的具体工作。地方人大常委会也设有法制委员会,负责地方性法规的起草、修改的具体工作。中央政府的各个部门都有法规司,外交部叫条约法规司。这些国家机关的干部,也都是法学院培养出来的,往往是从各个法学院吸收优秀的本科生、硕士生、博士生。他们也属于法律人共同体。法律人共同体,他们的身份不一样,有的是公务员,有的是自由职业者,但是他们肩负的职责是相同的,这就是制定法律、执行法律、维护法律。

刚才谈到法律人包括法官、检察官、律师、仲裁员、企业法务、立法机关干部、政府法制干部等。他们天生就是法律人吗?当然不是。他们都要经过法学院的培养。所以,法学院的老师,包括教授、副教授、讲师,也是法律共同体的重要成员。没有他们,就难以造就优秀的法律人。法官、律师、检察官、企业法务都是法学院培养的。所以,这个法律人共同体还包括我们的法学教授、副教授、讲师在内。这样一批人,在现代社会非常重要,被称为法律人。

有的同学可能会问,我们法学院招如此多的同学,听说别的大学招生也很多,是不是都能当法律人？是不是我们都能够当法官、当律师、当检察官？如果我们当不了律师、法官、检察官怎么办？是不是法学院的毕业生就没有其他职业可做了？不是。学了法律这个专业,除担任法官、检察官、律师、企业法务和法学教职之外,别的工作也能胜任。每年的司法考试之后,还有公务员考试。公务员考试简称"公考"。很多法学专业的本科生、研究生参加公考。公考之后有的去当法官,当检察官,多数到各级政府的部门担任公务员,从科室一般干部做起,再做到科长、处长、司局长。可不可能做到总理、总统？我们的李克强总理是北京大学法律系毕业的。美国的奥巴马总统也是学法律的。国外学法律出身的国家领导人很多,你们可以上网查一下。

所以说,法学院毕业生可选择的就业范围非常宽,社会上凡是带有管理性质的职业,大到管理一个国家,小到管理一个企业,都可以胜任。不少著名企业的老总是学法律的,有的原来就是学法律,有的是后来学法律的。前面谈到,大企业都有法律部,法律部需要法律人才,就不用说了。美国著名法学家庞德教授作过一次讲演,后来出版成书,书名叫《通过法律的社会控制》,中心思想是,认为法律是管理(控制)社会的主要手段。简而言之,法律是干什么的？是管理社会的。所以,经过法学院的学习,把自己造就成优秀的法律人,绝不仅仅是担任法官、检察官、律师或者法学教授,还可以担任国家机关公务员直到国家领导人,不仅可以担任企业法务,还可以直接担任企业中级、高级管理人员。可以说,现代社会中,只要是管理性的职业,法学院的毕业生都能够胜任。

若干年前,北京大学法学院的一位年轻老师在网上发表了一篇文章叫《法律共同体宣言》,就是讲我们中国走上了法治的轨道,要建设法治国家，就一定要造就一个法律共同体。需要培养、造就一大批优秀的法律人，形成这样一个法律人共同体，承担执行法律、维护法律、实践法治的职责。法律人共同体涵盖不同的职业人群，他们肩负共同的职责，这就是执行法律、维护法律、实践法治。

法律人当中律师是赚钱的。既然这样，为什么要把律师叫作法律人？为什么没有把他们当作企业家、商人？为什么不让律师事务所到工商行政机关去登记？因为律师虽然是赚钱的职业，但律师与法官、检察官一样，同样肩负执行法律、实践法治、维护正义的职责。国家法律要求律师承担维护法律、维护正义的职责。律师当然是为当事人服务，要维护当事人的权利和利益。但律师不能违反法律，不能背离法律，不能完全站在当事人的立场上，为当事人掩盖违法行为，为当事人谋求不正当利益，为当事人编造假证据、搞伪证。明明当事人违约，非要诡辩说不违约，明明当事人构成犯罪，非要诡辩说没有犯罪，那是不行的。因为法律要求律师承担维护法律、维护正义的职责，律师必须严格执行法律，因此律师仍然属于法律共同体。

刚才讲到法律人的第一个相同点，即相同的职责：执行法律、维护法律、实践法治。法律人的第二个相同点，是思维方式相同。什么叫思维方式？就是思考问题的那套方法。法律共同体的人千差万别，刚才讲了有不同的职业，但他们的思维方式是相同的。法律人的思维方式是什么？我们来作一个对照，同学们经常上网，看新闻媒体尤其是电视台，请专家作为嘉宾讨论社会问题。常有这样的情况，请一位经济学教授，再请一位法学教授，或者请法院的退休法官，或者请一位资深律师，讨论某个社会问题。我们注意到，在这样的电视节目中，经济学教授讨论问题，他是围绕经济学上的"价值"这个概念，总是说这个行为、这个事实是否有利于创造价值，是否能够实现价值的最大化。用我们普通人的话讲就是能不能够赚钱。如果有利于创造价值，成本投入很小而赚的钱多，他们就给予肯定的评价，认为应该支持。经济学家的思维方式，就是运用价值、投入产出、价值最大化这些经济学上的基本概念进行思维。如果能创造价值，能够实现价值最大化，能够提高生产力，那就应该予以支持,予以肯定。这就是经济学的思维方式的特点,就是经济学家、企业家、商人的思维方式的特征,可以称为经济思维。

再看法学教授、退休法官、资深律师讨论同一个问题,他们是怎么分析和思考的呢?他们首先问:合法不合法?问所讨论的这个事件、这个行为、这个事实合法不合法。合法不合法怎么判断?他接着要问:法律上有没有规定?于是他要查现行法律上有没有规定。如果法律上有规定,他就用法律上的规定(法律条文)与所讨论的问题、行为、事件进行对照,然后作出自己的判断。如果符合法律规定,就认定为合法;如果不符合法律规定,就认定为违法。如果符合法律规定,他就发表肯定的意见,说这个事件、行为、事实是合法的,应当给予保护;如果不符合法律规定,他就说这个事件、行为、事实是违法的,不仅不应该给予保护,而且还应当追究当事人的法律责任。可见,是以合法不合法作为他发表意见的根据,以法律规定作为判断的标准。律师、法官、检察官、法学教授、企业法务,莫不如此。这就是法律人的思维方式。简而言之,就是围绕现行法的规定来进行思维,以法律规定作为判断标准,这就是法律人共同的思维方式,简称法律思维。

现在回到我们的问题,同学们到法学院来学什么?同学们会说我们要学好多课程,我们要学宪法、法理、民法、刑法、刑诉、民诉、法制史,还有会计、金融、公司、票据等,课程很多。简而言之,用一句话回答,就是学法律思维,即通过法学院的学习,掌握法律人所共有的思维方式,学会怎样运用法律来分析案件、解决案件。你打算毕业后当律师,你就要学会运用法律来为委托人辩护,维护委托人的合法权益。担任刑事案件被告人的辩护人,要学会运用法律来维护被告人的权益。被告人是犯罪嫌疑人,他也有正当的权益,他的行为是否构成犯罪?应不应该受制裁?应当受什么样的制裁?需要弄清楚。即使他犯罪,也要求所判处的刑罚与他的罪行相适应。应该轻判的,就不能重判。法律上还规定了各种从轻情节。被告人如果有从轻的情节,就一定要依法争取轻判。

现在刑事审判实践中,有时还会出现冤假错案。大家可能听说过,一个人被判了重刑、判了死缓,到监狱里面服刑若干年之后,忽然发现了真正的凶手,说明案件搞错了。近年的赵作海案件,就是这样。还有被判死刑已经执行了,多年之后发现真正的杀人犯,经再审宣告无罪。造成冤案、错案的原因可能有多种,其中有一个重要问题,即担任辩护人的律师是否尽到了职责?如果因为律师没有尽到职责,致使被告人无辜地被判了死缓,错关了好多年,甚至被判了死刑,被剥夺了生命,你说这位律师会不会长期遭受良心的谴责,留下终身的悔恨?

这就是律师的职责。如果律师掌握了这套法律思维方式,能够熟练地运用法律思维方法,经过自己尽心尽责地辩护,法庭认定自己的委托人是无辜的,被当庭宣告无罪,或者你的委托人虽然有罪,经过你的辩护使他获得轻判,这就是了不起的成绩。你作为法律人,依法维护了委托人的合法权益,同时也就保障了法律的正确实施,实现了社会正义。前面说到,法学院就是培养法律人的,同学们进入法学院是要把自己造就成优秀的法律人,我们在法学院学习4年,虽然要学的课程很多,但归根到底,就是通过学习掌握法律思维方式。

有的同学可能还打算读硕士,有的同学可能还会再读博士。本科毕业获得学士学位,硕士毕业获得硕士学位,博士毕业获得博士学位。获得博士学位之后,有的还打算读博士后。请注意,博士后不是学位。读硕士、博士甚至博士后之后,仍然要当法律人,当法官、检察官、律师、法学教授等,因此必须掌握法律思维方式。法律思维方式掌握得好,才能够成为优秀的法律人,才能够作出更大的贡献,很好地承担社会职责,实现自己的人生价值。所以,法律人共同体,由不同职业人群组成,他们的共同点,第一个是共同的职责,即执行法律,实践法律,维护社会正义;第二个是具有共同的思维方式。这套思维方式,叫法律思维。法律思维这套模式要什么时候学?我们一进来就讲法律思维,讲怎样进行法律思维,行不行?不行。需要先学习好那些重要的课程,你把刑法、民法、刑诉、民诉这些基础课程都学好了,还有法理、宪法都学好了,到二年级、三年级开始逐渐地摸索、学习怎样进行法律思维。我们学院也开这样的课,过去我也给本科同学讲过怎样进行法律思维、怎样裁判案件。我们还开一些实务课程,讲授怎样当律师、怎样当法官、怎样当企业法务、怎样起草合同书,等等。以上是讲第一个问题,我们进入法学院的目的是把自己造就成优秀的法律人。

前面已经讲了什么是法律人,现在简单介绍什么是优秀的法律人。优秀的法律人应当具备什么样的条件、什么样的素质?优秀的法律人的素质,可以分为两方面:第一个方面,法律人的人格;第二个方面,法律人的理性。优秀的法律人的素质,可以从这两个方面展开,首先是高尚的人格,其次是优秀的理性。先说法律人高尚的人格主要是指什么?这里不是一般讲的品行端正、道德高尚、人格高尚,这都不用说,这在中学品德课、大学政治课都会讲。我在这里要把法律人高尚的人格,区分为几个方面的素质。下面讲第一个方面的素质:气节、操守、尊严。

作为优秀法律人的人格,首先是要有气节、操守、尊严。什么叫气节?同学们可能太年轻,平时没有注意。你们小时候是否读过一些文学作品,例如岳飞的词《满江红》,你们背过吗?"三十功名尘与土,八千里路云和月。莫等闲,白了少年头,空悲切!""待从头,收拾旧山河,朝天阙!"背诵过文天祥的诗《过零丁洋》吗?"辛苦遭逢起一经,干戈寥落四周星。山河破碎风飘絮,身世浮沉雨打萍。惶恐滩头说惶恐,零丁洋里叹零丁。人生自古谁无死?留取丹心照汗青。"岳飞的母亲在岳飞的脊背上刺的"精忠报国"四字,文天祥的诗句"人生自古谁无死,留取丹心照汗青",这就是气节,就是操守。文天祥就是在我们广东海丰被抓的,诗句"惶恐滩头说惶恐,零丁洋里叹零丁"中的"零丁洋",就是珠江口靠近我们珠海市的那片大海。岳飞、文天祥这样的人和别人的区别在哪里?就在于他们有气节、操守。

在古代,像岳飞、文天祥,精忠报国、忠君爱国,矢志不移,就叫有气节、有操守。在今天,爱祖国、爱人民、坚持社会正义,就是有气节、有操守。担任国家公务员,清正廉洁、勤政爱民;担任律师,不向法官行贿,不搞假证、伪证,依法维护委托人合法权益;当法官,严格依法裁判,公正裁判,不贪赃受贿,这就叫有气节、有操守。有气节、有操守,简单讲就是做人要有底线,有些事情必须做,有些事情绝对不能做。

做到了有气节、有操守，当然也就有了尊严。所谓尊严，就是要活得像个人。法律人，要承担维护社会正义的职责，要保护社会底层人民的利益，要维护他们的合法权利，要执行法律、实践正义。你自己都没有尊严，还怎么去保护别人的合法权益，怎么去维护法律正义？所以，法律人首先要自己有尊严，才能去维护别人的尊严。

法律人一定要有尊严，这很重要。所谓尊严，好像比较抽象，我们可以用另一个词语来表述，就是"不卑不亢"。在领导面前、在大老板面前，显得卑躬屈膝、低三下四，在老百姓面前、在农民工面前，显得趾高气扬、高人一等，这不叫有尊严。要坚持民法上的平等原则，宪法上说的法律面前人人平等。平等待己、平等待人。不论面对的是农民工、社会底层，还是领导人、企业家、大明星，都应当不卑不亢，彬彬有礼，既不低三下四，也不趾高气扬，这就叫有尊严。你们去网上搜一下，在中国政法大学2013届本科生毕业典礼上，校长黄进教授致辞，他致辞的题目就叫"做一个有尊严的法大人"。告诉中国政法大学学生，你们出去首先自己要有尊严，这在现代社会非常重要。作为法律人，如果自己没有尊严，怎么能够维护别人的尊严，维护法律的尊严？以上讲的是构成法律人高尚人格的第一个方面的素质，即气节、操守、尊严。

法律人高尚人格的第二个方面的素质，即正义、自由、平等和博爱。这是资产阶级最早提出的口号。资产阶级革命，实现了自由、平等，唯有博爱没有做到。如果他们做到了博爱，他们还会来瓜分中国吗？我认为，对于法律人的人格素质来说，除了自由、平等、正义，还必须要有博爱。所谓博爱，可以理解为有同情心、有怜悯心。首先是同情社会底层民众，同情社会上的弱者，他们有的遭受了种种苦难、伤害和不幸，需要有人去帮助他们、怜悯他们，帮助他们的人首先就应是法律人。

法律人如果没有同情心，就很难承担法律人的职责。例如，在民事案件中担任原告或是被告的代理人，假如他心冷如铁，毫无同情心，明明是自己的委托人遭受了损害，依法应当获得赔偿，却不尽心尽力为自己的委托人辩护，最终使自己的委托人败诉，没有获得依法应当得到的赔偿金。在刑事案件中担任被告的辩护人，如果没有怜悯心，认为事不关己,明明被告人有从轻情节,也不去据理力争,使自己的委托人被判了重刑,甚至本应判死刑缓期执行的被立即执行了死刑。这样的人就根本不符合法律人的条件。法律人,不仅要崇尚正义,崇尚自由、平等,还特别要有同情心、怜悯心。没有同情心、怜悯心的人,不应当做法律人。富于同情心、怜悯心,即有博爱精神,是法律人不可缺少的素质。

  法律人高尚人格的第三个方面的素质,就是要格外勤奋、勤勉,格外谨慎、严谨。请同学们注意,我说的是"格外勤奋、勤勉,格外谨慎、严谨",不是一般的勤奋、一般的谨慎,要求比任何人都更勤奋、更勤勉、更谨慎、更严谨。请同学们注意,这里讲的勤奋、谨慎这些素质,不是等你将来法学院毕业当了法官、当了律师之后,才去锻炼、去培养自己的勤奋和严谨,到那时候才去锻炼勤奋、去培养严谨的作风,就来不及了。如果我们不是从小就注意培养的话,那从考入法学院、知道自己将来的前途是做法律人之时起,就要有意识地、有计划地训练自己,锻炼自己,培养自己的勤奋、勤勉和谨慎、严谨。例如,从不睡懒觉做起,从坚持体育锻炼做起,从纠正丢三落四、马虎作风做起。

  假设某个同学将来做律师,接受原告委托担任他的代理人,你要收集证据,准备起诉状和证据资料。临到要开庭了,你的证据还没有收集齐全,或者法院安排某月某日几点开庭,到开庭的时候你没有到场,因为睡了懒觉或者前一天晚上打牌到深夜早上起不来。这样行不行?不行。所以,律师要格外勤奋、勤勉,格外谨慎、严谨,要一丝不苟,因为我们的工作关系委托人的重大利益。民事案件关系委托人重大的财产利益,如果你的辩护成功,委托人获得胜诉判决,可能获得几十万元、几百万元、几千万元的赔偿金。如果因为你的不勤勉、不谨慎,遗漏了某个关键证据,或者你在诉状中,在庭审辩论当中,弄混了某个法律条文,或者对方提出一个什么主张,因为事前准备不充分,该反驳的没有反驳,该主张抗辩的没有主张抗辩,就会导致你的委托人败诉、遭受重大损害。

  有的同学可能说,不就是经济利益吗,几十万元、几百万元甚至几千万元又怎样?但是,你一定要注意到,依法本来应该得到的这笔赔偿金,因为你的不勤勉、不严谨而没有得到,可能关系着你的委托人的身家性命,关系到企业几百号员工能不能发工资,关系到几百个家庭的生活,关系到企业能不能继续办下去。假设你是刑事案件被告的辩护人,因为你的不勤奋,该出庭的时候你迟到了,你的材料遗漏了重要的证据,他本来有减刑的情节和事实你给忘了,该收集的证据你没有收集,该准备的辩护理由和法律根据你没有准备,致使本来无罪的被告人被判了刑,罪轻的被判了重刑,本来应该判死缓的被判了死刑。同学们要想一想,人的生命只有一次,人命关天。如果因为我们的不勤奋、不谨慎,导致无辜的委托人被判了罪,应该从轻的被重判,不应该被剥夺生命的,被剥夺了生命,我们会不会因此抱憾终身、悔恨终身?这就是法律人的人格要求。

下面说法律人的理性。法律人仅仅具有高尚的人格还不够,还不足以使他正确地履行法律人的职责,还要靠他的理性。前面谈及,优秀的法律人,应当具有高尚的人格和理性。所谓理性,第一个重要方面,是指具有扎实的法律知识基础,我们要在法学院的课堂上认真学习最基础的课程,特别是刑法、刑诉、民法、民诉,为将来从事法律人的职业打下扎实的知识基础。法律人的理性的第二个重要方面,是指具有好的语言能力,语言能力分中文能力和外文能力。广东是改革开放的前沿,很多企业属于外向型企业,企业通常通过订立和履行进出口贸易合同、来料加工合同、合资合作合同、知识产权转让合同、技术开发合同等,面对外国的企业和用户,所生产的产品是为了出口。不仅如此,现在中央提出"走出去"的发展战略,鼓励中国企业直接到外国设厂、开办独资企业或者合资企业。珠海特大的企业格力集团,就在南美洲的巴西设了一个很大的分厂。

现在中国的企业走向世界,到欧洲、美洲、非洲、东南亚开办企业,需要多少法律人才?我们的毕业生无论法律知识如何扎实,假如不懂外语,只会说中国话,甚至只会说广东话,那当然是不行的。如果你有扎实的法律知识基础,再加上有好的外语能力,那你才能够进入这样的企业法律部工作。有的同学可能说,我不想去这些外向型企业法律部,我就在广东当律师,是不是也需要有好的外语能力?须知现在不仅广东,整个中国东部甚至中部,许许多多民商事案件,包括商事仲裁案件、民事诉讼案件,往往当事人一方是外国人,如欧洲的、美国的、日本的当事人,不懂外语怎么办理这样的案件?所以说,同学们应该利用法学院学习期间,尽力提高我们的外语能力,有的同学本来英语就很好,还可以再学第二外语。

中文能力更不用说。律师写诉状、答辩状,法官写判决书、裁定书,检察官写起诉书,首席仲裁员写裁决书,如果你的中文不好,文字不通、行不行?最近有一个报道,说一个大学生写个几百字的小文章,单错别字就有好多个。当然不行。所以说,中文非常重要。中国人是用中文思维,无论是法律思维还是别的思维,都是用中文来思维的。从普通人的社会生活经验说,当官的中文口语能力要强,当秘书的中文写作能力要强。如果你的中文写作能力很强,中文口语能力也很强,不仅会说而且会写,你通过公考进入公务员系列,你的前途还用说吗?这是从社会经验来说的,中文能力何等的重要。

从事法律职业,作为一个法律人,无论担任法官、检察官、律师、企业法务,都要求能说会写,要求中文写作能力和口头表达能力都要很强。一个律师,写起诉状、答辩状文字不通、错别字连篇,进行法庭辩论,语无伦次、前言不搭后语,当然不行。按照社会经验,中文能力强、外文能力强的人,会得到好的工作岗位,会得到好的工资报酬。用你的法律知识和语言能力为人民服务,为国家服务,因此使自己得到更好的物质条件,挣更多的钱来赡养年迈的父母,成家之后还要负担你的家庭、抚养你的孩子。这是讲法律人理性的第二个方面,语言能力。

法律人理性的第三个方面,是掌握各种方法,包括写作方法、研究方法、裁判方法。前面讲到法律思维,法律思维也是一种方法。在优秀法律人理性的构成中,方法很重要。你从进入法学院之始,首先需要的是学习方法。我今天讲的就是学习方法。只有掌握了好的学习方法,你才能够把自己造就成优秀的法律人。掌握了好的研究方法、写作方法,掌握裁判案件的方法,才能够胜任法律人的工作,将来才有可能成为大律师、大法官、法学教授。所以说，方法非常重要。在这些方法当中，裁判的方法、研究方法、分析案件的方法等，我们在法学院学习期间逐步掌握，这里我讲一下写作方法。

前面谈到中文能力，中文能力难道不包括写作方法吗？写作方法与中文能力有联系，是中文能力中的一种能力，可以说是最重要的一种能力。因此这里特别讲一下。有的同学可能会说，我自己在初中的时候就写小说，有的同学甚至在小学就开始写小说了，在初中、高中的语文课上，语文老师常将我们的作文作为范文在课堂上朗读，或者贴在学校的板报上面，甚至有的同学已经在报刊上发表过诗歌、散文，难道中文写作能力还不强，还未掌握中文写作方法吗？我要告诉同学们，作为法律人的中文能力和写作方法，与一般意义上的中文能力和写作方法有根本的不同。我们这里讲的中文能力和写作方法，是法律文体的中文能力和写作方法。不是我们中学时候写记叙文、说明文、抒情散文的中文能力和写作方法。有的同学在中学的时候散文写得好，属于文学文体，不是法律文体。判决书、裁决书、起诉状、答辩状以及合同书，属于法律文体，与文学文体有根本的区别。

法律文体与文学文体的区别何在？难道不都是中文？不都是用汉语词汇？根本的区别在于，法律文体特别要求准确性、一义性。法律文体特别要求准确性，绝不能模棱两可，不能含糊其词，不能语义朦胧，必须只有一个含义。文学文体则不然，文学文体有意使语义朦胧，给读者留下猜想的可能性。人们常说，一千个读者，就有一千个哈姆雷特，这就是文学文体的本质特征。文学文体可以采用各种修辞方法，例如比喻、拟人、夸张，例如"白发三千丈""飞流直下三千尺"。法律文体就绝对不行。起诉状、答辩状、判决书、裁决书、合同书这些法律文本，必须一是一、二是二，必须准确无误、确定无疑，一句话、一个词必须只能有一种理解、一个含义。法律文体不允许丝毫的模棱两可，只能有一个含义，不能有两个含义。

此前我在给高年级的同学讲"学习法律的第三种方法"的时候，作为演示把《合同法》上的重要条文、基本条文讲了一遍。《合同法》上有一个条文,即第41条,该条规定,合同书上如果出现了两个含义,应当采用哪一种含义呢？应当采用对拟定合同条款的一方不利的那一种含义。企业为了与消费者签订合同,往往预先拟定合同文本,法律上叫作格式合同。企业与企业之间订立合同,也往往预先拟定格式合同文本。这样的合同当中一旦出现了两个不同的含义,按照《合同法》第41条的规定,应该采纳对拟定格式合同的企业不利的那一种含义。

同学们想一想,我们毕业后进入一个大企业的法务部工作,甚至担任企业法律部部长、副部长,我们的职责之一是替该企业拟定格式合同文本或者审定格式合同文本,将来发现合同书上某个条款有两种含义,肯定其中一种含义对该企业有利,另一种含义对该企业不利,法庭将按照《合同法》第41条的规定,采纳对该企业不利、对相对方当事人有利的那一种含义。因为我们的法律文体写作能力不高,导致我们拟定或者审定的格式合同文本出现两种含义,最终给自己的企业造成重大的经济损失。这难道还不足以说明准确性、一义性对于法律文体是何等重要吗？

请注意,语言具有多义性、模糊性,我们的中文更是如此。你看网上流传的那些所谓朦胧诗、所谓乌青体,究竟是什么意思？一个词语本身就有多种含义,有所谓本义、引申义、转义,撰写文学文体正好利用语言的多义性、模糊性,有意造成语义朦胧、语义含混,让不同的读者读出不同的含义。但是,我们作为法律人,我们撰写的法律文体,绝对不允许出现多义性、出现模棱两可,绝对不能出现两个含义、三个含义。可以这样说,语言的多义性、模糊性,恰好是法律文体的大敌。撰写判决书、起诉状、答辩状、合同书,都必须同语言的多义性、模糊性作斗争,消灭语言的多义性、模糊性。我们在中学的时候抒情散文写得好,记叙文写得好,是一个好的基础,但这还不够,我们应该在已有的基础上,进一步训练自己撰写法律文体的能力、掌握法律文体的写作方法。

下面讲法律文体的本质特征,即逻辑性、说服力。同学们会说,我们过去写说明文不也要求有说服力吗？但是,法律文体和一般说明文是不一样的。法律文体的说服力,是指我们撰写的起诉状、答辩状、判决书、裁决书这些法律文书，不仅用词准确、意思明确，而且要靠文章本身严密的逻辑性，使之具有很强的说服力，据以说服特定的人。说服谁？判决书、裁决书，是说服双方当事人，还有进一步说服社会。民事案件的起诉状、答辩状，是说服法官。有的人误以为起诉状、答辩状，以及在法庭上的口头辩论，是要说服对方当事人。有时我们看到原被告双方的律师，在庭审中相互辩驳，你反驳过来，我反驳过去，争执不休，纠缠不休，总是想驳倒对方、压倒对方，而置审判台上的法官于不顾。这样的律师不懂得，他撰写起诉状、答辩状及在法庭上作口头辩论，目的只有一个，即说服法官。起诉状、答辩状是写给法官看的，口头辩论是说给法官听的，目的是说服法官。法律文体具有严密的逻辑性，才能够有说服力。逻辑混乱、语义含混、层次不清，怎么能够具有说服力？

怎样才能掌握法律文体的写作方法，才能提高法律文体的写作能力？除法学院开设的汉语课、法律文书写作课之外，主要靠在法学院期间撰写课程论文、学年论文和毕业论文。写作能力是训练出来的，不多写、多练，不可能真正掌握法律文体写作方法，不可能真正提高法律文体写作能力。现在有一种倾向，许多同学不认真对待课程论文、学年论文、毕业论文的写作，他们上网搜索，输入题目或者关键词，一下子搜到好多篇文章，然后通过电脑剪贴功能，剪裁、粘贴拼凑出一篇论文。更有甚者，把别人的文章下载下来，改头换面，署上自己的名字，作为自己的论文交差了事。这样的同学，将来法学院毕业，当了律师、当了法官、担任企业法务，能够上网下载别人的起诉状、判决书、合同书来剪裁拼接吗？希望我们的同学不要做这样的蠢事。应当高度重视、认真对待论文写作，提高法律文体写作能力，掌握法律文体写作方法。

下面讲学习法律的基本的方法。法律是一套规则体系，也是一套概念体系。每一个法律条文、法律规范，其适用范围、构成要件和法律效果，都是通过法律概念来表述的。例如，《消费者权益保护法》第55条规定，经营者有欺诈行为的，应当判处惩罚性赔偿。其适用范围，是用"消费者""经营者""合同""消费者合同"这些概念表述的；其构成要件，是用"欺诈""行为""欺诈行为"等概念表述的；其法律效果，是用"赔偿""损害赔偿""惩罚性赔偿"等概念表述的。你要正确理解和适用《消费者权益保护法》第 55 条,就应当正确掌握和理解这些法律概念。

什么是经营者?是以营利为目的的组织和单位。银行、保险公司、运输公司、航空公司等,都是经营者。什么叫欺诈行为?所谓欺诈行为,就是隐瞒了真实的情况或者捏造了虚假情况,引诱对方与你订立合同、买你的商品。明明产品是国内组装的,你告诉对方这是原装进口的,这叫捏造虚假情况;二手车买卖,这个车已经发生过重大车祸,发动机已经换了,什么地方经过了修理,你不告诉对方,就叫隐瞒真实情况。隐瞒了真实的情况、捏造了虚假情况,使对方买你的商品,这就叫欺诈行为。欺诈行为的概念有特定的含义,经营者的概念有特定含义,惩罚性赔偿的概念有特定含义。什么叫赔偿?所谓赔偿就是由违约方、加害方拿出一笔钱给受害方,这笔钱叫赔偿金。不是政府给你钱,政府给钱叫福利、救济,不是赔偿。民法上的赔偿金,本来是损害多少赔偿多少,现在为了惩罚有欺诈行为的经营者,《消费者权益保护法》第 55 条规定惩罚性赔偿,责令经营者向消费者支付相当于商品价款四倍的赔偿金,其中一倍是退还价款,三倍是惩罚。

你看,《消费者权益保护法》第 55 条这样一个法律条文,运用了好多个法学概念。从这个例子中可以看出,法律是用概念来表述的,我们学习法律的基本方法就是通过法学院各门课程的学习,掌握每一门法律学科、每一个部门法的一整套法律概念。怎么样才能掌握这一套法律概念?当然要靠记忆,要记忆这些法律概念。有同学会说,我们读初中、高中就是靠死记硬背,现在好不容易考上了法学院,难道还要靠记忆吗?很遗憾,学习法律非记忆不可。并且,我要告诉同学们,记忆,是人最基本的能力。如果你当律师,出庭的时候,记不得法律条文,怎么与对方的律师辩论?你当法官主持庭审,双方律师讲到某个法律概念,你不记得这个概念是什么意思,将如何审判案件?可见记忆力是人的能力基础。而且,一个人的记忆力是训练出来的,不是天生的。同学们进入法学院学习,最基本的学习方法就是记忆法律概念。

只记忆法律概念还不够,还要理解这些法律概念。因此,学习法律的基本方法,就是记忆概念、理解概念,在记忆的基础上理解,在理解的基础上加深记忆。我刚才讲的《消费者权益保护法》第55条,就要记忆经营者、消费者、欺诈行为、赔偿、惩罚性赔偿这些法律概念,并且正确理解它们的法律含义。法学院的学习,非记忆不可,记忆太重要了,但不是死记硬背。日本著名民法学者我妻荣先生回答学生关于学习方法的提问时,将学习法律的基本方法概括为记忆和理解两个环节。我讲学习法律的基本方法,在记忆和理解这两个环节之后,再增加第三个环节:运用。虽然同学们还不是律师、法官,不可能真正运用法律办理案件、裁判案件,但是我们可以尝试性地运用所掌握的法律概念,分析假设的或者真实的案件,提出处理的方案。

老师在课堂上会举出一些案例,供我们分析讨论。同学们还可以组成课外学习小组或者微信群,分析讨论社会上发生的、媒体上报道的案件。我们的亲戚朋友、家人遇到一些案件,例如某个亲戚遭遇了车祸,或者房屋出租与承租人发生纠纷,或者商品房预售合同发生违约,或者亲戚朋友中某人老父亲去世留下遗产应当如何继承、如何分配等。亲戚朋友会说,你是法学院的学生,帮我们分析一下,提个建议,是我们有道理还是对方有道理?可不可以向法院起诉?向法院起诉可能得到什么结果?我们就可以尝试运用所学的法律知识、所掌握的法律概念,分析所面对的案件,提出我们的处理意见。这就是我所谓的"运用"。

新闻媒体经常会报道社会上发生的典型案件,我们将案件事实概括一下,作为我们分析研究的案例。假设某个同学是原告方代理人,另一位同学是被告方代理人,各自撰写起诉状、答辩状,别的同学扮演法官进行评论,看哪一方更有道理,依法应当如何裁判?预测这个案件最终的判决结果。如果是刑事案件,预测被告人会被认定有罪还是无罪?如果有罪会判多少年刑?有没有从轻的情节?如果是民事案件中的侵权案件,讨论被告人构成侵权还是不构成侵权?构成侵权的法律根据是什么?会承担什么责任?大致会判多少赔偿金?如果是违约纠纷案件,分析涉案合同有效还是无效?被告人构成违约还是不构成违约?

如果原告胜诉大致可以获得多少赔偿金？然后等着看新闻媒体的后续报道,最后法院的判决结果和我们分析的、讨论的方案差别大不大。说不定最后法院的判决与我们的意见吻合呢。

前两年四川发生一个案件,一个人在河边挖出一段乌木,据说值很多钱,引起社会广泛的关注和讨论。有的说乌木该归挖掘的人所有,有的说该归地方政府所有,究竟应该归谁？认为应当归地方政府、归国家所有的根据是什么？认为应当归挖掘人的根据何在？我们可以在小组、在微信群组织讨论,寻找现行法律、法律概念、法律原理上的依据,最后给出我们的处理意见。然后等着看媒体后续报道那个中院的判决结果,当事人不服中级人民法院判决上诉到了高级人民法院,我们再等着看高级人民法院的终审判决。用法院的判决及判决的法律依据,来验证我们的处理方案,这就叫(尝试)运用。以上介绍学习法律最基本的方法：记忆—理解—运用,三个环节往复循环。我们在法学院除上课以外,还要有意识地去运用这一学习法律的基本方法,最终达到掌握扎实的法律知识。

下面讲读书方法。同学们进到法学院有没有考虑过怎么读书？读书的方法与高中时相不相同？有没有区别？这里讲的读书,当然是指读专业书、读法律专业书,不是指读文学著作、读小说。读书方法有三种,第一种读书方法是精读。什么叫精读？就是运用上面讲的基本方法,即记忆、理解和运用,来读一本好的教材,记忆教材上的概念体系。精读的对象是一本好的教材,目的是掌握这个学科的概念体系。每一本教科书都是一整套概念构成的体系,我们就记忆这一套概念体系。概念体系是简单的说法,说得详细一点,每一个法律学科都是一整套概念、原则、制度和理论的体系。原则也是概念构成的,制度也是概念构成的,并且每一个概念、原则、制度都有其理论。我们学民法,就要掌握民法的概念、原则、制度和理论的体系。学刑法,就要掌握刑法的概念、原则、制度和理论的体系。学别的法律学科,例如民诉法、刑诉法、公司法等,也是如此,都可以通过精读一本好的教材,掌握该学科的概念、原则、制度和理论的体系。

什么是好的教材？所谓好的教材，就是它的概念、原则、制度和理论的体系，完整、准确，并且简明、扼要。好的教材，要求概念体系完整、准确、容易理解，为什么还要求简明、扼要？因为我们要通过精读这个教材来记忆它的概念体系，如果动辄四五十万字、六七十万字，这样的教材难以记忆。因此，一本好的教材，不仅要求概念体系完整、准确，而且要求简明、扼要，字数在二三十万字。当然，也不是教材上的每一个字、每一句话都要记忆，而是着重记忆法律概念。

　　概念在教材的什么地方？总在它的每一章或者每一节的第一个自然段，往往是那个自然段的第一句话。这样一句话，有的是法律上明文规定的该概念的定义，有的是作者用自己的话对法律概念的表述。但教材上不只是有概念，在每个概念后面还有好几句话，甚至好几个自然段。比如说解除权概念，什么叫解除权？教材上说，所谓解除权是指当事人一方通过自己的意思来消灭有效的法律关系的权利。这就是解除权概念的定义。下面有好几句话是对解除权的解释和说明，解释和说明解除权的性质、效力、行使方式，及与其他权利（例如撤销权）的区别等。还可能举出现行法规定解除权的法律条文，并且举出解除权的案例。这些都是帮助我们理解解除权概念的。我们就记忆第一句，解除权的概念(定义)。

　　第二种读书方法是泛读。我们当然不是只读一本教材，我们通过读一本好的教材来记忆这个学科的概念体系，这是为了打下坚实的知识基础。这套概念体系，我们记忆得完整、准确、牢固，理解正确，懂得如何运用，这就叫基础扎实。但在记住这些概念体系之后，我们还要读有关的书，不是精读，而是泛读。泛读的范围没有限制，可能是别的教材、专著、杂志上的论文、案例讨论，外国著作的中译本，以及我国台湾地区的著作等。外语好的同学还可以读原著。所以说，泛读的对象没有限制。泛读与精读的区别在于，泛读往往不是把一本书从头读到尾，有泛泛浏览的意思，看到一本新的教材，翻一翻，与自己已经学过的教材对照一下，有没有新的概念、新的内容、新的资料，如果有，就着重读这些新的概念、新的内容、新的资料。外国的著作，着重看外国的立法、理论与我们的是否有不同,同样的制度在国外是否作不同的规定,国外有什么新的立法、新的判例和新的理论。泛读的目的,一是补充、完善和加深理解我们已经掌握的概念体系;二是扩大我们的知识面。不仅要掌握我国某个法律学科的基础知识,还要知道别的国家相应的法律及与我国的区别,知道我国某个概念、某项制度是从哪个国家的什么法律参考借鉴而来,该项制度有没有新的发展,等等。通过泛读,扩大了我们的知识面,开阔了我们的眼界。

第三种读书方法是研读。研读是什么意思?就是结合所要研究的问题来读。研读读什么,取决于我们所要研究的问题。老师在课堂上举了一个案例,要求我们课下讨论。怎么讨论呢?不能只是想当然地说我认为应该怎么样、不应该怎么样。我们要到图书馆去查资料,上网查数据库、查网站的论文库。凡是查到与我们所要讨论的这个案例、这个问题有关的教材、著作、论文、案例、司法解释,都要借到手、下载下来,供阅读、研究。一本教材或者一本专著,与我们所讨论的案例、问题有关的可能只是一章、一节、一个自然段,甚至就一两句话。我们就读与讨论的案例、问题相关的那一章、那一节、那一段,甚至就那一两句话。我们把不同著作讨论这个案例、问题的内容全都收集起来。结果发现,这本书这样说,那本书那样说,这个作者这样说,那个作者那样说。我们就要进行比较、鉴别、取舍,这就叫研究。

假设我们要研究的是侵权法上的一个问题,从收集的资料看,中国人民大学的杨立新教授、张新宝教授的观点刚好相反。假设关于这个问题,杨立新教授持支持的、肯定的观点,他当然有理由:第一……第二……第三……张新宝教授持反对的、否定的观点,他当然也有理由:第一……第二……第三……我们还查到别的作者关于同一个问题的文章,有的赞成杨立新教授的观点,有的赞成张新宝教授的观点。赞成杨立新教授观点的,在杨立新教授的三个理由之外又增加了第四个理由。赞成张新宝教授观点的,在张新宝教授的三个理由之外也增加了一个理由。说不定还有第三种观点,介于两者之间,又是什么理由。我们把这些文章这些作者的观点和各自的理由进行整理归类,加以比较、分析、取舍，看哪一个作者、哪一个观点所依据的理由更充分一些，没有被对方相反的观点、相反的理由所驳倒，因此得出自己的意见，赞成某个作者的某项观点。假如我赞成杨立新教授的观点，理由是什么，除杨立新教授自己的那三项理由，及某个支持者的第四项理由之外，是否还有新的理由。假如我不赞成杨立新教授的观点，为什么不赞成？根据是什么？他讲的那些个理由，不能说服我，为什么？通过研读收集资料，进行比较、鉴别、分析、研究，最后得出自己对这个问题、这个案件的意见或者观点。这就是研读。

结合要研究的问题、案件或者要写的文章题目来读书，这样的读书方法，叫研读。研读的目的，是训练我们的研究能力。研究能力，要在进行研究的实践中，逐步摸索、逐步训练、逐步掌握和提高。前面讲到的，老师在课堂上举了某个案件，或者我们看到媒体报道的某个案件，我们几个同学组织起来，你俩站在原告方面，我俩站在被告方面，分别去收集教科书、著作、论文上有利于自己这一方的根据、理由。我们再来分析、比较、鉴别，究竟哪一方更有道理，最后得到我们一致赞同的意见。这个方法，就是研读。

我们在法学领域中，会面对各种各样的著作，可以区分为教材、专著、论文和体系书。我们通过精读好的教材，掌握该学科的概念体系，为将来从事法律职业打下扎实的知识基础。别的教材、别的著作都是供我们泛读和研读的。这里特别要提到体系书，就是那种"大部头"的著作，五六十万字，七八十万字，甚至"部头"更大。我曾经举过我国台湾地区著名民法学者史尚宽先生的例子，史尚宽先生是20世纪30年代国民政府制定《中华民国民法》的起草委员，他撰写出版了一整套民法著作，《债法总论》大概90万字，《物权法论》大概50万字，《民法总论》大概80万字，这样的著作叫作体系书。我过去在某个法学院讲读书方法，就说过体系书的目的不是供你精读，而是供你研读的，不可能通过精读一本体系书来掌握一整套概念体系。并且举史尚宽先生的《债法总论》为例，如果哪位同学把《债法总论》拿来精读的话，必然是事倍功半，读到中间忘了前边，读到后面全部忘光。因为它不是供你精读的。课后有位同学,真的抱着史尚宽先生的《债法总论》精读,他说:"我就是读到中间忘了前边,读到后面全部忘光。"我把这个教训介绍给同学们,不同类型的著作,其目的不同,特别是体系书、"大部头"的书,是供我们研读的。

今天晚上的课,讲了两个问题。第一个问题,是讲我们进入法学院学习的目的,是把自己造就成优秀的法律人,并且介绍什么是法律人、什么是优秀的法律人;第二个问题,主要是讲一些最基本的学习方法,供同学们参考。希望同学们一定要重视学习的方法。这里补充一下,方法与知识是什么关系?可以说,方法也是一种知识,但方法不是一般的知识,方法是供人们获取知识和运用知识的知识。从人类生活经验来看,方法更为重要。但一般人往往不重视方法。做任何事情都有方法,进入法学院学习法律,更是如此。什么叫聪明人,什么叫笨人?如果做什么事情都首先考虑方法,都从方法入手,这样的同学就是聪明人。如果凡事都不考虑方法,不考虑学习方法、读书方法、写作方法、裁判方法,这样的人,说尖刻一点,就是笨人。我当然希望我们法学院的同学都是聪明人。

读 书 三 法[*]

作为一个大学生、研究生,在学习方法上是否有什么窍门呢?有,学习方法上的窍门就是你学习哪一门学科,应先挑一本最好的教材,然后反复精读,掌握该教材中的那一套概念体系。虽然不要求能够倒背如流,但是,一说到某一个概念,马上能够知道它的含义、它在这个体系当中的位置,并且可以用自己的语言把它大致表述出来。以我所从事的民法学为例,由于法律概念都有它的特殊含义,你不理解它,你的记忆也不会牢固。国外有著名学者把民法基本学习方法概括为:记忆—理解,理解—记忆,这样循环往复。我认为,在此基础之上还应加上一个运用。因为法律是实用科学,同学们在讨论老师提出的问题、举的案例及新闻媒体上的热点问题时,可以结合法律上的某个概念,试着进行分析。所以说,基本的学习方法就是:记忆—理解—运用,三个环节的循环。这是第一种读书方法:精读。

什么是好教材呢?概念体系完整、准确,而且简明、扼要,就算好的教材。有些学者不赞成简明、扼要,他们为学生写的教材动辄50万字、60万字,学生要精读、要记忆,那么厚的教材怎么可能?他们没有考虑到教材是供同学们精读、掌握概念体系的。一个部门法学的教材应有20万字左右,最好不要超过30万字,同学们才能够精读,才能够记忆。如果通过精读把这套好教材的概念体系掌握了,其他的教材随便翻翻就可以了。如果某一新教材上有此前精读教材中所没有的新概念、新

---

[*] 本文系作者于2014年8月在东北大学文法学院讲座中解答学生提问的录音整理稿。

资料，就读这部分内容好了，把新概念、新资料补充到自己大脑中已有的那个概念体系中去。有的同学读好几本教材，我认为完全没必要。精读一本好教材即可，其他的教材随便翻一下，如果有新的概念、新的资料就补充进来，这就是掌握专业基础的窍门。精读的目的，是掌握概念体系，打下扎实的专业基础。

第二种读书方法叫泛读。我们当然不能停留在精读教材上，还要读别的书，这叫泛读。泛读的书没有限制，教材、专著、论文都读，但不是通读，不是精读，只选读其中的新概念、新观点、新资料，目的是补充、完善自己已经掌握的概念体系，加深自己的专业基础，扩大知识面。另外，还可以摸索写作方法。我们学民法的同学知道，我国台湾地区著名学者王泽鉴先生有8本专题研究论文集，我自己也有4本论文集，这样的书同学们应该怎样读呢？我不主张从头到尾地精读，即使像王泽鉴先生的8本论文集，我也不赞成一本本地全部读完。我的建议是，挑选其中的一部分来读。从这8本书中挑出几本，例如挑出两三本，然后每本书中挑出几篇自己喜欢的文章来读。这样读的目的是摸索写作方法，看作者怎样选题、怎样设计论文结构、怎样进行论述？他为什么要写这篇论文？他的目的何在？论文分成几个部分？每个部分之间是什么关系？是并列关系，还是递进关系？还有，他怎么运用论据、怎么运用材料？怎么反驳别人？这样读书，目的是摸索写作方法和研究方法。

会读书与不会读书差别非常大。日常生活中，一般人都读书看报、看小说，读金庸的武侠小说的人非常普遍。但是，一个武侠迷把金庸的小说读得滚瓜烂熟，却很可能连写一封信都写不好，这样的人可是大有人在啊！另外有一些人比如说鲁迅、郭沫若，他们没上过大学中文系，没学过小说写作方法，他们却成为大作家，他们写作的那套方法是从哪里来的？是读书学来的。读小说有两种：一种是读故事情节，故事很生动，读到高兴的时候就哈哈大笑，读到伤心的时候便泪流满面，深受感动，这是读小说的一种方法。鲁迅、郭沫若他们读小说是另一种方法，是读写作方法。鲁迅的第一篇白话小说《狂人日记》，就是学俄国果戈理的《狂人日记》的,连题目都一样。这难道没有告诉我们可以通过读书学习写作方法吗?

读法学著作、法学论文也有两种方法:一种是读别人的论文中有没有新概念、新观点、新材料,有就摘抄下来,补充、完善自己此前掌握的概念体系,加深加宽自己的专业基础,这是一般的读法。我过去上研究生的时候没有电脑,就是靠抄卡片。另一种是通过读别人的著作、论文学习写作方法和研究方法。我们平时读书要有意识地学习写作方法和研究方法。

第三种读书方法叫研读。我们一进图书馆会发现许多"大部头"的书,我们把它们叫作体系书。学民法的同学知道,史尚宽先生的《民法总论》大概80万字,他的《债法总论》大概90万字,他的《物权法论》大概50万字。一些本科生、研究生,一进法学院就下定决心苦读,怎么读呢?专挑权威学者的"部头大"的著作读,例如史尚宽先生的著作。史尚宽1929年参加中华民国民法典起草,是起草委员之一,他的地位非常高,著的书很厚,内容非常多,资料很丰富。有的本科生、研究生,抱着史尚宽的《民法总论》《债法总论》从头读到尾。这样读书,你读到中间,前面的就忘掉了;读到后面,中间的就忘掉了;全都读完,整部书的内容全部忘掉了。这样的读书就是不得要领,会事倍功半。

像史尚宽先生的"大部头"著作,我们什么时候读呢?当我们讨论问题、写学年论文、讨论案件,或者讨论某一个法律规范如何解释适用的时候,我们就要查阅一些权威学者的著作,像史尚宽、王泽鉴、郑玉波、王利明、张新宝、尹田等学者的著作,就读他们的著作中涉及我们所研究、讨论的问题的内容,可能是那本书上的某一章、某一节,甚至可能是某一自然段。这样结合研究问题一下子读了很多本著作,但每一本只读有关的某一个部分。这样读书的目的,是培养自己的研究能力,我把这种读书方法叫作研读,就是结合研究问题来读。

归纳起来,大体上分为三种读书方法:第一种叫"精读",读好的教材,目的是掌握概念体系,即打下扎实的专业基础;第二种叫"泛读",

没有限制，教材、专著、论文都读，但不是通读、精读，只选读其中的新概念、新观点、新资料，目的是补充、完善自己已经掌握的概念体系，加深自己的专业基础，扩大知识面，并可以学习写作方法；第三种叫"研读"，结合研究课题读书，目的是学习、训练研究方法，培养研究能力。以上我大而化之地给大家介绍了读专业书的方法。

索　引

B

保管合同　21
保护消费者　44,48,53,110,466,594,611
保理合同　144-146
保证合同　229,232-237,269
比较法解释　539-540,555,565-566
表见代理　11,179,252

C

财产法　5,25,41,66,83,107,165,575
裁判的方法　568,607,648
产品责任　24,44,61,95,196,304,307,309,341,349,456,556
超级优先权　133,138
承揽合同　21,168-169
诚实信用原则　8,11,18,20,54,180,468,533,595,597,611-614
储蓄合同　21

D

大陆法系　79-80,96,111-113,132,142,188,238-239,271,285,288,300,302-303,478-479,494,499,558,627
大清民律草案　32,39,42,478-479,493,496,545
代理　9,11,35,56-57,60,69,81-82,96,104,121,157,179,221-222,252,258,275,383,391,395,409,617
当然解释　539-540,549-550,566
德国民法典　6,33,66,68,120,276,279,288-291,337,478-479,484,489,495-496,508,512

抵押权　15－16,57－58,108－109,134－136,138,190,210,219,261－262,294,296,402,560－562,579

典权　14,36,94,109,544,

独立保证合同　229,232－237

多数当事人的债权债务　18

F

法的安定性　441,451,453,460,466－467,472－473

法典编纂　31,81,154,161,328,434,479,492,494,514,527

法定继承　29,77,89,109,148,405,407,421

法国民法典　6,42,83,112,122－123,173,183,302,337,358,462,479,495－496

法解释学　444－446,523－524,526,528－531,534,538－539,541,543－544,558,564－565,627

法律行为　8－10,81－82,96,99－100,103－104,115－116,121,132,157,239－242,251－252,263－264,275,294－295,356,474,487,575－577,600,626

法律思维　101,117－118,568,577,588,604,629－630,641－642,647

法人　10,34－35,37－38,42,44,50－52,55－57,60,69,119,126－128,131,217,252,275,413,461,481,500,580

法适用　524－526

法学阶梯　42,165,424－425

法意解释　539－540,544,551－552,555－556,563,566

非法人团体　10,126－128

非法人组织　158,179

非婚生子女　27－28,61,71,123,407,564

夫妻财产制　27,367,369－370

夫妻的权利义务　27

浮动担保　15,40

扶养　28,202,205－206,364,366－367,372,385－389,409,416－417

抚养　28－29,109,360,373,378,381－382,386－387,647

G

概念法学　289,291,293,439－445,447－453,462－463,469－473,523,527－529,541,558

高度危险责任　24,304,336,

338,341

工作物责任　23

公共营造物责任　23

公害责任　23

公平原则　8,53,143,150,174,194,206,324,441,533,614

公平责任　148－149

公平正义　44,49,63,434,466,508,513,554,563,582

公序良俗　8－9,54－55,116,466,519,575,626

共有　13,94,356－357,368,408,418,421,641

雇佣合同　21,345

广义民法　109

国际私法　7,60,67,78,82,90,162－164,423－425,448,488－489

过错责任原则　22,58,148,610

过失推定原则　22,304

过失相抵　22,59,194－195,270－272,340－341,598

H

行纪合同　21,158,221－228

合伙合同　21

合同编　7,93,100,117,167,175,199,221,229,238,259,271－272,314,487

合同的保全　189,256

合同的成立　20,56,146,241,249,253,594

合同的订立　175,178,249,483

合同的解除与终止　21

合同的履行　20,188,253,483

合同的效力　20,178－180,213,242,251,267,610

合同法　17,20,39,42,52－54,56－58,65,74,87,95,107,115－117,132,141,158,161－162,166,168－170,179－183,208－210,227,238－244,484,574－575,628,648－649

合同相对性　141,242,254,586

合同自由原则　52－53,631

合宪性解释　540,554－555,563,565－566

婚生子女　27,61,71,354,407

婚姻家庭编　164,199－200,354,356－357

婚姻家庭法　25,65,74,76,87,109,166,359－362,425

J

机动车交通事故责任　308,338,349

基地使用权　13－14,

继承编　7,67,76,89,93,147,

164,199–200,275,314
继承法 5,7,25,29,65–67,109–110,165–166,295,401,404,497,605
家事代理权 354,356,367
监护 29,116,364,367,372–373,389,614
建筑物区分所有权 13,94,505
交通事故责任 24,304,308,338,349
结婚 26,47,56,84,106,109,240–241,355,360,364,369,406,548,622,626
结算合同 21
解除 21,28,151–152,180,189,191–193,234,263–269,295,359,369–371,380–381,399,403,412,483,603,611–613
借贷合同 21
借用合同 21
禁止高利放贷 143–144
禁止权利滥用 8,55,180,294,519
经济法 47,50–51,110,430–431,467,473,502,569,623
经济合同法 34–36,42,105,118,436–437,483,489,504,549,554

精神损害赔偿 146,287,303,306,343–345,570,580–581,606,617
居间合同 21
居住权 94,121–124,172,204,628

K

科学学派 443–444,446,453,469–471,529
扩张解释 539–540,547–548

L

离婚 27,47,84,109,122,206,240,360,371–375,548
离婚的财产分割 27
利益法学 443–444,448–453,471,529–530,534,536
邻地利用权 14,94
留置权 16,58,60,70,95,169,544
逻辑性 6,17,65–66,75–76,79–81,84–85,97,113–116,132,360,485–486,573,575–576,585,649–650

M

买卖合同 21,115,158,178,182,184,190,208–211,241,

248-249,260,484,574-575,
602,609,637

民法典编纂 6,64,72,74,79,
91,130,153,199,232,284,
478-479,485,494,513

民法基本原则 7,487

民法通则 6-10,25-26,34-
35,50,52-60,69,100-101,
126-127,202-203,483,504,
546-548,553,576,623,626

民法总则 100,104,115,121,
153,156-158,161-162,166,
180,199-200,239-244,
251-253,294,297,300,314,
323,335,398-400,426,497,
514,574-575

民商合一 41-42,64-65,73-
74,86-87,153,434,480,486

目的法学 444,469,578

目的解释 220,445,453,539-
541,550,554-555,563-566,
579-580

N

农地使用权 14,126

P

潘德克顿 42,165,288-289,
439-442,444,462-463,469

平等原则 8,33,52,324,628,
644

Q

企业财产集合抵押 15

强制缔约 138-139

侵害人格权的责任 25,306

侵权行为法 21-22,65,74,76,
87,89,103,107-108,120,
149,168,276,281,291,455-
457

侵权责任编 164,196,198,
200-202,308,311,324,335-
337,339-342,345,349,351,
353

侵权责任法 95,131,148-150,
156-157,161-162,166,203,
281-283,302-312,323-
324,337-340,343-352,423,
593-594,597-598,602,
605-608,610,614

亲权 27-28,61,71

亲属法 5,25-26,33,39,42,
66,76,83,89,109,157,166

亲属关系 26,76,89,109,207,
360,365,401-402,404

情势变更 150-152,445,452,
470,472,529

权利客体 8,160,276,291

权利能力　9-10,55,81,96,
　　103,121,239,275,288-289,
　　364,461,473

R

让与担保权　16
人格权　5,7-8,10,25,49,57-
　　58,66,75,77,86-89,93,99,
　　102-104,120-121,147,167,
　　195-201,203,274-277,
　　279-308,310-315,320-
　　321,323-328,335,344,433,
　　488
人格权编　93,102-104,120,
　　167,195,198-204,274,284,
　　297-298,301,307-313,488
日本民法典　39,44,120,166,
　　276,279,282,293,306,337,
　　346,398,479,484,489,493,
　　556
融资租赁合同　21,158,549
瑞士民法典　62,72,81,166,
　　178,276,302,308,339,447,
　　471,479

S

萨维尼　276,288,439-440,
　　444,527
商法　41-42,64-65,74,87,
　　154,156-158,435,448
社会妥当性　442,466-467,469
社会学解释　539-540,554,558
身份法　5,25,66,107,109,165,
　　575
实质正义　459,465-467,583,
　　585-587
使用人责任　22,345-347,597
市场经济　17,19,49,52-55,
　　63,73,77,89,101-102,106-
　　107,109,113,118,127,240,
　　317,429-439,458,461,465,
　　468,484,506,517-518,580,
　　637
收养　26,28,56,109,116,359-
　　360,362-363,365,377-381,
　　385,548
双重适用　196,198,201-202,
　　309-311,320-322
私法　41,110,351-352,402,
　　431-434,461-462,468,511,
　　550
私法自治　43,433,459,461-
　　462,468,473
苏俄民法典　33,42-43,68,
　　155,435,479,481,483-484,
　　498,504
诉讼时效　11,35,59-60,62,
　　104,121,161,487,572,609

所有权 12-13,33-34,39-40,42,57-58,65,68,74-75,87-88,94,108-110,137,169,171-172,181-184,186-187,190,208-211,213-215,225,272-273,291,296,369,468,481,498,605

T

特别法 42,52,64,74,84,107,114-116,154,161,434-435,574-576

特殊侵权行为 22,58,468

体系解释 463,539-540,542,565

添附 13,168-172

调整对象 8,49,83,278,360

W

违约责任 21,58,107,113,115,146,176,188,192-193,195,201,253-255,266,268-272,290,306,352,571-574,606-610,628

委托合同 21,146

文义解释 41,442,463,539-541,545,548-549,556,558-559,563-564,566,576

无过错责任原则 22,44,149,304

无权处分 122,181-183,187,207-210,272-273,600

五编制 65-66,74-75,83,85-87,486-487

物权编 6,32,66-67,75,88,135,167-168,199,275,314,487

物权法 5,12,25,39,61,66,70,92,109,156-158,162,166,168-169,172-174,180,214-215,219-220,239,295,497,505,507-511,517-518,600,602

X

习惯法 36,62,64,71,74,81,86,112,440,492,596

狭义无权代理 11

限缩解释 539-540,548-549,566,590

消费者权益保护法 54,59,107,198,352-353,467,473,570-571,580,608,617,623,650-652

行为能力 9-10,55-56,81,121,132,239,275,369,389,393,410,614

形式正义 459,465-466,583

性骚扰 329－330,335
宣告失踪 9,372,378,384－385,553
学习法律 87,255,568,616,634

Y

严格责任原则 21,58－59
耶林 443－445,448,469－470,529,550,578
野生动物 125
一般侵权行为 22,58,468
医疗过失责任 24
遗产 30,109,122－123,147－148,399,401－403,405－409,412－413,415－422,552,628,652
遗产管理人制度 147－148
遗赠 30,121,382－383,391,398－399,405,413－419,422,552
遗嘱继承 29－30,109,405,413,419,422
意思表示 10,186,196,240－241,245－247,250,263,298,315,411,418,617
英美法系 79－80,96－98,111,113,135,215,233,285,287,340－341,346,479,489,495,506,513,573,623－624

优先适用 114－116,161,253,574－575
预约 178,248－251
运送合同 21

Z

赠与合同 21,175,207
债的标的 18
债的发生原因 18,240
债权的消灭 19
债权的移转与变更 18
债权法 5,17－18,22,25,66－67,76－77,88－89,107,109,115,574
债权转让对外效力 139
债权总则 6,17－18,22,66－67,75－76,87－89,93,99－101,115,117,238－241,244,574－575
占有 12,14－17,95,108,133,191,208,402
知识产权法 5,25,66－67,77,82－83,89－90,159－161,488
质权 16,57－58,60,70,239,296,402,544
中华人民共和国民法典大纲(草案) 3
住所 10,27,392,397
自然人 9－10,42－43,55－58,

68-69,75,88,102-103,119-121,126-127,165,203,274-276,280,363-364,392,396-397,405-406,409,411,416,461,481,580

自由法学 443-447,449,451,453,470,472,529,558,587

自由法运动 442-444,447,450-451,453,469,472,529

自助行为 11,312,336,341-342

宗教财产 13,128

总则编 6-7,35,43,60,75-77,88,98,100,103-104,120-121,164,274-276,279,339,484,487-488

租赁合同 21,115,158,207,217,549

租赁取得建设用地使用权 216-220

最高额抵押 15